高等学校应用型本科规划教材

Jiegou Sheji Yuanli
结构设计原理

主编　黄平明　梅葵花　王　蒂

人民交通出版社

内 容 提 要

本教材是根据高等学校土木工程专业、道路桥梁与渡河工程专业及其相关专业结构设计原理课程的教学要求编写的，根据我国国家标准和交通部颁布的现行交通行业标准与设计规范，对公路桥涵钢筋混凝土结构、预应力混凝土结构、圬工结构和钢结构的各种基本构件受力特性、设计计算原理和构造作了详尽的介绍，同时对钢—混凝土组合构件的受力特点和计算原理以及 FRP 结构的特点和应用也作了介绍。

本书是高等学校应用型本科规划教材，适合于应用型本科院校学生、高等学校继续教育学院本专科学生和高职高专院校专升本学生使用，也可作为其他相关专业教材，同时可供公路和城市建设部门从事桥梁设计、研究、施工和管理的专业技术人员参考。

图书在版编目（CIP）数据

结构设计原理 / 黄平明，梅葵花，王蒂主编 .—北京：人民交通出版社，2006.12

ISBN 978-7-114-06240-7

Ⅰ. 结… Ⅱ. ①黄…②梅…③王… Ⅲ. 桥涵工程 - 结构设计 - 高等学校 - 教材 Ⅳ. U442.5

中国版本图书馆 CIP 数据核字（2006）第 130431 号

高等学校应用型本科规划教材

书　　名：结构设计原理
著 作 者：黄平明　梅葵花　王　蒂
责任编辑：毛　鹏
出版发行：人民交通出版社
地　　址：（100011）北京市朝阳区安定门外外馆斜街 3 号
网　　址：http://www.ccpress.com.cn
销售电话：（010）59757973
总 经 销：人民交通出版社发行部
经　　销：各地新华书店
印　　刷：北京鑫正大印刷有限公司
开　　本：787×1092　1/16
印　　张：28.25
字　　数：698 千
版　　次：2006 年 12 月　第 1 版
印　　次：2017 年 5 月　第 11 次印刷
书　　号：ISBN 978-7-114-06240-7
印　　数：46001－48000 册
定　　价：47.00 元

21 世纪交通版
高等学校应用型本科规划教材
编 委 会

前　言

近年来，我国公路桥梁建设技术及工程研究有了很大的发展，新的技术标准和设计规范陆续颁布。为了适应工程技术新的发展和专业教学要求，针对土木工程专业、道路桥梁与渡河工程专业应用型本科和继续教育学院教学要求，专门编写了本教材。本教材是21世纪交通版·高等学校应用型本科规划教材之一。

本教材是依据交通部颁布的交通行业标准《公路工程技术标准》（JTG B01—2003）、《公路桥涵设计通用规范》（JTG D60—2004）、《公路钢筋混凝土及预应力混凝土桥涵设计规范》（JTG D62—2004）、《公路圬工桥涵设计规范》（JTG D61—2005）和《公路桥涵钢结构及木结构设计规范》（JTJ 025—86）以及国家标准《钢结构设计规范》（GB 50017—2003）等编写而成。

本书共分5篇。第1篇为钢筋混凝土结构，主要介绍了钢筋混凝土结构的基本概念，我国现行公路桥涵设计规范的设计原则，钢筋混凝土受弯、受扭、受压、受拉构件的承载力计算及构造原理，以及受弯构件的应力、裂缝与变形计算。第2篇为预应力混凝土结构，主要介绍了预应力混凝土结构的基本概念，受弯构件的设计计算方法，并简要介绍了部分预应力、无黏结预应力、双预应力、预弯复合梁等结构。第3篇为圬工结构，主要介绍了圬工结构的基本概念及构件的承载力计算。第4篇为钢结构，主要介绍了钢结构的材料、连接形式，并简要介绍了轴向受力构件、简易钢桁架及钢板梁的计算。第5篇为其他结构，简要介绍了钢管混凝土、钢—混凝土组合梁以及FRP结构。

本书内容密切结合我国的工程实际，充分反映最新的科研成果，力求文字简练、深入浅出，以及理论与实际相结合。全书在阐明基本概念和计算原理的基础上，介绍了工程设计中的实用计算方法，并列举了较多的计算示例。各章后附有本章小结、思考题与习题。

全书由黄平明、梅葵花、王蒂主编。本书的总论、第10、11、12和13章由梅葵花、黄平明编写，第1～9章和第22章由梅葵花编写，第14～21章由王蒂编写。全书由黄平明统稿。

长安大学刘书伟、何湘峰、蔡颖、胡菊、曾胜欢、温巍、袁鑫，参加了本教材的例题核算和插图绘制工作。

限于编者的水平，书中难免有不妥或疏漏之处，敬请读者批评指正，有关意见可寄长安大学本部327信箱（陕西省西安市南二环中段，邮编710064），以便进一步完善。

编　者

2006年9月

目　　录

第2篇　预应力混凝土结构

第3篇　圬 工 结 构

第 4 篇　钢　结　构

第5篇 其他结构

总 论

所谓结构，就是构造物的承重骨架组成部分的统称。构造物的结构是由若干基本构件连接而成的。如桥梁结构是由桥面板、主梁、横梁、墩台、拱、索等基本构件所组成，其中梁、板、拱、索等即为基本构件。

这些构件的形式虽然多种多样，但按其主要受力特点可分为受弯构件、受压构件、受拉构件和受扭构件等典型的基本构件。

在实际工程中，结构及基本构件都是由建筑材料制作成的。根据所使用的建筑材料种类，常用的结构一般可分为：混凝土结构（钢筋混凝土结构和预应力混凝土结构）、钢结构、钢—混凝土组合结构、砖石及混凝土砌体结构（俗称圬工结构）。FRP 是纤维增强聚合物（Fiber Reinforced Polymer）的简称，具有轻质、高强、耐腐蚀等优良性能。FRP 结构是近些年发展起来的一种新材料结构。

《结构设计原理》是讨论工程结构基本构件的受力性能、计算方法及构造设计原理，是学习和掌握桥梁工程和其他道路人工构造物设计的基础。

0.1 学习本课程应注意的问题

通过本课程的学习，应掌握结构基本构件的力学特点、分析计算方法及构造特点。为此，应从以下几个方面予以注意：

(1) 逐步培养“工程思维”方式。《结构设计原理》课程是一门重要的专业技术基础课，是从基础课程如《材料力学》、《结构力学》、《建筑材料》，到专业课如《桥梁工程》的纽带，因此不能用以往学习数学、力学的方法来学习这门课程。在这门课程中，将遇到许多非纯理论性问题，比如某一计算公式，并非由理论推导而来，而可能是以经验、试验为基础得到的；对某一问题的解答，可能并无唯一性，而只存在合理性、经济性；构造方面可能比理论计算更加重要；设计过程往往是一个多次反复的过程等等。这就是说，专业课、技术基础课与基础课有各自的特点，不能照搬以往的思维模式。

(2)《结构设计原理》课程的重要内容是桥涵结构构件设计。桥涵结构设计应遵循技术先进、安全可靠、耐久适用和经济合理的原则。它涉及到方案比较、材料选择、构件选型及合理布置等多方面，是一个多因素的综合性问题。设计结果是否满足要求，主要是看是否符合设计规范要求，并且满足经济性和施工可行性等。

(3) 在学习本课程中要学会应用设计规范。设计规范是国家颁布的关于设计计算和构造要求的技术规定和标准，是具有一定约束性和技术法规性的文件。目前我国交通部颁布使用的公路桥涵设计规范有：《公路桥涵设计通用规范》(JTG D60—2004)、《公路钢筋混凝土及预应力混凝土桥涵设计规范》(JTG D62—2004)、《公路圬工桥涵设计规范》(JTG D61—2005) 和《公路桥涵钢结构和木结构设计规范》(JTJ 025—86) 等。本书中关于基本构件的设计原则、计算公式、计算方法及构造要求，均参照上述设计规范编写。为了表达方便，在本书中将上述设计规范统称为《公桥规》。

由于科学技术水平和工程实践经验是不断发展和积累的，设计规范也必然要不断进行修改和增订，才能适应指导设计工作的需要。因此，在学习本课程时，应掌握各种基本构件的受力性能、强度和变形的变化规律，从而能对目前设计规范的条文概念和实质有正确理解，对计算方法能正确应用，这样才能适应今后设计规范的发展，不断提高自身的设计水平。

0.2 各种工程结构的特点及使用范围

在学习本课程之前，有必要对本课程所涉及到的各类结构有一个初步认识。

1）钢筋混凝土结构

钢筋混凝土结构是由钢筋和混凝土两种材料组成的。钢筋是一种抗拉性能很好的材料；混凝土材料具有较高的抗压强度，而抗拉强度很低。根据构件的受力情况，合理地配置钢筋可形成承载能力较高、刚度较大的结构构件。

钢筋混凝土结构的优点在于就地取材、耐久性较好、刚度大、可模性好等；其缺点在于，由于混凝土抗拉强度很低，构件抗裂性较差，同时由于构件尺寸大，造成自重大，跨越能力受到限制。

钢筋混凝土结构广泛用于房屋建筑、地下结构、桥梁、隧道、水利、港口等工程中。在公路与城市道路工程、桥梁工程中，钢筋混凝土结构主要用于中小跨径桥、涵洞、挡土墙以及形状复杂的中、小型构件等。

2）预应力混凝土结构

预应力混凝土结构由于在构件受荷之前预先对混凝土受拉区施加适当的压应力，因而在正常使用条件下，可以人为地控制截面上的应力，从而延缓裂缝的产生和发展，且可利用高强度钢筋和高强度混凝土，因而减小构件截面尺寸，减轻构件自重，增大跨越能力。若预应力混凝土结构构件控制截面在使用阶段不出现拉应力，则在腐蚀性环境下可保护钢筋免受侵蚀，因此可用于海洋工程结构和有防渗透要求的结构。

预应力技术还可作为装配混凝土构件的一种可靠手段，能很好地将部件装配成整体结构，形成悬臂浇筑和悬臂拼装等不用支架、不影响桥下通航的施工方法。

尽管预应力混凝土结构有上述优点，但由于高强度材料的单价高，施工的工序多，要求有经验、熟练的技术人员和技术工人施工，且要求较多的严格的现场技术监督和检查，因此，不是在任何场合都可以用预应力混凝土来代替普通钢筋混凝土的，而是两者各有合理应用的范围。

3）圬工结构

圬工结构是用胶结材料将砖、天然石料等块材按规则砌筑而成整体的结构，其特点是易于就地取材。当块材采用天然石料时，则具有良好的耐久性。但是，圬工结构的自重一般较大，施工中机械化程度较低。

在公路与城市道路工程和桥梁工程中，圬工结构多用于中小跨径的拱桥、桥墩（台）、挡土墙、涵洞、道路护坡等工程中。

4）钢结构

钢结构一般是由钢厂轧制的型钢或钢板通过焊接或螺栓等连接组成的结构。钢结构由于钢材的强度很高，构件所需的截面积很小，故是自重较轻的结构。钢结构的可靠性高，其基本构件可在工厂中加工制作，机械化程度高，已预制的构件可在施工现场较快地装配连接，故施工效率较高。但相对于混凝土结构而言，钢结构造价较高，而且养护费用也高。

钢结构的应用范围很广，例如，大跨径的钢桥、城市人行天桥、高层建筑、海洋钻井采油平台、钢屋架等。同时，钢结构还常用于钢支架、钢模板、钢围堰、钢挂篮等临时结构中。

此外，随着科学研究和生产的发展，在工程中还出现了多种组合结构和新材料结构，例如，预应力混凝土组合梁、钢—混凝土组合梁、钢管混凝土结构、FRP—混凝土组合结构及FRP结构等。组合结构是利用具有各自材料特点的部件通过可靠的措施使之形成整体受力的构件，从而获得更好的工程效果，因而日益得到广泛应用；FRP结构因具有自重轻、耐腐蚀等优点，近几年来在一些特殊环境条件下日益得到应用。

第1篇　钢筋混凝土结构

第1章　钢筋混凝土概论

1.1　钢筋混凝土结构概述

钢筋混凝土结构是钢筋和混凝土两种力学性能不同的材料组成的结构，且两者能有效地结合在一起共同发挥作用。

混凝土是一种典型的脆性材料，其抗压强度很高，而抗拉强度则很低（约为抗压强度的1/18～1/8）。如果只用混凝土材料制作一根受弯的梁，如图1-1a）所示，则根据材料力学可知，在荷载（包括自重）作用下，梁的上部受压、下部受拉。当荷载达到某一数值 F_c 时，梁下部受拉边缘的拉应变达到混凝土极限拉应变，即出现竖向弯曲裂缝，这时，裂缝处截面的受拉区混凝土退出工作，受压高度减小，即使荷载不再增加，竖向弯曲裂缝也会急速向上发展，导致梁骤然断裂（图1-1b）。这种破坏是很突然的。对应于素混凝土梁受拉区出现裂缝的荷载 F_c，一般称为素混凝土梁的抗裂荷载，也是素混凝土梁的破坏荷载。由此可见，素混凝土梁的承载能力是由混凝土的抗拉强度控制的，而受压混凝土的优越抗压性能则远远未能充分利用。如果要使梁承受更大的荷载，则必须将其截面加大很多，这将是不经济的，有时甚至是不可能的。

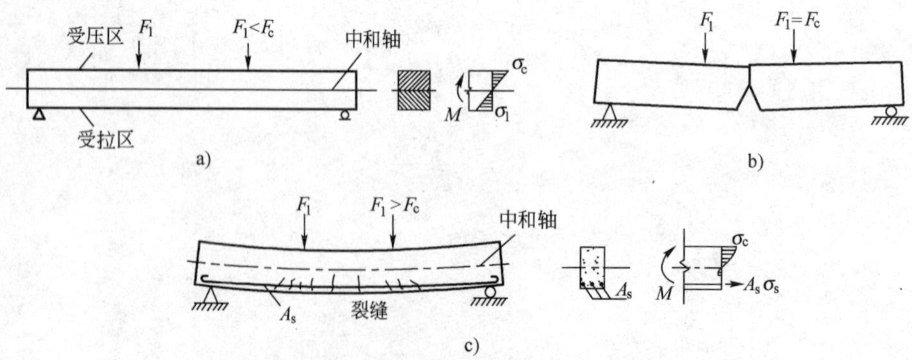

图1-1　素混凝土梁和钢筋混凝土梁

a）受竖向力作用的混凝土梁；b）素混凝土梁的断裂；c）钢筋混凝土梁的开裂

为解决上述矛盾，可采用抗拉强度高的钢筋来加强混凝土梁的受拉区，也就是在混凝土梁的受拉区配置适量的纵向受力钢筋，这就构成了钢筋混凝土梁。试验表明，与素混凝土梁有相同截面尺寸的钢筋混凝土梁承受竖向荷载作用时，当荷载略大于 F_c 时，受拉区混凝土仍会出现裂缝。在出现裂缝的截面处，受拉区混凝土虽退出工作，但配置在受拉区的钢筋将可承担几乎全部的拉力。这时，钢筋混凝土梁不会像素混凝土梁那样立即裂断，而能继续承受荷载作用（图 1-1c），直至受拉钢筋的应力达到屈服强度，裂缝向上延伸，受压区混凝土达到其抗压强度而被压碎，梁才宣告破坏。因此，钢筋混凝土梁中混凝土的抗压强度和钢筋的抗拉强度都得到了充分发挥，其承载能力可较素混凝土梁提高很多，提高的幅度与配置的纵向受拉钢筋数量和强度等有关。

混凝土的抗压强度高，常用于受压构件。若在混凝土中配置受压钢筋和箍筋，构成钢筋混凝土受压构件，试验表明，与截面尺寸及长细比相同的素混凝土受压构件相比，钢筋混凝土受压构件不仅承载能力大为提高，而且受力性能得到改善（图 1-2）。在这种情况下，钢筋的作用主要是协助混凝土共同承受压力。

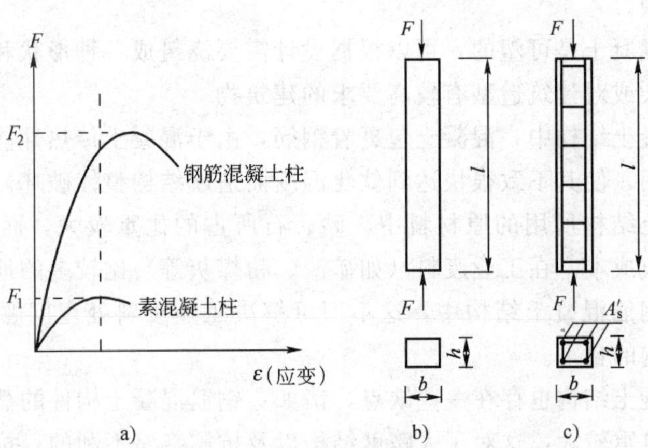

图 1-2　素混凝土和钢筋混凝土轴心受压构件的受力性能比较

a)柱的压力—混凝土应变曲线；b)素混凝土柱；c)钢筋混凝土柱

由上述可知，根据构件受力状况合理配置钢筋，构成钢筋混凝土构件，可以充分利用钢筋和混凝土各自的材料特点，把它们有机地结合在一起共同工作，从而提高构件的承载能力、改善构件的受力性能。

钢筋和混凝土这两种力学性能不同的材料，之所以能有效的结合在一起而共同工作，是基于以下理由：

(1) 混凝土干缩硬化后能产生较大的黏结力（或称握裹力），使钢筋与混凝土能可靠地结合成一个整体，从而在荷载作用下能够很好地共同变形。

(2) 钢筋和混凝土具有大致相同的温度线膨胀系数，钢筋为（1.2×10^{-5}）/℃，混凝土为（$1.0\times10^{-5}\sim1.5\times10^{-5}$）/℃，这样，当温度变化时，不致产生过大的温度应力而破坏两者之间的黏结。

(3) 包围在钢筋外围的混凝土，起着保护钢筋免遭锈蚀的作用，保证结构具有良好的耐久性，这是因为水泥水化作用后，产生碱性反应，在钢筋表面产生一种水泥石质薄膜，可以防止有害介质的直接侵蚀。因此，为了保证结构的耐久性，混凝土应具有较好的密实度，并留有足够厚度的保护层。

1.2 钢筋混凝土结构特点

钢筋混凝土结构问世一百多年来，在世界各国的土木工程中得到广泛的应用，其主要原因在于它具有下述一系列优点：

(1) 在钢筋混凝土结构中，混凝土强度是随时间而不断增长的，同时，钢筋被混凝土所包裹而不致锈蚀，所以，钢筋混凝土结构的耐久性是较好的；此外，还可根据需要，配制具有不同性能的混凝土，以满足不同的耐久性要求。

(2) 钢筋混凝土结构（特别是整体浇筑的结构）的整体性好，其抵抗地震、振动以及强烈冲击作用都具有较好的工作性能。

(3) 钢筋混凝土结构的刚度较大，在使用荷载作用下的变形较小，故可有效地用于对变形有要求的建筑物中。

(4) 新拌和的混凝土是可塑的，可以根据设计需要浇筑成各种形状和尺寸的构件，特别适合于结构形状复杂或对建筑造型有较高要求的建筑物。

(5) 在钢筋混凝土结构中，混凝土包裹着钢筋，由于混凝土传热性能较差，在火灾中将对钢筋起着保护作用，使其不致很快达到软化温度而造成结构整体破坏。

(6) 钢筋混凝土结构所用的原材料中，砂、石所占的比重较大，而砂、石易于就地取材，故可以降低建筑成本。在工业废料（如矿渣、粉煤灰等）比较多的地区，可将工业废料制成人造骨料用于钢筋混凝土结构中，这不但可解决工业废料处理问题，还有利于环境保护，而且可减轻结构的自重。

但是，钢筋混凝土结构也存在一些缺点，诸如：钢筋混凝土构件的截面尺寸一般较相应的钢结构大，因而自重较大，这对于大跨度结构以及抗震都是不利的；抗裂性能较差，在正常使用时往往是带裂缝工作的；施工受气候条件影响较大；现浇钢筋混凝土结构需耗用模板；修补或拆除较困难等等。

钢筋混凝土结构虽有缺点，但毕竟有其独特的优点，所以它的应用极为广泛，无论是桥梁工程、隧道工程、房屋建筑、铁路工程，还是水工结构工程、海洋结构工程等，都已广泛采用。随着钢筋混凝土结构的不断发展，上述缺点已经或正在逐步加以改善，例如，采用轻质高强混凝土以减轻结构自重；采用预制装配结构或工业化的现浇施工方法以节约模板和加快施工速度。

本章小结

本章主要介绍了钢筋混凝土结构的基本概念及结构特点。

思考题与习题

1-1 钢筋和混凝土这两种力学性能不同的材料为何能有效地结合在一起而共同工作？

1-2 钢筋混凝土结构有哪些优点及缺点？

第2章　钢筋混凝土材料

2.1　混　凝　土

2.1.1　混凝土的强度

在设计和施工中常用的混凝土强度可分为立方体强度、轴心抗压强度和轴心抗拉强度等。现分别叙述如下。

1）混凝土立方体抗压强度

混凝土的立方体抗压强度（简称立方体强度）是一种在规定的统一试验方法下衡量混凝土强度的基本指标。混凝土立方体强度不仅与养护时的温度、湿度和龄期等因素有关，而且与试件的尺寸和试验方法也有密切的关系。在通常情况下，试件的上下表面与试验机承压板之间将产生阻止试件向外自由变形的摩阻力，阻滞了裂缝的发展，从而提高了试件的抗压强度。如果在试件的上下表面涂上润滑剂，试验时摩阻力就大为减小。规范中规定采用的是不加润滑剂的试验方法。试验还表明，立方体的尺寸不同，试验时测得的强度也不同，立方体尺寸愈小，摩阻力的影响愈大，测得的强度也愈高。

我国国家标准《普通混凝土力学性能试验方法标准》（GB/T 50081—2002）规定以每边边长为150mm的立方体试件，在标准养护条件下养护28d，依照标准试验方法测得的具有95%保证率的抗压强度值（以MPa计）作为混凝土的立方体抗压强度标准值（$f_{cu,k}$）。我国现行《公桥规》对立方体抗压强度标准值的测定方法与上述国家标准相同。该值也用来表示混凝土的强度等级，并冠以“C”，如C40表示为该级混凝土立方体抗压强度的标准值为40MPa。

在实际工程中，也有采用边长为200mm和边长为100mm的混凝土立方体试件，则所测得的立方体强度应分别乘以换算系数1.05和0.95来折算成边长为150mm的混凝土立方体抗压强度。

2）混凝土轴心抗压强度（棱柱体抗压强度）

通常钢筋混凝土构件的长度比它的截面边长要大得多，因此棱柱体试件（高度大于截面边长的试件）的受力状态更接近于实际构件中混凝土的受力情况。按照与立方体试件相同条件下制作和试验方法测得的具有95%保证率的棱柱体试件的抗压强度值，称为混凝土轴心抗压强度标准值，用符号f_{ck}表示。

试验表明，棱柱体试件的抗压强度较立方体试块的抗压强度低。棱柱体试件高度h与边长b之比愈大，则强度愈低。因此，国家标准《普通混凝土力学性能试验方法标准》（GB/T 50081—2002）规定，混凝土的轴心抗压强度试验以150mm×150mm×300mm的试件为标准试件。

3）混凝土抗拉强度

混凝土抗拉强度（用符号 f_t 表示）和抗压强度一样，都是混凝土的基本强度指标。但是混凝土的抗拉强度比抗压强度低得多，它与同龄期混凝土抗压强度的比值大约在 1/18～1/8，其比值随混凝土抗压强度的增大而减小。

大量试验表明，混凝土的抗拉强度不仅与试件大小、形状及养护条件有关，还与试验方法有密切关系。测定混凝土轴心抗拉强度的常用方法有两种：直接轴向拉伸试验和劈裂试验。

采用直接轴向拉伸试验时，试件可采用在两端预埋钢筋的混凝土棱柱体（图 2-1）。试验时用试验机的夹具夹紧试件两端外伸的钢筋施加拉力，破坏时试件在没有钢筋的中部截面被拉断，其平均拉应力即为混凝土的轴心抗拉强度。

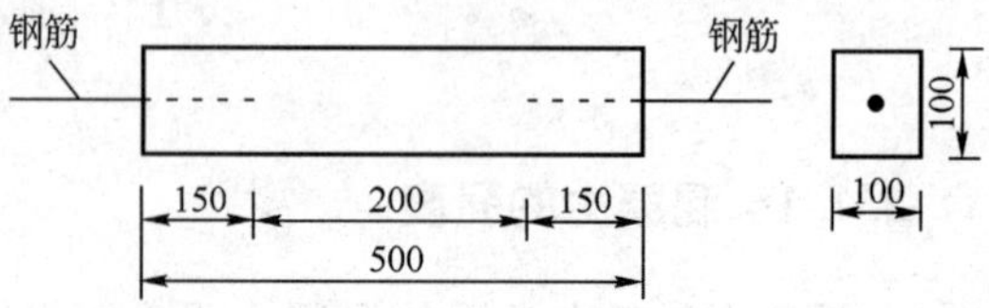

图 2-1　混凝土抗拉强度试验试件（尺寸单位：mm）

用上述方法测定混凝土抗拉强度时，保持试件轴心受拉很重要，但安装试件时很难避免较小的歪斜和偏心，因此目前国内外常采用立方体或圆柱体的劈裂试验来测定混凝土的轴心抗拉强度，如图 2-2 所示。

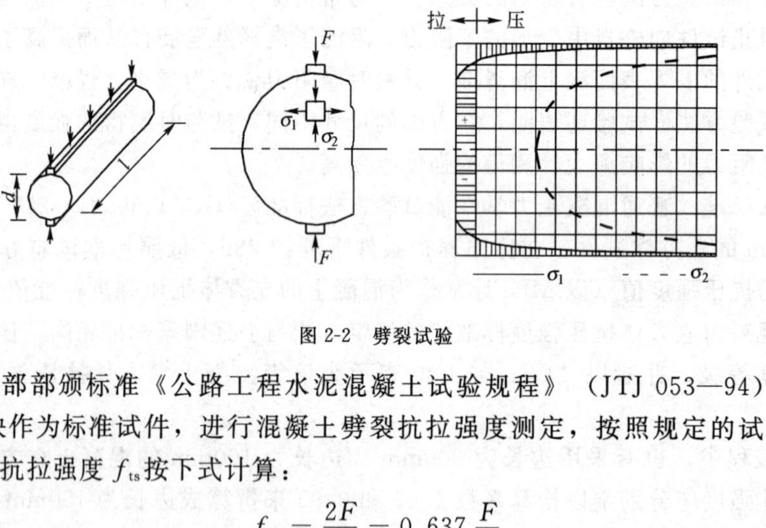

图 2-2　劈裂试验

我国交通部部颁标准《公路工程水泥混凝土试验规程》（JTJ 053—94）规定，采用 150mm 立方块作为标准试件，进行混凝土劈裂抗拉强度测定，按照规定的试验方法操作，则混凝土劈裂抗拉强度 f_{ts} 按下式计算：

$$f_{ts} = \frac{2F}{\pi A} = 0.637\,\frac{F}{A} \tag{2-1}$$

式中：f_{ts}——混凝土劈裂抗拉强度，MPa；

F——劈裂破坏荷载；

A——试件劈裂面面积，mm^2。

采用上述试验方法测得的混凝土劈裂抗拉强度值换算成轴心抗拉强度时，应乘以换算系数 0.9，即 $f_t = 0.9 f_{ts}$。

4）复合应力状态下的混凝土强度

在钢筋混凝土结构中，构件通常受到轴力、弯矩、剪力及扭矩等不同组合情况的作用，因此，混凝土更多的是处于双向或三向受力状态。在复合应力状态下，混凝土的强度有明显变化。

（1）双向应力状态

对于双向正应力状态，如在两个互相垂直的平面上，作用着法向应力 σ_1 和 σ_2，第三个平面上的法向应力为零。双向应力状态下混凝土强度的变化曲线如图 2-3 所示，其强度变化特点如下：

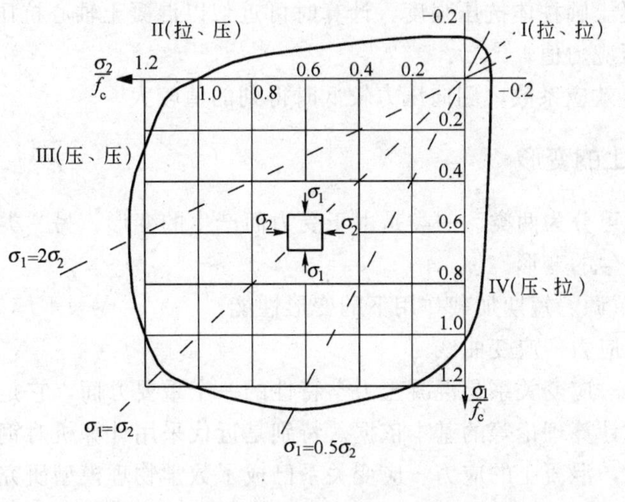

图 2-3　双向应力状态下混凝土强度变化曲线

①当双向受压时（图 2-3 中第三象限），一向的混凝土强度随着另一向压应力的增加而增加。

②当双向受拉时（图 2-3 中第一象限），一向的抗拉强度与另一向拉应力大小无关，即双向受拉的混凝土抗拉强度接近于单向抗拉强度。

③当一向受拉、一向受压时（图 2-3 中第二、四象限），混凝土的强度均低于单向受力（压或拉）的强度。

当法向应力（拉或压）和剪应力形成压剪或拉剪复合应力状态时，其强度变化曲线如图 2-4 所示，图中的曲线表明，混凝土的抗压强度由于剪应力的存在而降低；当 $\sigma/f_c <$（0.5～0.7）时，抗剪强度随压应力的增大而增大；当 $\sigma/f_c >$（0.5～0.7）时，抗剪强度随压应力的增大而减小。

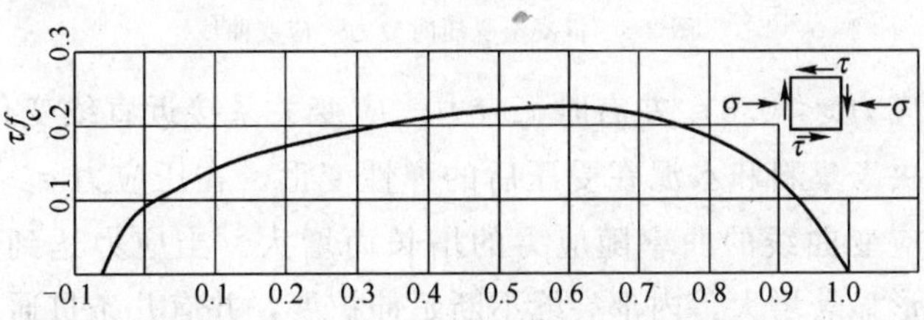

图 2-4　法向应力与剪应力组合时的强度曲线

（2）三向应力状态

三向应力状态下混凝土的强度比双向应力时更加复杂，这里只讨论三向受压的情况。

当混凝土圆柱体三向受压时，混凝土的轴心抗压强度随另外两向压应力增加而增加，并且混凝土的极限应变也大大增加。混凝土圆柱体三向受压的轴心抗压强度 f_{cc} 与侧压应力 σ_2 之间的关系，可以用下列线性经验公式表达：

$$f_{cc} = f'_c + k\sigma_2 \tag{2-2}$$

式中：f_{cc}——三向受压时圆柱体的混凝土轴心抗压强度；

f'_c——混凝土圆柱体抗压强度，计算时可近似以混凝土轴心抗压强度 f_c 代之；

σ_2——侧压应力值；

k——侧压效应系数，侧向压力较低时得到的值较大。

2.1.2 混凝土的变形

混凝土的变形可分为两类。一类是由于受力而产生的变形；另一类与受力无关，由收缩和温湿度变化而产生的变形。

1）混凝土在单调、短期加载作用下的变形性能

（1）混凝土的应力－应变曲线

混凝土的应力－应变关系是混凝土力学特性的一个重要方面，它是建立钢筋混凝土构件的承载能力和变形计算理论等的基本依据。特别是近代采用计算机对钢筋混凝土结构进行有限元非线性分析时，混凝土的应力－应变关系已成了数学物理模型研究必不可少的依据。

一般取棱柱体试件来测试混凝土的应力－应变曲线。混凝土试件受压时典型的应力－应变曲线如图 2-5 所示，完整的混凝土轴心受压应力－应变曲线由上升段 OC、下降段 CD 和收敛段 DE 三个阶段组成。

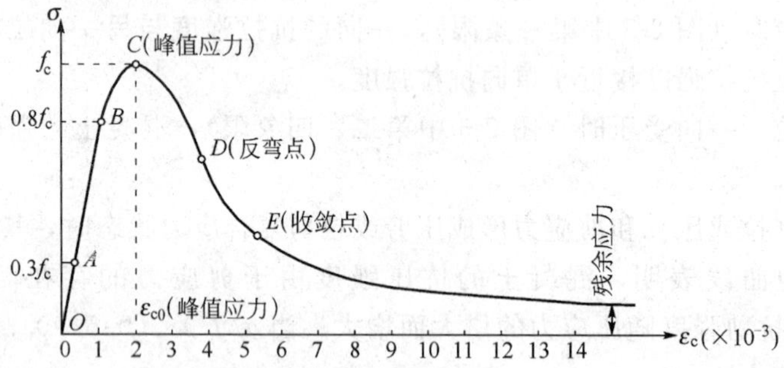

图 2-5 混凝土受压时应力—应变曲线

上升段：当压应力 $\sigma < 0.3f_c$ 左右时，应力－应变关系接近直线变化（OA 段），此时混凝土的变形主要取决于集料和水泥在受压后的弹性变形。在压应力 $\sigma \geqslant 0.3f_c$ 后，塑性变形渐趋明显，应力—应变曲线的曲率随应力的增长而增大。当应力达到 $0.8f_c$（B 点）左右后，混凝土塑性变形显著增大，内部裂缝不断延伸扩展，并有几条贯通，应力－应变曲线斜率急剧减小。当应力达到最大应力 $\sigma = f_c$ 时（C 点），应力－应变曲线的斜率已接近于水平，试件表面出现不连续的可见裂缝。

下降段：到达峰值应力点 C 后，混凝土的强度并不完全消失，随着应力 σ 的减少（卸载），应变仍然增加，曲线下降坡度较陡，混凝土表面裂缝逐渐贯通。

收敛段：在反弯点 D 之后，应力下降的速率减慢，趋于稳定的残余应力。

对于没有侧向约束的混凝土，收敛段没有实际意义，所以通常只注意混凝土轴心受压应力—应变曲线的上升段 OC 和下降段 CD，而最大应力值 f_c 及相应的应变值 ε_{c0} 以及 D 点的应变值（称极限压应变值 ε_{cu}）成为曲线的三个特征值。对于均匀受压的棱柱体试件，其压应力达到 f_c 时，混凝土就不能承受更大的压力，成为结构构件计算时混凝土强度的主要指标。与 f_c 相对应的应变 ε_{c0} 随混凝土强度等级而异，约在（1.5～2.5）$\times10^{-3}$ 间变动，通常取其平均值为 $\varepsilon_{c0}=2.0\times10^{-3}$。应力—应变曲线中相应于 D 的混凝土极限压应变 ε_{cu} 约为（3.0～5.0）$\times10^{-3}$。

混凝土的一次短期加荷轴心受拉应力—应变曲线与轴心受压类似，但比受压应力—应变曲线的曲率变化小，受拉极限应变 $\varepsilon_c=0.0001\sim0.00015$，仅为受压极限应变的 1/20～1/15，这也是混凝土受拉时容易开裂的原因。

影响混凝土应力—应变曲线的因素很多，诸如混凝土的强度、组成材料的性质、配合比、龄期、试验方法以及箍筋约束等。试验表明，混凝土强度对其应力—应变曲线有一定影响，如图 2-6 所示，对于上升段，混凝土强度的影响较小；对于下降段，混凝土强度则有较大影响，混凝土强度愈高，应力—应变曲线下降愈剧烈，延性也就愈差（延性是材料承受变形的能力）。加荷速度也影响着混凝土应力—应变曲线的形状，应变速率愈小，则峰值应力 f_c 降低，ε_{c0} 增大，下降段曲线坡度显著地减缓。

（2）混凝土的弹性模量、变形模量

在实际工程中，为了计算结构的变形、混凝土及钢筋的应力分布和预应力损失等，都必须要有一个材料常数——弹性模量。而混凝土的应力与应变的比值并非一个常数，是随着混凝土的应力变化而变化，所以混凝土弹性模量的取值比钢材复杂得多。

混凝土的弹性模量有三种表示方法（图 2-7）。

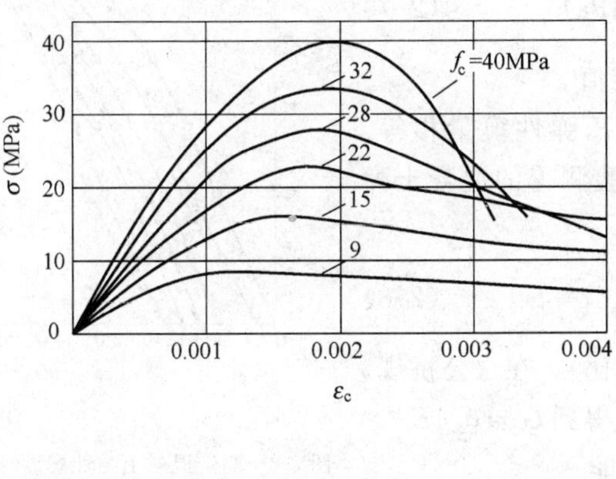

图 2-6　强度等级不同的混凝土的应力—应变曲线

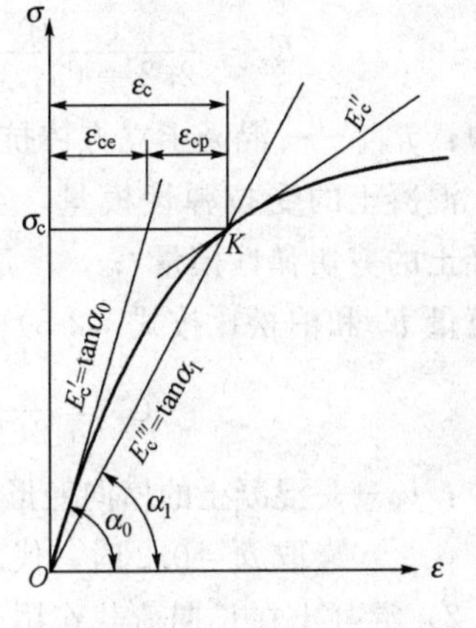

图 2-7　混凝土变形模量的表示方法

①原点弹性模量

在混凝土受压应力—应变曲线的原点作切线，该切线的斜率即为原点弹性模量，即：

$$E'_c=\frac{\sigma}{\varepsilon_{ce}}=\tan\alpha_0 \tag{2-3}$$

②切线模量

在混凝土应力—应变曲线上某一应力 σ_c 处作一切线，该切线的斜率即为相应于应力 σ_c 时的切线模量，即：

$$E''_c = \frac{d\sigma}{d\varepsilon} \tag{2-4}$$

③变形模量

连接混凝土应力—应变曲线的原点 O 及曲线上某一点 K 作割线，K 点混凝土应力为 σ_c，则该割线（OK）的斜率即为变形模量，也称割线模量或弹塑性模量，即：

$$E'''_c = \tan\alpha_1 = \frac{\sigma_c}{\varepsilon_c} \tag{2-5}$$

在某一应力 σ_c 下，混凝土应变 ε_c 由弹性应变 ε_{ce} 和塑性应变 ε_{cp} 组成，于是混凝土的变形模量与原点弹性模量的关系为

$$E'''_c = \frac{\sigma_c}{\varepsilon_c} = \frac{\varepsilon_{ce}}{\varepsilon_c} \cdot \frac{\sigma_c}{\varepsilon_{ce}} = \gamma E'_c \tag{2-6}$$

式中的 γ 为弹性特征系数，即 $\gamma = \varepsilon_{ce}/\varepsilon_c$。弹性特征系数 γ 与应力值有关，当 $\sigma_c \leqslant 0.5f_c$ 时，$\gamma = 0.8 \sim 0.9$；当 $\sigma = 0.9f_c$ 时，$\gamma = 0.4 \sim 0.8$。一般情况下，混凝土强度愈高，γ 值愈大。

目前我国《公桥规》中给出的弹性模量 E_c 值是用下述方法测定的：试验采用棱柱体试件，先加荷至应力上限 $\sigma = 0.5f_c$，然后卸荷至零，再重复加荷、卸荷 5～10 次。由于混凝土不是弹性材料，每次卸荷至应力为零时，变形不能全部恢复，存在残余变形。随着加荷、卸荷次数的增加，应力—应变曲线渐趋于稳定，并基本上接近于直线（图 2-8）。该直线的斜率即作为混凝土弹性模量的取值。

根据不同等级混凝土弹性模量试验值的统计分析，E_c 的经验公式为：

$$E_c = \frac{10^5}{2.2 + (34.74/f_{cu,k})} \text{(MPa)} \tag{2-7}$$

式中：$f_{cu,k}$——混凝土立方体抗压强度标准值。

混凝土的受拉弹性模量，可认为与受压弹性模量相等。混凝土的剪切弹性模量 G_c，一般可根据试验测得的混凝土弹性模量 E_c 和泊松比按式（2-8）确定：

$$G_c = \frac{E_c}{2(1 + \mu_c)} \tag{2-8}$$

式中：μ_c——混凝土的横向变形系数（泊松比），在《公桥规》取 $\mu_c = 0.2$ 时，代入式（2-8）得到 $G_c = 0.4E_c$。

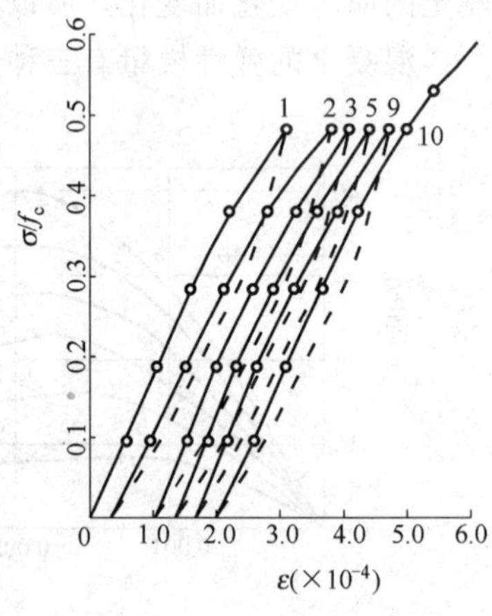

图 2-8　测定混凝土弹性模量的方法

2）混凝土在长期荷载作用下的变形性能

在荷载的长期作用下，混凝土的变形将随时间而增加，亦即在应力不变的情况下，混凝土的应变随时间继续增长，这种现象被称为混凝土的徐变。混凝土徐变变形是在持久作用下混凝土结构随时间推移而增加的应变。

图 2-9 为 100mm×100mm×400mm 的棱柱体试件在相对湿度为 65%、温度为 20℃、承受 $\sigma = 0.5f_c$ 压应力并保持不变的情况下变形与时间的关系曲线。

由图 2-9 可见，24 个月的徐变变形 ε_{cc} 约为加荷时立即产生的瞬时弹性变形 ε_{ci} 的 2～4

倍，前期徐变变形增长很快，6 个月可达到最终徐变变形的 70%～80%，以后徐变变形增长逐渐缓慢。从图 2-9 还可以看到，由 B 点卸荷后，应变会恢复一部分，其中立即恢复的一部分应变被称为混凝土瞬时恢复弹性应变 ε_{cir}；再经过一段时间（约 20d）后才逐渐恢复的那部分应变被称为弹性后效 ε_{chr}；最后剩下的不可恢复的应变称为残余应变 ε_{cp}。

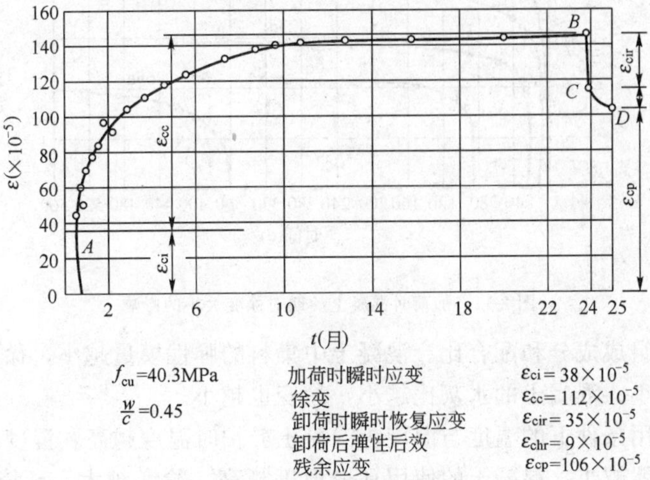

图 2-9　混凝土的徐变曲线

影响混凝土徐变的因素很多，其主要因素有：

(1) 混凝土在长期荷载作用下产生的应力大小。图 2-10 表明，当压应力 $\sigma\leqslant0.5f_c$ 时，徐变大致与应力成正比，各条徐变曲线的间距差不多是相等的，被称为线性徐变。线性徐变在加荷初期增长很快，一般在两年左右趋于稳定，三年左右徐变即告基本终止。

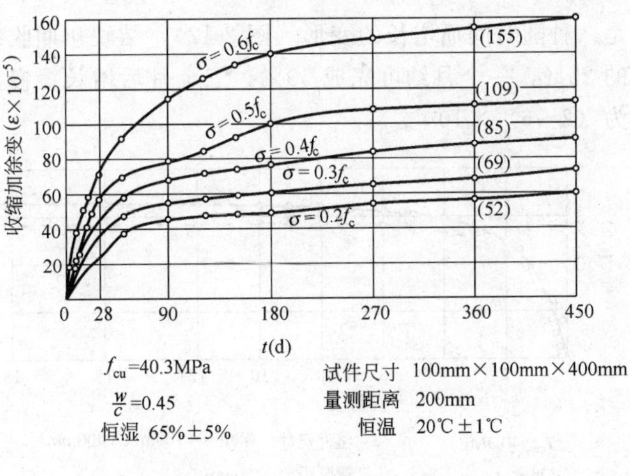

图 2-10　压应力与徐变的关系

当压应力 σ 介于（0.5～0.8）f_c 之间时，徐变的增长较应力的增长为快，这种情况称为非线性徐变。

当压应力 $\sigma>0.8f_c$ 时，混凝土的非线性徐变往往是不收敛的。

(2) 加荷时混凝土的龄期。加荷时混凝土龄期越短，则徐变越大（图 2-11）。

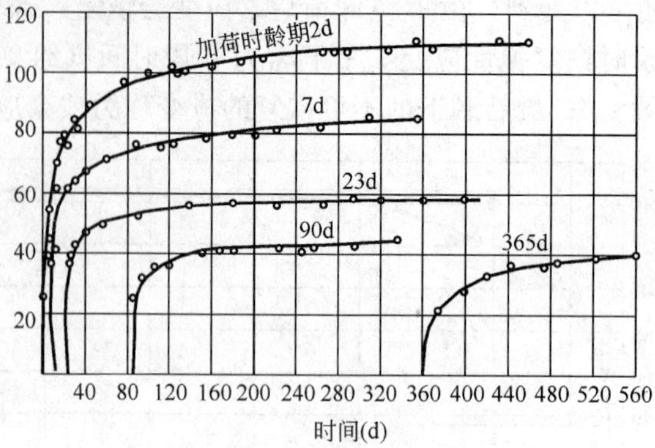

图 2-11　加荷时混凝土龄期对徐变大小的影响

(3) 混凝土的组成成分和配合比。混凝土中集料的弹性模量越小，徐变越大；集料的体积比越大，徐变越小；混凝土的水灰比越小，徐变也越小。

(4) 养护和使用条件下的温度与湿度。混凝土养护时温度越高，湿度越大，水泥水化作用就越充分，徐变就越小。混凝土的使用环境温度越高，徐变越大；环境的相对湿度越低，徐变也越大，因此高温干燥环境将使徐变显著增大。

(5) 构件尺寸。构件尺寸越大，体表比越大，徐变就越小。

3) 混凝土的收缩

混凝土在空气中结硬时体积随时间推移而减小的现象称为收缩。混凝土在不受力情况下的这种自由变形，在受到外部或内部（钢筋）约束时，将产生混凝土拉应力，甚至使混凝土开裂。

混凝土的收缩是一种随时间而增长的变形（图 2-12）。结硬初期收缩变形发展很快，两周可完成全部收缩的 25%，一个月约可完成 50%，三个月后增长缓慢，一般两年后趋于稳定，最终收缩值约为（2～6）$\times10^{-4}$。

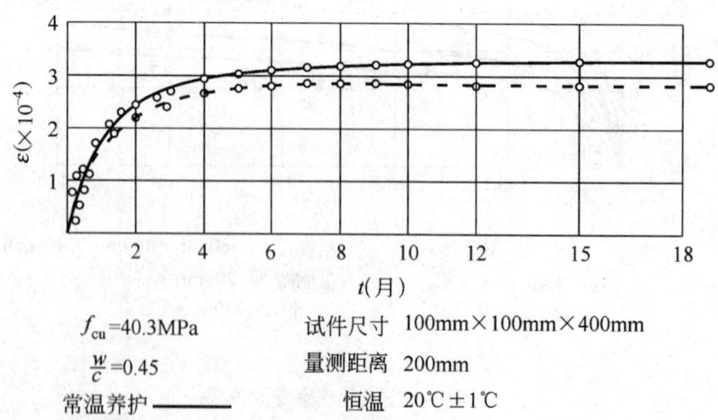

图 2-12　混凝土的收缩变形与时间关系

混凝土的组成和配比是影响混凝土收缩的重要因素。水泥的用量越多，水灰比较大，收缩就越大。集料的级配好、密度大、弹性模量高、粒径大能减小混凝土的收缩。这是因为集料对水泥石的收缩有制约作用，粗集料所占体积比越大、强度越高，对收缩的制约作用就越大。

由于干燥失水是引起收缩的重要原因，所以构件的养护条件、使用环境的温度与湿度、以及影响混凝土中水分保持的因素，都对混凝土的收缩有影响。高温湿养（蒸汽养护）可加快水化作用，使可供蒸发的自由水分较少，因而使收缩减少（图 2-12）。使用环境的温度越高，相对湿度较低，收缩就越大。

混凝土的最终收缩量还和构件的体表比有关，因为这个比值决定着混凝土中水分蒸发的速度。体表比较小的构件如工字形、箱形薄壁构件，收缩量较大，而且发展也较快。如果浸泡在水中养生则不会发生收缩现象，甚至还会略有增长。

2.2 钢　　筋

2.2.1 钢筋的强度与变形

钢筋的力学性能有强度和变形（包括弹性变形和塑性变形）等。单向拉伸试验是确定钢筋力学性能的主要手段。通过试验可以看到，钢筋的拉伸应力—应变关系曲线可分为两大类，即有明显流幅（图 2-13）和没有明显流幅的（图 2-14）。

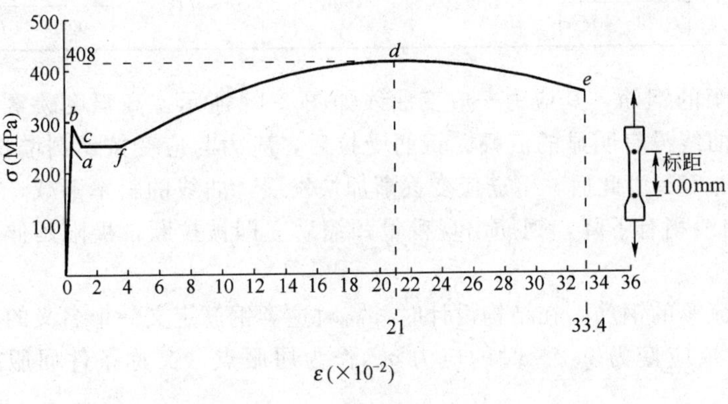

图 2-13　有明显流幅的钢筋应力—应变曲线

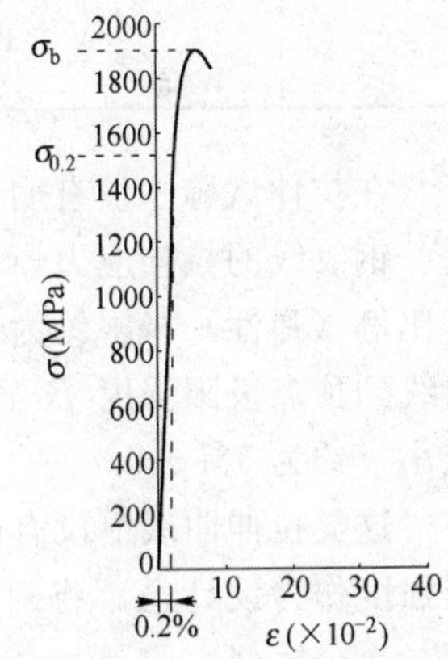

图 2-14　没有明显流幅的钢筋应力—应变曲线

图 2-13 为有明显流幅的钢筋拉伸应—应变曲线。在达到比例极限 a 点之前，材料处于弹性阶段，应力与应变的比值为常数，即为钢筋的弹性模量 E_s。此后应变比应力增加快，到达 b 点进入屈服阶段，即应力不增加，应变却继续增加很多，应力—应变曲线图形接近水平线，称为屈服台阶（或流幅）。对于有屈服台阶的钢筋来讲，有两个屈服点，即屈服上限（b 点）和屈服下限（c 点）。屈服上限受试验加载速度、表面光洁度等因素影响而波动；屈服下限则较稳定，故一般以屈服下限为依据，称为屈服强度。过了 f 点后，材料又恢复部分弹性进入强化阶段，应力—应变关系表现为上升的曲线，到达曲线最高点 d，d 点的应力

称为极限强度。过了 d 点后，试件的薄弱处发生局部"颈缩"现象，应力开始下降，应变仍继续增加，到 e 点后发生断裂，e 点所对应的应变（用百分数表示）称为伸长率，用 δ_{10} 或 δ_5 表示（分别对应于量测标距为 $10d$ 或 $5d$，d 为钢筋直径）。

有明显流幅的钢筋拉伸时的应力—应变曲线显示了钢筋主要物理力学指标，即屈服强度、抗拉极限强度和伸长率。屈服强度是钢筋混凝土结构计算中钢筋强度取值的主要依据，把屈服强度与抗拉极限强度的比值称为屈强比，它可以代表材料的强度储备，一般屈强比要求不大于 0.8。伸长率是衡量钢筋拉伸时的塑性指标。

表 2-1 为我国国家标准对钢筋混凝土结构所用普通热轧钢筋（具有明显流幅）的机械性能作出的规定。

普通热轧钢筋机械性能的规定 表 2-1

品种		强度等级代号	直径 (mm)	屈服应力 σ_s (MPa)	抗拉强度 σ_b (MPa)	伸长率 δ_5 (%)	冷弯 D=弯心直径 d=钢筋直径
外形	强度级别			不小于			
光圆钢筋	I	R235	8～20	235	370	25	180°$D=d$
带肋钢筋	II	HRB335	6～25	335	490	16	180°$D=3d$
			28～50				180°$D=4d$
	III	HRB400	6～25	400	570	14	180°$D=4d$
			28～50				180°$D=5d$
		KL400	8～25	440	600	14	90°$D=3d$
			28～40				90°$D=4d$

在拉伸试验中没有明显流幅的钢筋，其应力—应变曲线如图 2-14 所示。高强度碳素钢丝、钢绞线的拉伸应力—应变曲线没有明显的流幅。钢筋受拉后，应力与应变按比例增长，其比例（弹性）极限约为 $\sigma_e=0.75\sigma_b$。此后，钢筋应变逐渐加快发展，曲线的斜率渐减，当曲线到顶点极限强度 f_b 后，曲线稍有下降，钢筋出现少量颈缩后立即被拉断，极限延伸率较小，约为 5%～7%。

这类拉伸曲线上没有明显流幅的钢筋，在结构设计时，需对这类钢筋定义一个名义的屈服强度作为设计值。将对于残余应变为 0.2%时的应力 $\sigma_{0.2}$ 作为屈服点（又称条件屈服强度），《公桥规》取 $\sigma_{0.2}=0.85\sigma_b$。

2.2.2 钢筋的成分、级别和品种

我国钢材按化学成分可分为碳素钢和普通低合金钢两大类。

碳素钢除含铁元素外，还有少量的碳、锰、硅、磷等元素。其中含碳量愈高，钢筋的强度愈高，但钢筋的塑性和可焊性愈差。一般把含碳量少于 0.22%的称为低碳钢；含碳量在 0.25%～0.6%的称为中碳钢；含碳量大于 0.6%的称为高碳钢。

在碳素钢的成分中加入少量合金元素就成为普通低合金钢，如 20MnSi、20MnSiV、20 MnTi等，其中名称前面的数字代表平均含碳量（以万分之一计）。由于加入了合金元素，普通低合金钢虽含碳量高，强度高，但是其拉伸应力—应变曲线仍具有明显的流幅。

我国《公桥规》对钢筋混凝土结构使用的普通钢筋按照强度分为 3 个强度等级（表 2-1）。

普通钢筋按照外形特征可分为热轧光圆钢筋和热轧带肋钢筋（图 2-15）。热轧带肋钢筋的圆周表面带有两条纵肋和沿长度方向均匀分布的横肋，其中横肋斜向一个方向而成螺纹开的称为螺纹钢筋（图 2-15b）；横肋斜向不同方向而呈“人”字形的，称为人字形钢筋（图 2-15c）。纵肋与横肋不相交且横肋为月牙形状的，称为月牙纹钢筋（图 2-15d）。

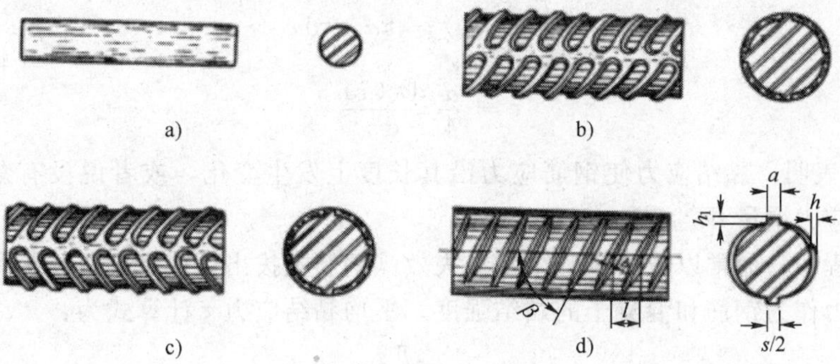

图 2-15　热轧钢筋的外形

a）光圆钢筋；b）螺纹钢筋；c）人字形钢筋；d）月牙形钢筋

2.3　钢筋与混凝土之间的共同作用

在钢筋混凝土结构中，钢筋和混凝土这两种材料之所以能共同工作，主要是依靠钢筋和混凝土之间的黏结强度。钢筋受力后在沿钢筋与混凝土接触面上将产生剪应力，通常把这种剪应力称为黏结应力。

2.3.1　黏结的作用

黏结强度的测定通常采用拔出试验。图 2-16 为钢筋一端埋置在混凝土试件中，在钢筋伸出端施加拉拔力的拔出试验示意图。

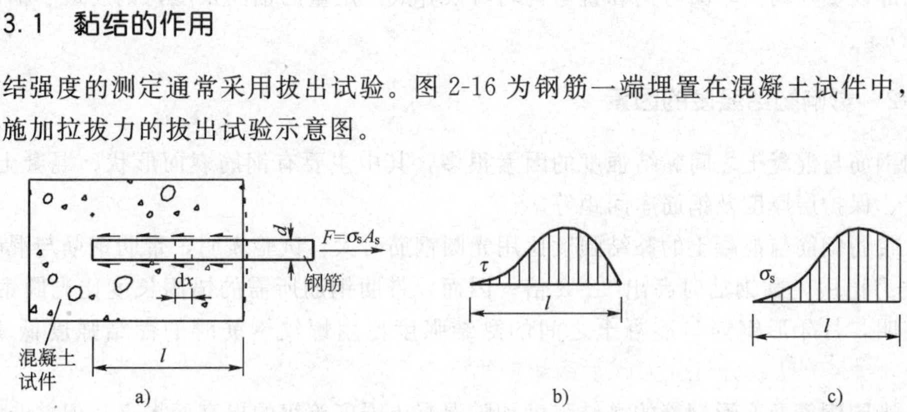

图 2-16　光圆钢筋的拔出试验

a）试验示意图；b）黏结应力分布图；c）钢筋应力分布图

试件端部以外，全部作用力 F 由钢筋（其面积设为 A_s）负担，故钢筋的应力 $\sigma_s=F/A_s$，相应的应变为 $\varepsilon_s=\sigma_s/E_s$，$E_s$ 为钢筋的弹性模量。而试件端面混凝土的应力 $\sigma_c=0$，应

变 $\varepsilon_c=0$。钢筋与混凝土之间有应变差，应变差导致两者之间产生黏结应力 τ，通过 τ 将钢筋的拉力逐渐向混凝土传递。随着距试件端部截面距离的增大，钢筋应力 σ_s（相应的应变 ε_s）减小，混凝土的拉应力 σ_c（相应的应变 ε_c）增大，二者之间的应变差逐渐减小，直到距试件端部截面为 l 处钢筋和混凝土的应变相同，无相对滑移，$\tau=0$。

自试件端部 $x<l$ 区段内取出长度为 dx 的微段，设钢筋直径为 d，截面积 $A_s=\pi d^2/4$，钢筋应力为 σ_s（x），其应力增量为 $d\sigma_s$（x），则由 dx 微段的平衡可得到：

$$\frac{\pi d^2}{4}\mathrm{d}\sigma_s(x)=\pi d\cdot\tau\mathrm{d}x$$

或

$$\tau=\frac{d}{4}\frac{\mathrm{d}\sigma_s(x)}{\mathrm{d}x} \tag{2-9}$$

式（2-9）表明，黏结应力使钢筋应力沿其长度上发生变化，或者说没有黏结应力 τ 就不会产生钢筋应力增量 $d\sigma_s$（x）。

在实际工程中，通常以拔出试验中黏结失效（钢筋被拔出，或者混凝土被劈裂）时的最大平均黏结应力作为钢筋和混凝土的黏结强度。平均黏结应力 τ 计算式为：

$$\bar{\tau}=\frac{F}{\pi dl} \tag{2-10}$$

式中：F——拉拔力；

d——钢筋直径；

l——钢筋埋置长度。

很明显，钢筋锚固长度应满足这样的条件：当钢筋屈服时而钢筋与混凝土的黏结尚未破坏，即：

$$l\geqslant\sigma_s d/(4\tau) \tag{2-11}$$

为防止钢筋与混凝土的相对滑动，除应保证钢筋在混凝土中有一定的锚固长度外，也可在钢筋端部设置弯钩。半圆弯钩和直弯钩均可换算成一定量的锚固长度，钢筋最小锚固长度见附表 2-7。

2.3.2 影响黏结强度的因素

影响钢筋与混凝土之间黏结强度的因素很多，其中主要有钢筋表面形状、混凝土强度、浇筑位置、保护层厚度及钢筋净间距等。

（1）带肋钢筋与混凝土的黏结强度比用光圆钢筋时大。试验表明，带肋钢筋与混凝土之间的黏结力比用光圆钢筋时高出 2～3 倍。因而，带肋钢筋所需的锚固长度比光圆钢筋短。试验还表明，月牙形钢筋与混凝土之间的黏结强度比用螺纹钢筋时的黏结强度低 10%～15%。

（2）光圆钢筋及变形钢筋的黏结强度均随混凝土强度等级的提高而提高，但并非线性关系。试验表明，当其他条件基本相同时，黏结强度与混凝土抗拉强度 f_t 大致成正比。

（3）黏结强度与浇筑混凝土时钢筋所处的位置有明显关系。混凝土浇筑后有下沉及泌水现象。处于水平位置的钢筋，直接位于其下面的混凝土，由于水分、气泡的逸出及混凝土的下沉，并不与钢筋紧密接触，形成了间隙层，从而削弱了钢筋与混凝土间的黏结作用。

（4）钢筋混凝土构件截面上有多根钢筋并列一排时，钢筋之间的净距对黏结强度有重要影响。若净距不足，钢筋外围混凝土将可能发生在钢筋位置水平面上贯穿整个梁宽的劈裂裂缝。梁截面上一排钢筋的根数越多、净距越小，黏结强度降低就愈多。

(5) 混凝土保护层厚度对黏结强度有着重要影响。特别是采用带肋钢筋时，若混凝土保护层太薄时，则容易发生沿纵向钢筋方向的劈裂裂缝，并使黏结强度显著降低。

此外，横向构件（如梁中的箍筋）可以延缓径向劈裂裂缝的发展和限制劈裂裂缝的宽度，从而可以提高黏结强度。

本章小结

本章分别从强度、变形等方面阐述了组成钢筋混凝土材料的混凝土和钢筋的特性，并对钢筋与混凝土共同作用机理作了简要说明。

本章学习中应了解或掌握以下几个方面的内容：

(1) 混凝土的强度指标及其获得的方法；

(2) 混凝土的应力—应变关系曲线，弹性模量取值方法；

(3) 混凝土的收缩徐变；

(4) 两类钢材的变形特征及设计强度取值方法；

(5) 锚固长度的意义；

(6) 钢筋混凝土结构对混凝土与钢筋的基本要求。

思考题与习题

2-1 试解释以下名词：混凝土立方体抗压强度；混凝土轴心抗压强度；混凝土抗拉强度；混凝土劈裂抗拉强度。

2-2 混凝土轴心受压的应力—应变曲线有何特点？影响混凝土轴心受压应力—应变曲线有哪几个因素？

2-3 什么叫做混凝土的徐变？影响混凝土徐变有哪些主要原因？

2-4 普通热轧钢筋的拉伸应力—应变关系曲线有什么特点？《公桥规》规定使用的普通热轧钢筋有哪些强度级别？

2-5 什么是钢筋和混凝土之间黏结应力和黏结强度？为保证钢筋和混凝土之间有足够的黏结力要采取哪些措施？

第3章 概率极限状态设计方法

结构物的可靠度与经济性在很大程度上取决于设计方法。自19世纪末钢筋混凝土结构在土木建筑工程中出现以来，随着生产实践的经验积累和科学研究的不断深入，钢筋混凝土结构的设计方法也在不断地发展。

最早的钢筋混凝土结构设计理论是采用以弹性理论为基础的容许应力计算法。这种方法要求在规定的标准荷载作用下，按弹性理论计算得到的构件截面任一点的应力不大于规定的容许应力。容许应力是由材料强度除以安全系数求得，安全系数则根据工程经验和主观判断来确定。

20世纪30年代出现了考虑钢筋混凝土塑性性能的破坏阶段计算方法。这种方法以考虑了材料塑性性能的结构构件承载力为基础，要求按材料平均强度计算的承载力必须大于计算的荷载产生的内力。计算的最大荷载是由规定的标准荷载乘以单一的安全系数而得出的。安全系数仍根据工程经验和主观判断来确定。

随后，由于对荷载和材料强度的变异性进行了研究，在20世纪50年代又提出了极限状态计算法。极限状态计算法是破坏阶段计算法的发展，它规定了结构的极限状态，并把单一安全系数改为三个分项系数，即荷载系数、材料系数和工作条件系数，故又称为“三系数法”。三系数法把不同的荷载、不同的材料以及不同构件的受力性质等，都用不同的系数区别开来，使不同的构件具有比较一致的可靠度，而部分荷载系数和材料系数基本上是根据统计资料用概率方法确定的。因此，这种计算方法被称为半经验、半概率的极限状态设计法。我国原《公桥规》(1985) 采用的就是这种方法。

20世纪70年代以来，国际上以概率论和数理统计为基础的结构可靠度理论逐步在土木工程领域得到应用，并在统一各种结构的基本设计原则方面取得显著的进展。在学习国外科技成果和总结我国工程实践经验的基础上，我国于1999年正式发布《公路工程结构可靠度设计统一标准》(GB/T 50283—1999)。《公路工程结构可靠度设计统一标准》(GB/T 50283—1999) 全面引入了结构可靠性理论，把影响结构可靠性的各种因素均视为随机变量，以大量现场实测资料和试验数据为基础，运用统计数学的方法，寻求各变量的统计规律，确定结构的失效概率（可靠度）来度量结构的可靠性，通常称为“可靠度设计法”，而将其应用于结构的极限状态设计则称为“概率极限状态设计法”。该标准明确提出以结构可靠性理论为基础的概率极限状态设计法作为公路工程结构设计的总原则。

当前，国际上将结构概率设计法按精确程度不同分为如下三个水准。

1) 水准I——半概率设计法

这一水准设计方法虽然在荷载和材料强度上分别考虑了概率原则，但它把荷载和抗力分开考虑，并没有从结构构件的整体性出发考虑结构的可靠度，因而无法触及结构可靠度的核心——结构的失效概率，并且各分项系数主要依靠工程经验确定，所以称其为半概率设计法。

2）水准 II——近似概率设计法

这是目前在国际上已经进入实用阶段的概率设计法。它运用概率论和数理统计，对工程结构、构件或截面设计的“可靠概率”，作出较为近似的相对估计。《公路工程结构可靠度设计统一标准》（GB/T 50283－1999）确定的一次二阶矩阵极限状态设计法即属于这一水准的设计方法。该概率方法，在分析中忽略了或简化了基本变量随时间变化的关系；确定基本变量的分布时受现有信息量限制而具有相当的近似性；并且，为了简化设计计算，将一些复杂的非线性极限状态方程线性化，所以它仍然只是一种近似的概率法。不过，在现阶段它确实是一种处理结构可靠度的比较合理且可行的方法。

3）水准 III——全概率设计法

全概率设计是一种完全基于概率理论的较理想的方法。它不仅把影响结构可靠度的各种因素用随机变量概率模型去描述，更进一步考虑随时间变化的特性并用随机过程概率模型去描述，而且在对整个结构体系进行精确概率分析的基础上，以结构的失效概率作为结构可靠度的直接度量。这当然是一种完全的、真正的概率方法。目前，这还只是值得开拓研究的方向，真正达到实用还需经历较长的时间。

3.1　概率极限状态设计法的基本概念

3.1.1　结构的功能要求和极限状态

1）结构的功能要求

工程结构设计的基本目的是，在一定的经济条件下，使结构在预定的使用期限内能满足设计所预期的各种功能要求。结构的功能是由其使用要求决定的，具体有如下四个方面。

（1）结构应能承受在正常施工和正常使用期间可能出现的各种荷载、外加变形、约束变形等的作用。

（2）结构在正常使用时具有良好的工作性能（例如，不发生影响正常使用的过大变形或局部损坏）。

（3）结构在正常维护条件下具有足够的耐久性。所谓足够的耐久性，是指结构在规定的工作环境中，在预定时期内，其材料性能的恶化（例如，混凝土风化、脱落，过大的裂缝宽度，钢筋锈蚀等）不导致结构出现不可接受的失效概率。

（4）在偶然荷载（如地震、强风）作用下或偶然事件（如爆炸）发生时和发生后，结构仍能保持必需的整体稳定性，不致发生连续倒塌。

上述第（1）和（4）两项通常指结构的承载能力和稳定性，即安全性；第（2）和（3）项分别指结构的适用性和耐久性。

2）极限状态

在使用中若结构或结构的一部分超过某一特定状态就不能满足设计规定的某一功能要求，此特定状态称为该功能的极限状态。极限状态是区分结构工作状态的可靠或失效的标志。国际上一般将结构的极限状态分为三类。

（1）承载能力极限状态

这种极限状态对应于结构或结构构件达到最大承载能力或不适于继续承载的变形或变位的状态。当结构或构件出现下列状态之一时，即认为超过了承载能力极限状态。

①整个结构或结构的一部分作为刚体失去平衡（如滑动、倾覆等）；

②结构构件或连接处因超过材料强度而破坏（包括疲劳破坏），或因过度的塑性变形而不能继续承载；

③结构转变为机动体系；

④结构或结构构件丧失稳定（如屈曲等）。

（2）正常使用极限状态

这种极限状态对应于结构或结构构件达到正常使用或耐久性能的某项规定的限值的状态。当结构或构件出现下列状态之一时，即认为超过了正常使用极限状态。

①影响正常使用或外观的变形；

②影响正常使用或耐久性能的局部损坏（包括裂缝）；

③影响正常使用的振动；

④影响正常使用的其他特定状态。

(3)“破坏—安全”极限状态

这种极限状态又称为条件极限状态。超过这种极限状态而导致的破坏，是指允许结构物发生局部损坏，而对已发生局部破坏结构的其余部分，应该具有适当的可靠度，能继续承受降低了的设计荷载。其指导思想是，当偶然事件发生后，要求结构仍保持完整无损是不现实的，也是没有必要和不经济的，故只要求结构不致因此而造成更严重的损失。所以这种设计理论可应用于桥梁抗震和连拱推力墩的计算等方面。《公路工程结构可靠度设计统一标准》(GB/T 50283—1999）暂未考虑连续倒塌极限状态。

3.1.2 结构可靠度和极限状态方程

1）作用效应和结构抗力

任何结构或结构构件中都存在对立的两个方面：作用效应 S 和结构抗力 R。

结构上的作用分为直接作用和间接作用两种。直接作用是指施加在结构上的集中力或分布力，如汽车、人群、结构自重等；间接作用是指引起结构外加变形和约束变形的其他作用，如地震、基础不均匀沉降、混凝土收缩、温度变化等。作用效应 S 是指结构或构件对所受作用的反应，如结构或构件的内力、变形和裂缝等。结构抗力 R 是指结构或构件承受作用效应的能力，如构件的承载能力、刚度和抗裂度等，它是结构材料性能和几何参数等的函数。

2）结构可靠性与可靠度

结构和结构构件在规定的时间内、规定的条件下完成预定功能的可能性，称为结构的可靠性。结构的作用效应小于结构抗力时，结构处于可靠状态；反之，结构处于失效状态。

由于作用效应和结构抗力都是随机的，因而结构不满足或满足其功能要求的事件也是随机的。一般把出现前一事件的概率称为结构的失效概率，记为 P_f；把出现后一事件的概率称为可靠概率，亦称为结构可靠度，记为 P_r。

由于可靠概率和失效概率是互补的，即 $P_r+P_f=1$，因此，结构可靠性也可用结构的失效概率来度量。

上述可靠度概念中的“规定时间”即设计基准期，是指进行结构可靠度分析时所采用的基准时间参数。由于设计中所考虑的基本变量，如荷载（尤其是可变荷载）和材料性能等，大多是随时间而变化的，从而直接影响结构可靠度。因此，必须参照结构的预期寿命、维护能力和措施等规定结构的设计基准期。根据我国公路桥梁的使用现状和以往的设计经验，我国公路桥梁结构的设计基准期统一取为100年。

3）极限状态方程

工程结构的可靠度通常受各种作用效应、材料性能、结构几何参数等诸多因素的影响，把这些有关因素作为基本变量 X_1，X_2，…，X_n 来考虑，由基本变量组成的描述结构功能的函数 $Z=g(X_1, X_2, \cdots, X_n)$ 称为结构功能函数。将作用效应方面的基本变量组合成综合作用效应 S，抗力方面的基本变量组合成综合抗力 R，从而结构的功能函数为 $Z=R-S$。

如果对功能函数 $Z=R-S$ 作一次观测，可能出现如下三种情况（图3-1）：

$Z=R-S>0$　　结构处于可靠状态；

$Z=R-S<0$　　结构已失效或破坏；

$Z=R-S=0$　　结构处于极限状态。

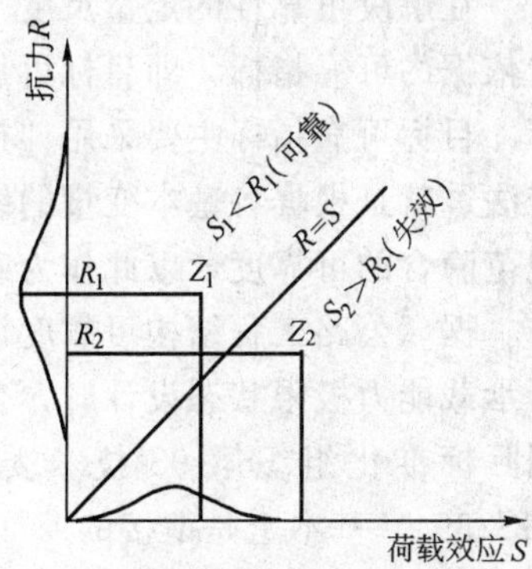

图3-1　结构所处状态

图3-1中，$R=S$ 直线表示结构处于极限状态，相应的极限方程可写作：

$$Z=g(R,S)=R-S=0 \tag{3-1}$$

式（3-1）为结构或构件处于极限状态时，各有关基本变量的关系式，它是判别结构是否失效和进行可靠分析的重要依据。

3.1.3　可靠指标与目标可靠指标

1）可靠指标

如果已知 R 和 S 的理论分布函数，则可求得结构的失效概率 P_f。但由于 P_f 的计算在数学上比较复杂以及目前对于 R 和 S 的统计规律研究还不够深入，因此引入可靠指标 β 来代替结构失效概率 P_f，令：

$$\beta=\frac{m_Z}{\sigma_Z} \tag{3-2}$$

式中：β——无量纲系数，称为结构可靠指标。

可以证明，β 与 P_f 具有一定的对应关系。表3-1表示了 β 与 P_f 在数值上的对应关系。

可靠指标 β 及相应的失效概率 P_f 的关系　　表3-1

β	1.0	1.64	2.00	3.00	3.71	4.00	4.50
P_f	15.87×10^{-2}	5.05×10^{-2}	2.27×10^{-2}	1.35×10^{-3}	1.04×10^{-4}	3.17×10^{-5}	3.40×10^{-6}

可靠指标 β 与失效概率 P_f 的对应关系也可用图3-2表示。

假定 R 和 S 都服从正态分布，且平均值和标准差分别为 m_R、m_S 和 σ_R、σ_S，则功能函数 $Z=R-S$ 也服从正态分布，其平均值和标准差分别为 $m_z=m_R-m_s$ 及 $\sigma_z=\sqrt{\sigma_R^2+\sigma_S^2}$。则可

得到：

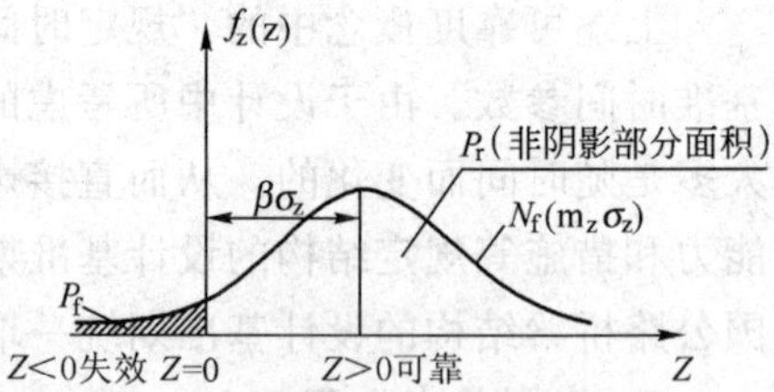

图 3-2 β与P_f的关系

$$\beta=\frac{m_z}{\sigma_z}=\frac{m_R-m_S}{\sqrt{\sigma_R^2+\sigma_S^2}} \tag{3-3}$$

由公式（3-3）可看出，可靠指标不仅与作用效应及结构抗力的平均值有关，而且与两者的标准差有关。m_R 与 m_S 相差愈大，β 也愈大，结构愈可靠，这与传统的安全系数概念是一致的；在 m_R 和 m_S 固定的情况下，σ_R 和 σ_S 愈小，即离散性愈小，β 就愈大，结构愈可靠，这是传统的安全系数无法反映的。

2）目标可靠指标

在解决可靠性的定量尺度（即可靠指标）后，另一个必须解决的重要问题是选择作为设计依据的可靠指标，即目标可靠指标，以达到安全与经济上的最佳平衡。

目标可靠指标主要采用"校准法"并结合工程经验和经济优化原则加以确定。所谓"校准法"就是根据各基本变量的统计参数和概率分布类型，运用可靠度的计算方法，揭示以往规范隐含的可靠度，以此作为确定目标可靠指标的依据。

据《公路工程结构可靠度设计统一标准》（GB/T 50283—1999）的规定，按持久状况进行承载能力极限状态设计时，公路桥梁结构的目标可靠指标应符合表 3-2 的规定。该标准与国际标准化组织第 98 技术委员会主持制定的国际标准《结构可靠性总原则》（ISO/DIS2394）基本上是衔接的。

公路桥梁结构构件的目标可靠指标 表 3-2

结构安全等级 / 构件破坏类型	一 级	二 级	三 级
延性破坏	4.7	4.2	3.7
脆性破坏	5.2	4.7	4.2

注：表中延性破坏系指结构构件有明显变形或其他预兆的破坏；脆性破坏系指结构构件无明显变形或其他预兆的破坏，表中的结构安全等级的概念及规定详见 3.2 节及表 3-3。

按偶然状况进行承载能力极限状态设计时，公路桥梁结构的目标可靠指标，应符合有关规范的规定。进行正常使用极限状态设计时，公路桥梁结构的目标可靠指标可根据不同类型结构的特点和工程经验确定。

3.2 公路桥涵设计规范的设计原则

我国《公路钢筋混凝土及预应力混凝土桥涵设计规范》（JTG D62—2004）采用的是近似概率极限状态设计法，具体设计计算应满足承载能力和正常使用两类极限状态的各项要求。下面介绍这两类极限状态的计算原则。

3.2.1 三种设计状况

《公桥规》根据桥梁在施工和使用过程中面临的不同情况，规定了结构设计的三种状况：

持久状况、短暂状况和偶然状况。这三种设计状况的结构体系、结构所处环境条件、经历的时间长短都是不同的，所以设计时采用的计算模式、作用（或荷载）、材料强度的取值及结构可靠度水平也有差异。

1）持久状况

指桥涵建成后承受自重、车辆荷载等作用持续时间很长的状况。该状况是指桥梁的使用阶段。这个阶段持续的时间很长，需对结构的所有预定功能进行设计，即必须进行承载能力极限状态和正常使用极限状态的计算。

2）短暂状况

指桥涵施工过程中承受临时性作用的状况。该状况对应的是桥梁的施工阶段。这个阶段的持续时间相对于使用阶段是短暂的，结构体系、结构所承受的荷载等与使用阶段也不同，设计时要根据具体情况而定。这个阶段一般只进行承载能力极限状态计算（规范中以计算构件截面应力表达），必要时才作正常使用极限状态计算。

3）偶然状况

指在桥涵使用过程中偶然出现的状况，如桥梁可能遇到地震等作用的状况。这种状况出现的概率极小，且持续的时间极短。偶然状况的设计原则是，主要承重结构不致因非主要承重结构发生破坏而导致丧失承载能力；或允许主要承重结构发生局部破坏而剩余部分在一段时间内不发生连续倒塌。显然，偶然状况只需进行承载能力极限状态计算，不必考虑正常使用极限状态。

3.2.2　承载能力极限状态计算表达式

公路桥涵承载能力极限状态是对应于桥涵及其构件达到最大承载能力或出现不适于继续承载的变形或变位的状态。

按照《公路工程结构可靠度设计统一标准》(GB/T 50283—1999) 的规定，公路桥涵进行持久状况承载能力极限状态设计时，应根据桥涵结构破坏所产生后果的严重程度，按表3-3 划分的三个安全等级进行设计，以体现不同情况的桥涵的可靠度差异。在计算上，不同安全等级用结构重要性系数 γ_0 来表示。

公路桥涵结构的安全等级　　表 3-3

安全等级	破坏后果	桥涵类型	结构重要性系数 γ_0
一级	很严重	特大桥、重要大桥	1.1
二级	严重	大桥、中桥、重要小桥	1.0
三级	不严重	小桥、涵洞	0.9

注：表中所列特大、大、中桥等系按《公路桥涵设计通用规范》(JTG D60—2004) 的单孔跨径确定，对多跨不等跨桥梁，以其中最大跨径为准；表中冠以“重要”的大桥和小桥，系指高速公路上、国防公路上及城市附近交通繁忙的城郊公路上的桥梁。

在一般情况下，同座桥梁的各种构件宜取相同的安全等级，但必要时部分构件可作适当调整，但调整后的级差不应超过一个等级。

公路桥涵的持久状态设计按承载能力极限状态的要求，对构件进行承载力及稳定计算，必要时还应对结构的倾覆和滑移进行验算。在进行承载能力极限状态计算时，作用（或荷载）的效应（其中汽车荷载应计入冲击系数）应采用其组合设计值；结构材料性能采用其强度设计值。

《公桥规》规定桥梁构件的承载能力极限状态的计算以塑性理论为基础，设计的原则是作用效应最不利组合（基本组合）的设计值必须小于或等于结构抗力的设计值，其基本表达式为：

$$\gamma_0 S_{\mathrm{d}} \leqslant R \tag{3-4}$$

$$R = R(f_{\mathrm{d}}, a_{\mathrm{d}}) \tag{3-5}$$

式中：γ_0——桥梁结构的重要性系数；按表 3-3 取用；

S_{d}——作用（或荷载）效应（其中汽车荷载应计入冲击系数）的基本组合设计值；

R——构件承载力设计值；

f_{d}——材料强度设计值；

a_{d}——几何参数设计值，当无可靠数据时，可采用几何参数标准值 a_{k}，即设计文件规定值。

3.2.3 正常使用极限状态计算表达式

公路桥涵正常使用极限状态是指对应于桥涵及其构件达到正常使用或耐久性的某项限值的状态。正常使用极限状态计算在构件持久状况设计中占有重要地位，尽管不像承载能力极限状态计算那样直接涉及结构的安全问题，但如果设计不好，也有可能间接引发出结构的安全问题。

公路桥涵的持久状态设计按正常使用状态的要求进行计算，是以结构弹性理论或弹塑性理论为基础，采用作用（或荷载）的短期效应组合或短期效应组合并考虑长期效应组合的影响，对构件的抗裂、裂缝宽度和挠度进行验算，并使各项计算值不超过《公桥规》规定的各相应限值。采用的极限状态设计表达式为：

$$S \leqslant C_1 \tag{3-6}$$

式中：S——正常使用极限状态的作用（或荷载）效应组合设计值；

C_1——结构构件达到正常使用要求所规定的限值，例如变形、裂缝宽度和截面抗裂的应力限值。

对公路桥涵结构的设计计算，《公桥规》除了要求进行上述持久状况承载能力极限状态计算和持久状况正常使用极限状态计算外，还按照公路桥梁的结构受力特点和设计习惯，要求对钢筋混凝土和预应力混凝土受力构件按短暂状况设计时计算其在制作、运输及安装等施工阶段由自重、施工荷载产生的应力，并不应超过规定的限值；按持久状况设计预应力混凝土受弯构件，应计算其使用阶段的应力，并不应超过限值。构件应力计算的实质是构件强度验算，是对构件承载能力计算的补充。采用极限状态设计表达式为：

$$S \leqslant C_2 \tag{3-7}$$

式中：S——作用（或荷载）标准值（其中汽车荷载应考虑冲击系数）产生的效应（应力），

当有组合时不考虑荷载组合系数；

C_2——结构的功能限值（应力）。

结构构件持久状况和短暂状况的应力计算是按照结构弹性理论计算，方法详见第 9 章、第 11 章和第 12 章。

3.3 材料强度取值

按照承载能力极限状态和正常使用极限状态进行设计计算时，结构构件的抗力计算中必须用到材料的强度值。由于材料强度具有变异性，为了在设计中合理取用材料强度值，《公桥规》对材料强度的取值采用了标准值和设计值。

3.3.1 材料强度指标的取值原则

材料强度标准值是材料强度的一种特征值，是由标准试件按标准试验方法经数理统计以概率分布的 0.05 分位值确定的强度值，即其取值原则是在符合规定质量的材料强度实测值的总体中，材料的强度标准值应具有不小于 95％的保证率，其基本表达式为：

$$f_k = f_m(1 - 1.645\delta_f) \tag{3-8}$$

式中：f_m——材料强度的平均值；

δ_f——材料强度的变异系数。

材料强度的设计值是材料强度标准值除以材料性能分项系数后的值，基本表达式为：

$$f = f_k/\gamma_m \tag{3-9}$$

式中：γ_m——材料性能分项系数，需根据不同材料，进行构件分析的可靠指标达到规定的目标可靠指标及工程经验校准来确定。

3.3.2 混凝土强度标准值和强度设计值

1）混凝土的强度等级

混凝土强度等级（$f_{cu,k}$）按立方体抗压强度标准值确定。立方体抗压强度标准值是指按照标准方法制作和养护的边长为 150mm 的立方体试件，在 28d 龄期用标准试验方法测得的具有 95％保证率的抗压强度，按式（3-8）确定。

《公桥规》规定公路桥梁受力构件的混凝土强度等级有 13 级，即 C20～C80，中间以 5MPa 进级。C20 代表 $f_{cu,k}$＝20MPa 的强度等级，余类推。《公桥规》规定：钢筋混凝土构件的混凝土强度等级不宜低于 C20；当采用 HRB400、KL400 级钢筋时，混凝土强度等级不宜低于 C25；预应力混凝土构件不应低于 C40。

2）混凝土强度的标准值

假定混凝土轴心抗压强度 f_{cu}和抗拉强度 f_t 的变异系数相同，则混凝土轴心抗压强度标准值 f_{ck}和轴心抗拉强度标准值 f_{tk}可按下列公式确定：

$$\begin{aligned} f_{ck} &= f_{c,m}(1 - 1.645\delta_f) = 0.88\alpha_{c1}\alpha_{c2} f_{cu,m}(1 - 1.645\delta_f) \\ &= 0.88\alpha_{c1}\alpha_{c2} f_{cu,k} \end{aligned} \tag{3-10}$$

式中：$f_{c,m}$——混凝土轴心抗压强度平均值；

α_{c1}——混凝土轴心抗压强度与立方体强度的比值；

α_{c2}——混凝土脆性折减系数，对 C40 及以下混凝土取 $\alpha_{c2}=1.0$；对 C80 混凝土取 $\alpha_{c2}=0.87$，其间按线性插入。

$$f_{tk}=f_{t,m}(1-1.645\delta_f)=0.88\times0.395\alpha_{c2}(f_{cu,m})^{0.55}(1-1.645\delta_f)$$
$$=0.348\alpha_{c2}(f_{cu,k})^{0.55}(1-1.645\delta_f)^{0.45} \tag{3-11}$$

式中：$f_{t,m}$——混凝土轴心抗拉强度平均值。

混凝土轴心抗压强度标准值和轴心抗拉强度标准值见附表 1-1。

3）混凝土强度设计值

《公桥规》取混凝土轴心抗压强度和轴心抗拉强度的材料性能分项系数为 1.45，接近按二级安全等级结构分析的脆性破坏构件目标可靠指标的要求。

将 $\gamma_m=1.45$ 代入式（3-9），可得到《公桥规》对混凝土轴心抗压强度设计值 f_{cd} 和轴心抗拉强度设计值 f_{td}，见附表 1-1。

3.3.3 钢筋的强度标准值和强度设计值

为使钢筋强度标准值与钢筋的检验标准统一，对有明显流幅的热轧钢筋，钢筋的抗拉强度标准值 f_{sk} 采用国家标准中规定的屈服强度标准值（废品限值，其保证率不小于 95%）；对于无明显流幅的钢筋，如钢丝、钢绞线等，根据国家标准中规定的极限抗拉强度确定，其保证率也不小于 95%。

必须指出，对钢绞线、预应力钢丝等无明显流幅的钢筋，取 $0.85\sigma_b$（σ_b 为国家标准中规定的极限抗拉强度）作为设计取用的条件屈服强度（指相应于残余应变为 0.2%时的钢筋应力）。

《公桥规》对热轧钢筋和精轧螺纹钢筋的材料性能分项系数取 1.2，对钢绞线、钢丝的材料性能分项系数取 1.47。将钢筋的强度标准值除以相应的材料性能分项系数，即得到钢筋抗拉强度设计值。

钢筋抗压强度设计值按 $f'_{sd}=\varepsilon'_s E'_s$ 或 $f'_{pd}=\varepsilon'_p E'_p$ 确定。E'_s 和 E'_p 分别为热轧钢筋和钢绞线等的弹性模量；ε'_s 和 ε'_p 为相应钢筋种类的受压应变，取 ε'_s（ε'_p）等于 0.002。f'_{sd}（或 f'_{pd}）不得大于相应的钢筋抗拉强度设计值。

钢筋的强度标准值和设计值见附表 1-3 和附表 2-1。

3.4 作用、作用值与作用效应组合

3.4.1 公路桥涵结构上的作用分类

结构上的作用按随时间的变异性和出现的可能性分为 3 类。

（1）永久荷载（恒载）。在结构使用期间，其量值不随时间变化，或其变化值与平均值比较可忽略不计的作用。

(2) 可变作用。在结构使用期间，其量值随时间变化，且其变化值与平均值相比较不可忽略的作用。

(3) 偶然作用。在结构使用期间出现的频率很小，一旦出现，其值很大且持续时间很短的作用。

公路桥涵结构上的作用分类见表3-4。

作用分类　　表3-4

编号	作用分类	作用名称
1	永久作用	结构重力（包括结构附加重力）
2		预加力
3		土的重力
4		土侧压力
5		混凝土收缩与徐变作用
6		水的浮力
7		基础变位作用
8	可变作用	汽车荷载
9		汽车冲击力
10		汽车离心力
11		汽车引起的土侧压力
12		人群荷载
13		汽车制动力
14		风力
15		流水压力
16		冰压力
17		温度（均匀温度和梯度温度）作用
18		支座摩阻力
19	偶然作用	地震作用
20		船舶或漂流物的撞击作用
21		汽车撞击作用

3.4.2 作用的代表值

结构或结构构件设计时，针对不同设计目的所采用的各种作用代表值，包括作用标准值、准永久值和频遇值等。

1) 作用的标准值

作用的标准值是结构或结构构件设计时，采用的各种作用的基本代表值。其值可根据作用在设计基准期内最大概率分布的某一分值确定；若无充分资料时，可根据工程经验，经分析后确定。

永久作用采用标准值作为代表值。永久作用的标准值，对结构自重，可按结构构件的设计尺寸与材料单位体积的自重（重力密度）计算确定。

承载能力极限状态设计及按弹性阶段计算结构强度（应力）时采用标准值作为可变作用的代表值。可变作用的标准值可按《公路桥涵设计通用规范》(JTJ D60—2004) 规定采用。

2）可变作用频遇值

在设计基准期间，可变作用超越的总时间为规定的较小比率或超越次数为规定次数的作用值。它是指结构上较频繁出现的且量值较大的荷载作用取值。

正常使用极限状态按短期效应（频遇）组合设计时，采用频遇值为可变作用的代表值。可变作用频遇值为可变作用标准值乘以频遇系数 ψ_1。

3）可变作用准永久值

指在设计基准期间，可变作用超越的总时间约为设计基准期一半的作用值。它是对在结构上经常出现的且量值较小的荷载作用取值。结构在正常使用极限状态按长期效应（准永久）组合设计时采用准永久值作为可变作用的代表值，实际上是考虑可变作用的长期作用效应而对标准值的一种折减，计为 $\psi_2 Q_k$，其中折减系数 ψ_2 称为准永久值系数。

3.4.3 作用效应组合

公路桥涵结构设计时应当考虑到结构上可能出现的多种作用，例如桥涵结构构件上除构件永久作用（如自重等）外，可能同时出现汽车荷载、人群荷载等可变作用。《公桥规》要求这时应按承载能力极限状态和正常使用极限状态，结合相应的设计状况进行作用效应组合，并取其最不利组合进行设计。

作用效应组合是结构上几种作用分别产生的效应的随机叠加，而作用效应最不利组合是指所有可能的作用效应组合中对结构或结构构件产生总效应最不利的一组作用效应组合。

1）承载能力极限状态计算时作用效应组合

《公桥规》规定按承载能力极限状态设计时，应根据各自的情况选用基本组合和偶然组合中的一种或两种作用效应组合。

基本组合是永久作用标准值效应与可变作用标准值效应的组合，基本表达式为：

$$\gamma_0 S_d = \gamma_0 \left(\sum_{i=1}^{m} \gamma_{Gi} S_{Gik} + \gamma_{Q1} S_{Q1k} + \psi_c \sum_{j=2}^{n} \gamma_{Qj} S_{Qjk} \right) \tag{3-12}$$

式中：γ_0——桥梁结构的重要性系数，按结构设计安全等级采用，对于公路桥梁，安全等级一级、二级和三级，分别为 1.1、1.0 和 0.9；

γ_{Gi}——第 i 个永久作用效应的分项系数，当永久作用效应（结构重力和预应力作用）对结构承载力不利时，$\gamma_{Gi}=1.2$；对结构的承载能力有利时，$\gamma_{Gi}=1.0$，其他永久作用效应的分项系数详见《公桥规》；

S_{Gik}——第 i 个永久作用效应的标准值；

γ_{Q1}——汽车荷载效应（含汽车冲击力、离心力）的分项系数，$\gamma_{Q1}=1.4$；当某个可变作用在效应组合中超过汽车荷载效应时，则该作用取代汽车荷载，其分项系数应采用汽车荷载的分项系数；对于专为承受某作用而设置的结构或装置，设计时该作用的分项系数与汽车荷载同值；

S_{Q1k}——汽车荷载效应（含汽车冲击力、离心力）的标准值；

γ_{Qj}——在作用效应组合中除汽车荷载效应（含汽车冲击力、离心力）、风荷载外的其他第 j 个可变作用效应的分项系数，取 $\gamma_{Qj}=1.4$，但风荷载的分项系数取 $\gamma_{Qj}=1.1$；

S_{Qjk}——在作用效应组合中除汽车荷载效应（含汽车冲击力、离心力）外的其他第 j 个可变作用效应的标准值；

ψ_c——在作用效应组合中除汽车荷载效应（含汽车冲击力、离心力）外的其他可变作用效应的组合系数，当永久作用与汽车荷载和人群荷载（或其他一种可变作用）组合时，人群荷载（或其他一种可变作用）的组合系数 $\psi_c=0.80$；当其除汽车荷载效应（含汽车冲击力、离心力）外尚有两种可变作用参与组合时，其组合系数取 $\psi_c=0.70$；尚有三种可变作用参与组合时，$\psi_c=0.60$；尚有四种及多于四种的可变作用参与组合时，$\psi_c=0.50$。

2）正常使用极限状态计算时作用效应组合

《公桥规》规定按正常使用极限状态设计时，应根据不同结构不同的设计要求，选用以下一种或两种效应组合：

（1）作用短期效应组合

作用短期效应组合是永久作用标准值效应与可变作用频遇值效应的组合，其基本表达式为：

$$S_{sd}=\sum_{i=1}^{m}S_{Gik}+\sum_{j=1}^{n}\psi_{1j}S_{Qjk} \tag{3-13}$$

式中：S_{sd}——作用短期效应组合设计值；

ψ_{1j}——第 j 个可变作用效应的频遇值系数，汽车荷载（不计冲击力）$\psi_1=0.7$；人群荷载 $\psi_1=1.0$；风荷载 $\psi_1=0.75$；温度梯度作用 $\psi_1=0.8$；其他作用 $\psi_1=1.0$；

$\psi_{1j}S_{Qjk}$——第 j 个可变作用效应的频遇值；

其他符号意义同前。

（2）作用长期效应组合

作用长期效应组合是永久作用标准值效应与可变作用准永久值效应的组合，其基本表达式为：

$$S_{ld}=\sum_{i=1}^{m}S_{Gik}+\sum_{j=1}^{n}\psi_{2j}S_{Qjk} \tag{3-14}$$

式中：S_{ld}——作用长期效应组合设计值；

ψ_{2j}——第 j 个可变作用效应的准永久值系数，汽车荷载（不计冲击力）$\psi_2=0.4$；人群荷载 $\psi_2=0.4$；风荷载 $\psi_2=0.75$；温度梯度作用 $\psi_2=0.8$；其他作用 $\psi_2=1.0$；

$\psi_{2j}S_{Qjk}$——第 j 个可变作用效应的准永久值；

其他符号意义同前。

在后面各章中，本书对于作用效应的标准值符号的下角标均略去“k”，以使表达简洁。

本章小结

本章首先阐述了概率极限状态设计法的一些基本概念，然后重点介绍了我国《公桥规》的计算原则，即承载能力极限状态和正常使用极限状态的计算原则。由于受一些客观因素的限制，现阶段的概率极限状态设计法是一种近似概率法，表现为应根据目标可靠指标及工程经验校准来确定作用效应组合和材料性能分项系数等。

本章学习中应了解以下几个方面的内容：

(1) 设计方法的演变过程；

(2) 结构功能要求和极限状态的具体内容；

(3) 结构可靠度、可靠指标、目标可靠指标等的基本含义；

(4) 材料强度取值方法，各类强度的区别与联系；

(5) 各种作用代表值与作用效应组合。

思考题与习题

3-1 桥梁结构的功能包括哪几方面的内容？

3-2 什么叫极限状态？我国《公桥规》规定了哪几类结构极限状态？

3-3 试解释结构可靠度、可靠指标、目标可靠指标。

3-4 我国《公桥规》规定了哪三种设计状况？

3-5 结构承载能力极限状态和正常使用极限状态设计计算的原则是什么？

3-6 何为材料强度的标准值和设计值？

3-7 正常使用极限状态设计计算时一般应采用哪两种作用效应组合？

第4章　受弯构件正截面承载力计算

桥梁工程中受弯构件的应用很广泛，如梁式桥或板式桥上部结构中承重的梁和板、人行道板、行车道板等。

4.1　受弯构件的构造

4.1.1　截面形式和尺寸

钢筋混凝土受弯构件常用的截面形式有矩形、T形和箱形等（图4-1）。

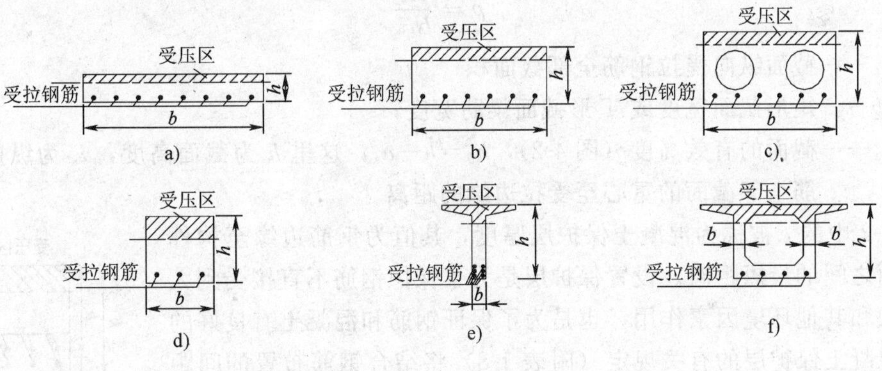

图4-1　受弯构件的截面形式

a）整体式板；b）装配式实心板；c）装配式空心板；d）矩形梁；e）T形梁；f）箱形梁

钢筋混凝土板可分为整体现浇板和预制板。整体现浇板的截面宽度较大（图4-1a），设计时可取单位宽度（$b=1m$）的矩形截面进行计算。为使构件标准化，预制板的宽度，一般控制在$b=$（1～1.5）m。由于施工条件好，不仅可采用矩形实心板（图4-1b），还可以用截面形状较复杂的矩形空心板（图4-1c），以减轻自重。

板的厚度h由其控制截面上最大的弯矩和板的刚度要求决定，但为了保证施工质量及耐久性要求，《公桥规》规定了各种板的最小厚度：人行道板不宜小于80mm（整体现浇）和60mm（预制）；空心板的顶板和底板厚度均不宜小于80mm。

钢筋混凝土梁根据使用要求和施工条件可以采用现浇或预制方式制造。为了使梁截面尺寸有统一的标准，便于施工，对常见的矩形截面（图4-1d）和T形截面（图4-1e）梁截面尺寸可按下述建议选用：

（1）现浇矩形截面梁的宽度b常取120mm、150mm、180mm、200mm、220mm和250mm，其后按50mm一级增加（当梁高$h\leqslant800mm$时）或100mm一级增加（当梁高$h>800mm$时）。

矩形截面梁的高度比h/b，一般可取2.0～2.5。

(2) 预制的 T 形截面梁，梁肋宽度 b 常取为 150～180mm，根据梁内主筋布置及抗剪要求而定。T 形截面梁翼缘悬臂端厚度不应小于 100mm，梁肋处翼缘厚度不宜小于梁高 h 的1/10。

T 形截面梁截面高度 h 与跨径 l 之比（称高跨比），一般为 $h/l=1/16\sim1/11$，跨径较大时取用偏小比值。

4.1.2 受弯构件的钢筋构造

钢筋混凝土梁（板）正截面承受弯矩作用时，中和轴以上受压，中和轴以下受拉（图 4-1），故在梁（板）的受拉区配置纵向受拉钢筋，此种构件称为单筋受弯构件；如果同时在截面受压区也配置受力钢筋，则此种构件称为双筋受弯构件。

截面上配置钢筋的多少，通常用配筋率来衡量。所谓配筋率是指所配置的钢筋截面面积与规定的混凝土截面面积的比值（化为百分数表达）。对于矩形截面和 T 形截面，其受拉钢筋的配筋率 ρ（%）表示为：

$$\rho=\frac{A_s}{bh_0} \tag{4-1}$$

式中：A_s——截面纵向受拉钢筋全部截面积；

b——矩形截面宽度或 T 形截面梁肋宽度；

h_0——截面的有效高度（图 4-2），$h_0=h-a_s$，这里 h 为截面高度，a_s 为纵向受拉钢筋全部截面的重心至受拉边缘的距离。

图 4-2 中的 c 被称为混凝土保护层厚度，其值为钢筋边缘至构件截面表面之间的最短距离。设置保护层是为了保护钢筋不直接受到大气的侵蚀和其他环境因素作用，也是为了保证钢筋和混凝土有良好的黏结。混凝土保护层的有关规定（附表 1-8）将结合钢筋布置的间距等内容在后面介绍。

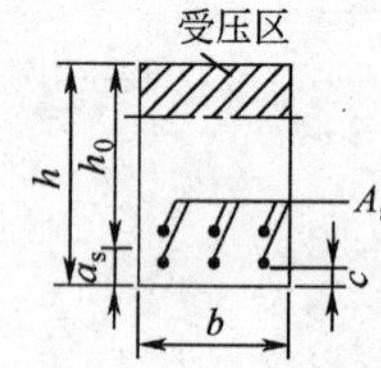

图 4-2 配筋率 ρ 的计算图

1）板的钢筋

这里所介绍的板是指现浇整体式桥面板、现浇或预制的人行道板和肋板式桥的桥面板。肋板式桥的桥面板可分为周边支承板和悬臂板（图 4-3）。对于周边支承的桥面板，其长边 l_2 与短边 l_1 的比值大于或等于 2 时受力以短边方向为主，称之为单向板，反之称为双向板。

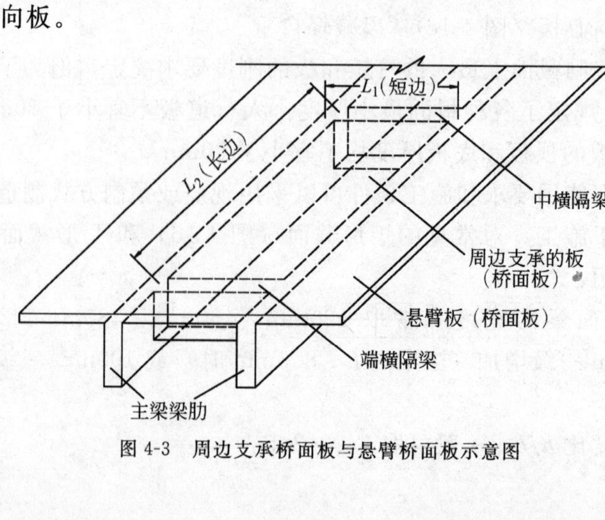

图 4-3 周边支承桥面板与悬臂桥面板示意图

板内钢筋由主钢筋（纵向受力钢筋）及分布钢筋组成，如图 4-4 所示。

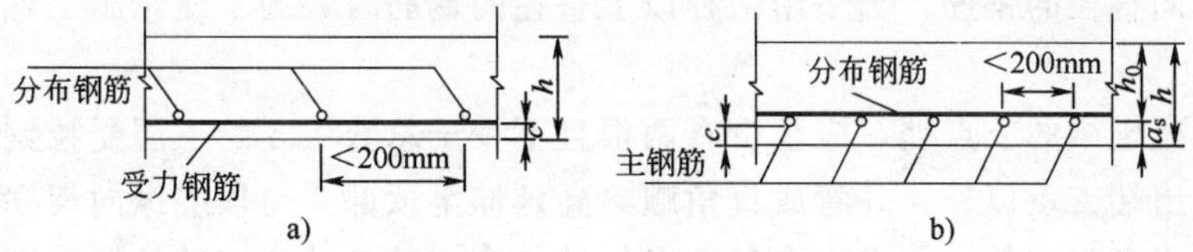

图 4-4　单向板内的钢筋

a）顺板跨方向；b）垂直于板跨方向

单向板内主钢筋沿板的跨度方向（短边方向）布置在板的受拉区。受力主钢筋的直径不宜小于 10mm（行车道板）或 8mm（人行道板）。近梁肋处的板内主钢筋，可在沿板高中心纵轴线的 1/6～1/4 计算跨径处按 30°～45°弯起，但通过支承而不弯起的主钢筋，每米板宽内不应少于 3 根，并不少于主钢筋截面积的 1/4。

在简支板的跨中和连续板的支点处，板内主钢筋间距不大于 200mm。

行车道板受力钢筋的最小混凝土保护层厚度 c（图 4-4）应不小于钢筋的公称直径且同时满足附表 1-8 的要求。

垂直于板内主钢筋方向上布置的构造钢筋称为分布钢筋（图 4-4）。其作用是使主钢筋受力更均匀，同时也起着固定受力钢筋位置、分担混凝土收缩和温度应力的作用。分布钢筋应放置在受力钢筋的上侧（图 4-4）。《公桥规》规定，行车道板内分布钢筋直径不小于 8mm，其间距应不大于 200mm，截面面积不宜小于板截面面积的 0.1%。在所有主钢筋的弯折处，均应设置分布钢筋。人行道板内分布钢筋直径不应小于 6mm，其间距不应大于 200mm。

值得指出的是，对于周边支承的双向板，板的两个方向（沿板长边方向和沿板短边方向）同时承受弯矩，所以两个方向均应设置主钢筋。

2）梁的钢筋

梁内的钢筋有纵向受拉钢筋（主钢筋）、弯起钢筋或斜钢筋、箍筋、架立钢筋和水平纵向钢筋等。

梁内的钢筋常常采用骨架形式，一般分为绑扎钢筋骨架和焊接钢筋骨架两种形式。绑扎钢筋骨架是将纵向钢筋与横向钢筋通过绑扎而成的空间钢筋骨架（图 4-5）。焊接骨架是先将主钢筋、弯起钢筋或斜筋和架立钢筋焊接成平面骨架，然后用箍筋将数片焊接的平面骨架组成空间骨架。图 4-6 为一片焊接平面骨架的示意图。

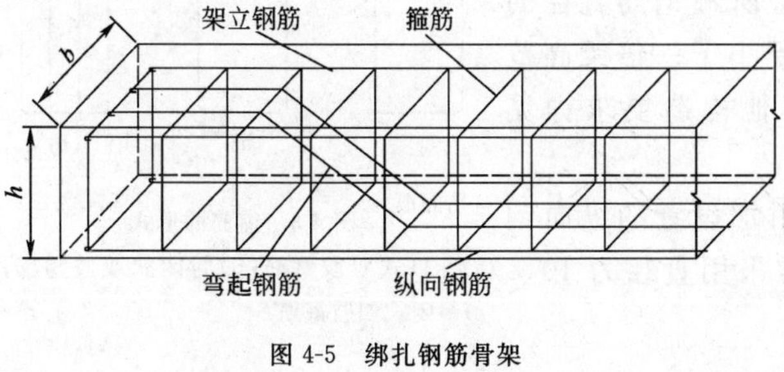

图 4-5　绑扎钢筋骨架

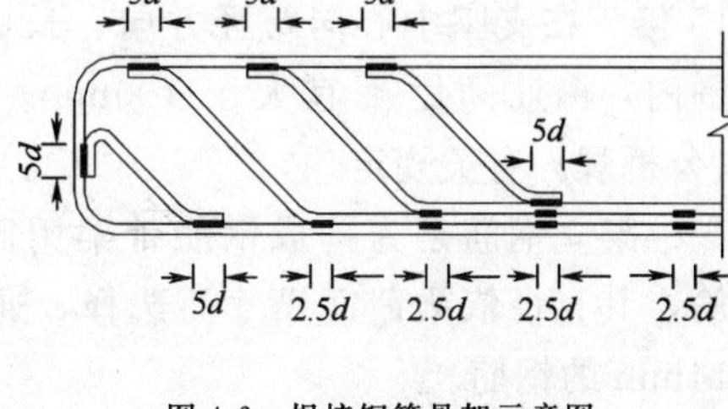

图 4-6　焊接钢筋骨架示意图

梁内主钢筋可选择的钢筋直径一般为12～32mm，通常不得超过40mm。在同一根梁内主钢筋宜用相同直径的钢筋，当采用两种以上直径的钢筋时，为了便于施工识别，直径间应相差2mm以上。

在钢筋混凝土梁的支点处，应至少有两根且不少于总数1/5的下层受拉钢筋通过。两外侧钢筋应延伸出端支点以外，并弯成直角顺梁高延伸至顶部，与顶层纵向架立钢筋相连，两侧之间的其他未弯起钢筋，伸出支点截面以外的长度应满足受拉钢筋的锚固要求。

绑扎钢筋骨架中，各主钢筋的净距应满足图4-7a）中的要求。

焊接钢筋骨架中，多层主钢筋竖向不留空隙用焊缝连接，钢筋层数一般不宜超过6层。焊接钢筋骨架的净距要求见图4-7b）。

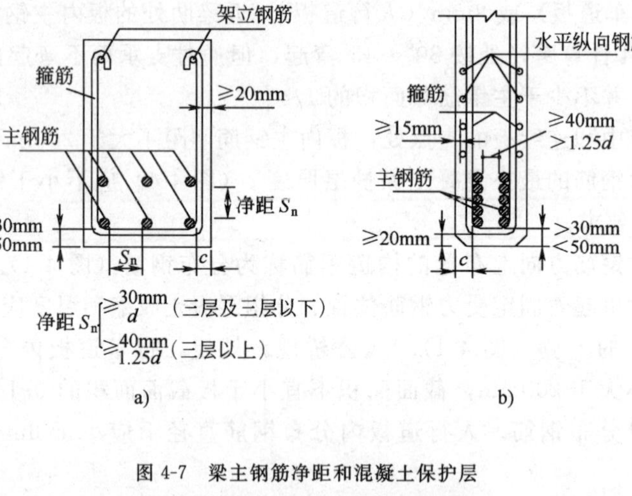

图4-7 梁主钢筋净距和混凝土保护层

a）绑扎钢筋骨架时；b）焊接钢筋骨架时

钢筋的最小混凝土保护层厚度应不小于钢筋的公称直径，且应符合附表1-8的规定值。

梁内弯起钢筋是由主钢筋按规定的部位和角度弯于梁上部，并满足锚固要求的钢筋；斜钢筋是专门设置的斜向钢筋，它们的设置及数量均由抗剪计算确定。

梁内箍筋是沿梁纵轴方向按一定间距配置并箍住纵向钢筋的横向钢筋（图4-5）。箍筋除了帮助混凝土抗剪外，在构造上起着固定纵向钢筋位置的作用，并与梁内各种钢筋组成骨架。因此，无论计算上是否需要，梁内均应设置箍筋。梁内采用的箍筋形式如图4-8所示。箍筋的直径不宜小于8mm和主钢筋直径的1/4。

箍筋间距不应大于梁高的1/2且不大于400mm；当所箍钢筋为纵向受压钢筋时，不应大于所箍钢筋直径的15倍。在支座中心向跨径方向、长度不小于一倍梁高范围内，箍筋间距不宜大于100mm。其他构造要求详见《公桥规》有关规定。

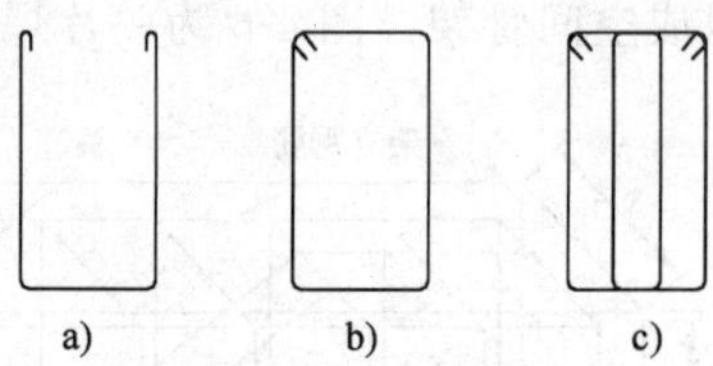

图4-8 箍筋的形式

a)开口式双肢箍筋；b)封闭式双肢箍筋；c)封闭式四肢箍筋

架立钢筋是为构成钢筋骨架用而附加设置的纵向钢筋，其直径依梁截面尺寸而选择，通常采用直径为10～14mm的钢筋。

水平纵向钢筋的作用主要是当梁侧面发生混凝土裂缝后，可以减小混凝土裂缝宽度。纵向水平钢筋要固定在箍筋外侧，其直径一般采用 6～8mm 的光圆钢筋，也可以用带肋钢筋。梁内水平纵向钢筋的总截面积可取用（0.001～0.002）bh，b 为梁肋宽度，h 为梁截面高度。其间距在受拉区不应大于梁肋宽度，且不应大于 200mm；在受压区不应大于 300mm。在梁支点附近剪力较大区段水平纵向钢筋间距宜为 100～150mm。

4.2　受弯构件正截面受力全过程与计算原则

4.2.1　试验研究

以图 4-9 所示跨长为 1.8m 的钢筋混凝土简支梁作为试验梁，其截面为矩形，尺寸为 $b\times h=100\text{mm}\times 160\text{mm}$，配有 2 ⌀10 钢筋。

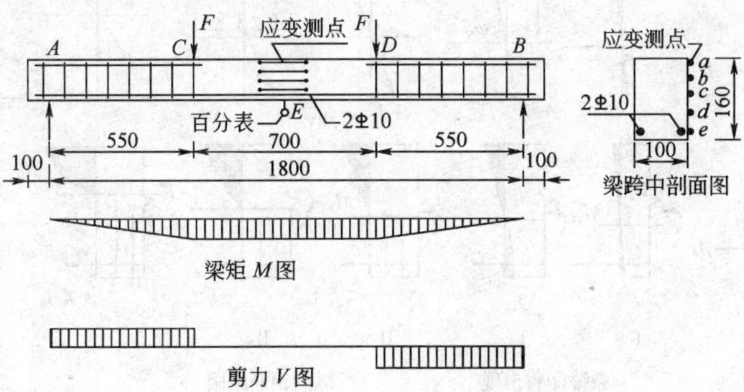

图 4-9　试验梁布置示意图（尺寸单位：mm）

试验梁上作用两个集中荷载 F，其弯矩图和剪力图如图 4-9 所示。在梁 CD 段，剪力为零（忽略梁自重），而弯矩为常数，称为"纯弯曲"段，它是试验研究的主要对象。

试验采用逐级加载，图 4-10 为试验梁受力全过程中实测的集中力 F 值与跨中挠度 w 的关系曲线图，纵向坐标为力 F（kN），横坐标为跨中挠度 w（mm）。

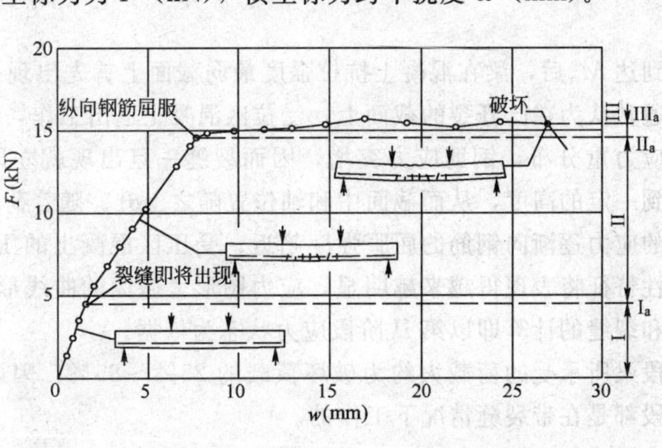

图 4-10　试验梁的荷载—挠度（F-w）图

由图 4-10 可以看出，F-w 曲线上有两个明显的转折点，从而把梁的受力和变形全过程分为三个阶段：第 I 阶段，整体工作阶段；第 II 阶段，带裂缝工作阶段；第 III 阶段，破坏阶段。

1）第 I 阶段

在此阶段初期，荷载作用弯矩较小，混凝土处于弹性工作阶段，即应力与应变成正比。随着荷载的增加，由于受拉区混凝土塑性变形的发展，拉应变增长较快，拉区混凝土的应力图形为曲线形，如图 4-11b）所示。此时受拉区混凝土尚未开裂，混凝土全截面工作，故又称此阶段为整体工作阶段。当受拉边缘混凝土的拉应变临近极限拉应变时，拉应力达到混凝土抗拉强度，表示裂缝即将出现，这时可称为第 I 阶段或整体工作阶段末期，梁截面上作用的弯矩用 M_{cr} 表示，抗裂计算即以此应力状态为依据。

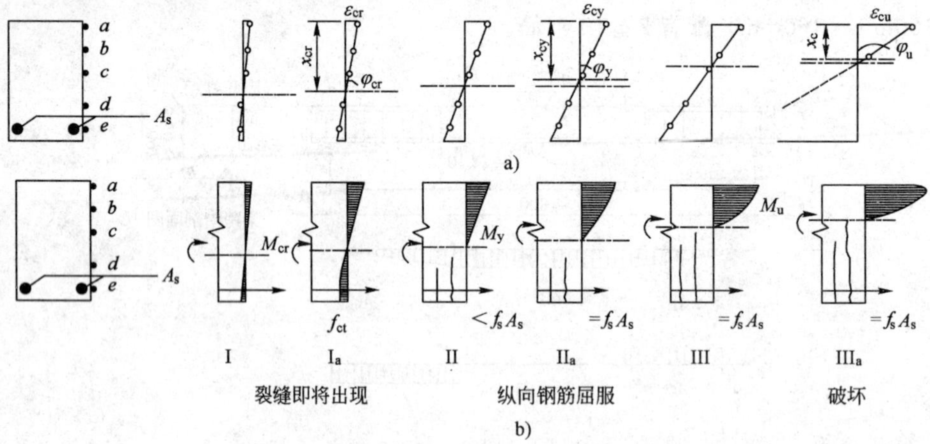

图 4-11　梁正截面各阶段的应力应变图和应力图

a）混凝土的平均应变分布；b）混凝土正应力分布

在此阶段，截面上混凝土应变基本呈线性分布，荷载与挠度基本上也呈线性关系，本阶段荷载大致为破坏荷载的 25%以下。

2）第 II 阶段

荷载作用弯矩到达 M_{cr} 后，梁在混凝土抗拉强度最弱截面上首先出现裂缝，这时梁进入带裂缝工作阶段；通常认为在已开裂的截面上，受拉区混凝土退出工作，其拉力全部由钢筋承受，发生明显的应力重分布，钢筋应力突增，因而裂缝一旦出现就立即开展至一定的宽度，并沿梁高延伸到一定的高度，从而截面中和轴位置随之上升。随着荷载的增加，裂缝不断开展，受拉钢筋的应力逐渐向钢筋的屈服强度趋近；受压区混凝土的压应变也不断增加，受压区混凝土的塑性特征将表现得越来越明显，应力图形呈微曲的曲线形，如图 4-11b）所示。使用阶段变形和裂缝的计算即以第 II 阶段应力状态为依据。

带裂缝工作阶段梁所承受的荷载大约为破坏荷载的 25%～85%，因此钢筋混凝土受弯构件在正常使用阶段都是在带裂缝情况下工作的。

3）第 III 阶段

当钢筋应力达到屈服强度时，标志着截面即将进入破坏阶段。这时，由于受拉钢筋已屈服，钢筋应力将停留在屈服点（对具有明显流幅的钢筋）而不再增大，但应变却剧增，这就促使裂缝急剧开展，中和轴继续上升，混凝土受压区不断缩小，压应力也不断增大，压应力图成为明显的丰满曲线形。当弯矩再增加，直至混凝土受压边缘纤维的压应变达到其极限压应变值 ε_{cu}时，受压区将出现一些纵向水平裂缝，紧接着混凝土被压碎，梁即告破坏。这时截面所承担的弯矩即为破坏弯矩 M_u，按极限状态方法的承载能力计算即以此为依据。

以上是适量配筋情况下的钢筋混凝土梁从加荷开始至破坏的全过程。由上述可见，由钢筋和混凝土两种材料组成的钢筋混凝土梁，不同于连续、匀质、弹性材料梁，在不同的受力阶段，中和轴的位置及内力偶臂有所不同，无论压区混凝土的应力或是纵向受拉钢筋的应力，不像弹性匀质材料梁那样完全与弯矩成比例。

4.2.2　受弯构件正截面破坏形态

钢筋混凝土受弯构件有两种破坏性质：一种是塑性破坏（延性破坏），指的是结构或构件在破坏前有明显变形或其他征兆；另一种是脆性破坏，指的是结构或构件在破坏前无明显变形或其他征兆。对常用的热轧钢筋和普通强度混凝土梁，破坏形态主要受到配筋率 ρ 的影响，因此按照配筋情况及相应破坏时的性质可得到正截面破坏的三种形态（图 4-12）。

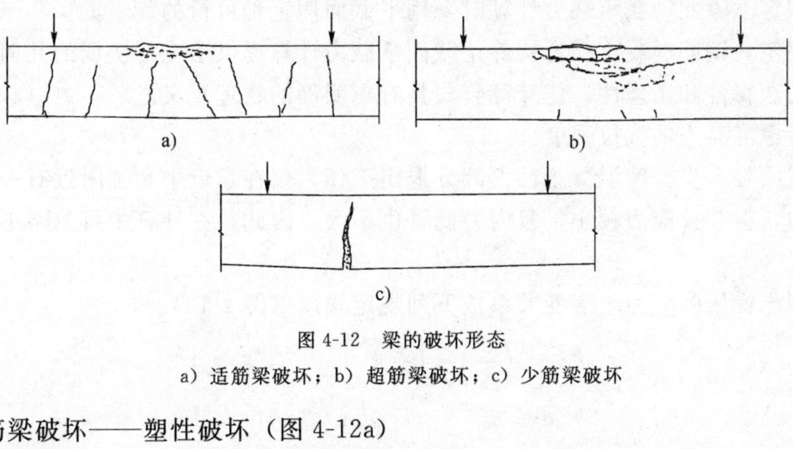

图 4-12　梁的破坏形态

a）适筋梁破坏；b）超筋梁破坏；c）少筋梁破坏

1）适筋梁破坏——塑性破坏（图 4-12a）

当截面配筋适量时，梁的受拉区钢筋首先达到屈服强度，其应力保持不变而应变显著地增大，直到受压区边缘混凝土的应变达到极限压应变时，受压区出现纵向水平裂缝，随之因混凝土压碎而破坏。这种梁破坏前，梁的裂缝急剧开展，挠度较大，梁截面产生较大的塑性变形，因而有明显的破坏预兆，属于塑性破坏。也就是说，适筋梁在破坏之前，表现了较好的耐受变形的能力——延性。延性是承受地震及冲击荷载作用时构件的一项重要受力特性。

2）超筋梁破坏——脆性破坏（图 4-12b）

随梁截面配筋率 ρ 的增大，钢筋应力增加缓慢，而受压区混凝土应力有较快的增长，则纵向钢筋屈服时的弯矩 M_y 越趋近梁破坏时的弯矩 M_u。当 ρ 增大到使 $M_y=M_u$ 时，受拉钢筋屈服与受压区混凝土压碎几乎同时发生，这种破坏称为平衡破坏或界限破坏，相应的 ρ 值被称为最大配筋率 ρ_{max}。

如果实际配筋率 $\rho>\rho_{max}$，则梁的破坏始于受压区混凝土被压坏，而受拉区钢筋应力尚未达到屈服强度。破坏前受拉区的裂缝开展不宽，延伸不高，梁的挠度也不大，即破坏是突然的，没有明显预兆，属于脆性破坏。

3）少筋梁破坏——脆性破坏（图 4-12c）

当梁的配筋率 ρ 很小，梁受拉区混凝土开裂后，钢筋应力趋近于屈服强度，即开裂弯矩 M_{cr} 趋近于受拉区钢筋屈服时的弯矩 M_y。当 ρ 减小到使 $M_{cr}=M_y$ 时，裂缝一旦出现，钢筋应力立即达到屈服强度，这时的配筋率称为最小配筋率 ρ_{min}。

当梁中实际配筋率 ρ 小于 ρ_{min} 时，梁受拉区混凝土一开裂，受拉钢筋到达屈服点，并迅速经历整个流幅而进入强化阶段，裂缝开展快且集中，此时受压区混凝土还未压坏，而裂缝宽度已很宽，挠度过大，钢筋甚至被拉断。由于破坏很突然，故属于脆性破坏。

一般来说，工程上不允许采用超筋梁和少筋梁。

4.2.3 受弯构件正截面承载力计算的基本原则

1）基本假定

根据受弯构件正截面的破坏特征，其正截面承载力计算采用下述基本假定。

（1）平截面假定

对于钢筋混凝土受弯构件，从开始加载直至破坏的各阶段，截面的平均应变都能较好地符合平截面假定。因此，在承载力计算时采用平截面假定是可行的。

平截面假定为钢筋混凝土受弯构件正截面承载力计算提供了变形协调的几何关系，可加强计算方法的逻辑性和条理性，使计算公式具有更明确的物理意义。

（2）不考虑混凝土的抗拉强度

在裂缝截面处，受拉区混凝土已大部分退出工作，仅在靠近中和轴附近有一部分混凝土承担着拉应力，但其拉应力较小，且内力偶臂也不大，因此，在计算中可忽略不计混凝土的抗拉强度。

（3）混凝土受压的应力—应变关系按下列规定采用（图 4-13）：

$$\sigma=\sigma_0\left[2\left(\frac{\varepsilon}{\varepsilon_0}\right)-\left(\frac{\varepsilon}{\varepsilon_0}\right)^2\right] \qquad (\varepsilon\leqslant\varepsilon_0) \tag{4-2a}$$

$$\sigma=\sigma_0 \qquad (\varepsilon_0<\varepsilon\leqslant\varepsilon_{cu}) \tag{4-2b}$$

式中：σ_0——峰值应力，取 $\sigma_0=0.85f_{ck}$；

f_{ck}——混凝土标准圆柱体抗压强度；

ε_0——对应于混凝土压应力刚达到 σ_0 时的压应变，取 $\varepsilon_0=0.002$；

ε_{cu}——混凝土极限压应变，取 $\varepsilon_{cu}=0.0035$。

（4）钢筋的应力—应变曲线采用弹性—全塑性曲线（图 4-14），即：

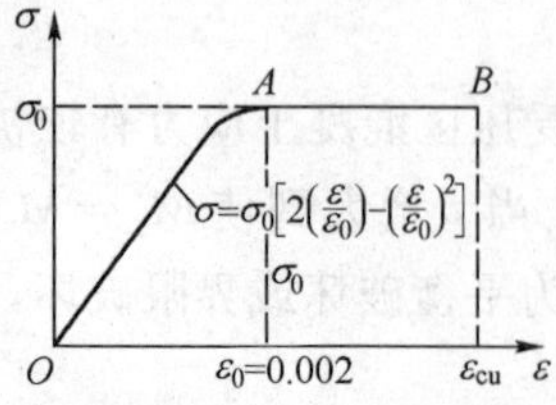

图 4-13 混凝土受压应力—应变曲线模式图

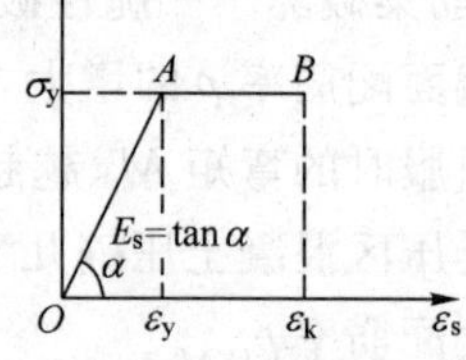

图 4-14 钢筋应力—应变曲线模式图

$$\sigma_x = \varepsilon_s E_s \qquad (0 \leqslant \varepsilon_s \leqslant \varepsilon_y) \tag{4-3a}$$

$$\sigma_s = \sigma_y \qquad (\varepsilon_s > \varepsilon_y) \tag{4-3b}$$

式中：E_s——钢筋弹性模量；

σ_y——钢筋屈服强度；

ε_y——钢筋屈服应变；

ε_k——钢筋极限拉应变，取 $\varepsilon_k = 0.01$。

2）压区混凝土等效矩形应力图形

计算钢筋混凝土受弯构件正截面承载力 M_u 时，需知道破坏时混凝土压应力的分布图形，特别是受压区混凝土的压应力合力 C 及其作用位置 y_c（图 4-15）。

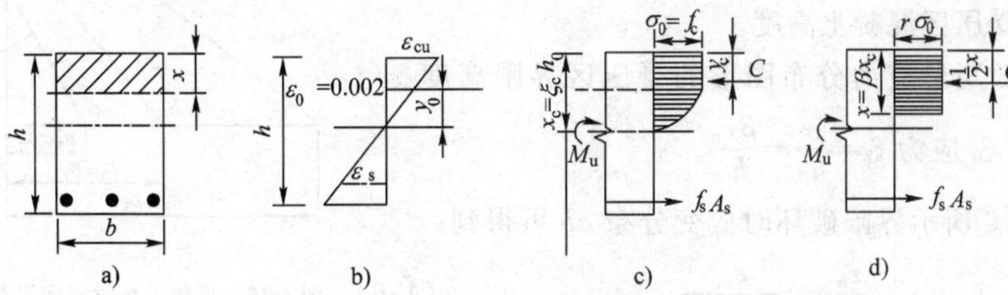

图 4-15　受压区混凝土等效矩形应力图

a）截面；b）平均应变分布；c）受压区混凝土应力分布模式；d）等效矩形混凝土压应力分布

为了计算方便起见，可以设想在保持压应力合力 C 的大小及其作用位置 y_c 不变条件下，用等效矩形的混凝土压应力图（图 4-15d）来替换实际的混凝土压应力分布图形（图 4-15c）。这个等效的矩形压应力图形由无量纲参数 β 和 γ 确定。β 为矩形压应力图的高度 x 与按平截面假定的中和轴高度 x_c 的比值，即 $\beta = x/x_c$；γ 为矩形压应力图的应力与受压区混凝土最大应力 σ_0 的比值（图 4-15d）。

根据等代原则，即压应力合力 C 和合力位置 y_c 不变，可得到：

$$\beta = \frac{\left[1 - \frac{2}{3}\left(\frac{\varepsilon_0}{\varepsilon_{cu}}\right) + \frac{1}{6}\left(\frac{\varepsilon_0}{\varepsilon_{cu}}\right)^2\right]}{\left(1 - \frac{1}{3}\frac{\varepsilon_0}{\varepsilon_{cu}}\right)} \tag{4-4}$$

$$\gamma = \frac{1}{\beta}\left(1 - \frac{1}{3}\frac{\varepsilon_0}{\varepsilon_{cu}}\right) \tag{4-5}$$

当确定 ε_0、ε_{cu} 值后，即可得到用以确定等效矩形压应力分布图形的 β 和 γ。

对于受弯构件截面受压区边缘混凝土的极限压应变 ε_{cu} 和相应的系数 β，《公桥规》按混凝土强度级别来分别取值，详见表 4-1。等效矩形应力值取 $\gamma\sigma_0 = f_{cd}$，f_{cd} 为混凝土的轴心抗压强度设计值。

混凝土极限压应变 ε_{cu} 与系数 β 值　　表 4-1

混凝土强度等级	C50 以下	C55	C60	C65	C70	C75	C80
ε_{cu}	0.0033	0.00325	0.0032	0.00315	0.0031	0.00305	0.003
β	0.8	0.79	0.78	0.77	0.76	0.75	0.74

3）相对界限受压区高度 ξ_b

根据给定的 ε_{cu} 和平截面假定可以做出如图 4-16 所示截面应变分布的直线 ab，这就是梁截面发生界限破坏的应变分布。受压区高度为 $x_b=\xi_b h_0$，ξ_b 被称为相对界限混凝土受压区高度。

由图 4-16 可以看到，界限破坏是适筋截面和超筋截面的鲜明界线。当截面实际受压区高度 $x_x>\xi_b h_0$ 时，为超筋梁截面；当 $x_c<\xi_b h_0$ 时，为适筋梁截面。因此，一般用 $\xi_b=\frac{x_b}{h_0}$ 来作为界限条件，x_b 为按平截面假定得到的界限破坏时受压区混凝土高度。

对于等效矩形应力分布图形的受压区界限高度 $x=\beta x_b$，相应的 ξ_b 应为 $\xi_b=\frac{x}{h_0}=\frac{\beta x_b}{h_0}$。

由图 4-16 所示界限破坏时应变分布 ab 可得到：

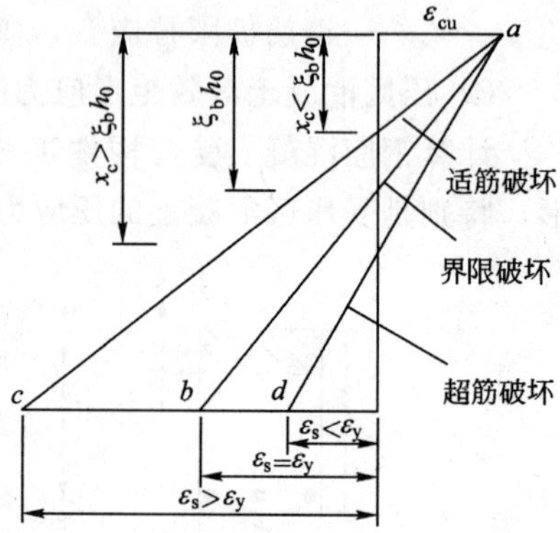

$$\frac{x_b}{h_0}=\frac{\varepsilon_{cu}}{\varepsilon_{cu}+\varepsilon_y} \tag{4-6}$$

图 4-16 界限破坏时截面平均应变示意图

以 $x_b=\xi_b h_0/\beta$，$\varepsilon_y=f_{sd}/E_s$ 代入式（4-6）并整理得到按等效矩形应力分布图形的受压区界限高度：

$$\xi_b=\frac{\beta}{1+\frac{f_{sd}}{\varepsilon_{cu}E_s}} \tag{4-7}$$

式（4-7）即为《公桥规》确定混凝土受压区高度 ξ_b 的依据，其中 f_{sd} 为受拉钢筋的抗拉强度设计值。据此，可得到《公桥规》规定的 ξ_b 值（表 4-2）。

相对界限受压区高度 ξ_b　　表 4-2

混凝土强度等级 / 钢筋种类	ξ_b		
	C50 及以下	C55、C60	C65、C70
R235	0.62	0.60	0.58
HRB335	0.56	0.54	0.52
HRB400、KL400	0.53	0.51	0.49

注：截面受拉区内配置不同种类钢筋的受弯构件，其 ξ_b 值应选用相应于各种钢筋的较小者。

4）最小配筋率 ρ_{min}

为了避免少筋梁破坏，必须确定钢筋混凝土受弯构件的最小配筋率 ρ_{min}。

最小配筋率是少筋梁与适筋梁的界限。当梁的配筋率由 ρ_{min} 逐渐减小，梁的工作特性也从钢筋混凝土逐渐向素混凝土结构过渡，所以，ρ_{min} 可按如下原则确定：采用最小配筋率 ρ_{min} 的钢筋混凝土梁在破坏时，正截面承载力 M_u 等于同样截面尺寸、同样材料的素混凝土梁正截面开裂弯矩的标准值。

由上述原则的计算结果，同时考虑到温度变化、混凝土收缩应力的影响以及过去的设计经验，《公桥规》规定了受弯构件纵向受力钢筋的最小配筋率 ρ_{min}（%），详见附表 1-9。

4.3　单筋矩形截面受弯构件

4.3.1　基本公式及适用条件

1）计算应力图形

根据受弯构件正截面承载力计算的基本原则，可以得到单筋矩形截面受弯构件承载力计算简图（图 4-17）。

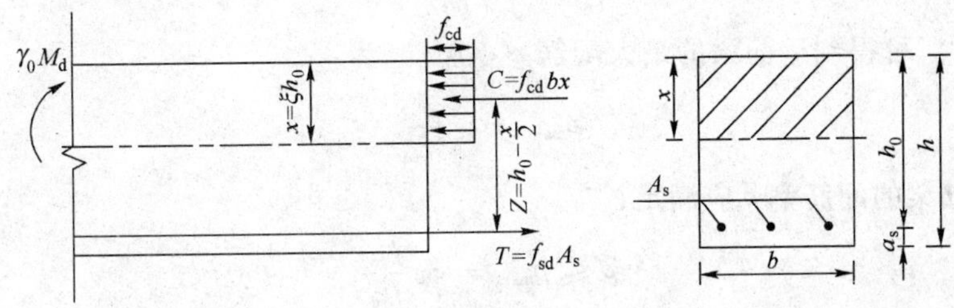

图 4-17　单筋矩形截面受弯构件正截面承载力计算简图

2）计算公式

按照第 3 章所述计算原则，受弯构件计算截面上的最不利荷载基本组合效应计算值 $\gamma_0 M_d$ 不应超过截面的承载能力（抗力）M_u。

由图 4-17 可以写出单筋矩形截面受弯构件正截面计算的基本公式。

由截面上水平方向内力之和为零的平衡条件，即 $T+C=0$，可得到：

$$f_{cd}bx = f_{sd}A_s \tag{4-8}$$

由截面上对受拉钢筋合力 T 作用点的力矩之和等于零的平衡条件，可得到：

$$\gamma_0 M_d \leqslant M_u = f_{cd}bx\left(h_0-\frac{x}{2}\right) \tag{4-9}$$

由对压区混凝土合力 C 作用点取力矩之和为零的平衡条件，可得到：

$$\gamma_0 M_d \leqslant M_u = f_{sd}A_s\left(h_0-\frac{x}{2}\right) \tag{4-10}$$

式中：M_d——计算截面上的弯矩组合设计值；

γ_0——结构的重要性系数；

M_u——计算截面的抗弯承载力；

f_{cd}——混凝土轴心抗压强度设计值；

f_{sd}——纵向受拉钢筋抗拉强度设计值；

A_s——纵向受拉钢筋的截面面积；

x——按等效矩形应力图的计算受压区高度；

b——截面宽度；

h_0——截面有效高度。

3）公式适用条件

公式（4-8）～式（4-10）仅适用于适筋梁，而不适用于超筋梁和少筋梁。因为超筋梁破坏时钢筋的实际拉应力 σ_s 并未到达抗拉强度设计值，故不能按 f_{sd} 来考虑。因此，公式的适用条件为：

（1）为防止出现超筋梁情况，计算受压区高度 x 应满足：

$$x \leqslant \xi_b h_0 \tag{4-11}$$

式中：ξ_b——相对界限受压区高度，可根据混凝土强度级别和钢筋种类由表 4-2 查得。

由式（4-8）可得：

$$\xi = \frac{x}{h_0} = \frac{f_{sd}}{f_{cd}} \frac{A_s}{bh_0} = \rho \frac{f_{sd}}{f_{cd}} \tag{4-12}$$

当 $\xi = \xi_b$ 时，可得到适筋梁的最大配筋率（ρ_{max}）为：

$$\rho_{max} = \xi_b \frac{f_{cd}}{f_{sd}} \tag{4-13}$$

显然，适筋梁的配筋率 ρ 应满足：

$$\rho \leqslant \rho_{max} = \xi_b \frac{f_{cd}}{f_{sd}} \tag{4-14}$$

式（4-14）和式（4-11）具有相同意义，目的都是防止受拉区钢筋过多形成超筋梁，满足其中一式，另一式必然满足。在实际计算中，多采用式（4-11）。

（2）为防止出现少筋梁的情况，计算的配筋率（ρ）应当满足：

$$\rho \geqslant \rho_{min} \tag{4-15}$$

4.3.2 计算方法

受弯构件正截面承载力计算，在实际设计中可分为截面设计和截面复核两类问题。

1）截面设计

截面设计是指根据所求截面上的弯矩组合设计值，选定材料、确定截面尺寸和配筋。利用基本公式进行截面设计时，一般取 $M_u = M$ 来计算。截面设计时一般会遇到以下两种情况。

情况 1：已知弯矩计算值 M、混凝土和钢筋材料级别、截面尺寸 $b \times h$，求钢筋面积 A_s。

计算步骤如下：

（1）假设钢筋截面重心到截面受拉边缘距离 a_s。在 I 类环境条件下，对于绑扎钢筋骨架的梁，可设 $a_s \approx 40$mm（布置一层钢筋时）或 65mm（布置两层钢筋时）。对于板，一般可根据板厚假设 a_s 为 25～35mm。这样可得到有效高度 $h_0 = h - a_s$。

（2）由式（4-9）解一元二次方程求得受压区高度 x，并满足 $x \leqslant \xi_b h_0$。

（3）由式（4-8）直接求得所需的钢筋面积。

（4）选择钢筋直径并按构造要求进行布置后，得到实际配筋面积 A_s、a_s 及 h_0。实际配筋率 ρ 应满足 $\rho \geqslant \rho_{min}$。

情况 2：已知弯矩计算值 M、混凝土和钢筋材料级别，求截面尺寸 $b \times h$ 和钢筋面积 A_s。

此时由于未知数个数多于独立方程个数，为此采取以下计算步骤：

（1）假定 b 及经济合理的配筋率 ρ（对矩形梁可取 0.6%～1.5%；对板可取 0.3%～0.8%），由式（4-12）求出 ξ，并得出 $x = \xi h_0$。

(2) 由公式 (4-9) 得出 h_0，并由估计的 a_s，求出 $h=h_0+a_s$。

(3) 按截面尺寸已知的情况，计算 A_s 并进行布置。

上述计算中，若 $\rho>\rho_{max}$，说明截面偏小，应增大截面尺寸；若 $\rho<\rho_{min}$，说明截面偏大，应减小截面尺寸。

2) 截面复核

截面复核是指已知截面尺寸、混凝土强度级别和钢筋在截面上的布置，要求计算截面的承载力 M_u 或复核控制截面承受某个弯矩计算值 M 是否安全。截面复核方法及计算步骤如下：

(1) 检查钢筋布置是否符合规范要求。

(2) 计算配筋率 ρ，且应满足 $\rho\geqslant\rho_{min}$。

(3) 由式 (4-8) 计算受压区高度 x。

(4) 若 $x>\xi_b h_0$，则为超筋截面，其承载能力为：

$$M_u = f_{cd} b h_0^2 \xi_b (1-0.5\xi_b) \tag{4-16}$$

当由式 (4-16) 求得的 $M_u<M$ 时，可采取提高混凝土级别、修改截面尺寸，或改为双筋截面等措施。

(5) 当 $x\leqslant\xi_b h_0$ 时，由式 (4-9) 或式 (4-10) 可计算得到 M_u。

4.3.3 计算表格的编制和应用

应用基本公式进行截面计算时需解一个一元二次方程，为了简化计算，可根据基本公式制成表格。具体设计时可以查表计算。下面介绍单筋矩形截面受弯构件正截面承载力计算表格制定原理及使用方法。

设

$$A_0 = \xi(1-0.5\xi) \tag{4-17}$$

$$\zeta_0 = 1-0.5\xi \tag{4-18}$$

式中：A_0——截面抵抗矩系数；

ζ_0——内力偶臂系数。

则由式 (4-9) 和式 (4-10) 可得到：

$$M_u = f_{cd} b h_0^2 A_0 \tag{4-19}$$

$$M_u = f_{sd} A_s h_0 \zeta_0 \tag{4-20}$$

由于 A_0 和 ζ_0 都是 ξ 的函数，由式 (4-17) 和式 (4-18) 可编制出对应于 ξ 值的 A_0 及 ζ_0 的表格，见附表 1-5。

利用表格进行截面配筋计算时，A_0 可先由下式求得，即：

$$A_0 = \frac{M}{f_{cd} b h_0^2} \tag{4-21}$$

查附表 1-5 中相应的 ξ 及 ζ_0，再由下列公式之一计算 A_s，即：

$$A_s = \frac{M}{\zeta_0 f_{sd} h_0} \tag{4-22}$$

$$A_s = \frac{f_{cd}}{f_{sd}} \xi b h_0 \tag{4-23}$$

ξ 及 ζ_0 也可直接由下列公式计算：

$$\xi = 1 - \sqrt{1 - 2A_0} \tag{4-24}$$

$$\zeta_0 = 0.5(1 + \sqrt{1 - 2A_0}) \tag{4-25}$$

【例 4-1】

矩形截面梁 $b\times h=300\text{mm}\times 600\text{mm}$，截面弯矩组合设计值 $M_d=170\text{kN}\cdot\text{m}$，采用 C25 混凝土和 HRB335 级钢筋，环境条件为Ⅰ类，安全等级为二级。试进行配筋计算。

解： 查附表 1-1 及附表 1-3 得 $f_{cd}=11.5\text{MPa}$，$f_{td}=1.23\text{MPa}$，$f_{sd}=280\text{MPa}$。查表 4-2 得 $\xi_b=0.56$。桥梁结构重要性系数 $\gamma_0=1$，则弯矩计算值 $M=\gamma_0 M_d=170\text{kN}\cdot\text{m}$。

采用绑扎钢筋骨架，按一层钢筋布置，假设 $a_s=40\text{mm}$，则梁有效高度 $h_0=600-40=560\text{mm}$。

(1) 求受压区高度 x

将各已知值代入式 (4-9)，则可得到：

$$1\times 170\times 10^6 = 11.5\times 300x\left(560-\frac{x}{2}\right)$$

整理后可得到： $345x^2-386400x+34000000=0$

解方程得到： $x_1=1024\text{mm}$（大于梁高，舍去）

$$x_2=96.3\text{mm}<\xi_b h_0\ (=0.56\times 560\text{mm}=313.6\text{mm})$$

(2) 求所需钢筋数量 A_s

将各已知值及 $x=96.3\text{mm}$ 代入式 (4-8) 中，得到：

$$A_s=\frac{f_{cd}bx}{f_{sd}}=\frac{11.5\times 300\times 96.3}{280}=1187\text{mm}^2$$

(3) 选择并布置钢筋

考虑一层钢筋为 4 根，查附表 1-6，选择 4 ⌀20（$A_s=1256\ \text{mm}^2$）并布置如图 4-18。

混凝土保护层厚度 $c=30\text{mm}>d$（$=20\text{mm}$）且满足附表 1-8 要求，故 $a_s=30+22.7/2=41.35\text{mm}$，取 $a_s=45\text{mm}$，则有效高度 $h_0=555\text{mm}$。

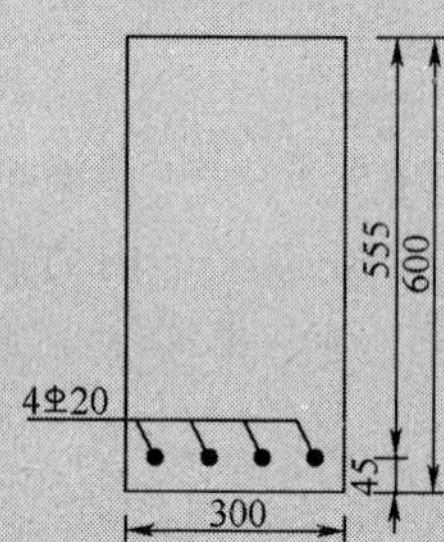

图 4-18 例 4-1 图（尺寸单位：mm）

最小配筋率计算：45（f_{td}/f_{sd}）$=45$（$1.23/280$）$=0.198$，即最小配筋率不应小于 0.198%，且不应小于 0.2%，故取 $\rho_{min}=0.2\%$。实际配筋率 $\rho=\frac{A_s}{bh_0}=\frac{1256}{300\times 555}=0.75\%>\rho$（$=0.2\%$）。

【例 4-2】

已知矩形截面承受弯矩设计值 $M_d=180\text{kN}\cdot\text{m}$，环境类别为Ⅰ类，安全等级为二级。假定 $b=250\text{mm}$，采用 C25 混凝土及 HRB335 级钢筋，试设计该截面。

解： 查附表 1-1 及附表 1-3 得 $f_{cd}=11.5\text{MPa}$，$f_{td}=1.23\text{MPa}$，$f_{sd}=280\text{MPa}$。查表 4-2 得 $\xi_b=0.56$。桥梁结构重要性系数 $\gamma_0=1$，则弯矩计算值 $M=\gamma_0 M_d=180\text{kN}\cdot\text{m}$。

(1) 假定 ρ，计算 ξ

假定 $\rho=1.5\%$，由式（4-12）可得：

$$\xi=\rho\times\frac{f_{sd}}{f_{cd}}=0.015\times\frac{280}{11.5}=0.365$$

且有 $x=0.365h_0$

（2）计算 h

将 $x=0.365h_0$ 代入式（4-9），可得：

$$h_0=\sqrt{\frac{M}{f_{cd}b\xi(1-0.5\xi)}}=\sqrt{\frac{180\times10^6}{11.5\times250\times0.365\times(1-0.5\times0.365)}}=458\text{mm}$$

故可假定 $h_0=460$，设 $a_s=40\text{mm}$，则梁高可定为 $h=500\text{mm}$。

（3）求受压区高度 x

将各已知值代入式（4-9），则可得到：

$$1\times18.0\times10^7=11.5\times250x\left(460-\frac{x}{2}\right)$$

整理后可得到：　$23x^2-21160x+2880000=0$

解方程得到：　$x_1=754\text{mm}$（大于梁高，舍去）

$x_2=166\text{mm}<\xi_b h_0$（$=0.56\times460\text{mm}=258\text{mm}$）

（4）求所需钢筋数量 A_s

将各已知值及 $x=166\text{mm}$ 代入式（4-8）中，得到：

$$A_s=\frac{f_{cd}bx}{f_{sd}}=\frac{11.5\times250\times166}{288}=1704\text{mm}^2$$

（5）选择并布置钢筋

考虑一层钢筋为4根，由附表1-6可查得，供使用的有4⌀25（$A_s=1964\text{mm}^2$），2⌀22+2⌀25（$A_s=1742\ \text{mm}^2$），选择2⌀22+2⌀25并布置如图4-19。

混凝土保护层厚度 $c=30\text{mm}>d$（$=25\text{mm}$）且满足本书附表1-8的要求，故 $a_s=30+28.4/2=44.2\text{mm}$，取 $a_s=45\text{mm}$，则有效高度 $h_0=455\text{mm}$。

最小配筋率计算：45（f_{td}/f_{sd}）$=45$（$1.23/280$）$=0.198$，即最小配筋率不应小于0.198%，且不应小于0.2%，故取 $\rho_{min}=0.2\%$。实际配筋率 $\rho=\frac{A_s}{bh_0}=\frac{1742}{250\times455}=1.53\%>\rho_{min}$（$=0.2\%$）。

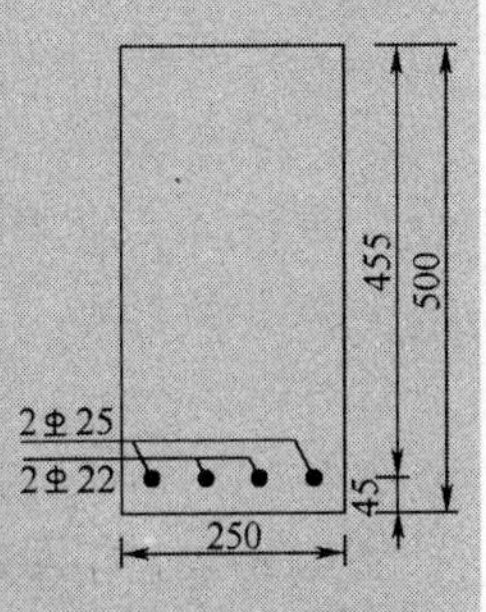

图4-19　例4-2图
（尺寸单位：mm）

【例4-3】

有一截面尺寸为 $b\times h=250\text{mm}\times450\text{mm}$ 的钢筋混凝土梁，环境类别为Ⅰ类，安全等级为二级。采用C25混凝土和HRB400级钢筋，截面构造如图4-20所示，该梁承受弯矩设计值 $M_d=120\text{kN}\cdot\text{m}$，试复核该截面是否安全。

解：根据提供材料查附表1-1和附表1-3得 $f_{cd}=11.5\text{MPa}$，$f_{td}=1.23\text{MPa}$，$f_{sd}=330\text{MPa}$，查表4-2得 $\xi_b=0.53$，查《公桥规》知 $\gamma_0=1$。

最小配筋率计算：45（f_{td}/f_{sd}）=45（1.23/330）=0.17，且不应小于0.2，故取$\rho_{min}=0.2\%$。

由图4-20得到混凝土保护层厚度$c=a_s-\frac{d}{2}=45-\frac{20}{2}=35\text{mm}$，符合附表1-8的要求且大于钢筋公称直径$d=20\text{mm}$。钢筋间净距$S_n=\frac{250-2\times30-2\times20-2\times18}{3}=38\text{mm}$，符合$S_n\geqslant30\text{mm}$及$d=20\text{mm}$的要求。

实际配筋率$\rho=\frac{A_s}{bh_0}=\frac{1137}{250\times405}=1.9\%>\rho_{min}$（=0.2%）。

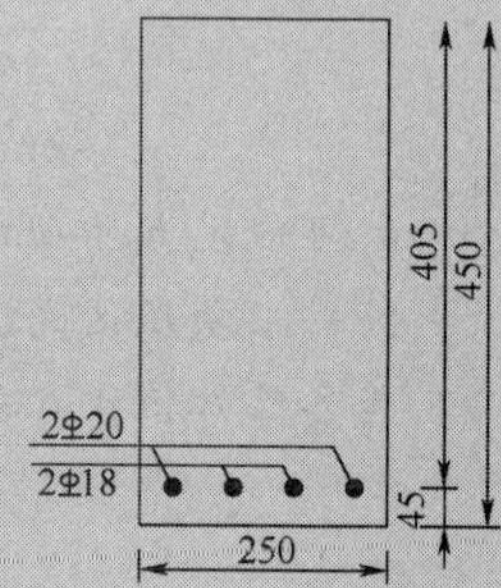

图4-20　例4-3图
（尺寸单位：mm）

（1）求受压区高度x

由式（4-8）可得到：

$$x=\frac{f_{sd}A_s}{f_{cd}b}=\frac{330\times1137}{11.5\times250}$$

$$=131\text{mm}<\xi_b h_0(=0.53\times405=215\text{mm})$$

不会发生超筋梁情况。

（2）求抗弯承载能力M_u

由式（4-9）可得到：

$$M_u=f_{cd}bx\left(h_0-\frac{x}{2}\right)=11.5\times250\times131(405-131/2)$$

$$=127.8\times10^6\text{N}\cdot\text{mm}=127.8\text{kN}\cdot\text{m}>\gamma_0 M(=120\text{kN}\cdot\text{m})$$

经复核梁截面可以承受M_d（=120 kN·m）的作用，截面安全。

【例4-4】

已知一单跨简支板，计算跨径$l_0=2.2\text{m}$，承受均布荷载设计值为7.3kN/m^2（包括板的自重），混凝土强度等级为C25，用R235级钢筋配筋。环境类别为I类，安全等级为二级，试设计该板。

解：取1m板宽进行计算，即计算板宽1000mm，拟定板厚80mm。据已知材料查表得$f_{cd}=11.5\text{MPa}$，$f_{td}=1.23\text{MPa}$，$f_{sd}=195\text{MPa}$，$\xi_b=0.62$。

最小配筋率计算：45（f_{td}/f_{sd}）=45（1.23/195）=0.28>0.2，故$\rho_{min}=0.28\%$。

（1）板的控制截面弯矩设计值M_d

板的计算图式为简支板，计算跨径$l_0=2.2\text{m}$。板上作用的荷载$g=7.3\times1=7.3\text{kN/m}$。板的控制截面为跨中截面，弯矩计算值为$M_d=\frac{1}{8}gl^2=\frac{1}{8}\times7.3\times2.2^2=4.4165\ \text{kN}\cdot\text{m}$。

（2）设$a_s=25\text{mm}$，则$h_0=80-25=55\text{mm}$，$\gamma_0=1$。将各已知值代入式（4-9）中，可得到：

$$1.0\times4.4165\times10^6=11.5\times1000x(55-x/2)$$

解方程得到：$x=7.49\text{mm}<\xi_b h_0$（$=0.62\times55=35.8\text{mm}$）

（3）求所需钢筋面积

将各已知值及 $x=7.49\text{mm}$ 代入式（4-8），可得到：

$$A_s=\frac{f_{cd}bx}{f_{sd}}=\frac{11.5\times1000\times7.49}{195}=442\text{mm}^2$$

（4）选择并布置钢筋

现取板的受力钢筋为 $\phi8$，由附表 1-7 查得 $\phi8$ 钢筋间距@＝100mm 时，单位板宽的钢筋面积 $A_s=503\ \text{mm}^2$。

板截面钢筋布置如图4-21。受力钢筋外径为9.3mm，混凝土保护层厚度 c 取20mm，所以 $a_s=25\text{mm}$，$h_0=55\text{mm}$。

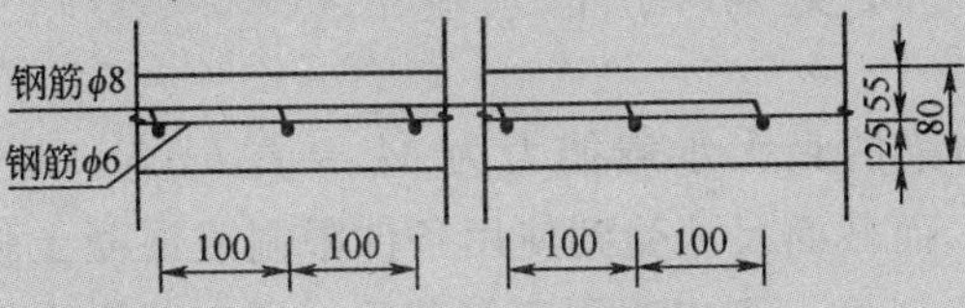

图 4-21　例 4-4 图（尺寸单位：mm）

截面实际配筋率

$$\rho=\frac{503}{1000\times55}=0.91\%>\rho_{min}=0.28\%。$$

板的分布钢筋取 $\phi6$，其间距@＝200mm。

【例 4-5】

使用查表法解例 4-1。

解：与例 4-1 相同：$f_{cd}=11.5\text{MPa}$，$f_{td}=1.23\text{MPa}$，$f_{sd}=280\text{MPa}$。查表 4-2 得 $\xi_b=0.56$。假设 $a_s=40\text{mm}$，则梁有效高度 $h_0=600-40=560\text{mm}$。

由式（4-21）求 $A_0=\frac{M}{f_{cd}bh_0^2}=\frac{(1\times17.0)\ \times10^7}{11.5\times300\times560^2}=0.157$

查附表 1-5 得到 $\xi=0.172<\xi_b=0.56$；

由式（4-23）求 A_s，即：

$$A_s=\frac{f_{cd}}{f_{sd}}\xi_b h_0=\frac{11.5}{280}\times0.172\times300\times560=1187\text{mm}^2$$

计算结果与例 4-1 相同，其余计算内容见例 4-1。

【例 4-6】

使用查表法解例 4-2，但混凝土等级为 C30，采用 HRB400 级钢筋，梁高取 450mm。

解：查表得 $f_{cd}=13.8\text{MPa}$，$f_{td}=1.39\text{MPa}$，$f_{sd}=330\text{MPa}$，$\xi_b=0.53$，$\gamma_0=1$。假设 $a_s=45\text{mm}$，则梁有效高度 $h_0=450-45=405\text{mm}$。

由式（4-21）求

$$A_0=\frac{M}{f_{cd}bh_0^2}=\frac{(1\times180)\ \times10^6}{13.8\times250\times405^2}=0.318$$

查附表 1-5 得到 $\xi=0.397<\xi_b=0.53$；

由式（4-23）求 A_s，即：

$$A_s=\frac{f_{cd}}{f_{sd}}\xi_b h_0=\frac{13.8}{330}\times0.397\times250\times405=1681\text{mm}^2$$

考虑一层钢筋为 4 根，由附表 1-6 可查得，供使用的有 4 Φ 25（$A_s=1964\text{mm}^2$）、2 Φ 22＋2 Φ 25（$A_s=1742\ \text{mm}^2$），选择 2 Φ 22＋2 Φ25 并布置如图 4-22。

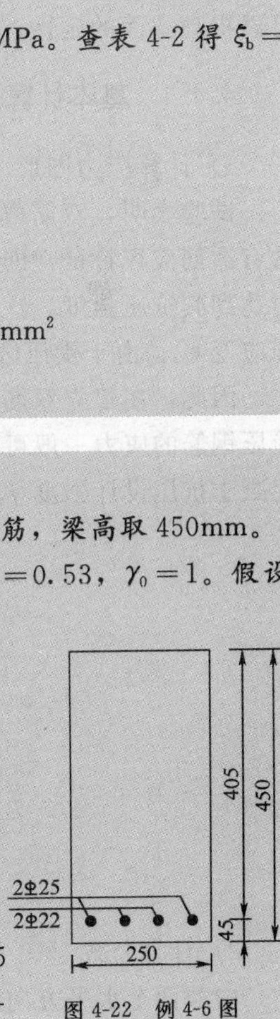

图 4-22　例 4-6 图
（尺寸单位：mm）

混凝土保护层厚度 $c=45-28.4/2=30.8\text{mm}>d$（$=25\text{mm}$）且满足附表 1-8 要求。

最小配筋率计算：$45(f_{td}/f_{sd})=45(1.39/330)=0.19$，即最小配筋率不应小于 0.19%，且不应小于 0.2%，故取 $\rho_{min}=0.2\%$。实际配筋率 $\rho=\frac{A_s}{bh_0}=\frac{1742}{250\times405}=1.53\%>\rho_{min}$（$=0.2\%$）。

4.4 双筋矩形截面受弯构件

由上节式（4-16）可知，单筋矩形截面适筋梁的最大承载能力为 $M_u=f_{cd}bh_0^2\xi_b(1-0.5\xi_b)$。当截面承受的弯矩组合设计值 M_d 较大，而截面尺寸受到使用条件限制或混凝土强度又不宜提高的情况下，按单筋截面设计出现 $\xi>\xi_b$ 时，则应改用双筋截面。即在截面受压区配置钢筋来协助混凝土承担压力且将 ξ 减小到 $\xi\leqslant\xi_b$，破坏时受拉区钢筋应力可达到屈服强度，而受压区混凝土不致过早压碎。此外，当梁截面承受异号弯矩时，则必须采用双筋截面。

一般情况下，采用受压钢筋来承受截面的部分压力是不经济的。但是，受压钢筋的存在可以提高截面的延性，并可减少构件在长期荷载作用下的变形。

4.4.1 基本计算公式

1）计算应力图形

试验表明，双筋截面破坏时的受力特点与单筋截面相似。只要满足 $\xi\leqslant\xi_b$，双筋截面仍具有适筋破坏特征，即破坏时受拉钢筋的应力先达到其屈服强度，然后，受压区混凝土的应力达到其抗压强度。这时，受压区混凝土的应力图形为曲线分布，边缘纤维的压应变已达极限应变 ε_{cu}。由于受压区混凝土塑性变形的发展，受压钢筋的应力一般也将达到其抗压强度。

因此，在建立双筋截面承载力的计算公式时，受拉钢筋的应力可取抗拉强度设计值 f_{sd}，受压钢筋的应力一般可取抗压强度设计值 f'_{sd}，受压区混凝土仍可采用等效矩形应力图形和混凝土抗压设计强度 f_{cd}。于是，双筋矩形截面受弯承载力计算的图式如图 4-23 所示。

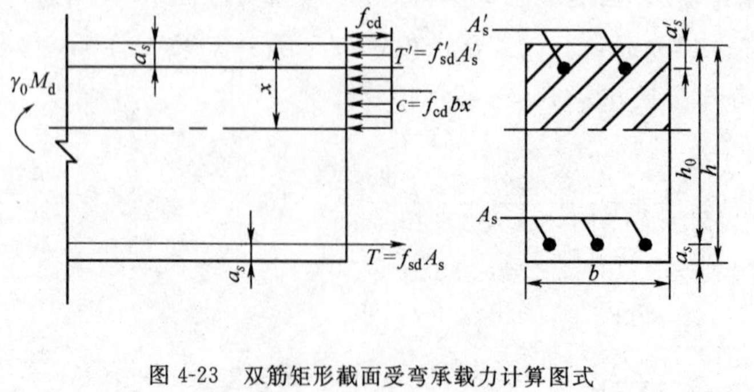

图 4-23 双筋矩形截面受弯承载力计算图式

2）计算公式

由截面上水平方向内力之和为零的平衡条件，即 $T+C+T'=0$，可得到：

$$f_{cd}bx+f'_{sd}A'_s=f_{sd}A_s \tag{4-26}$$

由截面上对受拉钢筋合力 T 作用点的力矩之和等于零的平衡条件，可得到：

$$\gamma_0 M_d \leqslant M_u = f_{cd}bx\left(h_0 - \frac{x}{2}\right) + f'_{sd}A'_s(h_0 - a'_s) \tag{4-27}$$

由截面上对受压钢筋合力 T' 作用点的力矩之和等于零的平衡条件，可得到：

$$\gamma_0 M_d \leqslant M_u = - f_{cd}bx\left(\frac{x}{2} - a'_s\right) + f_{sd}A_s(h_0 - a'_s) \tag{4-28}$$

式中：f'_{sd}——受压区钢筋的抗压强度设计值；

A'_s——受压区钢筋的截面面积；

a'_s——受压区钢筋合力点至截面受压边缘的距离；

其他符号与单筋矩形截面相同。

3）公式的适用条件

（1）为了防止出现超筋梁情况，计算受压区高度 x 应满足：

$$x \leqslant \xi_b h_0 \tag{4-29}$$

（2）为了保证受压钢筋 A'_s 达到抗压强度设计值 f'_{sd}，计算受压区高度 x 应满足：

$$x \geqslant 2a'_s \tag{4-30}$$

在实际设计中，若求得 $x < 2a'_s$，则表明受压钢筋 A'_s 可能达不到其抗压强度设计值。《公桥规》规定此时可取 $x = 2a'_s$，即假设混凝土压应力合力作用点与受压区钢筋 A'_s 合力作用点相重合，对受压钢筋合力作用点取矩，可得到正截面抗弯承载力的近似表达式为：

$$M_u = f_{sd}A_s(h_0 - a'_s) \tag{4-31}$$

双筋截面的配筋率 ρ 一般均能大于 ρ_{min}，所以往往不必再予计算。

4.4.2　计算方法

1）截面计算

双筋截面设计的任务是确定受拉钢筋 A_s 和受压钢筋 A'_s 的数量。利用基本公式进行截面设计时，仍取 $\gamma_0 M_d = M_u$ 来计算，一般有下列两种计算情况：

情况 1　已知截面尺寸、材料强度级别、弯矩计算值 $M = \gamma_0 M_d$，求受拉钢筋面积 A_s 和受压钢筋面积 A'_s。

（1）假设 a_s 和 a'_s，求得 $h_0 = h - a_s$。

（2）验算是否需要采用双筋截面。当下式不成立时，需采用双筋截面：

$$M < M_u = f_{cd}bh_0^2\xi_b(1 - 0.5\xi_b) \tag{4-32}$$

（3）求 A'_s。利用基本公式求解，有 A'_s、A_s 及 x 三个未知数，故尚需增加一个条件才能求解。在实际计算中，应使截面的总钢筋截面积（$A_s + A'_s$）为最小，为此，压力应尽量让混凝土承担，多余的压力由钢筋承担，即取 $\xi = \xi_b$。再利用式（4-27）求得 A'_s。

（4）求 A_s。将 $x = \xi_b h_0$ 及受压钢筋 A'_s 计算值代入式（4-26），求得受拉钢筋面积 A_s。

（5）分别选择受压钢筋和受拉钢筋直径及根数，并进行截面钢筋布置。

这种情况的配筋计算，实际是利用 $\xi = \xi_b$ 来确定 A_s 与 A'_s，故基本公式适用条件已满足。

情况 2　已知截面尺寸、材料强度级别、受压区普通钢筋面积 A'_s 及布置、弯矩计算值

$M=\gamma_0 M_d$，求受拉钢筋面积 A_s。

(1) 假设 a_s，求得 $h_0=h-a_s$。

(2) 求受压区高度 x。将各已知值代入式（4-27），可得到：

$$x=h_0-\sqrt{h_0^2-\frac{2[M-f'_{sd}A'_s(h_0-a'_s)]}{f_{cd}b}}$$

(3) 当 $x<\xi_b h_0$ 且 $x<2a'_s$ 时，根据《公桥规》规定，可由式（4-31）求得所需受拉钢筋面积（A_s）为：

$$A_s=\frac{M}{f_{sd}(h_0-a'_s)}$$

(4) 当 $x\leqslant\xi_b h_0$ 且 $x\geqslant 2a'_s$，则将各已知值及受压钢筋面积 A'_s 代入式（4-26），可求得 A_s 值。

(5) 选择受拉钢筋的直径和根数，并布置截面钢筋。

2) 截面复核

已知截面尺寸、材料强度级别、钢筋面积 A_s 和 A'_s 以及截面钢筋布置，求截面承载力 M_u。

(1) 检查钢筋布置是否符合规范要求。

(2) 由式（4-26）计算受压区高度 x。

(3) 若 $x\leqslant\xi_b h_0$ 且 $x<2a'_s$，则由式（4-31）求得考虑受压钢筋部分作用的正截面承载力 M_u。

(4) 若 $2a'_s\leqslant x\leqslant\xi_b h_0$，以式（4-27）或式（4-28）可求得双筋矩形截面抗弯承载力 M_u。

【例 4-7】

有一矩形截面 $b\times h=250\text{mm}\times 500\text{mm}$，承受弯矩设计值 $M_d=250\text{kN}\cdot\text{m}$，混凝土等级为 C25，用 HRB400 级钢筋配筋，环境类别为Ⅰ类，安全等级为一级，求所需钢筋截面面积。

解： 查附表 1-1 及附表 1-3 得 $f_{cd}=11.5\text{MPa}$，$f_{td}=1.23\text{MPa}$，$f_{sd}=330\text{MPa}$。查表 4-2 得 $\xi_b=0.53$。查《公桥规》知桥梁结构重要性系数 $\gamma_0=1.1$，则弯矩计算值 $M=\gamma_0 M_d=275\text{kN}\cdot\text{m}$。

(1) 验算是否需要采用双筋截面

假设 $a_s=45$，则梁有效高度 $h_0=500-45=455$。由式（4-16）可知，单筋矩形截面适筋梁的最大承载能力为：

$$\begin{aligned}M_u&=f_{cd}bh_0^2\xi_b(1-0.5\xi_b)=11.5\times 250\times 455^2\times 0.53\times(1-0.5\times 0.53)\\&=231\text{kN}\cdot\text{m}<275\text{kN}\cdot\text{m}\end{aligned}$$

故需要采用双筋截面。

(2) 求所需钢筋截面面积

受压钢筋按一层布置，假设 $a'_s=40\text{mm}$；受拉钢筋按两层布置，假设 $a_s=65\text{mm}$，$h_0=h-a_s=500-65=435\text{mm}$。

取 $\xi=\xi_b=0.53$，代入式（4-27）中可得到受压钢筋截面面积为：

$$A'_s=\frac{M-f_{cd}bh_0^2\xi(1-0.5\xi)}{f'_{sd}(h_0-a'_s)}=\frac{275\times10^6-11.5\times250\times435^2\times0.53\times(1-0.5\times0.53)}{330\times(435-40)}$$
$$=484\text{mm}^2$$

由式（4-26）求所需的受拉钢筋截面积 A_s 值，即：

$$A_s=\frac{f_{cd}bx+f'_{sd}A'_s}{f_{sd}}=\frac{11.5\times250\times0.53\times435+330\times484}{330}$$
$$=2493\ \text{mm}^2$$

（3）选择并布置钢筋

查附表 1-6，受压钢筋选择 3 ⌀16（$A'_s=603\text{mm}^2$），受拉钢筋选择 8 ⌀20（$A_s=2513\text{mm}^2$），布置如图 4-24。

受拉钢筋层净距为 30mm，钢筋间净距 $S_n=(250-2\times30-4\times22.7)/3=33.1\text{mm}>30\text{mm}$ 及 $d=20\text{mm}$。受拉钢筋混凝土保护层厚度 $c=30\text{mm}$，钢筋 $a_s=30+22.7+15=67.7\text{mm}$，取 $a_s=68\text{mm}$，$h_0=432\text{mm}$，而 $a'_s=40\text{mm}$。

【例 4-8】

截面尺寸及材料与例 4-7 相同，承受弯矩设计值 $M=200\text{kN}\cdot\text{m}$，已配置 $A'_s=226\text{mm}^2$（2 ⌀12），求所需受拉钢筋截面面积。

解：（1）假设 $a'_s=40\text{mm}$，$a_s=65\text{mm}$，则梁有效高度 $h_0=500-65=435\ \text{mm}$。

（2）求受压区高度 x。

将各已知值代入式（4-26）中，可得到

$$X=h_0-\sqrt{h_0^2-\frac{2[M-f'_{sd}A'_s(h_0-a'_s)]}{f_{cd}b}}$$
$$=435-\sqrt{435^2-\frac{2[1.1\times200\times10^6-330\times226\times(435-40)]}{330\times250}}=5.3\text{mm}$$

（3）由于 $x<\xi_bh_0$（$=0.53\times455=241\text{mm}$），且 $x<2a'_s$（$=2\times40=80\text{mm}$）。根据《公桥规》规定，可由式（4-30）计算求得所需受拉钢筋面积 A_s 为：

$$A_s=\frac{M}{f_{sd}(h_0-a'_s)}=\frac{1.1\times200\times10^6}{330\times(435-40)}=1687.8\text{mm}^2$$

（4）选择并布置钢筋

查附表 1-6，受拉钢筋选择 7 ⌀18（$A_s=942\text{mm}^2$），布置如图 4-25。构造检验略。

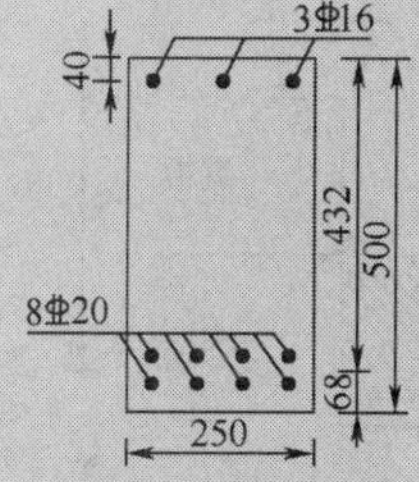

图 4-24 例 4-7 图（尺寸单位：mm）

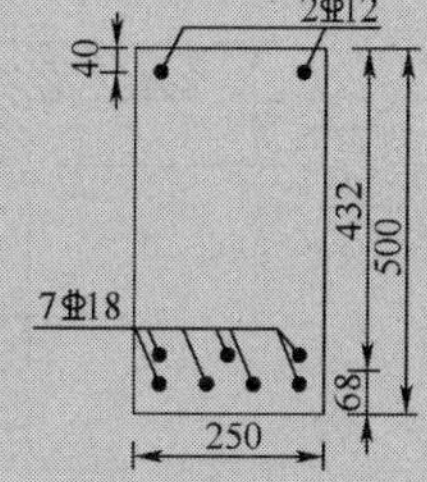

图 4-25 例 4-8 图（尺寸单位：mm）

【例 4-9】

已知截面尺寸 $b\times h=200\text{mm}\times400\text{mm}$，混凝土强度等级为 C20，采用 R235 级钢筋，受拉钢筋为 3ϕ25，受压钢筋为 2ϕ16，$a_s=45\text{mm}$，$a'_s=40\text{mm}$，要求承受弯矩设计值 $M=85\text{kN}\cdot\text{m}$，安全等级为二级，试验算该截面是否安全。

解： 由 $a_s=45\text{mm}$，则有效高度 $h_0=400-45=355\text{mm}$，而 $\xi_b=0.62$。

将 $A_s=1473\text{mm}^2$，$A'_s=402\text{mm}^2$，$f_{cd}=9.2\text{MPa}$，$f_{sd}=f'_{sd}=195\text{MPa}$，代入式（4-26）中求受压区高度 x 为：

$$x=\frac{f_{sd}A_s-f'_{sd}A'_s}{f_{cd}b}=\frac{195\times(1473-402)}{9.2\times200}=113.5\text{mm}$$

$$x<\xi_b h_0(=0.62\times355=220\text{mm})\text{ 且 }x>2a'_s(=2\times40=80\text{mm})$$

由式（4-27）求得截面的抗弯承载能力（M_u）为：

$$M_u=f_{cd}bx\left(h_0-\frac{x}{2}\right)+f'_{sd}A'_s(h_0-a'_s)$$

$$=9.2\times200\times113.5\times\left(355-\frac{113.5}{2}\right)+195\times402\times(355-40)$$

$$=86.98\times10^6\text{N}\cdot\text{mm}=86.98\text{kN}\cdot\text{m}$$

设计安全等级为二级时：$\gamma_0 M_d=1.0\times85=85\text{kN}\cdot\text{m}$

$M_u>\gamma M_d$ 截面设计安全。

4.5 T 形截面受弯构件

矩形截面梁在破坏时，受拉区混凝土早已开裂，不再承担拉力，对截面的抗弯承载力不起作用，因此可将受拉区混凝土挖去一部分，将受拉钢筋集中布置在剩余受拉区混凝土内，形成钢筋混凝土 T 形梁的截面，其承载能力与原矩形截面梁相同。这不仅可节省混凝土，而且可减轻梁自重，从而具有更大的跨越能力。

T 形截面一般由翼缘板（简称翼板）和梁肋（或称梁腹、腹板）构成。翼板一般是变厚度的，计算时取其平均厚度。翼板与梁肋交汇处常以承托加强。当截面承受正弯矩作用时，翼板受压（图 4-26a）；当截面承受负弯矩作用时，翼板受拉，其承载能力与肋宽 b、梁高 h 的矩形截面梁相同（图 4-26b）。

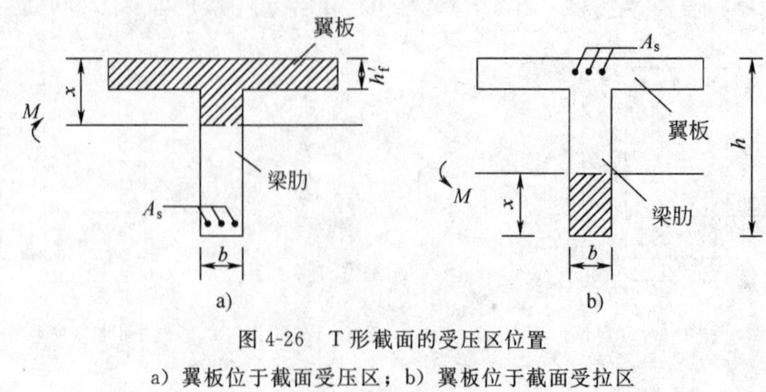

图 4-26　T 形截面的受压区位置

a）翼板位于截面受压区；b）翼板位于截面受拉区

工程中采用的空心板、工字形梁、箱形梁、π形梁，在进行正截面抗弯承载力计算时，均可等效成T形截面来处理。等效的原则是等效前后的面积、惯矩及形心位置不变。

T形截面中的翼板受压时，在翼板宽度方向上纵向压应力的分布是不均匀的，这是由剪力滞引起的，如图4-27所示。离梁肋愈远，压应力愈小。为了方便计算，根据等效受力原则，把与梁肋共同工作的翼板宽度限制在一定的范围内，称为受压翼板的有效宽度b'_f。在b'_f宽度范围内的翼板可以认为是全部参与工作，并假定其压应力是均匀分布的，而在这范围以外部分，则不考虑它参与受力。

《公桥规》规定，T形截面梁（内梁）受压翼板有效宽度b'_f取下列三者中最小值。

(1) 简支梁计算跨径的1/3。对连续梁各中间跨正弯矩区段，取该跨计算跨径的0.2倍；边跨正弯矩区段，取该跨计算跨径的0.27倍；各中间支点负弯矩区段，则取该支点相邻两跨计算跨径之和的0.07倍。

(2) 相邻两梁的平均间距。

(3) $b+2b_h+12h'_f$。当$h_h/b_h<1/3$时，取$(b+6h_h+12h'_f)$。此处，b、b_h、h_h和h'_f分别见图4-28，h_h为承托根部厚度。

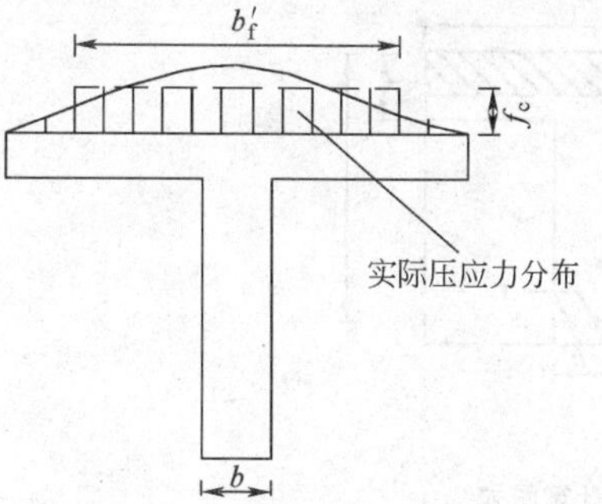

图4-27 T形梁受压翼板的正应力分布

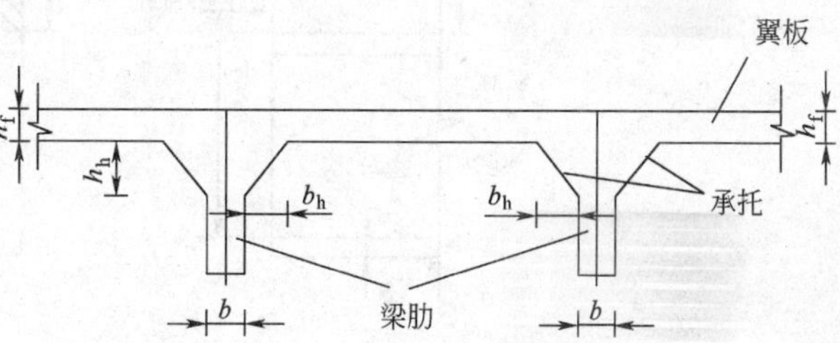

图4-28 T形截面受压翼板有效宽度计算示意图

边梁受压翼板的有效宽度取相邻内梁翼缘有效宽度之半加上边梁肋宽度之半，再加6倍的外侧悬臂板平均厚度或外侧悬臂板实际宽度两者中的较小者。

此外，《公桥规》还规定，计算超静定梁内力时，T形梁受压翼缘的计算宽度取实际全宽度。

4.5.1 基本计算公式及适用条件

T形截面按受压区高度的不同可分为两类：受压区高度在翼板厚度内，即$x\leqslant h'_f$（图4-29a）为第一类T形截面；受压区已进入梁肋，即$x>h'_f$（图4-29b）为第二类T形截面。

下面介绍这两类单筋T形截面梁正截面抗弯承载力计算基本公式。

1) 第一类T形截面

第一类T形截面，中和轴在受压翼板内，受压区高度$x\leqslant h'_f$。此时，截面虽为T形，但受压区形状为宽b'_f的矩形，而受拉区截面形状与截面抗弯承载力无关，故以宽度为b'_f的矩形截面进行抗弯承载力计算。计算时只需将单筋矩形截面公式中梁宽b以翼板有效宽度b'_f置换即可。

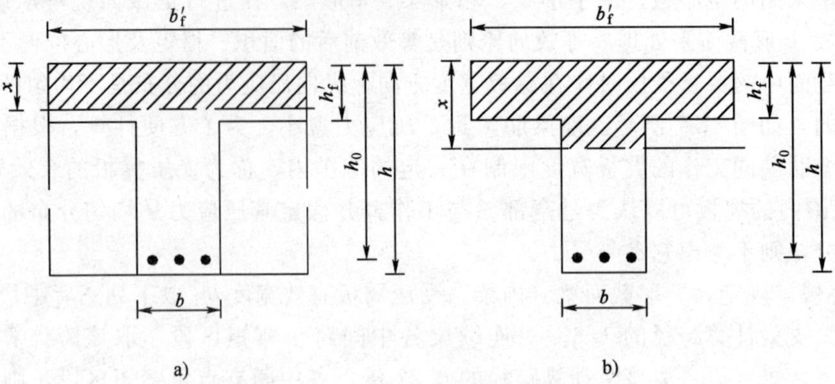

图 4-29　两类 T 形截面

a）第一类 T 形截面（$x \leqslant h'_f$）；b）第二类 T 形截面（$x > h'_f$）

由截面平衡条件（图 4-30）可得到基本计算公式为：

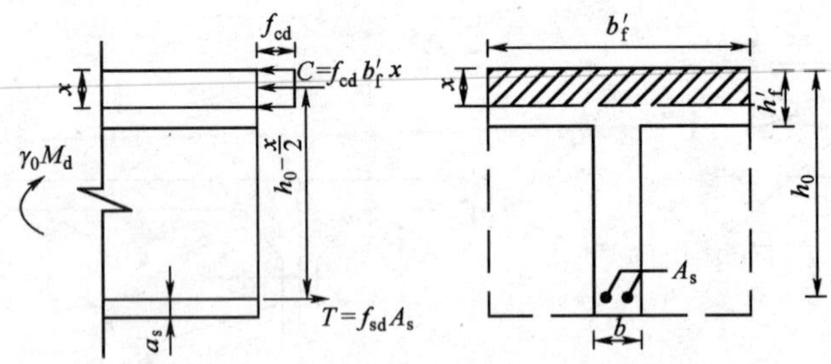

图 4-30　第一类 T 形截面抗弯承载力计算图式

$$f_{cd}b'_f x = f_{sd}A_s \tag{4-33}$$

$$\gamma_0 M_d \leqslant M_u = f_{cd}b'_f x\left(h_0 - \frac{x}{2}\right) \tag{4-34}$$

$$\gamma_0 M_d \leqslant M_u = f_{cd}A_s\left(h_0 - \frac{x}{2}\right) \tag{4-35}$$

基本公式适用条件为：

（1）$x \leqslant \xi_b h_0$

第一类 T 形截面的 $x \leqslant \xi_b h_0 \leqslant h'_f$，即 $\xi \leqslant \frac{h'_f}{h_0}$。由于一般 T 形截面的 $\frac{h'_f}{h_0}$ 较小，因而 ξ 值也小，所以一般均能满足这个条件。

（2）$\rho > \rho_{min}$

这里的 $\rho = \frac{A_s}{bh_0}$，b 为 T 形截面的梁肋宽度。

2）第二类 T 形截面

第二类 T 形截面，中和轴在梁肋部，受压区高度 $x > h'_f$，受压区为 T 形（图 4-31），故可将受压区混凝土压应力的合力分为两部分求得：一部分宽度为肋宽 b、高度为 x 的矩形，

其合力 $C_1=f_{cd}bx$；另一部分宽度为（b'_f-b）、高度为 h'_f 的矩形，其合力 $C_2=f_{cd}h'_f$（b'_f-b）。

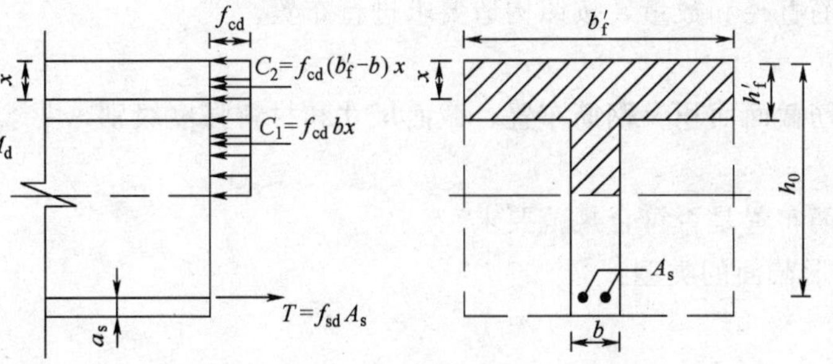

图 4-31　第二类 T 形截面抗弯承载力计算图式

由图 4-31 的截面平衡条件可得到第二类 T 形截面的基本计算公式为：

$$f_{cd}bx+f_{cd}h'_f(b'_f-b)=f_{sd}A_s \tag{4-36}$$

$$\gamma_0M_d\leqslant M_u=f_{cd}bx\left(h_0-\frac{x}{2}\right)+f_{cd}(b'_f-b)h'_f\left(h_0-\frac{h'_f}{2}\right) \tag{4-37}$$

基本公式适用条件为：

(1) $x\leqslant\xi_bh_0$；

(2) $\rho\geqslant\rho_{min}$。

第二类 T 形截面的配筋率较高，一般情况下均能满足 $\rho\geqslant\rho_{min}$ 的要求，故可不必进行验算。

4.5.2　计算方法

1）截面设计

已知截面尺寸、材料强度级别、弯矩计算值 $M=\gamma_0M_d$，求受拉钢筋截面面积 A_s。

(1) 假设 a_s。对于空心板等截面，往往采用绑扎钢筋骨架，因此可根据等效工字形截面下翼板厚度 h_f，在实际截面中布置一层或两层钢筋来假设 a_s 值。对于预制或现浇 T 形梁，往往多用焊接钢筋骨架，由于多层钢筋的叠高一般不超过（0.15～0.2）h，故可假设 $a_s=$ 30mm+（0.07～0.1）h。这样可得到有效高度 $h_0=h-a_s$。

(2) 判定 T 形截面类型：

若满足：

$$M\leqslant f_{cd}b'_fh'_f\left(h_0-\frac{h'_f}{2}\right) \tag{4-38}$$

即弯矩计算值 M 小于或等于全部翼板高度 h'_f 受压混凝土合力产生的力矩，则 $x\leqslant h'_f$，属于第一类 T 形截面，否则属于第二类 T 形截面。

(3) 当为第一类 T 形截面：

由式（4-34）求得受压区高度 x，再由式（4-33）求所需的受拉钢筋面积 A_s。

(4) 当为第二类 T 形截面时：

由式（4-37）求受压区高度 x 并满足 $h'_f < x \leqslant \xi_b h$，将各已知值及 x 值代入式（4-34）求得所需受拉钢筋面积 A_s。

（5）选择钢筋直径和数量，按照构造要求进行布置。

2）截面复核

已知受拉钢筋截面面积及钢筋布置、截面尺寸和材料强度级别，要求复核截面的抗弯承载力。

（1）检查钢筋布置是否符合规范要求。

（2）判定 T 形截面的类型：

若满足

$$f_{cd} b'_f h'_f \geqslant f_{sd} A_s \tag{4-39}$$

即钢筋所承受的拉力 $f_{sd} A_s$ 小于或等于全部受压翼板高度 h'_f 内混凝土压应力合力 $f_{cd} b'_f h'_f$，则 $x \leqslant h'_f$，属于第一类 T 形截面；否则属于第二类 T 形截面。

（3）当为第一类 T 形截面时

由式（4-33）求得受压区高度 x，满足 $x \leqslant b'_f$，将各已知值及 x 值代入式（4-34）或式（4-35），求得正截面抗弯承载力，必须满足 $M_u \geqslant M$。

（4）当为第二类 T 形截面时：

由式（4-36）求受压区高度 x，满足 $h'_f < x \leqslant \xi_b h_0$。将各已知值及 x 值代入式（4-37）即可求得正截面抗弯承载力，必须满足 $M_u \geqslant M$。

【例 4-10】

某预制钢筋混凝土简支 T 梁，标准跨径 16m，计算跨径为 15.5m，梁间距为 2.0m，跨中截面如图 4-32 所示。梁体混凝土为 C30，HRB335 级钢筋，环境类别为 I 类，安全等级为二级。跨中截面弯矩组合设计值 $M_d = 2240\text{kN} \cdot \text{m}$，试进行配筋（焊接钢筋骨架）计算及截面复核。

解： 由附表查得 $f_{cd} = 13.8\text{MPa}$，$f_{td} = 1.39\text{MPa}$，$f_{sd} = 280\text{MPa}$。$\xi_b = 0.56$，$\gamma_0 = 1$，弯矩计算值 $M = \gamma_0 M_d = 2240\text{kN} \cdot \text{m}$。

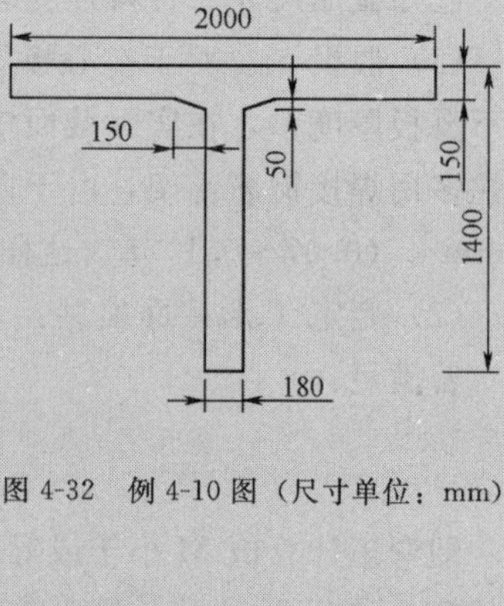

图 4-32　例 4-10 图（尺寸单位：mm）

1）截面设计

（1）因采用的是焊接钢筋骨架，故设 $a_s = 30 + 0.07 \times 1400 = 128\text{mm}$，则截面有效高度 $h_0 = 1400 - 128 = 1272\text{mm}$

受压翼板的有效宽度 b'_f 取值：

简支梁计算跨径的 1/3，即 $\frac{1}{3} l_0 = \frac{1}{3} \times 15.5 = 5.17\text{m}$

或相邻两梁的平均间距：2m；

或 $b + 2b_h + 12h'_f = 180 + 2 \times 150 + 12 \times 150 = 2280\ (\text{mm}) = 2.28\text{m}$

取三者最小值，故 $b'_f = 2000\text{mm}$

（2）判定 T 型截面类型

$$f_{cd}b'_fh'_f\left(h_0-\frac{h'_f}{2}\right)=13.8\times2000\times150\times\left(1272-\frac{150}{2}\right)=4955.58\times10^6(\mathrm{N\cdot mm})$$

$$=4955.58\mathrm{kN\cdot m}>M(=2240\mathrm{kN\cdot m})$$

故属于第一类T型截面。

(3) 求受压区高度

由式(4-34)，可得到：

$$2240\times10^6=13.8\times2000x\left(1272-\frac{x}{2}\right)$$

简化整理得： $69x^2-175536x+112\times10^5=0$

求解二次方程得到合理解为：$x=65.5\mathrm{mm}$

(4) 求受拉钢筋面积 A_s

将各已知值及 $x=65.5\mathrm{mm}$ 代入式(4-33)中，可得到：

$$A_s=\frac{f_{cd}b'_fx}{f_{sd}}=\frac{13.8\times2000\times65.5}{280}=6456\mathrm{mm}^2$$

现选择钢筋为6Φ28(3695)+6Φ25(2945)，截面面积 $A_s=6640\mathrm{mm}^2$。钢筋叠高层数为6层，布置如图4-33。

混凝土保护层厚度取30mm>d=28mm。且满足附表1-8中的规定。钢筋间横向净距 $S_n=180-2\times30-2\times31.6=56.8\mathrm{mm}>40\mathrm{mm}$ 及 $1.25d=1.25\times28=35\mathrm{mm}$，故满足构造要求。

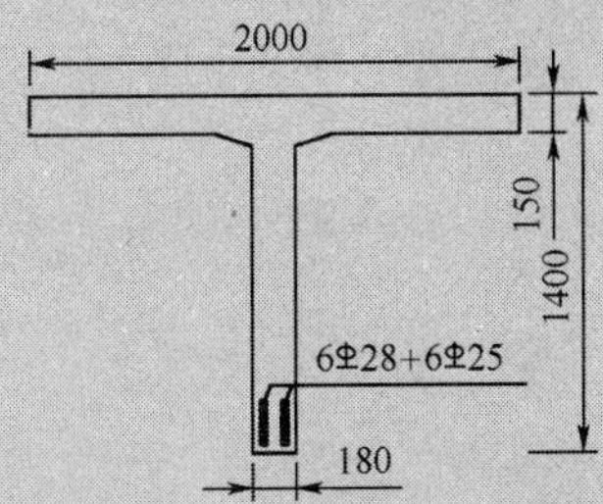

图4-33 钢筋布置图

(尺寸单位：mm)

2) 截面复核

由图4-33钢筋布置图可求得：

$$a_s=\frac{3695(30+1.5\times31.6)+2945\times(30+3\times31.6+1.5\times28.4)}{3695+2945}=117.3\mathrm{mm}$$

则实际有效高度 $h_0=1400-117.3=1282.7\mathrm{mm}$

(1) 判定T形截面类型

由式(4-39)计算：

$$f_{cd}b'_fh'_f=13.8\times2000\times150=4.14\times10^6\mathrm{N\cdot mm}=4.14\mathrm{kN\cdot m}$$

$$f_{sd}A_s=280\times6640=1.86\times10^6\mathrm{N\cdot mm}=1.86\mathrm{kN\cdot m}$$

由于 $f_{cd}b'_fh'_f>f_{sd}A_s$，故为第一类截面。

(2) 求受压区高度 x

由式(4-33)求得 x，即：

$$x=\frac{f_{sd}A_s}{f_{cd}b'_f}=\frac{280\times6640}{13.8\times2000}=67.4(\mathrm{mm})$$

(3) 正截面抗弯承载能力

由式(4-34)，求得正截面抗弯承载力：

$$M_u=f_{cd}b'_fx\left(h_0-\frac{x}{2}\right)=13.8\times2000\times67.4\times\left(1282.7-\frac{67.4}{2}\right)$$

$$=2323.44\times10^6\mathrm{N\cdot mm}=2323.44\mathrm{kN\cdot m}>M(=2240\mathrm{kN\cdot m})$$

又 $\rho=\frac{A_s}{bh_0}=\frac{6640}{180\times1282.7}=2.88\%>\rho_{\min}=0.2\%$，故截面复核满足要求，设计安全。

【例 4-11】

预制的钢筋混凝土简支空心板，计算截面尺寸如图 4-34 所示，C30 混凝土，HRB400 级钢筋，环境类别为Ⅰ类，安全等级为二级，弯矩设计值 $M_d=650\text{kN}\cdot\text{m}$。试进行配筋计算。

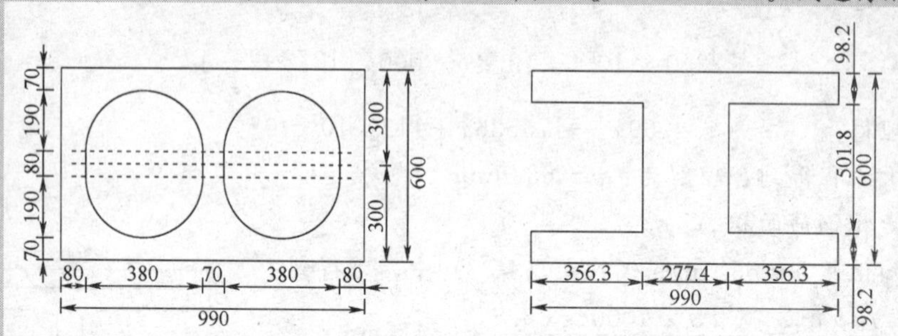

图 4-34 例 4-11 图（尺寸单位：mm）

解：由附表查得 $f_{cd}=13.8\text{MPa}$，$f_{td}=1.39\text{MPa}$，$f_{sd}=330\text{MPa}$。查表 4-2 得 $\xi_b=0.53$。$\gamma_0=1$，则弯矩计算值 $M=\gamma_0 M_d=650\text{kN}\cdot\text{m}$。

为了方便计算，将空心板截面换算成等效工字形截面。

根据面积、惯性矩不变的原则，将空心板的圆孔换算成 $b_k\times h_k$ 矩形孔，可按下列各式计算。

按面积相等：　　$b_k\times h_k=\frac{1}{4}\pi D^2+80\times380=143811\ \text{mm}^2$

按惯性矩相等：　　$\frac{1}{12}b_k h_k^3=1952837132\text{mm}^4$

联立求解上述两式，可得到：

$$b_k=356.3\text{mm},h_k=403.7\text{mm}$$

然后，在圆孔形心位置、空心板截面高度和宽度保持不变的条件下，可进一步得到等效工字形截面尺寸，如图 4-34 所示。

上下翼板厚度　$h'_f=h_f=y-\frac{1}{2}h_k=300-\frac{1}{2}\times403.7=98.15\text{mm}\approx98.2\text{mm}$

腹板厚度　$b=b_f-2b_k=990-2\times356.3=277.4\text{mm}$

(1) 空心板采用绑扎钢筋骨架，一层受拉主筋。假设 $a_s=45\text{mm}$，则有效高度为：

$$h_0=600-45=555(\text{mm})$$

(2) 判定 T 形截面类型

由式（4-38）的右边可得到：

$$f_{cd}b'_f h'_f\left(h_0-\frac{h'_f}{2}\right)=13.8\times990\times98.2\times\left(555-\frac{98.2}{2}\right)$$

$$=678.72\text{kN}\cdot\text{m}>M(=650\text{kN}\cdot\text{m})$$

故属于第一类T形截面类型。

(3) 求受压区高度 x

由式（4-37）可得到：

$$650\times10^6=13.8\times990\times x\times\left(555-\frac{x}{2}\right)$$

整理后得到： $x^2-1110x+95154.44=0$

求解方程得到合适解：

$$x=93.6\text{mm}<\xi_b h_0(=0.53\times555=294.15\text{mm})$$

(4) 求受拉钢筋面积

由式（4-33）求得所需钢筋面积：

$$A_s=\frac{f_{cd}b'_f x}{f_{sd}}=\frac{13.8\times990\times93.6}{330}=3875.04(\text{mm}^2)$$

现选择11⌀22（面积为4181.1mm²）。混凝土保护层 $c=30\text{mm}>d=22\text{mm}$，且满足附表1-8要求。钢筋间净距 $S_n=\dfrac{990-2\times30-11\times25.1}{10}=65\text{mm}>30\text{mm}$ 及 $d=22\text{mm}$，故满足要求。

截面设计布置如图4-35。

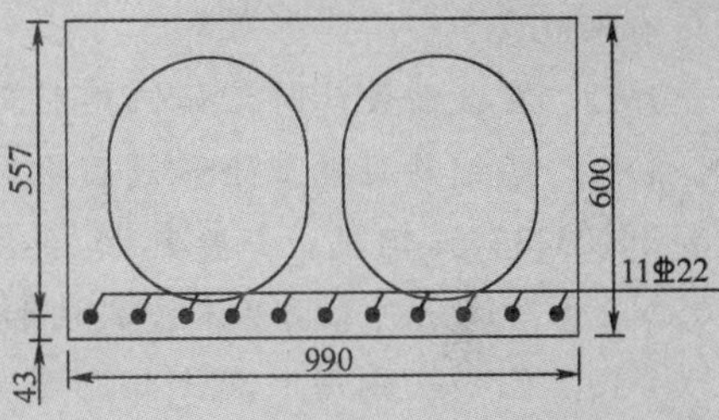

图4-35 钢筋布置图（尺寸单位：mm）

本章小结

受弯构件正截面承载力计算是本书的一个重点。本章首先介绍了受弯构件的常用截面形式与构造，以及其受力全过程与破坏形态，然后重点讨论了单筋矩形、双筋矩形、T形截面正截面承载力计算方法，目的是根据弯矩组合设计值 M_d 来确定钢筋混凝土梁和板截面上纵向受力钢筋所需的面积并进行钢筋的布置，或进行截面复核。

本章学习中应掌握以下几个方面内容：

(1) 钢筋混凝土梁与板中钢筋的种类及构造要求；

(2) 受弯构件正截面三个工作阶段各自的特点，以及不同配筋条件下的破坏形态；

(3) 单筋矩形、双筋矩形、T形截面正截面承载力计算的图示、基本公式及其适用条件；

(4) 在钢筋混凝土梁或板中配置满足最小配筋率、净保护层及净距要求的受力主筋。

思考题与习题

4-1 试述钢筋混凝土梁（板）内主要钢筋种类及各自的作用。

4-2 为何要对钢筋净距、净保护层厚度予以规定？

4-3 什么叫受弯构件纵向受拉钢筋的配筋率？配筋率的表达式中 h_0 含义是什么？

4-4　钢筋混凝土适筋梁正截面受力全过程可划分为几个阶段？各阶段受力主要特点是什么？

4-5　β_{max}、β_{min}是如何确定的？对构件破坏形态有何影响？

4-6　钢筋混凝土受弯构件正截面承载力计算有哪些基本假定？

4-7　什么叫钢筋混凝土受弯构件的截面相对受压区高度和相对界限受压区高度ε_b？ε_b取值与哪些因素有关？

4-8　何种情况下要采用钢筋混凝土双筋截面梁？

4-9　钢筋混凝土双筋截面梁正截面承载力计算公式的适用条件是什么？试说明原因。

4-10　什么叫做T形梁受压翼板的有效宽度？《公桥规》对T形梁的受压翼板有效宽度取值有何规定？

4-11　在截面设计时，如何判别两类T形截面？在截面复核时又如何判别？

4-12　某钢筋混凝土矩形截面梁，截面尺寸为$b\times h=250\text{mm}\times500\text{mm}$，采用C25混凝土和HRB335级钢筋，I类环境条件，安全等级为二级，最大弯矩组合设计值$M_d=165\text{kN}\cdot\text{m}$，试分别采用基本公式法和查表法进行截面设计（单筋截面）。

4-13　已知一钢筋混凝土矩形截面梁，截面尺寸为$b\times h=250\text{mm}\times450\text{mm}$，采用C25混凝土和HRB335级钢筋，$A_s=1140\text{mm}^2$，$a_s=45\text{mm}$，弯矩计算值$M=\gamma_0M_d=100\text{kN}\cdot\text{m}$，试复核截面是否安全。

4-14　截面尺寸为$b\times h=200\text{mm}\times450\text{mm}$的钢筋混凝土矩形截面梁，采用C25混凝土和HRB335级钢筋；I类环境条件，安全等级为一级；最大弯矩组合设计值$M_d=168\text{kN}\cdot\text{m}$，试按双筋截面求所需的钢筋截面积并进行截面布置。

4-15　已知条件与题4-14相同，由于构造要求，截面受压区已配置了3ϕ18的钢筋，$a'_s=40\text{mm}$，试求所需的受拉钢筋截面面积。

4-16　有一板厚$h=300\text{mm}$，每米板宽承受弯矩计算值$M=\pm65\text{kN}\cdot\text{m}$，C30混凝土，HRB335级钢筋，试对该板进行配筋。

4-17　计算跨径$L=12.6\text{m}$的钢筋混凝土简支梁，中梁间距为2.1m，截面尺寸及钢筋截面布置如图4-36所示；C25混凝土，HRB335级钢筋；I类环境条件，安全等级为二级；截面最大弯矩组合设计值$M_d=1190\text{kN}\cdot\text{m}$，试对截面配筋并进行截面复核。

4-18　钢筋混凝土空心板的截面尺寸如图4-37所示，试做出其等效的工字形截面。

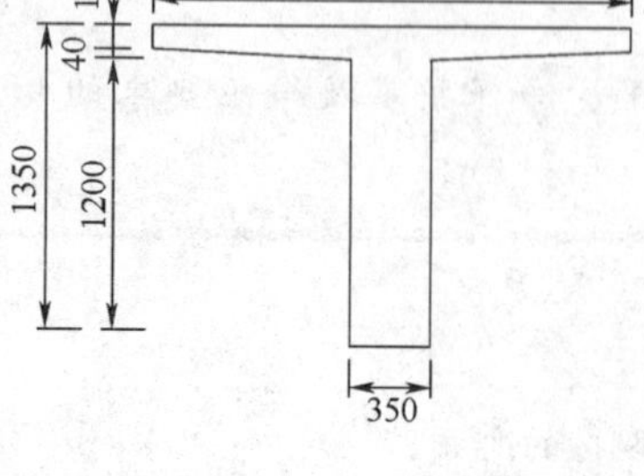

图4-36　题4-17图（尺寸单位：mm）

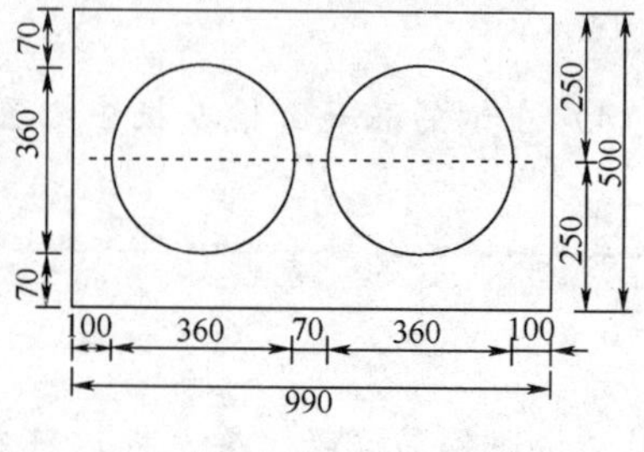

图4-37　题4-18图（尺寸单位：mm）

第5章 受弯构件斜截面承载力计算

受弯构件的各截面上，除作用有弯矩外，一般同时还作用有剪力。在剪力和弯矩共同作用的区段，有可能发生沿斜截面的破坏，故受弯构件还必须进行斜截面承载力计算。

5.1 受弯构件斜截面的受力特点和破坏形态

钢筋混凝土梁设置的箍筋和弯起（斜）钢筋都起抗剪作用，一般把它们统称为梁的腹筋。把配有纵向受力钢筋和腹筋的梁称为有腹筋梁；而把仅有纵向受力钢筋而不设腹筋的梁称为无腹筋梁。在对受弯构件斜截面受力分析中，为了便于探讨剪切破坏的特性，常以无腹筋梁为基础，再引申到有腹筋梁。

5.1.1 无腹筋简支梁斜截面的受力状态

1）无腹筋梁斜裂缝出现前后的应力状态

图 5-1 为一无腹筋简支梁，作用有两个对称的集中荷载。*CD* 段称为纯弯段，*AC* 段和 *DB* 段称为剪弯段。当梁上荷载较小时，裂缝尚未出现，梁处于整体工作阶段。此时，可将梁近似视为匀质弹性体，可用材料力学来分析它的应力状态，梁的主应力迹线如图 5-1 所示。从主应力轨迹线可以看出，剪弯区段主拉应力方向是倾斜的，与梁轴线的交角约为 45°。

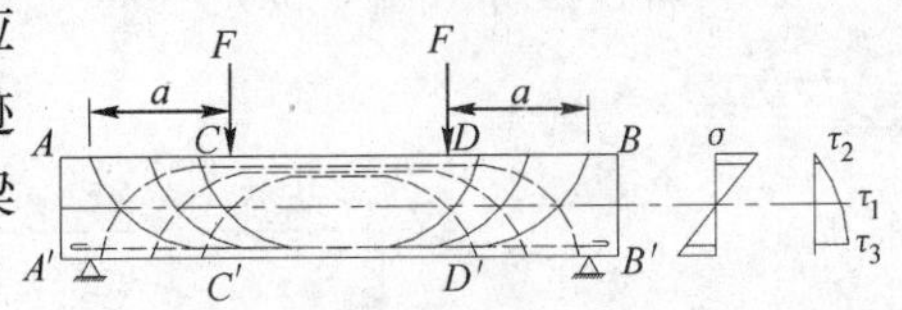

图 5-1 无腹筋梁的主应力分布

当主拉应力超过混凝土的极限抗拉强度时，就会出现斜裂缝。梁的剪弯段出现斜裂缝后，截面的应力状态发生了质变，或者说发生了应力重分布。这时，不能用材料力学的方法来分析其应力状态。

图 5-2 为一根出现斜裂缝后的无腹筋梁。现取左边五边形 $AA'BCD$ 隔离体（图 5-2b）来分析它的平衡状态。在隔离体上，外荷载产生的剪力为 V_A，而抵抗力有：①斜截面上端混凝土剪压面（AA'）上压力 D_C 和剪力 V_C；②纵向钢筋拉力 T_s；③斜裂缝交界面骨料的咬合与摩擦等作用传递的剪力 S_a；④纵向钢筋的销栓作用传递的剪力（销栓力）V_d。为简化分析，S_a 和 V_d 都不予考虑，根据平衡条件可写出：

$$\sum x=0 \qquad D_c=T_s$$

$$\sum Y=0 \qquad V_A=V_C$$

$$\sum M=0 \qquad V_A \cdot a=T_s \cdot z \tag{5-1}$$

很显然，斜裂缝出现后，梁内的应力发生了重分布，具体表现为：由于剪压区截面减小，剪压区的剪应力 τ 和压应力 σ 明显增大；由于截面 BB' 处的纵筋拉应力由截面 AA' 处弯

矩 M_A 决定，而 M_A 远大于 M_B，故纵筋拉应力显著增大。

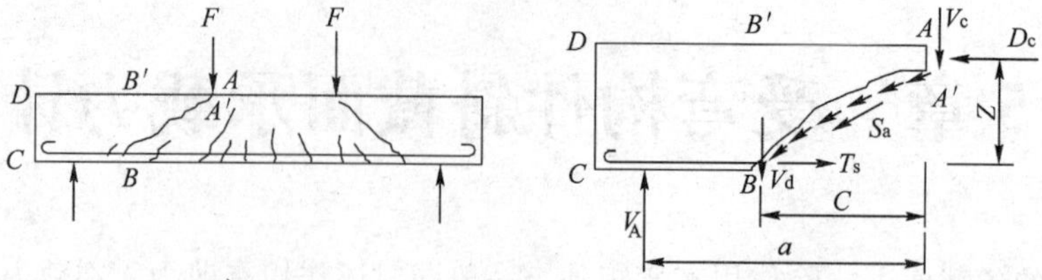

图 5-2 斜裂缝出现后的隔离体图

a）斜向裂缝；b）隔离体

2）无腹筋梁斜截面破坏的主要形态

在讨论无腹筋简支梁斜截面破坏形态之前，有必要引出“剪跨比”概念。剪跨比是一个无量纲常数，用 $m=\frac{M}{Vh_0}$ 来表示，此时称为“广义剪跨比”，此处 M 和 V 分别为剪弯区段中某个竖直截面的弯矩和剪力，h_0 为截面有效高度。对于集中荷载作用下的简支梁（图 5-1），常采用剪跨比 $m=\frac{a}{h_0}$，称为“狭义剪跨比”，其中 α 为集中力作用点至简支梁最近的支座之间的距离。

试验研究表明，随着剪跨比 m 的变化，无腹筋简支梁斜截面破坏的主要形态有以下三种。

（1）斜拉破坏（图 5-3a）

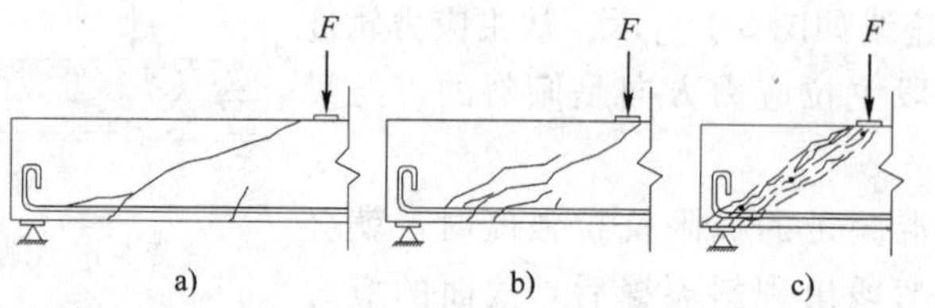

图 5-3 斜面截面破坏形态

a）斜拉破坏；b）剪切破坏；c）斜压破坏

在荷载作用下，梁的剪跨段产生由梁底竖向裂缝沿主压应力轨迹线向上延伸发展而成的斜裂缝。其中有一条主要斜裂缝（又称临界斜裂缝）很快形成，并迅速伸展至荷载垫板边缘而使梁体混凝土裂通，梁被撕裂成两部分而丧失承载力；同时，沿纵向钢筋往往伴随产生水平撕裂裂缝。这种破坏称为斜拉破坏，往往发生于剪跨比较大（$m>3$）时。这种破坏发生突然，破坏荷载等于或略高于主要斜裂缝出现时的荷载。

（2）剪压破坏（图 5-3b）

随着荷载的增大，梁的剪弯区段内陆续出现几条斜裂缝，其中一条发展成为临界斜裂缝。临界裂缝出现后，梁承受的荷载还能继续增加，而斜裂缝伸展至荷载垫板下，直到斜裂缝顶端（剪压区）的混凝土在正应力 σ_x、剪应力 τ 及荷载引起的竖向局部压应力 σ_y 的共同作用下被压酥而破坏，破坏处可见到很多平行的斜向短裂缝和混凝土碎渣。这种破坏称为剪压破坏，多见于剪跨比为 $1 \leqslant m \leqslant 3$ 的情况中。

(3) 斜压破坏（图 5-3c）

当剪跨比较小（$m<1$）时，首先是荷载作用点和支座之间出现一条斜裂缝，然后出现若干条大体相平行的斜裂缝，梁腹被分割成若干个倾斜的小柱体。随着荷载增大，梁腹发生类似混凝土棱柱体被压坏的情况，破坏时斜裂缝多而密，但没有主裂缝，故称为斜压破坏。

总的来看，不同剪跨比无腹筋简支梁的破坏形态虽有不同，但荷载达到峰值时梁的跨中挠度都不大，而且破坏较突然，均属于脆性破坏。

5.1.2　有腹筋简支梁斜截面的受力状态

1）有腹筋梁斜裂缝出现前后的应力状态

当梁中配置箍筋或弯起钢筋后，有腹筋梁中力的传递和抗剪机理将发生较大的变化。

对于有腹筋梁，在荷载作用较小、斜裂缝出现之前，腹筋中的应力很小，腹筋的作用不大，对斜裂缝出现荷载影响很小。但是，斜裂缝出现后，与斜裂缝相交的腹筋应力显著增大，直接承担部分剪力。同时，腹筋能限制斜裂缝的开展和延伸，增大斜裂缝上端混凝土剪压区的截面面积，提高混凝土剪压区的抗剪能力。此外，箍筋还将提高斜裂缝交界面骨料的咬合和摩擦作用，延缓沿纵筋的黏结劈裂裂缝的发展，防止混凝土保护层的突然撕裂，提高纵向钢筋的销栓作用。因此，腹筋将使梁的抗剪承载力有较大的提高。

试验证明，弯筋仅在穿越斜裂缝的部位才可能屈服。当弯筋恰好从斜裂缝顶端越过时，因接近受压区，弯筋有可能达不到屈服强度，计算时要考虑这个因素。弯起钢筋虽能提高梁的抗剪承载力，但数量少而面积集中，对限制大范围内的斜裂缝宽度的作用不大，所以，弯筋不宜单独使用，而总是与箍筋联合使用。

2）无腹筋梁斜截面破坏的主要形态

设置腹筋的简支梁斜截面剪切破坏形态与无腹筋简支梁一样，也概括为斜拉破坏、斜压破坏和剪压破坏。但是，箍筋的配置数量对有腹筋梁的破坏形态有一定的影响。试验表明，若配置的箍筋数量过多，则在箍筋尚未屈服时，斜裂缝间混凝土即因主压应力过大而发生斜压破坏；若配置的箍筋数量适当，则斜裂缝出现后，由于箍筋的作用，延缓和限制了斜裂缝的开展和延伸，承载力尚能有较大的增长，最后，斜裂缝上端的混凝土在剪、压复合应力作用下达到极限强度而发生剪压破坏；若箍筋配置数量过少，则斜裂缝一出现，箍筋很快达到屈服，变形剧增，不能抑制斜裂缝的开展，此时梁的破坏形态与无腹筋梁相似。

5.2　影响受弯构件斜截面抗剪承载力的主要因素

试验研究表明，影响受弯构件斜截面抗剪承载力的因素很多，主要有剪跨比、混凝土强度、纵向受拉钢筋配筋率和箍筋数量及其强度等。

1）剪跨比 m

剪跨比 m 是影响受弯构件斜截面破坏形态和抗剪能力的主要因素之一。剪跨比 m 实质上反映了梁内正应力 σ 与剪应力 τ 的相对比值。m 不同，则 σ/τ 也不同，梁内主应力的大小和方向也就不同，从而影响着梁的斜截面受剪承载力和破坏形态。由图 5-4 所示试验结果可以看出，随着剪跨比 m 的加大，破坏形态按斜压、剪压和斜拉的顺序演变，而抗剪能力逐步降低。当 $m>3$ 后，斜截面抗剪能力趋于稳定，剪跨比的影响不再明显。

2）混凝土抗压强度 f_{cu}

梁的斜截面破坏是由于混凝土达到相应应力状态下的极限强度而发生的。因此，混凝土的抗压强度对梁的抗剪能力影响很大。由图 5-5 所示试验结果可见，梁的抗剪能力随混凝土抗压强度的提高而提高，其影响大致按线性规律变化。但是，由于在不同剪跨比下梁的破坏形态不同，所以，这种影响的程度亦不相同。

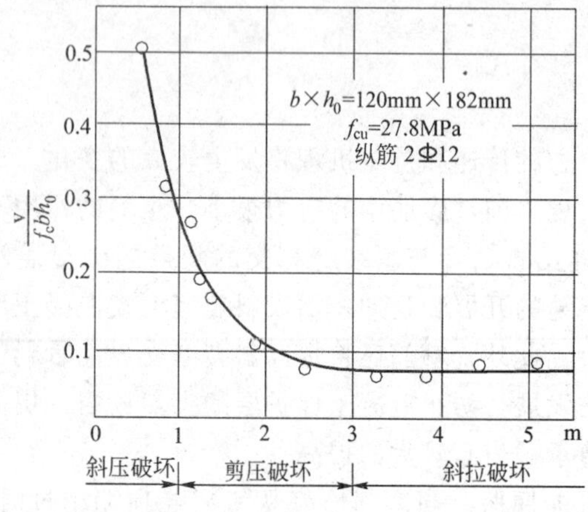

图 5-4 剪跨比 m 对梁抗剪能力的影响

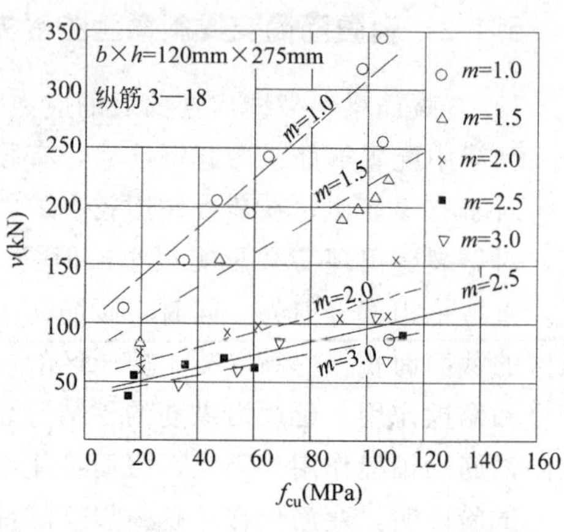

图 5-5 混凝土抗压强度对梁抗剪能力的影响

3）纵向钢筋配筋率

试验表明，梁的抗剪能力随纵向钢筋配筋率 ρ 的提高而增大。一方面，因为纵向钢筋能抑制斜裂缝的开展和延伸，使斜裂缝上端的混凝土剪压区的面积增大，从而提高了剪压区混凝土承受的剪力 V_C。另一方面，纵筋数量的增加，其销栓作用随之增大，销栓作用所传递的剪力亦增大。图 5-6 所示为纵向钢筋配筋率 ρ 对梁抗剪能力的影响程度，随剪跨比 m 的不同，ρ 的影响程度亦不同。

4）配箍率和箍筋强度

有腹筋梁斜裂缝出现后，箍筋不仅直接承受相当部分的剪力，而且能有效地抑制斜裂缝的开展和延伸，对提高剪压区混凝土的抗剪能力和纵向钢筋的销栓作用都有着积极的影响。

箍筋用量一般用箍筋配筋率（工程上习惯称配箍率）ρ_{sv}（%）表示，即：

$$\rho_{sv}=\frac{A_{sv}}{bS_v} \tag{5-2}$$

式中：A_{sv}——斜截面内配置在沿梁长度方向一个箍筋间距 S_v 范围内的箍筋各肢总截面积；

b——截面宽度，对 T 形截面梁取 b 为肋宽；

S_v——沿梁长度方向箍筋的间距。

图 5-7 表示配箍率与箍筋抗拉强度的乘积对梁抗剪能力的影响。当其他条件相同时，两者大体成线性关系。

由于梁斜截面破坏属于脆性破坏，为了提高斜截面延性，不宜采用高强钢筋作箍筋。

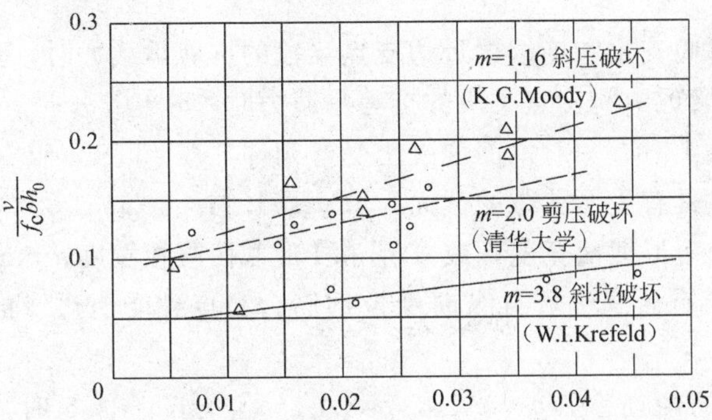

图 5-6　纵筋配筋率 ρ 对梁抗剪能力的影响

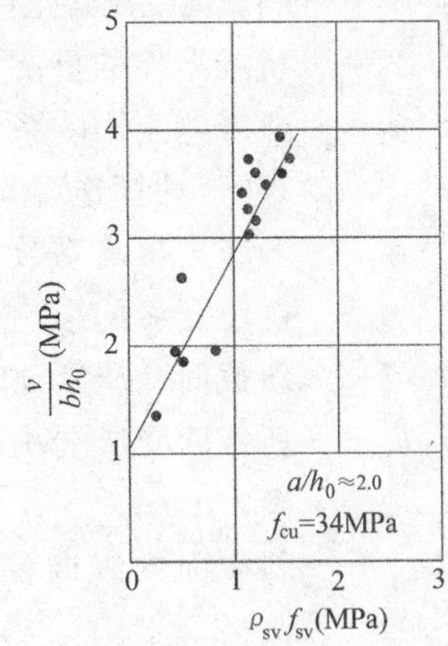

图 5-7　配箍率对梁抗剪能力的影响

5.3　受弯构件的斜截面抗剪承载力

如前所述，钢筋混凝土梁沿斜截面的主要破坏形态有斜压破坏、斜拉破坏和剪压破坏等。在设计时，对于斜压和斜拉破坏，一般是采用截面限制条件和一定的构造措施予以避免。对于常见的剪压破坏形态，梁的斜截面抗剪承载力变化幅度较大，必须进行斜截面抗剪承载力的计算。

5.3.1　斜截面抗剪承载力计算的基本公式及适用条件

1）基本公式

配有箍筋和弯起钢筋的钢筋混凝土梁，当发生剪压破坏时，其抗剪承载力 V_u 是由剪压区混凝土抗剪力 V_c，箍筋所能承受的剪力 V_{sv} 和弯起钢筋所能承受的剪力 V_{sb} 所组成（图 5-8），即：

$$V_u = V_c + V_{sv} + V_{sb} \tag{5-3}$$

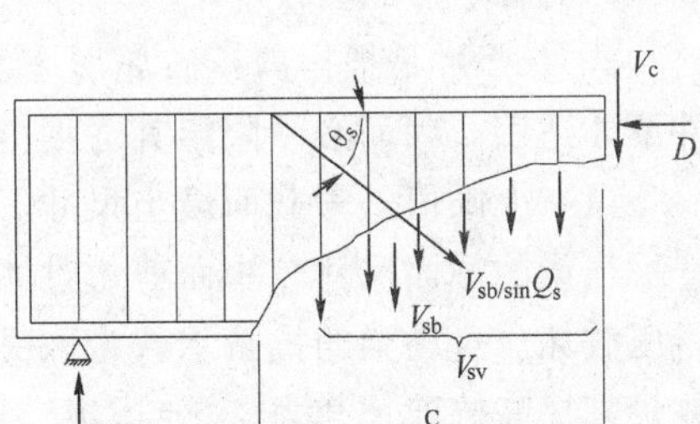

图 5-8　斜截面抗剪承载力计算图式

在有腹筋梁中，箍筋的存在抑制了斜裂缝的开展，使剪压区面积增大，导致了剪压区混凝土抗剪能力的提高。其提高程度与箍筋的抗拉强度和配箍率有关。因而，式（5-3）中的 V_c 与 V_{sv} 是紧密相关的，但两者目前尚无法分别予以精确定量，而只能用 V_{cs} 来表达混凝土和箍筋的综合抗剪承载力，即：

$$V_u = V_{cs} + V_{sb} \tag{5-4}$$

《公桥规》根据国内外的有关试验资料，对配有腹筋的钢筋混凝土梁斜截面抗剪承载力的计算采用下述半经验半理论的公式：

$$\gamma_0 V_d \leqslant V_u = \alpha_1 \alpha_2 \alpha_3 \ (0.45\times10^{-3}) \ bh_0 \sqrt{(2+0.6p)\sqrt{f_{cu,k}}\rho_{sv} f_{sv}} + (0.75\times10^{-3}) \ f_{sd} \sum A_{sb} \sin\theta_s \tag{5-5}$$

式中：V_d——斜截面受压端正截面上由作用（或荷载）效应所产生的最大剪力组合设计值，kN；

γ_0——桥梁结构的重要性系数；

α_1——异号弯矩影响系数，计算简支梁和连续梁近边支点梁段的抗剪承载力时，$\alpha_1=1.0$；计算连续梁和悬臂梁近中间支点梁段的抗剪承载力时，$\alpha_1=0.9$；

α_2——预应力提高系数（详见第12章）。对钢筋混凝土受弯构件，$\alpha_2=1$；

α_3——受压翼缘的影响系数，对具有受压翼缘的截面，取$\alpha_3=1.1$；

b——斜截面受压区顶端截面处矩形截面宽度，或T形和I形截面腹板宽度，mm；

h_0——斜截面受压端正截面上的有效高度，自纵向受拉钢筋合力点到受压边缘的距离，mm；

p——斜截面内纵向受拉钢筋的配筋率，$\rho=100\rho$，$\rho=A_s/bh_0$，当$\rho>2.5$时，取$p=2.5$；

$f_{cu,k}$——混凝土立方体抗压强度标准值，MPa；

ρ_{sv}——箍筋配筋率，见式（5-2）；

f_{sv}——箍筋抗拉强度设计值，MPa；

f_{sd}——弯起钢筋的抗拉强度设计值，MPa；

A_{sd}——斜截面内在同一个弯起钢筋平面内的弯起钢筋总截面面积，mm²；

θ_s——弯起钢筋的切线与构件水平纵向轴线的夹角。

这里要指出以下几点：

（1）式（5-5）所表达的斜截面抗剪承载力中，混凝土和箍筋提供的综合抗剪承载力为$V_{cs}=\alpha_1\alpha_2\alpha_3\ (0.45\times10^{-3})\sqrt{(2+0.6p)\sqrt{f_{cu,k}}\rho_{sv}f_{sv}}$，弯起钢筋提供的抗剪承载力为$V_{sb}=(0.75\times10^{-3})\ f_{sd}\sum A_{sb}\sin\theta_s$。当不设弯起钢筋时，梁的斜截面抗剪力$V_u$等于$V_{cs}$。

（2）式（5-5）是一个半经验半理论公式，使用时必须按规定的单位代入数值，而计算得到的斜截面抗剪承载力V_u的单位为kN。

2）公式适用条件

式（5-5）是根据剪压破坏形态发生时的受力特征和试验资料而制定的，仅在一定的条件下才适用，因而必须限定其适用范围，称为计算公式的上、下限值。

（1）上限值——截面最小尺寸

当梁的截面尺寸较小而剪力过大时，就可能在梁的肋部产生过大的主压应力，使梁发生斜压破坏。这种梁的抗剪承载力取决于混凝土的抗压强度及梁的截面尺寸，不能用增加腹筋数量来提高抗剪承载力。《公桥规》规定了截面最小尺寸的限制条件，即：

$$\gamma_0 V_d \leqslant (0.51\times10^{-3})\sqrt{f_{cu,k}}bh_0(\text{kN}) \tag{5-6}$$

式中：V_d——验算截面处由作用（或荷载）产生的剪力组合设计值，kN；

$f_{cu,k}$——混凝土立方体抗压强度标准值，MPa；

b——相应于剪力组合设计值处矩形截面的宽度，或T形和I形截面腹板宽度，mm；

h_0——相应于剪力组合设计值处截面的有效高度，mm。

若式（5-6）不满足，则应加大截面尺寸或提高混凝土强度等级。

(2) 下限值——按构造要求配置箍筋

若截面尺寸足够大，则不需进行斜截面承载力的计算，但为防止发生斜拉破坏，《公桥规》规定，若符合下式，则不需进行斜截面抗剪承载力的计算，而仅按构造要求配置箍筋：

$$\gamma_0 V_d \leqslant (0.5\times10^{-3})\alpha_2 f_{td} b h_0 (\mathrm{kN}) \tag{5-7}$$

式中的 f_{td} 为混凝土抗拉强度设计值 (MPa)，其他符号的物理意义及相应取用单位与式(5-6)相同。对于实体板，下限值可提高 25%。

5.3.2　等高度简支梁腹筋的初步设计

等高度简支梁腹筋的初步设计，可以按照式 (5-5)、式 (5-6) 和式 (5-7) 进行，即根据梁斜截面抗剪承载力要求来配置箍筋、初步确定弯起钢筋的数量及弯起位置。

已知条件是：梁的计算跨径 L 及截面尺寸、混凝土强度等级、纵向受拉钢筋及箍筋抗拉设计强度，跨中截面纵向受拉钢筋布置，梁的计算剪力包络图（计算得到的各截面最大剪力组合设计值 V_d 乘上结构重要性系数 γ_0 后所形成的计算剪力图）(图 5-9)。

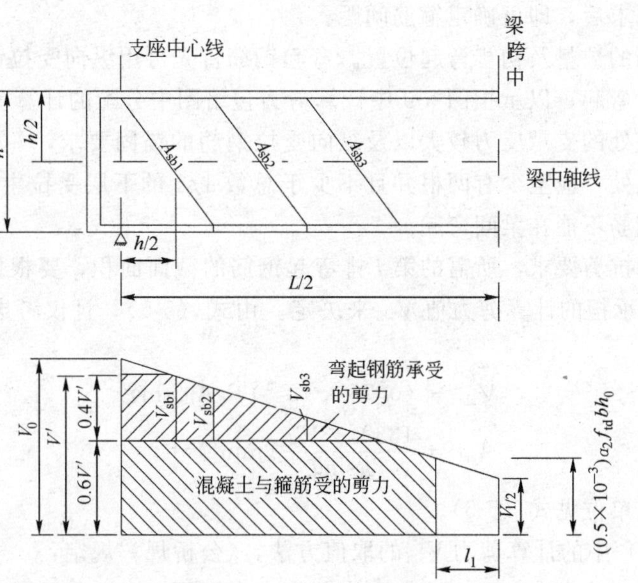

图 5-9　腹筋初步设计计算图

(1) 根据已知条件及支座中心处的最大剪力计算值 $V_0=\gamma_0 V_{d,0}$，按照式 (5-6)，对由梁正截面承载力计算已决定的截面尺寸作校核，若不满足，必须修改截面尺寸或提高混凝土强度等级。

(2) 由式 (5-7) 求得按构造要求配置箍筋的剪力 $V=(0.5\times10^{-3})f_{td}bh_0$，其中 b 和 h_0 可取跨中截面计算值，由计算剪力包络图可得到按构造配置箍筋的区段长度 l_1。

(3) 在支点和按构造配置箍筋区段之间的剪力包络图中的计算剪力应该由混凝土、箍筋和弯起钢筋共同承担。《公桥规》规定：最大剪力计算值取用距支座中心 $h/2$（梁高一半）处截面的数值（记做 V'），其中混凝土和箍筋共同承担不少于 60%，即 $0.6V'$ 的剪力计算值；弯起钢筋（按45°的弯起）承担不超过40%，即0.4V'的剪力计算值。可见，混凝土和箍筋共同承担了大部分剪力，这主要是由于混凝土和箍筋共同的抗剪作用效果好于弯起钢筋的抗剪作用。

（4）箍筋设计。现取混凝土和箍筋共同的抗剪能力 $V_{cs}=0.6V'$，在式（5-5）中不考虑弯起钢筋的部分，则可得到：

$$0.6V' = \alpha_1\alpha_3(0.45\times10^{-3})bh_0\sqrt{(2+0.6p)\sqrt{f_{cu,k}}\rho_{sv}f_{sv}}$$

解得箍筋配筋率为：

$$\rho_{sv} = \frac{1.78\times10^6}{(2+0.6p)\sqrt{f_{cu,k}}f_{sv}}\left(\frac{V'}{\alpha_1\alpha_3bh_0}\right)^2 > (\rho_{sv})_{min} \tag{5-8}$$

当选择了箍筋直径（单肢面积为 α_{sv}）及箍筋肢数（n）后，得到箍筋截面积 $A_{sv}=n\alpha_{sv}$，则箍筋计算间距为：

$$S_v = \frac{\alpha_1^2\alpha_3^2(0.56\times10^{-6})(2+0.6p)\sqrt{f_{cu,k}}A_{sv}f_{sv}bh_0^2}{(V')^2}(\mathrm{mm}) \tag{5-9}$$

取整并满足规范要求后，即可确定箍筋间距。

（5）弯起钢筋的数量及初步弯起位置。弯起钢筋首先可用纵向受拉钢筋弯起而成，常对称于梁跨中线成对弯起，以承担图5-9中计算剪力包络图中分配的计算剪力。

考虑到梁支座处的支承反力较大以及纵向受拉钢筋的锚固要求，《公桥规》规定，在钢筋混凝土梁的支点处，应至少有两根并且不少于总数1/5的下层受拉主钢筋通过。就是说，这部分纵向受拉钢筋不能在梁间弯起。

根据梁斜截面抗剪要求，所需的第 i 排弯起钢筋的截面面积，要根据图5-9分配的、应由第 i 排弯起钢筋承担的计算剪力值 V_{sbi} 来决定。由式（5-5），且仅考虑弯起钢筋，则可得到：

$$V_{sbi} = (0.75\times10^{-3})f_{sd}A_{sbi}\sin\theta_s$$

$$A_{sbi} = \frac{1333.33V_{sbi}}{f_{sd}\sin\theta_s}(\mathrm{mm}^2) \tag{5-10}$$

式中的符号意义及单位见式（5-5）。

对于式（5-10）中的计算剪力 V_{sbi} 的取值方法，《公桥规》规定：

①计算第一排（从支座向跨中计算）弯起钢筋（即图5-9中所示 A_{sbi}）时，取用距支座中心 $h/2$ 处由弯起钢筋承担的那部分剪力值0.4V'。

②计算以后每一排弯起钢筋时，取用前一排弯起钢筋弯起点处由弯起钢筋承担的那部分剪力值。

同时，《公桥规》对弯起钢筋的弯角及弯筋之间的位置关系有以下要求：

①钢筋混凝土梁的弯起钢筋一般与梁纵轴成45°角。弯起钢筋以圆弧弯折，圆弧半径（以钢筋轴线为准）不宜小于20倍钢筋直径。

②简支梁第一排（对支座而言）弯起钢筋的末端弯折点应位于支座中心截面处（图5-9），以后各排弯起钢筋的末端弯折点应落在或超过前一排弯起钢筋弯起点截面。

根据《公桥规》上述要求及规定，可以初步确定弯起钢筋的位置及要承担的计算剪力值 V_{sbi}，从而由式（5-10）计算得到所需的每排弯起钢筋的数量。

5.4 受弯构件的斜截面抗弯承载力

受弯构件中纵向钢筋的数量是按控制截面最大弯矩计算值计算的，而实际弯矩沿梁长通常是变化的，因此沿梁长各截面纵筋数量也可随弯矩的减小而减少。在实际工程中可以把纵筋弯起或截断，但如果弯起或截断的位置不恰当，会引起斜截面的受弯破坏。因此，还必须研究斜截面受弯承载力和纵筋弯起和切断对斜截面受弯承载力的不利影响。

5.4.1 斜截面抗弯承载力计算

试验研究表明，斜裂缝的发生与发展，除了可能引起前述的剪切破坏外，还可能使与斜裂缝相交的箍筋、弯起钢筋及纵向受拉钢筋的应力达到屈服强度，这时，梁被斜裂缝分开的两部分将绕位于斜裂缝顶端受压区的公共铰转动，最后，受压区混凝土被压碎而破坏。

图 5-10 为斜截面抗弯承载力的计算图式，取斜截面隔离体的力矩平衡可得到斜截面抗弯承载力计算的基本公式为：

$$\gamma_0 M_d \leqslant M_u = f_{sd} A_s Z_s + \sum f_{sd} A_{sb} Z_{sb} + \sum f_{sv} A_{sv} Z_{sv} \tag{5-11}$$

式中： M_d——斜截面受压顶端正截面的最大弯矩组合设计值；

A_s，A_{sv}，A_{sb}——分别为与斜截面相交的纵向受拉钢筋、箍筋与弯起钢筋的截面面积；

Z_s，Z_{sv}，Z_{sb}——分别为钢筋 A_s，A_{sv}和 A_{sb}的合力点对混凝土受压区中心点 O 的力臂。

在实际的设计中，一般是采用构造规定来避免斜截面受弯破坏。例如，在进行弯起钢筋布置时，为满足斜截面抗弯强度的要求，弯起钢筋的弯起点位置应设在按正截面抗弯承载力计算该钢筋的强度全部被利用的截面以外，其距离不小于 $0.5h_0$ 处。换句话说，若弯起钢筋的弯起点至弯起筋强度充分利用截面的距离（S_1）满足 $S_1 \geqslant 0.5h_0$ 并且满足《公桥规》关于弯起钢筋规定的构造要求，则可不进行斜截面抗弯承载力的计算。

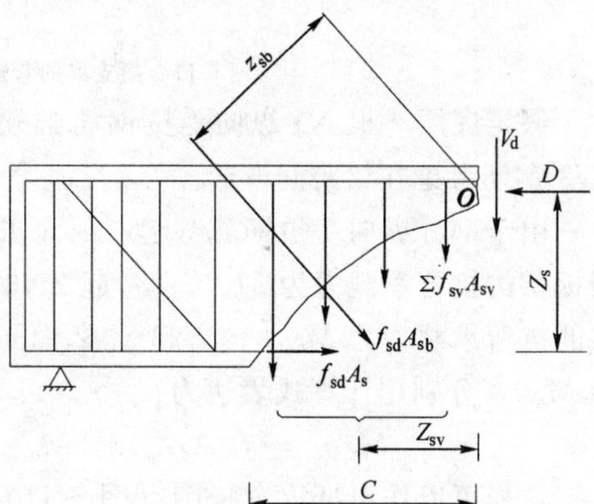

图 5-10 斜截面抗弯承载力计算图式

5.4.2 纵向受拉钢筋的弯起

在梁斜截面抗剪设计中已初步确定了弯起钢筋的弯起位置，但是纵向钢筋能否在这些位置弯起，显然应考虑同时满足截面的正截面及斜截面抗弯承载力的要求。这个问题一般采用梁的抵抗弯矩图应覆盖计算弯矩包络图的原则来解决。

弯矩包络图是沿梁长度各截面上弯矩组合设计值 M_d 的分布图，其纵坐标表示该截面上作用的最大设计弯矩。简支梁的弯矩包络图一般可近似为一条二次抛物线（图 5-11）。

抵抗弯矩图（又称材料图），就是沿梁长各个正截面按实际配置的总受拉钢筋面积能产生的抵抗弯矩图，即表示各正截面所具有的抗弯承载力。在确定纵向钢筋弯起位置时，必须使用抵抗弯矩图，故下面具体讨论钢筋混凝土梁的抵抗弯矩图。

设一简支梁计算跨径为 L，跨中截面布置有 6 根纵向受拉钢筋（$2N1+2N2+2N3$），其正截面抗弯承载力为 $M_{u,1/2} \geq \gamma_0 M_{d,1/2}$（图 5-11）。

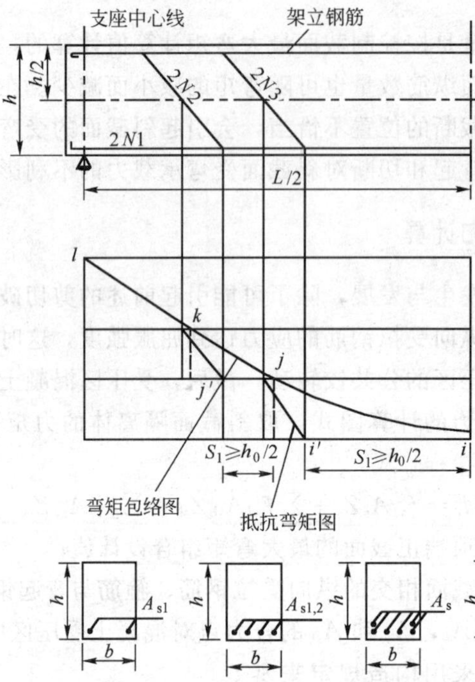

图 5-11　简支梁的弯矩包络图及抵抗弯矩图（对称半跨）

假定底层 2 根 $N1$ 纵向受拉钢筋必须伸过支座中心线，不得在梁跨间弯起，而 $2N2$ 和 $2N3$ 钢筋考虑在梁跨间弯起。

由于部分纵向受拉钢筋弯起，因而正截面抗弯承载力发生弯化。在跨中截面，设全部钢筋提供的抗弯承载力为 $M_{u,1/2}$；弯起 $2N3$ 钢筋后，剩余（$2N1+2N2$）钢筋面积为 $A_{s1,2}$，提供的抗弯承载力为 $M_{u,1/2}$；弯起 $2N2$ 钢筋后，剩余 $2N1$ 钢筋面积为 A_{s1}，提供的抗弯承载力为 $M_{u,1}$，分别用计算式表达为：

$$M_{u,1/2} = f_{sd}A_s Z_s \qquad M_{u,1,2} = f_{sd}A_{s1,2}Z_{1,2} \qquad M_{u,1} = f_s A_{s1} Z_1$$

这样可以作出抵抗弯矩图（图 5-11）。抵抗弯矩图中 $M_{u,1,2}$，$M_{u,1}$ 水平线与弯矩包络图的交点即为理论的弯起点。

由图 5-11 可见，在跨中 i 点处，所有钢筋的强度被充分利用；在 j 点处 $N1$ 和 $N2$ 钢筋的强度被充分利用，而 $N3$ 钢筋在 j 点以外（向支座方向）就不再需要了；同样，在 k 点处 $N1$ 钢筋的强度被充分利用，$N2$ 钢筋在 k 点以外也就不再需要了。通常可以把 i、j、k 三个点分别称为 $N3$、$N2$、$N1$ 钢筋的"充分利用点"，而把 j、k、l 三个点分别称为 $N3$、$N2$ 和 $N1$ 钢筋的"不需要点"。

为了保证斜截面抗弯承载力，$N3$ 钢筋只能在距其充分利用点 i 的距离 $S_1 \geq h_0/2$ 处 i' 点起弯。为了保证弯起钢筋的受拉作用，$N3$ 钢筋与梁中轴线的交点必须在其不需要点 j 以外，这是由于弯起钢筋的内力臂是逐渐减小的，故抗弯承载力也逐渐减小，当弯筋 $N3$ 穿过梁中轴线基本上进入受压区后，它的正截面抗弯作用才认为消失。

$N2$ 钢筋的弯起位置的确定原则，与 $N3$ 钢筋相同。

这样获得的抵抗弯矩图外包了弯矩包络图，保证了梁段内任一截面都不会发生正截面破坏和斜截面抗弯破坏。图 5-11 中 $N2$ 和 $N3$ 钢筋的弯起位置就被确定在 i' 和 j' 两点处。

在钢筋混凝土梁设计中，考虑梁斜截面抗剪承载力时，实际上已初步确定了各弯起钢筋的弯起位置。因此，可以按弯矩包络图和抵抗弯矩图来检查已定的弯起钢筋的弯起初步位置，若满足前述的各项要求，则确认所设计的弯起位置合理。否则要进行调整，必要时可加设斜筋或附加弯起钢筋，最终使得梁中各弯筋（斜筋）的水平投影能相互有重叠部分，至少相接。

应该指出的是，若纵向受拉钢筋较多，除满足所需的弯起钢筋数量外，多余的纵向受拉钢筋可以在梁跨间适当位置截断。纵向受拉钢筋的初步截断位置一般取在理论截断处（类似弯起筋的理论弯起点），但截断的设计位置应从理论截面截断处至少延伸（l_a+h_0）的长度，此处 l_a 为受拉钢筋的最小锚固长度（详见下节内容），h_0 为截面的有效高度；同时，尚应考虑从不需要该钢筋的截面至少延伸 $20d$（普通热轧钢筋），此处 d 为钢筋直径。

5.5　全梁承载能力校核

对基本设计好的钢筋混凝土梁进行全梁承载能力校核，就是进一步检查梁截面的正截面抗弯承载力、斜截面的抗剪和抗弯承载力是否满足要求。梁的正截面抗弯承载力按第 4 章方法复核。在梁的弯起钢筋设计中，按照抵抗弯矩图外包弯矩包络图原则，并且使弯起位置符合规范要求，故梁间任一正截面和斜截面的抗弯承载力已经满足要求，不必再进行复核。但是，腹筋设计仅仅是根据近支座斜截面上的荷载效应（即计算剪力包络图）进行的，并不能得出梁间其他斜截面抗剪承载力一定大于或等于相应的剪力计算值 $V=\gamma_0 V_d$，因此，应该对已配置腹筋的梁进行斜截面抗剪承载力复核。

5.5.1　斜截面抗剪承载力的复核

对已基本设计好腹筋的钢筋混凝土简支梁的斜截面抗剪承载力复核，采用式（5-5）、式（5-6）和式（5-7）进行。

在使用式（5-5）时，应注意以下问题。

1）斜截面抗剪承载力复核截面的选择

《公桥规》规定，在进行钢筋混凝土简支梁斜截面抗剪承载力复核时，其复核位置应按照下列规定选取：

（1）距支座中心 $h/2$（梁高一半）处的截面（图 5-12 中截面 1-1）；

（2）受拉区弯起钢筋弯起处的截面（图 5-12 中截面 2-2，3-3）以及锚于受拉区的纵向钢筋开始不受力处的截面（图 5-12 中截面 4-4）；

（3）箍筋数量或间距有改变处的截面（图 5-12 中截面 5-5）；

（4）梁的肋板宽度改变处的截面。

2）斜截面顶端位置的确定

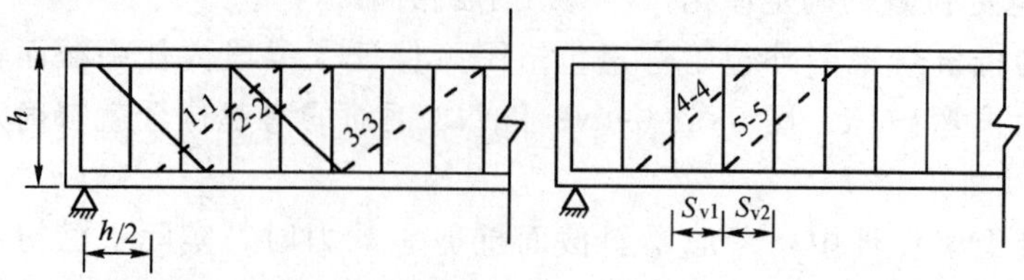

图 5-12 斜截面抗剪承载力的复核截面位置示意图

按照式（5-5）进行斜截面抗剪承载力复核时，式中的 V_d、b 和 h_0 均指斜截面顶端位置处的数值。通常采用下述方法确定斜截面顶端的位置：

(1) 按照图 5-11 来选择斜截面底端位置。

(2) 以底端位置向跨中方向取距离为 h_0 的截面，认为验算斜截面顶端就在此正截面上。

(3) 由验算斜截面顶端的位置坐标，可以从内力包络图推得该截面上的最大剪力组合设计值 $V_{d,x}$ 及相应的弯矩组合设计值 $M_{d,x}$，进而求得剪跨比 $m=\frac{M_{d,x}}{V_{d,x}h_0}$ 及斜截面投影长度 $c=0.6mh_0$。

由斜截面投影长度 c，可确定与斜截面相交的纵向受拉钢筋配筋百分率 ρ、弯起钢筋数量 A_{sb} 和箍筋配筋率 ρ_{sv}。

取验算斜截面顶端正截面的有效高度 h_0 及宽度 b。

(4) 将上述各值及与斜裂缝相交的箍筋和弯起钢筋数量代入式（5-5），即可进行斜截面抗剪承载力复核。

5.5.2 有关的构造要求

构造要求及其措施是结构设计中的重要组成部分，构造措施对防止斜截面破坏显得尤其重要，下面结合《公桥规》的规定进行介绍。

1）纵向钢筋在支座处的锚固

在梁近支座处出现斜裂缝时，斜裂缝处纵向钢筋应力将增大，若锚固长度不足，钢筋与混凝土的相对滑移将导致斜裂缝宽度显著增大（图 5-13a），甚至会发生黏结锚固破坏。为了防止钢筋被拔出而破坏，《公桥规》规定：底层两外侧之间不向上弯曲的受拉主筋，伸出支点截面以外的长度应不小于 $10d$（R235 钢筋应带半圆钩）；对环氧树脂涂层钢筋应不小于 $12.5d$，d 为受拉主筋直径。图 5-13 为绑扎骨架普通钢筋（R235 钢筋）在支座锚固的示意图。

2）纵向钢筋在梁跨间的截断与锚固

当某根纵向受拉钢筋在梁跨间的理论切断点处切断后，该处混凝土所承受的拉应力突增，往往会过早出现斜裂缝，如果截面的钢筋锚固不足，甚至可能降低构件的承载能力，因此，纵向受拉钢筋不宜在受拉区截断。若需截断，为了保证钢筋强度的充分利用，必须将钢筋从理论切断点外伸一定的长度（l_a+h_0）再截断，其中 l_a 称为钢筋的锚固长度。

根据钢筋拔出试验结果和我国的工程实践经验，《公桥规》规定了不同受力情况下钢筋最小锚固长度，见表 5-1。

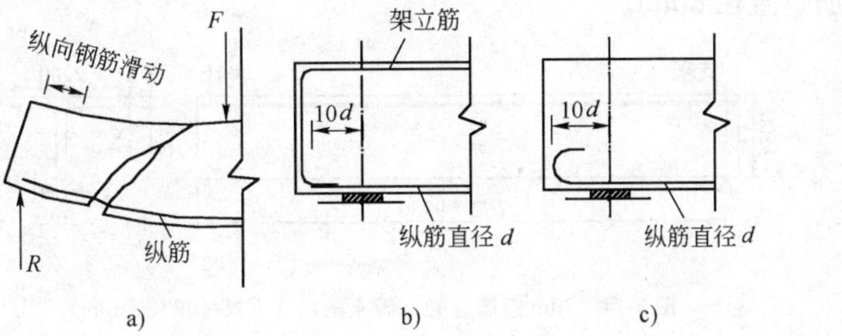

图 5-13　主钢筋在支座处的锚固

a）支座附近纵向钢筋锚固破坏；b）焊接骨架在支座处锚固；c）绑扎骨架在支座处锚固

普通钢筋最小锚固长度 l_a　　表 5-1

项目（钢筋 / 混凝土）		R235				HRB335				HRB400，KL400			
		C20	C25	C30	≥C40	C20	C25	C30	≥C40	C20	C25	C30	≥C40
受压钢筋（直端）		40*d*	35*d*	30*d*	25*d*	35*d*	30*d*	25*d*	20*d*	40*d*	35*d*	30*d*	25*d*
受拉钢筋	直端	—	—	—	—	40*d*	35*d*	30*d*	25*d*	45*d*	40*d*	35*d*	30*d*
	弯钩端	35*d*	30*d*	25*d*	20*d*	30*d*	25*d*	25*d*	20*d*	35*d*	30*d*	30*d*	25*d*

注：1. *d* 为钢筋直径。

2. 采用环氧树脂涂层钢筋时，受拉钢筋最小锚固长度应增加 25%。

3. 当混凝土在凝固过程中易受扰动时（如滑模施工），锚固长度应增加 25%。

3）箍筋的构造要求

（1）钢筋混凝土梁应设置直径不小于 8mm，且不小于 1/4 主钢筋直径的箍筋。箍筋的最小配筋率，R235 钢筋时，$(\rho_{sv})_{min}=0.18\%$；HRB335 钢筋时，$(\rho_{sv})_{min}=0.12\%$。

（2）箍筋的间距。箍筋的间距（指沿构件纵轴方向箍筋轴线之间的距离）不应大于梁高的 1/2，且不大于 400mm；当所箍钢筋为按受力需要的纵向受压钢筋时，应不大于受压钢筋直径的 15 倍，且不应大于 400mm。

支座中心向跨径方向长度不小于一倍梁高范围内，箍筋间距不宜大于 100mm。

近梁端第一根箍筋应设置在距端面一个混凝土保护层的距离处。梁与梁或梁与柱的交接范围内可不设箍筋，靠近交接范围的第一根箍筋，其与交界的距离不大于 50mm。

4）弯起钢筋

除了本书已述的内容外，对弯起钢筋的构造要求，《公桥规》还规定：

简支梁第一排（对支座而言）弯起钢筋的末端弯折点应位于支座中心截面处，以后各排弯起钢筋的末端折点应落在或超过前一排弯起钢筋的弯起点。

不得采用不与主钢筋焊接的斜钢筋（浮筋）。

5.5.3　装配式钢筋混凝土简支梁设计例题

1）已知设计数据及要求

钢筋混凝土简支梁标准跨径 20m，计算跨径 19.5m，T 形截面梁的尺寸如图 5-14 所示。桥梁处于 I 类环境条件，安全等级为二级。梁体采用 C30 混凝土，HRB335 级钢筋，箍筋采用 R235 级钢筋，直径 8mm。

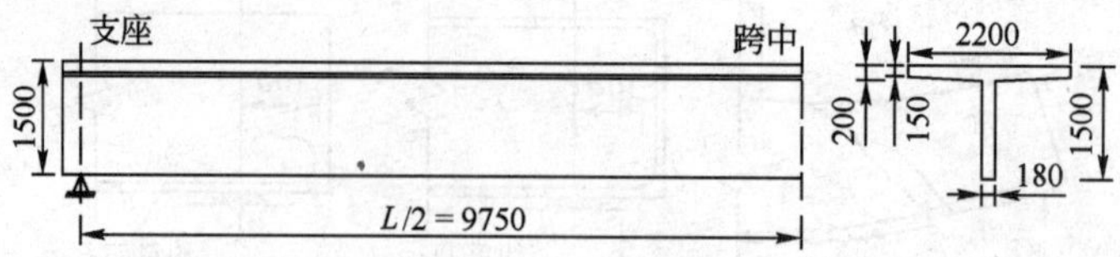

图 5-14　20m 钢筋混凝土简支梁尺寸（尺寸单位：mm）

简支梁控制截面的弯矩组合设计值和剪力组合设计值为：

跨中截面：$M_{d,1/2}=2840\text{kN}\cdot\text{m}$，$V_{d,1/2}=135\text{kN}$；

$l/4$ 跨截面：$M_{d,1/4}=2161\text{kN}\cdot\text{m}$；

支点截面：$M_{d,0}=0$，$V_{d,0}=707\text{kN}$；

要求确定纵向受拉钢筋数量和进行腹筋设计。

2）跨中截面的纵向受拉钢筋计算

（1）T 形截面梁受压翼板的有效宽度 b'_f

由图 5-14 所示的 T 形截面受压翼板厚度的尺寸，可得翼板平均厚度 $h'_f=\frac{150+200}{2}=175\text{mm}$。则可得到：

$$b'_{f1}=\frac{L}{3}=\frac{1}{3}\times19500=6500\text{mm}$$

$$b'_{f2}=2200\text{mm}(\text{本例相邻主梁平均间距为 }2200\text{mm})$$

$$b'_{f3}=b+2bh+12h'_f=180+2\times0+12\times175=2280\text{mm}$$

故取受压翼板的有效宽度 $b'_f=b'_{f2}=2200\text{mm}$。

（2）钢筋数量计算

由附表查得 $f_{cd}=13.8\text{MPa}$，$f_{td}=1.39\text{MPa}$，$f_{sd}=280\text{MPa}$。查表 4-2 得 $\xi_b=0.56$。$\gamma_0=1$，则弯矩计算值 $M=\gamma_0M_d=2840\text{kN}\cdot\text{m}$。

采用焊接钢筋骨架，故设 $a_s=30+0.07\times1500=135\text{mm}$，则截面有效高度为：

$$h_0=1500-135=1365\text{mm}。$$

$$\begin{aligned}f_{cd}b'_fh'_f\left(h_0-\frac{h'_f}{2}\right)&=13.8\times2200\times175\times\left(1365-\frac{175}{2}\right)\\&=6787.36\times10^6\text{N}\cdot\text{mm}\\&=6787.36\text{kN}\cdot\text{m}>M(=2840\text{kN}\cdot\text{m})\end{aligned}$$

故属于第一类 T 型截面。

由式（4-33），可得到

$$2840\times10^6=13.8\times2200x\left(1365-\frac{x}{2}\right)$$

简化整理得：　　$x^2-2730x+187088=0$

求解二次方程得到合理解：

$$x=70.3\text{mm}<h'_f(=175\text{mm})$$

将各已知值及 $x=70.3\text{mm}$ 代入式（4-33）中，可得到：

$$A_s=\frac{f_{cd}b'_f x}{f_{sd}}=\frac{13.8\times2200\times70.3}{280}=7623\text{mm}^2$$

现选择钢筋为 8 ⏀ 32（6434）＋4 ⏀ 20（1256），截面面积 $A_s=7690\text{mm}^2$。钢筋叠高层数为 6 层，布置如图 5-15。

混凝土保护层厚度 c 取 32mm＝d（＝32mm），且满足附表 1-8 中的规定。钢筋间横向净距 $S_n=180-2\times32-2\times35.8=44.4\text{mm}>40\text{mm}$ 及 $1.25d=1.25\times32=40\text{mm}$。故满足构造要求。

下面进行截面复核。

由图 5-15 钢筋布置图可求得：

$$a_s=\frac{6434(32+2\times35.8)+1256\times(32+4\times35.8+22.7)}{6434+1256}$$
$$=119\text{mm}$$

则实际有效高度 $h_0=1500-119=1381\text{mm}$。

$$f_{cd}b'_f h'_f=13.8\times2200\times175$$
$$=5.31\times10^6\text{N}\cdot\text{mm}=5.31\text{kN}\cdot\text{m}$$
$$f_{sd}A_s=280\times7690$$
$$=2.15\times10^6\text{N}\cdot\text{mm}=2.15\text{kN}\cdot\text{m}$$

由于 $f_{cd}b'_f h'_f>f_{sd}A_s$，故为第一类截面。

由式（4-33），求得 x，即：

$$x=\frac{f_{sd}A_s}{f_{cd}b'_f}=\frac{280\times7690}{13.8\times2200}=70.9\text{mm}$$

由式（4-34），求得正截面抗弯承载力：

$$M_u=f_{cd}b'_f x\left(h_0-\frac{x}{2}\right)$$
$$=13.8\times2200\times70.9\times\left(1381-\frac{70.9}{2}\right)$$
$$=2896.33\times10^6\text{N}\cdot\text{mm}$$
$$=2896.33\text{kN}\cdot\text{m}>M$$
$$(=2840\text{kN}\cdot\text{m})$$

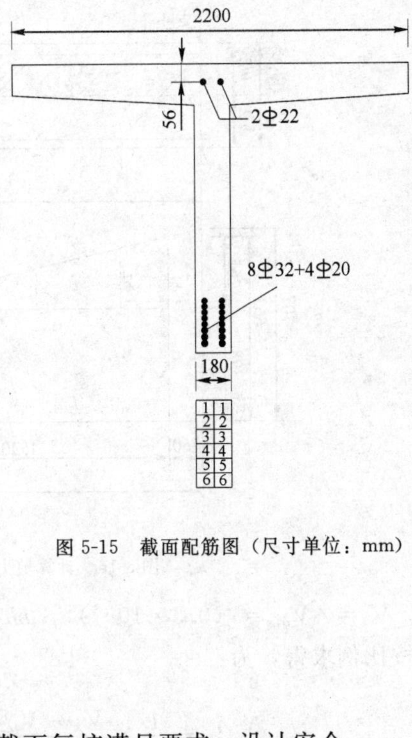

图 5-15　截面配筋图（尺寸单位：mm）

又 $\rho=\frac{A_s}{bh_0}=\frac{7690}{180\times1381}=3.1\%>\rho_{min}=0.2\%$，故截面复核满足要求，设计安全。

3）腹筋设计

（1）截面尺寸检查

根据构造要求，梁最底层钢筋 2 ⏀ 32 通过支座截面，支点截面有效高度为：

$$h_0=1500-\left(32+\frac{35.8}{2}\right)=1450.1\text{mm}。$$

$$(0.51\times10^{-3})\sqrt{f_{cu,k}}bh_0=0.51\times10^{-3}\sqrt{30}\times180\times1450.1$$
$$=729.12\text{kN}>\gamma_0V_{d,0}(=707\text{kN})$$

截面尺寸符合设计要求。

(2) 检查是否需要根据计算配置箍筋

跨中段截面：

$$(0.5\times10^{-3})f_{td}bh_0=(0.5\times10^{-3})\times1.39\times180\times1381=172.76\text{kN}$$

支座截面：

$$(0.5\times10^{-3})f_{td}bh_0=(0.5\times10^{-3})\times1.39\times180\times1450.1=181.41\text{kN}$$

因 $\gamma_0V_{d,l/2}$ ($=135$kN) $<$ (0.5×10^{-3}) $f_{td}bh_0<\gamma_0V_{d,0}$ ($=707$kN)，故可在梁跨中的某长度范围内按构造配置箍筋，其余区段应按计算配置箍筋。

(3) 计算剪力图分配（图 5-16）

在图 5-16 所示的剪力包络图中，支点处剪力计算值 $V_0=\gamma_0V_{d,0}$，跨中处剪力计算值 $V_{l/2}=\gamma_0V_{d,l/2}$。

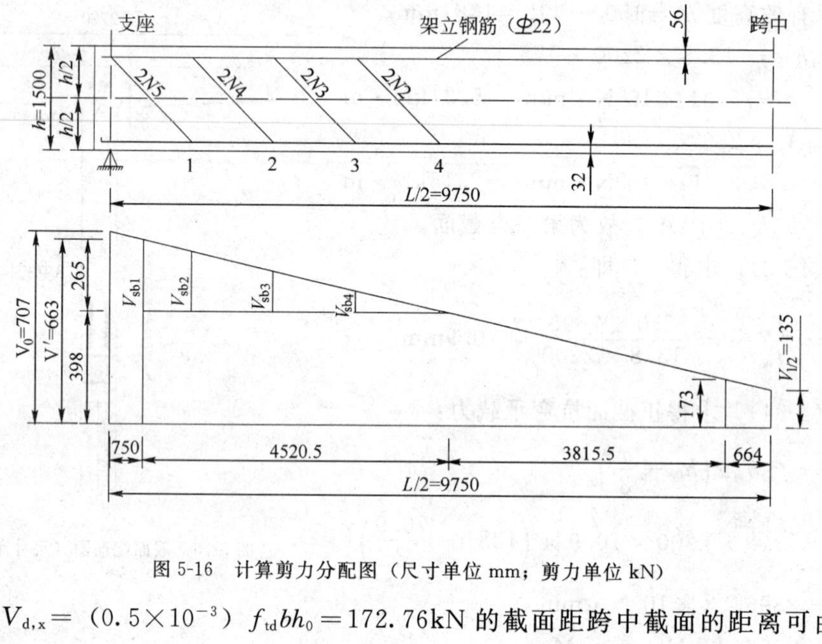

图 5-16 计算剪力分配图（尺寸单位 mm；剪力单位 kN）

$V_x=\gamma_0V_{d,x}=$ (0.5×10^{-3}) $f_{td}bh_0=172.76$kN 的截面距跨中截面的距离可由剪力包络图按比例求得，为：

$$l_1=\frac{L}{2}\times\frac{V_x-V_{l/2}}{V_0-V_{l/2}}=9750\times\frac{172.76-135}{707-135}=664\text{mm}$$

在 l_1 长度范围内可以按照构造配置箍筋。

同时，根据《公桥规》规定，在支座中心线向跨径长度方向不小于 1 倍梁高 $h=1500$mm 范围内，箍筋的间距最大为 100mm。

距支座中心线为 $h/2$ 处的计算剪力值（V'）由剪力包络图按比例求得，为：

$$V'=\frac{LV_0-h(V_0-V_{l/2})}{L}=\frac{19500\times707-1500(707-135)}{19500}=663\text{kN}$$

其中应由混凝土和箍筋承担的剪力计算值至少为 $0.6V'=397.8\text{kN}$；应由弯起钢筋（包括斜筋）承担的剪力计算值最多为 $0.4V'=265.2\text{kN}$，设置弯起钢筋区段长度为 4520.5mm（如图 5-16 所示）。

（4）箍筋设计

采用直径为 8mm 的双肢箍筋，箍筋截面积 $A_{sv}=nA_{sv1}=2\times50.3=100.6\text{mm}^2$。

在等截面钢筋混凝土简支梁中，箍筋尽量做到等间距布置。为计算简便，按式（5-5）设计箍筋时，式中的斜截面内纵筋配筋百分率 p 及截面有效高度 h_0 可近似按支座截面和跨中截面的平均值取用，计算如下。

跨中截面：$p_{l/2}=3.1>2.5$，取 $p_{l/2}=2.5$，$h_0=1381\text{mm}$

支点截面：$p_0=0.62$，$h_0=1450.1\text{mm}$

则平均值分别为 $p=\dfrac{2.5+0.62}{2}=1.56$，$h_0=\dfrac{1381+1450.1}{2}=1416\text{mm}$

箍筋间距 S_v 为：

$$S_v=\frac{\alpha_1^2\alpha_3^2(0.56\times10^{-6})(2+0.6p)\sqrt{f_{cu,k}}A_{sv}f_{sv}bh_0^2}{(V')^2}$$

$$=\frac{1\times1.1^2(0.56\times10^{-6})(2+0.6\times1.56)\sqrt{30}\times100.6\times195\times180\times1416^2}{(663)^2}$$

$$=175\text{mm}$$

确定箍筋间距 S_v 的设计值还要考虑《公桥规》的构造要求。

若箍筋间距计算值取 $S_v=170\text{mm}\leqslant\dfrac{1}{2}h_0=750\text{mm}$ 及 400mm，满足规范要求。箍筋配筋率 $\rho_{sv}=\dfrac{A_{sv}}{bS_v}=\dfrac{100.6}{180\times170}=0.33\%>0.18\%$（R235 钢筋），故满足规范规定。

综合上述计算，在支座中心向跨径方向的 1500mm 范围内，设计箍筋间距 $S_v=100$；然后至跨中截面统一的箍筋间距取 $S_v=170\text{mm}$。

（5）弯起钢筋及斜筋设计

设焊接钢筋骨架的架立钢筋（HRB335）为 2 Φ 22，钢筋重心至梁受压翼板上缘距离为 $a'_s=56\text{mm}$。

弯起钢筋的弯起角度为 45°，弯起钢筋末端与架立钢筋焊接。为了得到每对弯起钢筋分配到的剪力，由各排弯起钢筋的末端折点应落在前一排弯起钢筋弯起点的构造规定，来得到各排弯起钢筋的弯起点计算位置。首先要计算弯起钢筋上、下弯点之间垂直距离 Δh_i（图 5-17）。

现拟弯起 $N1\sim N5$ 钢筋，将计算的各排弯起钢筋弯起点截面的 Δh_i 以及至支座中心距离 x_i、分配的剪力计算值 V_{sbi}、所需的弯起钢筋面积 A_{sbi} 值列入表 5-2。

根据《公桥规》规定，简支梁的第一排弯起钢筋（对支座而言）的末端弯折点应位于支座中心截面处。这时 Δh_1 为：

$$\Delta h_1=1500-[(32+35.8\times1.5)+(43+25.1+35.8\times0.5)]$$

$$=1328\text{mm}$$

弯筋的弯起角为 45°，则第一排弯筋（$2N5$）的弯起点 $1'$ 距支座中心距离为 1328mm。

弯筋与梁纵轴线交点1′距支座中心距离为1328－［1500/2－（32＋35.8×1.5）］＝664mm

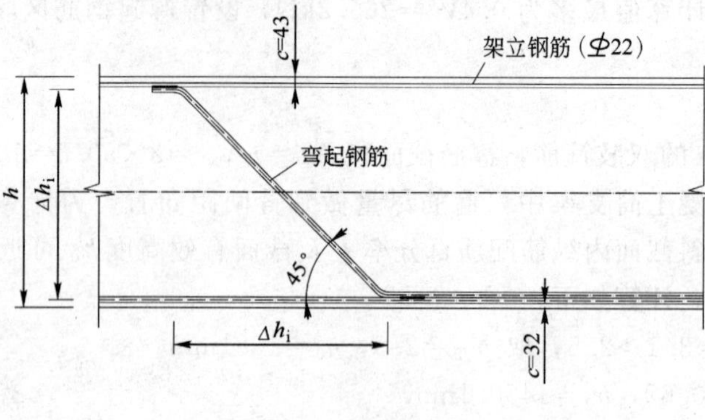

图5-17　弯起钢筋细节（单位：mm）

弯起钢筋计算表

表5-2

弯起点	1	2	3	4	5
Δh_i（mm）	1328	1293	1257	1234	1211
距支座中心距离 x_i（mm）	1328	2621	3878	5112	6323
分配的计算剪力值 V_{sbi}（kN）	265.2	231.29	155.44	81.69	
需要的弯筋面积 A_{sbi}（mm^2）	1786	1558	1047	551	
可提供的弯筋面积 A_{sbi}（mm^2）	1609（2⌀32）	1609（2⌀32）	1609（2⌀32）	628（2⌀20）	
弯筋与梁轴交点到支座中心距离 x_c'（mm）	664	1993	3285	4548	

对于第二排弯起钢筋，可得到：

$$\Delta h_2 = 1500 - [(32 + 35.8 \times 2.5) + (43 + 25.1 + 35.8 \times 0.5)] = 1293\text{mm}$$

第二排弯筋（2N4）的弯起点2距支座中心距离为1328＋1293＝2621mm。

分配给第二排弯起钢筋的计算剪力值 V_{sb2}，由比例关系计算可得到：

$$\frac{4520.5 + 750 - 1328}{4520.5} = \frac{V_{sb2}}{265.2}$$

得到 V_{sb2}＝231.29kN

其中，$0.4V'$＝265.2kN，$h/2$＝750mm；设置弯起钢筋区段长度为4520.5mm。

所需要提供的弯起钢筋面积（A_{sb2}）为：

$$A_{sb2} = \frac{1333.33(V_{sb2})}{f_{sd}\sin 45^\circ} = \frac{1333.33 \times (231.29)}{280 \times 0.707} = 1558\text{mm}^2$$

第二排弯起钢筋与梁轴线交点2′距支座中心距离为2621－［1500/2－（32＋35.8×2.5）］＝1993mm。

其余各排弯起钢筋的计算方法与第二排弯起钢筋计算方法相同。

由表 5-2 可见，原拟定弯起 $N1$ 钢筋的弯起点距支座中心距离为 6323mm，大于 $4520.5+h/2=4520.5+750=5270.5$mm，即在欲设置弯起钢筋区域长度之外，故暂不参加弯起钢筋的计算，图 5-18 中以截断 $N1$ 钢筋表示。但在实际工程中，往往不截断而是弯起，以加强钢筋骨架施工时的刚度。弯起钢筋 $N5$ 提供的弯起面积小于截面所需的钢筋面积，因此需要在与 $N5$ 相同的弯起位置加焊接斜筋 $2N10$（2⌀16），使得总弯起面积 $1609+402=2011>1786\text{mm}^2$，从而满足要求。

按照计算剪力初步布置弯起钢筋如图 5-18 所示。

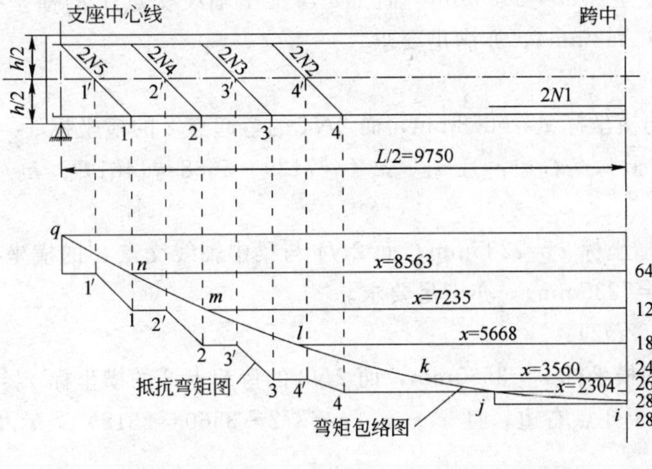

图 5-18　梁的弯矩包络图与抵抗弯矩包络图（尺寸单位：mm；弯矩单位 kN·m）

现在按照同时满足梁跨间各正截面和斜截面抗弯要求，确定弯起钢筋的弯起点位置。由已知跨中截面弯矩计算值 $M_{l/2}=\gamma_0 M_{d,l/2}=2840\text{kN}\cdot\text{m}$，支点中心处 $M_0=\gamma_0 M_{d,0}=0$，做出梁的计算弯矩包络图如图 5-18 所示。在 $L/4$ 截面处，因 $x=4.875\text{m}$，$L=19.5\text{m}$，$M_{l/2}=2840\text{kN}\cdot\text{m}$，故弯矩计算值为：

$$M_{l/4}=2840\times\left(1-\frac{4\times4.875^2}{19.5^2}\right)=2130\text{kN}\cdot\text{m}$$

各排弯起钢筋弯起后，相应正截面抗弯承载力 M_{ui} 计算如表 5-3。

钢筋弯起后相应各正截面抗弯承载能力　　表 5-3

梁区段	截面纵筋	有效高度 h_0（mm）	T 形截面类别	受压区高度 x（mm）	抗弯承载能力 M_{ui}（kN·m）
支座中心～1 点	2⌀32	1450.1	第一类	15	649.6
1 点～2 点	4⌀32	1432.2	第一类	30	1276.3
2 点～3 点	6⌀32	1414.3	第一类	44	1880.3
3 点～4 点	8⌀32	1396.4	第一类	59	2461.4
4 点～N1 钢筋截断处	8⌀32+2⌀20	1389.0	第一类	65	2681.4
N1 钢筋截断处～梁跨中	8⌀32+4⌀20	1381.0	第一类	71	2896.5

将表 5-3 的正截面抗弯承载能力 M_{ui} 在图 5-18 上用各平行线表示出来，它们与弯矩包络图的交点分别为 i，j，…，q，由各 M_{ui} 可求得 i，j，…，q 到跨中截面距离 x 的值（图 5-18）。

现在以图 5-18 中所示弯起钢筋弯起点初步位置来逐个检查是否满足《公桥规》的要求。

第一排弯起钢筋（$2N5$）：

其充分利用点 m 的横坐标 $x=7235$mm，而 $N5$ 的弯起点 1 的横坐标 $x_1=9750-1328=8422$mm，说明 m 点位于 1 点右边，且 x_1-x（$=8422-7235=1187$）$>h_0/2$（$=1432/2=716$mm），满足要求。

其不需要点 n 的横坐标 $x=8563$mm，而 $N5$ 与梁中轴线交点 1′的横坐标 $x_1'=9750-664=9086$mm$>$（$x=8563$mm），亦满足要求。

第二排弯起钢筋（$2N4$）：

其充分利用点 l 的横坐标 $x=5668$mm，而 $2N4$ 的弯起点 2 的横坐标 $x_2=8422-1293=7129$mm，说明 l 点位于 2 点右边，且 x_2-x（$=7129-5668=1461$）$>h_0/2$（$=1414/2=707$mm），满足要求。

其不需要点 m 的横坐标 $x=7235$mm，而 $2N4$ 与梁中轴线交点 2′的横坐标 $x_2'=9750-1993=7757$mm$>$（$x=7235$mm），亦满足要求。

第三排弯起钢筋（$2N2$）：

其充分利用点 k 的横坐标 $x=3560$mm，而 $2N3$ 的弯起点 3 的横坐标 $x_3=7129-1257=5872$mm，说明 k 点位于 3 点右边，且 x_3-x（$=5872-3560=2312$）$>h_0/2$（$=1396/2=698$mm），满足要求。

其不需要点 l 的横坐标 $x=5668$mm，而 $2N3$ 与梁中轴线交点 3′的横坐标 $x_3'=9750-3285=6465$mm$>$（$x=5668$mm），亦满足要求。

第四排弯起钢筋（$2N2$）：

其充分利用点 j 的横坐标 $x=2304$mm，而 $2N2$ 的弯起点 4 的横坐标 $x_4=5872-1234=4638$mm，说明 j 点位于 4 点右边，且 x_4-x（$=4638-2304=2334$）$>h_0/2$（$=1389/2=695$mm），满足要求。

其不需要点 k 的横坐标 $x=3560$mm，而 $2N2$ 与梁中轴线交点 4′的横坐标 $x_4'=9750-4548=5202$mm$>$（$x=3560$mm），亦满足要求。

由上述检查结果可知图 5-18 所示弯起钢筋弯起点初步位置满足要求。

由 $2N2$、$2N3$、$2N4$ 钢筋弯起点形成的抵抗弯矩图远大于弯矩包络图，故进一步调整上述弯起钢筋的弯起点位置，在满足规范对弯起钢筋弯起点要求的前提下，使抵抗弯矩图接近弯矩包络图；在弯起钢筋之间，增设直径为 16mm 的斜筋，图 5-19 为调整后主梁弯起钢筋、斜筋的布置图。

4）斜截面抗剪承载能力复核

图 5-19b）为梁的弯起钢筋和斜筋设计布置示意图，箍筋设计见前述结果。

图 5-19a）、c）是按照承载能力极限状态计算时最大剪力计算值 V_x 的包络图及相应的弯矩计算值 M_x 的包络图。

对于钢筋混凝土简支梁斜截面抗剪承载力的复核，按照《公桥规》关于复核截面位置和

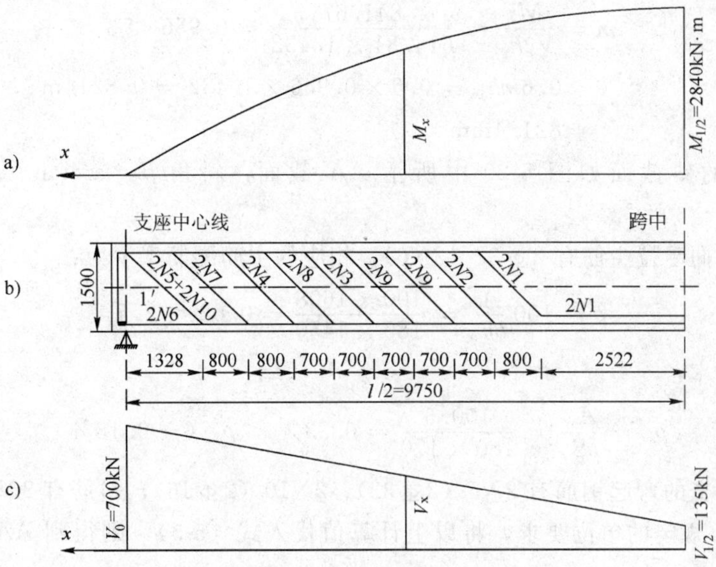

图 5-19　梁弯起钢筋和斜筋设计布置图（尺寸单位：mm）

a）相应于剪力计算值 V_x 的弯矩计算值 M_x 的包络图；b）弯起钢筋和斜筋布置示意图；c）剪力计算值 V_x 的包络图

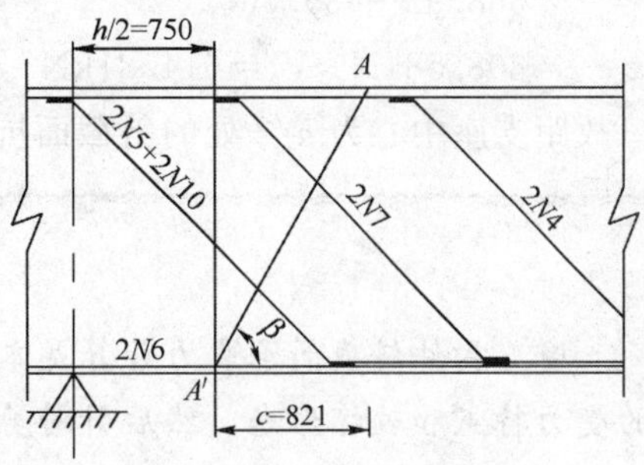

图 5-20　距支座中心 $h/2$ 处斜截面抗剪承载力计算图式（尺寸单位：mm）

复核方法的要求进行。本例以距支座中心为 $h/2$ 处斜截面抗剪承载力复核做介绍。

（1）选定斜截面顶端位置

由图 5-19b）可得到距支座中心为 $h/2$ 处截面的横坐标为 $x=9750-750=9000\text{mm}$，正截面有效高度 $h_0=1450\text{mm}$。经过试算，取斜截面投影长度 $c'=821.4\text{mm}$，则得到选择的斜截面顶端位置 A（图 5-20），其横坐标为 $x=9000-821.4=8178.6\text{mm}$。

（2）斜截面抗剪承载力复核

A 处正截面上的剪力 V_x 及相应的弯矩 M_x 计算如下：

$$V_x=V_{1/2}+(V_0-V_{1/2})\frac{2x}{l}=135+(707-135)\times\frac{2\times8178.6}{19500}$$

$$=614.81\text{kN}$$

$$M_x=M_{1/2}\left(1-\frac{4x^2}{l^2}\right)=2840\times\left(1-\frac{4\times8178.6^2}{19500^2}\right)$$

$$=841.67\text{kN}\cdot\text{m}$$

A 处正截面有效高度 $h_0=1432\text{mm}=1.432\text{m}$，则实际广义剪跨比（$m$）及斜截面投影长度（$c$）分别为：

$$m=\frac{M_x}{V_x h_0}=\frac{841.67}{614.81\times 1.432}=0.956<3$$

$$c=0.6mh_0=0.6\times 0.956\times 1.432=0.8214\text{m}$$
$$=821.4\text{mm}$$

将要复核的斜截面如图 5-20 中所示 AA' 截面，斜角 $\beta=\arctan$（h_0/c）$=\arctan$（1.432/0.821）=60.2°。

斜截面内纵向受拉主筋有 2Φ32（2N6），相应的主筋配筋率 ρ 为：

$$\rho=100\frac{As}{bh_0}=\frac{100\times 1608}{180\times 1450}=0.62<2.5$$

箍筋的配筋率：

$$\rho_{sv}=\frac{A_{sv}}{bS_v}=\frac{100.6}{180\times 170}=0.33\%<\rho_{min}(=0.18\%)$$

与斜截面相交的弯起钢筋有 2N5（2Φ32）、2N10（2Φ16）；斜筋有 2N7（2Φ16）

按式（5-5）规定的单位要求，将以上计算值代入式（5-5），则得到 AA' 斜截面抗剪承载力为：

$$V_u=\alpha_1\alpha_2\alpha_3\ (0.45\times 10^{-3})\ bh_0\sqrt{(2+0.6p)\ \sqrt{f_{cu,k}}\rho_{sv}f_{sv}}+\ (0.75\times 10^{-3})\ f_{sd}\sum A_{sb}\sin\theta_s$$
$$=1\times 1\times 1.1\ (0.45\times 10^{-3})\ \times 180\times 1432\sqrt{(2+0.6\times 0.62)\ \sqrt{30}\times 0.0033\times 195}+$$
$$(0.75\times 10^{-3})\ \times 280\ (1608+2\times 402)\ \times 0.868$$
$$=368.92+439.66$$
$$=808.58\text{kN}>V_x=614.81\text{kN}$$

故距支座中心为 $h/2$ 处的斜截面抗剪承载力满足设计要求。

本章小结

受弯构件斜截面承载力计算是本书的另一个重点。本章首先介绍了受弯构件斜截面的受力特点和破坏形态，然后针对剪压破坏形态，重点讨论了斜截面承载力计算方法。

通过本章学习，应了解简支梁剪弯区的应力状态，斜截面可能出现的破坏形态及影响斜截面抗剪能力的主要因素，掌握斜截面抗剪承载力计算图示及其计算原理，能运用《公桥规》公式进行腹筋设计，进而结合前几章所学内容能完整地设计各类截面的钢筋混凝土简支梁。

思考题与习题

5-1　钢筋混凝土受弯构件沿斜截面的破坏形态有几种？各在什么情况下发生？

5-2　影响钢筋混凝土受弯构件斜截面抗剪能力的主要因素有哪些？

5-3　钢筋混凝土受弯构件斜截面抗剪承载力基本公式的适用范围是什么？公式中上、下限值的物理意义是什么？

5-4　如何通过构造措施保证斜截面抗弯承载力满足要求？

5-5　试解释以下术语：剪跨比、配箍率、剪压破坏、弯矩包络图、抵抗弯矩图。

5-6　钢筋混凝土抗剪承载力复核时，如何选择复核截面？

5-7　课程设计。标准跨径为 20m 的公路装配式 T 梁，计算跨径 19.5m，如图 5-21 所示。梁体采用 C30 混凝土，HRB335 级钢筋，箍筋采用 R235 级钢筋。处于 I 类环境条件，安全等级为二级。简支梁控制截面的弯矩组合设计值和剪力组合设计值为：

跨中截面：$M_{d,l/2}=2240\text{kN}\cdot\text{m}$，$V_{d,l/2}=85\text{kN}$；

$\dfrac{l}{4}$跨截面：$M_{d,l/4}=1620\text{kN}\cdot\text{m}$；

支点截面：$M_{d,0}=0$，$V_{d,0}=450\text{kN}$；

要求确定纵向受拉钢筋数量和进行腹筋设计。

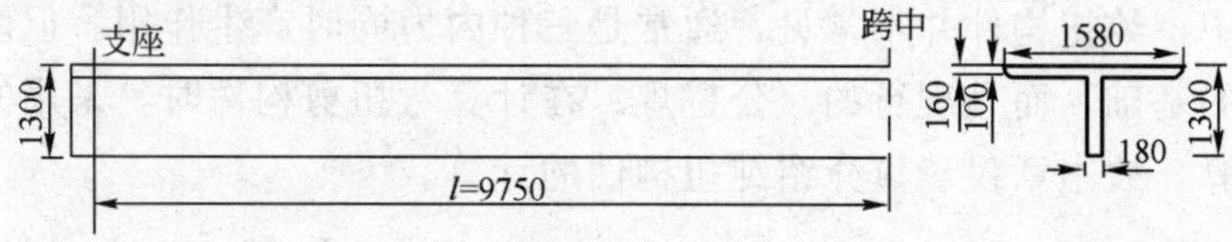

图 5-21　题 5-7 图（尺寸单位：mm）

第 6 章　受扭构件承载力计算

桥梁结构中的某些构件，如钢筋混凝土弯梁、斜梁（板）等，截面上除有弯矩 M、剪力 V 外，还可能存在着扭矩 T。由于扭矩、弯矩和剪力的作用，构件的截面上将产生相应的主拉应力。当主拉应力超过混凝土的抗拉强度时，构件便会开裂。因此，必须配置适量的钢筋（纵筋和箍筋）来限制裂缝的开展和提高钢筋混凝土构件的承载能力。

在实际工程中，纯扭构件并不常见，通常是三种内力同时产生作用。但研究纯扭是研究弯扭剪复合作用的基础，而且现行的《公桥规》在计算弯扭剪构件时，采用的是“叠加”方法进行配筋与验算，故本章仅着重介绍纯扭构件的计算。

6.1　纯扭构件的破坏特征和承载力计算

6.1.1　矩形截面纯扭构件的破坏特征

对于配有纵向钢筋和箍筋的受扭构件，当截面扭矩较小时，其性能与素混凝土受扭构件相似。随着荷载增加，在主拉应力作用下，截面开始出现斜裂缝，此时的扭矩值与素混凝土开裂扭矩值相仿，钢筋应力有较大增加。当荷载继续增加时，裂缝的数量逐步增多，裂缝宽度逐渐加大，构件的四个面上形成连续的或不连续的与构件纵轴线成 45°倾角的螺旋形裂缝（图 6-1）。当荷载接近极限扭转矩时，在构件长边上的斜裂缝中，有一条发展为临界裂缝，与这条空间斜裂缝相交的部分箍筋（长肢）或部分纵筋将首先屈服，产生较大的非弹性变形。到达极限扭矩时，和临界斜裂缝相交的箍筋（短肢）及纵向钢筋相继屈服，最后在构件的另一长边出现了压区塑性铰线或出现两个裂缝间混凝土被压碎而破坏的现象。

扭矩在构件中引起的主拉应力轨迹线与构件轴线成 45°角，从这一点看，最合理的抗扭配筋应是沿 45°方向布置的螺旋形箍筋。然而，螺旋箍筋在受力上只能适应一个方向的扭矩，而在桥梁工程中，由于活载的作用，扭矩将不断变换方向。当扭矩改变方向时，螺旋箍筋也必须相应地改变方向，这在构造上是很困难的。因此，在实际结构中，通常都采用由箍筋和纵向钢筋组成的空间骨架来承担扭矩。

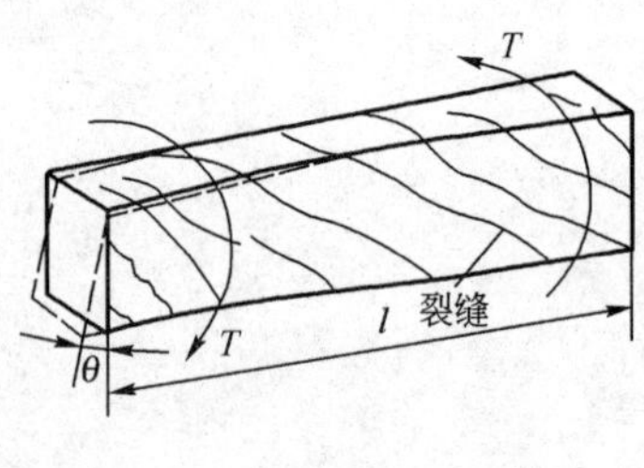

图 6-1　扭转裂缝分布图

试验表明，配置适当数量的受扭钢筋对构件的抗扭能力有着明显的作用。

根据抗扭配筋率的多少，钢筋混凝土矩形截面受扭构件的破坏形态一般可分为以下几种：

（1）少筋破坏。当抗扭钢筋数量过少时，在构件受扭开裂后，由于钢筋没有足够的能力承受混凝土开裂后卸给它的那部分扭矩，因而构件立即破坏，破坏扭矩基本上等于抗裂扭矩。其破坏性质与素混凝土构件无异。

（2）适筋破坏。当配筋适量时，随着扭矩的不断增加，抗扭箍筋和纵筋首先达到屈服强度，然后主裂缝迅速开展，最后促使混凝土受压面被压碎，构件破坏。这种破坏过程表现出一定的塑性特征，与受弯构件适筋梁相类似。

（3）超筋破坏。当抗扭钢筋配置过多或混凝土强度过低时，随着扭矩的增加，构件混凝土先被压碎，从而导致构件破坏，而此时抗扭箍筋和纵筋还均未达到屈服强度。这种破坏的特征与受弯构件超筋梁相类似，属于脆性破坏的范畴。

（4）部分超筋破坏。当抗扭箍筋或纵筋中的一种配置过多时，构件破坏时只有部分纵筋或箍筋屈服，而另一部分抗扭钢筋（箍筋或纵筋）尚未达到屈服强度。这种构件称为部分超配筋构件，破坏具有一定的脆性破坏性质。

6.1.2　矩形截面纯扭构件的开裂扭矩

钢筋混凝土受扭构件开裂前钢筋中的应力很小，钢筋对开裂扭矩的影响不大，因此，可以忽略钢筋对开裂扭矩的影响，将构件作为素混凝土受扭构件来计算开裂扭矩。

由材料力学可知，匀质弹性材料的矩形截面构件在扭矩作用下，截面的剪应力分布如图 6-2a)，最大剪应力发生在截面长边的中点。对于理想塑性材料而言，截面上某一点应力达到材料的屈服强度时，只意味着局部材料开始进入塑性状态，构件仍能继续承担荷载，直到截面上的应力全部达到材料的屈服强度时，构件才达到其极限承载能力。此时，截面上剪应力的分布如图 6-2b)。

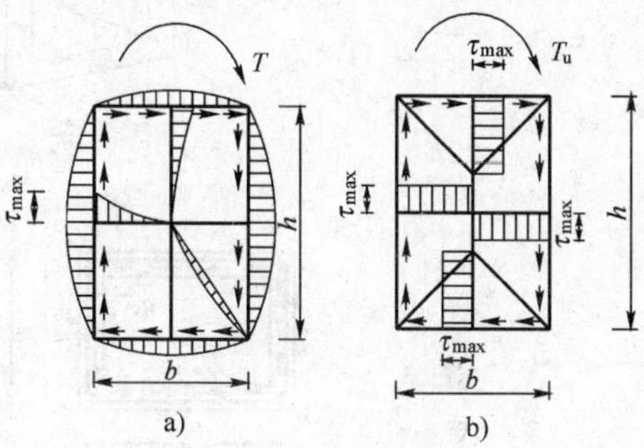

图 6-2　矩形截面纯扭构件剪应力分布

a）弹性状态剪应力分布；b）塑性状态剪应力分布

对于钢筋混凝土而言，混凝土既非弹性材料，又非理想塑性材料，而是介于二者之间的弹塑性材料。因此，如果按弹性材料的应力分布进行计算，将低估构件的开裂弯矩；而按理想塑性材料的应力分布进行计算，则又高估构件的开裂弯矩。根据试验资料的分析，建议采用理想塑性材料的剪应力图形，但将混凝土的抗拉强度 f_{td} 乘以折减系数 0.7，即混凝土矩形截面构件的开裂扭矩计算式为：

$$T_{cr} = 0.7W_t f_{td} \tag{6-1}$$

式中：T_{cr}——矩形截面纯扭构件的开裂扭矩；

f_{td}——混凝土抗拉强度设计值；

W_t——矩形截面的抗扭塑性抵抗矩。

将混凝土的抗拉强度 f_{td} 乘以折减系数 0.7，一方面是考虑到混凝土不是完全的塑性材料，另一方面是考虑到受扭构件中除了作用有主拉应力外，还在与主拉应力成正交方向上作用有主压应力。在拉、压复合应力状态下，混凝土的抗拉强度要低于单向受拉的抗拉强度。

6.1.3 纯扭构件的承载力计算理论

对于钢筋混凝土纯扭构件的受力情况，在计算理论上可以采用不同的力学模型来加以解释。目前所用的计算模式（或计算理论）主要有两种：一种是在欧美采用的变角度空间桁架模型；另一种是前苏联 H·H·列西克为代表的斜弯曲破坏理论。由于《公桥规》所采用的是前一种模式，而二者所导出的结论又一致，故这里只介绍变角度空间桁架计算理论。

试验研究和理论分析表明，在裂缝充分发展且钢筋应力接近屈服强度时，构件截面核心混凝土退出工作。因此，实心截面的钢筋混凝土受扭构件，如图 6-3 所示，可以假想为一箱形截面构件。此时，具有螺旋形裂缝的混凝土外壳、纵筋和箍筋共同组成空间桁架，以抵抗外扭矩的作用。图 6-3 中 F_i 为角点纵筋拉力，D_i 为混凝土斜压杆轴压力，N_i 为单肢箍筋拉力。

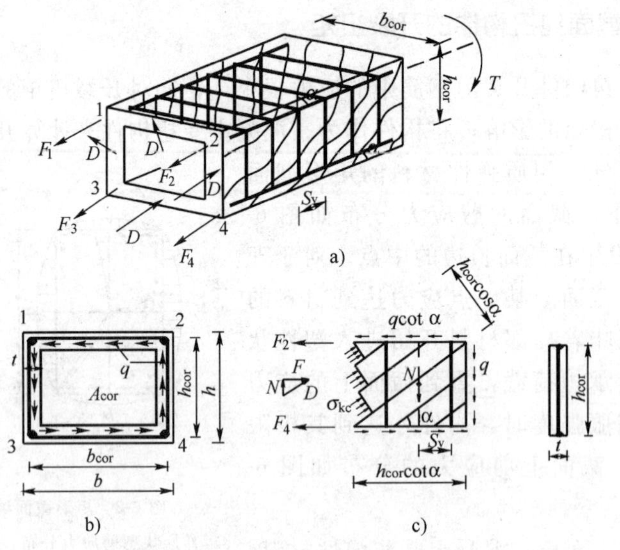

图 6-3　变角度空间桁架模型

a）计算模型示意图；b）环向剪力流；c）内力平衡图

变角度空间桁架模型的基本假定有：

（1）混凝土只承受压力，具有螺旋形裂缝的混凝土外壳组成桁架的斜压杆，其倾角为 α；

（2）纵筋和箍筋只承受拉力，分别构成桁架的弦杆和腹杆；

（3）忽略核心混凝土的抗扭作用和钢筋的销栓作用。

在上述假定中，忽略核心混凝土的抗扭作用的假定更为重要。这样，实心截面构件可以看作为一箱形截面构件或一薄壁管构件，从而在受扭承载力计算中，可应用薄壁管理论。

由薄壁管理论，在扭矩 T_u 作用下，沿箱形截面侧壁中将产生大小相同的环向剪力流 q，如图 6-3b）所示，且由图可得到：

$$q = \tau t = \frac{T_u}{2A_{cor}} \tag{6-2}$$

式中：A_{cor}——剪力流路线所围成的面积，此处取为构件核心截面积，即箍筋内表面所围成的面积；

τ——扭矩产生的剪应力；

t——箱形截面侧壁厚度。

图 6-3c）所示为作用于侧壁的剪力流 q 引起的桁架各杆件的内力图，其中 α 为斜压杆的倾角，N 为单肢箍筋拉力总和，F 为纵筋拉力总和，D 为混凝土斜压杆轴压力之和。由图示力学平衡条件可得到：

$$N = F \cdot \tan\alpha \tag{6-3}$$

在极限状态下：

$$\begin{aligned} N &= 2\frac{A_{sv1} f_{sv} h_{cor} \cot\alpha}{S_v} + 2\frac{A_{sv1} f_{sv} b_{cor} \cot\alpha}{S_v} \\ &= \frac{A_{sv1} f_{sv} 2(h_{cor} + b_{cor})}{S_v}\cot\alpha \\ &= \frac{A_{sv1} f_{sv} U_{cor}}{S_v}\cot\alpha \end{aligned} \tag{6-4}$$

$$F = A_{st} f_{sd} \tag{6-5}$$

将式（6-4）、式（6-5）代入式（6-3）可得到：

$$A_{st} f_{sd} \tan\alpha = \frac{A_{sv1} f_{sv} U_{cor}}{S_v}\cot\alpha$$

$$\tan\alpha = \sqrt{\frac{A_{sv1} f_{sv} U_{cor}}{A_{st} f_{sd} S_v}} = \sqrt{\frac{1}{\zeta}} \tag{6-6}$$

即：

$$\zeta = \frac{A_{st} f_{sd} S_v}{A_{sv1} f_{sv} U_{cor}} \tag{6-7}$$

ζ 为受扭构件纵筋与箍筋的配筋强度比。同时箍筋拉力为：

$$N = 2qh_{cor} + 2qb_{cor} = qU_{cor} = \frac{T_u}{2A_{cor}}U_{cor} \tag{6-8}$$

由式（6-4）和式（6-8）得到下式。

抗扭承载力为：

$$\begin{aligned} T_u &= 2\frac{A_{sv1} f_{sv} A_{cor}}{S_v}\cot\alpha \\ &= 2\sqrt{\zeta} \cdot \frac{A_{sv1} f_{sv} A_{cor}}{S_v} \end{aligned} \tag{6-9}$$

斜压杆总压力为：

$$D = \frac{N}{\sin\alpha} = \frac{qU_{cor}}{\sin\alpha} \tag{6-10}$$

混凝土平均压应力为：

$$\begin{aligned} \sigma_{kc} &= \frac{D}{t\ (2h_{cor}\cos\alpha + 2b_{cor}\cos\alpha)} \\ &= \frac{D}{tU_{cor}\cos\alpha} = \frac{q}{t\sin\alpha\cos\alpha} \\ &= \frac{T_u}{2tA_{cor}\sin\alpha\cos\alpha} \end{aligned} \tag{6-11}$$

式中：A_{cor}——混凝土核心面积；

U_{cor}——混凝土核心截面周长；

ζ——受扭构件纵筋与箍筋的配筋强度比，$\zeta=\frac{f_{sd}A_{st}S_v}{f_{sv}A_{sv1}U_{cor}}$；

A_{st}——纯扭计算中沿截面周边对称配置的全部纵向钢筋截面积；

A_{sv1}——箍筋单肢面积；

S_v——抗扭箍筋间距；

f_{sd}——抗扭纵筋抗拉强度设计值；

f_{sv}——抗扭箍筋抗拉强度设计值。

由式（6-9）可以看出，构件的扭矩承载力 T_u 主要与钢筋骨架尺寸、箍筋用量及其强度，以及表征纵筋与箍筋的相对用量的参数 ζ 有关。按照变角度空间桁架模型，ζ 不仅有如式（6-7）的物理意义，而且有如公式（6-6）所示表征斜压杆倾角 α 的大小，因而在计算模型中还具有一定的几何意义。

式（6-9）为低配筋受扭构件扭矩承载力的计算公式。为了保证钢筋应力达到屈服强度前不发生混凝土压坏，即避免出现超筋构件的脆性破坏，必须限制按公式（6-11）计算得到的斜压杆平均应力 σ_{kc} 的大小。

6.1.4 《公桥规》对矩形截面纯扭构件的承载力计算

试验表明，受扭构件开裂以后，由于钢筋对混凝土的约束，裂缝开展受到一定的限制，斜裂缝间混凝土的骨料咬合力还较大，使得混凝土仍具有一定的抗扭能力。同时，受扭裂缝往往是许多分布在四个侧面上相互平行、断断续续、前后交错的斜裂缝，这些斜裂缝只从表面向内延伸到一定的深度而不会贯穿整个截面，最终也不完全形成连续的、通长的螺旋形裂缝。因此，混凝土本身没有被分割成可动机构，在开裂后仍然能承担一部分扭矩。由此可见，钢筋混凝土受扭构件实际上是由钢筋（纵筋和箍筋）和混凝土共同提供构件的抗扭承载力 T_u。

基于变角度空间桁架的计算模型，并通过受扭构件的室内试验且使总的抗扭能力取试验数据的偏下值，得到《公桥规》中采用的矩形截面构件抗扭承载力计算公式：

$$\gamma_0 T_d \leqslant T_u = 0.35 f_{td} W_t + 1.2\sqrt{\zeta}\frac{f_{sv}A_{sv1}A_{cor}}{S_v} \tag{6-12}$$

式中：T_d——扭矩组合设计值 N·mm；

T_u——抗扭承载力；

W_t——矩形截面受扭塑性抵抗矩，mm^3，$W_t=\frac{b^2}{6}(3h-b)$；

A_{sv1}——箍筋单肢截面面积，mm^2；

A_{cor}——箍筋内表面所围成的混凝土核心面积，$A_{cor}=b_{cor}h_{cor}$，此处 b_{cor} 和 h_{cor} 分别为核心面积的短边和长边边长；

S_v——抗扭箍筋间距，mm；

f_{td}——混凝土轴心抗拉强度设计值，MPa；

f_{sv}——抗扭箍筋抗拉强度设计值，MPa。

ζ 为纯扭构件纵向钢筋与箍筋的配筋强度比；对钢筋混凝土构件，《公桥规》规定 ζ 值

应符合 $0.6 \leqslant \zeta \leqslant 1.7$，当 $\zeta > 1.7$ 时，取 $\zeta = 1.7$。

应用式（6-12）计算构件的抗扭承载力时，必须满足《公桥规》提出的限制条件。

1）抗扭配筋的上限值

当抗扭钢筋配量过多时，受扭构件可能在抗扭钢筋屈服以前便由于混凝土被压碎而破坏。这时，即使进一步增加钢筋，构件所能承担的破坏扭矩几乎不再增长，也就是说，其破坏扭矩取决于混凝土的强度和截面尺寸。因此，《公桥规》规定钢筋混凝土矩形截面纯扭构件的截面尺寸应符合式（6-13）的要求：

$$\frac{\gamma_0 T_d}{W_t} \leqslant 0.51 \times 10^{-3} \sqrt{f_{cu,k}} \quad (\mathrm{kN/mm^2}) \tag{6-13}$$

式中：T_d——扭矩组合设计值，kN·mm；

W_t——矩形截面受扭塑性抵抗矩，mm^3；

$f_{cu,k}$——混凝土立方体抗压强度标准值，MPa。

2）抗扭配筋的下限值

当抗扭钢筋配置过少或过稀时，配筋将无助于开裂后构件的抗扭能力，因此，为防止纯扭构件在低配筋时混凝土发生脆断，应使配筋纯扭构件所承担的扭矩不小于其抗裂扭矩。《公桥规》规定钢筋混凝土纯扭构件满足式（6-14）要求时，可不进行抗扭承载力计算，但必须按构造要求（最小配筋率）配置抗扭钢筋：

$$\frac{\gamma_0 T_d}{W_t} \leqslant 0.50 \times 10^{-3} f_{td} \quad (\mathrm{kN/mm^2}) \tag{6-14}$$

式中：f_{td}——混凝土抗拉强度设计值，其余符号意义与式（6-13）相同。

《公桥规》规定，纯扭构件的箍筋配筋率应满足 $\rho_{sv} = \frac{A_{sv}}{S_v b} \geqslant 0.055 \frac{f_{cd}}{f_{sv}}$；纵向受力钢筋配筋率应满足 $\rho_{st} = \frac{A_{st}}{bh} \geqslant 0.08 \frac{f_{cd}}{f_{sd}}$。

6.2　复合受力矩形截面构件的承载力计算

6.2.1　弯剪扭构件的破坏类型

对于在弯矩和扭矩或弯矩、剪力和扭矩共同作用下的钢筋混凝土构件，简称弯剪扭构件，其破坏面属于空间斜曲裂面的形式，随着弯矩、剪力、扭矩的比值不同和配筋的不同，主要有三种斜裂面破坏类型，如图 6-4 所示。

1）第Ⅰ类型（弯型）　受压区在构件的顶面（图 6-4a）

对于弯、扭共同作用的构件，当扭矩比较小时，弯矩起主导作用。裂缝首先在弯曲受拉区梁底面出现，然后发展到两个侧面。顶部的受扭斜裂缝受到抑制而出现较迟，也可能一直不出现。但底部的弯扭裂缝开展较大，当底部钢筋应力达到屈服强度时裂缝迅速发展，即形成第Ⅰ类型（弯型）的破坏形态。

对于弯、扭共同作用的构件，若底部配筋很多或混凝土强度过低时，也会发生顶部的混凝土先被压碎的破坏形式（脆性破坏），这也属第Ⅰ类型的破坏形态。

2）第Ⅱ类型（弯扭型）　受压区在构件的一个侧面（图 6-4b）

当扭矩和剪力起控制作用，剪力使构件两侧面产生主拉应力，当主拉应力的方向与扭矩引起的主拉应力方向一致时，两者叠加后将加剧该侧面裂缝的开展；当二者方向相反时，将抑制裂缝的开展，甚至不出现裂缝，这就造成一侧面受拉，另一侧面受压的破坏形态。

3）第Ⅲ类型（扭型）　受压区在构件的底面（图 6-4c）

当扭弯比较大而顶部钢筋明显少于底部纵筋时，弯曲受压区的纵筋不足以承受被弯曲压应力抵消后余下的纵向拉力，这时顶部纵筋先于底部纵筋屈服，斜破坏面由顶面和两个侧面上的螺旋裂缝引起，受压区仅位于底面附近，从而发生底部混凝土被压碎的破坏形态。

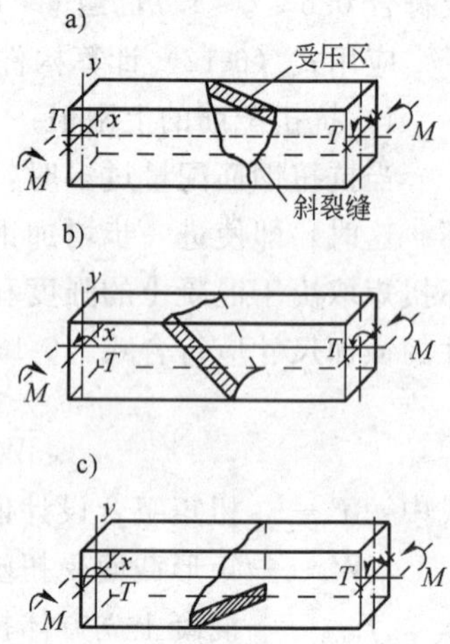

图 6-4　弯扭构件的破坏类型

a）弯型破坏；b）弯扭型破坏；c）扭型破坏

当然，以上所述均属配筋适中的情况。若配筋过多，也能出现钢筋未屈服而混凝土压碎的破坏，设计应避免。

6.2.2　弯剪扭构件的配筋计算方法

在弯剪扭共同作用下，钢筋混凝土构件的配筋计算，目前多采用简化计算方法。例如，《公桥规》采取先按弯矩、剪力和扭矩各自"单独"作用进行配筋计算，然后再把各种相应配筋叠加的截面设计方法。

正截面受弯承载力计算方法已如前述，现着重分析剪、扭共同作用下构件的抗扭和抗剪承载力计算问题。

1）在剪、扭共同作用下的承载力计算

试验表明，构件在剪扭共同作用下，其截面的某一受压区内承受剪切和扭转应力的双重作用，这必将降低构件内混凝土的抗剪和抗扭能力，且分别小于单独受剪和受扭时相应的承载力。由于受扭构件的受力情况比较复杂，目前钢筋所承担的承载力采取简单叠加，而混凝土的抗扭和抗剪承载力考虑其相互影响，因而在混凝土的抗扭承载力计算公式中引入剪扭构件混凝土受扭承载力的降低系数 β_t。

《公桥规》在试验研究的基础上，对在剪扭共同作用下矩形截面构件的抗剪和抗扭承载力分别采用了如下的计算公式。

(1) 剪扭构件抗剪承载力

按下列公式计算：

$$\gamma_0 V_d \leqslant V_u = \alpha_1 \alpha_3 \frac{(10-2\beta_t)}{20} b h_0 \sqrt{(2+0.6P)\sqrt{f_{cu,k}}\rho_{sv} f_{sv}} \quad (N) \tag{6-15}$$

$$\beta_t = \frac{1.5}{1+0.5\dfrac{V_d W_t}{T_d b h_0}} \tag{6-16}$$

式中：V_d——剪扭构件的剪力组合设计值，N；

β_t——剪扭构件混凝土抗扭承载力降低系数，当 $\beta_t < 0.5$ 时，取 $\beta_t = 0.5$；当 $\beta_t > 1.0$

时，取 $\beta_t=1.0$；

W_t——矩形截面受扭塑性抵抗矩，$W_t=\frac{b^2}{6}(3h-b)$；

其他符号参见斜截面抗剪承载力计算公式（5-5）。

（2）剪扭构件的抗扭承载力

按以下公式计算：

$$\gamma_0 T_d \leqslant T_u = 0.35\beta_t f_{td} W_t + 1.2\sqrt{\zeta}\frac{f_{sv}A_{sv1}A_{cor}}{S_v} \quad (\text{N} \cdot \text{mm}) \tag{6-17}$$

式中：β_t——意义同前；

T_d——剪扭构件的扭矩组合设计值，N·mm。

2）抗剪扭配筋的上下限

（1）抗剪扭配筋的上限

当构件截面尺寸过小而配筋量过大时，构件将由于混凝土首先被压碎而破坏。因此必须规定截面的限制条件，以防止出现这种破坏现象。

《公桥规》规定，在弯、剪、扭共同作用下，矩形截面构件的截面尺寸必须符合条件：

$$\frac{\gamma_0 V_d}{bh_0}+\frac{\gamma_0 T_d}{W_t} \leqslant 0.51\times 10^{-3}\sqrt{f_{cu,k}} \quad (\text{kN/mm}^2) \tag{6-18}$$

式中：V_d——剪力组合设计值，kN；

T_d——扭矩组合设计值，kN·mm；

b——垂直于弯矩作用平面的矩形或箱形截面腹板总宽度，mm；

h_0——平行于弯矩作用平面的矩形或箱形截面的有效高度，mm；

W_t——截面受扭塑性抵抗矩，mm^3；

$f_{cu,k}$——混凝土立方体抗压强度标准值，MPa。

（2）抗剪扭配筋的下限

《公桥规》规定，剪扭构件箍筋配筋率应满足：

$$\rho_{sv} \geqslant \rho_{sv,min} = \left[(2\beta_t-1)\left(0.055\frac{f_{cd}}{f_{sv}}-c\right)+c\right] \tag{6-19}$$

式中的 β_t 按公式（6-16）计算。对于式中的 c 值，当箍筋采用 R235（Q235）钢筋时取 0.0018；当箍筋采用 HRB335 钢筋时取 0.0012。

纵向受力钢筋配筋率应满足：

$$\rho_{st} \geqslant \rho_{st,min} = \frac{A_{st,min}}{bh} = 0.08(2\beta_t-1)\frac{f_{cd}}{f_{sd}} \tag{6-20}$$

式中：$A_{st,min}$——纯扭构件全部纵向钢筋最小截面面积；

h——矩形截面的长边长度；

b——矩形截面的短边长度；

ρ_{st}——纵向抗扭钢筋配筋率，$\rho_{st}=\frac{A_{st}}{bh}$；

A_{st}——全部纵向抗扭钢筋截面积。

《公桥规》规定，矩形截面承受弯、剪、扭的构件，当符合条件：

$$\frac{\gamma_0 V_d}{bh_0}+\frac{\gamma_0 T_d}{W_t}\leqslant 0.50\times 10^{-3} f_{td}\quad (\mathrm{kN/mm^2}) \tag{6-21}$$

时可不进行构件的抗扭承载力计算，仅需按构造要求配置钢筋。式中 f_{td} 为混凝土抗拉强度设计值（MPa），其余符号意义详见式（6-18）。

3）在弯矩、剪力和扭矩共同作用下的配筋计算

对于在弯矩、剪力和扭矩共同作用下的构件，其纵向钢筋和箍筋应按下列规定计算并分别进行配置。

（1）抗弯纵向钢筋应按受弯构件正截面承载力计算所需的钢筋截面面积，配置在受拉区边缘；

（2）按剪扭构件计算纵向钢筋和箍筋。由抗扭承载力计算公式计算所需的纵向抗扭钢筋面积，并均匀、对称布置在矩形截面的周边，其间距不应大于 300mm，在矩形截面的四角必须配置纵向钢筋；箍筋为按抗剪和抗扭承载力计算所需的截面面积之和进行布置。

《公桥规》规定，纵向受力钢筋的配筋率不应小于受弯构件纵向受力钢筋最小配筋率与受剪扭构件纵向受力钢筋最小配筋率之和，如配置在截面弯曲受拉边的纵向受力钢筋，其截面面积不应小于按受弯构件受拉钢筋最小配筋率计算出的面积与按受扭纵向钢筋最小配筋计算并分配到弯曲受拉边的面积之和；同时，其箍筋最小配筋率不应小于剪扭构件的箍筋最小配筋率。

6.3 T形和I形截面受扭构件

T形、I形截面可以看作是由多个简单矩形截面所组成的复杂截面（图 6-5），由于受扭时各个矩形截面的扭转角是相同的，因此在计算时可以认为：每个矩形截面所受的扭矩，可根据各个矩形分块的抗扭塑性抵抗矩按比例进行分配，从而得到作用于某个矩形分块上的扭矩为：

$$T_{di}=\frac{W_{ti}}{\sum W_{ti}}T_d \tag{6-22}$$

式中：T_d——构件截面所承受的扭矩组合设计值；

T_{di}——第 i 块矩形截面所承担的扭矩组合设计值；

W_{ti}——第 i 块矩形截面的抗扭塑性抵抗矩。

各个矩形面积划分的原则一般是按截面总高度确定肋板截面，然后再划分受压翼缘和受拉翼缘（图 6-5）。

肋板、受压翼缘及受拉翼缘部分的矩形截面受扭塑性抵抗矩计算式如下。

肋板：
$$W_{tw}=\frac{b^2}{6}(3h-b) \tag{6-23}$$

受压翼缘：
$$W_{tf}'=\frac{h_f'^2}{2}(b_f'-b) \tag{6-24}$$

受拉翼缘：
$$W_{tf}=\frac{h_f^2}{2}(b_f-b) \tag{6-25}$$

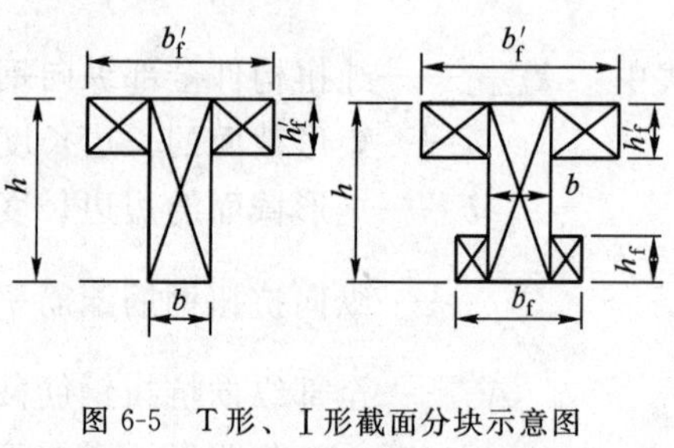

图 6-5 T形、I形截面分块示意图

式中：b、h——分别为矩形截面的短边尺寸和长边尺寸；

b'_f、h'_f——T形、I字形截面受压翼缘的宽度和高度；

b_f、h_f——I形截面受拉翼缘的宽度和高度。

计算时取用的翼缘宽度应符合 $b'_f \leqslant b+6h'_f$ 及 $b_f \leqslant b+6h_f$ 的规定。因此，T形截面总的受扭塑性抵抗矩为：

$$W_t = W_{tw} + W'_{tf} \tag{6-26}$$

I形截面总的受扭塑性抵抗矩为：

$$W_t = W_{tw} + W'_{tf} + W_{tf} \tag{6-27}$$

对于T形和I形截面在弯矩、剪力和扭矩共同作用下构件截面设计的计算，可按下列方法进行：

(1) 按受弯构件的正截面受弯承载力计算所需的纵向钢筋截面面积。

(2) 按剪、扭共同作用下的承载力计算承受剪力所需的箍筋截面面积和承受扭矩所需的纵向钢筋截面面积和箍筋截面面积。

对于肋板，考虑其同时承受剪力（全部剪力）和相应的分配扭矩，按上节所述剪、扭共同作用下的情况，即式（6-15）～式（6-21）计算，但应将公式中的 T_d 和 W_t 分别改为 T_{dw} 和 W_{tw}。对于受压翼缘和受拉翼缘，不考虑其承受剪力，按承受相应的分配扭矩的纯扭构件进行计算，但应将 T_d 和 W_t 改为 T'_{fd}、W'_{tf} 和 T_{fd}、W_{tf}，同时箍筋和纵向抗扭钢筋的配筋率应满足纯扭构件的相应规范值。

(3) 叠加上述二者求得的纵向钢筋和箍筋截面面积，即得最后所需的纵向钢筋截面面积和箍筋截面面积，并配置在相应的位置。

6.4 构造要求

受扭构件中，在保证必要的保护层的前提下，箍筋与纵筋均应尽可能地布置在构件周边的表面处，以增大抗扭效果。此外，由于位于角隅、棱边处的纵筋受到主压应力的作用，易弯出平面，使混凝土保护层向外侧推出而剥落，因此，纵向钢筋必须布置在箍筋的内侧，靠箍筋来限制其外鼓（图6-6）。

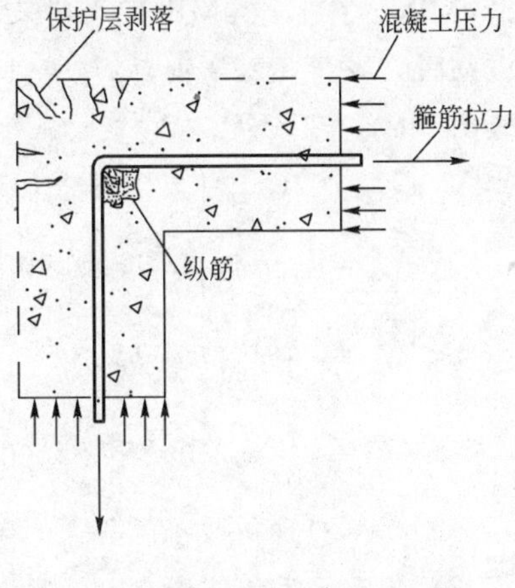

图6-6 配筋位置图

根据抗扭强度要求，抗扭纵筋间距不宜大于300mm，数量至少要有4根，布置在矩形截面的四个角隅处，其直径不应小于8mm；纵筋末端应留有足够的锚固长度；架立钢筋和梁肋两侧纵向抗裂分布筋若有可靠的锚固，也可以充当抗扭钢筋；在抗弯钢筋一边，可选用较大直径的钢筋来满足抵抗弯矩和扭矩的需要。

为保证箍筋在扭坏的连续裂缝面上都能有效地承受主拉应力作用，抗扭箍筋必须做成封闭式箍筋（图6-7），并且将箍筋在角端用135°弯钩锚固在混凝土核心内，锚固长度约等于10倍的箍筋直径。为防止箍筋间纵筋向外屈曲而导致保护层剥落，箍筋间距不宜过大，箍筋最大间距根据抗扭要求不宜大于梁高的 1/2 且不大于 400mm，也不宜大于抗剪箍筋的最大间距。箍筋的直径不小于 8mm，且不小于 1/4 主钢筋直径。

在梁的截面拐角外，由于箍筋受拉，有可能使混凝土保护层开裂，甚至向外推出而剥落（图 6-6），因此，在进行抗扭承载力计算时，都是取混凝土核心面积作为计算对象的。

对于由若干个矩形截面组成的复杂截面，如 T 形、L 形、I 字形截面的受扭构件，必须将各个矩形截面的抗扭钢筋配成笼状骨架，且使复杂截面内各个矩形单元部分的抗扭钢筋互相交错牢固地联成整体，如图 6-8 所示。

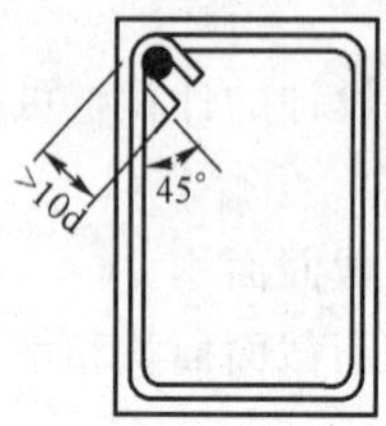

图 6-7 封闭式箍筋示意图

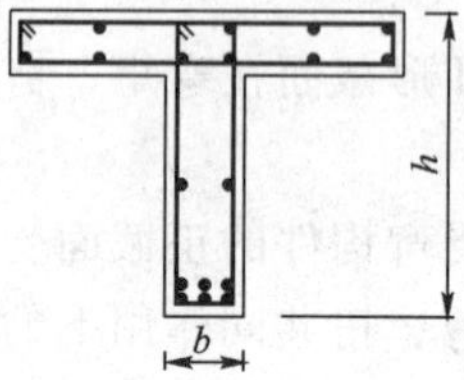

图 6-8 复杂截面箍筋配置图

【例 6-1】

钢筋混凝土构件的矩形截面（图 6-9），截面尺寸为 $b\times h=250\text{mm}\times 600\text{mm}$。截面上弯矩组合设计值 $M_d=170\text{kN}\cdot\text{m}$、剪力组合设计值 $V_d=150\text{kN}$、扭矩组合设计值 $T_d=12.5\text{kN}\cdot\text{m}$。I 类环境条件，安全等级为二级。假定 $a_s=40\text{mm}$，箍筋内表皮至构件表面距离为 30mm。混凝土采用 C30，纵向钢筋采用 HRB335 级，箍筋采用 R235 级。试进行截面的配筋设计。

解： 1）有关参数计算

截面有效高度 $h_0=h-a_s=600\text{mm}-40\text{mm}=560\text{mm}$，核心混凝土尺寸 $b_{cor}=250-2\times 30=190\text{mm}$，$h_{cor}=600-2\times 30=540\text{mm}$。

由附表 1-1 查得 C30 混凝土 $f_{cd}=13.8\text{MPa}$，$f_{td}=1.39\text{MPa}$，$f_{cu,k}=30\text{MPa}$；由附表 1-3 查得 HRB335 钢筋 $f_{sd}=280\text{MPa}$，查得 R235 钢筋 $f_{sv}=195\text{MPa}$。由表 4-2 查得 $\xi_b=0.56$。取 $\gamma_0=1.0$。

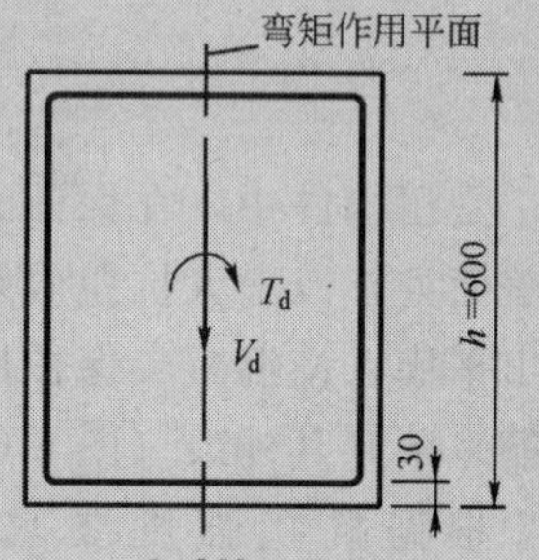

图 6-9 例 6-1 图（尺寸单位：mm）

$$U_{cor}=2(h_{cor}+b_{cor})=2(190+540)=1460\text{mm}$$

$$A_{cor}=h_{cor}b_{cor}=190\times 540=102600\text{mm}^2$$

$$W_t=\frac{1}{6}b^2(3h-b)$$

$$=\frac{1}{6}\times 250^2\times(3\times 600-250)$$

$$=1.615\times 10^7\text{mm}^3$$

2）截面适用条件检查

$$0.51\times10^{-3}\sqrt{f_{cu,k}}=0.51\times10^{-3}\times\sqrt{30}=2.79\times10^{-3}\text{kN/mm}^2$$

$$0.50\times10^{-3}f_{td}=0.50\times10^{-3}\times1.39=0.695\times10^{-3}\text{kN/mm}^2$$

$$\frac{\gamma_0V_d}{bh_0}+\frac{\gamma_0T_d}{W_t}=\frac{1.0\times150}{250\times560}+\frac{1.0\times12.5\times10^3}{1.615\times10^7}=1.845\times10^{-3}\text{kN/mm}^2$$

故满足 $0.5\times10^{-3}f_{td}<\frac{\gamma_0V_d}{bh_0}+\frac{\gamma_0T_d}{W_t}<0.51\times10^{-3}\sqrt{f_{cu,k}}$。

截面尺寸符合要求，但需通过计算配置抗剪、扭钢筋。

3）抗弯纵筋计算

对矩形截面采用查表法进行配筋计算，由式（4-21）可得到：

$$A_0=\frac{\gamma_{0Md}}{f_{cd}bh_0^2}=\frac{1.0\times170\times10^6}{13.8\times250\times560^2}=0.1571$$

查附表 1-5 可得 $\xi=0.1571<\xi_b=0.56$，且 $\zeta_0=0.9138$，因而，由式（4-22）求得所需的纵向钢筋面积为：

$$A_s=\frac{\gamma_0M_d}{f_{sd}\zeta_0h_0}=\frac{1.0\times170\times10^6}{280\times0.9138\times560}=1186\text{mm}^2$$

受弯构件的一侧纵筋最小配筋百分率（%）应为 $45f_{td}/f_{sd}=45\times1.39/280=0.223$，且不小于 0.2，故最小配筋面积为：

$$A_{S,min}=0.00223bh_0=0.00223\times250\times560=313\text{mm}^2$$

$A_s=1186\text{mm}^2>A_{S,min}$，满足最小配筋率要求。

4）抗剪钢筋计算

受扭承载力降低系数为：

$$\beta_t=\frac{1.5}{1+0.5\dfrac{V_dW_t}{T_dbh_0}}=\frac{1.5}{1+0.5\dfrac{150\times1.615\times10^7}{12.5\times10^3\times250\times560}}=0.886$$

假定只设置箍筋，在斜截面范围内纵筋的配筋百分率按抗弯时纵筋数量计算，即：

$$p=100\frac{A_s}{bh_0}=100\times\frac{1186}{250\times560}=0.847$$

假定构件为简支梁，即可取 $\alpha_1=1.0$，同时取 $\alpha_3=1.0$。

抗剪箍筋配箍率为：

$$\rho_{sv}=\left[\frac{\gamma_0V_d}{\alpha_1\alpha_3\dfrac{10-2\beta_t}{20}bh_0}\right]^2/((2+0.6P)\sqrt{f_{cu,k}}f_{sv})$$

$$=\left[\frac{1.0\times150\times10^3}{1.0\times1.1\times\dfrac{10-2\times0.886}{20}\times250\times560}\right]^2/((2+0.6\times0.847)\sqrt{30}\times280)$$

$$\approx0.00176$$

选用双肢闭口箍筋，$n=2$，则可得到：

$$\frac{A_{svl}}{S_v}=\frac{b\rho_{sv}}{2}=\frac{250\times0.00176}{2}=0.22\text{mm}^2/\text{mm}$$

5）截面抗扭钢筋的设计计算

取 $\zeta=1.2$，由式（6-17）可得到：

$$\begin{aligned}\frac{A_{svl}}{S_v}&=\frac{\gamma_0T_d-0.35\beta_tf_{td}W_t}{1.2\sqrt{\zeta}f_{sv}A_{cor}}\\&=\frac{1.0\times12.5\times10^6-0.35\times0.886\times1.39\times1.615\times10^7}{1.2\sqrt{1.2}\times280\times102600}\\&=0.147\text{mm}^2/\text{mm}\end{aligned}$$

6）钢筋配置

总的箍筋配置为 $\frac{A_{svl}}{S_v}=0.22+0.147=0.367\text{mm}^2/\text{mm}$，取 $S_v=120\text{mm}$，则 $A_{svl}=0.367\times120=44.04\text{mm}^2$。

选用双肢 $\phi8$ 封闭式箍筋，$A_{svl}=50.300\text{mm}^2>44.04\text{mm}^2$

抗扭纵筋截面面积为：

$$A_{st}=\frac{\zeta\cdot f_{sv}A_{svl}U_{cor}}{f_{sd}S_v}=\frac{1.2\times280\times50.30\times1476}{280\times120}$$

$$=742.43\text{mm}^2\approx743\text{mm}^2$$

（1）受拉区配置纵筋面积为：

$$A_{s,sum}=1186+\frac{1}{4}A_{st}=1186+\frac{743}{4}=1372\text{mm}^2$$

选用 4 Φ 22（$A_{s,sum}=1520\text{mm}^2$），满足要求。

（2）受压区配置纵筋面积为：

$$A_{s,sum}=\frac{1}{4}A_{st}=\frac{743}{4}=186\text{mm}^2$$

受压区配筋最小面积为 $\left(45\frac{f_{td}}{f_{sd}}\right)bh_0=\left(45\times\frac{1.39}{280}\right)\times10^{-2}\times250\times560=313\text{mm}^2$，受压区配筋 2 Φ 16（$A_s'=402\text{mm}^2$），满足要求。

（3）沿梁高配纵筋面积为：

$$A_{sw}=\frac{1}{2}A_{st}=372\text{mm}^2$$

根据《公桥规》的要求，沿梁高最小配筋面积为 $0.001bh=0.001\times250\times600=150\text{mm}^2$

故沿梁高钢筋配置 4 Φ 12（452mm^2）。

截面配筋图绘制如图 6-10 所示。

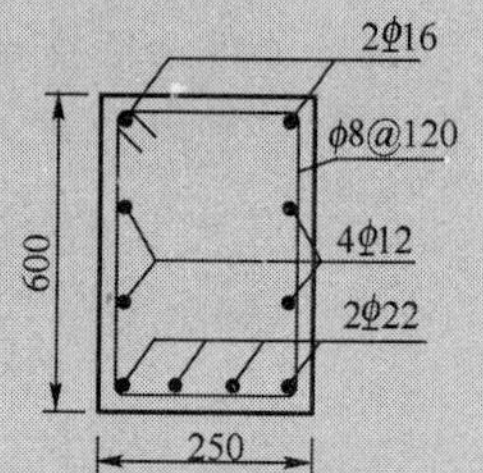

图 6-10　例 6-1 截面配筋（尺寸单位：mm）

本章小结

本章首先介绍了钢筋混凝土纯扭构件的破坏特征和《公桥规》关于纯扭构件的承载力计算公式及其适用条件，然后重点讨论了在弯、剪、扭共同作用下矩形截面构件的承载力计算方法。最后简要介绍了T形和I形截面受扭塑性抵抗矩计算方法和受扭构件构造要求。

通过本章学习，应了解弯剪扭构件的破坏类型，掌握弯剪扭构件的配筋计算方法，能设计、复核矩形、T形及I形截面弯剪扭构件。

思考题与习题

6-1 钢筋混凝土纯扭构件有哪几种破坏形式？钢筋配置量是如何影响纯扭构件的破坏形式？

6-2 纯扭构件设计时，怎样避免出现少筋构件和完全超筋构件？

6-3 弯剪扭构件有哪几种破坏形式？扭弯比或扭剪比及配筋情况是如何影响弯剪扭构件的破坏形式？

6-4 弯、剪、扭共同作用的构件在《公桥规》中是如何进行配筋计算的？

6-5 某钢筋混凝土矩形截面纯扭构件，截面尺寸 $b\times h=250\text{mm}\times400\text{mm}$。扭矩设计值 $T_d=9.0\text{kN}\cdot\text{m}$，C25混凝土，纵筋HRB335级，箍筋R235级。I类环境条件，安全等级为二级。试求所需钢筋的数量。

6-6 已知钢筋混凝土矩形截面梁截面尺寸 $b\times h=300\text{mm}\times500\text{mm}$。承受弯矩设计值 $M_d=80\text{kN}\cdot\text{m}$，扭矩设计值 $T_d=6.0\text{kN}\cdot\text{m}$，剪力设计值 $V_d=45\text{kN}$。C30混凝土，纵筋HRB335级，箍筋R235级。Ⅰ类环境条件，安全等级为二级。试进行截面的配筋设计。

第 7 章 受压构件承载力计算

7.1 配有纵向钢筋和普通箍筋的轴心受压构件

当构件受到位于截面形心的轴向压力作用时，称为轴心受压构件。事实上，严格意义上的轴心受压构件是不存在的，通常由于各种原因，轴心受压构件截面都或多或少存在弯矩的作用。但是，在实际工程中，例如钢筋混凝土桁架拱中的某些杆件（如受压腹杆）是可以按轴心受压构件设计的。

钢筋混凝土轴心受压构件按照箍筋的功能和配置方式的不同可分为两种：

（1）配有纵向钢筋和普通箍筋的轴心受压构件（普通箍筋柱），如图 7-1a）所示；

（2）配有纵向钢筋和螺旋箍筋的轴心受压构件（螺旋箍筋柱），如图 7-1b）所示。

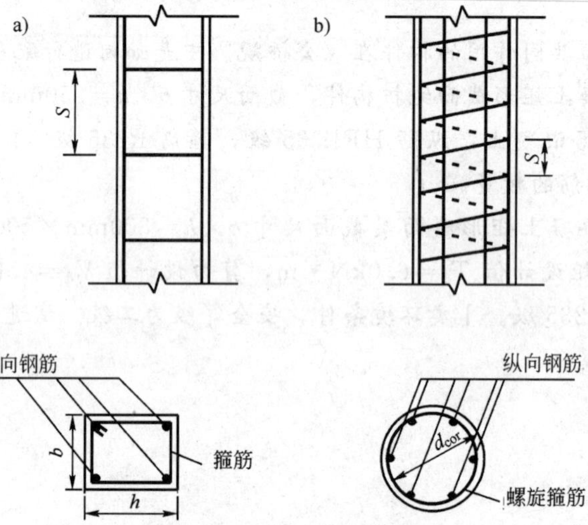

图 7-1 两种钢筋混凝土轴受压构件

a）普通箍筋柱；b）螺旋箍筋柱

7.1.1 破坏形态

按照构件的长细比不同，轴心受压构件可分为短柱和长柱两种，它们受力后的侧向变形和破坏形态各不相同。

1）短柱

对配有纵筋和箍筋的短柱试验研究表明，当轴向力较小时，应变与应力呈线性关系。当轴向力 P 达到破坏荷载的 90%左右时，柱中部四周混凝土表面出现纵向裂缝，部分混凝土保护层剥落，最后是箍筋间的纵向钢筋发生屈曲，向外鼓出，混凝土被压碎而告破坏（图

7-2)。破坏时，测得的混凝土压应变大于 1.8×10^{-3}，而柱中部的横向挠度很小。

许多试验证明，钢筋混凝土短柱破坏时混凝土的压应变均在 2×10^{-3} 附近，由混凝土受压时的应力—应变曲线（图 2-5）可知，混凝土已达到其轴心抗压强度；同时，采用普通热轧的纵向钢筋，均能达到抗压屈服强度。对于高强度钢筋，混凝土应变到达 2×10^{-3} 时，钢筋可能尚未达到屈服强度，所以在受压构件中一般不宜采用高强钢筋。

2）长柱

对于长细比较大的长柱，由于各种偶然因素造成的初始偏心的影响，在荷载作用下将产生附加弯曲和相应的侧向挠度，而侧向挠度又加大了荷载的偏心距。随着荷载的增加，附加弯矩和侧向挠度将不断增大。这样相互影响的结果，使长柱在轴力和弯矩的共同作用下而破坏。破坏时，首先在凹侧出现纵向裂缝，然后混凝土被压碎，纵向钢筋被压弯而向外鼓出，混凝土保护层脱落；凸侧则由受压突然转变为受拉，出现横向裂缝（图 7-3）。长柱的承载力将低于相同条件下的短柱，长细比越大，因而其承载力降低也越多。对于长细比很大的细长柱，还可能发生失稳破坏。

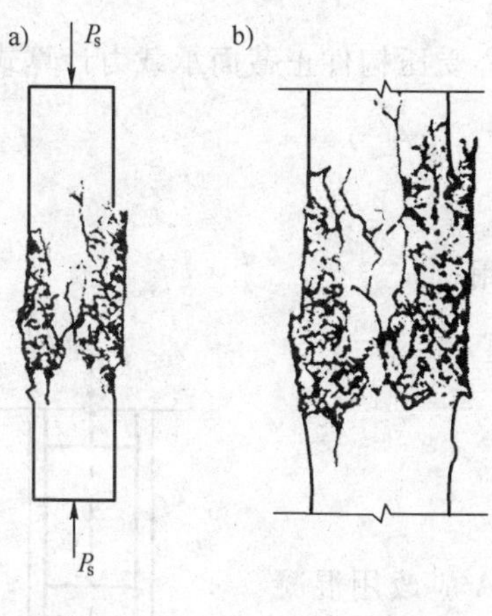

图 7-2 轴心受压短柱的破坏形态

a）短柱的混凝土破坏；b）局部放大图

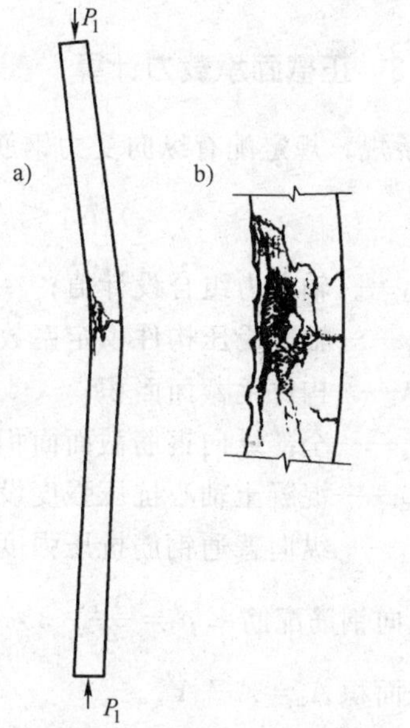

图 7-3 轴心受压长柱的破坏形态

a）长柱的破坏；b）局部放大图

7.1.2 稳定系数 φ

钢筋混凝土轴心受压构件计算中，考虑构件长细比增大的附加效应使构件承载力降低的计算系数，称为轴心受压构件的稳定系数，又称为纵向弯曲系数，用符号 φ 表示。

稳定系数 φ 主要与构件的长细比有关，混凝土强度等级及配筋率 ρ' 对其影响较小。《公桥规》根据国内试验资料，考虑到长期荷载作用的影响和荷载初偏心影响，规定了稳定系数 φ 值（附表 1-10）。由附表 1-10 可以看到，长细比 $\lambda=l_0/b$（矩形截面）越大，φ 值越小，当 $l_0/b\leqslant8$ 时，$\varphi\approx1$，构件的承载力没有降低，即为短柱。

构件计算长度 l_0 与构件两端支承情况有关，可参照表 7-1 选用。但是，在实际结构中，构件端部的支承情况并非是理想的铰接或固定，因此，在确定构件计算长度 l_0 时，应根据具体情况进行分析。

构件纵向弯曲计算长度 l_0 值 表 7-1

杆件	构件及其两端固定情况	计算长度 l_0
直杆	两端固定	0.5l
	一端固定，一端为不移动铰	0.7l
	两端均为不移动铰	1.0l
	一端固定，一端自由	2.0l
拱	三铰拱	0.58s
	双铰拱	0.54s
	无铰拱	0.36s

注：l——构件支点间长度；s——拱轴线长度。

7.1.3 正截面承载力计算

《公桥规》规定配有纵向受力钢筋和普通箍筋的轴心受压构件正截面承载力计算式为：

$$\gamma_0 N_d \leqslant N_u = 0.9\varphi(f_{cd}A + f'_{sd}A'_s) \tag{7-1}$$

式中：N_d——轴向力组合设计值；

φ——轴心受压构件稳定系数，按附表 1-10 取用；

A——构件毛截面面积；

A'_s——全部纵向钢筋截面面积；

f_{cd}——混凝土轴心抗压强度设计值；

f'_{sd}——纵向普通钢筋抗压强度设计值。

当纵向钢筋配筋率 $\rho'=\dfrac{A'_s}{A}>3\%$时，式（7-1）中 A 应改用混凝土截面净面积 $A_n=A-A'_s$。

普通箍筋柱的正截面承载力计算（计算图式见图 7-4）分为截面设计和强度复核两种情况。

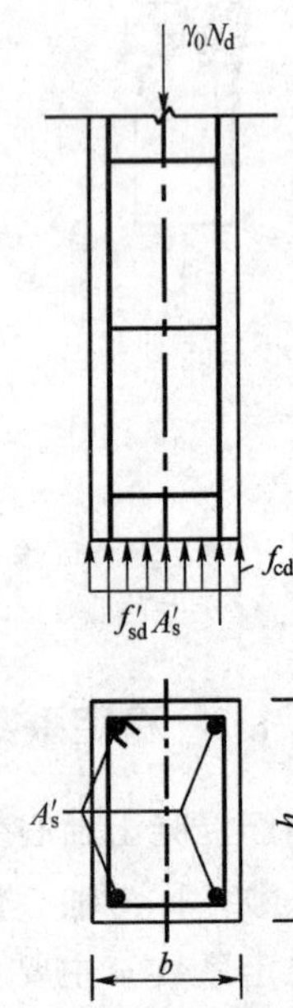

图 7-4 普通箍筋柱正截面承载力计算图式

1）截面设计

一般是已知轴向压力组合设计值 N_d 和材料强度设计值（即 f_{cd}、f'_{sd}），需确定截面面积 A（或截面尺寸 b、h 等）和纵向受压钢筋面积 A'_s。

可先根据设计经验给定构件截面尺寸以确定 A，也可先假定 ρ'（即 A'_s/A）和 φ，然后由公式（7-1）确定 A。求出 A 后，即可根据构件的实际长度和支承情况确定 l_0，并由附表 1-10 查得相应的稳定系数 φ。于是，可由公式（7-1）确定 A'_s。最后，还应检查是否满足最小配筋率的要求。

2）截面复核

已知截面尺寸、材料强度设计值、全部纵向钢筋的截面面积 A'_s 以及轴向力组合设计值 N_d，求截面承载力 N_u。

首先应检查纵向钢筋及箍筋布置构造是否符合要求，然后按上述相类似的方法求得 l_0 和 φ。于是，由式（7-1）计算轴心压杆正截面承载力 N_u，且应满足 $N_u > \gamma_0 N_d$。

7.1.4　构造要求

1）混凝土

轴心受压构件的正截面承载力主要由混凝土来提供，故一般多采用 C25～C40 级混凝土。

2）截面尺寸

轴心受压构件截面尺寸不宜过小，因长细比越大，φ 值越小，承载力降低很多，不能充分利用材料强度。构件截面尺寸不宜小于 250mm。

3）纵向钢筋

纵向钢筋是用来帮助混凝土共同承受压力，并用来增加对意外弯曲的抵抗能力。纵向受力钢筋一般采用 R235 级、HRB335 级和 HRB400 级等热轧钢筋。纵向受力钢筋的直径应不小于 12mm。在构件截面上，纵向受力钢筋至少应有 4 根，并且在截面每一角隅处必须布置一根。

纵向受力钢筋的净距不应小于 50mm，也不应大于 350mm；对水平浇筑混凝土预制构件，其纵向钢筋的最小净距采用受弯构件的规定要求。纵向钢筋最小混凝土保护层厚度详见附表 1-8。

对于纵向受力钢筋的配筋率要求，一般是从轴心受压构件中不可避免存在混凝土徐变、可能存在的较小偏心弯矩等非计算因素而提出的。在实际结构中，轴心受压构件的荷载大部分为长期作用的恒载。在恒载产生的轴力 N 长期作用下，混凝土要产生徐变，由于混凝土徐变的作用以及钢筋和混凝土的变形必须协调，在混凝土和钢筋之间将会出现应力重分布现象。若纵向钢筋配筋率很小，纵筋对构件承载力影响很小，此时接近素混凝土柱，徐变使混凝土的应力降低得很少，纵筋将起不到防止脆性破坏的缓冲作用，同时为了承受可能存在的较小弯矩以及混凝土收缩、温度变化引起的拉应力，《公桥规》规定了纵向钢筋的最小配筋率 ρ_{min}（%），详见附表 1-9；构件的全部纵向钢筋配筋率不宜超过 5%。一般纵向钢筋的配筋率 ρ' 约为 1%～2%。

4）箍筋

箍筋的布置可以使纵向钢筋的自由长度减小，以减小纵向钢筋受压时发生的纵向压屈，使纵向钢筋的强度得以充分发挥；同时，箍筋可以固定纵向钢筋的位置。普通箍筋柱中的箍筋必须作成封闭式，箍筋直径应不小于纵向钢筋直径的 1/4，且不小于 8mm。

箍筋的间距应不大于纵向受力钢筋直径的 15 倍、且不大于构件截面的较小尺寸（圆形截面采用 0.8 倍直径），并不大于 400mm。

在纵向钢筋搭接范围内，箍筋的间距应不大于纵向钢筋直径的 10 倍且不大于 200mm。

当纵向钢筋截面积超过混凝土截面面积的 3%时，箍筋间距应不大于纵向钢筋直径的 10

倍，且不大于200mm。

《公桥规》将位于箍筋折角处的纵向钢筋定义为角筋。沿箍筋设置的纵向钢筋离角筋间距 S 不大于150mm或15倍箍筋直径（取较大者）范围内，若超过此范围设置纵向受力钢筋，应设复合箍筋（图7-5）。图7-5中，箍筋 A、B 与 C、D 两组设置方式可根据实际情况选用a）、b）或c）的方式。

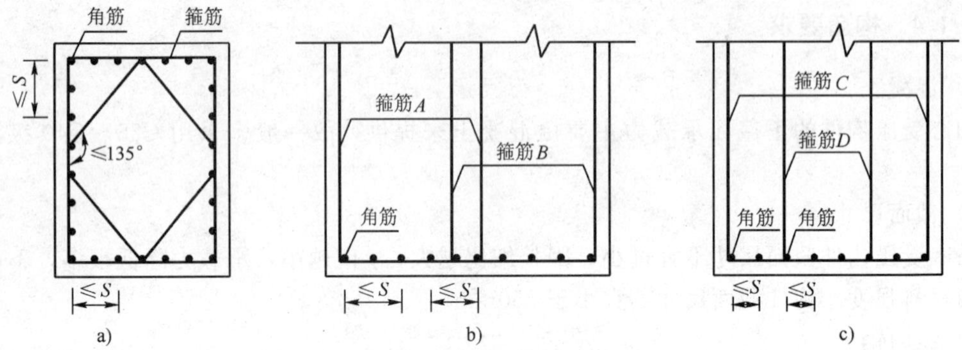

图7-5　柱内复合箍筋布置

a）、b）S 内设3根纵向受力钢筋；c）S 内设2根纵向受力钢筋

7.2　配有纵向钢筋和螺旋箍筋的轴心受压构件

当轴心受压构件承受很大的轴向压力，而截面尺寸受到限制不能加大，或采用普通箍筋柱，即使提高了混凝土强度等级和增加了纵向钢筋用量也不足以承受该轴向压力时，可以考虑采用螺旋箍筋柱或焊接环筋柱，以提高构件的承载力。螺旋箍筋柱或焊接环筋柱的用钢量较多，施工复杂，造价较高，故一般较少应用。由于螺旋箍筋柱或焊接环筋柱的受力性能相同，为叙述方便，以下统称为螺旋箍筋柱。

7.2.1　受力特点与破坏特性

对于配有纵向钢筋和螺旋箍筋的轴心受压短柱，沿柱高连续缠绕的、间距很密的螺旋箍筋犹如一个套筒，将核心部分的混凝土约束住，有效地限制了核心混凝土的横向变形，使核心混凝土处于三向受压状态，从而提高了柱的承载力。

由图7-6中所示的螺旋箍筋柱轴力-混凝土压应变曲线可见，在混凝土压应变 $\varepsilon_c=0.002$ 以前，螺旋箍筋柱的轴力-混凝土压应变变化曲线与普通箍筋柱基本相同。当轴力继续增加，直至混凝土和纵筋的压应变 ε 达到0.003～0.0035时，纵筋已经开始屈服，箍筋外面的混凝土保护层开始崩裂剥落，混凝土的截面积减小，轴力略有下降。这时，核心部分混凝土由于受到螺旋箍筋的约束，仍能继续受压，其抗压强度超过了轴心抗压强度 f_c，曲线逐渐回升。随着轴力不断增大，螺旋箍筋达到屈服，不能再约束核心混凝土横向变形，混凝土被压碎，构件即告破坏。这时，荷载达到第二次峰值，柱的纵向压应变可达到0.01以上。可见，螺旋箍筋柱相比普通箍筋柱具有更好的延性。

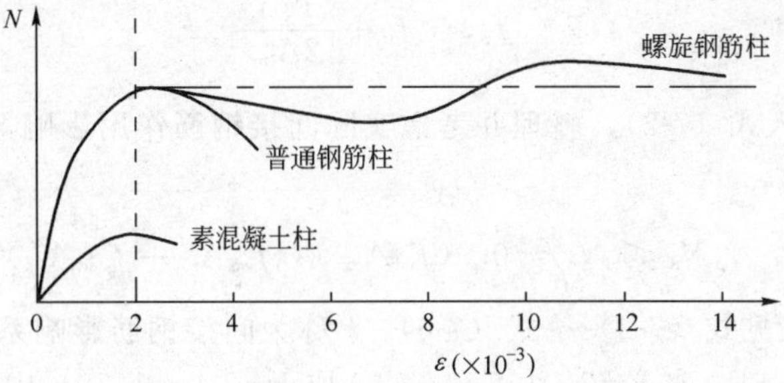

图 7-6　轴心受压柱的轴力-应变曲线

7.2.2　正截面承载力计算

螺旋箍筋柱的正截面破坏时核心混凝土压碎、纵向钢筋已经屈服，而在破坏之前，柱的混凝土保护层早已剥落。于是，根据轴向力的平衡条件，可得螺旋箍筋柱的承载力为：

$$N_u = f_{cc}A_{cor} + f'_sA'_s \tag{7-2}$$

式中：f_{cc}——处于三向压应力作用下核心混凝土的抗压强度；

A_{cor}——核心混凝土面积；

A'_s——纵向钢筋面积。

螺旋箍筋对其核心混凝土的约束作用，使混凝土抗压强度提高，根据圆柱体三向受压试验结果，约束混凝土的轴心抗压强度 f_{cc} 可按下述近似表达式计算：

$$f_{cc} = f_c + k'\sigma_2 \tag{7-3}$$

式中：σ_2——作用于核心混凝土的径向压应力值。

假设螺旋箍筋达到屈服时，它对核心混凝土施加的侧压应力为 σ_2。现取螺旋箍筋间距 S 范围内，沿螺旋箍筋的直径切开成脱离体（图 7-7），由隔离体的平衡条件可得到：

$$\sigma_2 d_{cor} S = 2 f_s A_{s01} \tag{7-4}$$

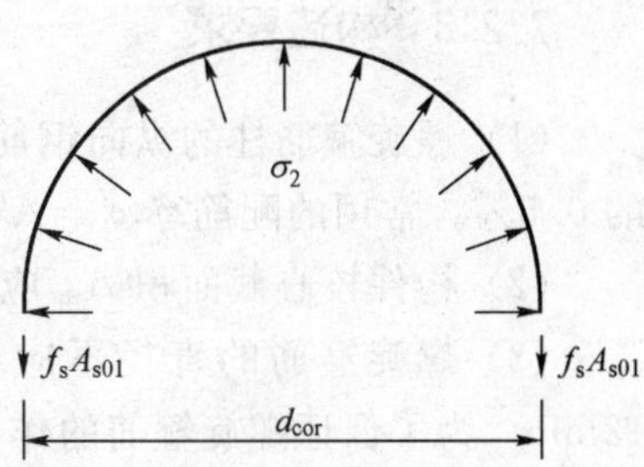

图 7-7　螺旋箍筋的受力状态

式中：A_{s01}——单根螺旋箍筋的截面面积；

f_s——螺旋箍筋的抗拉强度；

S——螺旋箍筋的间距；

d_{cor}——截面核心混凝土的直径，$d_{cor}=d-2c$，c 为纵向钢筋至柱截面边缘的径向混凝土保护层厚度。

将间距为 S 的螺旋箍筋，按钢筋体积相等的原则换算成纵向钢筋的面积，称为螺旋箍筋柱的间接钢筋换算截面面积 A_{s0}，即：

$$A_{s0} = \frac{\pi d_{cor} A_{s01}}{S} \tag{7-5}$$

将式（7-5）和式（7-4）代入式（7-3），整理后可得到：

$$f_{cc} = f_c + \frac{kf_s A_{s0}}{2A_{cor}} \tag{7-6}$$

将式（7-6）代入式（7-2），整理并考虑实际间接钢筋作用影响，即得到螺旋箍筋柱正截面承载力的计算式：

$$\gamma_0 N_d \leqslant N_u = 0.9(f_{cd}A_{cor} + kf_{sd}A_{s0} + f'_{sd}A'_s) \tag{7-7}$$

式中各符号意义见式（7-2）～式（7-6）。k 称为间接钢筋影响系数，$k=k'/2$，混凝土强度等级 C50 及以下时，取 $k=2.0$；C50～C80 取 $k=2.0\sim1.70$，中间值按直线插入取用。

对于式（7-7）的使用，《公桥规》有如下规定条件：

（1）为了保证在使用荷载作用下，螺旋箍筋混凝土保护层不致过早剥落，螺旋箍筋柱的承载力计算值（按式 7-7 计算），不应比按式（7-1）计算的普通箍筋柱承载力大 50%，即满足：

$$0.9(f_{cd}A_{cor} + kf_{sd}A_{s0} + f'_{sd}A'_s) \leqslant 1.35\varphi(f_{cd}A + f'_{cd}A'_s) \tag{7-8}$$

（2）当遇到下列任意一种情况时，不考虑螺旋箍筋的作用，而按式（7-1）计算构件的承载力。

①当构件长细比 $\lambda=\frac{l_0}{\gamma}\geqslant48$（$\gamma$ 为截面最小回转半径）时，对圆形截面柱长细比 $\lambda=\frac{l_0}{d}\geqslant12$（$d$ 为圆形截面直径时）；

②当按式（7-7）计算的承载力小于按式（7-1）计算的承载力时；

③当 $A_{s0}<0.25A'_s$ 时。

螺旋箍筋柱的截面设计和复核均依照式（7-7）及其公式要求来进行，详见例题。

7.2.3 构造要求

（1）螺旋箍筋柱的纵向钢筋应沿圆周均匀分布，其截面积应不小于箍筋圈内核心截面积的 0.5%。常用的配筋率 $\rho'=A'_s/A_{cor}$ 在 0.8%～1.2%之间。

（2）构件核心截面积 A_{cor} 应不小于构件整个截面面积 A 的 2/3。

（3）螺旋箍筋的直径不应小于纵向钢筋直径的 1/4，且不小于 8mm，一般采用 8～12mm。为了保证螺旋箍筋的作用，螺旋箍筋的间距 S 应满足：

①不大于核心直径 d_{cor} 的 1/5，即 $S\leqslant d_{cor}/5$；

②不大于 80mm，且不应小于 40mm，以便施工。

7.3 偏心受压构件正截面受力特点和破坏形态

当轴向压力 N 的作用线偏离受压构件的轴线时，称为偏心受压构件。钢筋混凝土偏心受压（或压弯）构件在桥梁及其他工程中应用较多，如拱桥中的主拱圈、桁架的上弦杆、刚架的立柱、梁桥中的墩（台）柱等均属偏心受压构件。这类结构（构件）的一个共同特点是截面上同时作用着轴心压力和弯矩。

钢筋混凝土偏心受压构件也有短柱和长柱之分。本节以矩形截面的偏心受压短柱的试验结果，介绍截面集中配筋情况下偏心受压构件的受力特点和破坏形态。

7.3.1　偏心受压构件的破坏形态

钢筋混凝土偏心受压构件随相对偏心距的大小及纵向钢筋配筋情况的不同，有以下两种主要破坏形态。

1）受拉破坏——大偏心受压破坏

当相对偏心距 e_0/h 较大，且受拉钢筋配置得不太多时，在荷载作用下，靠近偏心压力 N 的一侧受压，另一侧受拉。随着荷载增大，受拉区混凝土先出现横向裂缝，裂缝的开展使受拉钢筋 A_s 的应力增长较快，首先达到屈服。中和轴向受压边移动，受压区混凝土压应力迅速增大，最后，受压区钢筋 A'_s 屈服，混凝土达到极限压应变而压碎。

这种破坏过程和特征与适筋的双筋受弯截面相似，有明显的预兆，为延性破坏。由于这种破坏一般发生于相对偏心距较大的情况，故习惯上称为大偏心受压破坏。又由于其破坏是始于受拉钢筋先屈服，故又称为受拉破坏。

2）受压破坏——小偏心受压破坏

依据相对偏心距 e_0/h 的大小及受拉区纵向钢筋 A_s 数量，小偏心受压短柱的破坏形态可分为如图 7-8 所示的几种情况：

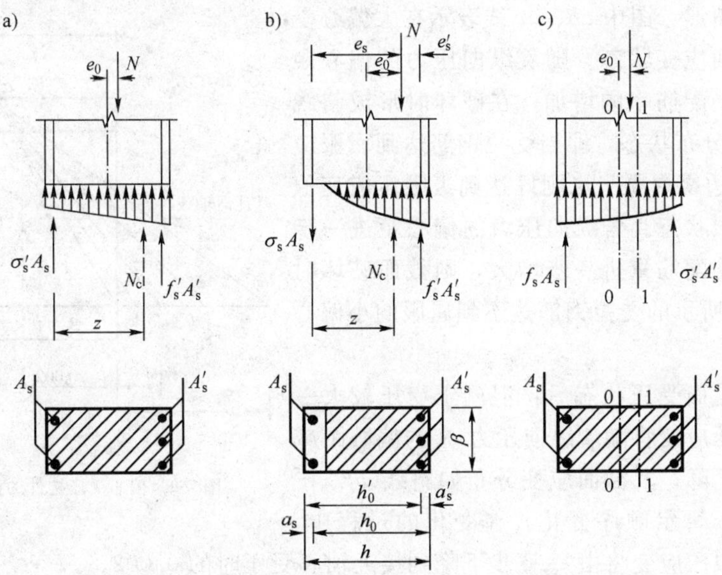

图 7-8　小偏心受压短柱截面受力的几种情况

a）截面全部受压的应力图；b）截面大部受压的应力图；c）A_s 太小时的应力图

（1）当相对偏心距 e_0/h 很小时（图 7-8a），构件截面将全部受压，构件不出现横向裂缝。破坏时，靠近压力 N 一侧的混凝土压应变达到极限值，同时，该侧钢筋 A'_s 达到屈服强度，而离纵向压力较远一侧的受压钢筋可能达到其抗压屈服强度，也可能未达到其抗压屈服强度。

（2）当相对偏心距 e_0/h 较小，或者相对偏心距虽不太小，但配置的受拉钢筋很多时

(图 7-8b)，在荷载作用下，截面大部分受压。其受拉区虽然可能出现横向裂缝，但出现较迟，开展也不大。临近破坏荷载时，在压应力较大的混凝土受压边缘附近出现纵向裂缝。当受压区边缘混凝土压应变达到其极限值时，受压区边缘混凝土被压碎，同时，该侧的受压钢筋 A'_s 也达到屈服，而另一侧的钢筋 A_s 受拉，应力未达到其抗拉屈服强度。

(3) 纵向压力偏心距很小，且离纵向压力较远一侧的钢筋 A_s 数量相对少（图 7-8c)，这样，在 A_s 布置得过少的一侧的混凝土反而负担较大的压应力，其压应变首先达到极限值，同时，该侧钢筋将由于混凝土的应变达到极限值而屈服，但靠近纵向力 N 一侧的钢筋 A'_s 的应力有可能达不到屈服强度。

总而言之，小偏心受压构件的破坏一般是受压区边缘混凝土的应变达到极限压应变，受压区混凝土被压碎；同一侧的钢筋压应力达到屈服强度，而另一侧的钢筋，不论受拉还是受压，其应力均达不到屈服强度。破坏前构件横向变形无明显的急剧增长，为脆性破坏。由于这种破坏一般发生于相对偏心距较小的情况，故习惯上称为小偏心受压破坏。又由于其破坏是始于混凝土被压碎，故又称为受压破坏。

7.3.2 大、小偏心受压的界限

上述两种破坏形态可由相对受压区高度来界定。图 7-9 表示矩形截面偏心受压构件的混凝土应变分布图形，图中 ab、ac 线表示在大偏心受压状态下的截面应变状态。随着纵向压力的偏心距减小或受拉钢筋配筋率的增加，在破坏时形成斜线 ad 所示的应变分布状态，即当受拉钢筋达到屈服应变 ε_y 时，受压边缘混凝土也刚好达到极限压应变值 ε_{cu}，这就是界限状态。若纵向压力的偏心距进一步减小或受拉钢筋配筋量进一步增大，则截面破坏时将形成斜线 ae 所示的受拉钢筋达不到屈服的小偏心受压状态。

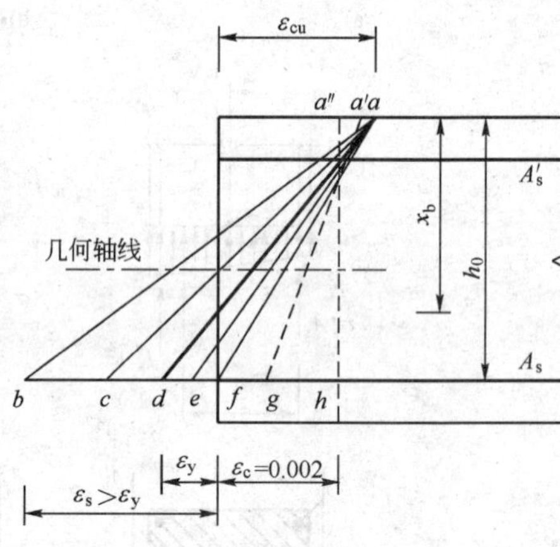

图 7-9 偏心受压构件的截面应变分布

当进入全截面受压状态后，混凝土受压较大一侧的边缘极限压应变将随着纵向压力 N 的偏心距减小而逐步有所下降，其截面应变分布如斜线 af、$a'g$ 和垂直线 $a''h$ 所示顺序变化，在变化的过程中，受压边缘的极限压应变将由 ε_{cu} 逐步下降到接近轴心受压时的 0.002。

上述偏心受压构件截面部分受压、部分受拉时的应变变化规律与受弯构件截面应变变化是相似的，因此，可用受压区界限高度 x_b 或相对界限受压区高度 ξ_b 来判别两种不同偏心受压破坏形态：

当 $\xi \leqslant \xi_b$ 时，截面为大偏心受压破坏；

当 $\xi > \xi_b$ 时，截面为小偏心受压破坏。

ξ_b 值可由表 4-2 查得。

偏心受压构件是弯矩 M 和轴压力 N 共同作用的构件，轴压力与弯矩对于构件的作用效应存在着叠加和制约的关系。例如小偏压构件，增加轴压力将会使构件的抗弯能力减小；但

大偏压时，轴压力的增加，却会使构件的抗弯能力提高；在界限状态时，一般可使偏压构件抵抗弯矩的能力达到最大值。

7.4　偏心受压构件的纵向弯曲

钢筋混凝土受压构件在承受偏心力作用后，由于柱内存在初始弯矩 Ne_0，将产生纵向弯曲变形 y（图 7-10）。变形后各截面所受的弯矩不再是 Ne_0，而变成 $N(e_0+y)$。这种现象称为二阶效应，又称为纵向弯曲。对于长细比小的短柱，侧向挠度小，计算时一般可忽略其影响；而对长细比较大的长柱，二阶效应的影响较大，必须予以考虑。由于二阶弯矩的影响，将造成偏心受压构件不同的破坏类型。

7.4.1　偏心受压构件的破坏类型

钢筋混凝土偏心受压构件按长细比可分为短柱、长柱和细长柱。

1）短柱

偏心受压短柱中，虽然偏心力作用将产生一定的侧向变形，但其 u 值很小，一般可忽略不计，即认为弯矩 M 与轴向力 N 呈线性关系。柱的截面破坏由于材料达到其极限强度而破坏，称为材料破坏。在 M-N 相关图中，从加载到破坏的路径为直线，即图 7-11 中的 OB 直线。当直线与截面承载力线相交于 B 点时就发生材料破坏。

2）长柱

对于长细比较大的长柱（矩形截面柱中 $8<l_0/h\leqslant30$），二阶弯矩影响已不可忽视。随着轴向力 N 的增大，截面弯矩 M 也将增大，但二者的关系是非线性的，构件的破坏仍然是截面材料达到极限强度引起的，故仍属材料破坏。在 M-N 相关图中，从加荷到破坏的受力路径为曲线，即图 7-11 中 OC 曲线。当其与截面承载力曲线相交于 C 点时发生材料破坏。

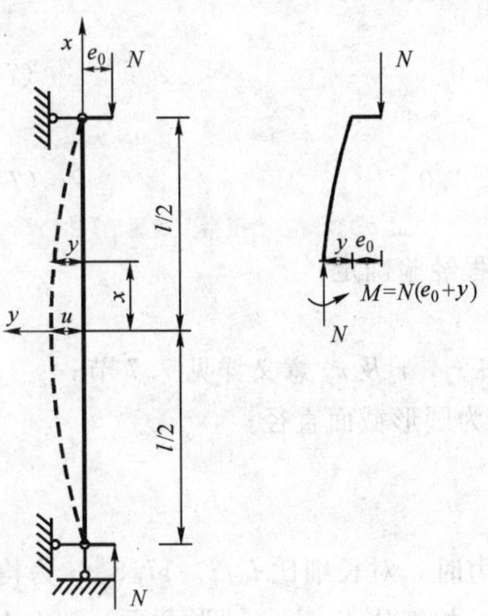

图 7-10　偏心受压构件的受力图式

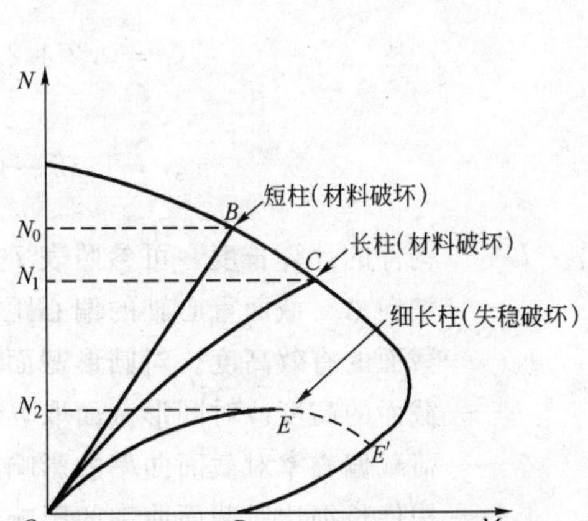

图 7-11　构件长细比的影响

3）细长柱

对于长细比很大的细长柱，当偏心压力 N 达到最大值时（图 7-11 中 E 点），侧向变形 u 突然剧增，此时，其控制截面的材料强度还未达到极限强度，这种破坏类型称为失稳破坏。工程中一般不宜采用细长柱。

在图 7-11 中，短柱、长柱和细长柱的初始偏心距是相同的，但破坏类型不同：短柱和长柱分别为 OB 和 OC 受力路径，为材料破坏；细长柱为 OE 受力路径，系失稳破坏。随着长细比的增大，其承载力 N 值也不同，其值分别为 N_0、N_1 和 N_2，而 $N_0>N_1>N_2$。

7.4.2　偏心距增大系数

实际工程中最常用的是长柱，在设计计算中需考虑由于构件侧向变形而引起的二阶弯矩的影响。

偏心受压构件控制截面的实际弯矩应为：

$$M = N(e_0 + u) = N\frac{e_0 + u}{e_0}e_0$$

令：

$$\eta = \frac{e_0 + u}{e_0} = 1 + \frac{u}{e_0} \tag{7-9}$$

则：

$$M = N \cdot \eta e_0$$

η 称为偏心受压构件考虑纵向挠曲影响（二阶效应）的轴向力偏心距增大系数。

由式（7-9）可见，η 越大表明二阶弯矩的影响越大。应该指出的是，当 $e_0=0$ 时，式（7-9）是无意义的。当偏心受压构件为短柱时，则 $\eta=1$。

《公桥规》根据偏心压杆的极限曲率理论分析，规定偏心距增大系数 η 计算表达式为：

$$\eta = 1 + \frac{1}{1400(e_0/h_0)}\left(\frac{l_0}{h}\right)^2\zeta_1\zeta_2 \tag{7-10}$$

$$\zeta_1 = 0.2 + 2.7\frac{e_0}{h_0} \leqslant 1.0 \tag{7-11a}$$

$$\zeta_2 = 1.15 - 0.01\frac{l_0}{h} \leqslant 1.0 \tag{7-11b}$$

式中：l_0——构件的计算长度，可参照表 7-1 或按工程经验确定；

e_0——轴向力对截面重心轴的偏心距；

h_0——截面的有效高度。对圆形截面取 $h_0=r+r_s$，r 及 r_s 意义详见 7.7 节；

h——截面的高度。对圆形截面取 $h=d_1$，d_1 为圆形截面直径；

ζ_1——荷载偏心率对截面曲率的影响系数；

ζ_2——构件长细比对截面曲率的影响系数。

《公桥规》规定，计算偏心受压构件正截面承载力时，对长细比 $l_0/i>17.5$（i 为构件截面回转半径）的构件或长细比 l_0/h（矩形截面）>5、长细比 l_0/d_1（圆形截面）>4.4 的构件，应考虑构件在弯矩作用平面内的变形（变位）对轴向力偏心距的影响。此时，应将轴向力对截面重心轴的偏心距 e_0 乘以偏心距增大系数 η。

偏心受压构件的弯矩作用平面的意义见图 7-12 的示意图。应该指出的是，前述偏心受压构件的破坏类型及破坏形态，均指在弯矩作用平面的受力情况。

7.5 矩形截面偏心受压构件

钢筋混凝土矩形截面偏心受压构件是工程中应用最广泛的构件，其截面长边为 h，短边为 b。在设计中，应该以长边方向的截面主轴面 x-x 为弯矩作用平面（图 7-12）。

矩形偏心受压构件的纵向钢筋一般集中布置在弯矩作用方向的截面两对边位置上，以 A_s 和 A'_s 来分别代表离偏心压力较远一侧和较近一侧的钢筋面积。当 $A_s \neq A'_s$ 时，称为非对称布筋；当 $A_s = A'_s$ 时，称为对称布筋。

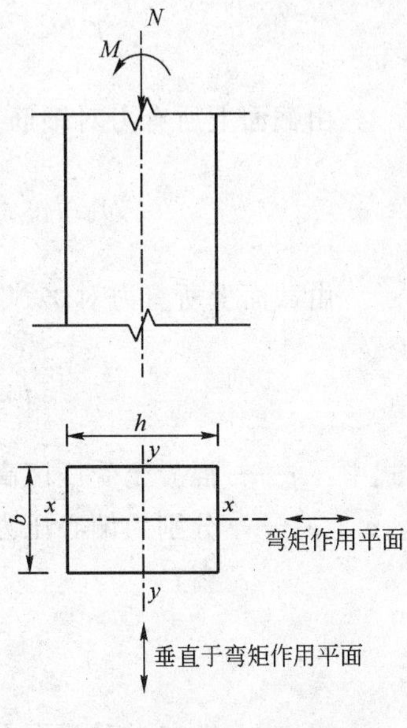

图 7-12 矩形截面偏心受压构件的弯矩作用平面示意图

7.5.1 正截面承载力计算的基本公式

与受弯构件相似，偏心受压构件的正截面承载力计算采用下列基本假定：

(1) 截面应变分布符合平截面假定；

(2) 不考虑混凝土的抗拉强度；

(3) 受压混凝土的极限压应变 $\varepsilon_{cu} = 0.0033 \sim 0.003$，详见 4.2.3 节；

(4) 混凝土的压应力图形为矩形，应力集度为 f_{cd}，矩形应力图的高度 x 取等于按平截面确定的受压区高度 x_c 乘以系数 β，即 $x = \beta x_c$。

矩形截面偏心受压构件正截面承载力计算图式如图 7-13。

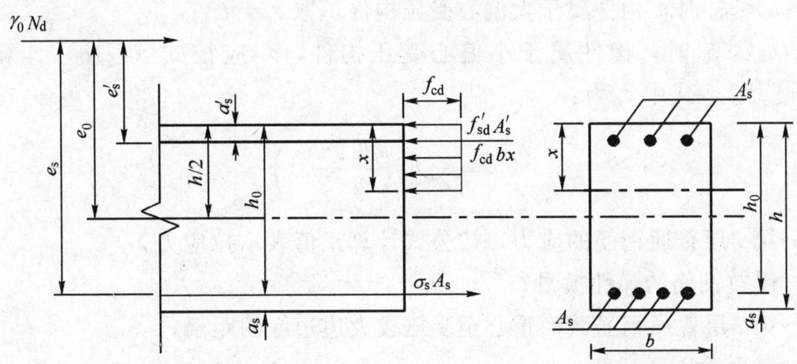

图 7-13 矩形截面偏心受压构件正截面承载力计算图式

对于矩形截面偏心受压构件，用 ηe_0 表示纵向弯曲的影响。只要是材料破坏类型，无论是大偏心受压破坏，还是小偏心受压破坏，受压区边缘混凝土都达到极限压应变，同一侧的受压钢筋 A'_s，一般都能达到抗压强度设计值 f'_{sd}，而对面一侧的钢筋 A_s 的应力，可能受拉

(达到或未达到抗拉强度设计值 f_{sd})，也可能受压，故在图 7-13 中以 σ_s 表示 A_s 钢筋中的应力，从而可以建立一种包括大、小偏心受压情况的统一正截面承载力计算图式。

取沿构件纵轴方向的内外力之和为零，可得到：

$$\gamma_0 N_d \leqslant N_u = f_{cd}bx + f'_{sd}A'_s - \sigma_s A_s \tag{7-12}$$

由截面上所有对钢筋 A_s 合力点的力矩之和等于零，可得到：

$$\gamma_0 N_d e_s \leqslant M_u = f_{cd}bx\left(h_0 - \frac{x}{2}\right) + f'_{sd}A'_s(h_0 - a'_s) \tag{7-13}$$

由截面上所有力对钢筋 A'_s 合力点的力矩之和等于零，可得到：

$$\gamma_0 N_d e'_s \leqslant M_u = - f_{cd}bx\left(\frac{x}{2} - a'_s\right) + \sigma_s A_s(h_0 - a'_s) \tag{7-14}$$

由截面上所有力对 $\gamma_0 N_d$ 作用点力矩之和为零，可得到：

$$f_{cd}bx\left(e_s - h_0 + \frac{x}{2}\right) = \sigma_s A_s e_s - f'_{sd}A'_s e'_s \tag{7-15}$$

式中：x——混凝土受压区高度；

e_s、e'_s——分别为偏心压力 $\gamma_0 N_d$ 作用点至钢筋 A_s 合力作用点和钢筋 A'_s 合力作用点的距离；

$$e_s = \eta e_0 + h/2 - a_s \tag{7-16}$$

$$e'_s = \eta e_0 - h/2 + a'_s \tag{7-17}$$

e_0——轴向力对截面重心轴的偏心距，$e_0 = M_d/N_d$；

η——偏心距增大系数，按式（7-10）计算。

关于式（7-12）～式（7-15）的使用要求及有关说明如下：

（1）钢筋 A_s 的应力 σ_s 取值。

当 $\xi = x/h_0 \leqslant \xi_b$ 时，构件属于大偏心受压构件，取 $\sigma_s = f_{sd}$；

当 $\xi = x/h_0 > \xi_b$ 时，构件属于小偏心受压构件，σ_s 应按式（7-18）计算，但应满足 $-f'_{sd} \leqslant \sigma_{si} \leqslant f_{sd}$，式中 σ_{si} 为：

$$\sigma_{si} = \varepsilon_{cu} E_s\left(\frac{\beta h_{0i}}{x} - 1\right) \tag{7-18}$$

式中：σ_{si}——第 i 层普通钢筋的应力，按公式计算正值表示拉应力；

E_s——受拉钢筋的弹性模量；

h_{0i}——第 i 层普通钢筋截面重心至受压较大边边缘的距离；

x——截面受压区高度。

ε_{cu} 和 β 值可按表 4-1 取用，界限受压区高度 ξ_b 值见表 4-2。

（2）为了保证构件破坏时，大偏心受压构件截面上的受压钢筋能达到抗压强度设计值 f'_{sd}，必须满足：

$$x \geqslant 2a'_s \tag{7-19}$$

当 $x<2a'_s$ 时，受压钢筋 A'_s 的应力可能达不到 f'_{sd}。与双筋截面受弯构件类似，这时近似取 $x=2a'_s$，截面应力分布如图 7-14 所示。由截面受力平衡条件（对受压钢筋 A'_s 合力点的力矩之和为零）可写出：

$$\gamma_0 N_d e'_s \leqslant M_u = f_{sd} A_s (h_0 - a'_s) \tag{7-20}$$

（3）当偏心距很小属小偏心受压情况，且靠近偏心压力一侧的纵向钢筋 A'_s 配置较多，而远离偏心压力一侧的纵向钢筋 A_s 配置较少时，钢筋 A_s 的应力可能达到受压屈服强度，离偏心受力较远一侧的混凝土也有可能压坏，这时的截面应力分布如图 7-15 所示。为使钢筋 A_s 数量不致过少，防止出现图 7-8c）所示的破坏，《公桥规》规定：对于小偏心受压构件，若偏心压力作用于钢筋 A_s 合力点和 A'_s 合力点之间时，尚应符合下列条件：

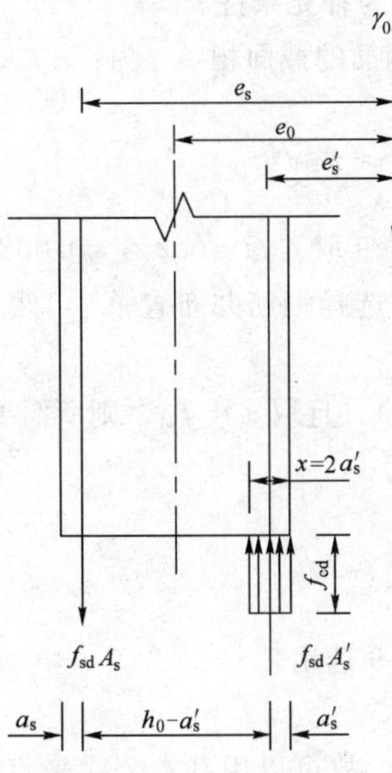

图 7-14 当 $x<2a'_s$ 时，大偏心受压截面计算图式

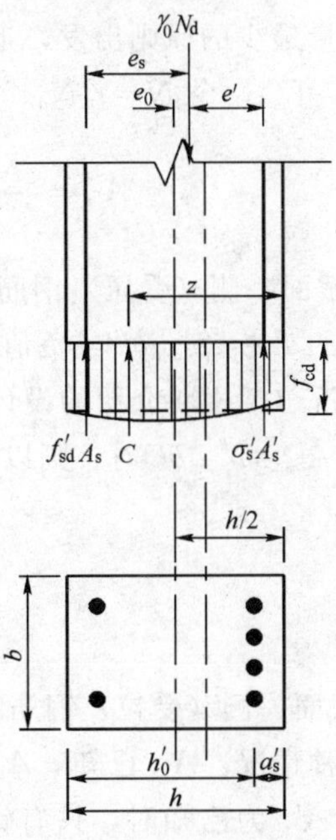

图 7-15 偏心距很小时截面计算图式

$$\gamma_0 N_d e' \leqslant M_u = f_{cd} bh \left(h'_0 - \frac{h}{2}\right) + f'_{sd} A_s (h'_0 - a_s) \tag{7-21}$$

式中：h'_0——纵向钢筋 A'_s 合力点离偏心压力较远一侧边缘的距离，即 $h'_0=h-a'_s$；

e'——按 $e'=h/2-e_0-a'_s$ 计算。

7.5.2 非对称配筋的计算方法

1）截面设计

在进行偏心受压构件的截面设计时，通常已知轴向力组合设计值 N_d 和相应的弯矩组合设计值 M_d，或偏心距 e_0，材料强度等级，截面尺寸 $b\times h$，以及弯矩作用平面内构件的计算长度，要求确定纵向钢筋数量。

（1）大、小偏心受压的初步判别

首先需要判别构件截面应该按照哪一种偏心受压情况来设计。

如前所述，当 $\xi=x/h_0\leqslant\xi_b$ 时为大偏心受压，当 $\xi=x/h_0>\xi_b$ 时为小偏心受压。但在截面设计时，纵向钢筋数量未知，ξ 值尚无法计算，因此尚不能用 ξ 与 ξ_b 的关系来进行判断。可根据经验，当 $\eta e_0\leqslant0.3h_0$ 时，假定为小偏心受压构件；当 $\eta e_0>0.3h_0$ 时，假定为大偏心受压构件。

(2) 当 $\eta e_0>0.3h_0$ 时，可以按照大偏心受压构件来进行设计

①第一种情况：A_s 和 A'_s 均未知

偏心受压构件计算的基本公式（7-12）～式（7-14），独立的公式实际上仅有两个。但未知数却有三个，即 A'_s、A_s 和 x（或 ξ），不能求得唯一的解，必须补充设计条件。

与双筋矩形截面受弯构件截面设计相仿，从充分利用混凝土的抗压强度、使受拉和受压钢筋的总用量最少的原则出发，近似取 $\xi=\xi_b$，即 $x=\xi_b h_0$ 为补充条件。

由式（7-13），令 $N=\gamma_0 N_d$、$M_u=Ne_s$，可得到受压钢筋的截面积 A'_s 为：

$$A'_s=\frac{Ne_s-f_{cd}bh_0^2\xi_b(1-0.5\xi_b)}{f'_{sd}(h_0-a'_s)}\geqslant\rho_{min}bh \tag{7-22}$$

ρ'_{min} 为截面一侧（受压）钢筋的最小配筋率，由附表 1 9 取 $\rho'_{min}=0.2\%=0.002$。

当计算的 $A'_s<\rho'_{min}bh$ 或负值时，应按照 $A'_s\geqslant\rho'_{min}bh$ 选择钢筋并布置 A'_s，然后按 A'_s 为已知的情况（后面将介绍的设计情况）继续计算求 A_s。

当计算 $A'_s\geqslant\rho'_{min}bh$ 时，则以求得的 A'_s 代入式（7-12），且取 $\sigma_s=f_{sd}$，则所需要的钢筋 A_s 为：

$$A_s=\frac{f_{cd}bh_0\xi_b+f'_{sd}A'_s-N}{f_{sd}}\geqslant\rho_{min}bh \tag{7-23}$$

ρ_{min} 为截面一侧（受拉）钢筋的最小配筋率，按附表 1-9 选用。

②第二种情况：A'_s 已知，A_s 未知

当钢筋 A'_s 为已知时，只有钢筋 A_s 和 x 两个未知数，故可以用基本公式来直接求解。由式（7-13），令 $N=\gamma_0 N_d$、$M_u=Ne_s$，则可得到关于 x 一元二次方程为：

$$Ne_s=f_{cd}bx\left(h_0-\frac{x}{2}\right)+f'_{sd}A'_s(h_0-a'_s)$$

解此方程，可得到受压区高度为：

$$x=h_0-\sqrt{h_0^2-\frac{2[Ne_s-f'_{sd}A'_s(h_0-a'_s)]}{f_{cd}b}} \tag{7-24}$$

当计算的 x 满足 $2a'_s<x\leqslant\xi_b h_0$，则可由式（7-12），取 $\sigma_s=f_{sd}$，可得到受拉区所需钢筋数量 A_s 为：

$$A_s=\frac{f_{cd}bx+f'_{sd}A'_s-N}{f_{sd}} \tag{7-25}$$

当计算的 x 满足 $x\leqslant\xi_b h_0$，但 $x\leqslant2a'_s$，则按式（7-20）来得到所需的受拉钢筋数量 A_s。

令 $M_u = Ne'_s$，可求得：

$$A_s = \frac{Ne'_s}{f_{sd}(h_0 - a'_s)} \tag{7-26}$$

（3）当 $\eta e_0 \leqslant 0.3h_0$ 时，可按照小偏心受压进行设计计算

①第一种情况：A'_s 与 A_s 均未知时

要利用基本公式进行设计，仍面临独立的基本公式只有两个，而存在 A_s、A'_s 和 x 三个未知数的情况，不能得到唯一的解。这时，和解决大偏压构件截面设计方法一样，必须补充条件以便求解。

试验表明，对于小偏心受压的一般情况，即图 7-8a)、b）所示的破坏形态，远离偏心压力一侧的纵向钢筋无论受拉还是受压，其应力一般均未达到屈服强度，显然，A_s 可取等于受压构件截面一侧钢筋的最小配筋量。由附表 1-9 可得 $A_s = \rho'_{min}bh = 0.002bh$。

按照 $A_s = 0.002bh$ 补充条件后，剩下两个未知数 x 与 A'_s，则可利用基本公式来进行设计计算。

首先计算受压区高度 x 的值。令 $N = \gamma_0 N_d$。由式（7-14）和式（7-18）可得到以 x 为未知数的方程为：

$$Ne'_s = -f_{cd}bx\left(\frac{x}{2} - a'_s\right) + \sigma_s A_s(h_0 - a'_s) \tag{7-27}$$

以及：
$$\sigma_s = \varepsilon_{cu}E_s\left(\frac{\beta h_0}{x} - 1\right)$$

即得到关于 x 的一元三次方程为：

$$Ax^3 + Bx^2 + Cx + D = 0 \tag{7-28}$$

$$A = -0.5f_{cd}b \tag{7-29a}$$

$$B = f_{cd}ba'_s \tag{7-29b}$$

$$C = \varepsilon_{cu}E_sA_s(a'_s - h_0) - Ne'_s \tag{7-29c}$$

$$D = \beta\varepsilon_{cu}E_sA_s(h_0 - a'_s)h_0 \tag{7-29d}$$

而 $e'_s = \eta e_0 - h/2 + a'_s$。

由方程（式 7-28）求得 x 值后，即可得到相应的相对受压区高度 $\xi = x/h_0$。

当 $h/h_0 > \xi > \xi_b$ 时，截面为部分受压、部分受拉。这时以 $\xi = x/h_0$ 代入式（7-18）求得钢筋 A_s 中的应力 σ_s 值。再将钢筋面积 A_s、钢筋应力计算值 σ_s 以及 x 值代入式（7-12）中，即可得所需钢筋面积 A'_s 值且应满足 $A'_s \geqslant \rho'_{min}bh$。

当 $\xi \geqslant h/h_0$ 时，截面为全截面受压。受压混凝土应力图形渐趋丰满，但实际受压区最多也只能为截面高度 h。所以，在这种情况下，就取 $x = h$，则钢筋 A'_s 可直接由下式计算：

$$A'_s = \frac{Ne_s - f_{sd}bh(h_0 - h/2)}{f'_{sd}(h_0 - a'_s)} \geqslant \rho'_{min}bh$$

在上述按照小偏心受压构件进行截面设计计算中，必须先求解 x 的一元三次方程［式

(7-28)]，计算工作麻烦。这主要是钢筋 A_s 中应力 σ_s 的计算式为 ξ 的双曲线函数造成的。

下面介绍用经验公式来计算钢筋应力 σ_s 及求解截面混凝土受压区高度 x 的方法。

根据我国关于小偏心受压构件大量试验资料分析并且考虑边界条件：$\xi=\xi_b$ 时，$\sigma_s=f_{sd}$；$\xi=\beta$ 时，$\sigma_s=0$，可以将式（7-18）转化为近似的线性关系式：

$$\sigma_s=\frac{f_{sd}}{\xi_b-\beta}(\xi-\beta) \qquad -f'_{sd}\leqslant\sigma_s\leqslant f_{sd} \tag{7-30}$$

以式（7-30）代入式（7-14）可得到关于 x 的一元二次方程为：

$$Ax^2+Bx+C=0 \tag{7-31}$$

方程中的各系数计算表达式为：

$$A=-0.5f_{cd}bh_0 \tag{7-32a}$$

$$B=\frac{h_0-a'_s}{\xi_b-\beta}f_{sd}A_s+f_{cd}bh_0a'_s \tag{7-32b}$$

$$C=-\beta\frac{h_0-a'_s}{\xi_b-\beta}f_{sd}A_sh_0-Ne'_sh_0 \tag{7-32c}$$

这种近似方法适用于构件混凝土强度级别 C50 以下的普通强度混凝土情况。

②第二种情况：A'_s 已知，A_s 未知

这时，欲求解的未知数（x 和 A_s）个数与独立基本公式数目相同，故可以直接求解。

由式（7-13）求截面受压区高度 x，并得到截面相对受压区高度 $\xi=x/h_0$。

当 $h/h_0>\xi>\xi_b$ 时，截面部分受压、部分受拉。以计算得到的 ξ 值代入式（7-18），求得钢筋 A_s 的应力 σ_s。由式（7-12）计算 A_s。

当 $\xi\geqslant h/h_0$ 时，则全截面受压。以 $\xi=h/h_0$ 代入式（7-18），求得钢筋 A_s 的应力 σ_s，再由式（7-12）可求得钢筋面积 A_{s1}。

全截面受压时，为防止设计的小偏心受压构件可能出现图 7-8c）所示的破坏，钢筋数量 A_s 应当满足式（7-21）的要求，变换式（7-21）可得到：

$$A_{s2}\geqslant\frac{Ne'-f_{cd}bh\left(h'_0-\frac{h}{2}\right)}{f'_{sd}(h'_0-a_s)} \tag{7-33}$$

式中各符号意义见式（7-21），而 $N=\gamma_0N_d$。

设计所采用的钢筋面积 A_s 应取上述计算值 A_{s1} 和 A_{s2} 中的较大值，以防止出现远离偏心压力作用点的一侧混凝土边缘先破坏的情况。

2）截面复核

截面复核时，已知偏心受压构件截面尺寸、构件的计算长度、纵向钢筋和混凝土强度设计值、钢筋面积 A_s 和 A'_s 以及在截面上的布置，并已知轴向力组合设计值 N_d 和相应的弯矩组合设计值 M_d，复核偏心压杆截面是否能承受已知的组合设计值。

偏心受压构件需要进行截面在两个方向上的承载力复核，即弯矩作用平面内和垂直于弯矩作用平面的截面承载力复核。

(1) 弯矩作用平面内截面承载力复核

①大、小偏心受压的判别

在截面设计时，采用 ηe_0 与 $0.3h_0$ 之间关系来选择按何种偏心受压情况进行配筋设计，但这不是判断大、小偏心的根本依据。判定偏心受压构件是大偏心受压还是小偏心受压的充要条件是 ξ 与 ξ_b 之间的关系。截面承载力复核时，因截面的钢筋布置已定，故应采用这个充要条件来判定偏心受压的性质，即当 $\xi \leqslant \xi_b$ 时，为大偏心受压；当 $\xi > \xi_b$ 时，为小偏心受压。

截面承载力复核时，可先假设为大偏心受压，这时，钢筋 A_s 中的应力 $\sigma_s = f_{sd}$，代入式(7-15)，即：

$$f_{cd}bx\left(e_s - h_0 + \frac{x}{2}\right) = f_{sd}A_s e_s - f'_{sd}A'_s e'_s \tag{7-34}$$

解得受压区高度 x，再由 x 求得 $\xi = x/h_0$。当 $\xi \leqslant \xi_b$ 时，为大偏心受压；当 $\xi > \xi_b$ 时，为小偏心受压。

②当 $\xi \leqslant \xi_b$ 时

若 $2a'_s \leqslant x \leqslant \xi_b h_0$，由式（7-34）计算的 x 即为大偏心受压构件截面受压区高度，然后按式（7-12）进行截面承载力复核。

若 $2a'_s > x$ 时，由式（7-20）求截面承载力 $N_u = M_u / e'_s$。

③当 $\xi > \xi_b$ 时

为小偏心受压构件。这时，截面受压区高度 x 不能由式（7-34）来确定，因为在小偏心受压情况下，离偏心压力较远一侧钢筋 A_s 中的应力往往达不到屈服强度。

这时，要联合使用式（7-15）和式（7-18）来确定小偏心受压构件截面受压构件高度 x，可得到 x 的一元三次方程为：

$$Ax^3 + Bx^2 + Cx + D = 0 \tag{7-35}$$

式（7-35）中各系数计算表达式为：

$$A = 0.5f_{cd}b \tag{7-36a}$$

$$B = f_{cd}b(e_s - h_0) \tag{7-36b}$$

$$C = \varepsilon_{cu}E_sA_se_s + f'_{sd}A'_se'_s \tag{7-36c}$$

$$D = -\beta\varepsilon_{cu}E_sA_se_sh_0 \tag{7-36d}$$

式中 e'_s 仍按 $e'_s = \eta e_0 - h/2 + a'_s$ 计算。

若钢筋 A_s 中的应力 σ_s 采用 ξ 的线性表达，即式（7-30），则可得到关于 x 的一元二次方程为：

$$Ax^2 + Bx + C = 0 \tag{7-37}$$

式（7-37）中各系数计算表达式为：

$$A = 0.5f_{cd}bh_0 \tag{7-38a}$$

$$B = f_{cd}bh_0(e_s - h_0) - \frac{f_{sd}A_s e_s}{\xi_b - \beta} \tag{7-38b}$$

$$C = \left(\frac{\beta f_{sd}A_s e_s}{\xi_b - \beta} + f'_{sd}A'_s e'_s\right)h_0 \tag{7-38c}$$

由式（7-35）或者式（7-37），可得到小偏心受压构件截面受压区高度 x 及相应的 ξ 值。

当 $h/h_0 > \xi > \xi_b$ 时，截面部分受压，部分受拉。将计算的 ξ 值代入式（7-18）或者式（7-30），可求得钢筋 A_s 的应力 σ_s 值。然后，按照基本公式（7-12），求截面承载力 N_u 并且复核截面承载力。

当 $\xi > h/h_0$ 时，截面全部受压。这种情况下，偏心距较小。首先考虑近纵向压力作用点侧的截面边缘混凝土破坏，取 $\xi = h/h_0$ 代入式（7-18）或式（7-30）中求得钢筋 A_s 中的应力 σ_s，然后由式（7-12）求得截面承载力 N_{u1}。

因全截面受压，还需考虑距纵向压力作用点远侧截面边缘破坏的可能性，再由式(7-21）求得截面承载力 N_{u2}。

很显然，构件承载能力 N_u 应取 N_{u1} 和 N_{u2} 中较小值。

（2）垂直于弯矩作用平面的截面承载力复核

偏心受压构件，除了在弯矩作用平面内可能发生破坏外，还可能在垂直于弯矩作用平面内发生破坏，例如设计轴向压力 N_d 较大而在弯矩作用平面内偏心矩较小时，若垂直于弯矩作用平面的构件长细比 $\lambda = l_0/b$ 较大，有可能是垂直于弯矩作用平面的承载力起控制作用。因此，当偏心受压构件在两个方向的截面尺寸 b、h 及长细比 λ 值不同时，应对垂直于弯矩作用平面进行承载力复核。

《公桥规》规定，对于偏心受压构件除应计算弯矩作用平面内的承载力外，还应按轴心受压构件复核垂直于弯矩作用平面的承载力。这时不考虑弯矩作用，而按轴心受压构件考虑稳定系数 φ，并取 b（图 7-12）来计算相应的长细比。

7.5.3 构造要求

矩形偏心受压构件的构造要求及其基本原则，与配有纵向钢筋及普通箍筋的轴心受压构件相仿。对箍筋直径、间距的构造要求，也适用于偏心受压构件。

1）截面尺寸

矩形截面的最小尺寸不宜小于 300mm，同时截面的长边 h 与短边 b 的比值常选用 $h/b = 1.5 \sim 3$。为了模板尺寸的模数化，边长宜采用 50mm 的倍数。

矩形截面的长边应设在弯矩作用方向。

2）纵向钢筋的配筋率

矩形截面偏心受压构件的纵向受力钢筋沿截面短边 b 配置。截面全部纵向钢筋和一侧钢筋的最小配筋率 ρ_{min}（%）见附表 1-9。

纵向受力钢筋的常用配筋率（全部钢筋截面积与构件截面积之比），对大偏心受压构件宜为 $\rho = 1\% \sim 3\%$；对小偏心受压宜为 $\rho = 0.5\% \sim 2\%$。

当截面长边 $h \geqslant 600$mm 时，应在长边 h 方向设置直径为 10～16mm 的纵向构造钢筋，必要时相应地设置附加箍筋或复合箍筋，用以保持钢筋骨架刚度（图 7-16）。复合筋设置的构造要求详见 7.1.4 节。

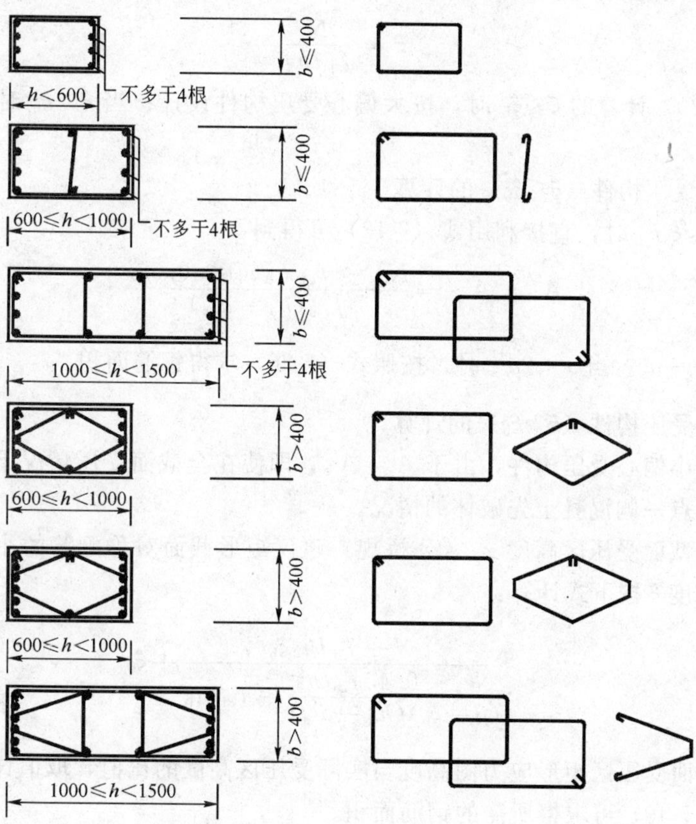

图 7-16 矩形偏心受压构件的箍筋布置形式（尺寸单位：mm）

7.5.4 对称配筋的计算方法

在实际工程中，偏心受压构件在不同荷载作用下，可能会产生相反方向的弯矩，当其数值相差不大时，或即使相反方向弯矩相差较大，但按对称配筋设计求得的纵筋总量，比按非对称设计所得纵筋的总量增加不多时，为使构造简单及便于施工，宜采用对称配筋。装配式偏心受压构件，为了保证安装时不会出错，一般也宜采用对称配筋。

对称配筋是指截面的两侧用相同钢筋等级和数量的配筋，即 $A_s = A'_s$，$f_{sd} = f'_{sd}$，$a_s = a'_s$。

对于矩形截面对称配筋的偏心受压构件计算，仍依据前述基本公式（7-12）至式（7-21）进行，也可分为截面设计和截面复核两种情况。

1）截面设计

（1）大、小偏心受压构件的判别

现假定为大偏心受压，由于是对称配筋，$A_s = A'_s$，$f_{sd} = f'_{sd}$，相当于补充了一个设计条件，现令轴向力计算值 $N = \gamma_0 N_d$，则由式（7-12）可得到：

$$N = f_{cd}bx$$

以 $x=\xi h_0$ 代入上式，整理后可得到：

$$\xi = \frac{N}{f_{cd}bh_0} \tag{7-39}$$

当按式（7-39）计算的 $\xi \leqslant \xi_b$ 时，按大偏心受压构件设计；当 $\xi > \xi_b$ 时，按小偏心受压构件设计。

（2）大偏心受压构件（$\xi \leqslant \xi_b$）的计算

当 $2a'_s \leqslant x \leqslant \xi_b h_0$ 时，直接利用式（7-13）可得到：

$$A_s = A'_s = \frac{Ne_s - f_{cd}bh_0^2\xi(1-0.5\xi)}{f'_{sd}(h_0 - a'_s)} \tag{7-40}$$

式中 $e_s = \eta e_0 + \frac{h}{2} - a_s$。当 $x < 2a'_s$ 时，按照式（7-26）求得钢筋面积。

（3）小偏心受压构件（$\xi > \xi_b$）的计算

对称配筋的小偏心受压构件，由于 $A_s = A'_s$，即使在全截面受压情况下，也不会出现远离偏心压力作用点一侧混凝土先破坏的情况。

首先应计算截面受压区高度 x。《公桥规》建议矩形截面对称配筋的小偏心受压构件截面相对受压区高度 ξ 按下式计算：

$$\xi = \frac{N - f_{cd}bh_0\xi_b}{\dfrac{Ne_s - 0.43f_{cd}bh_0^2}{(\beta - \xi_b)(h_0 - a'_s)} + f_{cd}bh_0} + \xi_b \tag{7-41}$$

式中 β 为截面受压区矩形应力图高度与实际受压区高度的比值，取值详见表 4-1。求得 ξ 的值后，由式（7-40）可求得所需的钢筋面积。

2）截面复核

截面复核仍是对偏心受压构件垂直于弯矩作用方向和弯矩作用方向都进行计算，计算方法与截面非对称配筋方法相同。

7.6 工字形和 T 形截面偏心受压构件

为了节省混凝土和减轻自重，对于截面尺寸较大的偏心受压构件，一般采用工字形、箱形和 T 形截面。试验研究和计算分析表明，工字形、箱形和 T 形截面偏心受压构件的破坏形态、计算方法及原则都与矩形截面偏心受压构件相同。

对于工字形、箱形和 T 形截面偏心受压构件的构造要求，与矩形偏心受压构件相同。在箍筋的布置上，应注意不允许采用有内折角的箍筋［图 7-17b)］，而应采用图 7-17a）所示的叠套箍筋形式并要求在箍筋转角处设置纵向钢筋，以形成骨架。

工字形截面除去其受拉翼板，即成为具有受压翼板的 T 形截面，而箱形截面也很容易化为等效工字形截面来计算，可以说工字形截面偏心受压构件具有 T 形截面和箱形截面偏心受压构件的共性，故本节以工字形截面偏心受压构件来介绍这一类截面形式的偏压构件计算原理。

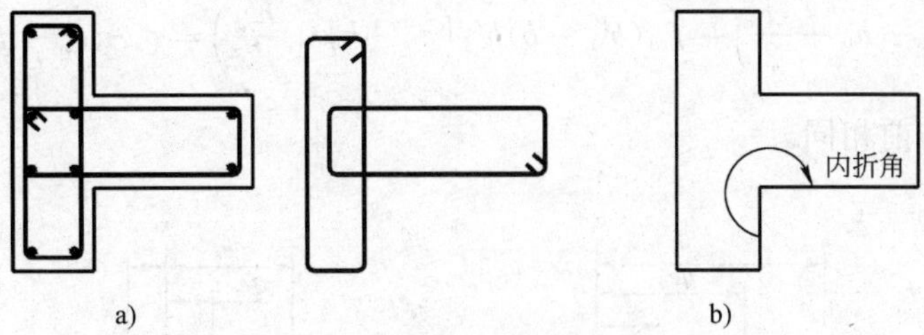

图 7-17 T 形截面偏压构件箍筋形式

a）叠套（复合）箍筋形式；b）错误的箍筋形式

7.6.1 正截面承载力基本计算公式

工字形截面偏心受压构件，也有大偏心受压和小偏心受压两种情况，取决于截面受压区高度 x。但是，与矩形截面不同之处是受压区高度 x 的不同，受压区的形状不同，因而计算公式有所不同。在下述计算公式中，N 为轴向力计算值，$N=\gamma_0 N_d$，其中 N_d 为轴向力组合设计值。

(1) 当 $x \leqslant h'_f$ 时，受压区高度位于工字形截面受压翼板内（图 7-18），属于大偏心受压。这时可按照翼板有效宽度为 b'_f、有效高度为 h_0、受压区高度为 x 的矩形截面偏心受压构件来计算其正截面承载力。

基本计算公式为：

$$N \leqslant N_u = f_{cd} b'_f x + f'_{sd} A'_s - f_{sd} A_s \tag{7-42}$$

$$Ne_s \leqslant M_u = f_{cd} b'_f x\left(h_0 - \frac{x}{2}\right) + f'_{sd} A'_s (h_0 - a'_s) \tag{7-43}$$

$$f_{cd} b'_f x\left(e_s - h_0 + \frac{x}{2}\right) = f_{sd} A_s e_s - f'_{sd} A'_s e'_s \tag{7-44}$$

式中 $e_s = \eta e_0 + h_0 - y_s$，$e'_s = \eta e_0 - y_s + a'_s$。$y_s$ 为截面形心轴至截面受压边缘距离。

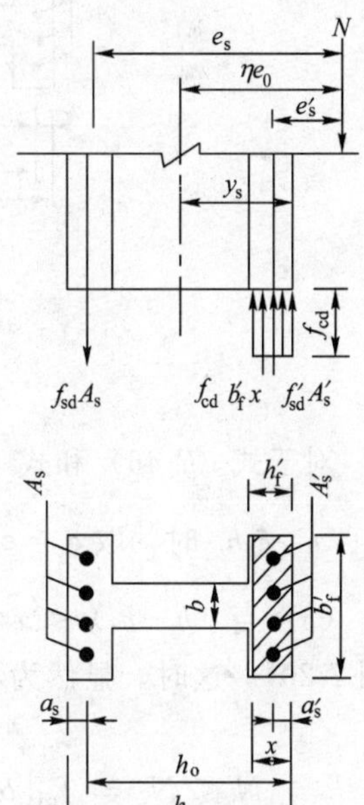

图 7-18 $x \leqslant h'_f$ 时截面计算图式

公式的适用条件是：

$$x \leqslant \xi_b h_0$$

及：

$$2a'_s \leqslant x \leqslant h'_f \tag{7-45}$$

h'_f 为截面受压翼板厚度。

当 $x < 2a'_s$ 时，应按式（7-20）来进行计算。

(2) 当 $h'_f < x \leqslant (h - h_f)$ 时，受压区高度 x 位于肋板内（图 7-19）。基本计算公式为：

$$N \leqslant N_u = f_{cd}[bx + (b'_f - b)h'_f] + f'_{sd} A'_s - \sigma_s A_s \tag{7-46}$$

$$Ne_s \leqslant M_u = f_{cd}\left[bx\left(h_0 - \frac{x}{2}\right) + (b'_f - b)h'_f\left(h_0 - \frac{h'_f}{2}\right)\right] + f'_{sd} A'_s (h_0 - a'_s) \tag{7-47}$$

$$f_{cd}bx\left(e_s-h_0+\frac{x}{2}\right)+f_{cd}(b'_f-b)h'_f\left(e_s-h_0+\frac{h'_f}{2}\right)=\sigma_sA_se_s-f'_{sd}A'_se'_s \qquad (7\text{-}48)$$

式中各符号意义与前相同。

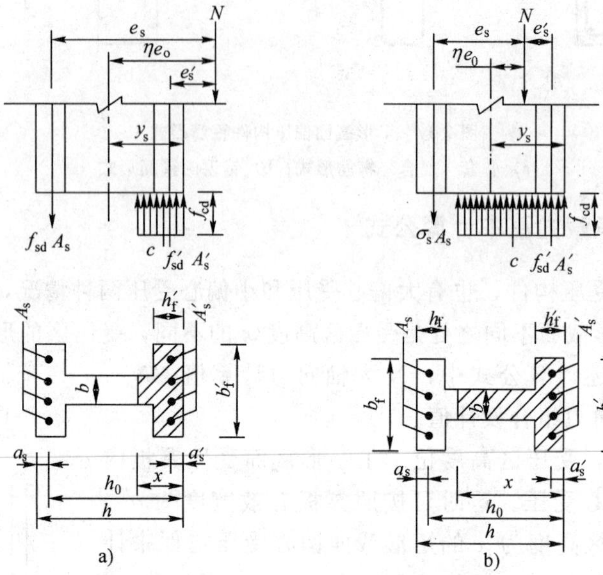

图 7-19 $h'_f<x\leqslant(h-h_f)$ 时截面计算图式

a) $h'_f<x\leqslant\xi_bh_0$ 时；b) $\xi_bh_0<x\leqslant(h-h_f)$ 时

对于式（7-46）和式（7-48）中钢筋 A_s 的应力 σ_s 取值规定为：当 $x\leqslant\xi_bh_0$ 时，取 $\sigma_s=f_{sd}$；$x>\xi_bh_0$ 时，取 $\sigma_s=\varepsilon_{cu}E_s\left(\frac{\beta}{\xi}-1\right)$计算。

（3）当 $(h-h_f)<x\leqslant h$ 时，受压区高度 x 进入工字形截面受拉或受压较小的翼板内（图 7-20）。这时，显然为小偏心受压，基本计算公式为：

$$N\leqslant N_u=f_{cd}[bx+(b'_f-b)h'_f+(b_f-b)(x-h+h_f)]+f'_{sd}A'_s-\sigma_sA_s \qquad (7\text{-}49)$$

$$Ne_s\leqslant M_u=f_{cd}\left[bx\left(h_0-\frac{x}{2}\right)+(b'_f-b)h'_f\left(h_0-\frac{h'_f}{2}\right)\right.$$
$$\left.+(b_f-b)(x-h+h_f)\left(h_f-a_s-\frac{x-h+h_f}{2}\right)\right]+f'_sA'_s(h_0-a'_s) \qquad (7\text{-}50)$$

$$f_{cd}\left[bx\left(e_s-h_0+\frac{x}{2}\right)+(b'_f-b)h'_f\left(e_s-h_0+\frac{h'_f}{2}\right)+(b_f-b)(x-h+h_f)\right.$$
$$\left.\left(e_s+a_s-h_f+\frac{x-h+h_f}{2}\right)\right]=\sigma_sA_se_s-f'_{sd}A'_se'_s \qquad (7\text{-}51)$$

式中 e_s 和 e'_s 的物理意义同前；σ_s 为钢筋应力，$\sigma_s=\varepsilon_{cu}E_s\left(\frac{\beta}{\xi}-1\right)$；$h_f$、$h'_f$、$b_f$ 和 b'_f 为截面的某些尺寸，见图 7-20。

（4）当 $x>h$ 时，则全截面混凝土受压，显然为小偏心受压。这时，取 $x=h$，基本公式为：

$$N \leqslant N_u = f_{cd}[bh + (b_f - b)h'_f + (b_f - b)h_f] + f'_{sd}A'_s - \sigma_s A_s \tag{7-52}$$

$$Ne_s \leqslant M_u = f_{cd}\left[bh\left(h_0 - \frac{h}{2}\right) + (b'_f - b)h'_f\left(h_0 - \frac{h'_f}{2}\right)\right.$$
$$\left. + (b_f - b)h_f\left(\frac{h_f}{2} - a_s\right)\right] + f'_{sd}A'_s(h_0 - a'_s) \tag{7-53}$$

$$f_{cd}\left[bh\left(e_s - h_0 + \frac{h}{2}\right) + (b'_f - b)h'_f\left(e_s - h_0 + \frac{h'_f}{2}\right)\right.$$
$$\left. + (b_f - b)h_f\left(e_s + a_s - \frac{h_f}{2}\right)\right] = \sigma_s A_s e_s - f'_{sd}A'_s e'_s \tag{7-54}$$

对于 $x>h$ 的小偏心受压构件，还应防止远离偏心压力作用点一侧截面边缘混凝土先压坏的可能性，即应满足：

$$Ne'_s \leqslant f_{cd}\left[bh\left(h'_0 - \frac{h}{2}\right) + (b'_f - b)h'_f\left(\frac{h'_f}{2} - a'_s\right)\right]$$
$$+ f_{cd}(b_f - b)h_f\left(h'_0 - \frac{h_f}{2}\right) + f'_{sd}A_s(h'_0 - a_s) \tag{7-55}$$

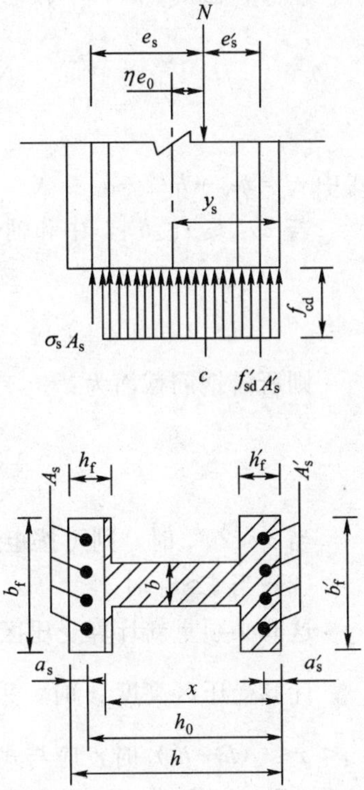

图 7-20　$(h-h_f)<x\leqslant h$ 时截面的计算图式

式中 $e'_s=y'_s-\eta e_0-a'_s$，$h'_0=h-a'_s$。h'_s 为截面形心轴至偏心压力作用一侧截面边缘的距离。

式（7-42）～式（7-55）给出了工字形偏心受压构件正截面承载力计算公式，当 $h_f=0$，$b_f=b$，即为 T 形截面承载力计算公式；当 $h'_f=h_f=0$，$b'_f=h_f=b$ 时，即为矩形截面承载力计算公式。

7.6.2　计算方法

工字形、箱形和 T 形截面的偏心受压构件中，T 形截面一般采用非对称配筋形式，工字形截面偏心受压构件一般采用对称配筋，因此，以下仅介绍对称配筋的工字形截面的计算方法。

对称配筋截面指的是截面对称且钢筋配置对称，对于对称配筋的工字形和箱形截面，就是 $b'_f=b_f$，$h'_f=h_f$，$A'_s=A_s$，$f'_{sd}=f_{sd}$，$a'_s=a'_s$。

1）截面设计

对于对称配筋截面，可由式（7-46）并且取 $\sigma_s=f_{sd}$ 可得到：

$$\xi = \frac{N - f_{cd}(b'_f - b)h'_f}{f_{cd}bh_0} \tag{7-56}$$

当 $\xi\leqslant\xi_b$ 时，按大偏心受压计算；当 $\xi>\xi_b$，按小偏心受压计算。

（1）当 $\xi\leqslant\xi_b$ 时

若 $h'_f < x \leqslant \xi_b h_0$，中和轴位于肋板中，则可将 x 代入式（7-47），求得钢筋截面面积为：

$$A_s = A'_s = \frac{Ne_s - f_{cd}\left[bx\left(h_0 - \dfrac{x}{2}\right) + (b'_f - b)h'_f\left(h_0 - \dfrac{h'_f}{2}\right)\right]}{f'_{sd}(h_0 - a'_s)} \tag{7-57}$$

式中 $e_s = \eta e_0 + h/2 - a_s$。

若 $2a'_s \leqslant x \leqslant h'_f$，中和轴位于受压翼板内，那么应该重新计算受压区高度 x 为：

$$x = \frac{N}{f_{cd} b'_f} \tag{7-58}$$

则所需钢筋截面为：

$$A_s = A'_s = \frac{Ne_s - f_{cd} b'_f x(h_0 - 0.5x)}{f'_{sd}(h_0 - a'_s)} \tag{7-59}$$

当 $x < 2a'_s$ 时，则可按矩形截面方法计算，即式（7-26）来计算所需钢筋 $A_s = A'_s$。

(2) 当 $\xi > \xi_b$ 时

这时必须重新计算受压区高度 x，然后代入相应公式求得 $A_s = A'_s$。

计算受压区高度 x 时，采用 $\sigma_s = \varepsilon_{cu} E_s\left(\dfrac{\beta}{\xi} - 1\right)$ 与相应的基本公式联立求解，例如，当 $h'_f < x \leqslant (h - h_f)$ 时，应与式（7-46）和式（7-47）联立求解；当 $(h - h_f) < x \leqslant h$ 时，应与式（7-49）和式（7-50）联立求解，将导致关于 x 的一元三次方程的求解。

在设计时，也可以近似采用下式求截面受压区相对高度系数 ξ：

①当 $\xi_b h_0 < x \leqslant (h - h_f)$

$$\xi = \frac{N - f_{cd}\left[(b'_f - b)h'_f + b\xi_b h_0\right]}{\dfrac{Ne_s - f_{cd}\left[(b'_f - b)h'_f\left(h_0 - \dfrac{h'_f}{2}\right) + 0.43bh_0^2\right]}{(\beta - \xi_b)(h_0 - a'_s)} + f_{cd} b h_0} + \xi_b \tag{7-60}$$

②当 $(h - h_f) < x \leqslant h$ 时

$$\xi = \frac{N + f_{cd}\left[(b_f - b)(h - 2h_f) - b_f \xi_b h_0\right]}{\dfrac{Ne_s + f_{cd}\left[0.5(b_f - b)(h - 2h_f)(h_0 - a'_s) - 0.43 b_f h_0^2\right]}{(\beta - \xi_b)(h_0 - a'_s)} + f_{cd} b_f h_0} + \xi_b \tag{7-61}$$

③当 $x > h$ 时，取 $x = h$。

2）截面复核

截面复核方法与矩形截面对称配筋截面复核方法相似，唯计算公式不同。

7.7 圆形截面偏心受压构件

圆形截面偏心受压构件的纵向受力钢筋，通常是沿圆周均匀布置，其根数不少于 6 根。对于预制或现浇的一般钢筋混凝土圆形截面偏心受压构件，纵向钢筋的直径不宜小于 12mm，混凝土保护层厚度详见附表 1-8。而对于钻孔灌注桩，其截面尺寸较大（桩直径D=

800～1500mm)，桩内纵向受力钢筋的直径不宜小于14mm，根数不宜小于8根，钢筋间净距不宜小于50mm，混凝土保护层厚度不小于60～80mm；箍筋直径不小于8mm，箍筋间距为200～400mm。

对于配有普通箍筋的圆形截面偏心受压构件［钻（挖）孔桩除外］，构造要求详见7.3节至7.4节。

7.7.1　正截面承载力计算的基本假定

工程中采用的圆形截面偏心受压构件，其纵向钢筋一般是沿周边等间距布置的，其正截面承载力计算有以下基本假定：

(1) 截面变形符合平截面假定；

(2) 构件达到破坏时，受压边缘处混凝土的极限压应变取为 $\varepsilon_{cu}=0.0033$；

(3) 受压区混凝土应力分布采用等效矩形应力图，正应力集度为 f_{cd}，计算高度为 $x=\beta x_0$（x_0 为实际受压区高度），β 值与实际相对受压区高度 $\xi=x_0/2r$（r 为圆形截面半径）有关，即：

当 $\xi<1$ 时，$\beta=0.8$；

当 $1<\xi\leqslant1.5$ 时，$\beta=1.067-0.267\xi$；

(4) 不考虑受拉区混凝土的抗拉强度，拉力由钢筋承受；

(5) 钢筋为理想的弹塑性材料，应力—应变关系表达式为式（4-3a）和式（4-3b）。

对于周边均匀配筋的圆形偏心受压构件，当纵向钢筋不少于6根时，可以将纵向钢筋化为总面积为$\sum_{i=1}^{n}A_{si}$（A_{si}为单根钢筋面积，n 为钢筋根数），半径为 r_s 的等效钢环（图7-21），这样的处理，可为推导钢筋的抗力采用连续函数的数学方法提供很大便利。

设圆形截面的半径为 r，等效钢环的壁厚中心至截面圆心的距离为 r_s，一般以 $r_s=gr$ 表示 r_s 与 r 之间的关系，那么等效钢环的厚度 t_s 为：

$$t_s=\frac{\sum_{i=1}^{n}A_{si}}{2\pi r_s}=\frac{\sum_{i=1}^{n}A_{si}}{\pi r^2}\cdot\frac{r}{2g}=\frac{\rho r}{2g} \tag{7-62}$$

式中：ρ——纵向钢筋配筋率，$\rho=\sum_{i=1}^{n}A_{si}/\pi r^2$。

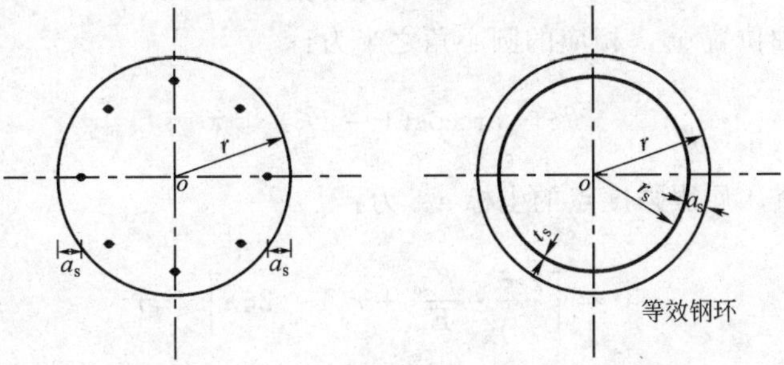

图7-21　等效钢环示意图

a) 截面布置示意图；b) 等效钢环

7.7.2 正截面承载力计算的基本公式

根据上述基本假定，圆形截面偏心受压构件正截面承载力可采用如图 7-22 的计算图式，由平衡条件可写出以下方程。

由截面上所有水平力平衡条件：

$$N_u = D_c + D_s \tag{7-63}$$

由截面上所有力对截面形心轴 $y-y$ 的合力矩平衡条件：

$$M_u = M_c + M_s \tag{7-64}$$

式中：D_c，D_s——分别为受压区混凝土压应力的合力和所有纵筋的应力合力；

M_c，M_s——分别为受压区混凝土应力的合力对 y 轴力矩和所有纵筋应力合力对 y 轴的力矩。

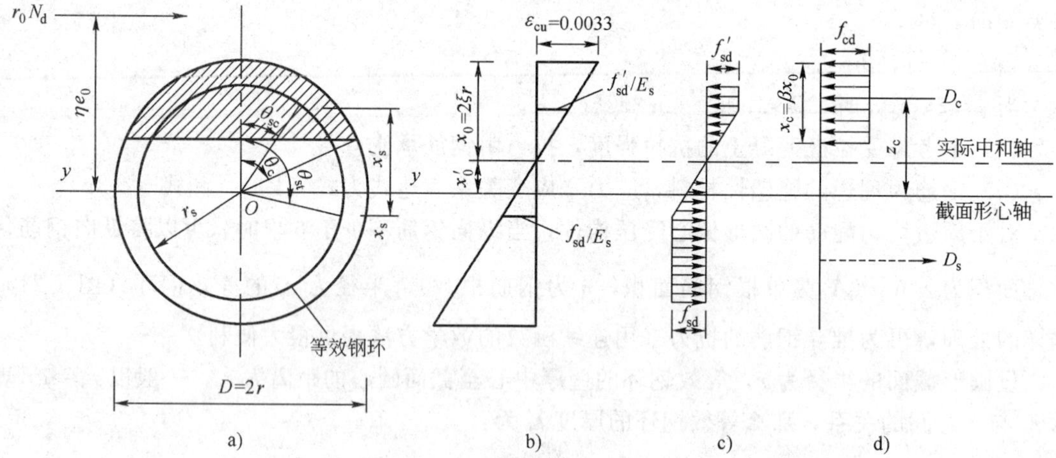

图 7-22 圆形截面偏心受压构件计算简图

a）截面；b）应变；c）钢筋应力；d）混凝土等效矩形应力分布

在求解上述合力及合力矩之前，将图 7-22 中有关量进行计算：

（1）计算中和轴位置 x_c，相应的圆心角之半为：

$$\theta_c = \arccos(1 - 2\theta\xi) \leqslant \pi \tag{7-65}$$

（2）钢环受压进入屈服强度点的坐标 x'_s 为：

$$x'_s = \left[\frac{2r\xi}{\varepsilon_{cu}} \cdot \frac{f'_{sd}}{E_s} + r(1-2\xi)\right] \leqslant gr$$

相应的圆心角之半为：

$$\theta_{sc} = \arccos\left[\frac{2\xi}{g\varepsilon_{cu}} \cdot \frac{f'_{sd}}{E_s} + \frac{1-2\xi}{g}\right] \leqslant \pi \tag{7-66}$$

(3) 钢环受拉进入屈服强度点的坐标 x_s 为：

$$x_s = \left[-\frac{2r\xi}{\varepsilon_{cu}} \cdot \frac{f_{sd}}{E_s} + r(1-2\xi)\right] \geqslant -gr$$

相应的圆心角之半为：

$$\theta_{st} = \arccos\left[-\frac{2\xi}{g\varepsilon_{cu}} \cdot \frac{f_{sd}}{E_s} + \frac{1-2\xi}{g}\right] \leqslant \pi \tag{7-67}$$

(4) 钢环上任意一点的应力表达式为：

当 $0 < \theta \leqslant \theta_{sc}$ 时，$\sigma_s = f'_{sd}$

当 $\theta_{sc} < \theta \leqslant \theta_{st}$ 时，$\sigma_s = \dfrac{g\cos\theta - (1-2\xi)}{g\cos\theta_{st} - (1-2\xi)} f'_{sd}$ (7-68)

当 $\theta_{st} < \theta \leqslant \pi$ 时，$\sigma_s = -f_{sd}$

式中以负号表示拉应力。

(5) 实际中和轴的位置为：

$$x'_c = r(1-2\xi) \tag{7-69}$$

下面分别推导式（7-63）和式（7-64）中各项的具体表达式。

(1) 受压区混凝土的应力合力 D_c

根据图 7-22 中等效矩形应力图和相应的弓形受压区面积 A_c 来计算 D_c，即 $D_c = f_{cd}A_c$。

$$A_c = \frac{2\theta_c - \sin 2\theta_c}{2} r^2$$

令：

$$A = \frac{2\theta_c - \sin 2\theta_c}{2}$$

则：

$$D_c = Ar^2 f_{cd} \tag{7-70}$$

(2) 受压区混凝土的应力合力对 y-y 轴的力矩 M_c

$$M_c = f_{cd}A_c z_c$$

而：

$$z_c = \frac{4\sin^3\theta_c}{3(2\theta_c - \sin 2\theta_c)} r$$

故：

$$M_c = \frac{(2\theta_c - \sin 2\theta_c)}{2} r^2 \cdot f_{cd} \cdot \frac{4\sin^3\theta_c}{3(2\theta_c - \sin 2\theta_c)} r = \frac{2}{3}\sin^3\theta_c \cdot r^3 f_{cd}$$

令：

$$B = \frac{2}{3}\sin^3\theta_c$$

则：

$$M_c = Br^3 f_{cd} \tag{7-71}$$

(3) 钢环（钢筋）应力合力 D_s

$$D_s = \sum_{i=1}^{n}\sigma_{si}A_{si} \approx 2\int_0^{\pi}\sigma_s \mathrm{d}A_s$$

式中：

$$\mathrm{d}A_s = t_s r_s \mathrm{d}\theta = \frac{1}{2}\rho r^2 \mathrm{d}\theta$$

则：$D_s = 2\int_0^{\theta_{sc}} f'_{sd} \cdot \frac{1}{2}\rho r^2 d\theta + 2\int_{\theta_{sc}}^{\theta_{st}} \frac{g\cos\theta - (1-2\xi)}{g\cos\theta_{sc} - (1-2\xi)} f'_{sd} \cdot \frac{1}{2}\rho r^2 d\theta + 2\int_{\theta_{st}}^{\pi} (-f_{sd}) \cdot \frac{1}{2}\rho r^2 d\theta$

钢筋强度设计值 f'_{sd} 绝对值等于 $-f_{sd}$ 的绝对值，积分结果为：

$$D_s = \rho r^2 f_{sd}\left\{\theta_{sc} - \pi + \theta_{st} + \frac{1}{g\cos\theta_{sc} - (1-2\xi)}\left[g(\sin\theta_{st} - \sin\theta_{sc}) - (1-2\xi) \cdot (\theta_{st} - \theta_{sc})\right]\right\}$$

取上式中大括号内表示的内容为 C，则可得到：

$$D_s = C\rho r^2 f_{sd} \tag{7-72}$$

（4）钢环（钢筋）应力合力对截面 y-y 轴的力矩 M_s

$$M_s = \sum_{i=1}^{n}\sigma_{si} A_{si} z_{si} \approx 2\int_0^{\pi} \sigma_s x dA_s$$

式中：　　$dA_s = \frac{1}{2}\rho r^2 d\theta$　　　$x = gr\cos\theta$

故：$M_s = 2\int_0^{\theta_{sc}} f_{sd}(gr\cos\theta)\frac{1}{2}\rho r^2 d\theta + 2\int_{\theta_{sc}}^{\theta_{st}} \frac{g\cos\theta - (1-2\xi)}{g\cos\theta_{sc} - (1-2\xi)} f_{sd}$

$\times (gr\cos\theta)\frac{1}{2}\rho r^2 d\theta + 2\int_{\theta_{st}}^{\pi} - f_{sd}(gr\cos\theta)\frac{1}{2}\rho r^2 d\theta$

积分结果为：

$$M_s = \rho g r^3 f_{sd}\left\{\sin\theta_{sc} - \sin\theta_{st} + \frac{1}{g\cos\theta_{st} - (1-2\xi)} \times \left[g\left(\frac{\theta_{st} - \theta_{sc}}{2} + \frac{\sin2\theta_{st} - \sin2\theta_{sc}}{2}\right) - (1-2\xi)(\sin\theta_{st} - \sin\theta_{sc})\right]\right\}$$

令上式中大括号内表示的内容为 D，则可得到：

$$M_s = D\rho g r^3 f_{sd} \tag{7-73}$$

将式（7-70）～式（7-73）分别代入式（7-63）和式（7-64）内，可得到圆形截面偏心受压构件正截面承载力的计算基本公式为：

$$\gamma_0 N_d \leqslant N_u = Ar^2 f_{cd} + C\rho r^2 f_{sd} \tag{7-74}$$

$$\gamma_0 N_d(\eta e_0) \leqslant M_u = Br^3 f_{cd} + D\rho g r^3 f_{sd} \tag{7-75}$$

式中系数 A、B 仅与 $\xi = x/D$ 有关；系数 C、D 与 ξ、E_s 有关，其数值已编制成表，见附表 1-11。

7.7.3 计算方法

圆形截面偏心受压构件的正截面承载力计算方法，分为截面设计和截面复核。

1）截面设计

已知截面尺寸，计算长度，材料强度级别，轴向力计算值 N，弯矩计算值 M。求纵向钢筋面积 A_s。

直接采用式（7-74）和式（7-75）是无法求得纵向钢筋面积 A_s，一般采用试算法。

现将式（7-75）除以式（7-74），整理可得到：

$$\rho = \frac{f_{cd}}{f_{sd}} \cdot \frac{Br - A(\eta e_0)}{C(\eta e_0) - Dgr} \tag{7-76}$$

由已知条件求 ηe_0，确定 g，r_s 等值。

先假设 ξ（$\xi = x_0/2$）值，由附表 1-11 查得相应的系数 A、B、C 和 D，代入式（7-76）得到配筋率 ρ。再将系数 A、C 和 ρ 值代入式（7-74）可求得 N_u。若 N_u 值与已知的 N 基本相符，允许误差在 2%以内，则假定的 ξ 值及依此计算的 ρ 值即为设计用值。若两者不符，需重新假定 ξ 值，重复以上步骤，直至基本相符为止。

按最后确定的 ξ 值计算所得之 ρ 值，代入下式，即得到所需的纵筋面积 A_s 为：

$$A_s = \rho \pi r^2 \tag{7-77}$$

2）截面复核

已知截面尺寸、计算长度、纵向钢筋面积 A_s、材料强度级别、轴向力计算值 N 和弯矩计算 M，要求复核截面承载力。

仍需采用试算法。现将式（7-75）除以式（7-74），整理为：

$$\eta e_0 = \frac{Bf_{cd} + D\rho g f'_{sd}}{Af_{cd} + c\rho f'_{sd}} r \tag{7-78}$$

先假设 ξ 值，由附表 1-11 查得系数 A、B、C 和 D 的值，代入式（7-78）算得 ηe_0。若此 ηe_0 与由 M 和 N 并考虑偏心距增大系数后得到的 ηe_0 基本相符（允许误差在 2%以内），则假定的 ξ 值可为计算用的 ξ 值。若两者不符，需重新假设 ξ 值，重复以上步骤，直至两者基本相符为止。

按确定的 ξ 值及其所相应的系数 A、B、C 和 D 的值代入式（7-74）中，则可求得截面承载力为：

$$N_u = Ar^2 f_{cd} + C\rho r^2 f_{sd} \tag{7-79}$$

上述方法为《公桥规》提出的沿周边均匀配筋的圆形截面钢筋混凝土偏心受压构件计算的查表法，需要反复试算。为了避免反复迭代的试算过程，《公桥规》还提出了用查图法来进行圆形截面偏心受压构件截面设计和截面复核的方法，详见《公桥规》条文说明。

7.8 应用实例

【例 7-1】

某钢筋混凝土正方形轴心受压构件，计算长度 $l_0 = 4.0$m。采用 C30 级混凝土，HRB335 级钢筋（纵向钢筋）和 R235 级钢筋（箍筋）。作用的轴向压力组合设计值 $N_d =$ 1750kN，I 类环境条件，安全等级为二级，试设计该截面。

解：查附表可知，混凝土抗压强度设计值 $f_{cd}=13.8\text{MPa}$，纵向钢筋的抗压强度设计值 $f'_{sd}=280\text{MPa}$，轴心压力计算值 $N=\gamma_0 N_d=1750\text{kN}$。

假定 $\rho'=\dfrac{A'_s}{A}=1.5\%$，$\varphi=1.0$，则由公式（7-1）可求得：

$$A=\frac{N}{0.9\varphi(f_{cd}+\rho' f'_{sd})}=\frac{1750\times10^3}{0.9\times1.0\times(13.8+0.015\times280)}=108\times10^3\text{mm}^2$$

采用正方形，则 $b=h=\sqrt{108000}=328\text{mm}$

取 $b=h=330\text{mm}$，则长细比 $\lambda=\dfrac{l_0}{b}=\dfrac{4.0\times10^3}{330}=12.1$，查附表 1-10 可得到稳定系数 $\varphi=0.949$。由式（7-1）可得所需要的纵向钢筋数量 A'_s 为

$$\begin{aligned}A'_s&=\frac{1}{f'_{sd}}\left(\frac{N}{0.9\varphi}-f_{cd}A\right)\\&=\frac{1}{280}\left[\frac{1750\times10^3}{0.9\times0.949}-13.8\times(330\times330)\right]\\&=1951\text{mm}^2\end{aligned}$$

现选用纵向钢筋为 8 Φ 18，$A'_s=2036\text{mm}^2$，截面配筋率 $\rho'=\dfrac{A'_s}{A}=\dfrac{2036}{330\times330}=1.87\%>\rho'_{min}$（$=0.5\%$），且小于 $\rho'_{max}=5\%$。截面一侧的纵筋配筋率 $\rho'=\dfrac{763}{330\times330}=0.7\%>0.2\%$（附表 1-9）。

纵向钢筋在截面上布置如图 7-23。纵向钢筋距截面边缘净距 $c=45-20.5/2=34.8\text{mm}>30\text{mm}$ 及 $d=18\text{mm}$，则布置在截面短边 b 方向上的纵向钢筋间距 $S_n=(330-2\times34.8-3\times20.5)/2\approx99.5\text{mm}>50\text{mm}$，且小于 350mm，满足规范要求。

封闭式箍筋选用 $\phi8$，满足直径大于 $\dfrac{1}{4}d=\dfrac{1}{4}\times18=4.5\text{mm}$，且不小于 8mm 的要求。根据构造要求，箍筋间距 S 应满足：$S\leqslant15d=15\times18=270\text{mm}$；$S\leqslant b=330\text{mm}$；$S\leqslant400\text{mm}$，故选用箍筋间距 $S=270\text{mm}$。

【例 7-2】

某现浇钢筋混凝土圆柱，直径 $d=400\text{mm}$，计算长度 $l_0=2.5\text{m}$，承受轴心压力设计值 $N_d=2700\text{kN}$，混凝土等级为 C30，纵筋采用 HRB400 级钢筋，箍筋采用 HRB335 级钢筋，I 类环境条件，安全等级为二级，试按螺旋箍筋柱进行截面设计和复核。

解：混凝土抗压强度设计值 $f_{cd}=13.8\text{MPa}$，HRB400 级钢筋抗压强度设计值 $f'_{sd}=330\text{MPa}$，HRB335 级钢筋抗拉强度设计值 $f_{sd}=280\text{MPa}$。轴心压力计算值 $N=\gamma_0 N_d=2700\text{kN}$。

1）截面设计

由于长细比 $\lambda=\dfrac{l_0}{d}=\dfrac{2.5\times10^3}{400}=6.25<12$，故可以按螺旋箍筋柱设计。

(1) 计算纵向钢筋截面积

由附表1-8，取纵向钢筋的混凝土保护层厚度为 $c=30\text{mm}$，则可得到：

核心面积直径 $d_{cor}=d-2c=400-2\times30=340\text{mm}$

柱截面面积 $A=\dfrac{\pi d^2}{4}=\dfrac{3.14\times(400)^2}{4}=125600\text{mm}^2$

核心面积 $A_{cor}=\dfrac{\pi(d_{cor})^2}{4}=\dfrac{3.14\times(340)^2}{4}=90746\text{mm}^2>\dfrac{2}{3}A(=83733\text{mm}^2)$

假定纵向钢筋配筋率 $\rho'=0.015$，则可得到：

$$A'_s=\rho' A_{cor}=0.015\times90746=1362\text{mm}^2$$

现选用6⌀18，$A'_s=1527\text{mm}^2$。

(2) 确定箍筋的直径和间距 S

由式 (7-8) 且取 $N_u=N=2700\text{kN}$，可得到螺旋箍筋换算截面面积 A_{s0} 为：

$$A_{s0}=\frac{\dfrac{N}{0.9}-f_{cd}A_{cor}-f'_{sd}A'_s}{kf_{sd}}$$

$$=\frac{\dfrac{2700\times10^3}{0.9}-13.8\times90746-330\times1527}{2\times280}$$

$$=2221\text{mm}^2>0.25A'_s(=0.25\times1527=382\text{mm}^2)$$

现选⌀12，单肢箍筋的截面积 $A_{s01}=113.1\text{mm}^2$。这时，螺旋箍筋所需的间距为：

$$S=\frac{\pi d_{cor}A_{s01}}{A_{s0}}=\frac{3.14\times340\times113.1}{2221}=54\text{mm}$$

由构造要求，间距 S 应满足 $S\leqslant d_{cor}/\xi$ (=68mm) 和 $S\leqslant80\text{mm}$，故取 $S=50\text{mm}>40\text{mm}$。截面设计布置如图7-24。

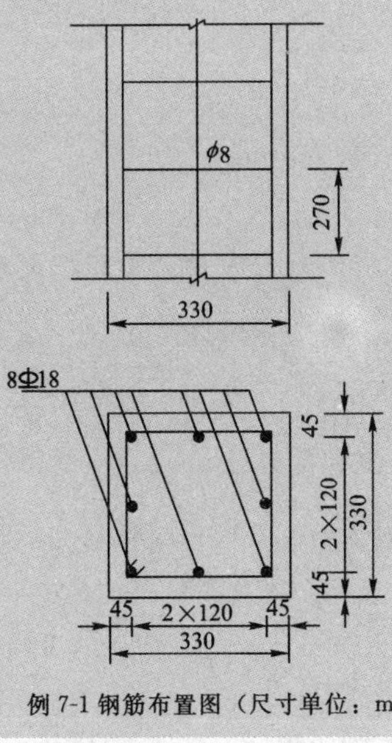

图7-23 例7-1钢筋布置图（尺寸单位：mm）

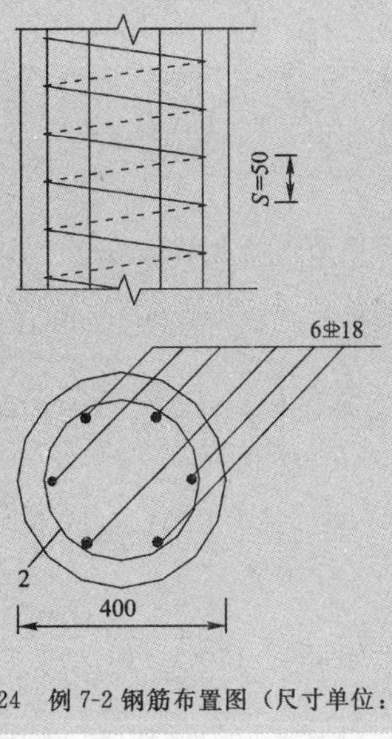

图7-24 例7-2钢筋布置图（尺寸单位：mm）

2）截面复核

经检查，图 7-24 所示钢筋布置符合构造要求。实际设计截面的 $A_{cor}=90746\text{mm}^2$，$A'_s=1527\text{mm}^2$，$\rho'=1527/90746=1.68\%>0.5\%$，

$$A_{s0}=\frac{\pi d_{cor}A_{s01}}{S}=\frac{3.14\times340\times113.1}{50}$$

$=2415\text{mm}^2$，则由式（7-7）可得到：

$$\begin{aligned}N_u&=0.9(f_{cd}A_{cor}+kf_{sd}A_{s0}+f'_{sd}A'_s)\\&=0.9(13.8\times90746+2\times280\times2415+330\times1527)\\&=2797.74\times10^3\text{N}=2797.74\text{kN}>N(=2700\text{kN})\end{aligned}$$

检查混凝土保护层是否会剥落，由式（7-1）可得到：

$$\begin{aligned}N'_u&=0.9\varphi(f_{cd}A+f'_{sd}A'_s)\\&=0.9\times1(13.8\times125600+330\times1527)\\&=2013.47\times10^3\text{N}=2013.47\text{kN}\end{aligned}$$

$1.5N'_u-1.5\times2013.47=3020.21\text{kN}>N_u$（$=2797.74\text{kN}$），故混凝土保护层不会剥落。

【例 7-3】

某桁架上弦杆截面尺寸为 $b\times h=300\text{mm}\times500\text{mm}$，两个方向的计算长度均为 $l_0=3.5\text{m}$，承受轴向压力设计值 $N_d=350\text{kN}$，弯矩设计值 $M_d=250\text{kN}\cdot\text{m}$，采用 C30 混凝土，HRB400 级钢筋，I 类环境条件，安全等级为二级，试进行截面配筋设计和复核。

解：查表得：$f_{cd}=13.8\text{MPa}$，$f_{sd}=f'_{sd}=330\text{MPa}$，$\xi_b=0.53$，$\gamma_0=1.0$。

1）截面设计

轴向力计算值 $N=\gamma_0N_d=350\text{kN}$，弯矩计算值 $M=\gamma_0M_d=250\text{kN}\cdot\text{m}$，可得到偏心距 e_0 为：

$$e_0=\frac{M}{N}=\frac{250\times10^6}{350\times10^3}=714\text{mm}$$

弯矩作用平面内的长细比为 $\frac{l_0}{h}=\frac{3.5\times10^3}{500}=7>5$，故应考虑偏心距增大系数 η。η 值按式（7-10）计算。设 $a_s=a'_s=40\text{mm}$，则 $h_0=h-a_s=500-40=460\text{mm}$。

$$\zeta_1=0.2+2.7\frac{e_0}{h_0}=0.2+2.7\times\frac{714}{460}=4.39>1,\text{取 }\zeta_1=1.0$$

$$\zeta_2=1.15-0.01\frac{l_0}{h}=1.15-0.010\times7=1.08>1,\text{取 }\zeta_2=1.0$$

则：$$\eta=1+\frac{1}{1400e_0/h_0}\left(\frac{l_0}{h}\right)^2\zeta_1\zeta_2=1+\frac{1}{1400\times\frac{714}{460}}(7)^2=1.023$$

（1）大、小偏心受压的初步判定

$\eta e_0=1.023\times714=730\text{mm}>0.3h$（$=0.3\times460=138\text{mm}$），故可先按大偏心受压情况进行设计。

$$e_s=\eta e_0+h/2-a_s=730+500/2-40=940\text{mm}$$

（2）计算所需的纵向钢筋面积

属于大偏心受压，求钢筋 A_s 和 A'_s 的情况。取 $\xi=\xi_b=0.53$，由式（7-22）可得到：

$$A'_s=\frac{Ne_s-\xi_b(1-0.5\xi_b)f_{cd}bh_0^2}{f'_{sd}(h_0-a'_s)}$$

$$=\frac{350\times10^3\times940-0.53(1-0.5\times0.53)\times13.8\times300\times460^2}{330(460-40)}$$

$$=-88.4<0$$

故应按照 $A'_s\geqslant\rho'_{min}bh$ 选择钢筋。

取 $\rho'_{min}=0.2\%=0.002$，则 $A'_s\geqslant\rho'_{min}bh=0.002\times300\times500=300\text{mm}^2$

取 $A'_s=300\text{mm}^2$。

现选择受压钢筋为 3 ⌽12，则实际受压钢筋面积 $A'_s=339\text{mm}^2$，$\rho'=0.23\%$；取 $a'_s=45\text{mm}$。

由式（7-24）可得到截面受压区高度 x 值为：

$$x=h_0-\sqrt{h_0^2-\frac{2[Ne_s-f'_{sd}A'_s(h_0-a'_s)]}{f_{cd}b}}$$

$$=460-\sqrt{460^2-\frac{2[350\times10^3\times940-330\times339(460-45)]}{13.8\times300}}$$

$$=186\text{mm}<\xi_bh_0(=0.53\times460=244\text{mm})$$

$$>2a'_s(=2\times45=90\text{mm})$$

取 $\sigma_s=f_{sd}$ 并代入式（7-25）可得到：

$$A_s=\frac{f_{cd}bx+f'_{sd}A'_s-N}{f_{sd}}$$

$$=\frac{13.8\times300\times186+330\times339-350\times10^3}{330}$$

$$=1612\text{mm}^2>\rho_{min}bh(=0.002\times300\times500=300\text{mm}^2)$$

现选受拉钢筋为 4 ⌽25，$A_s=1964\text{mm}^2$，$\rho=1.31\%>0.2\%$。$\rho+\rho'=1.54\%>0.5\%$。

设计的纵向钢筋沿截面短边 b 方向布置一排（图 7-25），纵筋最小净距采用 30mm。设计截面中取 $a_s=a'_s=45\text{mm}$，钢筋 A_s 的混凝土保护层的厚度为（45－28.4/2）＝30.8mm，满足规范要求。所需截面最小宽度

$$b_{min}=2\times30.8+3\times30+4\times28.4=265.2<300\text{mm}。$$

2）截面复核

（1）垂直于弯矩作用平面的截面复核

因为长细比 $l_0/b=3500/300=12>8$，故由附表 1-10 中可查得 $\varphi=0.95$，则：

$$N_u=0.9\varphi[f_{cd}bh+f'_{sd}(A_s+A'_s)]$$

$$=0.9\times0.95[13.8\times300\times500+330\times(1964+339)]$$

$$=2419.64\times10^3\text{N}=2419.64\text{kN}>\text{N}=350\text{kN}$$

满足设计要求。

（2）弯矩作用平面的截面复核

截面实际有效高度 $h_0=500-45=455\text{mm}$，计算得 $\eta=1.023$，而 $\eta e_0=730\text{mm}$，则：

$$e_s=\eta e_0+\frac{h}{2}-a_s=730+\frac{500}{2}-45=935\text{mm}$$

$$e'_s=\eta e_0-\frac{h}{2}+a'_s=730-\frac{500}{2}+45=525\text{mm}$$

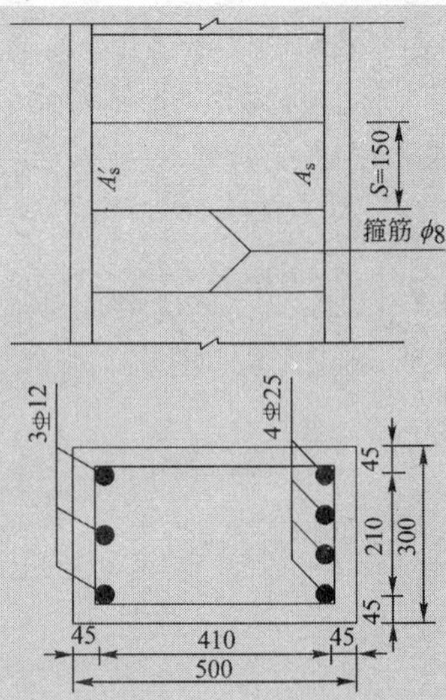

图 7-25 例 7-3 题截面配筋图

（尺寸单位：mm）

假定为大偏心受压，即取 $\sigma_s=f_{sd}$，由式（7-34）可解得混凝土受压区高度 x 为：

$$x=(h_0-e_s)+\sqrt{(h_0-e_s)^2+2\times\frac{f_{sd}A_se_s-f'_{sd}A'_se'_s}{f_{cd}b}}$$

$$=(455-935)+\sqrt{(455-935)^2+2\times\frac{330\times1964\times935-330\times339\times525}{13.8\times300}}$$

$$=223\text{mm}\begin{cases}<\xi_bh_0(=0.53\times455=241\text{mm})\\>2a'_s(=2\times45=90\text{mm})\end{cases}$$

计算表明为大偏心受压。

由式（7-12）可得截面承载力为：

$$N_u=f_{cd}bx+f'_{sd}A'_s-\sigma_sA_s$$

$$=13.8\times300\times223+330\times339-330\times1964$$

$$=386.97\times10^3\text{N}=386.97\text{kN}>N(=350\text{kN})$$

满足正截面承载力要求。

经截面复核，确认图 7-25 的截面设计。箍筋采用 ϕ8，间距按照普通箍筋柱构造要求选用。

【例 7-4】

由于构造原因，例题 7-3 中的截面已配置受压钢筋 $A'_s=942\text{mm}^2$（3 ⌀ 20），试计算所需的受拉钢筋面积 A_s。

解：由上题已知：$e_0=714\text{mm}$，$h_0=455\text{mm}$，$\eta=1.023$，$e_s=935\text{mm}$，$e'_s=725\text{mm}$ 由式（7-24），可求得受压区高度：

$$x=h_0-\sqrt{h_0^2-2\times\frac{Ne_s-f'_{sd}A'_s(h_0-a'_s)}{f_{cd}b}}$$

$$=455-\sqrt{455^2-2\times\frac{350\times10^3\times935-330\times942\times(455-45)}{13.8\times300}}$$

$$=123\text{mm}\begin{cases}<\xi_b h_0(=0.53\times455=241\text{mm})\\>2a'_s(=2\times45=90\text{mm})\end{cases}$$

取 $\sigma_s=f_{sd}$ 并代入式（7-25）可得到：

$$A_s=\frac{f_{cd}bx+f'_{sd}A'_s-N}{f_{sd}}$$

$$=\frac{13.8\times300\times123+330\times942-350\times10^3}{330}$$

$$=1424\text{mm}^2>\rho_{\min}bh(=0.002\times300\times500=300\text{mm}^2)$$

由此，现选择 4 ⌀22，$A_s=1520\text{mm}^2>\rho_{\min}bh$（$=0.002\times300\times500=300\text{mm}^2$）。设计截面的纵筋布置见图 7-26。经检查，纵筋间距符合构造要求，$a'_s=45\text{mm}$，$a_s=45\text{mm}$。而 $\rho+\rho'=(1520+942)/(300\times500)=1.64\%>0.5\%$，满足要求。

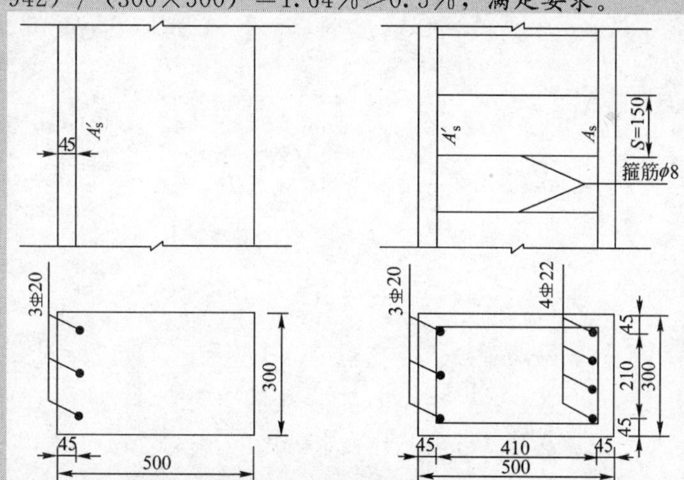

图 7-26　例题 7-4 截面配筋图

【例 7-5】

钢筋混凝土偏心受压构件，截面尺寸为 $b\times h=400\text{mm}\times500\text{mm}$，两个方向的计算长度均为 $l_0=4.0\text{m}$。混凝土等级为 C25，钢筋为 HRB335 级，承受轴向压力计算值 $N=1500\text{kN}$，弯矩计算值 $M=150\text{kN}\cdot\text{m}$。I 类环境条件，安全等级为二级。试进行配筋并进行截面复核。

解：$f_{cd}=11.5\text{MPa}$，$f_{sd}=f'_{sd}=280\text{MPa}$，$E_s=2.0\times10^5$，$\xi_b=0.56$，$\gamma_0=1.0$。

1）截面设计

轴向力计算值 $N=1500\text{kN}$，弯矩计算值 $M=150\text{kN}\cdot\text{m}$，可得到偏心距 e_0 为：

$$e_0=\frac{M}{N}=\frac{150\times10^6}{1500\times10^3}=100\text{mm}$$

弯矩作用平面内的长细比为 $\frac{l_0}{h}=\frac{4.0\times10^3}{500}=8>5$，故应考虑偏心距增大系数 η。η 值按式（7-10）计算。设 $a_s=a'_s=45\text{mm}$，则 $h_0=h-a_s=500-45=455\text{mm}$。

$$\zeta_1=0.2+2.7\frac{e_0}{h_0}=0.2+2.7\times\frac{100}{455}=0.79$$

$$\zeta_2=1.15-0.01\frac{l_0}{h}=1.15-0.01\times8=1.07>1\text{ 取 }\zeta_2=1.0$$

则：$$\eta=1+\frac{1}{1400e_0/h_0}\left(\frac{l_0}{h}\right)^2\zeta_1\zeta_2=1+\frac{1}{1400\times\frac{100}{455}}(8)^2\times0.79=1.16$$

（1）大、小偏心受压的初步判定

$\eta e_0=1.16\times100=116\text{mm}<0.3h_0$（$=0.3\times455=137\text{mm}$），故可先按小偏心受压情况进行设计。

（2）计算所需的纵向钢筋面积

本例属于小偏心受压求钢筋 A_s 和 A'_s 的情况。取 $A_s=0.002bh=0.002\times400\times500=400\text{mm}^2$，而：

$$e_s=\eta e_0+h/2-a_s=116+500/2-45=321\text{mm}$$

$$e'_s=\eta e_0-h/2+a'_s=116-500/2+45=-89\text{mm}$$

下面采用式（7-28）来计算 x 值。按式（7-28）有：

$$Ax^3+Bx^2+Cx+D=0$$

其中：
$$A=-0.5f_{cd}b=-0.5\times11.5\times400=-2300$$
$$B=f_{cd}ba'_s=11.5\times400\times45=207000$$
$$\begin{aligned}C&=\varepsilon_{cu}E_sA_s(a'_s-h_0)-Ne'_s=0.0033\times2\times10^5\times400(45-455)\\&\quad-1500\times10^3\times(-89)\\&=25260000\end{aligned}$$
$$\begin{aligned}D&=\beta\varepsilon_{cu}E_sA_s(h'_0-a'_s)h_0=0.8\times0.0033\times2\times10^5\times400(455-45)\times455\\&=3.94\times10^{10}\end{aligned}$$

用牛顿迭代法，可解得 $x=307\text{mm}$

取截面受压高度为 $x=307\text{mm}$，可得到 $\xi=\frac{x}{h_0}=\frac{307}{455}=0.675\begin{cases}>\xi_b\ (=0.56)\\<h/h_0\ (=1.099)\end{cases}$

故可按截面部分受压的小偏心受压构件计算。

以 $\xi=0.675$ 代入式（7-18），钢筋 A_s 中的应力为：

$$\sigma_s = \varepsilon_{cu} E_s \left(\frac{\beta}{\xi} - 1\right) = 0.0033 \times 2 \times 10^5 \left(\frac{0.8}{0.675} - 1\right)$$
$$= 122.22\text{MPa}(\text{拉应力})$$

将 $A_s = 400\text{mm}^2$、$\sigma_s = 122.22\text{MPa}$、$x = 307\text{mm}$ 及有关已知值代入式（7-12），可得到：

$$A'_s = \frac{N - f_{cd}bx + \sigma_s A_s}{f'_{sd}}$$
$$= \frac{1500 \times 10^3 - 11.5 \times 400 \times 307 + 122.22 \times 400}{280}$$
$$= 488\text{mm}^2 > \rho_{min} bh (= 0.002 \times 400 \times 500 = 400\text{mm}^2)$$

现选受拉钢筋为 3Φ14，$A_s = 462\text{mm}^2$；受压钢筋为 3Φ20，$A'_s = 942\text{mm}^2$。$\rho = 0.23\% > 0.2\%$，$\rho' = 0.47\% > 0.2\%$。$\rho + \rho' = 0.70\% > 0.5\%$。

设计的纵向钢筋沿截面短边 b 方向布置一排（图 7-27），因偏心压杆采用水平浇筑混凝土预制构件，故纵筋最小净距采用 30mm。设计截面中取 $a_s = a'_s = 45\text{mm}$，钢筋 A_s 的混凝土保护层的厚度为（45－18.4/2）＝35.8mm，满足规范要求。所需截面最小宽度 $b_{min} = 2 \times 35.8 + 3 \times 30 + 4 \times 18.4 = 235.2\text{mm} < b = 400\text{mm}$。

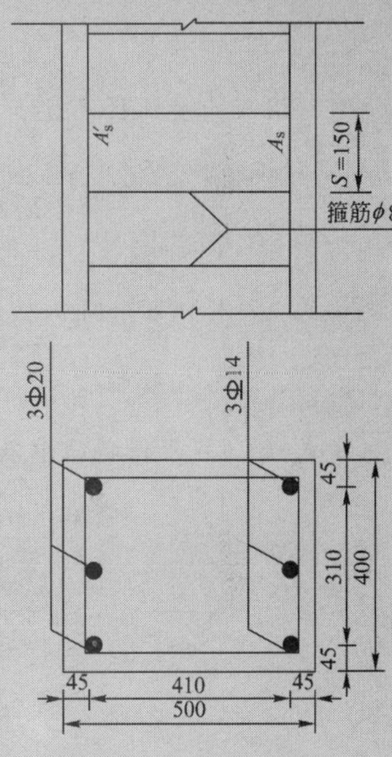

图 7-27 例 7-5 题截面配筋图（尺寸单位：mm）

2）截面复核

（1）垂直于弯矩作用平面的截面复核

因为长细比 $l_0/b = 4000/400 = 10 > 8$，故由附表 1-10 中可查得 $\varphi = 0.935$，则：

$$N_u = 0.9\varphi[f_{cd}bh + f'_{sd}(A_s + A'_s)]$$
$$= 0.9 \times 0.935[11.5 \times 400 \times 500 + 280(462 + 942)]$$
$$= 2266.26 \times 10^3\text{N} = 2266.26\text{kN} > N = 1500\text{kN}$$

满足设计要求。

（2）弯矩作用平面的截面复核

截面实际有效高度 $h_0 = 500 - 40 = 455\text{mm}$，计算得 $\eta = 1.16$。而 $\eta e_0 = 116\text{mm}$，则：

$$e_s = \eta e_0 + \frac{h}{2} - a_s = 116 + \frac{500}{2} - 45 = 321\text{mm}$$
$$e'_s = \eta e_0 - \frac{h}{2} + a'_s = 116 - \frac{500}{2} + 45 = -89\text{mm}$$

假定为大偏心受压，即取 $\sigma_s = f_{sd}$，由式（7-34）可解得混凝土受压区高度 x 为：

$$x = (h_0 - e_s) + \sqrt{(h_0 - e_s)^2 + 2 \times \frac{f_{sd}A_s e_s - f'_{sd}A'_s e'_s}{f_{cd}b}}$$

$$= (455 - 321) + \sqrt{(455 - 321)^2 + 2 \times \frac{280 \times 462 \times 321 - 280 \times 942 \times (-89)}{11.5 \times 400}}$$

$$= 349\text{mm}$$

则
$$\beta = \frac{x}{h_0} = \frac{349}{455} = 0.77 > \xi_b = 0.56$$

计算表明为小偏心受压。

由式（7-37）$Ax^2 + Bx + C = 0$

其中：

$$A = 0.5 f_{cd} b h_0$$

$$B = f_{cd} b h_0 (e_s - h_0) - \frac{f_{sd} A_s e_s}{\xi_b - \beta}$$

$$C = \left(\frac{\beta f_{sd} A_s e_s}{\xi_b - \beta} + f'_{sd} A'_s e'_s\right) h_0$$

可得混凝土受压区高度 x 为：

$$x = 319\text{mm} < 500\text{mm}$$

此时 $\xi - \frac{319}{455} = 0.70 \begin{cases} < h/h_0 = 500/455 = 1.10 \\ > \xi_b = 0.56 \end{cases}$，截面部分受压，部分受拉。

由式（7-30）可求得钢筋应力：

$$\sigma_s = \frac{f_{sd}}{\xi_b - \beta}(\xi - \beta) = \frac{280}{0.56 - 0.77}(0.70 - 0.77) = 93.3$$

由式（7-4）可得截面承载力为：

$$\begin{aligned} N_u &= f_{cd} b x + f'_{sd} A'_s - \sigma_s A_s \\ &= 11.5 \times 400 \times 319 + 280 \times 942 - 93.3 \times 462 \\ &= 1688.06 \times 10^3 \text{N} = 1688.06\text{kN} \\ &> N(= 1500\text{kN}) \end{aligned}$$

满足正截面承载力要求。

经截面复核，确认图 7-27 的截面设计。箍筋采用 $\phi 8$，间距按照普通箍筋柱构造要求选用。

【例 7-6】

钢筋混凝土偏心受压构件，截面尺寸 $b \times h = 400\text{mm} \times 600\text{mm}$，两个方向的计算长度均为 $l_0 = 4.5\text{m}$。I 类环境条件。轴向压力计算值为 $N = 450\text{kN}$，弯矩计算值为 $M = 280\text{kN} \cdot \text{m}$，C25 级混凝土，纵向钢筋为 HRB400 级，试求对称配筋时所需钢筋数量并复核截面。

解： $f_{cd} = 11.5\text{MPa}$，$f_{sd} = f'_{sd} = 330\text{MPa}$，$\xi_b = 0.53$

1）截面设计

由 $N = 450\text{kN}$，$M = 280\text{kN} \cdot \text{m}$，可得到偏心距为：

$$e_0 = \frac{M}{N} = \frac{280 \times 10^6}{450 \times 10^3} = 622\text{mm}$$

在弯矩作用方向，构件长细比 $l_0/h=4500/600=7.5>5$。设 $a_s=a'_s=50\text{mm}$，$h_0=h-a_s=550\text{mm}$，由式（7-10）可计算得到 $\eta=1.036$，$\eta e_0=644\text{mm}$。

（1）判别大、小偏心受压

由式（7-39）可得截面相对受压区高度 ξ 为：

$$\xi = \frac{N}{f_{cd}bh_0} = \frac{450 \times 10^3}{11.5 \times 400 \times 550} = 0.178 < \xi_b(=0.53)$$

故可按大偏心受压构件设计。

（2）求纵向钢筋面积

由 $\xi=0.178$，$h_0=550\text{mm}$，得到受压区高度：

$$x = \xi h_0 = 0.178 \times 550 = 98\text{mm} < 2a'_s = 100\text{mm}$$

而：

$$e_s = \eta e_0 + \frac{h}{2} - a_s = 644 + \frac{600}{2} - 50 = 894\text{mm}$$

$$e'_s = \eta e_0 - \frac{h}{2} + a'_s = 644 - \frac{600}{2} + 50 = 394\text{mm}$$

由式（7-26）可得到所需纵向钢筋面积为：

$$A_s = A'_s = \frac{Ne'_s}{f_{sd}(h_0 - a'_s)} = \frac{450 \times 10^3 \times 394}{330 \times (550 - 50)} = 1075\text{mm}^2$$

选每侧钢筋为 4 ⌀ 20，即 $A_s=A'_s=1256\text{mm}^2>0.002bh$（$=0.002\times400\times600=480\text{mm}^2$），$a_s$ 和 a'_s 取为 45mm，则每侧布置钢筋所需最小宽度 $b_{min}=2\times33.65+3\times50+4\times22.7=308.1\text{mm}<b$（$=400\text{mm}$）。截面布置如图 7-28，构造布置的复合箍筋略。

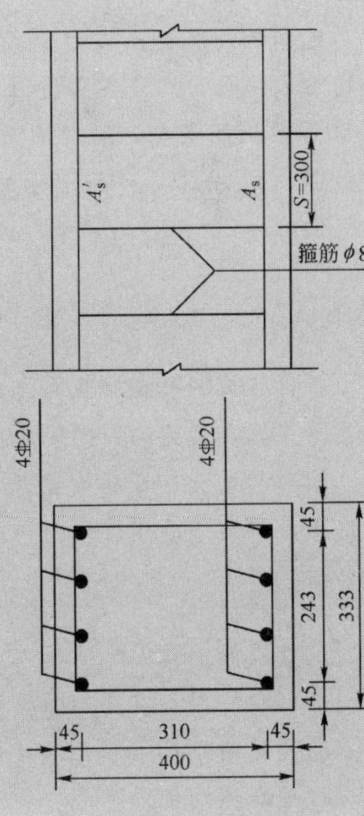

图 7-28 例题 7-6 截面配筋图（尺寸单位：mm）

2）截面复核

（1）在垂直于弯矩作用平面内的截面复核

长细比 $l_0/h=4500/400=11.3$，由附表 1-10 查得 $\varphi=0.96$，则：

$$N_u = 0.9\varphi(f_{cd}A + f'_{sd}A'_s) = 0.9 \times 0.96 \times (11.5 \times 400 \times 600 + 330 \times 1256) = 2742.75\text{kN} > N(=450\text{kN})$$

满足要求。

(2) 在弯矩作用平面内的截面复核

由图 7-28 可得到 $a_s=a'_s=45\text{mm}$，$A_s=A'_s=1256\text{mm}^2$，$h_0=555\text{mm}$。由式（7-10）求得 $\eta=1.036$，则 $\eta e_0=644\text{mm}$。$e_s=899\text{mm}$，$e'_s=389\text{mm}$。

假定为大偏心受压，即取 $\sigma_s=f_{sd}$，由式（7-34）可解得混凝土受压区高度 x 为：

$$x=(h_0-e_s)+\sqrt{(h_0-e_s)^2+\frac{2f_{sd}A_s(e_s-e'_s)}{f_{cd}b}}$$

$$=(555-899)+\sqrt{(555-899)^2+\frac{2\times330\times1256(899-389)}{11.5\times400}}$$

$$=114.5\text{mm}\begin{cases}<\xi_b h_0(=0.53\times555=294\text{mm})\\>2a'_s(=2\times45=90\text{mm})\end{cases}$$

故确为大偏心受压构件。

由式（7-12）可得截面承载力为：

$$N_u=f_{cd}bx=11.5\times400\times114.5=526.70\times10^3\text{N}=526.70\text{kN}>N(=450\text{kN})$$

满足要求。

【例 7-7】

已知钢筋混凝土偏心受压构件，截面尺寸 $b\times h=400\text{mm}\times500\text{mm}$。两个方向的计算长度均为 $l_0=4.0\text{m}$。I 类环境条件。承受计算轴力 $N=2500\text{kN}$，计算弯矩 $M=190\text{kN}\cdot\text{m}$。采用 C35 级混凝土，纵向钢筋为 HRB335 级。对称布筋，试求纵向钢筋所需面积。

解： $f_{cd}=16.1\text{MPa}$，$f_{sd}=f'_{sd}=280\text{MPa}$，$\xi_b=0.56$，$\beta=0.8$

由 $N=2500\text{kN}$，$M=1900\text{kN}\cdot\text{m}$，可得到偏心距 e_0 为：

$$e_0=\frac{M}{N}=\frac{190\times10^6}{2500\times10^3}=76\text{mm}$$

构件在弯矩作用方向的长细比 $l_0/h=4000/500=8.0>5$。设 $a_s=a'_s=45\text{mm}$，$h_0=h-a_s=455\text{mm}$。由式（7-10）计算得到偏心距增大系数 $\eta=1.178$，则 $\eta e_0=90\text{mm}$。

(1) 判别大、小偏心受压

由式（7-39）可得到：

$$\xi=\frac{N}{f_{cd}bh_0}=\frac{2500\times10^3}{16.1\times400\times455}$$

$$=0.853>\xi_b(=0.56)$$

故应按照小偏心受压构件设计。

(2) 求纵向钢筋面积

由 $\eta e_0=90\text{mm}$，可求得 $e_s=\eta e_0+h/2-a_s=90+500/2-45=295\text{mm}$，$e'_s=\eta e_0-h/2+a'_s=90-500/2+45=-115\text{mm}$，按式（7-41）计算 ξ 值为：

$$\xi=\frac{N-f_{cd}bh_0\xi_b}{\dfrac{Ne_s-0.43f_{cd}bh_0^2}{(\beta-\xi_b)(h_0-a'_s)}+f_{cd}bh_0}+\xi_b$$

$$=\frac{2500\times10^3-16.1\times400\times455\times0.56}{\dfrac{2500\times10^3\times295-0.43\times16.1\times400\times455^2}{(0.8-0.56)(455-45)}+16.1\times400\times455}+0.56$$

$$=0.747>\xi_b(=0.56)$$

将 $\xi=0.747$ 代入式（7-40）可得到：

$$A_s=A'_s=\frac{Ne_s-\xi(1-0.5\xi)f_{cd}bh_0^2}{f'_{sd}(h_0-a'_s)}$$

$$=\frac{2500\times10^3\times295-0.76(1-0.5\times0.76)\times16.1\times400\times455^2}{280\times(455-45)}$$

$$=925\text{mm}^2$$

截面每侧设置3Φ22，$A_s=A'_s=1140\text{mm}^2>0.002bh$（$=400\text{mm}^2$），截面所需最小宽度 $b_{min}=2\times32.45+2\times50+3\times25.1=240.2\text{mm}<h$（$=400\text{mm}$）。而 $a_s=a'_s=45\text{mm}$，截面布置如图7-29。

【例7-8】

某工字形截面柱，截面尺寸 $b\times h=100\text{mm}\times900\text{mm}$，$b_f=b'_f=400\text{mm}$，$h_f=h'_f=150\text{mm}$，构件计算长度 $l_{0x}=l_{0y}=5.5\text{m}$，承受轴压力设计值 $N=2000\text{kN}$，弯矩设计值 $M=800\text{kN}\cdot\text{m}$，Ⅰ类环境条件，采用C35级混凝土和HRB400级钢筋。求对称配筋时纵向钢筋的面积。

解： $f_{cd}=16.1\text{MPa}$；$f_{sd}=330\text{MPa}$，$\xi_b=0.53$，$\beta=0.8$，$\gamma_0=1.0$。图7-30b）为计算截

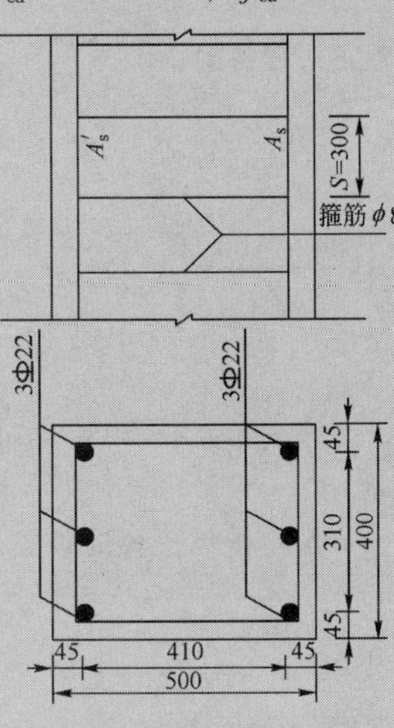

图7-29　例题7-7截面配筋图（尺寸单位：mm）

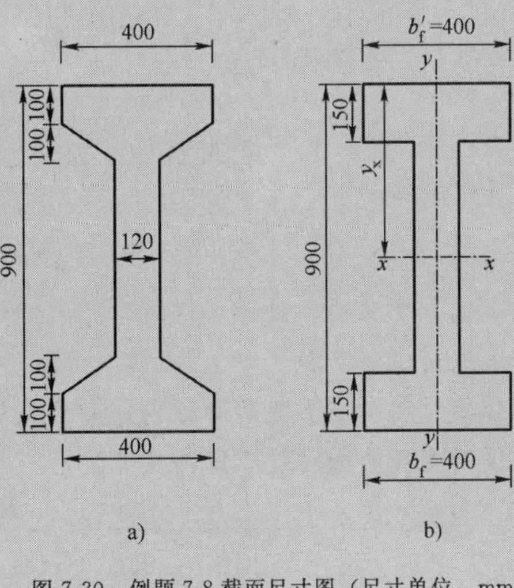

图7-30　例题7-8截面尺寸图（尺寸单位：mm）

a）截面实际尺寸；b）计算时截面尺寸

面，$b_f=b'_f=400\text{mm}$，$h_f=h'_f=150\text{mm}$，$b=120\text{mm}$，$h=900\text{mm}$。

1）截面设计

由已知 $N=2000\text{kN}$，$M=800\text{kN}\cdot\text{m}$，得到偏心距 e_0 为：

$$e_0=\frac{M}{N}=\frac{800\times10^6}{2000\times10^3}=400\text{mm}$$

设 $a_s=a'_s=50\text{mm}$，则 $h_0=h-a_s=900-50=850\text{mm}$，长细比 $l_{0x}/h=5500/900=6.11$，则可得到：

$$\zeta_1=0.2+2.7\times\frac{400}{850}$$

$$=1.47>1,\text{取}\ \zeta_1=1$$

$$\zeta_2=1.15-0.01\times\frac{5500}{900}$$

$$=1.09>1,\text{取}\ \zeta_2=1$$

$$\eta=1+\frac{1}{1400(e_0/h_0)}\left(\frac{l_0}{h}\right)^2\zeta_1\zeta_2$$

$$=1+\frac{1}{1400(400/850)}\left(\frac{5500}{900}\right)^2\times1\times1$$

$$=1.06$$

$$\eta e_0=1.06\times400=424\text{mm}$$

（1）大、小偏心受压的初步判定

假设为大偏心受压，且中和轴在肋板内，则由式（7-56）可得到：

$$\xi=\frac{N-f_{cd}(b'_f-b)h'_f}{f_{cd}bh_0}$$

$$=\frac{2000\times10^3-16.1\times(400-120)\times150}{16.1\times120\times850}$$

$$=0.806>\xi_b(=0.53)$$

故按小偏心受压构件设计。这时，$e_s=\eta e_0+h/2-a_s=424+900/2-50=824\text{mm}$。

（2）求纵向钢筋面积

设中和轴位于工字形截面肋板内，即为 $\xi_b h_0<x\leqslant(h-h_f)$ 情况。按近似公式（7-60）来计算小偏心受压的相对受压区高度 ξ 为：

$$\xi=\frac{N-f_{cd}[(b'_s-b)h'_f+b\xi_b h_0]}{\dfrac{Ne_s-f_{cd}\left[(b'_f-b)h'_f\left(h_0-\dfrac{h'_f}{2}\right)+0.43bh_0^2\right]}{(\beta-\xi_b)(h_0-a'_s)}+f_{cd}bh_0}+\xi_b$$

$$=\frac{2000\times10^3-16.1\times[(400-120)\times150+120\times0.53\times850]}{\frac{2000\times10^3\times824-16.1\times\left[(400-120)\times150\times\left(850-\frac{150}{2}\right)+0.43\times120\times(850)^2\right]}{(0.8-0.53)(850-50)}+16.1\times120\times850}+0.53$$

$=0.641$

受压区高度 $x=\xi h_0=0.641\times850=545\text{mm}$，位于肋板内。所需的钢筋面积 $A_s=A'_s$ 由式（7-47）可求得：

$$A_s=A'_s=\frac{Ne_s-f_{cd}(b'_f-b)h'_f\left(h_0-\frac{h'_f}{2}\right)-f_{cd}bx\left(h_0-\frac{x}{2}\right)}{f'_{sd}(h_0-a'_s)}$$

$$=\frac{2000\times10^3\times824-16.1\times(400-120)\times150\times\left(850-\frac{150}{2}\right)-16.1\times120\times545\times\left(850-\frac{545}{2}\right)}{330\times(850-50)}$$

$=1954\text{mm}^2$

取受压钢筋和受拉钢筋均为 4 ⌀25，$A_s=A'_s=1964\text{mm}^2$，全部纵向钢筋配筋率 $\rho+\rho'=\frac{2\times1964}{192000}=2.05\%>0.6\%$，其中构件毛截面面积 $A=192000\text{mm}^2$，一侧纵向钢筋配筋率 $\rho=\frac{1964}{192000}=1.02\%>0.2\%$，满足要求。取 $a=a'=45\text{mm}$，钢筋布置如图 7-31。

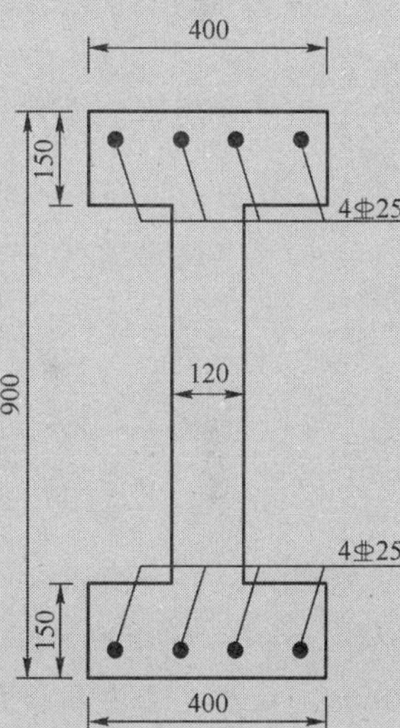

图 7-31　例题 7-8 的截面配筋图（尺寸单位：mm）

2）截面复核

（1）在垂直于弯矩作用平面内的截面复核

对截面 $y—y$ 轴的惯矩及回转半径分别为：

$$I_{hy}=\frac{2\times150\times400^3}{12}+\frac{600\times120^3}{12}=1.69\times10^9\text{mm}^4$$

$$r_y=\sqrt{\frac{I_{hy}}{A}}=\sqrt{\frac{1.69\times10^9}{192000}}=93.82$$

长细比 $l_{oy}/r_y=5500/93.82=58.62$，查附表 1-10 可得 $\varphi=0.84$，则可得到：

$$\begin{aligned}N_u&=0.9\varphi(f_{cd}A+2f'_{sd}A'_s)\\&=0.9\times0.84\times(16.1\times192000+2\times330\times1964)\\&=3317\times10^3\text{N}=3317\text{kN}>N(=2000\text{kN})\end{aligned}$$

（2）在弯矩作用平面内的截面复核

由截面设计及图 7-31 可得，$\eta e_0=424\text{mm}$，$A_s=A'_s=1964\text{mm}^2$，$a_s=a'_s=45\text{mm}$，$h_0=855\text{mm}$，$e_s=829\text{mm}$，$e'_s=\eta e_0-h/2+a'_s=424-900/2+45=19\text{mm}$。

设中和轴位于肋板内的大偏心受压，取 $\sigma_s=f_{sd}$，由式（7-48）计算得到 $x=740\text{mm}>\xi_b h_0=453\text{mm}$，故应为小偏心受压构件。

设小偏心受压构件的截面中和轴位于肋板内，则可由式（7-48）和式（7-30）来求解相对受压区高度系数，即：

$$f_{cd}bx\left(e_s-h_0+\frac{x}{2}\right)+f_{cd}(b'_f-b)h'_f\left(e_s-h_0+\frac{h'_f}{2}\right)=\sigma_s A_s e_s-f'_{sd}A'_s e'_s$$

$$\sigma_s=\varepsilon_{cu}E_s\left(\frac{\beta}{\xi}-1\right)$$

则可得到关于 ξ 的一元三次方程为：

$$A\xi^3+B\xi^2+C\xi+D=0$$

其中：

$$A=0.5f_{cd}bh_0^2=0.5\times16.1\times120\times855^2=7.062\times10^8$$

$$B=f_{cd}b(e_s-h_0)h_0=16.1\times120\times(829-855)\times855=-0.4295\times10^8$$

$$C=f_{cd}(b'_f-b)h'_f\left(e_s-h_0+\frac{h'_f}{2}\right)+f'_{sd}A'_s e'_s+\varepsilon_{cu}E_s A_s e_s$$

$$=16.1\times(400-120)\times150\times\left(829-855+\frac{150}{2}\right)+330\times1964\times19$$

$$+0.0033\times2\times10^5\times1964\times829$$

$$=11.20\times10^8$$

$$D=-\varepsilon_{cu}E_s\beta e_s A_s=-0.0033\times2\times10^5\times0.8\times829\times1964=-8.60\times10^8$$

解得：$\xi=0.66>\xi_b=0.53$

且 $x=\xi h_0=0.66\times855=564\text{mm}<h-h_f=900-150=750\text{mm}$，故确定为中和轴在肋板内的小偏心受压。

钢筋 A_s 中的应力（σ_s）为：

$$\sigma_s=\varepsilon_{cu}E_s\left(\frac{\beta}{\xi}-1\right)=0.0033\times2\times10^5\times\left(\frac{0.8}{0.66}-1\right)$$

$$=140\text{MPa}(\text{拉应力})$$

截面承载力 N_u 由式（7-46）可求得：

$$N_u=f_{cd}[bx+(b'_f-b)h'_f]+(f'_{sd}-\sigma_s)A'_s$$

$$=16.1\times[120\times564+(400-120)\times150]$$

$$+(330-140)\times1964$$

$$=2139.01\times10^3\text{N}=2139.01\text{kN}>N(=2000\text{kN})$$

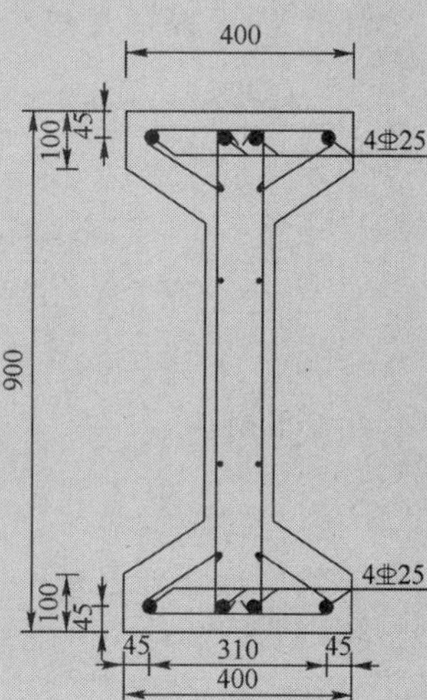

图 7-32 例题 7-8 的截面钢筋布置图（尺寸单位：mm）

故满足设计要求。实际截面的钢筋布置如图 7-32。Φ25

为计算所得的纵向钢筋，其余则为构造设置的纵向钢筋Φ10。箍筋为叠套箍筋，直径为ϕ8，箍筋间距 $S=300$mm。

【例 7-9】

已知柱式桥墩的柱直径 $d=1.5$m，计算长度 $l_0=8.0$m，柱控制截面的轴向力计算值 $N=9500$kN，弯矩计算值 $M=1500$kN·m，采用 C25 级混凝土，HRB335 级钢筋。试进行配筋计算并进行截面复核。

解：由已知条件，得到 $f_{cd}=11.5$MPa，$f_{sd}=280$MPa

1）截面配筋计算

(1) 计算偏心距增大系数为：

$$e_= \frac{M}{N}=\frac{1500\times10^6}{9500\times10^3}=158\text{mm}$$

长细比$\frac{l_0}{d}=\frac{8.0\times10^3}{1.5\times10^3}=5.33>4.4$，应考虑纵向弯曲对偏心距的影响。取 $r_s=0.9r=0.90\times750=675$mm，则截面有效高度 $h_0=r+r_s=750+675=1425$mm。由式（7-10）可求得 $\eta=1.09$，则 $\eta e_0=1.09\times158=172$mm。

(2) 计算受压区高度系数

由式（7-76）可得到：

$$\begin{aligned}\rho&=\frac{f_{cd}}{f_{sd}}\cdot\frac{Br-A(\eta e_0)}{C(\eta e_0)-Dgr}\\&=\frac{11.5}{280}\times\frac{B\times750-A\times172}{C\times172-D\times0.9\times750}\\&=\frac{8625B-1978A}{48160C-189000D}\end{aligned}$$

由式（7-74）可得到：

$$\begin{aligned}N_u&=Ar^2f_{cd}+C\rho r^2f_{sd}\\&=A\times(750)^2\times11.5+C\rho\times(750)^2\times280\\&=6468750A+157500000C\rho\end{aligned}$$

以下采用试算法列表计算（各系数查附表 1-11），见表 7-2。

例 7-9 的查表计算 表 7-2

ξ	A	B	C	D	ρ	N_u (N)	N (N)	N_u/N
0.64	1.6188	0.6661	0.7373	1.6763	−0.00904	9421819	9500000	0.99
0.65	1.6508	0.6651	0.808	1.6343	−0.00915	9513719	9500000	1.00
0.66	1.6827	0.6635	0.8766	1.5933	−0.00925	9608227	9500000	1.01

由计算表可见，当 $\xi=0.65$ 时，计算纵向力 N_u 与设计值 N 相近。这时得到 $\rho=-0.00915$。

(3) 求所需的纵向钢筋截面积

由于 $\rho=-0.00915$ 小于规定的最小配筋率 $\rho_{min}=0.005$，故采用 $\rho=0.005$ 计算。由式 (7-77)，可得到：

$A_s\rho\pi r^2=0.005\times3.14\times750^2=8831mm^2$

现选用 20 ⌀ 25，$A_s=9818mm^2$，实际配筋率 $\rho=4A_s/(\pi d_1^2)=4\times9818/(3.14\times1500^2)=0.56\%>0.5\%$，钢筋布置如图 7-33，$a_s=45mm$；纵向钢筋间净距为 207mm，满足规定的净距不应小于 50mm 且不应大于 350mm 的要求。

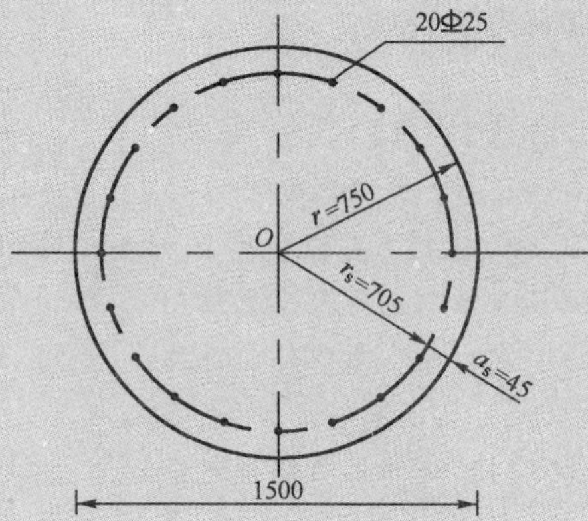

图 7-33 例题 7-9 截面配筋图

(尺寸单位：mm)

2) 截面承载力复核

$\eta e_0=172mm$，$a_s=45mm$，$r_s=705mm$，$g=0.94$。

(1) 在垂直于弯矩作用平面内长细比 $\frac{l_0}{d}=\frac{8.0\times10^3}{1.5\times10^3}=5.33<7$，故稳定系数 $\varphi=1$。

混凝土截面积为 $A_c=\frac{\pi d^2}{4}=\frac{3.14\times1500^2}{4}=1766250mm^2$，实际纵向钢筋面积 $A_s=9818mm^2$，则在垂直于弯矩作用平面的承载力为：

$$\begin{aligned}N_u&=0.9\varphi(f_{cd}A_c+f'_{sd}A_s)\\&=0.9\times1\times(11.5\times766250+280\times9818)\\&=20754.82\times10^3N=20754.82kN>N(=9500kN)\end{aligned}$$

(2) 在弯矩作用平面内

由式 (7-78)，可得到：

$$\begin{aligned}\eta e_0&=\frac{Bf_{cd}+D\rho gf_{sd}}{Af_{cd}+C\rho f_{sd}}r\\&=\frac{B\times11.5+D\times0.0056\times0.94\times280}{A\times11.5+C\times0.0056\times280}\times750\\&=\frac{8625B+1105.44D}{11.5A+1568C}\end{aligned}$$

以下采用试算法列表计算 (表 7-3) 各系数查附表 1-11。

例 7-9 的查表计算　　表 7-3

ξ	A	B	C	D	(ηe_0) (mm)	ηe_0 (mm)	$(\eta e_0)/\eta e_0$
0.88	2.3636	0.5073	1.9503	0.9161	178.2	172	1.04
0.89	2.3927	0.4952	1.9846	0.893	171.7	172	1.00
0.90	2.4215	0.4828	2.0181	0.8704	165.3	172	0.96

由计算表可见，当 $\xi=0.89$ 时，$(\eta e_0)=171.7$，与设计的 $\eta e_0=172\text{mm}$ 很接近，故取 $\xi=0.89$ 为计算值。

在弯矩作用平面内的承载力为：

$$N_u=Ar^2f_{cd}+C\rho r^2f_{sd}$$
$$=2.3927\times750^2\times11.5+1.9846\times0.0056\times750^2\times280$$
$$=17228.20\times10^3\text{N}=17228.20\text{kN}>N(=9500\text{kN})$$

本章小结

本章首先介绍了普通箍筋柱与螺旋箍筋柱的正截面承载力计算方法和基本构造要求，然后重点讨论了矩形截面、T形与I形截面以及圆形截面偏心受压构件的正截面承载力计算方法。

本章学习中应掌握以下几个方面的内容：

(1) 配有纵向钢筋和普通箍筋的轴心受压构件正截面承载力计算方法；

(2) 配有纵向钢筋和螺旋箍筋的轴心受压构件正截面承载力计算方法以及公式的有关规定；

(3) 偏心受压构件正截面受力特点和破坏形态；

(4) 矩形截面偏心受压构件的计算图式、基本计算公式及适应条件；

(5) 截面设计时与截面复核时大小偏心受压的判别方法；

(6) I形与T形截面偏心受压构件的计算方法；

(7) 运用试算法进行圆形截面偏心受压构件的截面设计与截面复核。

同时应注意：小偏心受压时，A_s 达不到 f_{sd}，甚至可能是压应力；承载力复核时要考虑弯矩作用面与其垂直面两种情况，特别注意两个方向的长细比可能不同。

思考题与习题

7-1　配有纵向钢筋和普通箍筋的轴心受压短柱与长柱的破坏形态有何不同？什么叫做长柱的稳定系数 φ？影响稳定系数 φ 的主要因素有哪些？

7-2　对于轴心受压普通箍筋柱，《公桥规》为什么规定纵向受压钢筋的最大配筋率和最小配筋率？

7-3　配有纵向钢筋和普通箍筋的轴向受压构件与配有纵向钢筋和螺旋箍筋的轴心受压构件的正截面承载力计算有何不同？

7-4　简述钢筋混凝土偏心受压构件的破坏形态和破坏类型。

7-5　偏心距增大系数 η 的物理意义是什么？其与哪些因素有关？

7-6　钢筋混凝土矩形截面（非对称配筋）偏心受压构件的截面设计和截面复核中，如何判断是大偏心受压还是小偏心受压？

7-7　试根据7.5.2节的内容，写出矩形截面偏心受压构件非对称配筋的计算流程图和截面复核的计算流程图。

7-8　某配有纵向钢筋和普通箍筋的轴心受压构件，截面尺寸为 $b \times h = 250\text{mm} \times 250\text{mm}$，构件计算长度 $l_0 = 5\text{m}$。C25 混凝土，HRB335 级钢筋，纵向钢筋为 4 Φ 20。I 类环境条件，安全等级为二级。试求该柱所能承受的最大轴向压力组合设计值。

7-9　一配有纵向钢筋和螺旋箍筋的轴心受压构件，截面为圆形，直径 $d = 500\text{mm}$，构件计算长度 $l_0 = 4\text{m}$。C25 混凝土，纵向钢筋采用 HRB335 级钢筋，箍筋采用 R235 级钢筋。II 类环境条件，安全等级为一级。轴向压力组合设计值 $N_d = 600\text{kN}$，试进行构件的截面设计和承载力复核。

7-10　一矩形截面偏心受压构件，截面尺寸为 $b \times h = 300\text{mm} \times 550\text{mm}$，弯矩作用平面内的构件计算长度 $l_0 = 5.5\text{m}$。C30 混凝土，HRB400 级钢筋。I 类环境条件，安全等级为二级。轴向力组合设计值 $N_d = 560\text{kN}$，相应弯矩组合设计值 $M_d = 350\text{kN} \cdot \text{m}$，试对截面进行配筋并进行截面复核。

7-11　一矩形截面偏心受压构件，截面尺寸为 $b \times h = 300\text{mm} \times 450\text{mm}$，弯矩作用平面内的构件计算长度 $l_0 = 4\text{m}$。C25 混凝土，HRB335 级钢筋。I 类环境条件，安全等级为二级。轴向力组合设计值 $N_d = 170\text{KN}$，相应弯矩组合设计值 $M_d = 120\text{kN} \cdot \text{m}$，现截面受压区已配置了 3 Φ 20 钢筋（单排），$a'_s = 40\text{mm}$，试计算所需的受拉钢筋面积 A_s，并选择与布置受拉钢筋。

7-12　矩形截面偏心受压构件的截面尺寸为 $b \times h = 300\text{mm} \times 600\text{mm}$，弯矩作用平面内和垂直于弯矩作用平面的计算长度 $l_0 = 5\text{m}$。C25 混凝土和 HRB335 级钢筋。I 类环境条件，安全等级为二级。轴向力组合设计值 $N_d = 2650\text{KN}$，相应弯矩组合设计值 $M_d = 100\text{kN} \cdot \text{m}$，试按非对称布筋进行截面设计和截面复核。

7-13　矩形截面偏心受压构件的截面尺寸为 $b \times h = 250\text{mm} \times 400\text{mm}$，弯矩作用平面内和垂直于弯矩作用平面的计算长度均为 $l_0 = 3.0\text{m}$。C30 混凝土和 HRB335 级钢筋。I 类环境条件，安全等级为二级。轴向力组合设计值 $N_d = 140\text{kN}$，相应弯矩组合设计值 $M_d = 60\text{kN} \cdot \text{m}$，试按对称布筋进行截面设计和截面复核。

7-14　工字形截面偏心受压构件的截面如图 7-34，弯矩作用平面内的计算长度 $l_{0x} = 5.0\text{m}$，垂直于弯矩作用平面方向的计算长度 $l_{0y} = 7.0\text{m}$。C25 混凝土和 HRB335 级钢筋。$A_s = A'_s = 1257\text{mm}^2$（4 Φ 20）。I 类环境条件，安全等级为二级。轴向力组合设计值 $N_d = 560\text{kN}$，相应弯矩组合设计值 $M_d = 750\text{kN} \cdot \text{m}$，试进行截面复核。

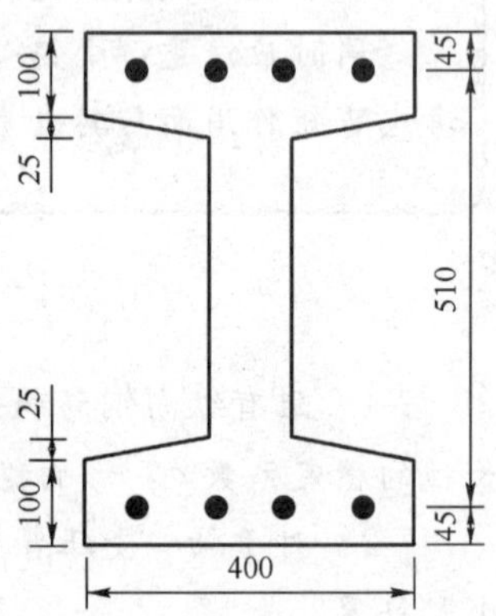

图 7-34　习题 7-14 图

（尺寸单位：mm）

7-15　试编写求解圆形截面偏心受压构件的计算程序。

第8章　受拉构件承载力计算

当构件上作用有纵向拉力且其作用线与构件截面形心轴线相重合时，此类构件即为轴心受拉构件。当纵向拉力作用线偏离构件截面形心轴线时，或者构件上既作用有拉力，同时又作用有弯矩时，则为偏心受拉构件。

在桥梁工程中常见的受拉构件有：桁架拱桥、桁架梁桥中的拉杆和系杆拱桥的系杆等。

钢筋混凝土受拉构件需配置纵向钢筋和箍筋，箍筋直径应不小于8mm，间距一般为150～200mm。由于混凝土的抗拉强度很低，所以，钢筋混凝土受拉构件即使在外力不甚大时，混凝土就会出现表面裂缝。为此，可对受拉构件施加一定的预应力以改善受拉构件的抗裂性能。

8.1　轴心受拉构件

钢筋混凝土轴心受拉构件，在开裂以前，混凝土与钢筋共同负担拉力。当构件开裂后，裂缝截面处的混凝土已完全退出工作，全部拉力由钢筋承担。而当钢筋拉应力到达屈服强度时，构件也到达其极限承载能力，故其正截面承载力计算式为：

$$\gamma_0 N_d \leqslant N_u = f_{sd} A_s \tag{8-1}$$

式中：N_d——轴向拉力设计值；

f_{sd}——钢筋抗拉强度设计值；

A_s——截面上全部纵向受拉钢筋截面面积。

取轴向力计算值 $N=\gamma_0 N_d$，则由式（8-1）可得轴心受拉构件所需的纵向钢筋面积并应满足：

$$A_s = \frac{N}{f_{sd}} > \rho_{min} bh$$

《公桥规》规定轴心受拉构件一侧纵筋的配筋率（%）应按毛截面面积计算，其值应不小于 $45 f_{td}/f_{sd}$，同时不小于0.2。

8.2　偏心受拉构件

按照纵向拉力作用位置的不同，偏心受拉构件可分为两种情况：当偏心拉力作用点在截面钢筋 A_s 合力点与 A'_s 合力点之间时，属于小偏心受拉情况；当偏心拉力作用点在截面钢筋 A_s 合力点与 A'_s 合力点范围以外时，属于大偏心受拉情况。

由于偏心受拉构件一般采用矩形截面，故本节仅介绍矩形截面偏心受拉构件的正截面承载力计算。

8.2.1 小偏心受拉构件的正截面承载力计算

在小偏心受拉情况下，构件临破坏前截面混凝土已全部裂通，拉力完全由钢筋承担。因此，小偏心受拉构件的正截面承载力计算图式（图 8-1）中，不考虑混凝土的受拉工作；构件破坏时，钢筋 A_s 及 A'_s 的应力均达到抗拉强度设计值 f_{sd}，基本计算式如下：

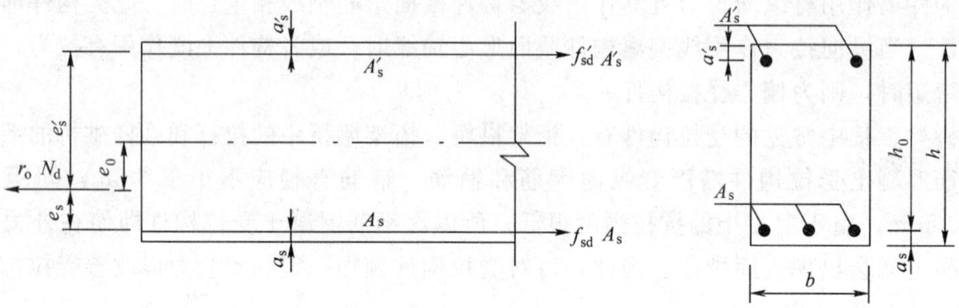

图 8-1 小偏心受拉构件正截面承载力计算图式

$$\gamma_0 N_d e_s \leqslant N_u e_s = f_{sd} A'_s (h_0 - a'_s) \tag{8-2}$$

$$\gamma_0 N_d e'_s \leqslant N_u e'_s = f_{sd} A_s (h_0 - a'_s) \tag{8-3}$$

式中：

$$e_s = \frac{h}{2} - e_0 - a_s \tag{8-4}$$

$$e'_s = e_0 + \frac{h}{2} - a'_s \tag{8-5}$$

在设计中，如有若干组不同的内力组合（M_d、N_d）时，应按最大的轴向拉力组合设计值 N_d 与相应的弯矩组合设计值 M_d 计算钢筋面积。当对称布筋时，离轴向力较远一侧的钢筋 A'_s 的应力可能达不到其抗拉强度设计值，因此，截面设计时，钢筋 A_s 和 A'_s 值均按式 (8-2) 来求解。

《公桥规》规定小偏心受拉构件一侧受拉纵筋的配筋率（%）应按构件毛截面面积计算，其值应不小于 $45f_{td}/f_{sd}$，同时不小于 0.2%。

8.2.2 大偏心受拉构件的正截面承载力计算

对于正常配筋的矩形截面，当轴向力作用在钢筋 A_s 合力点和 A'_s 合力点范围以外时，离轴向力较近一侧将产生裂缝，而离轴向力较远一侧的混凝土仍然受压。因此，裂缝不会贯通整个截面。破坏时，钢筋 A_s 的应力达到其抗拉强度，裂缝开展很大，受压区混凝土被压碎。当受拉钢筋配筋率不很大时，受压区混凝土压碎程度往往不明显。在这种情况下，一般以裂缝开展宽度超过某一限值作为截面破坏的标志。这种破坏特征称为大偏心受拉破坏。

矩形截面大偏心受拉构件正截面承载力计算图式如图 8-2 所示，纵向受拉钢筋 A_s 的应力达到其抗拉强度设计值 f_{sd}，受压区混凝土应力图形可简化为矩形，其应力为混凝土抗压强度设计值 f_{cd}。受压钢筋 A'_s 的应力可假定达到其抗压强度设计值。根据平衡条件可得基本计算式如下：

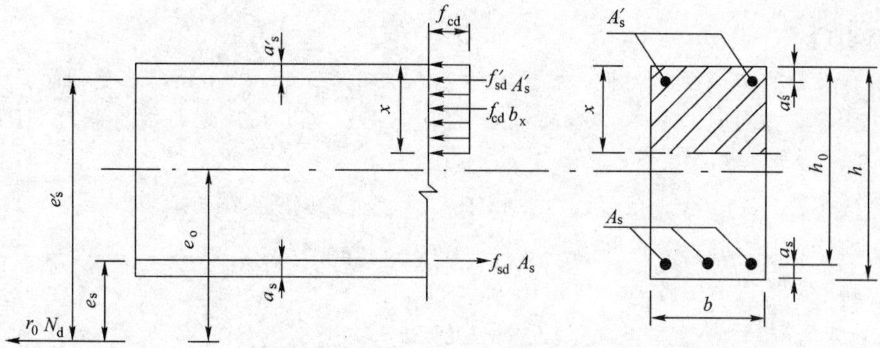

图 8-2　大偏心受拉构件计算图式

$$\gamma_0 N_d \leqslant N_u = f_{sd}A_s - f'_{sd}A'_s - f_{cd}bx \tag{8-6}$$

$$\gamma_0 N_d e_s \leqslant N_u e_s = f_{cd}bx\left(h_0 - \frac{x}{2}\right) + f'_{sd}A'_s(h_0 - a'_s) \tag{8-7}$$

$$f_{sd}A_s e_s - f'_{sd}A'_s e'_s = f_{cd}bx\left(e_s + h_0 - \frac{x}{2}\right) \tag{8-8}$$

式中：

$$e_s = e_0 - \frac{h}{2} + a_s$$

公式的适用条件是：

$$2a'_s \leqslant x \leqslant \xi_b h_0 \tag{8-9}$$

式中：ξ_b——混凝土相对界限受压区高度界，其值见表 4-2。

当不满足式（8-9）中 $x \geqslant 2a'_s$ 要求时，因受压钢筋离中和轴距离很近，破坏时其应力不能达到抗压强度设计值。此时，可假定混凝土合力中心与受压钢筋 A'_s 重合，即近似地取 $x=2a'_s$ 进行承载力计算，计算式为：

$$\gamma_0 N_d e'_s \leqslant N_u = f_{sd}A_s(h_0 - a'_s) \tag{8-10}$$

在大偏心受拉构件设计时，为了能充分发挥材料的强度，宜取 $x=\xi_b h_0$，由此，从式（8-6）和式（8-7）可得到：

$$A'_s = \frac{\gamma_0 N_d e_s - f_{cd}bh_0^2\xi_b(1-0.5\xi_b)}{f'_{sd}(h_0 - a'_s)} \tag{8-11}$$

$$A_s = \frac{\gamma_0 N_d + f'_{sd}A'_s + f_{cd}bh_0\xi_b}{f_{sd}} \tag{8-12}$$

若按式（8-11）求得的 A'_s 过小或为负值，可按最小配筋率或有关构造要求配置 A'_s，然后按式（8-6）～式（8-8）计算 A_s。一般情况下，计算的 x 往往小于 $2a'_s$，这时可按式（8-10）求 A_s。

当为对称配筋的大偏心受拉构件时，由于 $f_{sd}=f'_{sd}$，$A_s=A'_s$，若将上述各值代入式（8-6）后，必然会求得负值 x，亦即属于 $x<2a'$ 的情况。此时可按式（8-10）求得 A'_s 值。

《公桥规》规定大偏心受拉构件一侧受拉纵筋的配筋百分率（%）按 A_s/bh_0 计算，其中 h_0 为截面有效高度。其值应不小于 $45f_{td}/f_{sd}$，同时不小于 0.2%。

【例 8-1】

某钢筋混凝土偏心受拉构件，截面尺寸 $b\times h=300\text{mm}\times400\text{mm}$，承受轴向拉力设计值 $N_d=700\text{kN}$，弯矩设计值 $M_d=85\text{kN}\cdot\text{m}$，混凝土等级为 C25，纵向钢筋采用 HRB400 级。I 类环境条件，安全等级为二级，试求截面配筋。

解： $f_{cd}=11.5\text{MPa}$，$f_{td}=1.23\text{MPa}$，$f_{sd}=330\text{MPa}$

设 $a_s=a'_s=40\text{mm}$，$h_0=h-a_s=400-40=360\text{mm}$，$h'_0=360\text{mm}$

(1) 判断偏心情况

$$N=\gamma_0 N_d=1.0\times700=700\text{kN}$$

$$M=\gamma_0 M_d=1.0\times85=85\text{kN}\cdot\text{m}$$

$$e_0=\frac{85\times10^6}{700\times10^3}=121\text{mm}<\frac{h}{2}-a_s\left(=\frac{400}{2}-40=160\text{mm}\right)$$

表明纵向力作用在钢筋 A_s 和 A'_s 合力点之间，属小偏心受拉。

(2) 计算 A_s 和 A'_s

由式（8-4）和式（8-5）可得到：

$$e'_s=121+\frac{400}{2}-40=281\text{mm}$$

$$e_s=\frac{400}{2}-121+40=119\text{mm}$$

由式（8-2）可得到：

$$A'_s=\frac{\gamma_0 N_d\cdot e_s}{f_{sd}(h_0-a'_s)}=\frac{1.0\times700\times10^3\times119}{330\times(360-40)}$$

$$=789\text{mm}^2$$

选用 3 ⌀20，$A'_s=942\text{mm}^2$。

由式（8-3）可得到：

$$A_s=\frac{\gamma_0 N_d\cdot e'_s}{f_{sd}(h'_0-a_s)}=\frac{1.0\times700\times10^3\times281}{330\times(360-40)}$$

$$=1863\text{mm}^2$$

选用 4 ⌀25（图 8-3），$A_s=1964\text{mm}^2$。

《公路桥规》规定的一侧受拉钢筋最小配筋率 $\rho_{min}=45f_{td}/f_{sd}=45\times1.23/330=0.17$，同时不应小于 0.2，故取 $\rho_{min}=0.2$，一侧纵筋最小配筋面积为 $0.2\%\times bh=0.2\%\times250\times400=200\text{mm}^2$。图 8-3 的设计表明，每侧钢筋面积满足要求。

【例 8-2】

某钢筋混凝土偏心受拉构件，截面尺寸 $b\times h=250\text{mm}\times400\text{mm}$，承受轴向拉力设计值 $N_d=80\text{kN}$，弯矩设计值 $M_d=90\text{kN}\cdot\text{m}$，混凝土等级为 C25，纵向钢筋采用 HRB335 级。试进行截面配筋计算。

解：$f_{cd}=11.5\text{MPa}$，$f_{td}=1.23\text{MPa}$，$f_{sd}=280\text{MPa}$

设 $a_s=a'_s=40\text{mm}$，$h_0=h-a_s=400-40=360\text{mm}$，$h'_0=360\text{mm}$

(1) 判定纵向力位置

偏心距为：

$$e_0=\frac{M_d}{N_d}=\frac{90\times10^6}{80\times10^3}=1125\text{mm}>\frac{h}{2}-a_s\left(=\frac{400}{2}-40=160\text{mm}\right)$$

表明纵向力不作用在 A_s 合力点与 A'_s 合力点之间，属于大偏心受拉构件。由式 (8-8) 和式 (8-5) 可得到：

$$e_s=e_0-\frac{h}{2}+a_s=1125-\frac{400}{2}+40=965\text{mm}$$

$$e'_s=e_0+\frac{h}{2}-a'_s=1125+\frac{400}{2}-40=1285\text{mm}$$

(2) 计算所需纵向钢筋截面面积

取 $\xi=\xi_b=0.56$，则可得到：

$$A'_s=\frac{\gamma_0N_de_s-f_{cd}bh_0^2\xi_b(1-0.5\xi_b)}{f'_{sd}(h_0-a'_s)}$$

$$=\frac{1.0\times80\times10^3\times965-11.5\times250\times360^2\times0.56\times(1-0.5\times0.56)}{280\times(360-40)}$$

$$=-815\text{mm}^2$$

计算得 A'_s 为负值，表明此时可不必配置受压钢筋。截面一侧最小配筋率的构造要求 $45f_{td}/f_{sd}=$ (45×1.23) /280=0.198 和 0.2，则最小配筋面积为 $A'_s=0.002bh_0=0.002\times250\times360=180\text{mm}^2$，现选用 3⌀12，$A'_s=339\text{mm}^2$。

由式 (8-7) 计算混凝土受压区高度 x 为：

$$x=h_0-\sqrt{h_0^2-2\times\frac{\gamma_0N_de_s-f'_{sd}A'_s(h_0-a'_s)}{f_{cd}b}}$$

$$=360-\sqrt{360^2-2\times\frac{1.0\times80\times10^3\times965-280\times339\times(360-40)}{11.5\times250}}$$

$$=48.5\text{mm}<2a'_s(=2\times40=80\text{mm})$$

此时应按式 (8-10) 计算所需的 A_s 值：

$$A_s=\frac{\gamma_0N_d\cdot e'_s}{f_{sd}(h_0-a'_s)}=\frac{1.0\times80\times10^3\times1285}{280\times(360-40)}=1147\text{mm}^2$$

选用 4⌀20，$A_s=1256\text{mm}^2$。钢筋配置详见图 8-4。

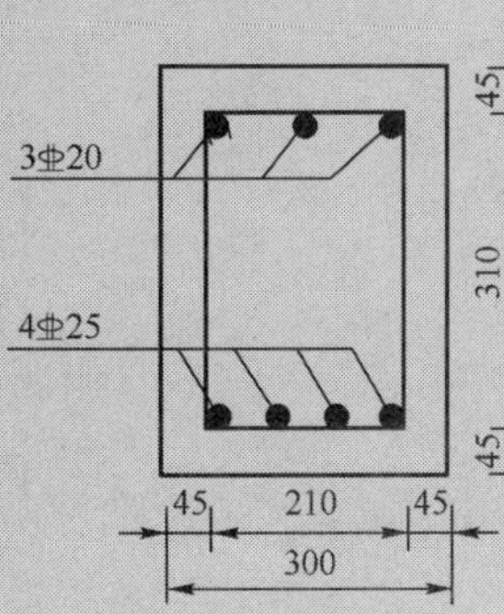

图 8-3 例 8-1 的钢筋布置图（尺寸单位：mm）

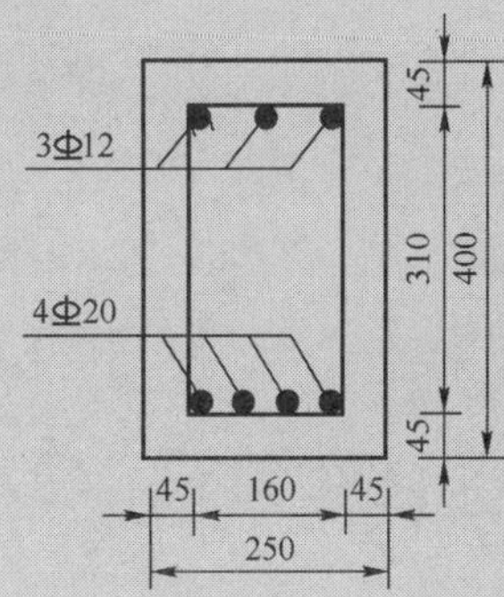

图 8-4 例 8-2 钢筋布置图（尺寸单位：mm）

本章小结

本章简要介绍了轴心受拉构件和偏心受拉构件正截面承载力计算方法。受拉构件在工程中应用并不太多，主要是由于钢筋混凝土构件抗裂性太差。

受拉构件计算仍以掌握计算图式为重点。轴心受拉、小偏心受拉构件计算简单，可直接使用基本公式。大偏心受拉构件的计算可参照大偏心受压构件的计算方法，二者区别在于 N_d 作用方向不同。

思考题与习题

8-1 大、小偏心受拉构件的界限如何区分？它们的受力特点与破坏特征各有何不同？

8-2 试从破坏形态、截面应力、计算公式及计算步骤来分析大、小偏心受拉与受压有什么不同之处。

8-3 一钢筋混凝土偏心受拉构件，$b\times h=300\text{mm}\times 450\text{mm}$，$a_s=a'_s=40\text{mm}$。I 类环境条件，结构安全等级为二级，C25 混凝土，纵筋 HRB335 级，箍筋 R235 级。已知 $N_d=500\text{kN}$，$e_0=150\text{mm}$，求不对称配筋时的钢筋面积。

8-4 在题 8-3 中，若 $e_0=300\text{mm}$，其他条件不变，求非对称配筋时的钢筋面积。

8-5 条件同题 8-3，求对称配筋时的钢筋面积。

第9章 钢筋混凝土受弯构件的应力、裂缝和变形计算

钢筋混凝土构件除了可能由于材料强度破坏或失稳等原因达到承载能力极限状态以外，还可能由于构件变形或裂缝过大影响了构件的适用性及耐久性，而达不到结构正常使用要求。因此，钢筋混凝土构件除要求进行持久状况承载能力极限状态计算外，还要进行持久状况正常使用极限状态的计算，以及短暂状况的构件应力计算。

对于钢筋混凝土受弯构件，《公桥规》规定必须进行使用阶段的变形和最大裂缝宽度验算，以及施工阶段的混凝土和钢筋应力验算。

与承载能力极限状态计算相比，钢筋混凝土受弯构件在使用阶段的计算有如下特点：

(1) 钢筋混凝土受弯构件的承载能力极限状态是取构件破坏阶段（第 III 阶段）；而使用阶段是以带裂缝工作阶段（第 II 阶段）为基础。

(2) 在钢筋混凝土受弯构件的设计中，其承载力计算决定了构件设计尺寸、材料、配筋数量及钢筋布置，以保证截面承载能力要大于最不利荷载效应：$\gamma_0 M_d \leqslant M_u$，计算内容分为截面设计和截面复核两部分。使用阶段计算是按照构件使用条件对已设计的构件进行验算，以保证在正常使用状态下的裂缝宽度和变形小于规范规定的各项限值。当构件验算不满足要求时，必须按承载能力极限状态要求对已设计好的构件进行修改、调整，直至满足两种极限状态的设计要求。

(3) 承载能力极限状态计算时，汽车荷载应计入冲击系数，作用（或荷载）效应及结构构件的抗力均应采用考虑了分项系数的设计值；正常使用极限状态计算时作用（或荷载）效应应取用短期效应和长期效应的一种或两种组合，并且《公桥规》明确规定这时汽车荷载可不计冲击系数。有关短期效应组合和长期效应组合的具体要求参见第 3 章所述。

9.1 换算截面应力计算

9.1.1 换算截面

钢筋混凝土受弯构件受力进入第 II 工作阶段的特征是弯曲竖向裂缝已形成并开展，中和轴以下大部分混凝土已退出工作，由钢筋承受拉力，受压区混凝土的压应力图形大致是抛物线形；而其荷载—挠度（跨中）关系曲线是一条接近于直线的曲线。因此，钢筋混凝土受弯构件的第 II 工作阶段又可称为开裂后弹性阶段。

对于第 II 工作阶段的计算，一般有如下基本假定：

(1) 平截面假定。根据平截面假定，平行于梁中和轴的各纵向纤维的应变与其到中和轴的距离成正比。同时，由于钢筋与混凝土之间的黏结力，钢筋与其同一水平线的混凝土应变相等，因此，由图 9-1 可得到：

$$\varepsilon'_c/x=\varepsilon_c/(h_0-x) \tag{9-1}$$

$$\varepsilon_s=\varepsilon_c \tag{9-2}$$

式中：ε'_c、ε_c——分别为混凝土的受拉和受压平均应变；

ε_s——与混凝土的受拉平均应变为 ε_c 的同一水平位置处的钢筋平均拉应变；

x——受压区高度；

h_0——截面有效高度。

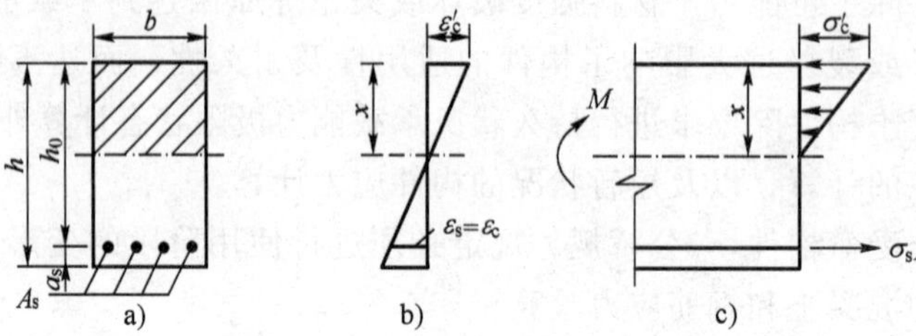

图 9-1　受弯构件的开裂截面

a）开裂截面；b）应力分布；c）开裂截面的计算图式

（2）弹性体假定。钢筋混凝土受弯构件在第 II 工作阶段时，混凝土受压区的应力分布图形是曲线形，但此时曲线并不丰满，可以近似地看作直线分布，即受压区混凝土的应力与平均应变成正比，故有：

$$\sigma'_c=\varepsilon'_c E_c \tag{9-3}$$

同时，假定在受拉钢筋水平位置处混凝土的平均拉应变与应力成正比，即：

$$\sigma_c=\varepsilon_c E_c \tag{9-4}$$

（3）受拉区混凝土完全不能承受拉应力。拉应力完全由钢筋承受。

由上述三个基本假定作出的钢筋混凝土受弯构件在第 II 工作阶段的计算图式见图 9-1。由式（9-2）和式（9-4）可得到：

$$\sigma_c=\varepsilon_c E_c=\varepsilon_s E_c$$

因为：

$$\varepsilon_s=\sigma_s/E_s$$

故有：

$$\sigma_c=\frac{\sigma_s}{E_s}E_c=\sigma_s/\alpha_{Es} \tag{9-5}$$

式中：α_{Es}——钢筋混凝土构件截面的换算系数，等于钢筋弹性模量与混凝土弹性模量的比值 $\alpha_{Es}=E_s/E_c$。

式（9-5）表明，处于同一水平位置的钢筋拉应力 σ_s 为混凝土拉应力 σ_c 的 α_{Es} 倍。因此可将钢筋和受压区混凝土（受拉区混凝土不参与工作）两种材料组成的截面换算成一种拉压性能相同的假想材料组成的匀质截面（称换算截面），从而可采用材料力学公式进行截面计算。

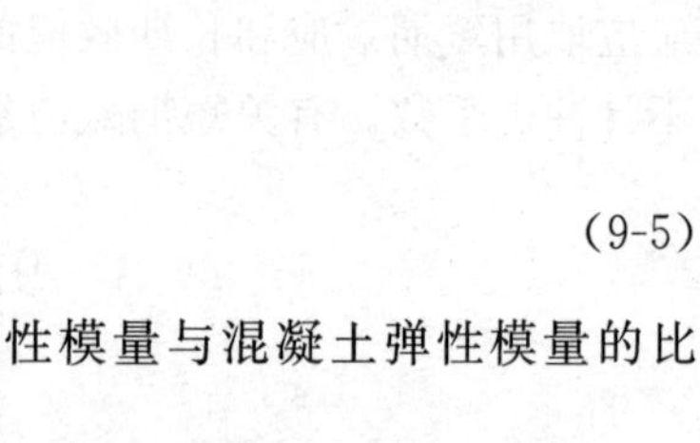

图 9-2　换算截面图

a）原截面；b）换算截面

通常，将钢筋截面积 A_s 换算成假想的受拉混凝土截面积 A_{sc}，其形心与钢筋的重心重合（图 9-2）。

假想的混凝土所承受的总拉力应该与钢筋承受的总拉力相等，即：

$$A_s\sigma_s=A_{sc}\sigma_c$$

又由式（9-5）知 $\sigma_c=\sigma_s/\alpha_{Es}$，则可得到：

$$A_{sc}=A_s\sigma_s/\sigma_c=\alpha_{Es}A_s \tag{9-6}$$

将 $A_{sc}=\alpha_{Es}A_s$ 称为钢筋的换算面积，而将受压区的混凝土面积和受拉区的钢筋换算面积所组成的截面称为钢筋混凝土构件开裂截面的换算截面（图 9-2）。这样就可以按材料力学的方法来计算换算截面的几何特性。

对于图 9-2 所示的单筋矩形截面，换算截面的几何特性计算表达式为：

换算截面面积 A_0：

$$A_0=bx+\alpha_{Es}A_s \tag{9-7}$$

换算截面对中和轴的静矩 S_0：

受压区

$$S_{oc}=\frac{1}{2}bx^2 \tag{9-8}$$

受拉区

$$S_{ot}=\alpha_{Es}A_s\ (h_0-x) \tag{9-9}$$

换算截面惯性矩 I_{cr}

$$I_{cr}=\frac{1}{3}bx^3+\alpha_{Es}A_s\ (h_0-x)^2 \tag{9-10}$$

对于受弯构件，开裂截面的中和轴通过其换算截面的形心轴，即 $S_{oc}=S_{ot}$，可得到：

$$\frac{1}{2}bx^2=\alpha_{Es}A_s\ (h_0-x)$$

化简后解得换算截面的受压区高度为：

$$x=\frac{\alpha_{Es}A_s}{b}\left[\sqrt{1+\frac{2bh_0}{\alpha_{Es}A_s}}-1\right] \tag{9-11}$$

图 9-3 是受压翼缘有效宽度为 b'_f 时，T 形截面的换算截面计算图式。

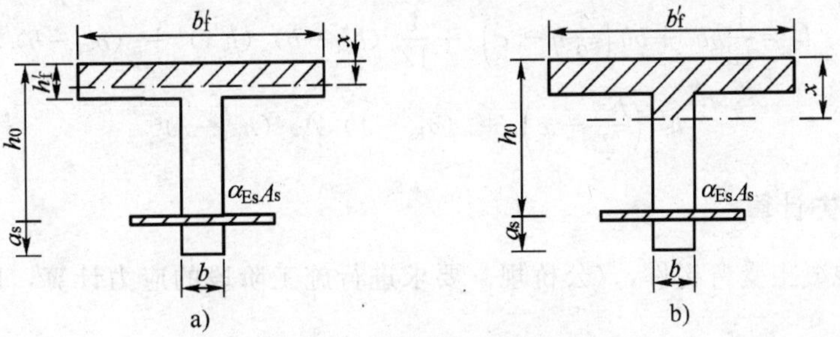

图 9-3 开裂状态下 T 形截面换算计算图式

a）第一类 T 形截面；b）第二类 T 形截面

当受压区高度 $x\leqslant h'_f$ 时，可按宽度为 b'_f 的矩形截面，应用式（9-7）至式（9-11）来计算开裂截面的换算截面几何特性。

当受压区高度 $x>h'_f$ 即中和轴位于 T 形截面的肋部时，换算截面的受压区高度 x 计算式为：

$$x=\sqrt{A^2+B}-A \tag{9-12}$$

式中：$A=\frac{\alpha_{Es}A_s+\ (b'_f-b)\ h'_f}{b}$，$B=\frac{2\alpha_{Es}A_sh_0+\ (b'_f-b)\ (h'_f)^2}{b}$

换算截面对其中和轴的惯性矩 I_{cr} 为：

$$I_{cr}=\frac{b'_fx^3}{3}-\frac{(b'_f-b)\ (x-h'_f)^3}{3}+\alpha_{Es}A_s\ (h_0-x)^2 \tag{9-13}$$

在钢筋混凝土受弯构件的使用阶段和施工阶段的计算中，有时会遇到全截面换算截面的概念。

全截面的换算截面是混凝土全截面面积和钢筋的换算面积所组成的截面。对于图 9-4 所示的 T 形截面，全截面的换算截面几何特性计算式为：

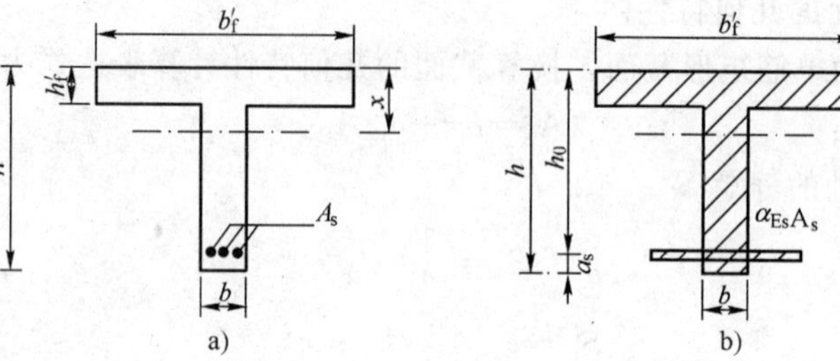

图 9-4　全截面换算示意图

a）原截面；b）换算截面

换算截面面积：

$$A_0=bh+(b'_f-b)h'_f+(\alpha_{Es}-1)A_s \tag{9-14}$$

受压区高度：

$$x=\frac{\frac{1}{2}bh^2+\frac{1}{2}(b'_f-b)(h'_f)^2+(\alpha_{Es}-1)A_sh_0}{A_0} \tag{9-15}$$

换算截面对中和轴的惯性矩：

$$I_0=\frac{1}{12}bh^3+bh\left(\frac{1}{2}h-x\right)^2+\frac{1}{12}(b'_f-b)(h'_f)^3+(b'_f-b)h'_f\left(\frac{h'_f}{2}-x\right)^2+(\alpha_{Es}-1)A_s(h_0-x)^2 \tag{9-16}$$

9.1.2　应力计算

对于钢筋混凝土受弯构件，《公桥规》要求进行施工阶段的应力计算，即短暂状况的应力验算。

钢筋混凝土梁在施工阶段，特别是梁的运输、安装过程中，梁的支承条件、受力图式会发生变化。例如，图 9-5b）所示简支梁的吊装，吊点的位置并不在梁设计的支座截面，当吊点位置 a 较大时，将会在吊点截面处引起较大负弯矩。又如图 9-5c）所示，采用“钓鱼法”架设简支梁，在安装施工中，其受力简图不再是简支体系。因此，应该根据受弯构件在

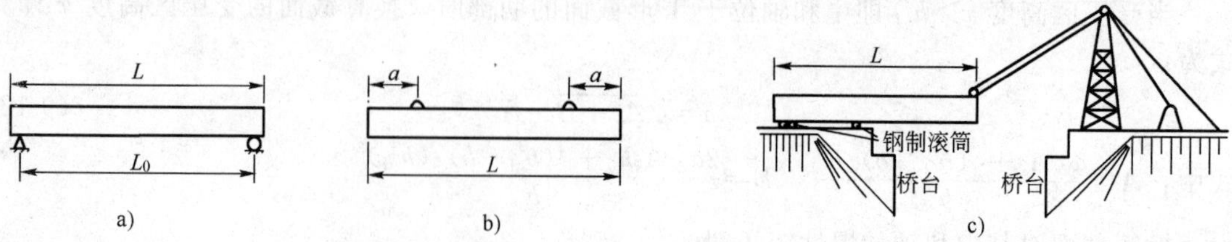

图 9-5　施工阶段受力图

a）简支梁图；b）梁吊点位置图；c）梁“钓鱼法”安装图

施工中的实际受力体系进行正截面和斜截面的应力计算。

《公桥规》规定进行施工阶段验算，施工荷载除有特别规定外均采用标准值，当有组合时不考虑荷载组合系数。构件在吊装时，构件重力应乘以动力系数 1.2 或 0.85，并可视构件具体情况适当增减。当用吊机（吊车）行驶于桥梁进行安装时，应对已安装的构件进行验算，吊机（车）应乘以 1.15 的荷载系数，但当由吊机（车）产生的效应设计值小于按持久状况承载能力极限状态计算的荷载效应设计值时，则可不必验算。

对于钢筋混凝土受弯构件施工阶段的应力计算，可按第 II 工作阶段进行。《公桥规》规定受弯构件正截面应力应符合下列条件：

（1）受压区混凝土边缘纤维应力 $\sigma_{cc}^{t} \leqslant 0.80 f_{ck}$

（2）受拉钢筋应力 $\sigma_{si}^{t} \leqslant 0.75 f_{sk}$

式中的 f_{ck} 和 f_{sk} 分别为施工阶段相应的混凝土轴心抗压强度标准值和普通钢筋的抗拉强度标准值，详见附表 1-1 和附表 1-3，σ_{si}^{t} 为按短暂状况计算时受拉区第 i 层钢筋的应力。

对于钢筋的应力计算，一般仅需验算最外排受拉钢筋的应力，当内排钢筋强度小于外排钢筋强度时，则应分排验算。

受弯构件截面应力计算，应已知梁的截面尺寸、材料强度、钢筋数量及布置，以及梁在施工阶段控制截面上的弯矩 M_k^t。下面按照换算截面法分别介绍矩形截面和 T 形截面正应力验算方法。

1）矩形截面（图 9-2）

按照式（9-11）计算受压区高度 x，再按式（9-10）求得开裂截面换算截面惯性矩 I_{cr}。

截面应力验算按下式进行：

（1）受压区混凝土边缘 $$\sigma_{cc}^{t} = \frac{M_k^t x}{I_{cr}} \leqslant 0.80 f_{ck} \tag{9-17}$$

（2）受拉钢筋的面积重心处 $$\sigma_{si}^{t} = \alpha_{Es} \frac{M_k^t (h_{oi} - x)}{I_{cr}} \leqslant 0.75 f_{sk} \tag{9-18}$$

式中：I_{cr}——开裂截面换算截面的惯性矩；

M_k^t——由临时的施工荷载标准值产生的弯矩值。

2）T 形截面

在施工阶段，T 形截面在弯矩作用下，其翼板可能位于受拉区（图 9-6a），也可能位于受压区（图 9-6b）、图 9-6c）。

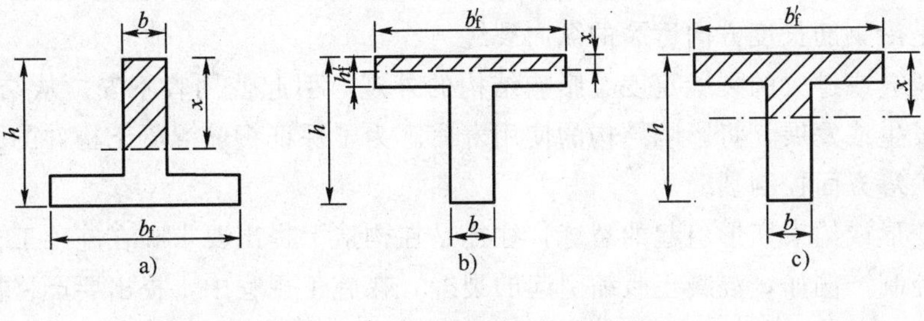

图 9-6 T 形截面梁受力状态图

a）倒 T 形截面；b）第一类 T 形截面；c）第二类 T 形截面

当翼板位于受拉区时，按照宽度为 b、高度为 h 的矩形截面进行应力验算。

当翼板位于受压区时，则先应按下式进行计算判断：

$$\frac{1}{2}b'_{f}x^{2}=\alpha_{Es}A_{s}\ (h_{0}-x) \tag{9-19}$$

式中：b'_f——受压翼缘有效宽度；

α_{Es}——截面换算系数。

若按式（9-19）计算的 $x \leqslant h'_f$，表明中和轴在翼板中，为第一类 T 形截面，则可按宽度为 b'_f 的矩形梁计算。

若按式（9-19）计算的 $x > h'_f$，为第二类 T 形截面，这时应按式（9-12）重新计算受压区高度 x，再按式（9-13）计算换算截面惯性矩 I_{cr}。

截面应力验算表达式及应满足的要求，仍按式（9-17）和式（9-18）进行。

当钢筋混凝土受弯构件施工阶段应力验算不满足时，应该调整施工方法，或者补充、调整某些钢筋。对于钢筋混凝土受弯构件在施工阶段的主应力验算详见《公桥规》规定，这里不再复述。

9.2 受弯构件的裂缝及裂缝宽度验算

混凝土的抗拉强度很低，在不大的拉应力作用下就可能出现裂缝。

钢筋混凝土结构的裂缝，按其产生的原因可分为以下几类：

（1）作用效应（如弯矩、剪力、扭矩及拉力等）引起的裂缝。其裂缝形态如前面第 4 章、第 5 章、第 6 章和第 8 章所述。由直接作用引起的裂缝一般是与受力钢筋以一定角度相交的横向裂缝。

（2）由外加变形或约束变形引起的裂缝。外加变形一般有地基的不均匀沉降、混凝土的收缩及温度差等。约束变形越大，裂缝宽度也越大。例如在钢筋混凝土薄腹 T 梁的肋板表面上出现中间宽两端窄的竖向裂缝，这是混凝土结硬时，肋板混凝土受到四周混凝土及钢筋骨架约束而引起的裂缝。

（3）钢筋锈蚀裂缝。由于保护层混凝土碳化或冬季施工中掺氯盐（这是一种混凝土促凝、早强剂）过多导致钢筋锈蚀。锈蚀产物的体积比钢筋被侵蚀的体积大（2～3）倍，这种体积膨胀使外围混凝土产生相当大的拉应力，引起混凝土开裂，甚至保护层混凝土剥落。钢筋锈蚀裂缝是沿钢筋长度方向劈裂的纵向裂缝。

过多的裂缝或过大的裂缝宽度会影响结构的外观，引起使用者不安。从结构本身来看，某些裂缝的发生或发展，将影响结构的使用寿命。为了保证钢筋混凝土构件的耐久性，必须在设计、施工等方面控制裂缝。

对外加变形或约束变形引起的裂缝，往往是在构造上提出要求和在施工工艺上采取相应的措施予以控制。例如，混凝土收缩引起的裂缝，在施工规程中，提出要严格控制混凝土的配合比，保证混凝土的养护条件和时间。同时，《公桥规》还规定，对于钢筋混凝土薄腹梁，应沿梁肋的两侧分别设置直径为 6～8mm 的水平纵向钢筋，并且具有规定的配筋率以防止过宽的收缩裂缝。

对于钢筋锈蚀裂缝，由于它的出现将影响结构的使用寿命，危害性较大，故必须防止其出现。在实际工程中，为了防止它的出现，一般认为必须有足够厚度的混凝土保护层和保证混凝土的密实性，严格控制早凝剂的掺入量。一旦钢筋锈蚀裂缝出现，应当及时处理。

在钢筋混凝土结构的使用阶段，直接作用引起的混凝土裂缝，只要不是沿混凝土表面延伸过长或裂缝的发展处于不稳定状态，均属正常的（指一般构件）。但在直接作用下，若裂缝宽度过大，仍会造成裂缝处钢筋锈蚀。

钢筋混凝土构件在荷载作用下产生的裂缝宽度，主要通过设计计算进行验算和构造措施上加以控制。由于裂缝发展的影响因素很多，较为复杂，例如荷载作用及构件性质、环境条件、钢筋种类等，因此，本节将主要介绍钢筋混凝土受弯构件弯曲裂缝宽度的验算及控制方法。

9.2.1　弯曲裂缝宽度计算理论和方法简介

对于钢筋混凝土受弯构件弯曲裂缝宽度问题，各国均做了大量的试验和理论研究工作，提出了各种不同的裂缝宽度计算理论和方法，总的来说，可以归纳为两大类：第一类是计算理论法。它是根据某种理论来建立计算图式，最后得到裂缝宽度计算公式，然后对公式中一些不易通过计算获得的系数，利用试验资料加以确定。第二类是分析影响裂缝宽度的主要因素，然后利用数理统计方法来处理大量的试验资料而建立计算公式。

下面介绍三种计算理论法。

1）黏结滑移理论法

黏结滑移理论认为裂缝控制主要取决于钢筋和混凝土之间的黏结性能。其理论要点是钢筋应力通过钢筋与混凝土之间的黏结应力传给混凝土，当混凝土裂缝出现以后，由于钢筋和混凝土之间产生了相对滑移，变形不一致而导致裂缝开展。因此，在一个裂缝区段（裂缝间距 l_{cr}）内，钢筋伸长和混凝土伸长之差就是裂缝开展平均宽度 W_f，而且还意味着混凝土表面裂缝宽度与钢筋表面处的裂缝宽度是一样的（见图 9-7）。

按这一理论建立的裂缝平均宽度 W_f 的计算式为：

$$W_f=\psi\cdot\frac{\sigma_{ss}}{E_s}l_{cr} \tag{9-20}$$

式中：σ_{ss}——钢筋在裂缝处的应力；

ψ——钢筋应变不均匀系数。

2）无滑移理论

无滑移理论认为，在通常允许的裂缝宽度范围内，钢筋与混凝土之间的黏结力并不破坏，相对滑移很小，可以忽略不计，钢筋表面处裂缝宽度要比构件表面裂缝宽度小得多，这表明裂缝的形状如图 9-8 所示。此理论要点是表面裂缝宽度是由钢筋至构件表面的应变梯度控制的，钢筋的混凝土保护层厚度是影响裂缝宽度的主要因素。

通过这一理论与试验导出钢筋侧面的最大裂缝宽度 $W_{f\max}$ 为：

$$W_{f\max}=kc\frac{\sigma_{ss}}{E_s} \tag{9-21}$$

式中：c——裂缝观测点离最近一根钢筋表面的距离，若 c 点位于构件表面，则 c 为保护层厚度；

k——最大裂缝宽度与平均裂缝宽度的扩大倍数。

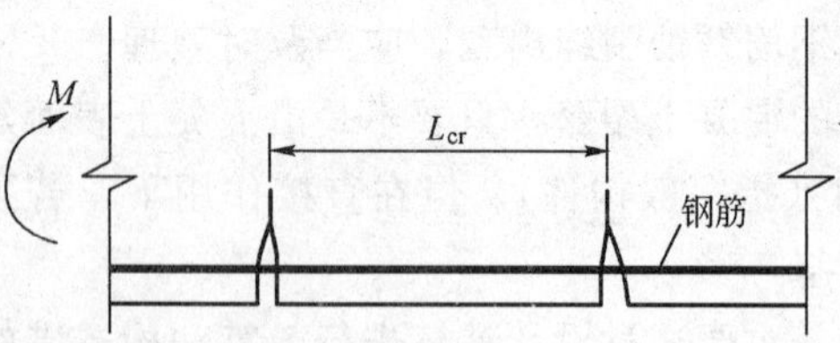

图 9-7　黏结滑移理论示意图

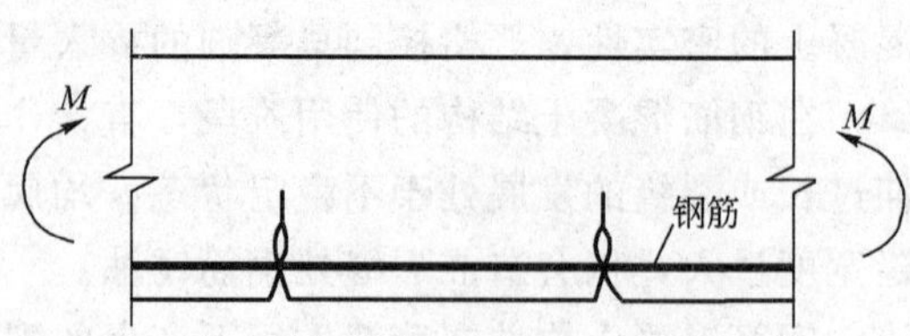

图 9-8　无滑移理论示意图

3）综合理论

是黏结滑移理论和无滑移理论的综合。通过在钢筋拉杆周围预埋导管并用墨水注入，试验后再剖开试件，发现在主裂缝附近变形钢筋周围形成图 9-9 所示的内部微裂，这为综合理论的研究提供了试验观察现象。综合理论既考虑了混凝土保护层厚度对裂缝宽度 W_f 的影响，也考虑了钢筋和混凝土之间可能出现的滑移，这无疑比前两种理论更为合理。

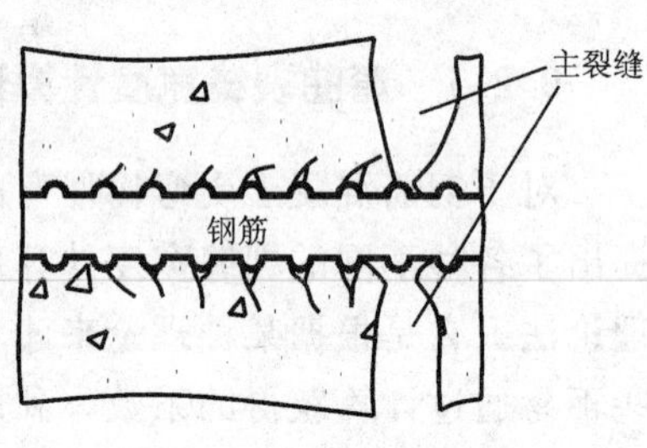

图 9-9　综合理论示意图

我国《混凝土结构设计规范》（GBJ 50010—2002）采用综合理论进行裂缝宽度计算式如下：

$$W_{f\max}=2.1\varphi\frac{\sigma_{sk}}{E_s}\left(1.9c+0.08\frac{d_{eq}}{\rho_{te}}\right) \tag{9-22}$$

$$\varphi=1.1-0.65\frac{f_{tk}}{\rho_{te}\sigma_{sk}}$$

$$d_{eq}=\frac{\sum n_i d_i^2}{\sum n_i v_i d_i}$$

$$\rho_{te}=\frac{A_s}{A_{te}}$$

$$\sigma_{sk}=\frac{M_k}{0.87h_0A_s}$$

式中：M_k——按荷载效应的标准组合计算的弯矩值；

σ_{sk}——按荷载短期效应标准组合计算的受弯构件纵向受拉钢筋的应力；

φ——裂缝间纵向受拉钢筋应变不均匀系数，当 $\varphi<0.2$ 时，取 $\varphi=0.2$；当 $\varphi>1.0$ 时，取 $\varphi=1.0$；对直接承受重复荷载的构件，取 $\varphi=1.0$；

c——最外一排纵向受拉钢筋保护层厚度（以 mm 计），当 $c<20$ 时，取 $c=20$，当 $c>65$ 时，取 $c=65$；

A_{te}——有效受拉混凝土面积。对轴拉构件为构件截面面积，对受弯构件则取 1/2 梁高以下的混凝土截面面积；

ρ_{te}——按有效受拉混凝土截面面积计算的纵向受拉钢筋配筋率，当 $\rho_{te}<0.01$ 时，取 $\rho_{te}=0.01$；

A_s——纵向受拉钢筋截面面积；

d_{eq}——纵向受拉钢筋等效直径，mm；

d_i——第 i 种纵向受拉钢筋的公称直径；

n_i——第 i 种纵向受拉钢筋的根数；

v_i——第 i 种纵向受拉钢筋的相对黏结特征系数，对带肋钢筋取 1.0，对光面钢筋取 0.7。

在式（9-22）中的括号内数值相当于平均裂缝间距，其第一项反映保护层厚度 c 的影响，一般指主筋侧面的保护层厚度；第二项反映钢筋与混凝土相对滑移对裂缝宽度的影响。这些都反映了综合理论方法的特点。

影响裂缝宽度的因素很多，裂缝机理也十分复杂。近数十年来人们已积累了相当多的研究裂缝问题的试验资料，利用这些已有的试验资料，分析影响裂缝宽度的各种因素，找出主要的因素，舍去次要因素，再用数理统计方法给出简单适用而又有一定可靠性的裂缝宽度计算公式，这种方法称为数理统计方法。我国大连理工大学研究并提出了按数理统计方法得出的裂缝宽度公式。

根据大连理工大学和东南大学的试验结果分析，影响裂缝宽度的主要因素有：钢筋应力 σ_{ss}、钢筋直径 d、配筋率 ρ、保护层厚度 c、钢筋外形、荷载作用性质（短期、长期、重复作用）、构件受力性质（受弯、受拉、偏心受拉）等。在选取统计参数时，舍去次要因素，考虑主要参数，经过用计算机进行统计计算，再根据轴心受拉、偏心受压、偏心受拉构件裂缝宽度的试验资料和以往的设计经验，给出矩形、T 形、倒 T 形、工字形截面受弯、轴心受拉、偏心受压、偏心受拉构件的最大裂缝宽度 W_{fk}（mm）的计算公式为：

$$W_{fk}=c_1c_2c_3\frac{\sigma_{ss}}{E_s}\left(\frac{30+d}{0.28+10\rho}\right) \tag{9-23}$$

式中：c_1——考虑钢筋表面形状的系数，对带肋钢筋，取 $c_1=1.0$；对光圆钢筋，取 $c_1=1.4$；

c_2——考虑荷载作用的系数，短期静力荷载作用时，取 $c_2=1.0$；荷载长期或重复作用时，取 $c_2=1.5$；

c_3——考虑构件受力特征的系数，对受弯构件，取 $c_3=1.0$；对大偏心受压构件，取 $c_3=0.9$；对偏心受拉构件，取 $c_3=1.1$；对轴心受拉构件，取 $c_3=1.2$；

d——纵向钢筋直径，mm；

ρ——截面配筋率；

σ_{ss}——按构件短期效应组合计算的构件裂缝处纵向受拉钢筋应力，MPa；

E_s——受拉钢筋弹性模量，MPa。

9.2.2 《公桥规》关于最大裂缝宽度计算方法和裂缝宽度限值

《公桥规》根据国内外试验资料及理论分析计算，并参照有关规范，如《国际标准规范》(CEB—FIP) 等，以式（9-23）为基础，对其系数进行修正，提出如下最大裂缝宽度 W_{fk} 计算公式：

$$W_{fk}=c_1c_2c_3\frac{\sigma_{ss}}{E_s}\left(\frac{30+d}{0.28+10\rho}\right)\ (\text{mm}) \tag{9-24}$$

式中：c_1——钢筋表面形状系数，对于光面钢筋，$c_1=1.4$；对于带肋钢筋，$c_1=1.0$；

c_2——作用（或荷载）长期效应影响系数，$c_2=1+0.5N_l/N_s$，其中 N_l 和 N_s 分别为按作用（或荷载）长期效应组合和短期效应组合计算的内力值（弯矩或轴力）；

c_3——与构件受力性质有关的系数。当为钢筋混凝土板式受弯构件时，$c_3=1.15$；其他受弯构件时，$c_3=1.0$；偏心受拉构件时，$c_3=1.1$；偏心受压构件时，$c_3=0.9$；轴心受拉构件时，$c_3=1.2$；

d——纵向受拉钢筋的直径，mm，当用不同直径的钢筋时，改用换算直径 d_e，$d_e=\frac{\sum n_i d_i^2}{\sum n_i d_i}$，式中对钢筋混凝土构件，$n_i$ 为受拉区第 i 种普通钢筋的根数，d_i 为受拉区第 i 种普通钢筋的公称直径。对于焊接钢筋骨架，式（9-24）中的 d 或 d_e 应乘以 1.3 的系数；

ρ——纵向受拉钢筋配筋率，$\rho=\frac{A_s}{bh_0+(b_f-b)h_f}$。对钢筋混凝土构件，当 $\rho>0.02$ 时，取 $\rho=0.02$；当 $\rho<0.006$ 时，取 $\rho=0.006$；对于轴心受拉构件，ρ 按全部受拉钢筋截面面积 A_s 的一半计算；

b_f、h_f——受拉翼缘的宽度与厚度；

h_0——有效高度；

σ_{ss}——由作用（或荷载）短期效应组合引起的开裂截面纵向受拉钢筋在使用荷载作用下的应力，MPa，对于钢筋混凝土受弯构件，$\sigma_{ss}=\frac{M_s}{0.87A_s h_0}$；其他受力性质构件的 σ_{ss} 计算式参见《公桥规》；

E_s——钢筋弹性模量，MPa。

《公桥规》规定，在正常使用极限状态下钢筋混凝土构件的裂缝宽度，应按作用（或荷载）短期效应组合并考虑长期效应组合影响进行验算，且不得超过规范规定的裂缝限值。在Ⅰ类和Ⅱ类环境条件下的钢筋混凝土构件，算得的裂缝宽度不应超过 0.2mm；处于Ⅲ类和Ⅳ类环境下的钢筋混凝土受弯构件，容许裂缝宽度不应超过 0.15mm。

值得说明的是，对于跨径较大的钢筋混凝土简支梁、连续梁等，截面配筋一般不是由承载力控制的，而是由裂缝宽度控制的。因此在这类结构设计时，宜尽可能地采用较小直径的螺纹钢筋，尤其是负弯矩区的裂缝宽度更应严格控制，在有条件时可采用防锈蚀的环氧涂层钢筋。

9.3 受弯构件的变形验算

为了确保桥梁的正常使用，受弯构件的变形计算是持久状况正常使用极限状态计算的一项主要内容，要求受弯构件具有足够刚度，使构件在使用荷载作用下的最大变形（挠度）计算值不得超过容许的限值。

受弯构件在使用阶段的挠度应考虑作用（或荷载）长期效应的影响，即按作用（或荷载）短期效应组合和给定的刚度计算的挠度值，再乘以挠度长期增长系数 η_θ。挠度长期增长系数取用规定是：当采用 C40 以下混凝土时，$\eta_\theta=1.60$；当采用 C40～C80 混凝土时，$\eta_\theta=$

1.45～1.35，中间强度等级可按直线内插取用。

《公桥规》规定，钢筋混凝土受弯构件按上述计算的长期挠度值，在消除结构自重产生的长期挠度后不应超过以下规定的限值：

梁式桥主梁的最大挠度处 $l/600$

梁式桥主梁的悬臂端 $l_1/300$

此处，l 为受弯构件的计算跨径，l_1 为悬臂长度。

本节将介绍《公桥规》关于受弯构件在使用阶段变形验算的方法。

9.3.1　受弯构件的刚度计算

在使用阶段，钢筋混凝土受弯构件是带裂缝工作的。对这个阶段的计算，前已介绍有三个基本假定，即平截面假定、弹性体假定和不考虑受拉区混凝土参与工作，故可以采用材料力学或结构力学中关于受弯构件变形处理的方法，但应考虑到钢筋混凝土构件在第 II 阶段的工作特点。

钢筋混凝土梁在弯曲变形时，纯弯段的各横截面将绕中和轴转动一个角度 φ，但截面仍保持平面。这时，按材料力学可得到挠度计算公式为：

$$y=w=\alpha\frac{ML^2}{B} \tag{9-25}$$

式中：B——抗弯刚度。对匀质弹性梁，抗弯刚度 $B=EI$。

但是，钢筋混凝土受弯构件各截面的配筋不一样，承受的弯矩也不相等，弯矩小的截面可能不出现弯曲裂缝，其刚度要较弯矩大的开裂截面大得多，因此沿梁长度的抗弯刚度是个变值。如图 9-10 所示，将一根带裂缝的受弯构件视为一根不等刚度的构件，裂缝处刚度小，两裂缝间截面刚度大，图中实线表示截面刚度变化规律。为简化起见，把图中变刚度构件等效为图 9-10c）中的等刚度构件，采用结构力学方法，按在两端部弯矩作用下构件转角相等的原则，则可求得等刚度受弯构件的等效刚度 B，即为开裂构件等效截面的抗弯刚度。

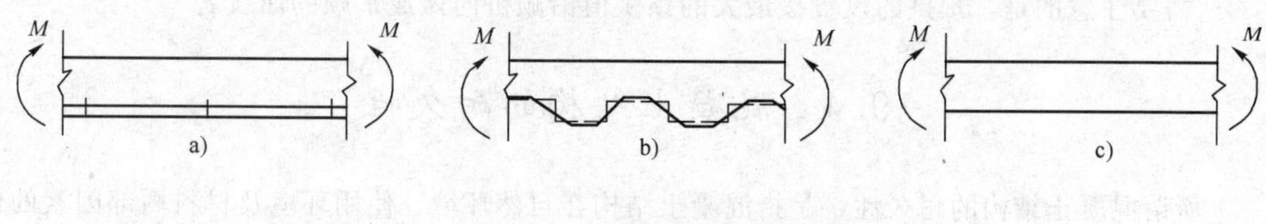

图 9-10　构件截面等效示意图

a）构件弯曲裂缝；b）截面刚度变化；c）等效刚度的构件

对钢筋混凝土受弯构件，《公桥规》规定计算变形时的抗弯刚度为：

$$B=\frac{B_0}{\left(\frac{M_{cr}}{M_s}\right)^2+\left[1-\left(\frac{M_{cr}}{M_s}\right)^2\right]\frac{B_0}{B_{cr}}} \tag{9-26}$$

式中：B——开裂构件等效截面的抗弯刚度；

B_0——全截面的抗弯刚度，$B_0=0.95E_0I_0$；

B_{cr}——开裂截面的抗弯刚度，$B_{cr}=E_cI_{cr}$；

E_c——混凝土的弹性模量；

I_0——全截面换算截面惯性矩；

I_{cr}——开裂截面的换算截面惯性矩；

M_s——按短期效应组合计算的弯矩值；

M_{cr}——开裂弯矩，$M_{cr}=\gamma f_{tk}W_0$；

f_{tk}——混凝土轴心抗拉强度标准值；

γ——构件受拉区混凝土塑性影响系数，$\gamma=2S_0/W_0$；

S_0——全截面换算截面重心轴以上（或以下）部分面积对重心轴的面积矩；

W_0——全截面换算截面抗裂验算边缘的弹性抵抗矩。

9.3.2 预拱度的设置

对于钢筋混凝土梁式桥，梁的变形是由结构重力（恒载）和可变荷载两部分作用产生的。《公桥规》对受弯构件主要验算作用（或荷载）短期效应组合并考虑作用（或荷载）长期效应影响的长期挠度值（扣除结构重力产生的影响值）并满足限值。对结构重力引起的变形，一般可在施工中设置预拱度来加以消除。

《公桥规》规定：当由作用（或荷载）短期效应组合并考虑作用（或荷载）长期效应影响产生的长期挠度不超过 $l/1600$（l 为计算跨径）时，可不设预拱度；当不符合上述规定时则应设预拱度。钢筋混凝土受弯构件预拱度值按结构自重和$\frac{1}{2}$可变荷载频遇值计算的长期挠度值之和采用，即：

$$\Delta=w_G+\frac{1}{2}w_Q \tag{9-27}$$

式中：Δ——预拱度值；

w_G——结构重力产生的长期竖向挠度；

w_Q——可变荷载频遇值产生的长期竖向挠度。

需要注意的是，预拱的设置按最大的预拱值沿顺桥向做成平顺的曲线。

9.4 混凝土结构的耐久性

所谓混凝土结构的耐久性，是指混凝土结构在自然环境、使用环境及材料内部因素的作用下，在设计要求的目标使用期内，不需要花费大量资金加固处理而保持安全、使用功能和外观要求的能力。

通过对钢筋混凝土结构耐久性的研究，一方面能对已有的混凝土桥梁进行科学的耐久性评定和剩余寿命预测，以选择对其正确的处理方法；另一方面也可对新建工程项目进行耐久性设计与研究，揭示影响结构寿命的内部与外部因素，从而提高工程的设计水平和施工质量，确保混凝土结构生命全过程的正常工作。

9.4.1 影响混凝土结构耐久性的主要因素

影响混凝土结构耐久性的因素主要有内部和外部两个方面。内部因素主要有混凝土的强度、渗透性、保护层厚度、水泥品种、标号和用量、外加剂用量等，外部条件则有环境温度、湿度、CO_2 含量等。现将常见的耐久性问题列举如下。

1）混凝土冻融破坏

混凝土水化硬结后内部有很多毛细孔，除水泥水化所需要的水外，多余的水即以游离水的形式滞留于混凝土毛细孔中。处于饱水状态（含水量达 91.7%的极限值）的混凝土受冻时，毛细孔中同时受到膨胀压力和渗透压力，使混凝土结构产生内部裂缝和损伤，经多次反复，损伤积累到一定程度就引起结构破坏。

要防止混凝土冻融循环破坏，主要措施有：降低水灰比，减少混凝土中的自由游离水。另一方面是在浇筑混凝土时加入引气剂，使混凝土中形成微细气孔，这对提高抗冻性是很有作用的。

2）混凝土的碱骨料反应

混凝土集料中某些活性矿物与混凝土微孔中的碱性溶液产生化学反应称为碱骨料反应。碱骨料反应产生碱－硅酸盐凝胶，并吸水膨胀，体积可增大 3～4 倍，从而引起混凝土剥落、开裂、强度降低，甚至导致破坏。

防止碱骨料反应的主要措施是采用低碱水泥，或掺和粉煤灰等掺和料降低混凝土中的碱性；对含活性成分的骨料加以控制。

3）侵蚀性介质的腐蚀

某些化学介质侵入造成混凝土中一些成分被溶解、流失，引起裂缝、孔隙、松散破碎；而有些化学介质侵入与混凝土中一些成分反应的生成物体积膨胀，引起混凝土结构破坏。常见的侵蚀性介质腐蚀有：硫酸盐腐蚀、酸腐蚀、海水腐蚀、盐类结晶型腐蚀等。

4）混凝土的碳化

混凝土的碳化是指大气中的二氧化碳与混凝土中的碱性物质——氢氧化碳发生反应，使混凝土的 pH 值下降。其他的物质如二氧化硫（SO_2）、硫化氢（H_2S）也能与混凝土中碱性物质发生类似反应。混凝土碳化对混凝土本身无破坏作用，其主要危害是使混凝土中钢筋的保护膜受到破坏，引起钢筋锈蚀。

5）钢筋锈蚀

钢筋锈蚀使混凝土保护层脱落，钢筋有效面积减小，导致承载力下降甚至结构破坏。因此，钢筋锈蚀是影响钢筋混凝土结构耐久性的关键问题。

6）机械磨损

机械磨损常见于工业地面、公路路面、桥面、飞机跑道等。

9.4.2　混凝土结构耐久性设计基本要求

混凝土结构在预期的自然环境的化学和物理作用下，应能满足设计工作寿命要求，亦即混凝土结构在正常维护下应具有足够的耐久性。为此，对混凝土结构，除了进行承载能力极限状态和正常使用极限状态计算外，还应充分重视对结构耐久性的规定和要求。

混凝土结构的耐久性应根据使用环境类别和设计使用年限进行设计。根据工程经验，并参考国外有关规范，《公桥规》将混凝土结构的使用环境分为 4 类并按表 9-1 的规定确定，且规定钢筋混凝土及预应力混凝土桥涵结构的设计基准期为 100 年。

桥梁结构的环境类别 表 9-1

环境类别	环境条件
Ⅰ	温暖或寒冷地区的大气环境、与无侵蚀性的水或土接触的环境
Ⅱ	严寒地区的大气环境、使用除冰盐环境、滨海环境
Ⅲ	海水环境
Ⅳ	受侵蚀性物质影响的环境

表 9-1 中严寒地区是指累年最冷月平均温度低于－10℃地区；寒冷地区是指累年最冷月平均温度高于－10℃、低于或等于 0℃的地区。

基于环境类别和使用年限，《公桥规》对混凝土桥梁结构的耐久性在设计上有如下规定：

(1) 结构混凝土材料耐久性的基本要求应符合表 9-2 的规定。

桥梁结构混凝土材料耐久性的基本要求 表 9-2

环境类别	最大水灰比	最小水泥用量 (kg/m^3)	最低混凝土强度等级	最大氯离子含量 (%)	最大碱含量 (%)
Ⅰ	0.55	275	C25	0.30	3.0
Ⅱ	0.50	300	C30	0.15	3.0
Ⅲ	0.45	300	C35	0.10	3.0
Ⅳ	0.40	325	C35	0.10	3.0

注：①有关现行规范对海水环境结构混凝土中最大水灰比和水小水泥用量有更详细规定时，可参照执行。

②表中氯离子含量系指其与水泥用量的百分率。

③当有工程经验时，处于Ⅰ类环境中结构混凝土的最低强度等级可比表中降低一个等级。

(2) 对于预应力混凝土构件，混凝土材料中的最大氯离子含量为 0.06%，最小水泥用量为 $350kg/m^3$，最低混凝土强度等级为 C40。

(3) 特大桥和大桥的混凝土最大含碱量宜降至 $1.8kg/m^3$，当处于 III 类、IV 类或使用除冰盐和滨海环境时，宜使用非碱活性骨料。

(4) 处于 III 类或 IV 类环境的桥梁，当耐久性确实需要时，其主要受拉钢筋宜采用环氧树脂涂层钢筋；预应力钢筋、锚具及连接器应采取专门防护措施。

(5) 水位变动区有抗冻要求的结构混凝土，其抗冻等级应符合有关标准的规定。

(6) 有抗渗要求的混凝土结构，混凝土的抗渗等级应符合有关标准的要求。

最后，还须指出，未经技术鉴定或设计许可，不得改变结构的使用环境和用途。

《混凝土结构耐久性设计与施工指南》提出混凝土结构的耐久性设计包括以下主要内容：

(1) 耐久混凝土的选用。提出混凝土原材料选用原则的要求和混凝土配比的主要参数及引气要求等，根据需要提出混凝土的扩散系数、抗冻等级、抗裂性等具体指标；在设计施工图和相应说明中，必须标明水胶比等与耐久混凝土相关的参数和要求。

(2) 与结构耐久性有关的结构构造措施与裂缝控制措施。

(3) 为使用过程中的必要检测、维修和部件更换设置通道和空间，并作出修复施工荷载作用下的结构承载力核算。

(4) 与结构耐久性有关的施工质量要求，特别是混凝土的养护（包括温度和湿度控制）方法与期限以及保护层厚度的质量要求与质量保证措施；在设计施工图上应标明不同钢筋

（如主筋或箍筋）的混凝土保护层厚度及施工允差。

（5）结构使用阶段的定期维修与检测要求。

（6）对于可能遭受氯盐引起钢筋锈蚀的重要混凝土工程，宜根据具体环境条件和材料劣化模型，根据本指南的要求进行结构使用年限的验算。

由以上所述可知，混凝土耐久性设计与混凝土材料、结构构造和裂缝控制措施、施工要求、定期检测和必要的防腐蚀附加措施等内容有关，并且混凝土结构的耐久性在很大程度上取决于结构施工过程中的质量控制与质量保证以及结构使用过程中的正确维修与例行检测，单独采取某一种措施可能效果不理想，需要根据混凝土结构物的使用环境、使用年限作出综合的防治措施，结构才能取得较好的耐久性。

9.5　应用实例（简支梁）

【例 9-1】

钢筋混凝土简支 T 梁梁长 $L_0=19.96\text{m}$，计算跨径 $L=19.50\text{m}$。C30 混凝土，$f_{ck}=20.1\text{MPa}$，$f_{tk}=2.0\text{MPa}$，$E_c=3.00\times10^4\text{MPa}$。I 类环境条件，安全等级为二级。

主梁截面尺寸如图 9-11b)。跨中截面主筋为 HRB335 级，钢筋截面积 $A_s=6836\text{mm}^2$（8 ϕ 32＋2 ϕ 16），$a_s=111\text{mm}$，$E_s=2\times10^5\text{MPa}$，$f_{sk}=335\text{MPa}$。

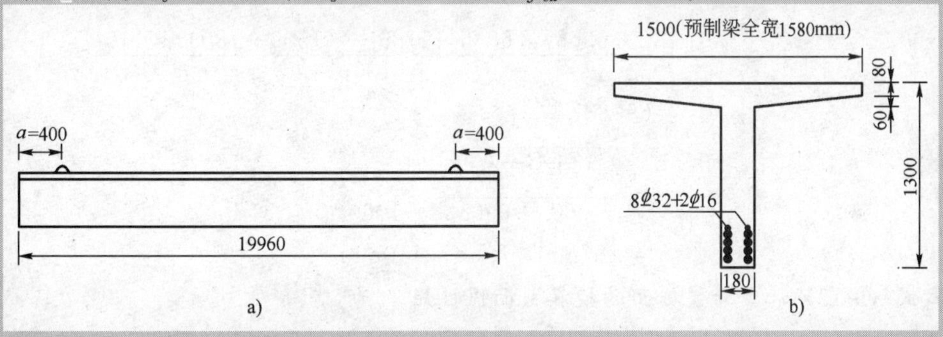

图 9-11　例 9-1 图（尺寸单位：mm）

a）梁立面图；b）梁跨中截面图

简支梁吊装时，其吊点设在距梁端 $a=400\text{mm}$ 处（图 9-11a)，梁自重在跨中截面引起的弯矩 $M_{G1}=505.69\text{kN}\cdot\text{m}$。

T 梁跨中截面使用阶段汽车荷载标准值产生的弯矩为 $M_{Q1}=620\text{kN}\cdot\text{m}$（未计入汽车冲击系数），人群荷载标准值产生的弯矩 $M_{Q2}=55.30\text{kN}\cdot\text{m}$，永久作用（恒载）标准值产生的弯矩 $M_G=751\text{kN}\cdot\text{m}$。

试进行钢筋混凝土简支 T 梁的验算。

解： 1）施工吊装时的正应力验算

根据图 9-11a) 所示梁的吊点位置及主梁自重（看作均布荷载），可以看到在吊点截面处有最大负弯矩，在梁跨中截面有最大正弯矩，均为正应力验算截面。本例以梁跨中截面正应力验算为例介绍计算方法。

（1）梁跨中截面的换算截面惯性矩 I_{cr} 计算

根据《公路桥规》规定计算得到梁受压翼板的有效宽度为 $b'_f=1500\text{mm}$，而受压翼板平均厚度为 110mm。有效高度 $h_0=h-a_s=1300-111=1189\text{mm}$。

$$\alpha_{Es}=\frac{E_s}{E_c}=\frac{2\times10^5}{3.0\times10^4}=6.667$$

由式（9-19）计算截面混凝土受压区高度为：

$$\frac{1}{2}\times1500\times x^2=6.667\times6836\times(1189-x)$$

得到：

$$x=598.7\text{mm}>h'_f\ (=110\text{mm})$$

故为第二类 T 形截面。

这时，换算截面受压区高度 x 应由式（9-12）确定：

$$A=\frac{\alpha_{Es}A_s+h'_f(b'_f-b)}{b}$$
$$=\frac{6.667\times6836+110\times(1500-180)}{180}$$
$$=1060$$

$$B=\frac{2\alpha_{Es}A_sh_0+(b'_f-b)h'^2_f}{b}$$
$$=\frac{2\times6.667\times6836\times1189+(1500-180)\times110^2}{180}$$
$$=690838$$

故：

$$x=\sqrt{A^2+B}-A$$
$$=\sqrt{1060^2+690838}-1060$$
$$=287\text{mm}>h'_f\ (=110\text{mm})$$

按式（9-13）计算开裂截面的换算截面惯性矩 I_{cr} 为：

$$I_{cr}=\frac{b'_fx^3}{3}-\frac{(b'_f-b)(x-h'_f)^3}{3}+\alpha_{Es}A_s(h_0-x)^2$$
$$=\frac{1500\times287^3}{3}-\frac{(1500-180)\times(287-110)^3}{3}+6.667\times6836\times(1189-287)^2$$
$$=46460.55\times10^6\text{mm}^4$$

（2）正应力验算

吊装时动力系数为 1.2（起吊时主梁超重），则跨中截面计算弯矩为 $M_k^t=1.2M_{G1}=1.2\times505.69\times10^6=606.828\times10^6\text{N}\cdot\text{mm}$。

由式（9-17）算得受压区混凝土边缘正应力为：

$$\sigma_{cc}^t=\frac{M_k^tx}{I_{cr}}=\frac{606.828\times10^6\times287}{46460.55\times10^6}$$
$$=3.75\text{MPa}<0.8f'_{ck}\ (=0.8\times20.1=16.08\text{MPa})$$

由式（9-18）算得受拉钢筋的面积重心处的应力为：

$$\sigma_s^t=\alpha_{Es}\frac{M_k^t(h_0-x)}{I_{cr}}$$
$$=6.667\times\frac{606.828\times10^6\times(1189-287)}{46460.55\times10^6}$$
$$=78.54\text{MPa}<0.75f_{sk}\ (=0.75\times335=251\text{MPa})$$

最下面一层钢筋（2ϕ32）重心距受压边缘高度为 $h_{01}=1300-\left(\frac{35.8}{2}+35\right)=1247\text{mm}$，则钢筋应力为：

$$\sigma_s=\alpha_{Es}\frac{M_k^t}{I_{cr}}(h_{01}-x)$$
$$=6.667\times\frac{606.828\times10^6}{46460.55\times10^6}(1247-287)$$
$$=83.6\text{MPa}<0.75f_{sk}\ (=251\text{MPa})$$

验算结果表明，主梁吊装时混凝土正应力和钢筋拉应力均小于规范限值，可取图9-11a)的吊点位置。

2）裂缝宽度 W_{fk} 的验算

（1）系数 c_1 带肋钢筋 $c_1=1.0$

荷载短期效应组合弯矩计算值为：

$$M_s=M_G+\psi_{11}\times M_{Q1}+\psi_{12}\times M_{Q2}$$
$$=751+0.7\times620+1.0\times55.30$$
$$=1240.30\text{kN}\cdot\text{m}$$

荷载长期效应组合弯矩计算值为：

$$M_l=M_G+\psi_{21}\times M_{Q1}+\psi_{22}\times M_{Q2}$$
$$=751+0.4\times620+0.4\times55.30$$
$$=1021.12\text{kN}\cdot\text{m}$$

系数 $c_2=1+0.5\frac{M_l}{M_s}=1+0.5\times\frac{1021.12}{1240.30}=1.41$；

系数 c_3 非板式受弯构件 $c_3=1.0$。

（2）钢筋应力 σ_{ss} 的计算

$$\sigma_{ss}=\frac{M_s}{0.87h_0A_s}$$
$$=\frac{1240.30\times10^6}{0.87\times1189\times6836}$$
$$=175.40\text{MPa}$$

（3）换算直径 d

因为受拉区采用不同的钢筋直径，按式（9-24）要求，d 应取用换算直径 d_e，则可得到：

$$d=d_e=\frac{8\times32^2+2\times16^2}{8\times32+2\times16}=30.22\text{mm}$$

对于焊接钢筋骨架 $d=d_e=1.3\times30.22=39.29\text{mm}$

(4) 纵向受拉钢筋配筋率 ρ

$$\rho = \frac{A_s}{bh_0} = \frac{6836}{180 \times 1189}$$
$$= 0.0319 > 0.02$$

取 $\rho = 0.02$。

(5) 最大裂缝宽度 W_{fk}

由式 (9-24) 计算可得到：

$$W_{fk} = c_1 c_2 c_3 \frac{\sigma_{ss}}{E_s}\left(\frac{30+d}{0.28+10\rho}\right)$$
$$= 1 \times 1.41 \times 1 \times \frac{175.40}{2\times 10^5}\left(\frac{30+39.29}{0.28+10\times 0.02}\right)$$
$$= 0.18\text{mm} \leqslant [W_f] = 0.2\text{mm}，满足要求。$$

3) 梁跨中挠度的验算

在进行梁变形计算时，应取梁与相邻梁横向连接后截面的全宽度受压翼板计算，即为 $b'_{f1} = 1600$mm，而 h'_f 仍为 110mm。

(1) T 梁换算截面的惯性矩 I_{cr} 和 I_0 计算

对 T 梁的开裂截面，由式 (9-19) 可得到：

$$\frac{1}{2} \times 1600 \times x^2 = 6.667 \times 6836\ (1189 - x)$$
$$x = 233\text{mm} > h'_f\ (=110\text{mm})$$

梁跨中截面为第二类 T 形截面。这时，受压区 x 高度由式 (9-12) 确定，即：

$$A = \frac{\alpha_{Es} A_s + h'_f\ (b'_{f1} - b)}{b}$$
$$= \frac{6.667 \times 6836 + 110 \times\ (1600-180)}{180}$$
$$= 1120.98$$

$$B = \frac{2\alpha_{Es} A_s h_0 +\ (b'_{f1} - b)\ h'^2_f}{b}$$
$$= \frac{2 \times 6.667 \times 6836 \times 1189 +\ (1600-180)\ \times 110^2}{180}$$
$$= 697560.03$$

则：
$$x = \sqrt{A^2 + B} - A$$
$$= \sqrt{1120.98^2 + 697560.03} - 1120.98$$
$$= 277\text{mm} > h'_f\ (=110\text{mm})$$

开裂截面的换算截面惯性矩 I_{cr} 为：

$$I_{cr} = \frac{b'_f x^3}{3} - \frac{(b'_f - b)\ (x - h'_f)^3}{3} + \alpha_{Es} A_s\ (h_0 - x)^2$$
$$= \frac{1600 \times 277^3}{3} - \frac{(1600-180)\ \times\ (277-110)^3}{3} + 6.667 \times 6836 \times\ (1189-277)^2$$
$$= 47038.14 \times 10^6\ \text{mm}^4$$

T梁的全截面换算截面面积 A_0 为：

$$A_0=180\times1300+(1600-180)\times110+(6.667-1)\times6836=428939.61\text{mm}^2$$

受压区高度 x 为：

$$x=\frac{\frac{1}{2}\times180\times1300^2+\frac{1}{2}\times(1600-180)\times110^2+(6.667-1)\times6836\times1189}{428939.61}$$

$$=482\text{mm}$$

全截面换算惯性矩 I_0 的计算为：

$$I_0=\frac{1}{12}bh^3+bh\left(\frac{h}{2}-x\right)^2+\frac{1}{12}(b'_{f1}-b)(h'_f)^3+(b'_{f1}-b)h'_f\cdot\left(x-\frac{h'_f}{2}\right)^2$$

$$+(\alpha_{Es}-1)A_s(h_0-x)^2$$

$$=\frac{1}{12}\times180\times1300^3+180\times1300\times\left(\frac{1300}{2}-482\right)^2+\frac{1}{12}\times(1600-180)(110)^3$$

$$+(1600-180)\times110\times\left(482-\frac{110}{2}\right)^2+(6.667-1)\times6836\times(1189-482)^2$$

$$=8.75\times10^{10}\text{mm}^4$$

(2) 计算开裂构件的抗弯刚度

全截面抗弯刚度：

$$B_0=0.95E_cI_0=0.95\times3.0\times10^4\times8.75\times10^{10}=2.49\times10^{15}\text{N}\cdot\text{mm}^2;$$

开裂截面抗弯刚度：

$$B_{cr}=E_cI_{cr}=3.0\times10^4\times47038.14\times10^6=1.41\times10^{15}\text{N}\cdot\text{mm}^2;$$

全截面换算截面受拉区边缘的弹性抵抗矩为：

$$W_0=\frac{I_0}{h-x}=\frac{8.75\times10^{10}}{1300-482}=1.07\times10^8\text{mm}^3;$$

全截面换算截面的面积矩为：

$$S_0=\frac{1}{2}b'_{f1}x^2-\frac{1}{2}(b'_{f1}-b)(x-h'_f)^2$$

$$=\frac{1}{2}\times1600\times482^2-\frac{1}{2}\times(1600-180)\times(482-110)^2$$

$$=8.76\times10^7\text{mm}^3$$

塑性影响系数为：

$$\gamma=\frac{2S_0}{W_0}=\frac{2\times8.76\times10^7}{1.07\times10^8}=1.64;$$

开裂弯矩：

$$M_{cr}=\gamma f_{tk}W_0=1.64\times2.01\times1.07\times10^8=3.5271\times10^8\text{N}\cdot\text{mm}=352.71\text{kN}\cdot\text{m};$$

开裂构件的抗弯刚度为：

$$B=\frac{B_0}{\left(\frac{M_{cr}}{M_s}\right)^2+\left[1-\left(\frac{M_{cr}}{M_s}\right)^2\right]\frac{B_0}{B_{cr}}}$$

$$=\frac{2.49\times10^{15}}{\left(\frac{352.71}{1240.30}\right)^2+\left[1-\left(\frac{352.71}{1240.30}\right)^2\right]\frac{2.49\times10^{15}}{1.41\times10^{15}}}$$

$$=1.46\times10^{15}\text{N}\cdot\text{mm}^2$$

(3) 受弯构件跨中截面处的长期挠度值

短期荷载效应组合下跨中截面弯矩标准值 $M_s=1240.30\text{kN}\cdot\text{m}$，结构自重作用下跨中截面弯矩标准值 $M_G=751\text{kN}\cdot\text{m}$。对 C30 混凝土，挠度长期增长系数 $\eta_\theta=1.60$。

受弯构件在使用阶段的跨中截面的长期挠度值为：

$$w_l=\frac{5}{48}\times\frac{M_sL^2}{B}\times\eta_\theta$$

$$=\frac{5}{48}\times\frac{1240.30\times10^6\times(19.5\times10^3)^2}{1.46\times10^{15}}\times1.60$$

$$=53.84\text{mm}$$

在结构自重作用下跨中截面的长期挠度值为：

$$w_G=\frac{5}{48}\times\frac{M_GL^2}{B}\times\eta_\theta$$

$$=\frac{5}{48}\times\frac{751\times10^6\times(19.5\times10^3)^2}{1.46\times10^{15}}\times1.60$$

$$=32.60\text{mm}$$

按可变荷载频遇值计算的长期挠度值 w_Q 为：

$$w_Q=w_l-w_G=53.84-32.60=21.24\text{mm}<\frac{L}{600}\left(=\frac{19.5\times10^3}{600}=32.50\text{mm}\right)$$

符合《公路桥规》的要求。

(4) 预拱度设置

在荷载短期效应组合并考虑荷载长期效应影响下梁跨中处产生的长期挠度为 $w_l=53.84\text{mm}>\frac{L}{1600}=\frac{19.5\times10^3}{1600}=12.19\text{mm}$，故跨中截面需设置预拱度。

根据《公路桥规》对预拱度设置的规定，由式（19-27）得到梁跨中截面处的预拱度为：

$$\Delta=w_G+\frac{1}{2}w_Q=32.60+\frac{1}{2}\times21.24=43.22\text{mm}。$$

本章小结

本章介绍了钢筋混凝土受弯构件在施工阶段的钢筋、混凝土应力计算，使用阶段的裂缝宽度及挠度验算，以及耐久性设计基本要求。这些内容均为正常使用极限状态的范畴。

本章学习中应掌握以下几个方面的内容：

(1) 运用换算截面法计算钢筋混凝土受弯构件在施工阶段的钢筋和混凝土应力；

(2) 影响裂缝宽度的主要因素及受弯构件最大裂缝宽度计算方法；

(3) 受弯构件的挠度验算及预拱度设置。

思考题与习题

9-1 什么是钢筋混凝土构件的换算截面？将钢筋混凝土开裂截面化为等效的换算截面基本前提是什么？

9-2 工程中如何通过构造措施防止过大或集中的裂缝？

9-3 影响混凝土结构耐久性的主要因素有哪些？混凝土结构耐久性设计应考虑哪些问题？

9-4 某矩形截面钢筋混凝土简支梁，截面尺寸为 $b\times h=300\text{mm}\times500\text{mm}$，$a_s=40\text{mm}$。C25 混凝土，HRB335 级钢筋。在截面受拉区配有纵向抗弯受拉钢筋 3ϕ20（$A_s=942\text{mm}^2$），永久作用（恒载）产生的弯矩标准值 $M_G=60\text{kN}\cdot\text{m}$，汽车荷载产生的弯矩标准值为 $M_{Q1}=23\text{kN}\cdot\text{m}$（未计入汽车冲击系数）。I 类环境条件，安全等级为一级。若不考虑长期荷载的作用，试验算最大裂缝宽度是否符合要求。

9-5 已知一钢筋混凝土 T 形截面梁计算跨径 $L=19.5\text{m}$，截面尺寸为 $b'_f=1580\text{mm}$，$h'_f=110\text{mm}$，$b=180\text{mm}$，$h=1300\text{mm}$，$h_0=1180\text{mm}$。C25 混凝土，HRB335 级钢筋，在截面受拉区配有纵向抗弯受拉钢筋为（6ϕ32+6ϕ20），$A_s=6710\text{mm}^2$。永久作用（恒载）产生的弯矩标准值 $M_G=750\text{kN}\cdot\text{m}$，汽车荷载产生的弯矩标准值为 $M_{Q1}=750\text{kN}\cdot\text{m}$（未计入汽车冲击系数）。I 类环境条件，安全等级为二级。试验算此梁跨中挠度并确定是否应设计预拱度。

第 2 篇　预应力混凝土结构

第 10 章　预应力混凝土总论

10.1　预应力混凝土结构基本概念

钢筋混凝土构件由于混凝土的抗拉强度低，而采用钢筋来代替混凝土承受拉力。但是，混凝土的极限拉应变也很小，约为（0.10～0.15）mm/m，若混凝土应变值超过该极限值就会出现裂缝。如果要求构件在使用时混凝土不开裂，则钢筋的拉应力只能达到 20～30MPa；即使允许开裂，为了保证构件的耐久性，常需将裂缝宽度限制在 0.2～0.25mm 以内，此时钢筋拉应力也只能达到 150～250MPa，可见高强度钢筋无法在钢筋混凝土结构中充分发挥其抗拉强度，与之相对应的高强度等级混凝土也无法充分利用。

由上可知，钢筋混凝土结构在使用中存在如下两个问题：一是需要带裂缝工作，由于裂缝的存在，不仅使构件刚度下降，而且使得钢筋混凝土构件不能应用于不允许开裂的场合；二是无法充分利用高强材料。当荷载增加时，为了满足裂缝和变形的限值要求，则需增加钢筋混凝土构件的截面尺寸或增加钢筋用量，这样做不仅不经济，而且导致结构自重过大。为了避免混凝土过早开裂，并有效地利用高强材料，采用预应力混凝土是最有效的方法之一。

10.1.1　预应力混凝土结构的基本原理

所谓预应力混凝土，就是事先人为地在混凝土或钢筋混凝土中引入内部应力，且其数值和分布恰好能将使用荷载产生的应力抵消到一个合适程度的配筋混凝土。预应力混凝土结构的基本原理是：在结构承载时将发生拉应力的部位，预先用某种方法对混凝土施加一定的压应力，使之建立一种人为的应力状态，这种应力的大小和分布规律，能有利于抵消使用荷载作用下产生的拉应力，因而使混凝土构件在使用荷载作用下不致开裂，或推迟开裂，或者使裂缝宽度减小。

现以图 10-1 所示的简支梁为例，进一步说明预应力混凝土结构的基本原理。

设混凝土梁跨径为 L，截面为 $b\times h$，承受均布荷载 q（含自重在内），其跨中最大弯矩为 $M=qL^2/8$，此时跨中截面上、下缘的应力（图 10-1c）为：

$$上缘：\sigma_{cu}=6M/bh^2 \ （压应力）$$

$$下缘：\sigma_{cb}=-6M/bh^2 \ （拉应力）$$

假如预先在离该梁下缘 $h/3$（即偏心距 $e=h/6$）处，施加一个预压应力 N_p，若 $N_p=$

$3M/h$，则在 N_p 作用下，梁截面上、下缘所产生的应力（图 10-1d）为：

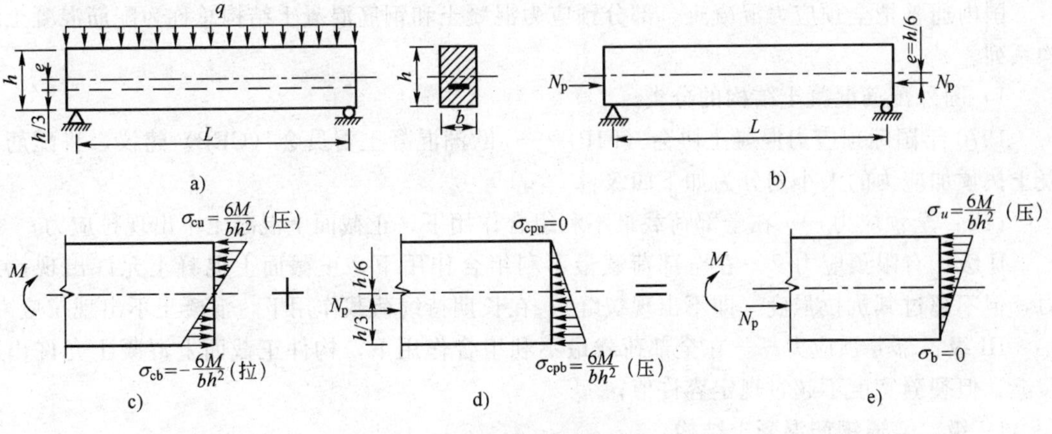

图 10-1 预应力混凝土结构基本原理图

a）简支梁受均布荷载 q 作用；b）预加力 N_p 作用于梁上；c）荷载 q 作用下的跨中截面应力分布图；d）预加力 N_p 作用下的跨中截面应力分布图；e）梁在 q 和 N_p 共同作用下的跨中截面应力分布图

$$\text{上缘：}\sigma_{cpu}=\frac{N_p}{bh}-\frac{N_p\cdot e}{bh^2/6}=\frac{3M}{bh^2}-\frac{1}{bh^2/6}\cdot\frac{3M}{h}\cdot\frac{h}{6}=0$$

$$\text{下缘：}\sigma_{cpb}=\frac{N_p}{bh}+\frac{N_p\cdot e}{bh^2/6}=\frac{6M}{bh^2}\ \text{（压应力）}$$

现将上述两项应力叠加，即可求得梁在 q 和 N_p 共同作用下，跨中截面上、下缘的总应力图 10-1e）为：

$$\text{上缘：}\sigma_u=\sigma_{cu}+\sigma_{cpu}=0+\frac{6M}{bh^2}=\frac{6M}{bh^2}\ \text{（压应力）}$$

$$\text{下缘：}\sigma_b=\sigma_{cb}+\sigma_{cpb}=\frac{6M}{bh^2}-\frac{6M}{bh^2}=0$$

由此可见，由于预先给混凝土梁施加了预压应力，使梁在均布荷载 q 作用时其下边缘所产生的拉应力全部被抵消，因而可避免混凝土出现裂缝，混凝土梁可以全截面参加工作，提高了构件的抗裂性，并且为充分利用高强钢材创造了机会。上述概念就是预应力混凝土结构的基本原理。其实，预应力原理的应用早就有了，而且在日常事物中的例子也很多。例如在建筑工地用砖钳装卸砖块，被钳住的一叠水平砖块不会掉落；用铁箍紧箍木桶，木桶盛水而不漏等，这些都是运用预应力原理的浅显事例。

从图 12-1 还可看出，预压力 N_p 必须针对外荷载作用下可能产生的应力状态有计划地施加。因为要有效地抵消外荷载作用所产生的拉应力，不仅与 N_p 的大小有关，而且与 N_p 所施加的位置（即偏心距 e 的大小）有关。预加力 N_p 所产生的反弯矩与偏心距 e 成正比例，为了节省预应力钢筋的用量，设计中常常尽量减小 N_p 值，因此在弯矩最大的跨中截面就必须尽量加大偏心距 e 值。而在外弯矩较小的截面，则需将 e 值相应地减小，以免由于预加力弯矩过大，使梁的上缘出现拉应力，甚至出现裂缝。预加力 N_p 在各截面的偏心距 e 值的调整工作，在设计时通常是通过曲线配筋的形式来实现。

10.1.2 配筋混凝土结构的分类

国内通常把全预应力混凝土、部分预应力混凝土和钢筋混凝土结构总称为配筋混凝土结构系列。

1）国外配筋混凝土结构的分类

1970 年国际预应力混凝土协会（FIP）——欧洲混凝土委员会（CEB）建议，将配筋混凝土按预加应力的大小划分为如下四级：

I 级：全预应力——在全部荷载最不利组合作用下，正截面上混凝土不出现拉应力；

II 级：有限预应力——在全部荷载最不利组合作用下，正截面上混凝土允许出现拉应力，但不超过其抗拉强度（即不出现裂缝）；在长期持续荷载作用下，混凝土不出现拉应力；

III 级：部分预应力——在全部荷载最不利组合作用下，构件正截面上混凝土允许出现裂缝，但裂缝宽度不超过规定容许值；

IV 级：普通钢筋混凝土结构。

这一分类方法，由于对部分预应力混凝土结构的优越性强调不够，容易给人们造成误解，认为这是质量的分等，形成盲目去追求 I 级的不正确倾向。针对这种分类方法存在的缺点，国际上已逐步改用按结构功能要求合理选用预应力度的分类方法。

2）国内配筋混凝土结构的分类

根据国内工程习惯，我国对以钢材为配筋的配筋混凝土结构系列，采用按其预应力度分成全预应力混凝土、部分预应力混凝土和钢筋混凝土等三种结构的分类方法。

（1）预应力度的定义

《公桥规》将受弯构件的预应力度（λ）定义为由预加应力大小确定的消压弯矩 M_0 与外荷载产生的弯矩 M_s 的比值，即：

$$\lambda = M_0 / M_s$$

式中：M_0——消压弯矩，也就是构件抗裂边缘预压应力抵消到零时的弯矩；

M_s——按作用（或荷载）短期效应组合计算的弯矩值；

λ——预应力混凝土构件的预应力度。

（2）配筋混凝土构件的分类

全预应力混凝土构件——在作用（荷载）短期效应组合下控制的正截面受拉边缘不允许出现拉应力（不得消压），即 $\lambda \geqslant 1$；

部分预应力混凝土构件——在作用（荷载）短期效应组合下控制的正截面受拉边缘出现拉应力或出现不超过规定宽度的裂缝，即 $1 > \lambda > 0$；

钢筋混凝土构件——不预加应力的混凝土构件，即 $\lambda = 0$。

（3）部分预应力混凝土构件的分类

由上可知，部分预应力混凝土构件是指其预应力度介于以全预应力混凝土构件和钢筋混凝土构件为两个界限的中间广阔领域内的预应力混凝土构件。为了设计的方便，《公桥规》又将部分预应力混凝土构件分为以下两类：

A 类：当对构件控制截面受拉边缘的拉应力加以限制时，为 A 类预应力混凝土构件；

B 类：当构件控制截面受拉边缘拉应力超过限值或出现不超过宽度限值的裂缝时，为 B 类预应力混凝土构件。

10.2　预应力混凝土结构特点

与钢筋混凝土相比，预应力混凝土结构具有如下主要优点：

(1) 提高构件的抗裂度和刚度。对构件施加预应力后，可使构件在使用荷载作用下不出现裂缝，或使裂缝大大推迟出现，有效地改善了构件的使用性能，提高了构件的刚度，减小结构变形。

(2) 改善结构的耐久性。预应力混凝土构件在使用荷载下不产生裂缝或裂缝宽度较小，结构中的钢筋将可避免或较少受到外界有害因素的侵蚀，从而提高了构件的耐久性。

(3) 可以节省材料，减轻自重。预应力混凝土由于采用高强材料，因而可减小构件截面尺寸，节省钢材与混凝土用量，减轻结构物的自重。这对自重比例很大的大跨径桥梁来说，更有着显著的优越性。

(4) 可以减小混凝土梁的竖向剪力和主拉应力。预应力混凝土梁的曲线钢筋（束），可使梁支座附近的竖向剪力减小；又由于混凝土截面上预压应力的存在，使荷载作用下的主拉应力也相应减小。这有利于减小梁的腹板厚度，使预应力混凝土梁的自重可以进一步减小。

(5) 提高结构的耐疲劳性能。预应力结构预先引入了人为的应力状态，在使用阶段由加荷或卸荷所引起的应力变化幅度相对较小，所以引起疲劳破坏的可能性也小。这对承受动荷载的桥梁结构来说是很有利的。

(6) 提高工程质量。对预应力混凝土结构，由于在张拉预应力钢筋阶段相当于对构件作了一次荷载检验，能及时发现结构构件的薄弱点，因而对控制工程质量是很有效的。

(7) 预应力可作为结构构件连接的手段，促进了桥梁结构新体系与施工方法的发展。

预应力混凝土结构也存在着一些缺点：

(1) 工艺较复杂，需要配备一支技术较熟练的专业队伍。

(2) 需要有一定的专门设备，如张拉机具、灌浆设备等。先张法需要有张拉台座；后张法要耗用数量较多的锚具等。

(3) 预应力反拱度不易控制。它随混凝土徐变的增加而加大，可能造成桥面不平顺。

(4) 预应力混凝土结构的开工费用较大，对于跨径小、构件数量少的工程，成本较高。

但是，以上缺点是可以设法克服的。例如应用于跨径较大的结构，或跨径虽不大，但构件数量很多时，采用预应力混凝土结构就比较经济了。总之，只要从实际出发，因地制宜地进行合理设计和妥善安排，预应力混凝土结构就能充分发挥其优越性。

本章小结

本章主要介绍了预应力混凝土结构的基本概念、配筋混凝土结构的分类以及预应力混凝土结构的特点。

思考题与习题

10-1　何谓预应力混凝土？为什么要对构件施加预应力？其基本原理是什么？

10-2　什么是预应力度？《公桥规》对预应力混凝土构件如何分类？

10-3　预应力混凝土结构有什么优缺点？

第 11 章 预应力混凝土材料与施工

11.1 预 应 力 筋

1）对预应力钢筋性能的要求

（1）强度要高。预应力混凝土结构中预压应力的大小主要取决于预应力钢筋的数量及其张拉应力。考虑到构件在制作和使用过程中，由于各种因素的影响，会出现各种预应力损失，因此需要采用较高的张拉应力，这就要求预应力筋的强度要高。否则，就不能有效地建立预应力。

（2）有较好的塑性。为了保证结构物在破坏之前有较大的变形能力，必须保证预应力钢筋有足够的塑性性能。

（3）要具有良好的黏结性能。

（4）具有低松弛性能。在一定拉应力值和恒定温度下，钢筋长度固定不变，则钢筋中的应力将随时间延长而降低，一般称这种现象为钢筋的松弛或应力松弛。

2）预应力钢筋的种类

《公桥规》推荐使用的预应力筋有钢绞线、消除应力钢丝和精轧螺纹钢筋。钢绞线和消除应力钢丝单向拉伸应力—应变关系曲线无明显的流幅，精轧螺纹钢筋则有明显的流幅。

（1）钢绞线

钢绞线是由 2、3 或 7 根高强钢丝扭结而成并经消除内应力后的盘卷状钢丝束（图 11-1）。最常用的是由 6 根钢丝围绕一根芯丝顺一个方向扭结而成的 7 股钢绞线。芯丝直径常比外围钢丝直径大 5%～7%，以使各根钢丝紧密接触，钢丝扭矩一般为钢绞线公称直径的 12～16 倍。《公桥规》根据国家标准《GB/T 5224—1995》选用的钢绞线有 2 股钢绞线、3 股钢绞线和 7 股钢绞线三种规格，其抗拉强度标准值为 1470～1860MPa，并依松弛性能不同分成普通钢绞线和低松弛钢绞线两种。

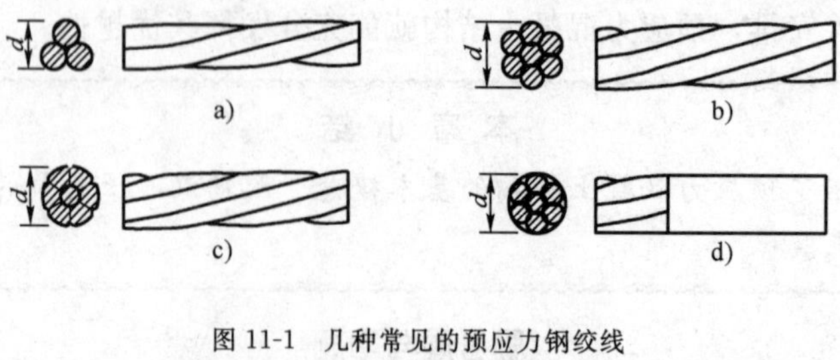

图 11-1 几种常见的预应力钢绞线

a）3 股钢绞线；b）7 股钢绞线；c）7 股拔模钢绞线；d）无黏结钢绞线

钢绞线具有截面集中、比较柔软、盘弯运输方便、与混凝土黏结性能良好等特点，可大大简化现场成束的工序，是一种较理想的预应力钢筋。普通钢绞线的强度与弹性模量均较单根钢丝略小，但低松弛钢绞线已有改变。国内使用高强度、低松弛钢绞线也已经成为主流。

为了减少钢丝之间的缝隙和外径，目前已研制出一种“模拔成型钢绞线”，它是在捻制成型时通过模孔拉拔而成。它使钢绞线的内部空隙和外径大大减小，在相同预留孔道的条件下，可增加预拉力约20%，且周边与锚具接触的面积增加，有利于锚固。

(2) 高强度钢丝

预应力混凝土结构常用的高强钢丝（图11-2）是用优质碳素钢（含碳量为0.7%～1.4%）轧制成盘圆，经高温铅浴淬火处理后，再冷拉加工而成的钢丝。对于采用冷拔工艺生产的高强钢丝，冷拔后还需经过回火矫直处理，以消除钢丝在冷拔中所存在的内部应力，提高钢丝的比例极限、屈服强度和弹性模量。《公桥规》中采用的消除应力高强钢丝有光面钢丝、螺旋肋钢丝和刻痕钢丝。

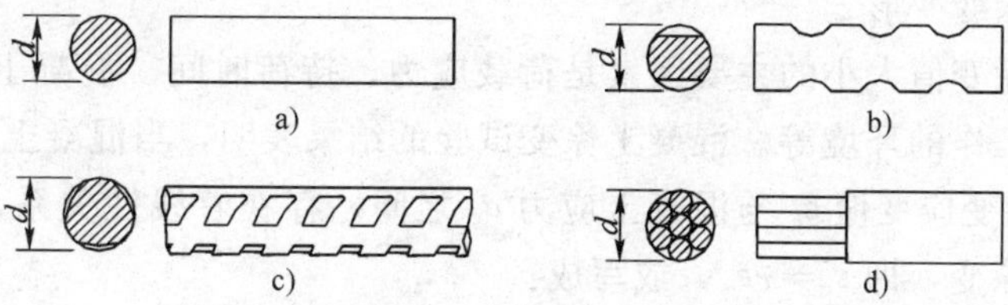

图11-2 几种常见的预应力高强钢丝

a) 光面钢丝；b) 两面刻痕钢丝；c) 三面刻痕钢丝；d) 无黏结钢丝束

(3) 精轧螺纹钢筋

精轧螺纹粗钢筋在轧制时沿钢筋纵向全部轧有规律性的螺纹肋条，可用螺丝套筒连接和螺母锚固，因此不需要再加工螺丝，也不需要焊接。目前，这种高强钢筋仅用于中、小型预应力混凝土构件或作为箱梁的竖向、横向预应力钢筋。

《公桥规》对预应力筋强度设计值和强度标准值的规定如附表2-1；预应力钢筋的弹性模量见附表2-2。

值得一提的是，近年来，非金属材料制成的预应力筋，如玻璃纤维增强塑料（GFRP）、芳纶纤维增强塑料（AFRP）及碳纤维增强塑料（CFRP）等制成的预应力筋已开始在处于某些特殊环境和条件下的桥梁中使用。这些材料的特点是：高强、轻质、耐腐蚀、耐疲劳、抗磁性、热膨胀系数与混凝土接近、抗剪强度低等。本书第5篇中将对FRP结构作具体介绍。

11.2 混 凝 土

1) 对混凝土的要求

(1) 强度高。在预应力混凝土结构中，应采用与高强钢筋相配合的较高强度等级的混凝土，只有这样才能充分发挥高强钢材的抗拉强度，有效地减小构件截面尺寸，因而也可减轻结构自重。特别对于先张法构件，混凝土强度等级的提高，可增大混凝土的黏结强度，以保证预应力钢筋在混凝土中有较好的自锚性能。《公桥规》规定：预应力混凝土构件的混凝土强度等级不应低于C40。而且，钢材强度越高，混凝土强度级别也相应要求提高。

混凝土的强度设计值和强度标准值见附表 1-1；混凝土的弹性模量见附表 1-2。

(2) 收缩、徐变小。预应力混凝土构件除了混凝土在结硬过程中会产生收缩变形外，由于混凝土长期承受着预压应力，还要产生徐变变形。混凝土的收缩和徐变，使预应力混凝土构件缩短，这将引起预应力钢筋中的预拉应力的下降，通常称此为预应力损失。显然，预应力钢筋的预应力损失，也相应地使混凝土中的预压应力减小。混凝土的收缩、徐变值越大，则预应力损失值就越大，对预应力混凝土结构就越不利。因此，在预应力混凝土结构的设计、施工中，应尽量减少混凝土的收缩和徐变。

(3) 快硬、早强。这样，可尽早施加预应力，加快施工进度，提高设备、模板等的利用率。

2) 收缩、徐变变形的计算

(1) 混凝土徐变变形

影响混凝土徐变值大小的主要因素是荷载应力、持荷时间、混凝土的品质与加载龄期、以及构件尺寸和工作的环境等。混凝土徐变试验的结果表明，当混凝土所承受的持续应力 $\sigma_c \leqslant 0.5f_{ck}$ 时，其徐变应变值 ε_c 与混凝土应力 σ_c 之间，存在着线性关系，在此范围内的徐变变形则称为线性徐变，即 $\varepsilon_c=\phi\varepsilon_e$，或写成：

$$\phi=\varepsilon_c/\varepsilon_e \tag{11-1}$$

式中：ε_c——徐变应变值；

ε_e——加载（σ_c 作用）时的弹性应变（即急变）值；

ϕ——徐变应变与弹性应变的比例系数，一般称为徐变系数（亦称徐变特征值）。

徐变是随时间延续而增加的，但又随加载龄期 t_0 的增大而减小，故一般将其表示为 $\phi(t, t_0)$，其中 t_0 为加载时的混凝土龄期，t 为计算所考虑时刻的混凝土龄期。

由式 (11-1) 可知，只要知道徐变系数 $\phi(t, t_0)$，就可以算出在混凝土应力 σ_c 作用下的徐变应变值 ε_c。《公桥规》建议的徐变系数计算式为：

$$\phi(t, t_0)=\phi_0 \cdot \beta_c(t-t_0) \tag{11-2}$$

式中：$\phi(t, t_0)$——加载龄期为 t_0，计算考虑龄期为 t 时的混凝土徐变系数；

ϕ——混凝土名义徐变系数，按下式计算。即：

$$\phi_0=\phi_{RH} \cdot \beta(f_{cm}) \cdot \beta(t_0) \tag{11-3}$$

其中：

$$\phi_{RH}=1+\frac{1-RH/RH_0}{0.46(h/h_0)^{\frac{1}{3}}} \tag{11-4}$$

$$\beta(f_{cm})=\frac{5.3}{(f_{cm}/f_{cm0})^{0.5}} \tag{11-5}$$

$$\beta(t_0)=\frac{1}{0.1+(t_0/t_1)^{0.2}} \tag{11-6}$$

式中：RH——环境年平均相对湿度，%；

h——构件理论厚度，mm，$h=2A/u$ (mm)，A 为构件截面面积，u 为构件与大气接触的周边长度；

f_{cm}——强度等级 C20～C50 混凝土在 28d 龄期时的平均立方体抗压强度，MPa，$f_{cm}=0.8f_{cu,k}+8\text{MPa}$；

$f_{cu,k}$——混凝土立方体抗压强度标准值，MPa，即混凝土强度等级；

t_0——加载时的混凝土龄期，d；

t——计算考虑时刻的混凝土龄期，d。

根据《公桥规》，式中取 $RH_0=100\%$，$h_0=100\text{mm}$，$t_1=1\text{d}$，$f_{cm0}=10\text{MPa}$。

$\beta_c(t-t_0)$ 为加载后徐变随时间发展的系数，按式（11-7）计算，即：

$$\beta_c(t-t_0)=\left[\frac{(t-t_0)/t_1}{\beta_H+(t-t_0)/t_1}\right]^{0.3} \tag{11-7}$$

$$\beta_H=150\left[1+\left(1.2\frac{RH}{RH_0}\right)^{18}\right]\frac{h}{h_0}+250\leqslant 1500 \tag{11-8}$$

式（11-7）和式（11-8）的符号意义同式（11-4）～式（11-6）。

在实际桥梁设计中需考虑徐变影响或计算阶段预应力损失时，强度等级C20～C50混凝土的名义徐变系数 ϕ_0 可按表11-1值采用。混凝土的徐变系数值可按下列步骤计算：

①按式（11-8）计算 β_H，计算时公式中的年平均相对湿度 RH，当在 $40\%\leqslant RH<70\%$ 时，取 $RH=55\%$；当在 $70\%\leqslant RH<90\%$ 时，取 $RH=80\%$；

②根据计算徐变所考虑的龄期 t、加载龄期 t_0 及已算得的 β_H，按式（11-7）计算徐变发展系数 $\beta_c(t-t_0)$；

③根据 $\beta_c(t-t_0)$ 和表11-1所列名义徐变系数（必要时用内插求得），按式（11-2）计算徐变系数 $\phi(t,t_0)$。

当实际的加载龄期超过表11-1给出的90d时，其混凝土名义徐变系数可按 $\phi'_0=\phi_0\cdot\beta(t'_0)/\beta(t_0)$ 求得，式中 ϕ_0 为表11-1所列名义徐变系数，$\beta(t'_0)$ 和 $\beta(t_0)$ 按式（11-6）计算，其中 t_0 为表列加载龄期，t'_0 为90d以外计算所需的加载龄期。

混凝土名义徐变系数 ϕ_0　　表11-1

加载龄期 (d)	$40\%\leqslant RH<70\%$				$70\%\leqslant RH<90\%$			
	理论厚度 h（mm）				理论厚度 h（mm）			
	100	200	300	≥600	100	200	300	≥600
3	3.90	3.50	3.31	3.03	2.83	2.65	2.56	2.44
7	3.33	3.00	2.82	2.59	2.41	2.26	2.19	2.08
14	2.92	2.62	2.48	2.27	2.12	1.99	1.92	1.83
28	2.56	2.30	2.17	1.99	1.86	1.74	1.69	1.60
60	2.21	1.99	1.88	1.72	1.61	1.51	1.46	1.39
90	2.05	1.84	1.74	1.59	1.49	1.39	1.35	1.28

注：1. 本表适用于一般硅酸盐类水泥或快硬水泥配制而成的混凝土。

2. 本表适用于季节性变化的平均温度－20℃～＋40℃。

3. 本表数值系按C40混凝土计算所得，对强度等级C50及以上混凝土，表列数值应乘以 $\sqrt{32.4/f_{ck}}$，式中 f_{ck} 为混凝土轴心抗压强度标准值（MPa）。

4. 计算时，表中年平均相对湿度 $40\%\leqslant RH<70\%$，取 $RH=55\%$；$70\%\leqslant RH<90\%$，取 $RH=80\%$。

5. 构件的实际理论厚度和加载龄期为表列中间值时，混凝土名义徐变系数可按直线内插法求得。

一般当混凝土应力 $\sigma_c>0.6f_{ck}$，则徐变应变不再与 σ_c 成正比例关系，此时称为非线性徐变。在非线性徐变范围内，如果 σ_c 过大，则徐变应变急剧增加，不再收敛，将导致混凝土破坏。因此预应力混凝土构件的预压应力不是越高越好，压应力过高对结构安全不利。

在桥梁结构中，混凝土的持续应力一般都小于 $0.5f_{ck}$，不会因徐变造成破坏，可按线性关系计算徐变应变。对于用硅酸盐水泥配制的中等稠度的普通混凝土，在要求不十分精确时，其徐变系数终极值 $\phi(t_u, t_0)$ 可按表 11-3 取用。

(2) 混凝土的收缩变形

混凝土的硬化收缩变形是非受力变形。它的变形规律和徐变相似，也是随时间延续而增加，初期硬化时收缩变形明显，以后逐渐变缓。一般第一年的应变可达到 $(0.15\sim0.4)\times10^{-3}$，收缩变形可延续至数年，其终值可达 $(0.2\sim0.6)\times10^{-3}$。

混凝土收缩应变计算式为：

$$\varepsilon_{cs}(t, t_s) = \varepsilon_{cs0} \cdot \beta_s(t-t_s) \tag{11-9}$$

式中：$\varepsilon_{cs}(t, t_s)$——收缩开始时的龄期为 t_s，计算考虑的龄期为 t 时的收缩应变；

t——计算考虑时刻的混凝土龄期，d；

t_s——收缩开始时的混凝土龄期，d，可假定为 3～7d；

ε_{cs0}——名义收缩系数；

$$\varepsilon_{cs0} = \varepsilon_s(f_{cm}) \cdot \beta_{RH} \tag{11-10}$$

$$\varepsilon_s(f_{cm}) = [160 + 10\beta_{sc}(9 - f_{cm}/f_{cm0})] \cdot 10^{-6} \tag{11-11}$$

β_{sc}——依水泥种类而定的系数，对一般的硅酸盐类水泥或快硬水泥，$\beta_{sc}=5.0$；

β_{RH}——与年平均相对湿度相关的系数；当 $40\% \leqslant RH < 99\%$ 时，

$$\beta_{RH} = 1.55[1 - (RH/RH_0)^3] \tag{11-12}$$

β_s——收缩随时间发展的系数；

$$\beta_s(t-t_s) = \left[\frac{(t-t_s)/t_1}{350(h/h_0)^2 + (t-t_s)/t_1}\right]^{0.5} \tag{11-13}$$

其余符号同徐变计算公式。

在桥梁设计中，当需要考虑收缩影响或计算阶段预应力损失时，混凝土收缩应变值可按下列步骤计算：

①按式 (11-13) 计算从 t_s 到 t、t_s 到 t_0 的收缩应变发展系数 $\beta_s(t-t_s)$、$\beta_s(t_0-t_s)$，当计算 $\beta_s(t_0-t_s)$ 时，式中的 t 均改用 t_0。其中 t 为计算收缩应变考虑时刻的混凝土龄期 (d)，t_0 为桥梁结构开始受收缩影响时刻或预应力钢筋传力锚固时刻的混凝土龄期 (d)，t_s 为收缩开始时（养护期结束时）的混凝土龄期，设计时可取 3～7d，$t > t_0 \geqslant t_s$；

②按式 (11-14) 计算自 t_0 至 t 时的收缩应变值 $\varepsilon_{cs}(t, t_0)$，即：

$$\varepsilon_{cs}(t, t_0) = \varepsilon_{cs0}[\beta_s(t-t_s) - \beta_s(t_0-t_s)] \tag{11-14}$$

式中的名义收缩系数 ε_{cs0} 对于强度等级 C20～C50 混凝土，可按表 11-2 所列数值采用。

混凝土名义收缩系数 ε_{cs0} 表 11-2

$40\% \leqslant RH < 70\%$	$70\% \leqslant RH < 90\%$
0.529×10^3	0.310×10^3

注：1. 本表适用于一般硅酸盐类水泥或快硬水泥配制而成的混凝土。

2. 本表适用于季节性变化的平均温度 −20℃～+40℃。

3. 本表数值系按 C40 混凝土计算所得，对强度等级为 C50 及以上混凝土，表列数值应乘以 $\sqrt{32.4/f_{ck}}$，式中 f_{ck} 为混凝土轴心抗压强度标准值 (MPa)。

4. 计算时，表中年平均相对湿度 $40\% \leqslant RH < 70\%$，取 $RH=50\%$；$70\% \leqslant RH < 90\%$，取 $RH=80\%$。

同样地，对于用硅酸盐水泥配制的中等稠度的普通混凝土，在要求不十分精确时，其收缩应变终极值 ε_{cs}（t_u，t_0）可按表 11-3 取用。

3）混凝土的配制要求与措施

为了获得强度高和收缩、徐变小的混凝土，应尽可能地采用高强度等级水泥，减少水泥用量，降低水灰比，选用优质坚硬的骨料，并注意采取以下措施：

(1) 严格控制水灰比。高强混凝土的水灰比一般宜在 0.25～0.35 范围之间。为增加和易性，可掺加适量的高效减水剂。

(2) 注意选用高强度等级水泥并宜控制水泥用量不大于 500kg/m³。水泥品种以硅酸盐水泥为宜，不得已需要采用矿渣水泥时，则应适当掺加早强剂，以改善其早期强度较低的缺点。火山灰水泥不适于拌制预应力混凝土，因为早期强度过低，收缩率又大。

(3) 注意选用优质活性掺和料，如硅粉、F 矿粉等，尤其是硅粉混凝土不仅可使收缩减小，特别可使徐变显著减小。

(4) 加强振捣与养护。

同时，混凝土在材料选择、拌制以及养护过程中还应考虑混凝土耐久性的要求。

混凝土徐变系数终极值 ϕ（t_u，t_0）和收缩应变终极值 ε_{cs}（t_u，t_0） 表 11-3

项目 \ 受荷时混凝土龄期 t_0（d） \ 构件理论厚度（mm） \ 大气条件		40%≤RH<70%				70%≤RH<99%			
		$h=2A/u$（mm）				$h=2A/u$（mm）			
		100	200	300	≥600	100	200	300	≥600
徐变系统终极值 ϕ（t_u，t_0）	3	3.78	3.36	3.14	2.79	2.73	2.52	2.39	2.20
	7	3.23	2.88	2.68	2.39	2.32	2.15	2.05	1.88
	14	2.83	2.51	2.35	2.09	2.04	1.89	1.79	1.65
	28	2.48	2.20	2.06	1.83	1.79	1.65	1.58	1.44
	60	2.14	1.91	1.78	1.58	1.55	1.43	1.36	1.25
	90	1.99	1.76	1.65	1.46	1.44	1.32	1.26	1.15
收缩应变终极值 ε_{cs}（t_u，t_0）$\times 10^3$	3～7	0.50	0.45	0.38	0.25	0.30	0.26	0.23	0.15
	14	0.43	0.41	0.36	0.24	0.25	0.24	0.21	0.14
	28	0.38	0.38	0.34	0.23	0.22	0.22	0.20	0.13
	60	0.31	0.34	0.32	0.22	0.18	0.20	0.19	0.12
	90	0.27	0.32	0.30	0.21	0.16	0.19	0.18	0.12

注：1. 表中 RH 代表桥梁所处环境的年平均相对湿度（%），表中数值按 40%≤RH<70%取 55%，70%≤RH<99%取 80%计算求得。

2. 表中理论厚度 $h=2A/u$，A 为构件截面面积，u 为构件与大气接触的周边长度。当构件为变截面时，A 和 u 均可取其平均值。

3. 本表适用于由一般的硅酸盐类水泥或快硬水泥配制而成的混凝土。表中数值系按强度等级 C40 混凝土计算求得，对 C50 及以上混凝土，表列数值应乘以 $\sqrt{32.4/f_{ck}}$，式中 f_{ck} 为混凝土轴心抗压强度标准值（MPa）。

4. 本表适用于季节性变化的平均温度－20℃～＋40℃。

5. 构件的实际传力锚固龄期、加载龄期或理论厚度为表列数值中间值时，收缩应变和徐变系数终极值可按直线内插法取值。

11.3 预应力锚具

1）对锚具的要求

预应力混凝土结构与构件中锚固预应力钢筋的工具，可分为两类：在制作先张法或后张法预应力混凝土构件时，为保持预应力筋拉力的临时性锚固装置，称为临时夹具；在后张法预应力混凝土构件中，为保持预应力筋的拉力并将其传递到混凝土上所用的永久性锚固装置，称为锚具。临时夹具和锚具都是保证预应力混凝土施工安全、结构可靠的关键设备。因此，在设计、制造或选择锚具时应注意满足下列要求：

（1）安全可靠，具有足够的强度和刚度；

（2）预应力损失小，预应力筋在锚具内尽可能不产生滑移；

（3）构造简单、紧凑，制作方便，用钢量少；

（4）张拉锚固方便迅速，设备简单。

2）锚具的分类

锚具的型式繁多，按其传力锚固的受力原理，可分为：

（1）依靠摩阻力锚固的锚具。如楔形锚、锥形锚和用于锚固钢绞线的JM锚与夹片式群锚等，都是借张拉预应力钢筋的回缩或千斤顶顶压，带动锥销或夹片将预应力钢筋楔紧于锥孔中而锚固的。

（2）依靠承压锚固的锚具。如镦头锚、钢筋螺纹锚等，是利用钢丝的镦粗头或钢筋螺纹承压进行锚固。

（3）依靠黏结力锚固的锚具。如先张法的预应力钢筋锚固，以及后张法固定端的钢绞线压花锚具等，都是利用预应力钢筋与混凝土之间的黏结力进行锚固的。

对于不同形式的锚具，往往需要配套使用专门的张拉设备。因此，在设计施工中，应同时考虑锚具与张拉设备的选择。

3）目前桥梁结构中几种常用的锚具

（1）锥形锚

锥形锚又称为弗式锚，由锚圈和锚塞（又称锥销）组成（图11-3）。锚塞用45号优质碳素结构钢经热处理制成，锚圈常用5号或45号钢冷作旋制而成。主要用于锚固钢丝束，在桥梁中使用的锥形锚有锚固18ϕ^w5mm和锚固24ϕ^w5mm的钢丝束等两种，并配用600kN双作用千斤顶或YZ85型三作用千斤顶张拉。

锥形锚是通过张拉钢束时顶压锚塞，把预应力钢丝楔紧在锚圈与锚塞之间，借助摩阻力锚固的（图11-3）。在锚固时，利用钢丝的回缩力带动锚塞向锚圈内滑进，使钢丝被进一步楔紧。

锥形锚的优点是锚固方便，锚具面积小，便于在梁体上分散布置。但锚固时钢丝的回缩量较大，每根钢丝的应力有差异，应力损失较其他锚具大。同时，它不能重复张拉和接长，使预应力钢筋设计长度受到千斤顶行程的限制。

（2）镦头锚

镦头锚主要用于锚固钢丝束，也可锚固直径在14mm以下的预应力粗钢筋。钢丝束镦

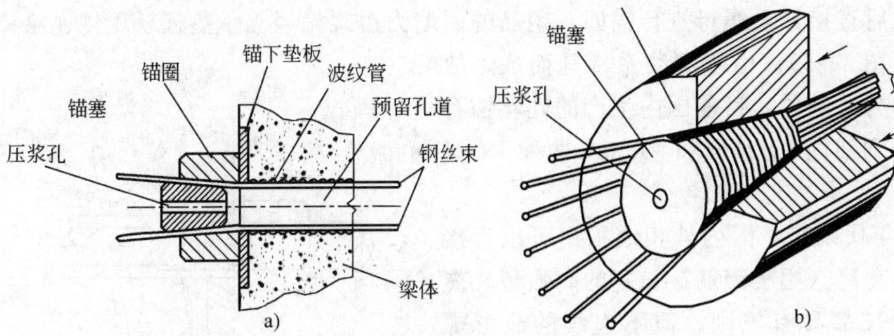

图 11-3　锥形锚具

a）锥形锚具工作示意图；b）锥形锚具剖面图

头锚具在国际上属于 BBRV 体系锚具。国内镦头锚有锚固 12～133 根 ϕ^w5mm 和 12～84 根 ϕ^w7mm 两种锚具系列，配套的镦头机有 LD—10 型和 LD—20 型两种型式。

镦头锚的工作原理如图 11-4 所示。先将钢丝逐一穿过锚杯或锚板的孔眼，然后用镦头机将钢丝端头镦粗如蘑菇形，借镦头直接承压将钢丝锚固于锚杯上。在固定端，锚杯的外圆车有螺纹，穿束后将锚圈（大螺母）拧上，即可将钢丝束锚固于梁端；在张拉端，锚杯的内外壁均有螺纹，先将与千斤顶连接的拉杆旋入锚杯内，用千斤顶支承于梁体上进行张拉，待达到设计张拉力时，将锚圈（螺母）拧紧，再慢慢放松千斤顶，退出拉杆，于是钢丝束的回缩力就通过锚圈、垫板传给构件。

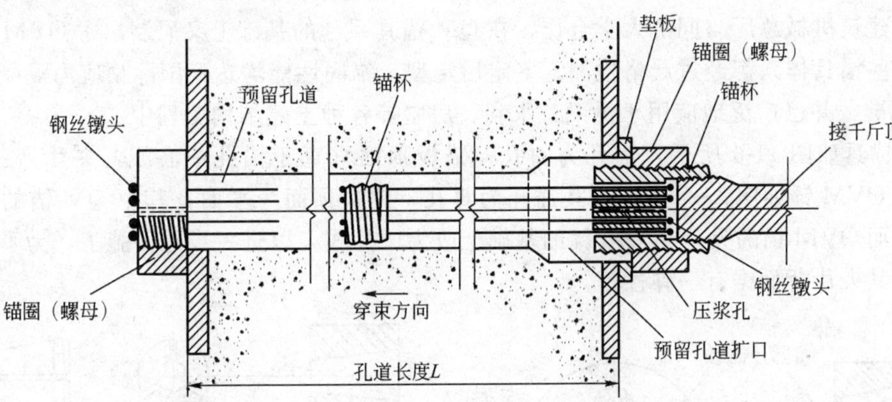

图 11-4　镦头锚锚具工作示意图

镦头锚锚固可靠，不会出现锥形锚那样的“滑丝”问题；锚固时的应力损失很小，可重复张拉；镦头工艺操作简便迅速。但镦头锚对钢丝的下料长度要求很精确，误差不得超过 1/300。误差过大，张拉时可能由于受力不均匀发生断丝现象。

镦头锚适于锚固直线式配束，对于较缓和的曲线预应力钢筋也可采用。目前斜拉桥中锚固斜拉索的高振幅锚具——HiAm 式冷铸镦头锚，因锚杯内填入了环氧树脂、锌粉和钢球的混合料，具有较好的抗疲劳性能。

（3）钢筋螺纹锚具

当采用高强粗钢筋作为预应力钢筋时，可采用螺纹锚具固定，即借助粗钢筋两端的螺纹，在钢筋张拉后直接拧上螺母进行锚固，钢筋的回缩力由螺帽经支承垫板承压传递给梁体而获得预应力（图 11-5）。由于螺纹系冷轧而成，故又将这种锚具称为轧丝锚。目前国内生产的轧丝锚有两种规格，可分别锚固 ϕ25mm 和 ϕ32mm 两种 IV 级圆钢筋。

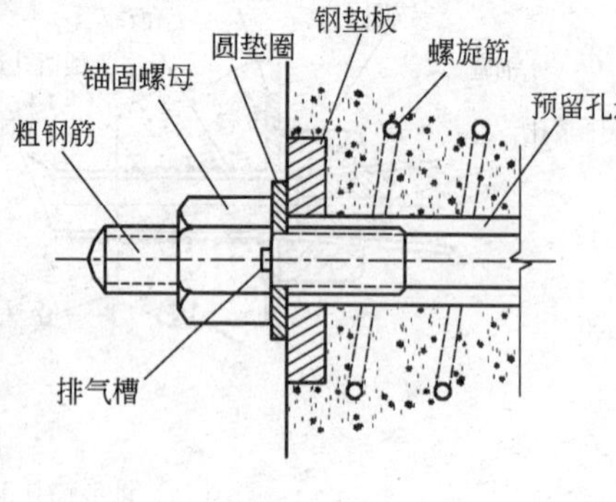

图 11-5 钢筋螺纹锚具

20 世纪 70 年代以来，国内外相继采用可以直接拧上螺母和连接套筒（用于钢筋接长）的高强精轧螺纹钢筋，它沿通长都具有规则、但不连续的凸形螺纹，可在任何位置进行锚固和连接，故可不必再在施工时临时轧丝。

钢筋螺纹锚具的受力明确，锚固可靠；构造简单，施工方便；能重复张拉、放松或拆卸，并可以简便地采用套筒接长。

(4) 夹片锚具

夹片锚具体系主要作为锚固钢绞线之用。由于钢绞线与周围接触的面积小，且强度高、硬度大，故对其锚具的锚固性能要求很高。JM 锚是我国 20 世纪 60 年代研制的钢绞线夹片锚具，其夹片与被锚固钢筋共同形成组合式锚塞，将预应力筋楔紧。80 年代，除进一步改进了 JM 锚具的设计外，特别着重进行钢绞线群锚体系的研究与试制工作。中国建筑科学研究院先后研制出了 XM 锚具和 QM 锚具系列；中交公路规划设计院研制出了 YM 锚具系列；继之柳州建筑机械总厂与同济大学合作，在 QM 锚具系列的基础上又研制出了 OVM 锚具系列等。这些锚具体系都经过严格检测、鉴定后定型，锚固性能均达到国际预应力混凝土协会 (FIP) 标准，并已广泛地应用于桥梁、水利、房屋等各种土建结构工程中。

XM 锚具如图 11-6 所示，锚孔为斜孔，锚板顶面垂直于锚孔中心线，夹片为三片式；QM 锚与 OVM 锚如图 11-7 所示，其锚孔为直孔，锚板顶面为平面，其中 QM 锚的夹片为三片式，而 OVM 锚的夹片在 QM 锚的基础上改为二片式，以进一步方便施工，为了提高锚固性能，其夹片背面锯有一弹性槽。

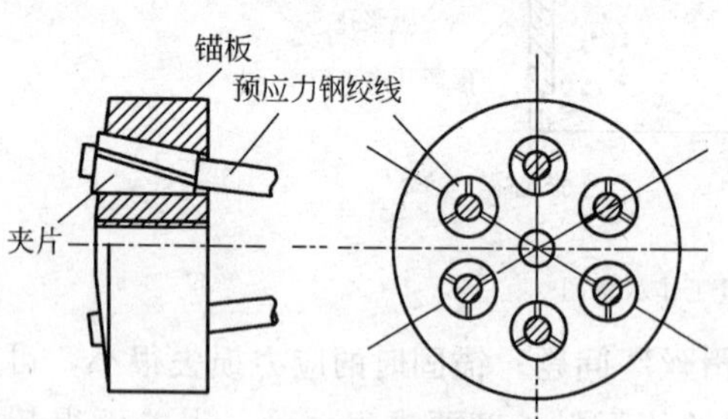

图 11-6 XM 锚示意图

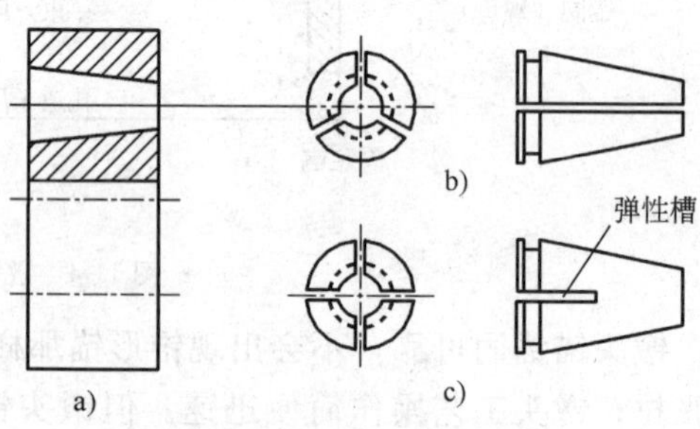

图 11-7 QM 锚和 OVM 锚示意图

a) 锚板；b) 三片式夹片；c) 四片式夹片

①夹片锚工作原理

夹片锚具的工作原理如图 11-8 所示。夹片锚由带锥孔的锚板和夹片所组成。每个夹片锚具一般是由多个独立锚固单元所组成，它能锚固由 1～55 根不等的 ϕ^s15.2mm 与 ϕ^s12.7mm 钢绞线所组成的预应力钢束。其特点是各根钢绞线均为单独工作，即 1 根钢绞线锚固失效也不会影响全锚，只需对失效锥孔的钢绞线进行补拉即可。但预留孔端部，因锚板锥孔布置的需要，必须扩孔，故工作锚下的一段预留孔道一般需设置成喇叭形，或配套设置专门的铸铁喇叭形锚垫板。

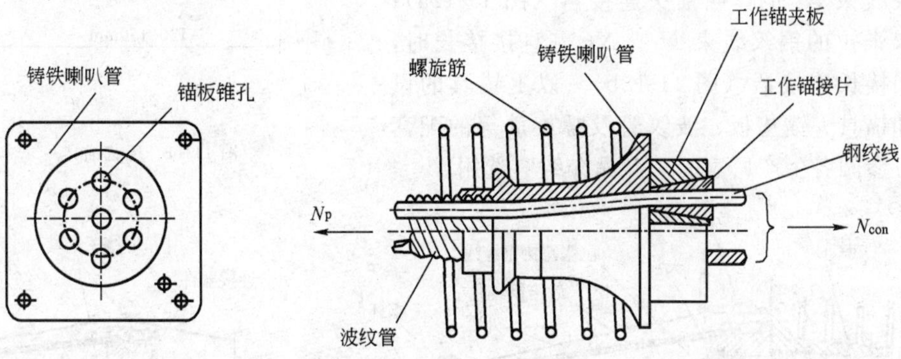

图 11-8　夹片锚具配套示意图

②扁形夹片锚具

扁形夹片锚具是为适应扁薄截面构件（如桥面板梁等）预应力钢筋锚固的需要而研制的，简称扁锚。其工作原理与一般夹片锚具体系相同，只是工作锚板、锚下钢垫板和喇叭管，以及形成预留孔道的波纹管等均为扁形而已。每个扁锚一般锚固 2～5 根钢绞线，采用单根逐一张拉，施工方便。其一般符号为 BM 锚（图 11-9）。

(5) 固定端锚具

采用一端张拉时，其固定端锚具，除可采用与张拉端相同的夹片锚具外，还可采用挤压锚具和压花锚具。

挤压锚具是利用压头机，将套在钢绞线端头上的软钢（一般为 45 号钢）套筒，与钢绞线一起，强行顶压通过规定的模具孔挤压而成（图 11-10）。为增加套筒与钢绞线间的摩阻力，挤压前，在钢绞线与套筒之间衬置一硬钢丝螺旋圈，以便在挤压后使硬钢丝分别压入钢绞线与套筒内壁之内。

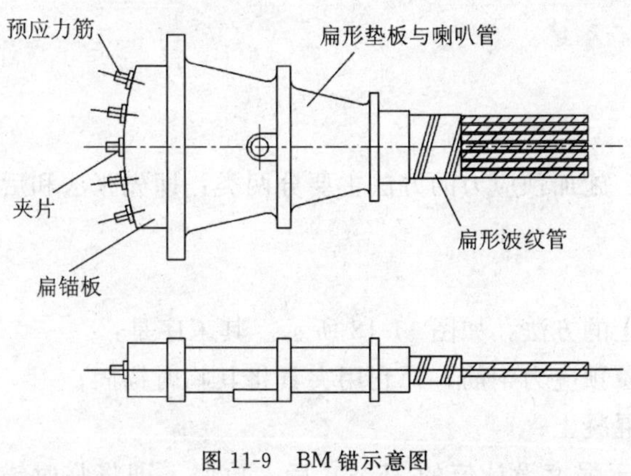

图 11-9　BM 锚示意图

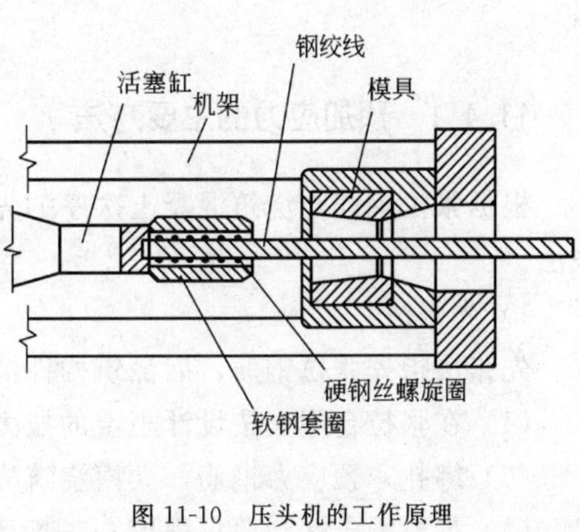

图 11-10　压头机的工作原理

压花锚具是用压花机将钢绞线端头压制成梨形花头的一种黏结型锚具（图 11-11），张拉前预先埋入构件混凝土中。

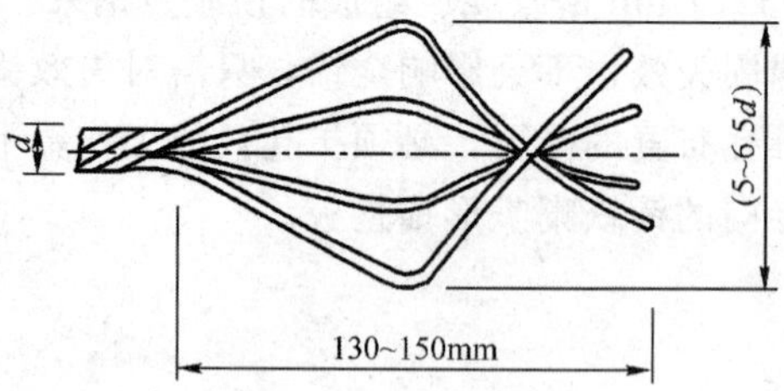

图 11-11　压花锚具

(6) 连接器

连接器有两种：钢绞线束 N_1 锚固后，用来再连接钢绞线束 N_2 的，叫锚头连接器（图 11-12a）；当两段未张拉的钢绞线束 N_1、N_2 需直接接长时，则可采用接长连接器（图 11-12b）。以上锚具的设计参数和锚具、锚垫板、波纹管及螺旋筋等的配套尺寸，可参阅各生产厂家的“产品介绍”选用。

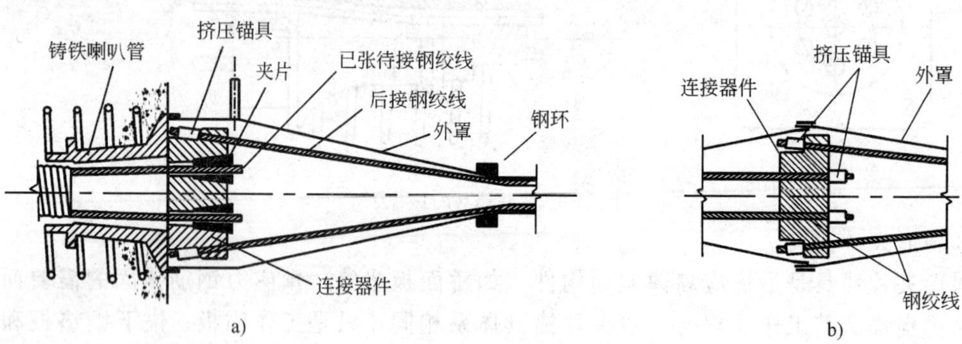

图 11-12　连接器构造

a）锚头连接器；b）接长连接器

应当特别指出，为保证施工与结构的安全，锚具必须按规定程序（见国家标准《预应力筋用锚具、夹具和连接器（GB/T 14370—93）》）进行试验验收，验收合格者方可使用。工作锚具使用前，必须逐件擦洗干净，表面不得残留铁屑、泥砂、油垢及各种减摩剂，防止锚具回松和降低锚具的锚固效率。

11.4　预应力施工工艺

11.4.1　预加应力的主要方法

根据张拉钢筋与浇筑混凝土次序的先后，施加预应力的方法主要分两类：即先张法和后张法。

1）先张法

先张法指先张拉钢筋，后浇筑构件混凝土的方法，如图 11-13 所示。其工序是：

(1) 在张拉台座上按设计规定的拉力张拉预应力钢筋，并利用夹具将其临时锚固；

(2) 绑扎非预应力钢筋，立模浇筑构件混凝土；

(3) 待混凝土达到要求强度（一般不低于强度设计值的 75%）后，放张（即将临时锚固松开，缓慢放松张拉力），让预应力钢筋的回缩，通过预应力钢筋与混凝土间的黏结作用，传递给混凝土，使混凝土获得预压应力。

先张法所用的预应力钢筋，一般可用高强钢丝、钢绞线等。不专设永久锚具，借助与混凝土的黏结力，以获得较好的自锚性能。

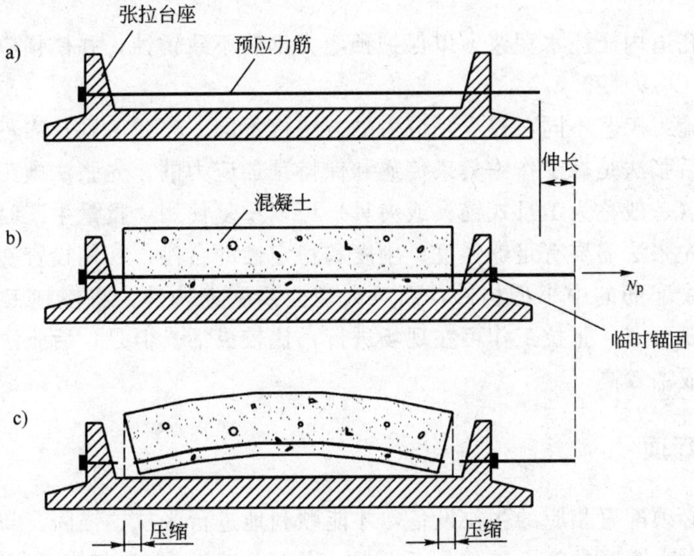

图 11-13　先张法工艺流程示意图

a)预应力钢筋就位，准备张拉；b) 张拉并锚固，浇筑构件混凝土；c)松锚，预应力钢筋回缩，制成预应力混凝土构件

2）后张法

后张法是先浇筑构件混凝土，待混凝土结硬后，再张拉预应力钢筋并锚固的方法，如图 11-14 所示。其工序为：

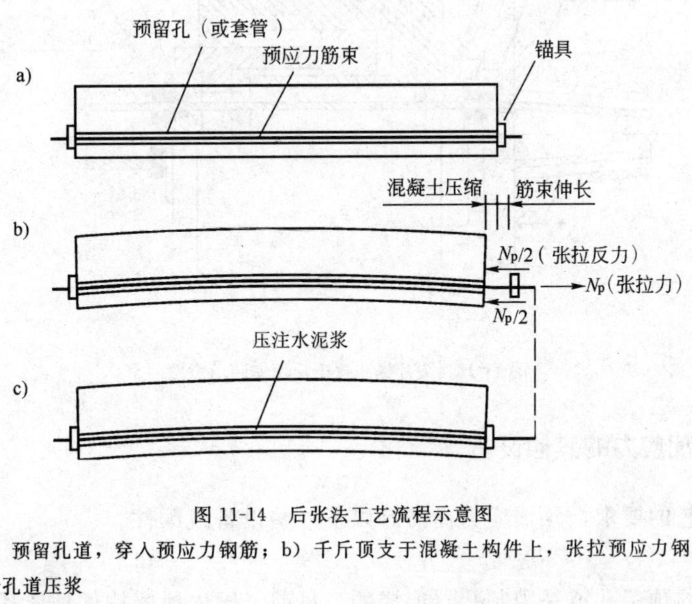

图 11-14　后张法工艺流程示意图

a）浇筑构件混凝土，预留孔道，穿入预应力钢筋；b）千斤顶支于混凝土构件上，张拉预应力钢筋；c）用锚具将预应力钢筋锚固后进行孔道压浆

(1) 浇筑构件混凝土，并在其中预留孔道（或设套管）；

(2) 待混凝土达到要求强度后，将预应力钢筋穿入预留的孔道内，以构件本身作为支承，用千斤顶张拉预应力钢筋，同时混凝土产生压缩，受到预压；

(3) 待张拉到控制拉力后，用锚具将预应力钢筋锚固于混凝土构件上，使混凝土获得并保持其预压应力；

(4) 在预留孔道内压注水泥浆，以保护预应力钢筋不致锈蚀，并使预应力钢筋与混凝土黏结成为整体。

由上可知，施工工艺不同，建立预应力的方法也不同。先张法则是靠黏结力来传递并保持预加应力的；后张法是靠工作锚具来传递和保持预加应力的。先张法施工工序简单，临时固定所用的锚具（一般称为工具式锚具或夹具）可以重复使用，批量生产时比较经济，质量也比较稳定；但先张法需要有足够强度、刚度和稳定性的台座，初期投资费用较大，且先张法一般宜生产直线配筋的中小型构件，而对大型曲线配筋构件，将使施工设备和工艺复杂化。后张法不需要台座，张拉工作可在现场进行，比较灵活。但是，后张法施工工序多，耗用的锚具量大，成本较高。

11.4.2 千斤顶

各种锚具都必须配置相应的张拉设备，才能顺利地进行张拉、锚固。与夹片锚具配套的张拉设备，是一种大直径的穿心单作用千斤顶（图 11-15）。它常与夹片锚具配套研制。其他各种锚具也都有各自适用的张拉千斤顶，需要时可查各生产厂家的产品目录。

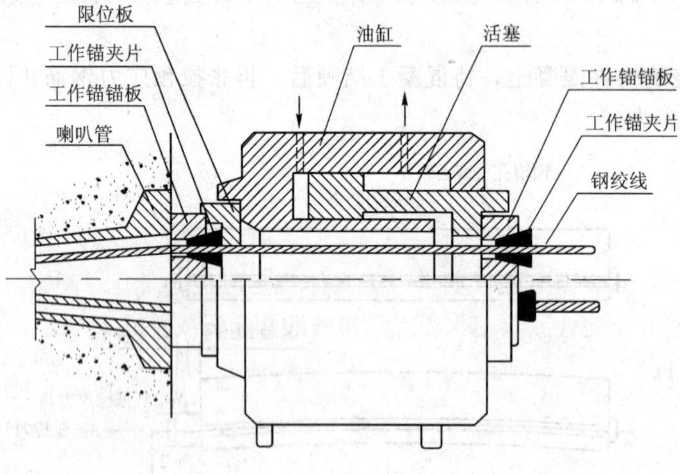

图 11-15　夹片锚张拉千斤顶安装示意图

11.4.3 预加应力的其他设备

按照施工工艺的要求，预加应力尚需有以下一些设备或配件。

1) 制孔器

后张法构件的预留孔道是用制孔器形成的。目前，国内桥梁构件预留孔道所用的制孔器主要有抽拔橡胶管与螺旋金属波纹管。

(1) 抽拔橡胶管。在钢丝网胶管内事先穿入钢筋（称芯棒），再将胶管（连同芯棒一起）放入模板内，待浇筑混凝土达到一定强度后，抽去芯棒，再拔出胶管，则形成预留孔道。这种制孔器可重复使用，比较经济，管道内压注的水泥浆与构件混凝土结合较好。但缺点是不易形成多向弯曲形状复杂的管道，且需要控制好抽拔时间。

(2) 螺旋金属波纹管（简称波纹管）。在浇筑混凝土之前，将波纹管按预应力钢筋设计位置，绑扎于与箍筋焊连的钢筋托架上，再浇筑混凝土，结硬后即可形成穿束的孔道。金属波纹管是用薄钢带经卷管机压波后卷成，其重量轻，纵向弯曲性能好，径向刚度较大，连接方便，与混凝土黏结良好，与预应力钢筋的摩阻系数也小，是后张法预应力混凝土构件一种较理想的制孔器。

目前，在一些桥梁工程中已经开始采用塑料波纹管作为制孔器，这种波纹管由聚丙烯或高密度聚乙烯制成。使用时，波纹管外表面的螺旋肋与周围的混凝土具有较高的黏结力。这种塑料波纹管具有耐腐蚀性能好、孔道摩擦损失小以及有利于提高结构抗疲劳性能的优点。

2) 穿索机

在桥梁悬臂施工和尺寸较大的构件中，一般都采用后穿法穿束。对于大跨桥梁有的预应力钢筋很长，人工穿束十分吃力，故需采用穿索（束）机。

穿索（束）机有两种类型：一是液压式；二是电动式，桥梁中多使用前者。它一般采用单根钢绞线穿入，穿束时应在钢绞线前端套一子弹形帽子，以减小穿束阻力。穿索机由马达带动用四个托轮支承的链板，钢绞线置于链板上，并用四个与托轮相对应的压紧轮压紧，则钢绞线就可借链板的转动向前穿入构件的预留孔中。最大推力为 3kN，最大水平传送距离可达 150m。

3) 灌孔水泥浆及压浆机

(1) 水泥浆

在后张法预应力混凝土构件中，预应力钢筋张拉锚固后，应尽早进行孔道灌浆工作，以免钢筋锈蚀，降低结构耐久性，同时也是为了使预应力钢筋与梁体混凝土尽早结合为一整体。灌浆用的水泥浆除应满足强度要求（无具体规定时应不低于 30MPa）外，还应具有较大的流动性和较小的干缩性。所用水泥宜采用硅酸盐水泥或普通水泥，水泥强度等级不宜低于 42.5 号。为保证孔道内水泥浆密实，应严格控制水灰比，一般以 0.40～0.45 为宜，如加入适量的减水剂，则水灰比可减小到 0.35；另外可在水泥浆中掺入适量膨胀剂，使水泥浆在硬化过程中膨胀。

(2) 压浆机是孔道灌浆的主要设备。它主要由灰浆搅拌桶、储浆桶和压送灰浆的灰浆泵以及供水系统组成。压浆机的最大工作压力可达到约 1.50MPa（15 个大气压），可压送的最大水平距离为 150m，最大竖直高度为 40m。

4) 张拉台座

采用先张法生产预应力混凝土构件时，则需设置用作张拉和临时锚固预应力钢筋的张拉台座。它因需要承受张拉预应力钢筋巨大的回缩力，设计时应保证它具有足够的强度、刚度和稳定性。批量生产时，有条件的尽量设计成长线式台座，以提高生产效率。

本 章 小 结

本章首先介绍了预应力混凝土结构的主要材料，即预应力钢筋和混凝土，然后介绍了工程中常用的预应力锚具，以及两种预应力施工工艺。

本章学习中应注意以下问题：

(1) 预应力混凝土结构中，预压应力的大小主要取决于钢筋的张拉应力。要能有效地建立预应力，则必须采用高强度钢材和较高等级的混凝土。

(2) 施加预应力的方法主要有先张法和后张法。施工工艺不同，建立预应力的方法也就不同。先张法是靠黏结力传递并保持预加应力的。

思考题与习题

11-1 预应力混凝土结构对材料有何要求，为什么？

11-2 混凝土的收缩、徐变对预应力混凝土构件有何影响？如何配制收缩、徐变小的混凝土？

11-3 施加预应力的方法主要有哪些？各有何特点？

11-4 预应力混凝土构件对锚具有何要求？按传力锚固的受力原理，锚具如何分类？

11-5 公路桥梁中常用的制孔器有哪些？

第 12 章　预应力混凝土受弯构件计算

12.1　概　　述

预应力混凝土结构由于事先被施加了一个预加力 N_p，使其受力过程具有与普通钢筋混凝土结构不同的特点，所以，在具体设计计算之前，须了解其在各受力阶段的不同特点，以便确定其相应的计算目的、内容与方法。

预应力混凝土受弯构件，从预加应力到承受外荷载，直至最后破坏，可分为三个主要阶段，即施工阶段、使用阶段和破坏阶段。这三个阶段又各包括若干不同的受力过程。

12.1.1　施工阶段

施工阶段是指预应力混凝土构件的制作、运输和安装的过程。根据构件受力条件不同，施工阶段包括预加应力阶段和运输、安装阶段。在该阶段，构件一般处于弹性工作阶段，可采用材料力学的方法并根据《公桥规》的要求进行设计计算。计算中应注意采用构件相应阶段的混凝土实际强度和相应的截面特性。

1）预加应力阶段

此阶段是指从预加应力开始，至预加应力结束（即传力锚固）的受力阶段。构件所承受的作用主要是偏心预压力（即预加应力的合力）N_p；对于简支梁，偏心力 N_p 将使构件产生向上的反拱，形成以梁两端为支点的简支梁，因此梁的一期恒载（自重）G_1 和 N_p 一起同时参加作用（图 12-1）。

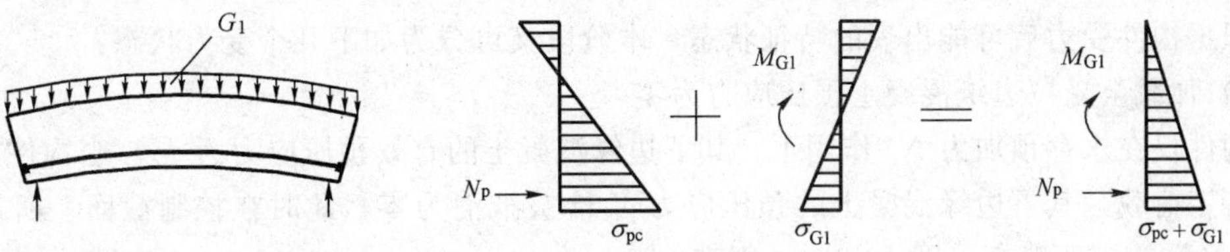

图 12-1　预加应力阶段截面应力分布

本阶段的设计计算要求是：

（1）受弯构件控制截面上、下缘混凝土的最大拉应力和压应力都不应超出《公桥规》的规定值；

（2）控制预应力筋的最大张拉应力；

（3）保证锚固区混凝土局部承压承载力大于实际承受的压力并有足够的安全度，且保证梁体不出现水平纵向裂缝。

由于各种因素的影响，本阶段预应力钢筋中的预拉应力将产生部分损失，通常把扣除应力损失后预应力筋中实际存余的预应力称为有效预应力 σ_{pe}。

2）运输、安装阶段

构件在此阶段所承受的荷载，仍是预加力 N_p 和梁的一期恒载。但由于预应力损失继续增加，使 N_p 要比预加应力阶段小；同时梁的一期恒载作用应根据《公桥规》的规定计入 1.20 或 0.85 的动力系数。值得注意的是，构件在运输中的支点或安装时的吊点位置常与正常支承点不同，故应按梁起吊时一期恒载作用下的计算图式进行验算，特别需注意验算构件支点或吊点截面上缘混凝土的拉应力。

12.1.2 使用阶段

使用阶段是指桥梁建成营运通车的整个工作阶段。在该阶段，构件除承受偏心预加力 N_p 和梁的一期恒载 G_1 外，还要承受桥面铺装、人行道、栏杆等后加的二期恒载 G_2 和车辆、人群等活荷载 Q。试验研究表明，在该阶段预应力混凝土梁基本处于弹性工作阶段，截面应力状态如图 12-2 所示。

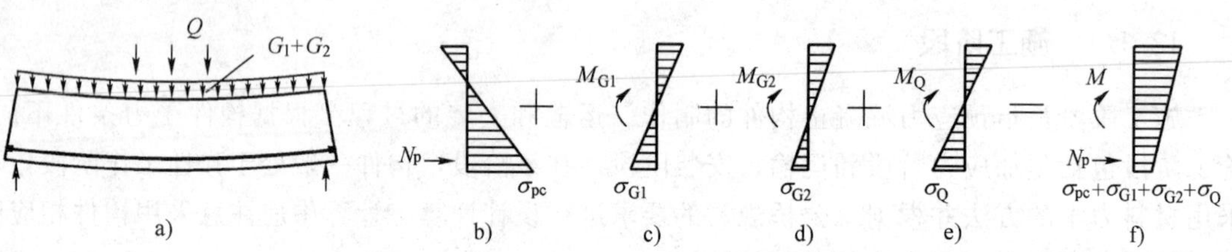

图 12-2 使用阶段各种作用下的截面应力分布

a）荷载作用下的梁；b）预加力 N_p 作用下的应力；c）一期恒载 G_1 作用下的应力；d）二期恒载 G_2 作用下的应力；e）活载作用下的应力；f）各种作用所产生的应力之和

本阶段各项预应力损失将相继发生并全部完成，最后在预应力钢筋中建立相对不变的预拉应力（即扣除全部预应力损失后所存余的预应力）σ_{pe}，称之为永存预应力。显然，永存预应力要小于施工阶段的有效预应力值。

根据构件受力后可能出现的特征状态，本阶段又可分为如下几个受力状态：

1）加载至受拉边缘混凝土预压应力为零

构件仅在永存预加力 N_p 作用下，其下边缘混凝土的有效预压应力为 σ_{pc}。当构件加载至某一特定荷载，其下边缘混凝土的预压应力 σ_{pc} 恰被抵消为零，此时在控制截面上所产生的弯矩 M_0 称为消压弯矩（图 12-3b），则有：

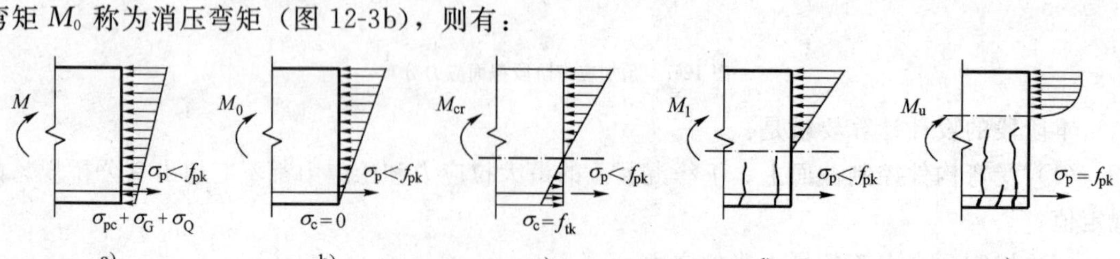

图 12-3 梁使用及破坏阶段的截面应力图

a）使用荷载作用于梁上；b）消压状态的应力；c）裂缝即将出现时的截面应力；d）带裂缝工作时截面应力；e）截面破坏时的应力

$$\sigma_{pc} - M_0/W_0 = 0 \tag{12-1}$$

或写成：

$$M_0 = \sigma_{pc} \cdot W_0 \tag{12-2}$$

式中：σ_{pc}——由永存预加力 N_p 引起的梁下边缘混凝土的有效预压应力；

W_0——换算截面对受拉边的弹性抵抗矩。

一般把在 M_0 作用下控制截面上的应力状态，称为消压状态。

2）加载至受拉区裂缝即将出现

构件到达消压后继续加载，并使受拉区混凝土应力达到抗拉极限强度 f_{tk}，这时的应力状态称为裂缝即将出现状态（图 12-3c）。构件出现裂缝时的理论临界弯矩称为开裂弯矩 M_{cr}。如果把受拉区边缘混凝土应力从零增加到应力为 f_{tk} 所需的外弯矩用 $M_{cr,c}$ 表示，则 M_{cr} 为 M_0 与 $M_{cr,c}$ 之和，即：

$$M_{cr} = M_0 + M_{cr,c} \tag{12-3}$$

式中：$M_{cr,c}$——相当于同截面钢筋混凝土梁的开裂弯矩。

3）带裂缝工作

继续增大荷载，则主梁截面下缘开始开裂，裂缝向截面上缘发展，梁进入带裂缝工作阶段（图 12-3d）。

可以看出，在消压状态出现后，预应力混凝土梁的受力情况，就如同普通钢筋混凝土梁一样了。由于预应力混凝土梁的开裂弯矩 M_{cr} 要比同截面、同材料的普通钢筋混凝土梁的开裂弯矩 $M_{cr,c}$ 大一个消压弯矩 M_0，因而，说明预应力混凝土梁可大大推迟裂缝的出现。

12.1.3　破坏阶段

对于只在受拉区配置预应力钢筋 A_p，且配筋率适当的受弯构件（适筋梁），在荷载作用下，受拉区全部钢筋（包括预应力钢筋和非预应力钢筋）将先达到屈服强度，裂缝迅速向上延伸，而后受压区混凝土被压碎，构件即告破坏（图 12-3e）。破坏时，截面的应力状态与钢筋混凝土受弯构件相似，因而计算方法也基本相同。对于受压区还配置有预应力钢筋 A'_p 的构件，破坏时，受压区预应力钢筋 A'_p 的应力状态与钢筋混凝土双筋梁的受压钢筋有较大的不同。它可能受拉或受压，但不屈服。

12.2　预加力与预应力损失计算

设计预应力混凝土受弯构件时，需要事先根据承受外荷载的情况，估定其预加应力的大小。由于张拉工艺、材料性能和环境条件等的影响，预应力钢筋中的预拉应力会逐渐减少，这种现象称为预应力损失。预应力损失会降低预应力的效果，降低构件的抗裂度和刚度，因此，正确估算和尽可能减小预应力损失是设计预应力构件的重要问题。

设计中所需的钢筋预应力值，应是扣除相应阶段的应力损失后，钢筋中实际存余的预应力（有效预应力 σ_{pe}）值。如果钢筋初始张拉的预应力（一般称为张拉控制应力）为 σ_{con}，相应的应力损失值为 σ_l，则它们与有效预应力 σ_{pe} 间的关系为：

$$\sigma_{pe} = \sigma_{con} - \sigma_l \tag{12-4}$$

12.2.1 钢筋的张拉控制应力

张拉控制应力 σ_{con}是指预应力钢筋锚固前张拉钢筋的千斤顶所显示的总拉力除以预应力钢筋截面积所求得的钢筋应力值。对于锥形锚等有锚圈口摩阻力的锚具，σ_{con}应为扣除锚圈口摩擦损失后的锚下拉应力值，故《公桥规》特别指出，σ_{con}为张拉钢筋的锚下控制应力。

从提高预应力钢筋的利用率来说，张拉控制应力 σ_{con}应尽量定高些，使构件混凝土获得较大的预压应力值以提高构件的抗裂性，同时可以减少钢筋用量。但 σ_{con}又不能定得过高，以免个别钢筋在张拉或施工过程中被拉断，而且 σ_{con}值愈高，钢筋的应力松弛损失也将增大。另外，高应力状态使构件可能出现纵向裂缝；并且过高的应力也降低了构件的延性。因此 σ_{con}不宜定得过高，一般宜定在钢筋的比例极限以下。σ_{con}的确定还需根据钢筋的种类而定，《公桥规》规定，锚下控制应力 σ_{con}应符合下列规定：

对于钢丝、钢绞线

$$\sigma_{con} \leqslant 0.75 f_{pk} \tag{12-5}$$

对于精轧螺纹钢筋

$$\sigma_{con} \leqslant 0.90 f_{pk} \tag{12-6}$$

式中：f_{pk}——预应力钢筋的抗拉强度标准值。

在下列情况下，可适当提高张拉控制应力：仅需在短时间内保持高应力的钢筋，例如为了减少一些因素引起的应力损失而需要进行超张拉的钢筋；为了提高构件在施工阶段的抗裂性而在使用阶段受压区所设置的预应力钢筋。但在任何情况下，钢筋的最大张拉控制应力，对于钢丝、钢绞线不应超过 $0.8f_{pk}$；对于精轧螺纹钢筋不应超过 $0.95f_{pk}$。

12.2.2 钢筋预应力损失的估算

预应力损失与施工工艺、材料性能及环境影响等有关，影响因素复杂，各项预应力损失发生和完成的时间也先后不一。下面将分别介绍各种预应力损失的估算方法。

1）预应力筋与管道壁间摩擦引起的应力损失（σ_{l1}）

后张法的预应力筋，一般由直线段和曲线段组成。张拉时，预应力筋将沿管道壁滑移而产生摩擦力（图 12-4a），使钢筋中的预拉应力在张拉端高，而向构件跨中方向逐渐减小（图 12-4b）。钢筋在任意两个截面间的应力差值，就是这两个截面间由摩擦所引起的预应力损失值。从张拉端至计算截面的摩擦应力损失值以 σ_{l1}表示。

产生摩擦损失的原因很多，主要有如下几个方面：对于直线管道，由于施工中位置偏差和孔壁不光滑等原因，在钢筋张拉时，局部孔壁将与钢筋接触从而引起摩擦损失，一般称此为管道偏差影响（或称长度影响）摩擦损失，其数值较小；对于弯曲部分的管道，除存在上述管道偏差影响之外，还存在因管道弯转，预应力筋对弯道内壁的径向压力所起的摩擦损失，将此称为弯道影响摩擦损失，其数值较大，并随钢筋弯曲角度之和的增加而增加。

经理论分析，摩擦引起的预应力损失 σ_{l1}可按下式计算：

$$\sigma_{l1} = \sigma_{con}\left[1 - e^{-(\mu\theta + kx)}\right] \tag{12-7}$$

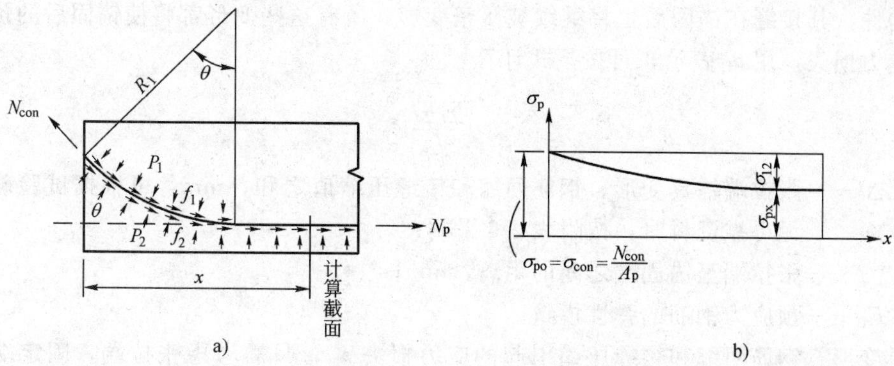

图 12-4　摩擦引起的预应力损失计算简图

a）管道压力和摩阻力；b）钢筋应力沿轴线分布图

式中：σ_{con}——锚下张拉控制应力，$\sigma_{con}=N_{con}/A_p$，N_{con} 为钢筋锚下张拉控制力，A_p 为预应力钢筋截面面积；

θ——从张拉端至计算截面间管道平面曲线的夹角（图 12-4a）之和，按绝对值相加，单位以弧度计。如管道为竖平面内和水平面内同时弯曲的三维空间曲线管道，则 θ 可按下式计算：$\theta=\sqrt{\theta_H^2+\theta_V^2}$，其中 θ_H、θ_V 分别为在同段管道水平面内的弯曲角与竖向平面内的弯曲角；

x——从张拉端至计算截面的管道长度在构件纵轴上的投影长度，或为三维空间曲线管道的长度，以 m 计；

k——管道每米长度的局部偏差对摩擦的影响系数，可按附表 2-5 采用；

μ——钢筋与管道壁间的摩擦系数，可按附表 2-5 采用。

为减少摩擦损失，一般可采用如下措施：

(1) 采用两端张拉，以减小 θ 值及管道长度 x 值；

(2) 采用超张拉。对于后张法预应力钢筋，其张拉工艺按下列要求进行：

对于钢绞线束

0→初应力（$0.1\sim0.15\sigma_{con}$）→$1.05\sigma_{con}$（持荷 2min）→σ_{con}（锚固）

对于钢丝束

0→初应力（$0.1\sim0.15\sigma_{con}$）→$1.05\sigma_{con}$（持荷 2min）→0→σ_{con}（锚固）

由于超张拉 5%～10%，使构件其他截面应力也相应提高，当张拉力回降至 σ_{con} 时，钢筋因要回缩而受到反向摩擦力的作用，对于简支梁来说，这个回缩影响一般不能传递到受力最大的跨中截面，或者影响很小。这样，跨中截面的预加应力就因超张拉而获得了提高。

应当注意，对于一般夹片式锚具，不宜采用超张拉工艺。因为它是一种钢筋回缩自锚式锚具，超张拉后的钢筋拉应力无法在锚固前回降至 σ_{con}，一回降钢筋就回缩，同时就会带动夹片进行锚固。

2）锚具变形、钢筋回缩和接缝压缩引起的应力损失（σ_{l2}）

后张法构件，当张拉结束并进行锚固时，锚具将受到巨大的压力而自身产生变形，锚下垫板也被压密而变形，同时有些锚具（如锥形锚）的预应力钢筋还要向内回缩；此外，对于拼装式构件，其接缝在锚固后也将继续被压密变形，所有这些变形都将使锚固后的预应力钢筋造成应力损失，用 σ_{l2} 表示，可按下式计算：

$$\sigma_{l2}=\frac{\sum \Delta l}{l}E_{P} \tag{12-8}$$

式中：$\sum \Delta l$——张拉端锚具变形、钢筋回缩和接缝压缩值之和，mm，可根据试验确定，当无可靠资料时，按附表 2-6 采用；

l——张拉端至锚固端之间的距离，mm；

E_{P}——预应力钢筋的弹性模量。

锚具变形、钢筋回缩和接缝压缩引起的应力损失 σ_{l2}，只需考虑张拉端，固定端的锚具及垫板在张拉钢筋的过程中已被压密，不再会引起预应力损失。

实际上，由于锚具变形所引起的钢筋回缩同样也会受到管道摩阻力的影响，这种摩阻力与钢筋张拉时的摩阻力方向相反，称之为反摩阻。《公桥规》规定：后张法预应力混凝土构件应计算由锚具变形、钢筋回缩等引起反摩阻后的预应力损失。这样可更好地反映由锚具变形等引起的预应力损失沿梁轴线逐渐变化的实际情况。

图 12-5 为张拉和锚固钢筋时钢筋中的应力沿梁长方向的变化示意图。由于管道摩阻力的影响，预应力钢筋的应力由梁端向跨中逐渐降低为图中 $ABCD$ 曲线。在锚固传力时，由于锚具变形引起应力损失，使梁端锚下钢筋的应力降到图 12-5 中的 A'点，应力降低值为（$\sigma_{con}-\sigma_{l2}$），考虑反摩阻的影响，并假定反向摩阻系数与正向摩阻系数相等，钢筋应力将按图中 A′B′CD 曲线变化。锚具变形损失的影响长度为 ac，两曲线间的纵距即为该截面锚具变形引起的应力损失 $\sigma_{l2(x)}$。

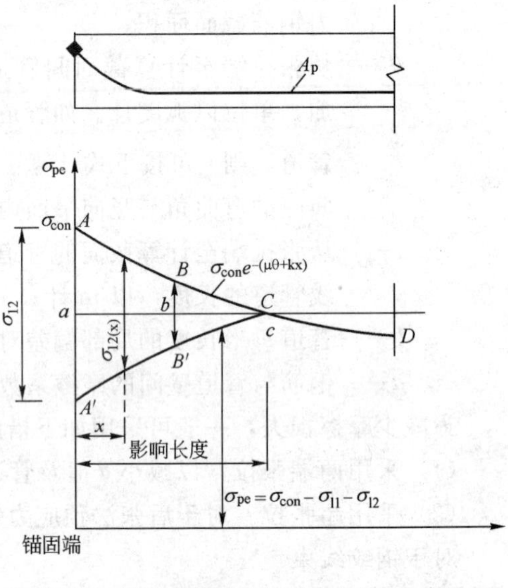

图 12-5 考虑反摩阻后预应力损失计算示意图

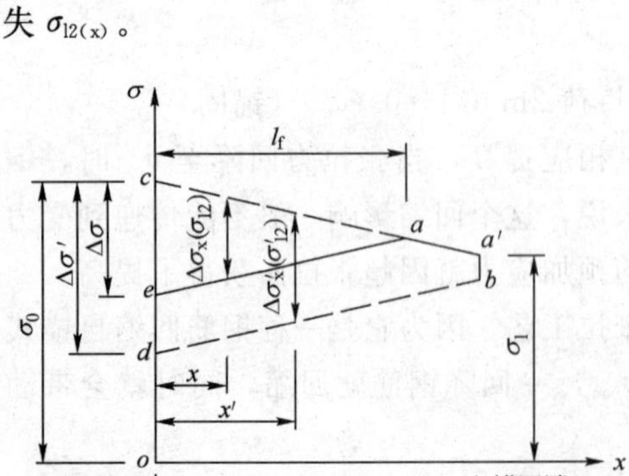

图 12-6 考虑反摩阻后预应力损失计算简图

《公桥规》在附录 D 中推荐了一种考虑反摩阻后预应力钢筋应力损失的简化计算方法，现介绍如下。

按简化方法计算时，假定张拉端至锚固端范围内由管道摩阻引起的预应力损失沿梁长方向均匀分配，则扣除管道摩阻损失后钢筋应力沿梁长方向的分布曲线简化为直线（图 12-6 中 caa'）。直线 caa'的斜率为：

$$\Delta\sigma_{d}=\frac{\sigma_{0}-\sigma_{l}}{l} \tag{12-9}$$

式中：$\Delta\sigma_d$——单位长度由管道摩阻引起的预应力损失，MPa/mm；

σ_0——张拉端锚下控制应力，MPa；

σ_l——预应力钢筋扣除沿途管道摩阻损失后锚固端的预应力，MPa；

l——张拉端至锚固端之间的距离，mm。

假定锚固时张拉端预应力钢筋回缩等引起的预应力损失为 $\Delta\sigma$，由于钢筋回缩发生的反向摩阻力和张拉时发生的摩阻力的摩阻系数相等，因此，代表锚固前和锚固后瞬间的预应力钢筋应力变化的两根直线 caa'和 ea 的斜率相等，但方向相反。两根直线的交点 a 至张拉端的水平距离即为反摩阻影响长度 l_f。当 $l_f<l$ 时，锚固后整根预应力钢筋的预应力变化线可用折线 eaa'表示。

钢筋回缩引起的张拉端预应力损失为：

$$\Delta\sigma = 2\Delta\sigma_d l_f \tag{12-10}$$

钢筋总回缩量等于回缩影响长度 l_f 范围内各微分段应变的累计，并应与锚具变形值$\sum\Delta L$相协调，即：

$$\sum\Delta l=\int_0 \Delta\varepsilon \mathrm{d}x=\int_0^{l_f}\frac{\Delta\sigma_x}{E_p}\mathrm{d}x=\int_0^{l_f}\frac{2\Delta\sigma_d x}{E_p}\mathrm{d}x=\frac{\Delta\sigma_d}{E_p}l_f^2 \tag{12-11}$$

上式移项可得到回缩影响长度 l_f 的计算公式为：

$$l_f=\sqrt{\frac{\sum\Delta l\cdot E_p}{\Delta\sigma_d}} \tag{12-12}$$

求得回缩影响长度后，即可按不同情况计算考虑反摩阻后预应力钢筋的应力损失。

(1) 当 $l_f\leqslant l$ 时，预应力钢筋离张拉端 x 处考虑反摩阻后的预拉力损失 $\Delta\sigma_x$（σ_{l2}）可按下列公式计算：

$$\Delta\sigma_x(\sigma_{l2}) = \Delta\sigma\frac{l_f-x}{l_f} \tag{12-13}$$

式中：$\Delta\sigma_x$（σ_{l2}）——离张拉端 x 处由锚具变形产生的考虑反摩阻后的预拉力损失；

$\Delta\sigma$——张拉端由锚具变形引起的考虑反摩阻后的预应力损失，按式（12-10）计算；若 $x\geqslant l_f$，则表示该截面不受锚具变形的影响，即 $\sigma_{l2}=0$。

(2) 当 $l_f>l$ 时，预应力钢筋的全长均处于反摩阻影响长度以内，扣除管道摩阻和钢筋回缩等损失后的预应力线以直线 db 表示（图 12-6），距张拉端 x'处考虑反摩阻后的预拉力损失 $\Delta\sigma'_x$（σ'_{l2}）可按下列公式计算：

$$\Delta\sigma'_x(\sigma'_{l2}) = \Delta\sigma' - 2x'\Delta\sigma_d \tag{12-14}$$

式中：$\Delta\sigma'_x$（σ'_{l2}）——距张拉端 x'处由锚具变形引起的考虑反摩阻后的预应力损失；

$\Delta\sigma'$——当 $l_f>l$ 时，预应力钢筋考虑反摩阻后张拉端锚下的预应力损失值；其数值可按以下方法求得：令图 12-6 中的 $ca'bd$ 等腰梯形面积 $A=\sum\Delta l\cdot E_p$，试算得到 cd，则 $\Delta\sigma'=cd$。

减小锚具变形等引起的预应力损失的措施有：

(1) 采用超张拉；

(2) 注意选用$\sum\Delta l$ 值小的锚具，对于短小构件尤为重要。

3）钢筋与台座间的温差引起的应力损失（σ_{l3}）

此项应力损失，仅在先张法构件采用蒸汽或其他加热方法养护混凝土时才予以考虑。

在加热养护过程中，若混凝土尚未结硬，则钢筋将因升温而在混凝土中自由变形。假设张拉时钢筋与台座的温度均为 t_1，混凝土加热养护时的最高温度为 t_2，则温差变形 Δl_t 为：

$$\Delta l_t = \alpha \cdot (t_2 - t_1) \cdot l \tag{12-15}$$

式中：α——钢筋的线膨胀系数，一般可取 $\alpha=1\times10^{-5}$；

l——钢筋的有效长度；

t_1——张拉钢筋时，制造场地的温度，℃；

t_2——混凝土加热养护时，已张拉钢筋的最高温度，℃。

由于张拉台座一般埋于地下且设有坚实的基础，其长度不会因对构件加热而伸长，并约束预应力钢筋的伸长，这就相当于将预应力钢筋压缩了一个 Δl_t 长度，使其应力下降。当停止升温养护时，混凝土已与钢筋黏结在一起，钢筋和混凝土将同时随温度变化而共同伸缩，因养护升温所降低的应力已不可恢复，于是形成温差应力损失 σ_{l3}，可按下式计算：

$$\sigma_{l3} = \frac{\Delta l_t}{l} \cdot E_p = \alpha(t_2 - t_1) \cdot E_p \tag{12-16}$$

取预应力钢筋的弹性模量 $E_p=2\times10^5$ MPa，则有：

$$\sigma_{l3} = 2(t_2 - t_1) \quad \text{(MPa)} \tag{12-17}$$

为了减小温差应力损失，可采用二次升温的养护方法，即第一次由常温 t_1 升温至 t'_2 进行养护。初次升温的温度一般控制在 20℃以内，待混凝土达到一定强度（例如 7.5～10MPa）能够阻止钢筋在混凝土中自由滑移后，再将温度升至 t_2 进行养护。此时，钢筋将和混凝土一起变形，不会因第二次升温而引起应力损失，故计算 σ_{l3} 的温差只是（t'_2-t_1），比（t_2-t_1）小很多，所以 σ_{l3} 也可小多了。

如果张拉台座与被养护构件是共同受热、共同变形，则不应计入此项应力损失。

4）混凝土弹性压缩引起的应力损失（σ_{l4}）

预应力混凝土构件受到预压应力时，混凝土即产生压缩变形，从而使已张拉并锚固于构件上的预应力钢筋，产生与该钢筋重心水平处混凝土同样大小的压缩应变 $\varepsilon_p=\varepsilon_c$，因而引起预应力损失，这就是混凝土弹性压缩损失 σ_{l4}，它与构件预加应力的方式有关。

（1）先张法构件

先张法构件的预应力钢筋张拉与对混凝土施加预压应力是先后分开的两个工序，当预应力钢筋被放松（称为放张）对混凝土预加压力时，混凝土所产生的全部弹性压缩应变将引起钢筋的应力损失，其值可按下式计算：

$$\sigma_{l4} = \varepsilon_p \cdot E_p = \varepsilon_c \cdot E_p = \frac{\sigma_{pc}}{E_c} \cdot E_p = \alpha_{EP} \cdot \sigma_{pc} \tag{12-18}$$

式中：α_{EP}——预应力钢筋弹性模量 E_P 与混凝土弹性模量 E_c 的比值；

σ_{pc}——计算截面的钢筋重心处，由预加力 N_{p0} 产生的混凝土预压应力，可按 $\sigma_{pc}=\frac{N_{p0}}{A_0}+\frac{N_{p0}e_p^2}{I_0}$ 计算；

N_{p0}——全部钢筋的预加力（扣除相应阶段的预应力损失）；

A_0、I_0——构件全截面的换算截面面积和换算截面惯性矩；

e_p——预应力钢筋重心至换算截面重心轴间的距离。

（2）后张法构件

对后张法构件而言，预应力钢筋张拉时混凝土所产生的弹性压缩是在张拉过程中完成的，故对于一次张拉完成的后张法构件，混凝土弹性压缩不会引起应力损失。但是，由于后张法构件预应力钢筋的根数往往较多，一般是采用分批张拉锚固并且多数情况是采用逐束进行张拉锚固的。这样，当张拉后批钢筋时所产生的混凝土弹性压缩变形将使先批已张拉并锚固的预应力钢筋产生应力损失，通常称此为分批张拉应力损失，也以 σ_{l4} 表示。《公桥规》规定 σ_{l4} 可按下式计算：

$$\sigma_{l4}=\alpha_{EP}\sum\Delta\sigma_{pc} \tag{12-19}$$

式中：α_{EP}——预应力钢筋弹性模量与混凝土的弹性模量的比值；

$\sum\Delta\sigma_{pc}$——在计算截面上先张拉的钢筋重心处，由后张拉各批钢筋所产生的混凝土法向应力之和。

后张法构件多为曲线配筋，钢筋在各截面的相对位置不断变化，各截面的"$\sum\Delta\sigma_{pc}$"也就不相同，要详细计算非常麻烦。为使计算简便，可采用如下近似简化方法进行：

①取按应力计算需要控制的截面作为全梁的平均截面进行计算，其余截面不另计算，简支梁可以取 $l/4$ 截面。

②假定同一截面（如 $l/4$ 截面）内的所有预应力钢筋，都集中布置于其合力作用点（一般可近似为所有预应力钢筋的重心点）处，并假定各批预应力钢筋的张拉力都相等，其值等于各批钢筋张拉力的平均值。这样可以较方便地求得各批钢筋张拉时，在先批张拉钢筋重心（即假定的全部预应力钢筋重心）点处所产生的混凝土正应力为 $\Delta\sigma_{pc}$，即：

$$\Delta\sigma_{pc}=\frac{N_p}{m}\left(\frac{1}{A_n}+\frac{e_{pn}\cdot y_i}{I_n}\right) \tag{12-20}$$

式中：N_p——所有预应力钢筋预加应力（扣除相应阶段的应力损失 σ_{l1} 与 σ_{l2} 后）的合力；

m——张拉预应力钢筋的总批数；

e_{pn}——预应力钢筋预加应力的合力 N_p 至净截面重心轴的距离；

y_i——先批张拉钢筋重心（即假定的全部预应力钢筋重心）处至混凝土净截面重心轴的距离，故 $y_i\approx e_{pn}$；

A_n、I_n——混凝土梁的净截面面积和净截面惯性矩。

由上可知，张拉各批钢筋所产生的混凝土正应力 $\Delta\sigma_{pc}$ 之和，就等于由全部（m 批）钢筋的合力 N_p 在其作用点（或全部筋束的重心点）处所产生的混凝土正应力 σ_{pc}，即：

$$\sum\Delta\sigma_{pc}=m\Delta\sigma_{pc}=\sigma_{pc}$$

或写成：

$$\Delta\sigma_{pc}=\sigma_{pc}/m \tag{12-21}$$

③为便于计算还可进一步假定，以同一截面上（$l/4$ 截面）全部预应力筋重心处混凝土弹性压缩应力损失的总平均值，作为各批钢筋由混凝土弹性压缩引起的应力损失值。

因为在张拉第 i 批钢筋之后，还将张拉（$m-i$）批钢筋，故第 i 批钢筋的应力损失 $\sigma_{l4(i)}$ 应为

$$\sigma_{l4(i)}=(m-i)\cdot\alpha_{Ep}\Delta\sigma_{pc} \tag{12-22}$$

据此可知，第一批张拉的钢筋，其弹性压缩损失值最大，为 $\sigma_{l4(1)}=(m-m)\ \alpha_{Ep}\cdot\Delta\sigma_{pc}$；而第 m 批（最后一批）张拉的钢筋无弹性压缩应力损失，其值为 $\sigma_{l4(m)}=(m-m)\ \alpha_{Ep}\cdot\Delta\sigma_{pc}=0$。因此计算截面上各批钢筋弹性压缩损失平均值可按下式求得：

$$\sigma_{l4}=\frac{\sigma_{l4(1)}+\sigma_{l4(m)}}{2}=\frac{m-1}{2}\cdot\alpha_{Ep}\Delta\sigma_{pc}=\frac{m-1}{2m}\cdot\alpha_{Ep}\Delta\sigma_{pc}\qquad(12\text{-}23)$$

式中：σ_{pc}——计算截面全部钢筋重心处由张拉所有预应力钢筋产生的混凝土法向应力。

5）钢筋松弛引起的应力损失（σ_{l5}）

如果钢筋在一定拉应力值下，将其长度固定不变，则钢筋中的应力将随时间延长而降低，一般称这种现象为钢筋的松弛或应力松弛。钢筋松弛一般有如下特点：

(1) 钢筋初拉应力越高，其应力松弛愈甚；

(2) 钢筋松弛量的大小主要与钢筋的品质有关。例如，我国的预应力钢丝与钢绞线依其加工工艺不同而分为Ⅰ级松弛（普通松弛）和Ⅱ级松弛（低松弛）两种，低松弛钢筋的松弛值，一般不到前者的 1/3；

(3) 钢筋松弛与时间有关。初期发展最快，第 1h 内松弛最大，24h 内可完成 50%，以后渐趋稳定，但在持续 5~8 年的试验中，仍可测到其影响；

(4) 采用超张拉，即用超过设计拉应力 5%～10%的应力张拉并保持数分钟后，再回降至设计拉应力值，可使钢筋应力松弛减少 40%～60%；

(5) 钢筋松弛与温度变化有关，它随温度升高而增加，这对采用蒸汽养护的预应力混凝土构件会有所影响。

《公桥规》规定，由钢筋松弛引起的应力损失终值，按下列公式计算：

对于精轧螺纹钢筋

$$\text{一次张拉}\qquad \sigma_{l5}=0.05\sigma_{con}\qquad(12\text{-}24)$$

$$\text{超张拉}\qquad \sigma_{l5}=0.035\sigma_{con}\qquad(12\text{-}25)$$

对于预应力钢丝、钢绞线

$$\sigma_{l5}=\psi\cdot\xi\cdot\left(0.52\frac{\sigma_{pe}}{f_{pk}}-0.26\right)\cdot\sigma_{pe}\qquad(12\text{-}26)$$

式中：ψ——张拉系数，一次张拉时，$\psi=1.0$；超张拉时，$\psi=0.9$；

ξ——钢筋松弛系数，Ⅰ级松弛（普通松弛），$\xi=1.0$；Ⅱ级松弛（低松弛），$\xi=0.3$；

σ_{pe}——传力锚固时的钢筋应力。对后张法构件 $\sigma_{pe}=\sigma_{con}-\sigma_{l1}-\sigma_{l2}-\sigma_{l4}$；对先张法构件 $\sigma_{pe}=\sigma_{con}-\sigma_{l2}$。

《公桥规》还规定，对碳素钢丝、钢绞线，当 $\sigma_{pe}/f_{pk}\leqslant0.5$ 时，应力松弛损失值为零。

钢筋松弛应力损失的计算，应根据构件不同受力阶段的持荷时间来进行。对于先张法构件，在预加应力（即从钢筋张拉到与混凝土黏结）阶段，一般按松弛损失值的一半计算，其余一半认为在随后的使用阶段中完成；对于后张法构件，其松弛损失值则认为全部在使用阶段中完成。

6）混凝土收缩和徐变引起的应力损失（σ_{l6}）

混凝土收缩、徐变会使预应力混凝土构件缩短，因而引起应力损失。收缩与徐变的变形性能相似，影响因素也大都相同，故将混凝土收缩与徐变引起的应力损失值综合在一起进行计算。

由混凝土收缩、徐变引起的钢筋的预应力损失值可按下面介绍的方法计算。

(1) 受拉区预应力钢筋的预应力损失为：

$$\sigma_{l6}(t)=\frac{0.9[E_p\varepsilon_{cs}(t,t_0)+\alpha_{EP}\sigma_{pc}\phi(t,t_0)]}{1+15\rho_{ps}} \tag{12-27}$$

式中：σ_{l6} (t)——构件受拉区全部纵向钢筋截面重心处由混凝土收缩、徐变引起的预应力损失；

σ_{pc}——构件受拉区全部纵向钢筋截面重心处由预应力（扣除相应阶段的预应力损失）和结构自重产生的混凝土法向应力（MPa）。对于简支梁，一般可取跨中截面和 $l/4$ 截面的平均值作为全梁各截面的计算值；

E_p——预应力钢筋的弹性模量；

α_{EP}——预应力钢筋弹性模量与混凝土弹性模量的比值；

ρ——构件受拉区全部纵向钢筋配筋率；对先张法构件，$\rho=(A_p+A_s)/A_0$；对后张法构件，$\rho=(A_p+A_s)/A_n$；其中 A_p、A_s 分别为受拉区的预应力钢筋和非预应力筋的截面面积；A_0 和 A_n 分别为换算截面面积和净截面面积；

ρ_{ps}——$\rho_{ps}=1+\frac{e_{ps}^2}{i^2}$；

i——截面回转半径，$i^2=I/A$。先张法构件取 $I=I_0$，$A=A_0$；后张法构件取 $I=I_n$，$A=A_n$；其中，I_0 和 I_n 分别为换算截面惯性矩和净截面惯性矩；

e_{ps}——构件受拉区预应力钢筋和非预应力钢筋截面重心至构件截面重心轴的距离；$e_{ps}=(A_pe_p+A_se_s)/(A_p+A_s)$；

e_p——构件受拉区预应力钢筋截面重心至构件截面重心的距离；

e_s——构件受拉区纵向非预应力钢筋截面重心至构件截面重心的距离；

ε_{cs} (t_u，t_0)——预应力钢筋传力锚固龄期为 t_0，计算考虑的龄期为 t 时的混凝土收缩应变，其终极值 ε_{cs} (t_u，t_0) 可按表 11-3 取用；

ϕ (t_u，t_0)——加载龄期为 t_0，计算考虑的龄期为 t 时的徐变系数，其终极值 ϕ (t_u，t_0) 可按表 11-3 取用。

对于受压区配置预应力钢筋 A'_p 和非预应力钢筋 A'_s 的构件，其受拉区预应力钢筋的预应力损失也可取 $A'_p=A'_s=0$，近似地按公式（12-27）计算。

(2) 受压区配置预应力钢筋 A'_p 和非预应力钢筋 A'_s 的构件，由混凝土收缩、徐变引起受压区预应力钢筋的预应力损失为：

$$\sigma'_{l6}=\frac{0.9[E_p\varepsilon_{cs}(t,t_0)+\alpha_{EP}\sigma'_{pc}\phi(t,t_0)]}{1+15\rho'\rho'_{ps}} \tag{12-28}$$

式中：σ'_{l6} (t)——构件受压区全部纵向钢筋截面重心处由混凝土收缩、徐变引起的预应力损失；

σ'_{pc}——构件受压区全部纵向钢筋截面重心处由预应力（扣除相应阶段的预应力损失）和结构自重产生的混凝土法向应力（MPa）；σ'_{pc} 不得大于 $0.5f'_{cu}$；当 σ'_{pc} 为拉应力时，应取其为零；

ρ'——构件受压区全部纵向钢筋配筋率；对先张法构件，$\rho=(A'_p+A'_s)/A_0$；对于后张法构件，$\rho=(A'_p+A'_s)/A_n$；其中 A'_p、A'_s 分别为受压区的预应力钢筋和非预应力筋的截面面积；

ρ'_{ps}——$\rho'_{ps}=1+\frac{e'^2_{ps}}{i^2}$；

e'_{ps}——构件受压区预应力钢筋和非预应力钢筋截面重心至构件截面重心轴的距离；$e'_{ps}=(A'_pe'_p+A'_se'_s)/(A'_p+A'_s)$；

e'_p——构件受压区预应力钢筋截面重心至构件截面重心的距离；

e'_s——构件受压区纵向非预应力钢筋截面重心至构件截面重心的距离。

以上介绍了六项预应力损失的估算，引起预应力损失的因素不仅仅限于上述各项，实际工程中，应根据具体情况考虑其他因素引起的预应力损失。

12.2.3 钢筋的有效预应力计算

预应力钢筋的有效预应力 σ_{pe} 的定义为预应力钢筋锚下控制应力 σ_{con} 扣除相应阶段的应力损失 σ_l 后实际存余的预拉应力值。但应力损失在各个阶段出现的项目是不同的，故应按受力阶段进行组合，然后才能确定不同受力阶段的有效预应力。

1）预应力损失值组合

现根据应力损失出现的先后次序以及完成终值所需的时间，分先张法、后张法按两个阶段进行组合，具体如表 12-1 所示。

各阶段预应力损失值的组合 表 12-1

预应力损失值的组合	先张法构件	后张法构件
传力锚固时的损失（第一批）σ_{lI}	$\sigma_{l2}+\sigma_{l3}+\sigma_{l4}+0.5\sigma_{l5}$	$\sigma_{l1}+\sigma_{l2}+\sigma_{l4}$
传力锚固后的损失（第二批）σ_{lII}	$0.5\sigma_{l5}+\sigma_{l6}$	$\sigma_{l5}+\sigma_{l6}$

2）预应力钢筋的有效预应力 σ_{pe}

在预加应力阶段，预应力筋中的有效预应力为：

$$\sigma_{pe}=\sigma_{pI}=\sigma_{con}-\sigma_{lI} \tag{12-29}$$

在使用阶段，预应力筋中的有效预应力，即永存预应力为：

$$\sigma_{pe}=\sigma_{pII}=\sigma_{con}-(\sigma_{lI}+\sigma_{lII}) \tag{12-30}$$

12.3 预应力混凝土受弯构件的应力计算

预应力混凝土受弯构件从一开始施加预应力起，构件中钢筋和混凝土就处于高应力状态。为保证构件在各个阶段的工作安全可靠，须对构件在各个阶段应力进行验算。应力计算分为短暂状况的应力计算和持久状况的应力计算。

12.3.1 短暂状况的应力计算

预应力混凝土受弯构件按短暂状况计算时，应计算其在制作、运输及安装等施工阶段，由预应力作用、构件自重和施工荷载等引起的正截面和斜截面的应力，并不应超过规定的应力限值。施工荷载除有特别规定外均采用标准值，当有组合时不考虑荷载组合系数。

构件短暂状况的应力计算，实属构件弹性阶段的强度计算。除非有特殊要求，短暂状况一般不进行正常使用极限状态计算。以下介绍各过程的应力计算方法。

1）预加应力阶段的正应力计算

这一阶段的受力状态如图 12-7 所示，主要承受偏心的预加力 N_p 和梁一期恒载（自重荷载）G_1 作用效应 M_{G1}，可采用材料力学中偏心受压的公式进行计算。本阶段的受力特点是预加力 N_p 值最大（因预应力损失值最小），而外荷载最小（仅有梁的自重作用）。对于简支梁来说，其受力最不利截面往往在支点附近，特别是直线配筋的预应力混凝土等截面简支梁，其支点上缘拉应力，常常成为计算的控制应力。

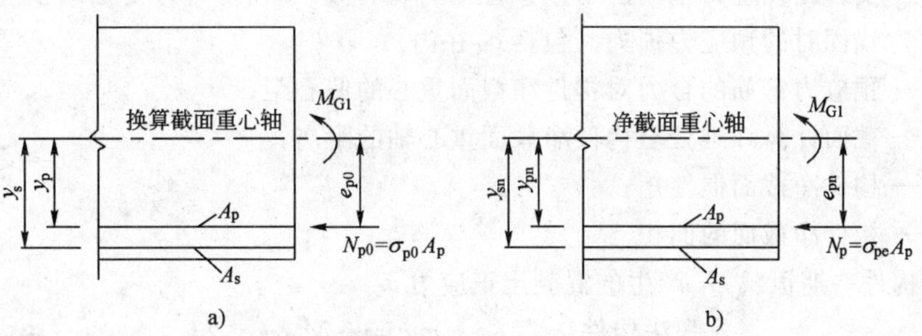

图 12-7 预加力阶段预应力钢筋和非预应力钢筋合力及其偏心矩

a）先张法构件；b）后张法构件

（1）由预加力 N_p 产生的混凝土法向压应力 σ_{pc} 和法向拉应力 σ_{pt}

对于先张法构件：

$$\left.\begin{aligned}\sigma_{pc}&=\frac{N_{p0}}{A_0}+\frac{N_{p0}e_{p0}}{I_0}y_0\\\sigma_{pt}&=\frac{N_{p0}}{A_0}-\frac{N_{p0}e_{p0}}{I_0}y_0\end{aligned}\right\}\tag{12-31}$$

式中：N_{p0}——先张法构件的预应力钢筋的合力（图 12-7a），按下式计算：

$$N_{p0}=\sigma_{p0}A_p\tag{12-32}$$

σ_{p0}——受拉区预应力钢筋合力点处混凝土法向应力等于零时的预应力钢筋应力；$\sigma_{p0}=\sigma_{con}-\sigma_{lI}+\sigma_{l4}$，其中 σ_{l4} 为受拉区预应力钢筋由混凝土弹性压缩引起的预应力损失；σ_{lI} 为受拉区预应力钢筋传力锚固时的预应力损失；

A_p——受拉区预应力钢筋的截面面积；

e_{p0}——预应力钢筋的合力对构件全截面换算截面重心的偏心距；

y_0——截面计算纤维处至构件全截面换算截面重心轴的距离；

I_0——构件全截面换算截面惯性矩；

A_0——构件全截面换算截面的面积。

对于后张法构件：

$$\left.\begin{aligned}\sigma_{pc}&=\frac{N_p}{A_n}+\frac{N_p e_{pn}}{I_n}y_n\\ \sigma_{pt}&=\frac{N_p}{A_n}-\frac{N_p e_{pn}}{I_n}y_n\end{aligned}\right\}\tag{12-33}$$

式中：N_p——后张法构件的预应力钢筋的合力（图 12-7b），按下式计算：

$$N_p=\sigma_{pe}A_p\tag{12-34}$$

对于配置曲线预应力钢筋的构件为上式中的 A_p 取为（$A_p+A_{pb}\cos\theta_p$）；其中 A_{pb}为弯起预应力钢筋的截面积，θ_p 为计算截面上弯起的预应力钢筋的切线与构件轴线的夹角；

σ_{pe}——受拉区预应力钢筋的有效预应力，$\sigma_{pe}=\sigma_{con}-\sigma_{lI}$，$\sigma_{lI}$为受拉区预应力钢筋传力锚固时的预应力损失（包括 σ_{l4}在内）；

e_{pn}——预应力钢筋的合力对构件净截面重心的偏心距；

y_n——截面计算纤维处至构件净截面重心轴的距离；

I_n——构件净截面惯性矩；

A_n——构件净截面的面积。

（2）由构件一期恒载 G_1 产生的混凝土正应力 σ_{G1}

先张法构件： $\sigma_{G1}=\pm M_{G1}\cdot y_0/I_0$ （12-35）

后张法构件： $\sigma_{G1}=\pm M_{G1}\cdot y_n/I_n$ （12-36）

式中：M_{G1}——受弯构件的一期恒载产生的弯矩标准值。

（3）预加应力阶段的总应力

将式（12-31）、式（12-33）与式（12-35）、式（12-36）分别相加，则可得预加应力阶段截面上、下缘混凝土的正应力 σ'_{ct}、σ'_{cc}为：

先张法构件

$$\left.\begin{aligned}\sigma^t_{ct}&=\frac{N_{p0}}{A_0}-\frac{N_{p0}e_{p0}}{W_{0u}}+\frac{M_{G1}}{W_{0u}}\\ \sigma^t_{cc}&=\frac{N_{p0}}{A_0}+\frac{N_{p0}e_{p0}}{W_{0b}}-\frac{M_{G1}}{W_{0b}}\end{aligned}\right\}\tag{12-37}$$

后张法构件

$$\left.\begin{aligned}\sigma^t_{ct}&=\frac{N_p}{A_n}-\frac{N_p e_{pn}}{W_{nu}}+\frac{M_{G1}}{W_{nu}}\\ \sigma^t_{cc}&=\frac{N_p}{A_n}+\frac{N_p e_{pn}}{W_{nb}}-\frac{M_{G1}}{W_{nb}}\end{aligned}\right\}\tag{12-38}$$

式中：W_{0u}、W_{0b}——构件全截面换算截面对上、下缘的截面抵抗矩；

W_{nu}、W_{nb}——构件净截面对上、下缘的截面抵抗矩。

2）运输、吊装阶段的正应力计算

此阶段构件应力计算方法与预加应力阶段相同。唯应注意的是预加力 N_p 已变小；计算一期恒载作用时产生的弯矩应考虑计算图式的变化，并考虑动力系数（参见 12.1.1 节）。

3）施工阶段混凝土的限制应力

《公桥规》要求，按式（12-37）、式（12-38）算得的混凝土正应力或由运输、吊装阶段算得的混凝土正应力应符合下列规定：

（1）混凝土压应力 σ_{cc}^{t}

在预应力和构件自重等施工荷载作用下预应力混凝土受弯构件截面边缘混凝土的法向压应力应满足：

$$\sigma_{cc}^{t} \leqslant 0.70 f'_{ck} \tag{12-39}$$

式中：f'_{ck}——制作、运输、安装各施工阶段的混凝土轴心抗压强度标准值，可按强度标准值表直线内插得到。

（2）混凝土拉应力 σ_{ct}^{t}

《公桥规》根据预拉区边缘混凝土的拉应力大小，通过规定预拉区配筋率来防止出现裂缝，具体规定为：

当 $\sigma_{ct}^{t} \leqslant 0.70 f'_{tk}$ 时，预拉区应配置配筋率不小于0.2%的纵向非预应力钢筋；

当 $\sigma_{ct}^{t} = 1.15 f'_{tk}$ 时，预拉区应配置配筋率不小于0.4%的纵向非预应力钢筋；

当 $0.70 f'_{tk} < \sigma_{ct}^{t} < 1.15 f'_{tk}$ 时，预拉区应配置的纵向非预应力钢筋配筋率按以上两者直线内插取用，拉应力 σ_{ct}^{t} 不应超过 $1.15 f'_{tk}$。

上述配筋率为 $(A'_s + A'_p)/A$，先张法构件计入 A'_p，后张法构件不计 A'_p，A'_p 为预拉区预应力钢筋截面面积；A'_s 为预拉区普通钢筋截面面积；A 为构件毛截面面积。

12.3.2　持久状况的应力计算

预应力混凝土受弯构件按持久状况计算时，应计算使用阶段截面混凝土的法向压应力、混凝土的主应力和受拉区钢筋的拉应力，并不得超过规定的限值。本阶段的计算特点是：预应力损失已全部完成，有效预应力 σ_{pe} 最小，其相应的永存预加力为 $N_p = A_{pe}(\sigma_{con} - \sigma_{lI} - \sigma_{lII})$ 计算时作用（或荷载）取其标准值，汽车荷载应计入冲击系数，预加应力效应应考虑在内，所有荷载分项系数均取为1.0。

计算时，应取最不利截面进行控制验算，对于直线配筋等截面简支梁，一般以跨中为最不利控制截面；但对于曲线配筋的等截面或变截面简支梁，则应根据预应力筋的弯起和混凝土截面变化的情况，确定其计算控制截面，一般可取跨中、$l/4$、$l/8$、支点截面和截面变化处的截面进行计算。

1）正应力计算

在配有非预应力钢筋的预应力混凝土构件中（图12-8），混凝土的收缩和徐变使非预应

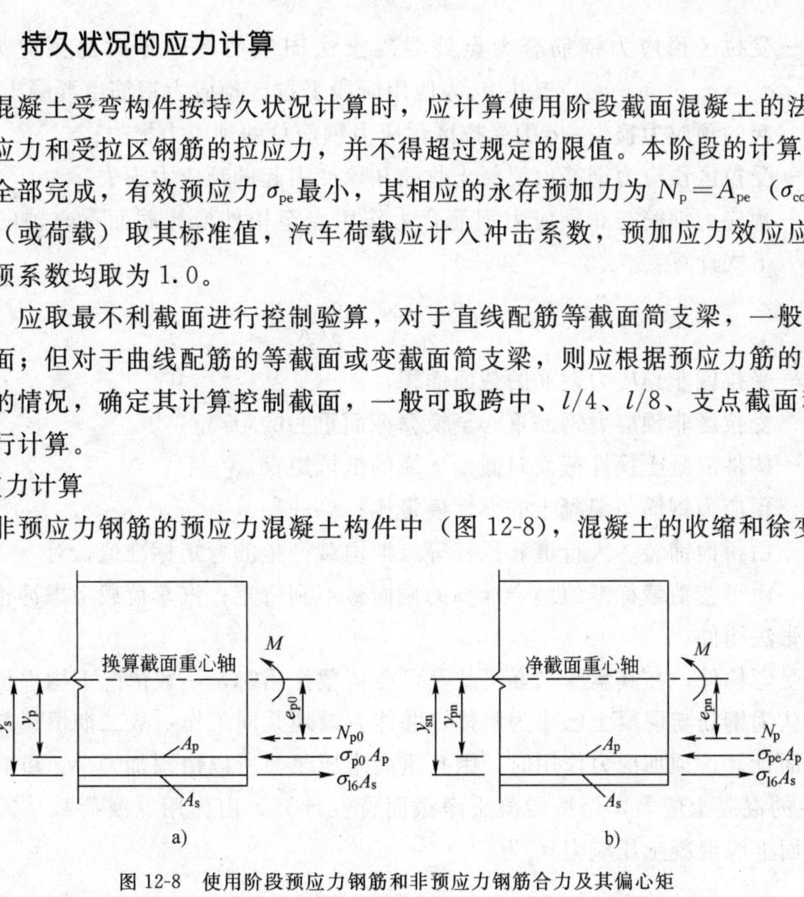

图12-8　使用阶段预应力钢筋和非预应力钢筋合力及其偏心矩

a）先张法构件；b）后张法构件

力钢筋产生与预压力相反的内力，减少了受拉区混凝土的法向预压应力，降低了构件的抗裂性能，计算时需加考虑。为简化计算，非预应力钢筋的应力值均取混凝土收缩和徐变引起的预应力损失值来计算。

(1) 先张法构件

对于先张法构件，使用荷载作用效应仍由钢筋与混凝土共同承受，其截面几何特征也采用换算截面计算。此时，由作用（或荷载）标准值和预加力在构件截面上缘产生的混凝土法向压应力为：

$$\sigma_{cu} = \sigma_{pt} + \sigma_{kc} = \left(\frac{N_{p0}}{A_0} - \frac{N_{p0} \cdot e_{p0}}{W_{0u}}\right) + \frac{M_{G1}}{W_{0u}} + \frac{M_{G2}}{W_{0u}} + \frac{M_Q}{W_{0u}} \tag{12-40}$$

预应力钢筋中的最大拉应力为：

$$\sigma_{pmax} = \sigma_{pe} + \alpha_{EP}\left(\frac{M_{G1}}{I_0} + \frac{M_{G2}}{I_0} + \frac{M_Q}{I_0}\right) \cdot y_{p0} \tag{12-41}$$

式中：σ_{kc}——作用（或荷载）标准值产生的混凝土法向压应力；

σ_{pe}——预应力钢筋的永存预应力，即 $\sigma_{pe}=\sigma_{con}-\sigma_{lI}-\sigma_{lII}=\sigma_{con}-\sigma_l$；

N_{p0}——使用阶段预应力钢筋和非预应力钢筋的合力（图 12-8a），按下式计算：

$$N_{p0} = \sigma_{p0} A_p - \sigma_{l6} A_s \tag{12-42}$$

σ_{p0}——受拉区预应力钢筋合力点处混凝土法向应力等于零时的预应力钢筋应力；$\sigma_{p0}=\sigma_{con}-\sigma_l+\sigma_{l4}$，其中 σ_{l4} 为使用阶段受拉区预应力钢筋由混凝土弹性压缩引起的预应力损失；σ_l 为受拉区预应力钢筋总的预应力损失；

σ_{l6}——受拉区预应力钢筋由混凝土收缩和徐变引起的预应力损失；

e_{p0}——预应力钢筋与非预应力钢筋合力作用点至构件换算截面重心轴的距离，可按下式计算：

$$e_{p0} = \frac{\sigma_{p0} A_p y_p - \sigma_{l6} A_s y_s}{\sigma_{p0} A_p - \sigma_{l6} A_s} \tag{12-43}$$

A_s——受拉区非预应力钢筋的截面面积；

y_s——受拉区非预应力钢筋重心至换算截面重心的距离；

W_{0u}——构件混凝土换算截面对截面上缘的抵抗矩；

α_{EP}——预应力钢筋与混凝土的弹性模量比；

M_{G2}——由桥面铺装、人行道和栏杆等二期恒载产生的弯矩标准值；

M_Q——由可变荷载标准值组合计算的截面最不利弯矩；汽车荷载考虑冲击系数。

(2) 后张法构件

后张法受弯构件，在其承受二期恒载及可变荷载作用时，一般情况下构件预留孔道均已压浆凝固，认为钢筋与混凝土已成为整体，并能有效地共同工作，故二期恒载与活载作用时均按换算截面计算。预加应力作用时，因孔道尚未压浆，所以由预加力 N_p 和梁的一期恒载 G_1 作用产生的混凝土应力，仍按混凝土净截面特性计算。由作用（或荷载）标准值和预应力在构件截面上缘混凝土压应力 σ_{cu} 为：

$$\sigma_{cu} = \sigma_{pt} + \sigma_{kc} = \left(\frac{N_p}{A_n} - \frac{N_p \cdot e_{pn}}{W_{nu}}\right) + \frac{M_{G1}}{W_{nu}} + \frac{M_{G2}}{W_{0u}} + \frac{M_Q}{W_{0u}} \tag{12-44}$$

预应力钢筋中的最大拉应力为：

$$\sigma_{pmax}=\sigma_{pe}+\alpha_{EP}\frac{M_{G2}+M_{Q}}{I_0}\cdot y_{0p} \tag{12-45}$$

式中：N_p——预应力钢筋和非预应力钢筋的合力，按下式计算：

$$N_p=\sigma_{pe}A_p-\sigma_{l6}A_s \tag{12-46}$$

σ_{pe}——受拉区预应力钢筋的有效预应力，$\sigma_{pe}=\sigma_{con}-\sigma_l$；

W_{nu}——构件混凝土净截面对截面上缘的抵抗矩；

e_{pn}——预应力钢筋和非预应力钢筋合力作用点至构件净截面重心轴的距离，按下式计算：

$$e_{pn}=\frac{\sigma_{pe}A_p y_{pn}-\sigma_{l6}A_s y_{sn}}{\sigma_{pe}A_p-\sigma_{l6}A_s} \tag{12-47}$$

y_{sn}——受拉区非预应力钢筋重心至净截面重心的距离；

y_{0p}——计算的预应力钢筋重心到换算截面重心轴的距离。

当截面受压区也配置预应力钢筋 A'_p 时，则以上计算式还需考虑 A'_p 的作用。由于混凝土的收缩和徐变，使受压区非预应力钢筋产生与预压力相反的内力，从而减少了截面混凝土的法向预压应力，受压区非预应力钢筋的应力值取混凝土收缩和徐变作用引起的 A'_p 预应力损失 σ'_{l6} 来计算。

2）混凝土主应力计算

预应力混凝土受弯构件在斜截面开裂前，基本上处于弹性工作状态，所以，主应力可按材料力学方法计算。预应力混凝土受弯构件由作用（或荷载）标准值和预加力作用产生的混凝土主压应力 σ_{cp} 和主拉应力 σ_{tp} 可按下列公式计算，即：

$$\begin{matrix}\sigma_{tp}\\ \sigma_{cp}\end{matrix}=\frac{\sigma_{cx}+\sigma_{cy}}{2}\mp\sqrt{\left(\frac{\sigma_{cx}-\sigma_{cy}}{2}\right)^2+\tau^2} \tag{12-48}$$

式中：σ_{cx}——在计算主应力点，由作用（或荷载）标准值和预加力产生的混凝土法向应力。先张法构件可按式（12-49）计算，后张法构件可按式（12-50）计算：

$$\sigma_{cx}=\frac{N_{p0}}{A_0}-\frac{N_{p0}e_{p0}}{I_0}y_0+\frac{(M_{G1}+M_{G2}+M_Q)}{I_0}y_0 \tag{12-49}$$

$$\sigma_{cx}=\frac{N_p}{A_n}-\frac{N_p e_{pn}}{I_n}y_n+\frac{M_{G1}}{I_n}y_n+\frac{(M_{G2}+M_Q)}{I_0}y_0 \tag{12-50}$$

y_0、y_n——分别为计算主应力点至换算截面、净截面重心轴的距离。利用式（12-49）、式（12-50）计算时，当主应力点位于重心轴之上时，取为正；反之，取为负；

I_0、I_n——分别为换算截面惯性矩、净截面惯性矩；

σ_{cy}——由竖向预应力钢筋的预加力产生的混凝土竖向压应力，可按式（12-51）计算：

$$\sigma_{cy}=0.6\frac{n\sigma'_{pe}A_{pv}}{b\cdot s_v} \tag{12-51}$$

n——同一截面上竖向钢筋的肢数；

σ'_{pe}——竖向预应力钢筋扣除全部预应力损失后的有效预应力；

A_{pv}——单肢竖向预应力钢筋的截面面积；

s_v——竖向预应力钢筋的间距；

τ——在计算主应力点，按作用（或荷载）标准值组合计算的剪力产生的混凝土剪应力；当计算截面作用有扭矩时，尚应考虑由扭矩引起的剪应力。对于等高度梁截面上任一点在作用（或荷载）标准值组合下的剪应力 τ 可按下列公式计算：

先张法构件 $$\tau=\frac{V_{G1}S_0}{bI_0}+\frac{(V_{G2}+V_Q)S_0}{bI_0} \tag{12-52}$$

后张法构件 $$\tau=\frac{V_{G1}S_n}{bI_n}+\frac{(V_{G2}+V_Q)S_0}{bI_0}-\frac{\sum\sigma''_{pe}A_{pb}\sin\theta_pS_n}{bI_n} \tag{12-53}$$

V_{G1}、V_{G2}——分别为一期恒载和二期恒载作用引起的剪力标准值；

V_Q——可变作用（或荷载）引起的剪力标准值组合；对于简支梁，V_Q 计算式为：

$$V_Q=V_{Q1}+V_{Q2} \tag{12-54}$$

V_{Q1}、V_{Q2}——分别为汽车荷载效应（计入冲击系数）和人群荷载效应引起的剪力标准值；

S_0、S_n——计算主应力点以上（或以下）部分换算截面面积对截面重心轴、净截面面积对截面重心轴的面积矩；

θ_p——计算截面上预应力弯起钢筋的切线与构件纵轴线的夹角（图 12-9）；

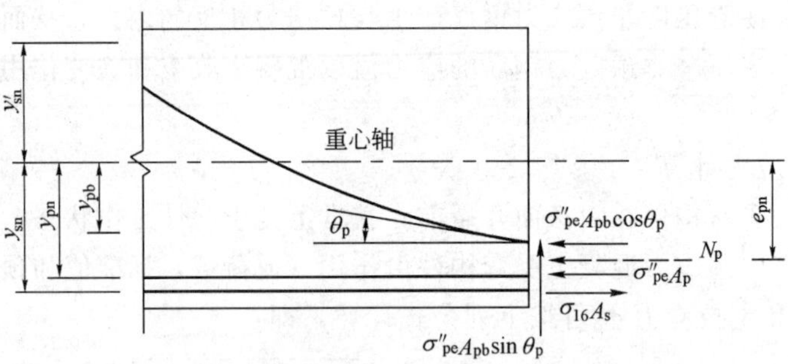

图 12-9 剪力计算图

b——计算主应力点处构件腹板的宽度；

σ''_{pe}——纵向预应力弯起钢筋扣除全部预应力损失后的有效预应力；

A_{pb}——计算截面上同一弯起平面内预应力弯起钢筋的截面面积。

以上公式中均取压应力为正，拉应力为负。对连续梁等超静定结构，应计及预加力、温度作用等引起的次效应。对变高度预应力混凝土连续梁，计算由作用（或荷载）引起的剪应力时，应计算截面上弯矩和轴向力产生的附加剪应力。

3）持久状况的钢筋和混凝土的应力限值

对于按全预应力混凝土和 A 类部分预应力混凝土设计的受弯构件，《公桥规》中对持久状况应力计算的限值规定如下。

（1）使用阶段预应力混凝土受弯构件正截面混凝土的最大压应力

应满足： $$\sigma_{kc}+\sigma_{pt}\leqslant 0.5f_{ck} \tag{12-55}$$

式中：σ_{kc}——作用（或荷载）标准值产生的混凝土法向压应力；

σ_{pt}——预加力产生的混凝土法向拉应力；

f_{ck}——混凝土轴心抗压强度标准值。

（2）使用阶段受拉区预应力钢筋的最大拉应力限值

在使用荷载作用下，预应力混凝土受弯构件中的钢筋与混凝土经常承受着反复应力，而材料在较高的反复应力作用下，将使其强度下降，甚至造成疲劳破坏。为了避免这种不利影响，《公桥规》对预应力钢筋的最大拉应力限值具体规定为：

对钢绞线、钢丝　$$\sigma_{pe}+\sigma_{p}\leqslant 0.65 f_{pk} \tag{12-56}$$

对精轧螺纹钢筋　$$\sigma_{pe}+\sigma_{p}\leqslant 0.80 f_{pk} \tag{12-57}$$

式中：σ_{pe}——受拉区预应力钢筋扣除全部预应力损失后的有效预应力；

σ_{p}——作用（或荷载）产生的预应力钢筋应力增量；

f_{pk}——预应力钢筋抗拉强度标准值。

预应力混凝土受弯构件受拉区的非预应力钢筋，其使用阶段的应力很小，可不必验算。

（3）使用阶段预应力混凝土受弯构件混凝土主应力限值

混凝土的主压应力应满足：

$$\sigma_{cp}\leqslant 0.6 f_{ck} \tag{12-58}$$

式中：f_{ck}——混凝土轴心抗压强度标准值。

对计算所得的混凝土主拉应力 σ_{tp}，作为对构件斜截面抗剪计算的补充，按下列规定设置箍筋：

在 $\sigma_{tp}\leqslant 0.5 f_{tk}$ 的区段，箍筋可仅按构造要求配置；

在 $\sigma_{tp}>0.5 f_{tk}$ 的区段，箍筋的间距 s_v 可按下式计算：

$$s_v = f_{sk}A_{sv}/\sigma_{tp}b \tag{12-59}$$

式中：f_{sk}——箍筋的抗拉强度标准值；

f_{tk}——混凝土轴心抗拉强度标准值；

A_{sv}——同一截面内箍筋的总截面面积；

b——矩形截面宽度、T 形或 I 形截面的腹板宽度。

当按上式计算的箍筋用量少于按斜截面抗剪承载力计算的箍筋用量时，构件箍筋按抗剪承载力计算要求配置。

12.4　预应力混凝土受弯构件承载力计算

预应力混凝土受弯构件持久状况承载力极限状态计算包括正截面承载力计算和斜截面承载力计算，作用效应组合采用基本组合（式 3-12）。

12.4.1　正截面承载力计算

预应力混凝土受弯构件正截面破坏时的受力状态和普通钢筋混凝土受弯构件类似，当预应力钢筋的含筋量适当时，其正截面破坏形态一般为适筋梁破坏。正截面承载力计算图式中受拉区预应力钢筋和非预应力钢筋的应力将分别取其抗拉强度设计值 f_{pd} 和 f_{sd}；受压区的混凝土应力用等效的矩形应力分布图代替实际的曲线分布图并取轴心抗压强度设计值 f_{cd}；受压区非预应力钢筋亦取其抗压强度设计值 f'_{sd}，但是受压区预应力钢筋 A'_p 的应力可能是拉应力，也可能是压应力，因而将其应力称为计算应力 σ'_{pa}。当 σ'_{pa} 为压应力时，其值也较小，一般达不到钢筋 A'_p 的抗压设计强度 $f'_{pd}=\varepsilon_c\cdot E'_p=0.002E'_p$。

σ'_{pa}值主要决定于A'_p中预应力的大小。构件在承受外荷载前，钢筋A'_p中已存在有效预拉应力σ'_p（扣除全部预应力损失），钢筋A'_p重心水平处的混凝土有效预压应力为σ'_c，相应的混凝土压应变为σ'_c/E_c；在构件破坏时，受压区混凝土应力为f_{cd}，相应的压应变增加至ε_c。故构件从开始受荷到破坏的过程中，A'_p重心水平处的混凝土压应变增量也即钢筋A'_p的压应变增量为（$\varepsilon_c-\sigma'_c/E_c$），也相当于在钢筋$A'_p$中增加了一个压应力$E'_p$（$\varepsilon_c-\sigma'_c/E_c$），将此与$A'_p$中的预拉应力$\sigma'_p$相叠加，则可求得$\sigma'_{pa}$。设压应力为正号，拉应力为负号，则有：

$$\sigma'_{pa}=E'_p(\varepsilon_c-\sigma'_c/E_c)-\sigma'_p=f'_{pd}-\alpha'_{Ep}\sigma'_c-\sigma'_p \tag{12-60}$$

或写成：

$$\sigma'_{pa}=f'_{pd}-(\alpha'_{Ep}\sigma'_c+\sigma'_p)=f'_{pd}-\sigma'_{p0} \tag{12-61}$$

式中：σ'_{p0}——钢筋A'_p当其重心水平处混凝土应力为零时的有效预应力（扣除不包括混凝土弹性压缩在内的全部预应力损失）；对先张法构件，$\sigma'_{p0}=\sigma'_{con}-\sigma'_l+\sigma'_{l4}$；对后张法构件，$\sigma'_{p0}=\sigma'_{con}-\sigma'_l+\alpha'_{Ep}\sigma'_{pc}$，此处，$\sigma'_{con}$为受压区预应力钢筋的控制应力；$\sigma'_l$为受压区预应力钢筋的全部预应力损失；$\sigma'_{l4}$为先张法构件受压区弹性压缩损失；$\sigma'_{pc}$为受压区预应力钢筋重心处由预应力产生的混凝土法向压应力；

α'_{Ep}——受压区预应力钢筋与混凝土的弹性模量之比。

由上可知，建立式(12-60)的前提条件是构件破坏时，A'_p重心处混凝土应变达到$\varepsilon_c=0.002$。

在明确了破坏阶段各项应力值后，则可得到计算简图（图12-10），仿照普通钢筋混凝土受弯构件，由静力平衡条件，计算预应力混凝土受弯构件正截面承载力。

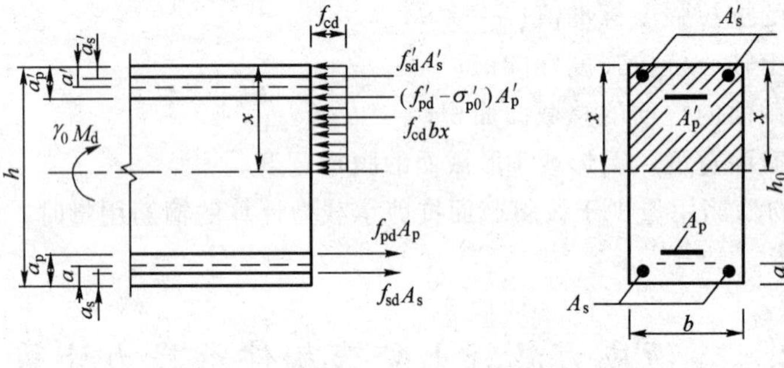

图12-10　矩形截面预应力混凝土受弯构件正截面承载力计算图

1）矩形截面受弯构件

矩形截面（包括翼缘位于受拉边的T形截面）受弯构件，按下列步骤计算正截面强度。

(1) 求受压区高度x

由$\sum x=0$，得：

$$f_{sd}A_s+f_{pd}A_p=f_{cd}bx+f'_{sd}A'_s+(f'_{pd}-\sigma'_{p0})A'_p \tag{12-62}$$

式中：A_s、f_{sd}——分别为受拉区纵向非预应力钢筋的截面面积和抗拉强度设计值；

A_p、f_{pd}——分别为受拉区预应力钢筋的截面面积和抗拉强度设计值；

A'_p、f'_{pd}——分别为受压区预应力钢筋的截面面积和抗压强度设计值；

f_{cd}——混凝土轴心抗压强度设计值。

预应力混凝土梁的受压区高度x，也和普通钢筋混凝土梁一样，应满足《公桥规》的规定：

$$x\leqslant\xi_b h_0 \tag{12-63}$$

当受压区预应力钢筋受压，即（$f'_{pd}-\sigma'_{p0}$）>0 时，应满足：

$$x \geqslant 2a' \tag{12-64a}$$

当受压区预应力钢筋受拉，即（$f'_{pd}-\sigma'_{p0}$）<0 时，应满足：

$$x \geqslant 2a'_s \tag{12-64b}$$

式中：ξ_b——预应力混凝土受弯构件相对界限受压区高度，按表 12-2 采用；

h_0——截面有效高度：$h_0=h-a$；

h——构件全截面高度；

a——受拉区钢筋 A_s 和 A_p 的合力作用点至受拉区边缘的距离，当不配非预应力受力钢筋（即 $A_s=0$）时，则以 a_p 代替 a，a_p 为受拉区预应力钢筋 A_p 的合力作用点至截面最近边缘的距离。

a'——受压区钢筋 A'_s 和 A'_p 的合力作用点至截面最近边缘的距离；当预应力钢筋 A'_p 中的应力为拉应力时，则以 a'_s 代替 a'；

a'_p——钢筋 A'_p 的合力作用点至截面最近边缘的距离。

预应力混凝土梁相对界限受压区高度 ξ_b　　表 12-2

相对界限受压区高度 / 混凝土强度等级 / 钢筋种类	ξ_b			
	C50	C55、C60	C65、C70	C75、C80
钢绞线、钢丝	0.40	0.38	0.36	0.35
精轧螺纹钢筋	0.40	0.38	0.36	—

注：1. 截面受拉区内配置不同种类钢筋的受弯构件，其 ξ_b 值应选用相应于各种钢筋的较小者。
2. $\xi_b=x_b/h_0$，x_b 为纵向受拉钢筋和受压区混凝土同时达到其强度设计值时的受压区高度。

为防止构件的脆性破坏，必须满足条件式（12-63），而条件式（12-64）则是为了保证在构件破坏时，钢筋 A'_s 的应力达到 f'_{sd}；同时也是保证前述式（12-60）或式（12-61）成立的必要条件。

（2）正截面承载力计算

对受拉区钢筋合力作用点取矩（图 12-10），得：

$$\gamma_0 M_d \leqslant f_{cd}bx\left(h_0-\frac{x}{2}\right)+f'_{sd}A'_s(h_0-a'_s)+(f'_{pd}-\sigma'_{p0})A'_p(h_0-a'_p) \tag{12-65}$$

式中：M_d——弯矩组合设计值；

γ_0——桥梁结构重要性系数，按表 3-3 取值；

其余符号意义与式（12-62）相同。

由承载力计算式可以看出，构件的承载力与受拉区钢筋是否施加预应力无关，但对受压区钢筋 A'_p 施加预应力后，式（12-65）等号右边末项的钢筋应力 f'_{pd} 下降为 σ'_{pa}（或为拉应力），将比 A'_p 筋不加预应力时的构件承载力有所降低，同时，使用阶段的抗裂性也有所降低。因此，只有在受压区确有需要设置预应力钢筋 A'_p 时，才予以设置。

2）T 形截面受弯构件

同普通钢筋混凝土梁一样，先按下列条件判断属于哪一类 T 形截面（图 12-11）。

截面复核时：$f_{sd}A_s+f_{pd}A_p \leqslant f_{cd}b'_fh'_f+f'_{sd}A'_s+(f'_{pd}-\sigma'_{p0})A'_p$　　(12-66)

截面设计时：

$$\gamma_0 M_d \leqslant f_{cd} b'_f h'_f (h_0 - h'_f/2) + f'_{sd} A'_s (h_0 - a'_s) + (f'_{pd} - \sigma'_{p0}) A'_p (h_0 - a'_p) \tag{12-67}$$

当符合上述条件时，则为第一类 T 形截面，可按宽度为 b'_f 的矩形截面计算（图 12-11a）。

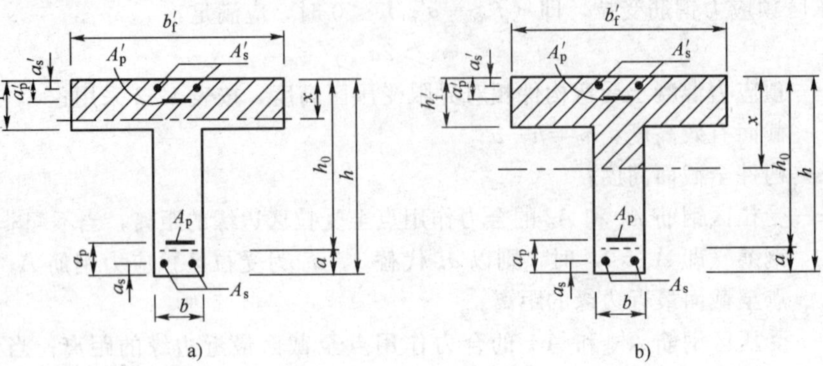

图 12-11 T 形截面预应力梁受弯构件中和轴位置图

a）中和轴位于翼缘内；b）中和轴位于梁肋

当不符合上述条件时，则为第二类 T 形截面，计算时需考虑梁肋受压区混凝土的工作（图 12-11b），计算公式为：

(1) 求受压区高度 x

$$f_{sd} A_s + f_{pd} A_p = f_{cd} [bx + (b'_f - b) h'_f] + f'_{sd} A'_s + (f'_{pd} - \sigma'_{p0}) A'_p \tag{12-68}$$

(2) 承载力计算

$$\gamma_0 M_d \leqslant f_{cd} [bx(h_0 - x/2) + (b'_f - b) h'_f (h_0 - h'_f/2)] + f'_{sd} A'_s (h_0 - a'_s) + (f'_{pd} - \sigma'_{p0}) A'_p (h_0 - a'_p) \tag{12-69}$$

适用条件与矩形截面一样。计算步骤与非预应力混凝土梁类似。

以上公式也适用于工字形截面、Π 形截面等情况。

12.4.2 斜截面承载力计算

1）斜截面抗剪承载力计算

对配置箍筋和弯起预应力钢筋的矩形、T 形和 I 形截面的预应力混凝土受弯构件，斜截面抗剪承载力计算的基本表达式为：

$$\gamma_0 V_d \leqslant V_{cs} + V_{pb} \tag{12-70}$$

式中：V_d——斜截面受压端正截面上由作用（或荷载）产生的最大剪力组合设计值，kN；

V_{cs}——斜截面内混凝土和箍筋共同的抗剪承载力设计值，kN；

V_{pb}——与斜截面相交的预应力弯起钢筋抗剪承载力设计值，kN。

式（12-70）右边为受弯构件斜截面上各项抗剪承载力设计值之和，以下逐一介绍各项抗剪承载力的计算方法。

(1) 斜截面内混凝土和箍筋共同的抗剪承载力设计值（V_{cs}）

构件的预应力能够阻滞斜裂缝的发生和发展，使混凝土的剪压区高度增大，从而提高了混凝土所承担的抗剪能力，《公桥规》采用的斜截面内混凝土和箍筋共同的抗剪承载力（V_{cs}）的计算公式为：

$$V_{cs}=\alpha_1\alpha_2\alpha_3 0.45\times10^{-3}bh_0\sqrt{(2+0.6p)\sqrt{f_{cu,k}}\rho_{sv}f_{sv}}\quad(kN)\tag{12-71}$$

式中：α_2——预应力提高系数。对预应力混凝土受弯构件，$\alpha_2=1.25$，但当由钢筋合力引起的截面弯矩与外弯矩的方向相同时，或允许出现裂缝的预应力混凝土受弯构件，取 $\alpha_2=1.0$；

p——斜截面内纵向受拉钢筋的计算配筋率。$p=100\rho$，$\rho=(A_p+A_{pb}+A_s)/bh_0$；当 $p>2.5$ 时，取 $p=2.5$；

式中其他符号的意义详见式（5-5）。

式中的 ρ_{sv} 为斜截面内箍筋配筋率，$\rho_{sv}=A_{sv}/s_vb$。在实际工程中，预应力混凝土箱梁也有采用腹板内设置竖向预应力钢筋（箍筋）的情况，这时 ρ_{sv} 应换为竖向预应力钢筋（箍筋）的配筋率 ρ_{pv}；s_v 为斜截面内竖向预应力钢筋（箍筋）的间距（mm）；f_{sv} 为竖向预应力钢筋（箍筋）抗拉强度设计值；A_{sv} 为斜截面内配置在同一截面的竖向预应力钢筋（箍筋）截面面积。

（2）预应力弯起钢筋的抗剪承载力设计值（V_{sb}）

预应力弯起钢筋的斜截面抗剪承载力计算按以下公式进行：

$$V_{pb}=0.75\times10^{-3}f_{pd}\sum A_{pb}\sin\theta_p\quad(kN)\tag{12-72}$$

式中：θ_p——预应力弯起钢筋（在斜截面受压端正截面处）的切线与水平线的夹角；

A_{pb}——斜截面内在同一弯起平面的预应力弯起钢筋的截面面积，mm^2；

f_{pd}——预应力钢筋抗拉强度设计值。

预应力混凝土受弯构件抗剪承载力计算，所需满足的公式上、下限值与普通钢筋混凝土受弯构件相同，详见第 5 章。

2）斜截面抗弯承载力计算

根据斜截面的受弯破坏形态，仍取斜截面以左部分为脱离体（图 12-12），并以受压区混凝土合力作用点 o（转动铰）为中心取矩，由 $\sum M_0=0$，得到矩形、T 形和 I 形截面的受弯构件斜截面抗弯承载力计算公式为

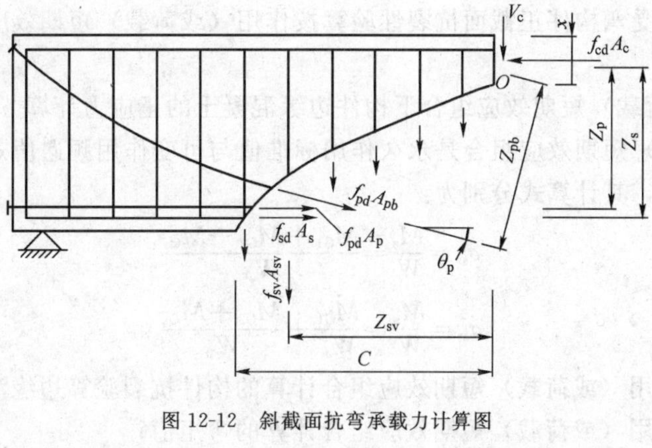

图 12-12 斜截面抗弯承载力计算图

$$\gamma_0M_d\leqslant f_{sd}A_sZ_s+f_{pd}A_pZ_p+\sum f_{pd}A_{pb}Z_{pb}+\sum f_{sv}A_{sv}Z_{sv}\tag{12-73}$$

式中：M_d——斜截面受压端正截面的最大弯矩组合设计值；

Z_s、Z_p——纵向普通受拉钢筋合力点、纵向预应力受拉钢筋合力点至受压区中心点 O 的距离；

Z_{pb}——与斜截面相交的同一弯起平面内预应力弯起钢筋合力点至受压区中心点 O 的距离；

Z_{sv}——与斜截面相交的同一平面内箍筋合力点至斜截面受压端的水平距离。

计算斜截面抗弯承载力时，其最不利斜截面的位置，需选在预应力钢筋数量变少、箍筋截面与间距的变化处，以及构件混凝土截面腹板厚度的变化处等进行。但其斜截面的水平投影长度 C，仍需自下而上，按不同倾斜角度试算确定。最不利水平投影长度 C 的表达式为：

$$C=\frac{\gamma_0 V_d-\sum f_{pd}A_{pb}\sin\theta_p}{f_{sv}\cdot A_{sv}/s_v} \tag{12-74}$$

式中：V_d——斜截面受压端正截面相应于最大弯矩组合设计值的剪力组合设计值；

s_v——箍筋间距，mm；

其余符号意义同前。

水平投影长度 C 确定后，可根据受力平衡条件求出混凝土截面受压区的面积 A_c，受压区合力作用点的位置也随之确定。再根据式（12-73）即可求出斜截面抗弯承载力。

预应力混凝土梁斜截面抗弯承载力的计算比较麻烦，因此也可以同普通钢筋混凝土受弯构件一样，用构造措施来加以保证，具体要求可参照钢筋混凝土梁的有关内容。

12.5 预应力混凝土构件的抗裂验算

预应力混凝土构件的抗裂性验算都是以构件混凝土拉应力是否超过规定的限值来表示的，属于结构正常使用极限状态计算的范畴。《公桥规》规定，对于全预应力混凝土和 A 类部分预应力混凝土构件，必须进行正截面抗裂性验算和斜截面抗裂性验算；对于 B 类部分预应力混凝土构件必须进行斜截面抗裂性验算。

12.5.1 正截面抗裂性验算

预应力混凝土受弯构件正截面抗裂性验算按作用（或荷载）短期效应组合和长期效应组合两种情况进行。

1）作用（或荷载）短期效应组合下构件边缘混凝土的正应力计算

作用（或荷载）短期效应组合是永久作用标准值与可变作用频遇值效应的组合。对于先张法和后张法构件，其计算式分别为：

先张法构件

$$\sigma_{st}=\frac{M_s}{W}=\frac{M_{G1}+M_{G2}+M_{Qs}}{W_0} \tag{12-75}$$

后张法构件

$$\sigma_{st}=\frac{M_s}{W}=\frac{M_{G1}}{W_n}+\frac{M_{G2}+M_{Qs}}{W_0} \tag{12-76}$$

式中：σ_{st}——按作用（或荷载）短期效应组合计算的构件抗裂验算边缘混凝土法向拉应力；

M_s——按作用（或荷载）短期效应组合计算的弯矩值；

M_{Qs}——按作用（或荷载）短期效应组合计算的可变荷载弯矩值。对于简支梁：

$$M_{Qs}=\psi_{11}M_{Q1}+\psi_{12}M_{Q2}=0.7M_{Q1}+1.0M_{Q2} \tag{12-77}$$

ψ_{11}、ψ_{12}——分别为短期效应组合计算中的汽车荷载效应和人群荷载效应的频遇值系数；

M_{Q1}、M_{Q2}——分别为汽车荷载效应（不计冲击系数）和人群荷载效应产生的弯矩标准值；

W_0、W_n——分别为构件换算截面和净截面对抗裂验算边缘的弹性抵抗矩。

2）作用（或荷载）长期效应组合下边缘混凝土的正应力计算

作用长期效应考虑的可变作用仅为直接施加于桥上的活荷载产生的效应组合，不考虑间接施加于桥上的其他作用效应。作用长期效应组合是永久作用标准值和可变作用准永久值效应相组合。由作用（或荷载）长期效应产生的构件抗裂验算边缘混凝土的法向拉应力 σ_{lt}，对于先张法和后张法构件，其计算式分别为：

先张法构件
$$\sigma_{lt}=\frac{M_l}{W}=\frac{M_{G1}+M_{G2}+M_{Ql}}{W_0} \tag{12-78}$$

后张法构件
$$\sigma_{lt}=\frac{M_l}{W}=\frac{M_{G1}}{W_n}+\frac{M_{G2}+M_{Ql}}{W_0} \tag{12-79}$$

式中：σ_{lt}——按作用（或荷载）长期效应组合计算构件抗裂验算边缘混凝土的法向拉应力；

M_l——按作用（或荷载）长期效应组合计算的弯矩值；

M_{Ql}——按作用（或荷载）长期效应组合计算的可变作用弯矩值，仅考虑汽车、人群等直接作用于构件的荷载产生的弯矩值；可按下式计算：

$$M_{Ql}=\psi_{21}M_{Q1}+\psi_{22}M_{Q2}=0.4M_{Q1}+0.5M_{Q2} \tag{12-80}$$

M_{Q1}、M_{Q2}——分别为汽车荷载效应（不计冲击系数）和人群荷载效应产生的弯矩标准值；

ψ_{21}、ψ_{22}——分别为作用长期效应组合中的汽车荷载效应和人群荷载效应的准永久值系数；

其余符号意义同前。

3）混凝土正应力的限值

正截面抗裂应对构件正截面混凝土的拉应力进行验算，并应符合下列要求。

（1）全预应力混凝土构件，在作用（或荷载）短期效应组合下

预制构件
$$\sigma_{st}-0.85\sigma_{pc}\leqslant 0 \tag{12-81a}$$

分段浇筑或砂浆接缝的纵向分块构件
$$\sigma_{st}-0.80\sigma_{pc}\leqslant 0 \tag{12-81b}$$

（2）A类部分预应力混凝土构件，在作用（或荷载）短期效应组合下

$$\sigma_{st}-\sigma_{pc}\leqslant 0.7f_{tk} \tag{12-82}$$

但在荷载长期效应组合下

$$\sigma_{lt}-\sigma_{pc}\leqslant 0 \tag{12-83}$$

式中：f_{tk}——混凝土轴心抗拉强度标准值。

12.5.2　斜截面抗裂性验算

预应力混凝土梁的腹部出现斜裂缝是不能自动闭合的，它不像梁的弯曲裂缝在使用阶段的大多数情况下可能是闭合的。因此，对梁的斜裂缝控制应更严格些，无论是全预应力混凝土还是部分预应力混凝土受弯构件都要进行斜截面抗裂验算。

预应力混凝土梁斜截面的抗裂性验算是通过梁体混凝土主拉应力验算来控制的。主应力验算在跨径方向应选择剪力与弯矩均较大的最不利区段截面进行，且应选择计算截面重心处和宽度剧烈变化处作为计算点进行验算。斜截面抗裂性验算只需验算在作用（或荷载）短期效应组合下的混凝土主拉应力。

1）作用（或荷载）短期效应组合下的混凝土主拉应力的计算

预应力混凝土受弯构件由作用（或荷载）短期效应组合和预加力产生的混凝土主拉应力σ_{tp}计算式为：

$$\sigma_{tp}=\frac{\sigma_{cx}+\sigma_{cy}}{2}-\sqrt{\left(\frac{\sigma_{cx}-\sigma_{cy}}{2}\right)^2+\tau^2} \tag{12-84}$$

式中的正应力σ_{cx}、σ_{cy}和剪应力τ的计算方法见式（12-48）。在计算剪应力τ时，式（12-52）或式（12-53）中剪力V_Q取按作用（或荷载）短期效应组合计算的可变作用引起的剪力值V_{Qs}；对于简支梁，$V_{QS}=\psi_{11}V_{Q1}+\psi_{12}V_{Q2}=0.7V_{Q1}+1.0V_{Q2}$，其中$V_{Q1}$和$V_{Q2}$分别为汽车荷载效应（不计冲击系数）和人群荷载效应产生的剪力标准值，ψ_{11}和ψ_{12}分别为作用短期效应组合中的汽车荷载效应和人群荷载效应的频遇值系数。

2）混凝土主拉应力限值

验算混凝土主拉应力的目的是防止产生自受弯构件腹部中间开始的斜裂缝并要求至少应具有与正截面同样的抗裂安全度。当算出的混凝土主拉应力不符合下列规定时，则应修改构件截面尺寸。

（1）全预应力混凝土构件，在作用（或荷载）短期效应组合下

预制构件 $$\sigma_{tp}\leqslant 0.6f_{tk} \tag{12-85}$$

现场现浇（包括预制拼装）构件 $$\sigma_{tp}\leqslant 0.4f_{tk} \tag{12-86}$$

（2）A类和B类预应力混凝土构件，在作用（或荷载）短期预应力组合下

预制构件 $$\sigma_{tp}\leqslant 0.7f_{tk} \tag{12-87}$$

现场现浇（包括预制拼装）构件 $$\sigma_{tp}\leqslant 0.5f_{tk} \tag{12-88}$$

式中：f_{tk}——混凝土轴心抗拉强度标准值。

对比应力验算和抗裂验算可以发现，全预应力混凝土及A类部分预应力混凝土构件的抗裂验算与持久状况应力验算的计算方法相同，只是所用的荷载效应组合系数不同，截面应力限值不同。应力验算是计算荷载效应标准值（汽车荷载考虑冲击系数）作用下的截面应力，对混凝土法向压应力、受拉区钢筋拉应力及混凝土主压应力规定限值；抗裂验算是计算荷载短期效应组合（汽车荷载不计冲击系数）作用下的截面应力，对混凝土法向拉应力、主拉应力规定限值。

12.6 变形计算

预应力混凝土构件采用高强度材料，因而其截面尺寸较普通钢筋混凝土构件小，而其所使用的跨径范围一般也较大。因此，设计中应注意预应力混凝土梁的变形验算，以避免因变形过大而影响使用功能。

预应力混凝土受弯构件的挠度由两部分组成，一部分是由偏心预加力N_p引起的上挠度（又称上拱度）；另一部分是由外荷载（恒载与活载）所产生的下挠度。

12.6.1 预加力引起的上拱度

预应力混凝土受弯构件在偏心的预加力N_p作用下将产生向上的挠度，它与外荷载引起

的挠度方向相反。其值可根据给定的构件刚度用结构力学的方法计算，例如后张法简支梁跨中的上拱度，其值为：

$$\delta_{pe}=\int_0^l \frac{M_{pe}\cdot\overline{M_x}}{B_0}dx \tag{12-89}$$

式中：M_{pe}——由永存预加力（永存预应力的合力）在任意截面 x 处所引起的弯矩值；

$\overline{M_x}$——跨中作用单位力时在任意截面 x 处所产生的弯矩值；

B_0——构件抗弯刚度，计算时按实际受力阶段取值。

12.6.2　使用荷载作用下的挠度

在使用荷载作用下，预应力混凝土受弯构件的挠度，可近似地按结构力学的公式进行计算。主要在于如何合理地确定能够反映构件实际情况的抗弯刚度。

《公桥规》规定，对于全预应力构件以及A类部分预应力混凝土构件取抗弯刚度为 $B_0=0.95E_cI_0$。等高度简支梁、悬臂梁的挠度计算表达式为：

$$w_{Ms}=\frac{\alpha M_s l^2}{0.95E_cI_0} \tag{12-90}$$

式中：l——梁的计算跨径；

α——挠度系数，与弯矩图形状和支承的约束条件有关（见表12-3）；

M_s——按作用（或荷载）短期效应组合计算的弯矩；

I_0——构件全截面的换算截面惯性矩。

梁的最大弯矩 M_{max} 和跨中（或悬臂端）挠度系数 α 表达　　表12-3

荷载图式	弯矩图和最大弯矩 M_{max}	挠度系数 α
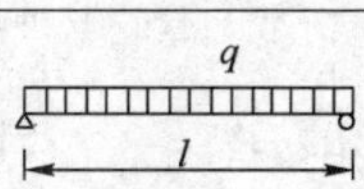	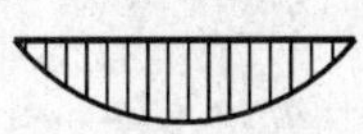 $\frac{ql^2}{8}$	$\frac{5}{48}$
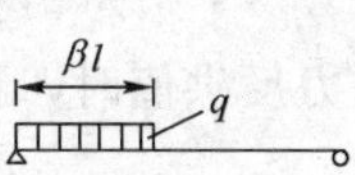	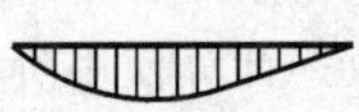 $\frac{\beta^2(2-\beta)^2ql^2}{8}$	$\beta\leqslant\frac{1}{2}$时：$\frac{3-2\beta}{12(2-\beta)^2}$ $\beta>\frac{1}{2}$时：$\frac{4\beta^4-10\beta^3+9\beta^2-2\beta+0.25}{12\beta^2(\beta-2)^2}$
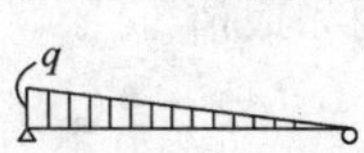	 $\frac{ql^2}{15.625}$	$\frac{5}{48}$
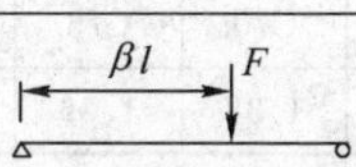	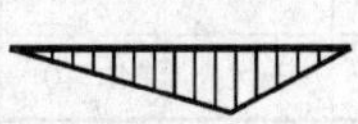 $F\beta(1-\beta)l$	$\beta\geqslant\frac{1}{2}$时：$\frac{4\beta^2-8\beta+1}{-48\beta}$
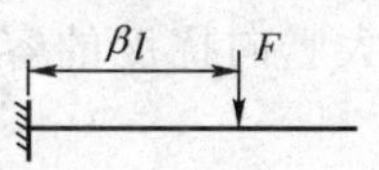	 $F\beta l$	$\frac{\beta(3-\beta)}{6}$
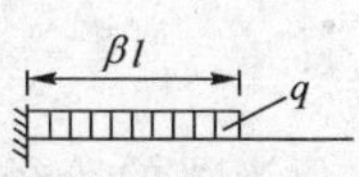	 $\frac{q\beta^2l^2}{2}$	$\frac{\beta(4-\beta)}{12}$

对于B类部分预应力混凝土构件，其挠度计算方法见第13章。

12.6.3 预应力混凝土受弯构件的总挠度

1）荷载短期效应组合下的总挠度 w_s

$$w_s = -\delta_{pe} + w_{Ms} \tag{12-91}$$

式中：δ_{pe}——永存预加力 N_{pe} 所产生的上挠度，按式（12-89）计算；

w_{Ms}——由作用（或荷载）短期效应组合计算的弯矩值引起的挠度值；即：

$$w_{Ms} = w_{G1} + w_{G2} + w_{Qs} \tag{12-92}$$

w_{G1}、w_{G2}——分别为梁受一期恒载 G_1 和二期恒载 G_2 作用而产生的挠度值；计算时可不考虑后张法孔道削弱对 M_{G1} 引起的挠度的影响，近似采用 I_0；

w_{Qs}——按作用（或荷载）短期效应组合计算的可变作用弯矩值所产生的挠度值；对简支梁

$$w_{Qs} = \psi_{11} w_{Q1} + \psi_{12} w_{Q2} = 0.7 w_{Q1} + 1.0 w_{Q2} \tag{12-93}$$

ψ_{11}、ψ_{12}——分别为短期效应组合计算中的汽车荷载效应和人群荷载效应的频遇值系数；

w_{Q1}、w_{Q2}——分别为汽车荷载效应（不计冲击系数）和人群荷载效应的弯矩标准值作用所产生的挠度值。

2）荷载短期效应组合并考虑长期效应影响的挠度值 w_l

预应力混凝土受弯构件随时间的增长，由于受压区混凝土徐变、钢筋平均应变增大、受压区与受拉区混凝土收缩不一致导致构件曲率增大以及混凝土弹性模量降低等原因，使得构件挠度增加。因此，计算受弯构件挠度时必须考虑荷载长期作用的影响。《公桥规》中通过挠度长期增长系数 η_θ 实现，具体计算式为：

$$\begin{aligned} w_l &= -\eta_{\theta,pe} \cdot \delta_{pe} + \eta_{\theta,Ms} \cdot w_{Ms} \\ &= -\eta_{\theta,pe} \cdot \delta_{pe} + \eta_{\theta,Ms} \cdot (w_{G1} + w_{G2} + w_{Qs}) \end{aligned} \tag{12-94}$$

式中：δ_l——考虑长期荷载效应的挠度值；

$\eta_{\theta,pe}$——预加力反拱值考虑长期效应增长系数；计算使用阶段预加力反拱值时，预应力钢筋的预加力应扣除全部预应力损失，并取 $\eta_{\theta,pe}=2$；

$\eta_{\theta,Ms}$——短期荷载效应组合考虑长期效应的挠度增长系数，按表12-4取值。

短期荷载效应组合考虑长期效应的挠度增长系数值表 表12-4

混凝土强度等级	C40以下	C40	C45	C50	C55	C60	C65	C70	C75	C80
$\eta_{\theta,Ms}$	1.60	1.45	1.44	1.43	1.41	1.40	1.39	1.38	1.36	1.35

预应力混凝土受弯构件，在短期荷载组合考虑长期效应影响下最大竖向挠度的容许值，与钢筋混凝土梁相同。

12.6.4 预拱度的设置

由于存在上拱度 δ_{pe}，预应力混凝土简支梁一般可不设置预拱度。但当梁的跨径较大，或对于下缘混凝土预压应力不是很大的构件（例如部分预应力混凝土构件），有时会因恒载的长期作用产生过大挠度。故《公桥规》规定预应力混凝土受弯构件由预加应力产生的长期反拱值大于按荷载短期效应组合计算的长期挠度时，可不设预拱度；当预加应力的长期反拱值小于按荷载短期组合计算的长期挠度时应设预拱度，预拱度值Δ按该项荷载的挠度值与预加应力长期反拱值之差采用，即：

$$\Delta = \eta_{\theta,\mathrm{Ms}} w_{\mathrm{Ms}} - \eta_{\theta,\mathrm{pe}} \delta_{\mathrm{pe}} \tag{12-95}$$

对自重相对于活载较小的预应力混凝土受弯构件，应考虑预加力作用使梁的上拱值过大可能造成的不利影响，必要时在施工中采取设置倒拱方法，或设计和施工上的措施，避免桥面隆起甚至开裂破坏。设置预拱度时，应按最大的预拱值沿顺桥向做成平顺的曲线。

12.7　端部锚固区计算

12.7.1　先张法构件预应力钢筋的传递长度与锚固长度

先张法构件预应力钢筋的两端，一般不设置永久性锚具，而是通过钢筋与混凝土之间的黏结力作用来达到锚固的要求。在预应力钢筋放张时，端部钢筋将向构件内部产生内缩、滑移，但钢筋与混凝土间的黏结力将阻止钢筋内缩。当自端部起至某一截面长度范围内黏结力之和正好等于钢筋中的有效预拉力 $N_{\mathrm{pe}}=\sigma_{\mathrm{pe}}A_{\mathrm{p}}$ 时，钢筋内缩在此截面将被完全阻止，且在以后的各截面将保持有效预应力 σ_{pe}。把钢筋从应力为零的端面到应力增加至 σ_{pe} 的截面的这一长度 l_{tr}（图 12-13b）称为预应力钢筋的传递长度。同理，当构件达到承载能力极限状态时，预应力筋应力将达到其抗拉设计强度 f_{pd}，可以想象，此时钢筋将继续内缩（因 $f_{\mathrm{pd}}>\sigma_{\mathrm{pe}}$），直到内缩长度达到 l_{a} 时才会完全停止。于是把钢筋从应力为零的端面至钢筋应力为 f_{pd} 的截面的这一长度 l_{a} 称之为锚固长度，这一长度可保证钢筋在应力达到 f_{pd} 时不致被拔出。

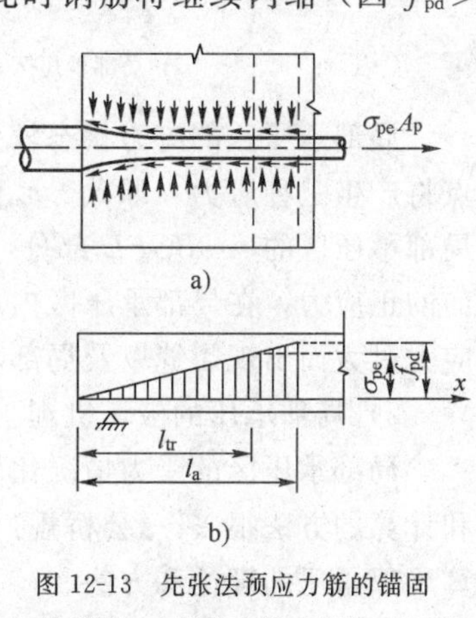

图 12-13　先张法预应力筋的锚固

a）端部预应力钢筋内缩示意图；b）预应力钢筋的传递长度和锚固长度

先张法构件端部整个传递长度及锚固长度范围内受力情况比较复杂。为了设计计算方便，《公桥规》对预应力钢筋的传递长度 l_{tr} 和锚固长度 l_{a} 作了具体规定，见附表 2-7。同时建议，将传递长度和锚固长度范围内的预应力钢筋的应力，假定按直线变化计算（图 12-13b）。

此外还应注意的是，传递长度或锚固长度的起点，与放张的方法有关。当采用骤然放张（例如剪断）时，由于钢筋回缩的冲击将使构件端部混凝土的黏结力破坏，故其起点应自离构件端面 $0.25l_{\mathrm{tr}}$ 处开始计算。

先张法构件的端部锚固区需采取局部加强措施。对预应力钢筋端部周围混凝土通常采取的加强措施是：单根钢筋时，其端部宜设置长度不小于 150mm 的螺旋筋；当为多根预应力钢筋时，其端部在 10d（预应力筋直径）范围内，设置 3～5 片钢筋网。

12.7.2 后张法构件锚下局部承压计算

局部承载是指构件表面仅有部分面接承受压力的受力状态。后张法构件，在端部或其他布置锚具的地方，巨大的预加压力 N_p 将通过锚具及其下面不大的垫板传递给混凝土。因此，锚下的混凝土将承受着很大的局部应力，它可能使构件出现纵向裂缝，甚至破坏。所以，在设计时须进行锚下局部承压计算。

1）局部承压区的受力分析

如图 12-14 所示，构件在端面中心部分作用局部荷载 N，其平均压应力为 p_1，此应力从构件端面向构件内逐步扩散到一个较大的截面面积上。分析表明，在离端面距离 H 约等于构件高度 b 处的横截面上，压应力基本上已均匀分布。一般把图 12-14b）中所示的 $ABCD$ 区称为局部承压区，在后张法构件中亦称锚固区段或端块。

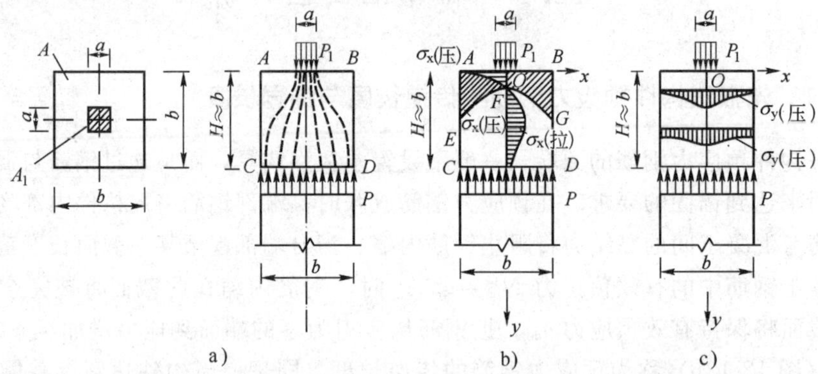

图 12-14 构件端部的局部承受压区

a）局部承压区；b）横向正应力分布示意；c）截面纵向正应力分布示意

局部承压区的应力状态较为复杂。当近似按平面应力问题分析时，局部承压区中任何一点将产生三种应力，即 σ_x、σ_y和 τ。σ_x为沿 x 方向（图 12-14 所示试件横向）的正应力，在局部承压区的 $AOBGFE$ 部分，σ_x为压应力，在其余部分为拉应力（图 12-14b）；σ_y为沿 y 方向的正应力，在局部承压区内，绝大部分的 σ_y都是压应力。为了防止局部承压区混凝土因拉应力过大而出现裂缝以及局部承载力不够，须对局部承压区进行抗裂性及承载力计算。

2）局部承压的破坏机理

局部承压区的受力情况比较复杂，国内外为此进行了许多理论分析和试验研究，其分析和计算的方法很多。《公桥规》采用的是以剪切破坏为标志的“剪切破坏机理”为依据的计算局部承压的理论和方法。

剪切理论认为，在局部荷载作用下，局部承压区的受力特性，犹如一个带多根拉杆的拱结构（图 12-15a）。紧靠承压板下面的混凝土，亦即位于拉杆部位的混凝土，承受横向拉力。当局部承压荷载达到开裂荷载时，部分拉杆由于局部承压区中横向拉应力 σ_x 大于混凝土极限抗拉强度 f_t 而断裂，从而产生了局部纵向裂缝，但此时尚未形成破坏机构（图 12-15b）。随着荷载继续增加，更多的拉杆被拉断，裂缝进一步增多和延伸，内力进一步重分配。当达到破坏荷载时，承压板下的混凝土在剪压作用下形成楔形体，产生剪切滑移面，楔形体的劈裂最终导致拱机构破坏（图 12-15c）。

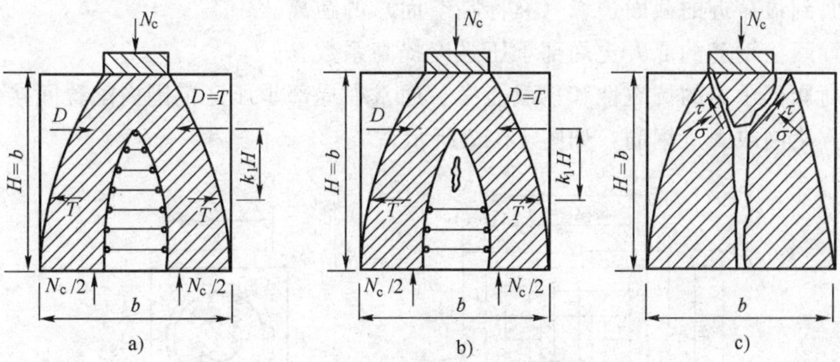

图 12-15 剪切理论的局部承压受力模型

a）多根拉杆拱结构模型；b）部分拉杆断裂后的拱结构；c）拱结构破坏

3）混凝土局部承压强度提高系数

（1）混凝土局部承压提高系数 β

试验与研究表明，局部承压时混凝土的抗压强度高于棱柱体抗压强度，《公桥规》规定局部承压混凝土强度提高系数 β 按下式计算：

$$\beta=\sqrt{\frac{A_b}{A_l}} \tag{12-96}$$

式中：A_l——局部承压面积（考虑在钢垫板中沿 45°刚性角扩大的面积），当有孔道时（对圆形承压面积而言）不扣除孔道面积；

A_b——局部承压的计算底面积，可根据图 12-16 来确定。

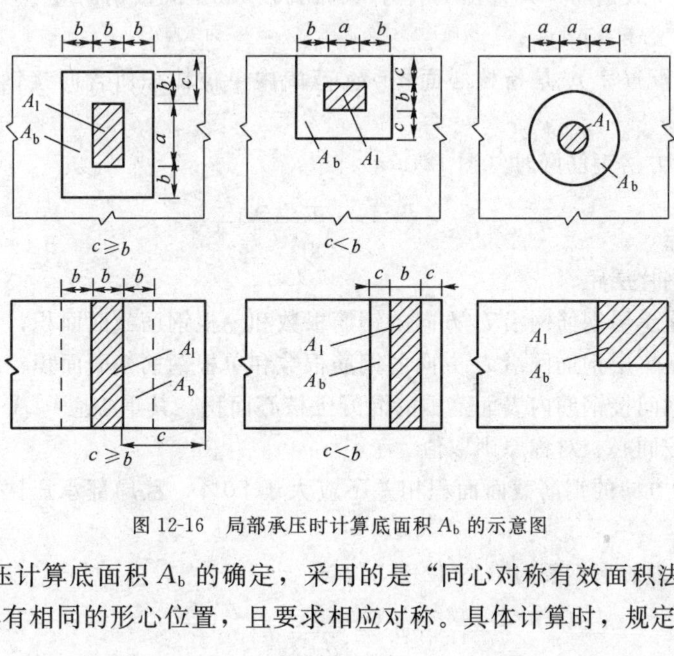

图 12-16 局部承压时计算底面积 A_b 的示意图

关于局部承压计算底面积 A_b 的确定，采用的是“同心对称有效面积法”，即 A_b 应与局部承压面积 A_l 具有相同的形心位置，且要求相应对称。具体计算时，规定沿 A_l 各边向外扩大的有效距离，不超过 A_l 窄边尺寸 b（矩形）或直径 a（圆形）等，详见图 12-16，图中的 c 为局部承压面到最靠近的截面边缘（又称临空面）的距离。

（2）配置间接钢筋的混凝土局部承压强度提高系数 β_{cor}

为了提高局部承压的抗裂性和承载能力，通常在局部承压区范围内配置间接钢筋。间接钢筋可采用方格网或螺旋钢筋，如图 12-17 所示。

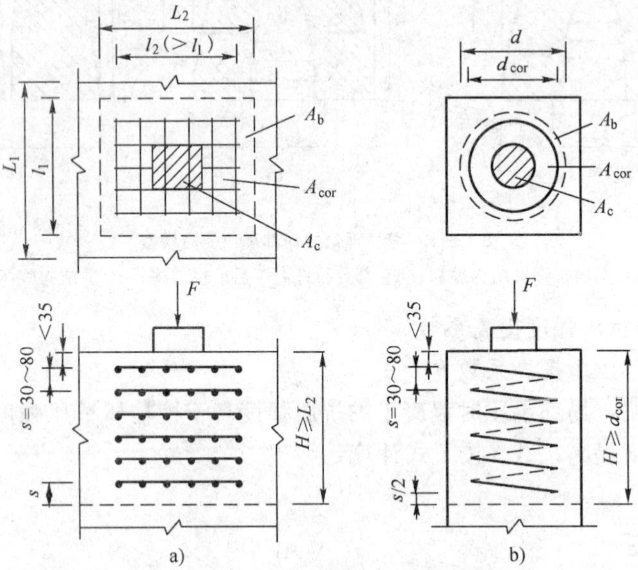

图 12-17 局部承压区内的间接钢筋配筋形式（尺寸单位：mm）

a）方格网钢筋；b）螺旋形钢筋

间接钢筋宜选 I 级钢筋，其直径一般为（6～10）mm。间接钢筋应尽可能接近承压表面布置，其距离不宜大于 35mm。

间接钢筋体积配筋率 ρ_v 是指核心面积 A_{cor} 范围内单位体积所含间接钢筋的体积，按下列公式计算。

当间接钢筋为方格钢筋网时（图 12-17a）：

$$\rho_v = \frac{n_1 A_{s1} l_1 + n_2 A_{s2} l_2}{A_{cor} s} \tag{12-97}$$

式中：s——钢筋网片层距；

n_1、A_{s1}——分别是单层钢筋网沿 l_1 方向的钢筋根数和单根钢筋截面面积；

n_2、A_{s2}——分别是单层钢筋网沿 l_2 方向的钢筋根数和单根钢筋截面面积；

A_{cor}——方格网间接钢筋内表面范围的混凝土核心面积，其重心应与 A_l 的重心重合，计算时按同心、对称原则取值。

钢筋网在两个方向的钢筋截面面积相差不应大于 50%，且局部承压区间接钢筋不应少于 4 层钢筋网。

当间接钢筋为螺旋形钢筋时（图 12-17b）：

$$\rho_v = \frac{4A_{ss1}}{d_{cor} s} \tag{12-98}$$

式中：A_{ss1}——单根螺旋形钢筋的截面面积；

d_{cor}——螺旋形间接钢筋内表面范围内混凝土核心的直径；

s——螺旋形钢筋的间距。

螺旋形钢筋不应少于4圈。

在局部承压区中配置间接钢筋，其作用类似于螺旋箍筋柱中螺旋箍筋的作用，使得核心混凝土的抗压强度增加。采用β_{cor}来反映配置间接钢筋后混凝土局部承压强度提高的程度，《公桥规》规定按下式计算β_{cor}：

$$\beta_{cor}=\sqrt{\frac{A_{cor}}{A_l}}\geqslant 1 \tag{12-99}$$

式中的A_{cor}为间接钢筋网或螺旋钢筋范围内混凝土核心面积，其值可参照图12-17所示进行计算，但是，应满足$A_b>A_{cor}>A_l$，且A_{cor}的面积重心应与A_l的面积重心重合。在实际工程中，若为$A_{cor}>A_b$情况，则应取$A_{cor}=A_b$。

4）局部承压区的计算

（1）局部承压区的承载力计算

对于配置间接钢筋的局部承压区，当符合$A_{cor}>A_l$，且A_{cor}的重心与A_l的重心相重合的条件时，其局部承压承载能力可按下式计算：

$$\gamma_0 F_{ld}\leqslant F_u=0.9(\eta_s\beta f_{cd}+k\rho_v\beta_{cor}f_{sd})A_{ln} \tag{12-100}$$

式中：F_{ld}——局部受压面积上的局部压力设计值。对后张法预应力混凝土构件的锚头局部受压区，可取1.2倍张拉时的最大压力；

η_s——混凝土局部承压修正系数，按表12-5采用；

β——混凝土承压强度的提高系数，按式（12-96）计算；

k——间接钢筋影响系数，混凝土强度等级C50及以下时，取$k=2.0$；C50～C80取$k=2.0\sim1.70$，中间直接插值取用，见表12-5；

ρ_v——间接钢筋的体积配筋率，当为方格钢筋网时，按式（12-97）计算；当为螺旋形钢筋时，按式（12-98）计算；

β_{cor}——配置间接钢筋时局部承压承载能力提高系数，按式（12-99）计算；

f_{sd}——间接钢筋的抗拉强度设计值；

A_{ln}——当局部受压面有孔洞时，扣除孔洞后的混凝土局部受压面积（计入钢垫板中按45°刚性角扩大的面积）。即A_{ln}为局部承压面积A_l减去孔洞的面积。

混凝土局部承压计算系数 η_s 与 k　　表12-5

混凝土强度等级	C50≤	C55	C60	C65	C70	C75	C80
η_s	1.0	0.96	0.92	0.88	0.84	0.80	0.76
k	2.0	1.95	1.90	1.85	1.80	1.75	1.70

（2）局部承压区的抗裂性计算

为了防止局部承压区段出现沿构件长度方向的裂缝，对于在局部承压区中配有间接钢筋的情况，《公桥规》规定局部承压区的截面尺寸应满足：

$$\gamma_0 F_{ld} \leqslant F_{cr} = 1.3\eta_s \beta f_{cd} A_{ln} \tag{12-101}$$

式中：f_{cd}——混凝土轴心抗压强度设计值；

其余符号的意义与式（12-100）相同。

除了锚下混凝土为局部承压外，在桥梁工程中，如支座处梁底混凝土等也属局部承压问题，其计算方法类似。

12.8 预应力混凝土简支梁设计

前面已介绍了预应力混凝土受弯构件有关应力、承载力、抗裂性和变形等方面的计算方法。本节将以预应力混凝土简支梁为例，介绍整个预应力混凝土受弯构件的设计计算方法，其中包括设计计算步骤、截面设计、钢筋数量的估算与布置，以及构造要求等内容。

12.8.1 设计计算步骤

预应力混凝土梁的设计计算步骤和钢筋混凝土梁相类似。现以后张法简支梁为例，其设计计算步骤如下：

（1）根据设计要求，参照已有设计的图纸与资料，选定构件的截面形式与相应尺寸；或者直接对弯矩最大截面，根据截面抗弯要求初步估算构件混凝土截面尺寸；

（2）根据结构可能出现的荷载效应组合，计算控制截面最大的设计弯矩和剪力；

（3）根据正截面抗弯要求和已初定的混凝土截面尺寸，估算预应力钢筋的数量，并进行合理地布置；

（4）计算主梁截面几何特性；

（5）确定预应力钢筋的张拉控制应力，估算各项预应力损失并计算各阶段相应的有效预应力；

（6）按短暂状况和持久状况进行构件的应力验算；

（7）进行正截面与斜截面承载力计算；

（8）进行正截面与斜截面的抗裂验算；

（9）主梁的变形计算；

（10）锚固局部承压计算与锚固区设计。

12.8.2 预应力混凝土简支梁的截面设计

1）预应力混凝土梁抗弯效率指标

预应力混凝土梁抵抗外弯矩的机理与钢筋混凝土梁不同。钢筋混凝土梁的抵抗弯矩主要是由变化的钢筋应力的合力（或变化的混凝土压应力的合力）与固定的内力偶臂 Z 的乘积所形成；而预应力混凝土梁是由基本不变的预加力 N_{pe}（或混凝土预压应力的合力）与随外弯矩变化而变化的内力偶臂 Z 的乘积所组成。因此，对于预应力混凝土梁来说，其内力偶臂 Z 所能变化的范围越大，则在预加力 N_{pe} 相同的条件下，其所能抵抗外弯矩的能力也就越大，也即抗弯效率越高。在保证上、下缘混凝土不产生拉应力的条件下，内力偶臂 Z 可能变化的最大范围只能在上核心距 K_u 和下核心距 K_b 之间。因此，截面抗弯效率可用参数 $\rho=(K_u+K_b)/h$（h 为梁的全截面高度）来表示，并将 ρ 称为抗弯效率指标，ρ 值越高，表示所设计的预应力混凝土梁截面经济效率越高，ρ 值实际上也是反映截面混凝土材料沿梁高分布的合理性，它与截面形式有关，例如，矩形截面的 ρ 值为 1/3，而空心板梁则随挖空率而变化，一般为 0.4～0.55，T 形截面梁亦可达到 0.50 左右。故在预应力混凝土梁截面设计时，应在设计与施工要求的前提下考虑选取合理的截面形式。

2）预应力混凝土梁的常用截面形式

现将工程实践中，预应力混凝土梁常用的一些截面形式（图 12-18）的特点及其适用场合简述如下，以供设计时选择、参考。

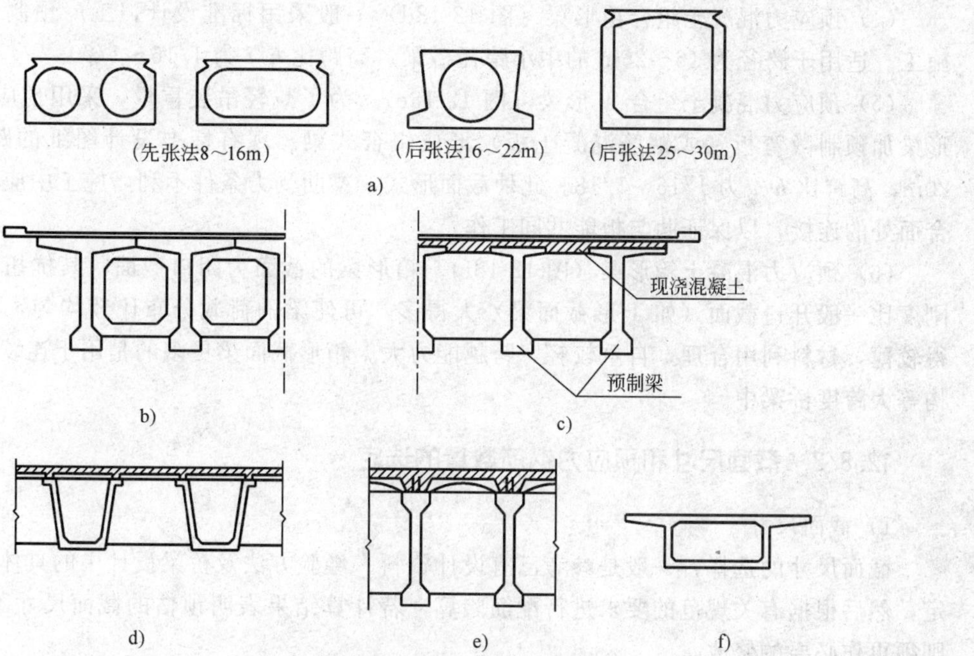

图 12-18　预应力混凝土梁的常用截面形式

a）预应力混凝土空心板；b）预应力混凝土 T 形梁；c）带现浇翼板的预制预应力混凝土 T 形梁；d）预应力混凝土组合箱形梁；e）预应力混凝土组合 T 形梁；f）预应力混凝土箱形梁

（1）预应力混凝土空心板（图 12-18a）。其芯模可采用圆形、圆端形等形式，跨径较大的后张法空心板则向薄壁箱形截面靠拢，仅顶板做成拱形。施工方法一般采用场制直线配筋的先张法（多用长线法生产）。通常用于跨径 8～20m 的桥梁。近年，空心板跨径有加大的趋势，方法也由先张法扩展至后张法；预应力钢筋的使用从有黏结扩展到无黏结；板宽由过去的 1m 扩展到 1.4m 等。

（2）预应力混凝土 T 形梁（图 12-18b）。这是我国最常用的预应力混凝土简支梁截面形式。标准设计跨径为 25～50m，一般采用后张法施工。过去常用高强钢丝 $24\phi^w5$ 或 $18\phi^w5$ 与弗氏锚具配套使用；现在多用 $6\phi^s15.2$ 或 $7\phi^s15.2$ 钢铰线束并与夹片锚具配套使用。在梁肋下部，为了布置筋束和承受强大预压力的需要，常加厚成“马蹄”形。T 梁的肋板主要是承受剪应力和主应力，一般做得较薄；但构造上要求应能满足布置预留孔道的需要，一般最小为 140～160mm，而梁端锚固区段（即约等于梁高的范围）内，应满足布置锚具和局部承压的需要，故常将其做成与“马蹄”同宽。其上翼缘宽度，一般为 1.6～2.5m，随跨径增大而增加。预应力混凝土简支 T 形梁的高跨比一般为 1/15～1/25。预应力混凝土预制 T 形梁的吊装重量较大，如 50m 跨径的 T 形梁重量每片达到 140t，其跨径及重量往往受起吊设备的限制。

(3) 带现浇翼板的预制预应力混凝土 T 形梁（图 12-18c）。它是在预制短翼 T 形梁安装定位后，再现浇部分翼板、横梁和桥面混凝土使截面整体化的。其受力性能如同 T 形截面梁，但横向联系较 T 形梁好。其部分翼缘为现浇，故其起吊重量相对较轻。特别是它能较好地适用于各种斜度的斜梁桥或曲率半径较大的弯梁桥，平面布置较易处理。

(4) 预应力混凝土组合箱形梁（图 12-18d）一般采用标准设计，工厂预制，用先张法施工。适用于跨径为 16～25m 的中小跨径桥梁。高跨比 h/l 为 1/16～1/20。

(5) 预应力混凝土组合 T 形梁（图 12-18e）。为了减轻吊装重量，采用预应力混凝土 I 形梁加预制微弯板（或钢筋混凝土板）形成组合式梁。现有标准设计图纸的跨径为 16～20m，高跨比 h/l 为 1/16～1/18。此种截面形式，梁肋受力条件不利，施工中应注意加强结合面处的连接，以保证肋与板能共同工作。

(6) 预应力混凝土箱形梁（图 12-18f）。箱形梁的截面为闭口截面，其抗扭刚度和横向刚度比一般开口截面（如 T 形截面梁）大得多，可使梁的荷载分布比较均匀，箱壁一般做得较薄，材料利用合理，自重较轻，跨越能力大。箱形截面梁更多的是用于连续梁，T 形刚构等大跨度桥梁中。

12.8.3 截面尺寸和预应力钢筋数量的选定

1) 截面尺寸

截面尺寸的选择，一般是参考已有设计资料、经验方法及桥梁设计中的具体要求事先拟定，然后根据有关规范的要求进行配筋验算，若计算结果表明预估的截面尺寸不符合要求，则须再作必要的修改。

2) 预应力钢筋截面积的估算

预应力混凝土梁一般以抗裂性（全预应力混凝土或 A 类部分预应力混凝土）控制设计。在截面尺寸确定以后，结构的抗裂性主要与预加力的大小有关。因此，预应力混凝土梁钢筋数量估算的一般方法是，首先根据结构正截面抗裂性确定预应力钢筋的数量，然后再由构件承载能力极限状态要求确定非预应力钢筋数量。预应力钢筋数量估算时截面特性可取全截面特性。

(1) 按构件正截面抗裂性要求估算预应力钢筋数量

全预应力混凝土梁，根据作用（或荷载）短期效应组合时正截面抗裂性要求，即式 (12-81)，可得到：

$$\frac{M_s}{W} - 0.85N_{pe}\left(\frac{1}{A} + \frac{e_p}{W}\right) \leqslant 0 \tag{12-102}$$

将上式稍作变化，即可得满足作用（或荷载）短期效应组合抗裂验算所需的有效预加力为：

$$N_{pe} \geqslant \frac{M_s/W}{0.85\left(\frac{1}{A}+\frac{e_p}{W}\right)} \tag{12-103}$$

式中：M_s——按作用（或荷载）短期效应组合计算的弯矩值；

N_{pe}——使用阶段预应力钢筋永存应力的合力；

A——构件混凝土全截面面积；

W——构件全截面对抗裂验算边缘弹性抵抗矩；

e_p——预应力钢筋的合力作用点至截面重心轴的距离。

对于A类部分预应力混凝土构件，根据式（12-82）可以得到类似的计算式，即：

$$N_{pe} \geqslant \frac{M_s/W-0.7f_{tk}}{\left(\frac{1}{A}+\frac{e_p}{W}\right)} \tag{12-104}$$

求得 N_{pe} 的值后，再确定适当的张拉控制应力 σ_{con} 并扣除相应的应力损失 σ_l（对于配置高强钢丝或钢铰线的后张法构件 σ_l 约为 $0.2\sigma_{con}$），就可以估算出所需要的预应力钢筋的总面积 $A_p=N_{pe}/(1-0.2)\sigma_{con}$。

A_p 确定之后，则可按一束预应力钢筋的面积 A_{p1} 算出所需的预应力钢筋束数 n_1 为：

$$n_1 = A_p/A_{p1} \tag{12-105}$$

式中：A_{p1}——一束预应力钢筋的截面面积。

(2) 按构件承载能力极限状态要求估算非预应力钢筋数量

在确定预应力钢筋的数量后，非预应力钢筋根据正截面承载能力极限状态的要求来确定。对仅在受拉区配置预应力钢筋和非预应力钢筋的预应力混凝土梁（以T形截面梁为例），其正截面承载能力极限状态计算式分别为：

第一类T形截面

$$f_{sd}A_s+f_{pd}A_p=f_{cd}b'_fx \tag{12-106}$$

$$\gamma_0M_d \leqslant f_{cd}b'_fx(h_0-x/2) \tag{12-107}$$

第二类T形截面

$$f_{sd}A_s+f_{pd}A_p=f_{cd}[bx+(b'_f-b)h'_f] \tag{12-108}$$

$$\gamma_0M_d \leqslant f_{cd}[bx(h_0-x/2)+(b'_f-b)h'_f(h_0-b'_f/2)] \tag{12-109}$$

估算时，先假定为第一类T形截面按式（12-107）计算受压区高度 x，若计算所得 x 满足 $x\leqslant h'_f$，则由式（12-105）可得受拉区非预应力钢筋截面积为：

$$A_s=\frac{f_{cd}b'_fx-f_{pd}A_p}{f_{sd}} \tag{12-110}$$

若按式（12-107）计算所得的受压区高度为 $x>h'_f$，则为第二类T形截面，须按式(12-109）重新计算受压区高度 x，若所得 $x>h'_f$ 且满足 $x\leqslant\xi_bh_0$ 的限值条件，则由式(12-108)可得受拉区非预应力钢筋截面积为：

$$A_s=\frac{f_{cd}[bx+(b'_f-b)h'_f]-f_{pd}A_p}{f_{sd}} \tag{12-111}$$

若按式（12-109）计算所得的受压区高度为 $x > h'_f$ 且满足 $x > \xi_b h_0$，则须修改截面尺寸，增大梁高。

以上式中符号意义详见第 12.4.1 节。

（3）最小配筋率的要求

按上述方法估算所得的钢筋数量，还必须满足最小配筋率的要求。《公桥规》规定，预应力混凝土受弯构件的最小配筋率应满足条件：

$$\frac{M_u}{M_{cr}} \geqslant 1.0 \tag{12-112}$$

式中：M_u——受弯构件正截面抗弯承载力设计值，按式（12-107）或式（12-109）中不等号右边的式子计算；

M_{cr}——受弯构件正截面开裂弯矩值，M_{cr} 的计算式为：

$$M_{cr} = (\sigma_{pc} + \gamma f_{tk})W_0$$

式中的 σ_{pc} 为扣除全部预应力损失预应力钢筋和普通钢筋合力 N_{p0} 在构件抗裂边缘产生的混凝土预压应力；W_0 为换算截面抗裂边缘的弹性抵抗矩；γ 为计算参数，按式 $\gamma = 2S_0/W_0$ 计算，其中 S_0 为全截面换算截面重心轴以上（或以下）部分面积对重心轴的面积矩。

12.8.4 预应力钢筋的布置

1）束界

合理确定预加力作用点（一般近似地取为预应力钢筋截面重心）的位置对预应力混凝土梁是很重要的。以全预应力混凝土简支梁为例，在弯矩最大的跨中截面处，应尽可能使预应力钢筋的重心降低（即尽量增大偏心距 e_p 值），使其产生较大的预应力负弯矩 $M_p = -N_p e_p$ 来平衡外荷载引起的正弯矩。如令 N_p 沿梁近似不变，则对于弯矩较小的其他截面，应相应地减小偏心距 e_p 值，以免由于过大的预应力负弯矩 M_p 而引起构件上缘的混凝土出现拉应力。

根据全预应力混凝土构件截面上、下缘混凝土不出现拉应力的原则，可以按照在最小外荷载（即构件一期恒载 G_1）作用下和最不利荷载（即一期恒载 G_1、二期恒载 G_2 和可变荷载）作用下的两种情况，分别确定 N_p 在各个截面上偏心距的极限。由此可以绘出如图 12-19所示的两条 e_p 的限值线 E_1 和 E_2。只要 N_p 作用点的位置，落在由 E_1 及 E_2 所围成的区域内，就能保证构件在最小外荷载和最不利荷载作用下，其上、下缘混凝土均不会出现拉应力。因此，把由 E_1 和 E_2 两条曲线所围成的布置预应力钢筋时的钢筋重心界限，称为束界（或索界）。

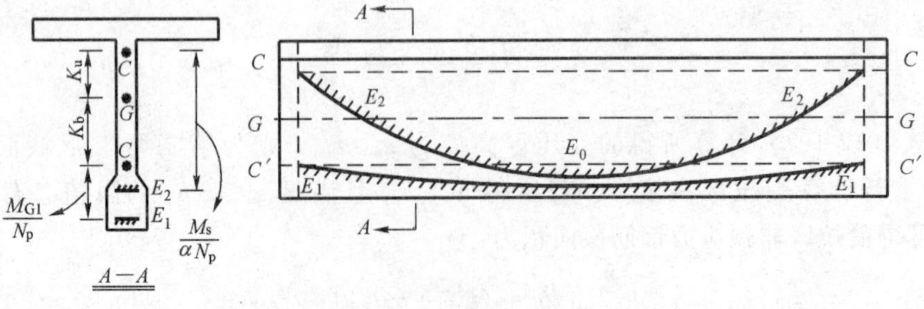

图 12-19　全预应力混凝土简支梁的束界图

为使计算方便，近似地略去孔道削弱和灌浆后黏结力的影响，一律按混凝土全截面特性计算，并设压应力为正，拉应力为负。

在预加应力阶段，保证梁的上缘混凝土不出现拉应力的条件为：

$$\sigma_{ct}=\frac{N_{p1}}{A}-\frac{N_{p}e_{p1}}{W_{u}}+\frac{M_{G1}}{W_{u}}\geqslant 0 \tag{12-113}$$

由此求得：

$$e_{p1}\leqslant E_{1}=K_{b}+M_{G1}/N_{p1} \tag{12-114}$$

式中：e_{p1}——预加力合力的偏心距；合力点位于截面重心轴以下时 e_{p1} 取正值，反之取负值；

K_b——混凝土截面下核心距：$K_b=W_u/A$；

W_u——构件全截面对截面上缘的弹性抵抗矩；

N_{p1}——传力锚固时预加力的合力。

同理，在作用（或荷载）短期效应组合计算的弯矩值作用下，根据构件下缘不出现拉应力的条件，同样可以求得预加力合力偏心距 e_{p2} 为：

$$e_{p2}\geqslant E_{2}=\frac{M_{s}}{\alpha N_{p1}}-K_{u} \tag{12-115}$$

式中：M_s——按作用（或荷载）短期效应组合计算的弯矩值；

α——使用阶段的永存预加力 N_{pe} 与传力锚固时的有效预加力 N_{p1} 之比值，可近似地取 $\alpha=0.8$；

K_u——混凝土截面上核心距：$K_u=W_b/A$；

W_b——构件全截面对截面下缘的弹性抵抗矩。

预应力钢筋重心位置（即 e_p）所应遵循的条件为：

$$\frac{M_{s}}{\alpha N_{p1}}-K_{u}\leqslant e_{p}\leqslant K_{b}+\frac{M_{G1}}{N_{p1}} \tag{12-116}$$

显然，对于允许出现拉应力或允许出现裂缝的部分预应力混凝土构件，只要根据构件上、下缘混凝土拉应力（包括名义拉应力）的不同限制值作相应的演算，则其束界也同样不难确定。

2）预应力钢筋的布置原则

（1）预应力钢筋的布置，应使其重心线不超出束界范围。因此，大部分预应力钢筋在靠近支点时，均须逐步弯起。只有这样，才能保证构件无论是在施工阶段，还是在使用阶段，其任意截面上、下缘混凝土的法向应力都不致超过规定的限制值。同时，预应力钢筋弯起将产生预剪力，这对抵消支点附近较大的外荷载剪力也是非常有利的；此外从构造上来说，预应力钢筋的弯起，可使锚固点分散，有利于锚具的布置，使梁端部承受的集中力也相应地分散，从而可改善局部承压的受力情况。

（2）预应力钢筋的弯起，应与所承受的剪力变化规律相配合。根据受力要求，预应力钢筋弯起后所产生的预剪力 V_p 应能抵消作用（或荷载）产生的剪力组合设计值 V_d 的一部分。

（3）预应力钢筋的布置应符合构造要求。

3）预应力钢筋弯起点的确定

预应力钢筋的弯起点，应从兼顾剪力与弯矩两方面的受力要求来考虑。

（1）从受剪考虑，理论上应从 $\gamma_0 V_d\geqslant V_{cs}$ 的截面开始起弯，以提供一部分预剪力 V_p 来抵抗作用产生的剪力。但实际上，受弯构件跨中部分的梁腹混凝土已足够承受荷载作用的剪力，因此一般是根据经验，在跨径的三分点到四分点之间开始弯起。

(2) 从受弯考虑，由于预应力钢筋弯起后，其重心线将往上移，使偏心距 e_p 变小，即预加力弯矩 M_p 将变小。因此，应注意预应力钢筋弯起后的正截面抗弯承载力的要求。

(3) 预应力钢筋的起弯点尚应考虑满足斜截面抗弯承载力的要求，即保证预应力钢筋弯起后斜截面上的抗弯承载力不低于斜截面顶端所在的正截面的抗弯承载力。

4) 预应力钢筋弯起角度

从减小曲线预应力钢筋预拉时摩阻应力损失出发，弯起角度 θ_p 不宜大于 20°，一般在梁端锚固时都不会达到此值，而对于弯出梁顶锚固的钢筋，则往往超过 20°，θ_p 常在 25°～30°之间。θ_p 角较大的预应力钢筋，应注意采取减小摩擦系数值的措施，以减小由此而引起的摩擦应力损失。

从理论上讲，可按 $N_{pd}\sin\theta_p=(V_{G1}+V_{G2}+V_Q/2)$ 的条件来控制预应力钢筋的弯起角度 θ_p，但对于恒载较大（跨径较大）的梁，按此确定的 θ_p 值显然过大。为此，只能在条件允许的情况下选择较大的 θ_p 值，对于邻近支点的梁段，则可在满足抗弯承载力要求的条件下，预应力钢筋弯起的数量应尽可能多些。

5) 预应力钢筋弯起的曲线形状

预应力钢筋弯起的曲线可采用圆弧线、抛物线或悬链线三种形式。公路桥梁中多采用圆弧线。《公桥规》规定，后张法构件预应力构件的曲线形预应力钢筋，其曲率半径应符合下列规定：

(1) 钢丝束、钢绞线束的钢丝直径 $d\leqslant 5$mm 时，不宜小于 4m；钢丝直径 $d>5$mm 时，不宜小于 6m；

(2) 精轧螺纹钢筋直径 $d\leqslant 25$mm 时，不宜小于 12m；直径 $d>25$mm 时，不宜小于 15m。

6) 预应力钢筋布置的具体要求

(1) 后张法构件

对于后张法构件，预应力钢筋预留孔道之间的水平净距，应保证混凝土中最大集料在浇筑混凝土时能顺利通过，同时也要保证预留孔道间不致串孔（金属预埋波纹管除外）和锚具布置的要求等。后张法构件预应力钢筋管道的设置应符合下列规定：

①直线管道之间的水平净距不应小于 40mm，且不宜小于管道直径的 0.6 倍；对于预埋的金属或塑料波纹管和铁皮管，在竖直方向可将两管道叠置。

②曲线形预应力钢筋管道在曲线平面内相邻管道间的最小距离（图 12-20）计算式为

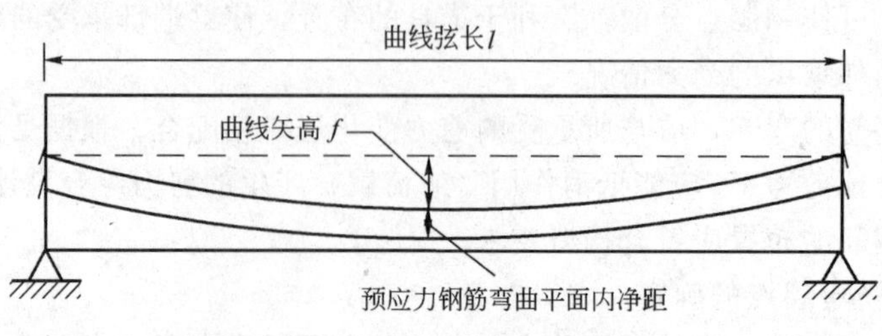

图 12-20　曲线形预应力钢筋弯曲平面内净距

$$c_{in} \geqslant \frac{P_d}{0.266r\sqrt{f'_{cu}}} - \frac{d_s}{2} \tag{12-117}$$

式中：c_{in}——相邻两曲线管道外缘在曲线平面内的净距，mm；

d_s——管道外缘直径，mm；

P_d——相邻两管道曲线半径较大的一根预应力钢筋的张拉力设计值，N；张拉力可取扣除锚圈口摩擦、钢筋回缩及计算截面处管道摩擦损失后的张拉力乘以 1.2；

r——相邻两管道曲线半径较大的一根预应力钢筋的曲线半径，mm；r 的计算式为：

$$r = \frac{1}{2}\left(\frac{1}{4\beta} + \beta\right) \tag{12-118}$$

l——曲线弦长，mm；

β——曲线矢高 f 与弦长 l 之比；

f'_{cu}——预应力钢筋张拉时，边长为 150mm 立方体混凝土抗压强度，MPa。

当按上述计算的净距小于相应直线管道净距时，应取用直线管道最小净距。

③曲线形预应力钢筋管道在曲线平面外相邻管道间的最小距离 c_{out} 计算式为：

$$c_{out} \geqslant \frac{P_d}{0.266\pi r\sqrt{f'_{cu}}} - \frac{d_s}{2} \tag{12-119}$$

式中：c_{out}——相邻两曲线管道外缘在曲线平面外净距，mm；

P_d、r、f'_{cu} 意义同上。

④管道内径的截面面积不应小于预应力钢筋截面面积的两倍。

⑤按计算需要设置预拱度时，预留管道也应同时起拱。

⑥后张法预应力混凝土构件，其预应力管道的混凝土保护层厚度，应符合《公桥规》的下列要求：

普通钢筋和预应力直线形钢筋的最小混凝土保护层厚度（钢筋外缘或管道外缘至混凝土表面的距离）不应小于钢筋公称直径，后张法构件预应力直线形钢筋不应小于管道直径的 1/2 且应符合附表 1-8 的规定。

对外形呈曲线形且布置有曲线预应力钢筋的构件（图 12-21），其曲线平面内的管道的最小混凝土保护层厚度，应根据施加预应力时曲线预应力钢筋的张拉力，按式（12-117）计算，其中 c_{in} 为管道外边缘至曲线平面内混凝土表层的距离（mm）；当按式（12-117）计算的保护层厚度过多的超过上述规定的直线管道保护层厚度时，也可按直线管道设置最小保护层厚度，但应在管道曲线段弯曲平面内设置箍筋（图 12-21），箍筋单肢的截面面积计算式为：

$$A_{sv1} \geqslant \frac{P_d s_v}{2rf_{sv}} \tag{12-120}$$

式中：A_{sv1}——箍筋单肢截面面积，mm^2；

s_v——箍筋间距，mm；

f_{sv}——箍筋抗拉强度设计值，MPa。

曲线平面外的管道最小混凝土保护层厚度按式（12-119）计算，其中 c_{out} 为管道外边缘至曲线平面外混凝土表面的距离（mm）。

按上述公式计算的保护层厚度，如小于各类环境的直线管道的保护层厚度，应取相应环境条件的直线管道的保护层厚度。

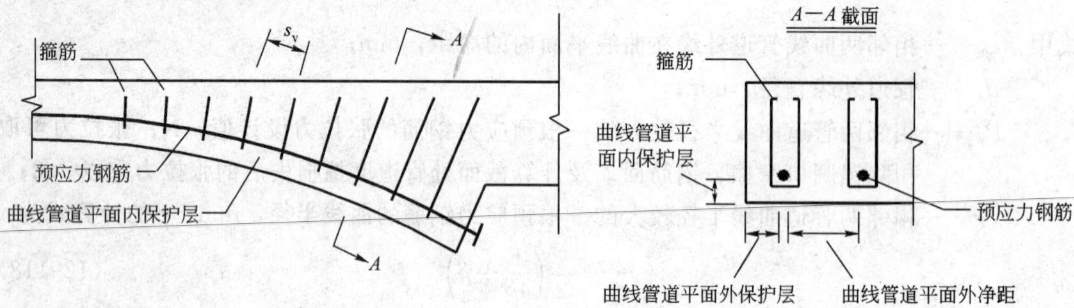

图 12-21 预应力钢筋曲线管道保护层示意图

(2) 先张法构件

先张法预应力混凝土构件宜采用钢绞线、螺旋肋钢丝或刻痕钢丝用作预应力钢筋，当采用光面钢丝作预应力筋时，应采取适当措施（如钢丝刻痕、提高混凝土强度等级及施工中采用缓慢放张的工艺等)，保证钢丝在混凝土中可靠地锚固，防止因钢丝与混凝土间黏结力不足而使钢丝滑动，丧失预应力。

在先张法预应力混凝土构件中，预应力钢绞线之间的净距不应小于其直径的 1.5 倍，且对二股、三股钢绞线不应小于 20mm，对七股钢绞线不应小于 25mm。预应力钢丝间净距不应小于 15mm。

在先张法预应力混凝土构件中，对于单根预应力钢筋，其端部应设置长度不小于 150mm 的螺旋筋；对于多根预应力钢筋，在构件端部 10 倍预应力钢筋直径范围内，应设置 3～5 片钢筋网。

普通钢筋和预应力直线形钢筋的最小混凝土保护层厚度（钢筋外缘至混凝土表面的距离）不应小于钢筋公称直径，且应符合附表 1-8 的规定。

12.8.5 非预应力钢筋的布置

在预应力混凝土受弯构件中，除了预应力钢筋外，还需要配置各种形式的非预应力钢筋。

1) 箍筋

箍筋与弯起预应力钢筋同为预应力混凝土梁的腹筋，与混凝土一起共同承担着荷载剪力，故应按抗剪要求来确定箍筋数量（包括直径和间距的大小)。在剪力较小的梁段，按计算要求的箍筋数量很少，但为了防止混凝土受剪时的意外脆性破坏，《公桥规》仍要求按下列规定配置构造箍筋：

(1) 预应力混凝土 T 形、I 形截面梁和箱形截面梁腹板内应分别设置直径不小于 10mm 和 12mm 的箍筋，且应采用带肋钢筋，间距不应大于 250mm；自支座中心起长度不小于一倍梁高范围内，应采用闭合式箍筋，间距不应大于 100mm。

(2) 在 T 形、I 形截面梁下部的“马蹄”内，应另设直径不小于 8mm 的闭合式箍筋，间距不应大于 200mm。另外，“马蹄”内还应设直径不小于 12mm 的定位钢筋。这是因为“马蹄”在预加应力阶段承受着很大的预压应力，为防止混凝土横向变形过大和沿梁轴方向发生纵向水平裂缝，而予以局部加强。

2）水平纵向辅助钢筋

为了抵抗混凝土收缩和温度变化引起的应力，应在腹板内设置水平纵向钢筋，宜采用小直径钢筋沿腹板两侧紧贴箍筋布置。

3）局部加强钢筋

对于局部受力较大的部位，应设置加强钢筋，如“马蹄”中的闭合式箍筋和梁端锚固区的加强钢筋等，除此之外，梁底支座处亦设置钢筋网加强。

4）架立钢筋与定位钢筋

架立钢筋是用于支撑箍筋的，一般采用直径为12～20mm的圆钢筋；定位钢筋系指用于固定预留孔道制孔器位置的钢筋，常做成网格式。

12.8.6　锚具的防护

对于埋入梁体的锚具，在预加应力完成后，其周围应设置构造钢筋与梁体连接，然后浇筑封锚混凝土。封锚混凝土强度等级不应低于构件本身混凝土强度等级的80%，且不低于C30。

12.9　应用实例

12.9.1　设计资料

(1) 简支梁跨径：标准跨径40m；计算跨径$L=38.86$m。

(2) 设计荷载：汽车荷载按公路—I级；人群荷载为3.0kN/m^2；结构重要性系数取$\gamma_0=1.0$。

(3) 环境：桥址位于野外一般地区，I类环境条件，年平均相对湿度为75%。

(4) 材料：预应力钢筋采用ASTM A416—97a标准的低松弛钢绞线（1×7标准型），抗拉强度标准值$f_{pk}=1860$MPa，抗拉强度设计值$f_{pd}=1260$MPa，公称直径15.24mm，公称面积140mm^2，弹性模量$E_p=1.95\times10^5$MPa；锚具采用夹片式群锚。

非预应力钢筋：HRB400级钢筋，抗拉强度标准值$f_{sk}=400$MPa，抗拉强度设计值$f_{sd}=330$MPa。直径$d<12$mm者，一律采用HRB335级钢筋，抗拉强度标准值$f_{sk}=335$MPa，抗拉强度设计值$f_{sd}=280$MPa。钢筋弹性模量均为$E_s=2.0\times10^5$MPa。

混凝土：主梁采用C50，$E_c=3.45\times10^4$MPa，抗压强度标准值$f_{ck}=32.4$MPa，抗压强度设计值$f_{cd}=22.4$MPa；抗拉强度标准值$f_{tk}=2.65$MPa，抗拉强度设计值$f_{td}=1.83$MPa。

(5) 设计要求：根据《公路钢筋混凝土及预应力混凝土桥涵设计规范》（JTG D62—2004）要求，按A类预应力混凝土构件设计此梁。

(6) 施工方法：采用后张法施工，预制主梁时，预留孔道采用预埋金属波纹管成型，钢绞线采用TD双作用千斤顶两端同时张拉；主梁安装就位后现浇60mm宽的湿接缝。最后施工100mm厚的沥青桥面铺装层。

12.9.2　主梁尺寸

主梁各部分尺寸如图12-22所示。

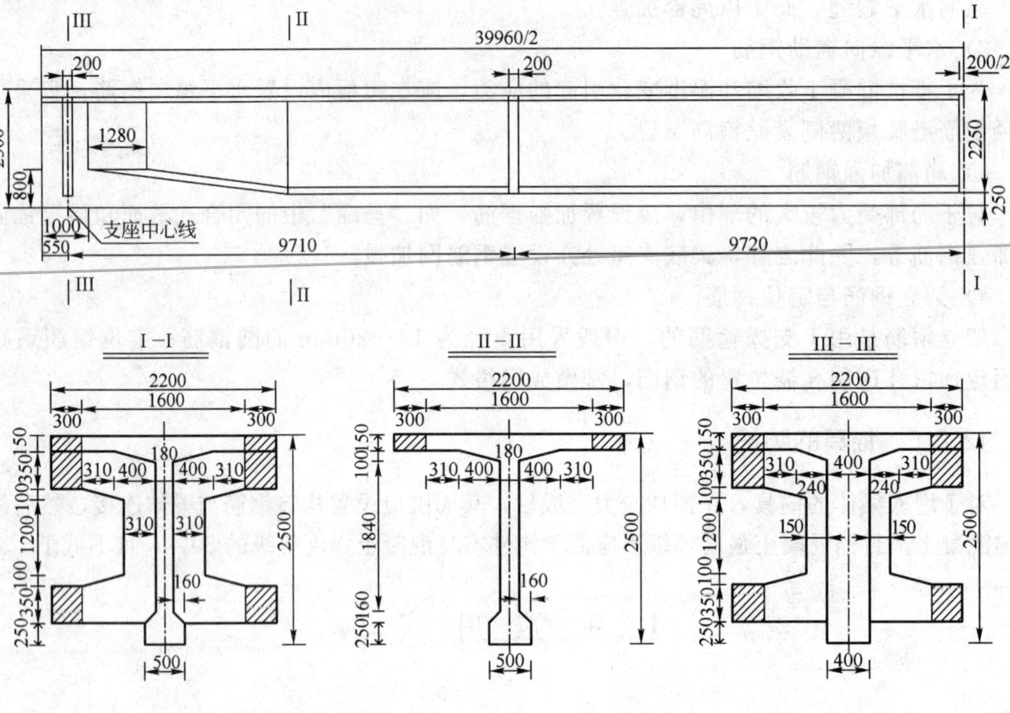

图 12-22 主梁各部分尺寸图（尺寸单位：mm）

12.9.3 主梁全截面几何特性

1）受压翼缘有效宽度 b'_f 的计算

按《公桥规》规定，T 形截面梁受压翼缘有效宽度 b'_f，取下列三者中的最小值：

(1) 简支梁计算跨径的 1/3，即 $l/3=38860/3=12953$mm；

(2) 相邻两梁的平均间距，对于中梁为 2200mm；

(3) $(b+2b_h+12h'_f)$，式中 b 为梁腹板宽度，b_h 为承托长度，这里 $b_h=400$mm，h'_f 为受压区翼缘悬出板的厚度 150mm。所以有 $(b+2b_h+12h'_f)=180+2\times400+12\times150=2780$mm；

所以，受压翼缘的有效宽度为 $b'_f=2200$mm。

2）全截面几何特性的计算

在工程设计中，主梁几何特性多采用分块数值求和法进行，其计算式为：

全截面面积：
$$A=\sum A_i$$

全截面重心至梁顶的距离：
$$y_u=\frac{\sum A_i y_i}{A}$$

式中：A_i——分块面积；

y_i——分块面积的重心至梁顶边的距离。

主梁跨中（I—I）截面的全截面几何特性如表 12-6 所示。根据图 12-22 可知变化点处的截面几何尺寸与跨中截面相同，故几何特性也相同，为：

I—I截面(跨中与$l/4$截面)全截面几何特性 表 12-6

分块号	分块面积 A_i(mm²)	y_i (mm)	$S_i=A_i\cdot y_i$ (mm³)	(y_u-y_i) (mm)	$I_x=A_i(y_u-y_i)^2$ (mm⁴)	I_i (mm⁴)	截面分块示意图
①	$2\times1010\times150=303000$	75	22725×10^3	858	223.06×10^9	$\frac{2020\times150^3}{12}=0.568\times10^9$	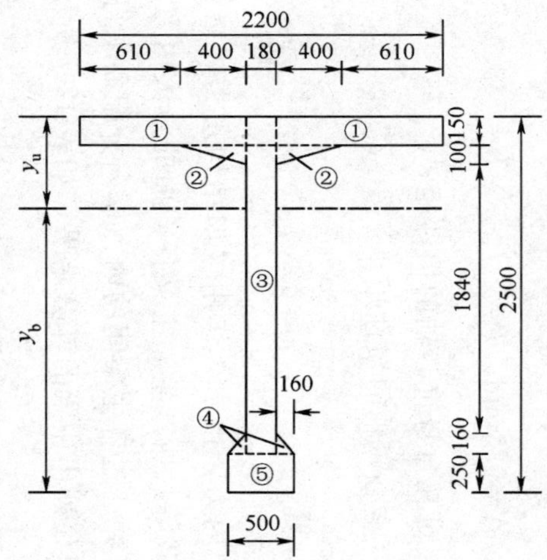
②	$400\times100=40000$	183	7320×10^3	750	22.5×10^9	$\frac{2\times400\times100^3}{36}=0.022\times10^9$	
③	$2250\times180=405000$	1125	455625×10^3	−192	14.93×10^9	$\frac{180\times2250^3}{12}=170.859\times10^9$	
④	$160\times160=25600$	2197	56243.2×10^3	−1264	40.90×10^9	$\frac{2\times160\times160^3}{36}=0.036\times10^9$	
⑤	$250\times500=125000$	2375	296875×10^3	−1442	259.92×10^9	$\frac{500\times250^3}{12}=0.651\times10^9$	
合计	$A=\sum A_i=898600$	$y_u=\frac{\sum S_i}{A}=933$ $y_b=2500-933=1567$	$\sum S_i=838788.2\times10^3$		$\sum I_x=561.31\times10^9$	$\sum I_i=172.136\times10^9$	尺寸单位:mm
					$I=\sum I_x+\sum I_i=733.446\times10^9$		

$$A=\sum A_i=898600\text{mm}^2;\ \sum S_i=\sum A_i y_i=838788.2\times10^3\text{mm}^3$$

$$y_u=\sum S_i/A=933\text{mm};\ I=\sum I_x+\sum I_i=733.446\times10^9\text{mm}^4$$

式中：I_i——分块面积 A_i 对其自身重心轴的惯性矩；

I_x——A_i 对 $x-x$（重心）轴的惯性矩。

12.9.4 主梁内力计算

公路简支梁桥主梁的内力，由永久作用（如结构重力、结构附加重力等）与可变作用(包括汽车荷载、人群荷载等）所产生。主梁各截面的最大内力，是考虑了车道荷载对计算主梁的最不利荷载位置，并通过各主梁间的内力横向分配而求得。具体计算方法将在《桥梁工程》课程中介绍，这里仅列出中梁的计算结果，如表 12-7 所示。

12.9.5 钢筋面积的估算及钢束布置

1）预应力钢筋截面积估算

按构件正截面抗裂性要求估算预应力钢筋数量。

对于 A 类部分预应力混凝土构件，根据跨中截面抗裂要求，由式（12-104）可得跨中截面所需的有效预加力为：

$$N_{pe}\geqslant\frac{M_s/W-0.7f_{tk}}{\left(\frac{1}{A}+\frac{e_p}{W}\right)}$$

式中的 M_s 为正常使用极限状态按作用（或荷载）短期效应组合计算的弯矩值；由表 12-7 有：

$$M_s=M_{G1}+M_{G2}+M_{Qs}=4109.88+1842.72+2411.31=8363.91\text{kN}\cdot\text{m}$$

设预应力钢筋截面重心距截面下缘为 $a_p=125$mm，则预应力钢筋的合力作用点至截面重心轴的距离为 $e_p=y_b-a_p=1442$mm；钢筋估算时，截面性质近似取用全截面的性质来计算，由表 12-6 可得跨中截面全截面面积 $A=898600\text{mm}^2$，全截面对抗裂验算边缘的弹性抵抗矩为 $W=I/y_b=733.446\times10^9/1567=468.057\times10^6\text{mm}^3$；所以有效预加力合力为：

$$N_{pe}=\frac{M_s/W-0.7f_{tk}}{\left(\frac{1}{A}+\frac{e_p}{W}\right)}=\frac{8363.91\times10^6/(468.057\times10^6)-0.7\times2.65}{\left(\frac{1}{898600}+\frac{1442}{468.057\times10^6}\right)}=3.818720\times10^6\text{N}$$

预应力钢筋的张拉控制应力为 $\sigma_{con}=0.75f_{pk}=0.75\times1860=1395$MPa，预应力损失按张拉控制应力的 20%估算，则可得需要预应力钢筋的面积为：

$$A_p=\frac{N_{pe}}{(1-0.2)s_{con}}=\frac{3.818720\times10^6}{0.8\times1395}=3422\text{mm}^2$$

采用 4 束 7ϕ^j15.24 钢绞线，预应力钢筋的截面积为 $A_p=4\times7\times140=3920\text{mm}^2$。采用夹片式群锚，$\phi$70 金属波纹管成孔。

表 12-7

主梁作用效应组合值

荷载 \ 内力值 \ 截面 \ 内力名称			跨中截面(I—I)				$l/4$ 截面				变化点截面(II—II)		支点截面(III—III)
			M_{max}	相应 V	V_{max}	相应 M	M_{max}	相应 V	V_{max}	相应 M	M_{max}	V_{max}	V_{max}
一期恒载标准值 G_1		①	4109.88	0.00	0.00	4109.88	3085.39	207.58	207.58	3085.39	1793.85	315.95	466.86
二期恒载标准值 G_2	现浇湿接缝 G_{21}	②	440.80	0.00	0.00	440.80	330.45	22.71	22.71	330.45	191.83	34.11	46.85
	桥面及栏杆 G_{22}	③	1401.92	0.00	0.00	1401.92	1052.06	72.07	72.07	1052.06	523.33	108.37	144.25
人群荷载标准值 Q_2		④	350.31	0.00	9.00	175.17	262.75	19.03	20.27	215.08	153.02	29.37	44.80
公路—I 级汽车荷载标准值(不计冲击系数)		⑤	2944.28	43.49	136	2578	2152.96	237.3	253	2168	832.36	250.26	326.6
公路—I 级汽车荷载标准值(计冲击系数、冲击系数 $\mu=0.204$)		⑥	3544.91	52.36	163.85	3103.91	2592.16	285.71	304.61	2610.27	1002.16	301.31	393.23
持久状态的应力计算的可变作用标准值组合(汽＋人)		⑦	3895.22	52.36	172.85	3279.08	2854.91	304.74	324.88	2825.35	1155.18	330.68	438.03
承载能力极限状态计算的基本组合 1.0×(1.2 恒＋1.4 汽＋0.80×1.4×人)		⑧	12498.35	73.31	239.47	11684.79	9284.79	784.15	812.00	9256.76	4585.22	1004.85	1390.24
正常使用极限状态按作用短期效应组合计算的可变荷载设计值(0.7×汽＋1.0 人)		⑨	2411.31	30.44	104.26	1979.77	1769.82	185.14	197.37	1732.68	735.67	204.55	273.42
正常使用极限状态按作用长期效应组合计算的可变荷载设计值(0.4×汽＋0.4 人)		⑩	1317.84	17.40	58.04	1101.27	966.28	102.53	109.31	953.23	394.15	111.85	148.56

注：1. 表中单位：M 为 kN·m；V 为 kN；

2. 表内数值：⑦⑧栏中汽车荷载考虑冲击系数；⑨⑩栏中汽车荷载不计冲击系数。

2）预应力钢筋布置

（1）跨中截面预应力钢筋的布置

后张法预应力混凝土受弯构件的预应力管道布置应符合《公桥规》中的有关构造要求（详见 12.8.4 节）。参考已有的设计图纸并按《公桥规》中的构造要求，对跨中截面的预应力钢筋进行初步布置（图 12-23）。

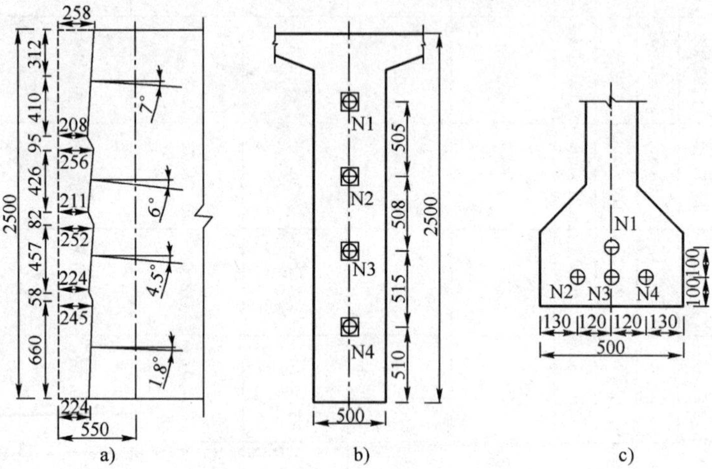

图 12-23　端部及跨中预应力钢筋布置图（尺寸单位：mm）

a）预制梁端部；b）钢束在端部的锚固位置；c）跨中截面钢束位置

（2）锚固面钢束布置

为使施工方便，全部 4 束预应力钢筋均锚于梁端（图 12-23a）、b）。这样布置符合均匀分散的原则，不仅能满足张拉的要求，而且 N1、N2 在梁端均弯起较高，可以提供较大的预剪力。

（3）其他截面钢束位置及倾角计算

①钢束弯起形状、弯起角 θ 及其弯曲半径

采用直线段中接圆弧曲线段的方式弯曲；为使预应力钢筋的预加力垂直作用于锚垫板，N1、N2、N3 和 N4 弯起角 θ 分别取 $\theta_1=7°$，$\theta_2=6°$，$\theta_3=4.5°$，$\theta_4=1.8°$；各钢束的弯曲半径分别为：$R_{N1}=74000\text{mm}$；$R_{N2}=115000\text{mm}$；$R_{N3}=178000\text{mm}$；$R_{N4}=362000\text{mm}$。

②钢束各控制点位置的确定

以 N4 号束为例，其弯起布置如图 12-24 所示。

由 $L_d=c\cdot\cot\theta_4$ 确定导线点距锚固点的水平距离：

$$L_d=c\cdot\cot\theta_4=410\cdot\cot1.8°=13046\text{mm}$$

由 $L_{b2}=R\cdot\tan\dfrac{\theta_4}{2}$ 确定弯起点至导线点的水平距离：

$$L_{b2}=R\cdot\tan\frac{\theta_4}{2}=350000\times\tan0.9°=5498\text{mm}$$

所以弯起点至锚固点的水平距离为：

$$L_w=L_d+L_{b2}=13046+5498=18544\text{mm}$$

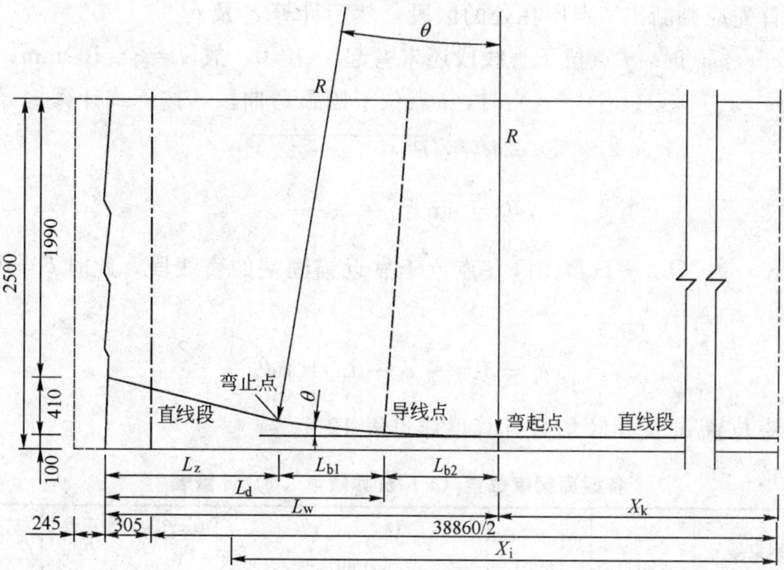

图 12-24 曲线预应力钢筋计算图（尺寸单位：mm）

则弯起点至跨中截面的水平距离为：

$$x_k = (38860/2 + 305) - L_w = 19735 - 18544 = 1191\text{mm}$$

根据圆弧切线的性质，图中弯止点沿切线方向至导线点的距离与弯起点至导线点的水平距离相等，所以弯止点至导线点的水平距离为：

$$L_{b1} = L_{b2} \cdot \cos\theta_4 = 5498 \times \cos 1.8° = 5495\text{mm}$$

故弯止点至跨中截面的水平距离为：

$$(x_k + L_{b1} + L_{b2}) = (1191 + 5495 + 5498) = 12184\text{mm}$$

同理可以计算 N1、N2、N3 的控制点位置，将各钢束的控制参数汇总于表 12-8 中。

各钢束弯曲控制要素表　　　　表 12-8

钢束号	升高值 c (mm)	弯起角 θ_0 (°)	弯起半径 R (mm)	支点至锚固点的水平距离 d (mm)	弯起点距跨中截面水平距离 x_k (mm)	弯止点距跨中截面水平距离 (mm)
N1	1838	7	60000	342	1084	8396
N2	1433	6	95000	294	1111	11041
N3	925	4.5	175000	298	1112	14842
N4	410	1.8	350000	305	1190	12184

③各截面钢束位置及其倾角计算

仍以 N4 号束为例（图 12-24），计算钢束上任一点 i 离梁底距离 $a_i = a + c_i$ 及该点处钢束的倾角 θ_i，式中 a 为钢束弯起前其重心至梁底的距离，$a = 100$mm；c_i 为 i 点所在计算截面处钢束位置的升高值。

计算时，首先应判断出 i 点所在处的区段，然后计算 c_i 及 θ_i。

当 $(x_i-x_k)\leqslant 0$ 时，i 点位于直线段还未弯起，$c_i=0$，故 $a_i=a=100\text{mm}$；$\theta_i=0$

当 $0<(x_i-x_k)\leqslant(L_{b1}+L_{b2})$ 时，i 点位于圆弧弯曲段，按下式计算 c_i 及 θ_i：

$$c_i=R-\sqrt{R^2-(x_i-x_k)^2}$$

$$\theta_i=\sin^{-1}\frac{(x_i-x_k)}{R}$$

当 $(x_i-x_k)>(L_{b1}+L_{b2})$ 时，i 点位于靠近锚固端的直线段，此时 $\theta_i=\theta_4=1.8°$，按下式计算 c_i。

$$c_i=(x_i-x_k-L_{b2})\tan\theta_4$$

各截面钢束位置 a_i 及其倾角 θ_i 计算值详见表 12-9。

各截面钢束位置 (a_i) 及其倾角 (θ_i) 计算表 表 12-9

计算截面	钢束编号	x_k (mm)	$(L_{b1}+L_{b2})$ (mm)	(x_i-x_k) (mm)	$\theta_i=\sin^{-1}\frac{(x_i-x_k)}{R}$ (°)	c_i (mm)	$a_i=a+c_i$ (mm)
跨中截面 (I—I) $x_i=0$	N1	1084	7312	为负值，钢束尚未弯起	0	0	200
	N2	1111	9930				100
	N3	1112	13730				100
	N4	1190	10993				100
$l/4$ 截面 $x_i=9715\text{mm}$	N1	1084	7312	$(x_i-x_k)>(L_{b1}+L_{b2})$	7	609	809
	N2	1111	9930	$0<(x_i-x_k)=8604<9930$	5.196	390	490
	N3	1112	13730	$0<(x_i-x_k)=8603<13730$	2.818	212	312
	N4	1190	10993	$0<(x_i-x_k)=8525<10993$	1.396	104	204
变化点截面 (II—II) $x_i=14600\text{mm}$	N1	1084	7312	$(x_i-x_k)>(L_{b1}+L_{b2})$	7	1209	1409
	N2	1111	9930	$(x_i-x_k)>(L_{b1}+L_{b2})$	6	894	994
	N3	1112	13730	$0<(x_i-x_k)=13488<13730$	4.407	521	621
	N4	1190	10993	$(x_i-x_k)>(L_{b1}+L_{b2})$	1.8	249	349
支点截面 $x_i=19430\text{mm}$	N1	1084	7312	$(x_i-x_k)>(L_{b1}+L_{b2})$	7	1802	2002
	N2	1111	9930	$(x_i-x_k)>(L_{b1}+L_{b2})$	6	1402	1502
	N3	1112	13730	$(x_i-x_k)>(L_{b1}+L_{b2})$	4.5	901	1001
	N4	1190	10993	$(x_i-x_k)>(L_{b1}+L_{b2})$	1.8	400	500

④钢束平弯段的位置及平弯角

N1、N2、N3、N4 四束预应力钢绞线在跨中截面布置在两个水平面上，而在锚固端四束钢绞线则都在肋板中心线上，为实现钢束的这种布筋方式，N3、N4 在主梁肋板中必须从两侧平弯到肋板中心线上，为了便于施工中布置预应力管道，N3、N4 在梁中的平弯采用相同的形式，其平弯位置如图 12-25 所示。平弯段有两段曲线弧，每段曲线弧的弯曲角为 $\theta=\frac{638}{8000}\times\frac{180}{\pi}=4.569°$。

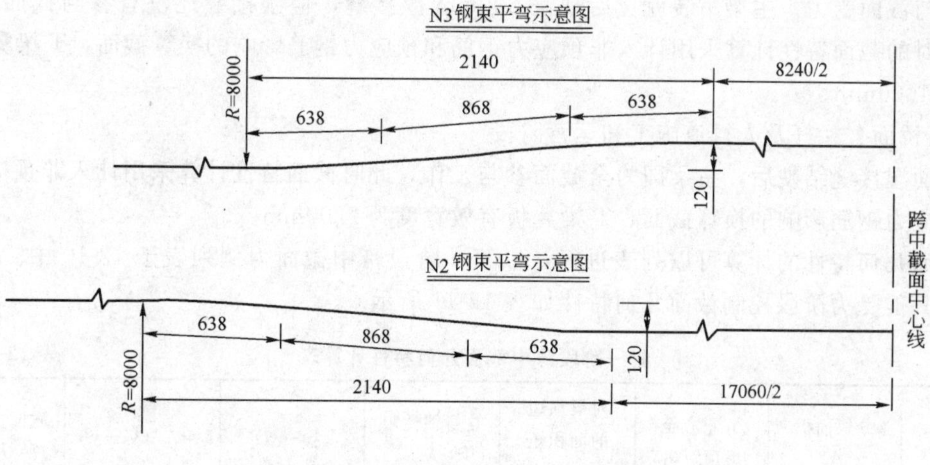

图 12-25　钢束平弯示意图（尺寸单位：mm）

3）非预应力钢筋截面积估算及布置

按构件承载能力极限状态要求估算非预应力钢筋数量。

在确定预应力钢筋数量后，非预应力钢筋根据正截面承载能力极限状态的要求来确定。设预应力钢筋和非预应力钢筋的合力点到截面底边的距离为 $a=125\text{mm}$，则有：

$$h_0 = h - a = 2500 - 125 = 2375\text{mm}$$

先假定为第一类 T 形截面，由公式 $\gamma_0 M_d \leqslant f_{cd} b'_f x \ (h_0 - x/2)$ 计算受压区高度 x：

$$1.0 \times 12498.35 \times 10^6 = 22.4 \times 2200x(2375 - x/2)$$

求得：
$$x = 109.30\text{mm} < h'_f = 150\text{mm}$$

则根据正截面承载力计算需要的非预应力钢筋截面积为：

$$A_s = \frac{f_{cd} b'_f x - f_{pd} A_p}{f_{sd}} = \frac{22.4 \times 2200 \times 109.30 - 1260 \times 3920}{330} = 1354\text{mm}^2$$

采用 6 根直径为 18mm 的 HRB400 钢筋，提供的钢筋截面面积为 $A_s=1527\text{mm}^2$。在梁底布置成一排（图 12-26），其间距为 80mm，钢筋重心到底边的距离为 $a_s=45\text{mm}$。

12.9.6　主梁截面几何特性计算

后张法预应力混凝土梁主梁截面几何特性应根据不同的受力阶段分别计算。本示例中的 T 形梁从施工到运营经历了如下三个阶段。

1）主梁预制并张拉预应力钢筋

主梁混凝土达到设计强度的 90%后，进行预应力的张拉，此时管道尚未压浆，所以其截面特性为计入非预应力钢筋影响（将非预应力钢筋换算为混凝土）的净截面，该截面的截面特性计算中应扣除预应力管道的影响，T 梁翼板宽度为 1600mm。

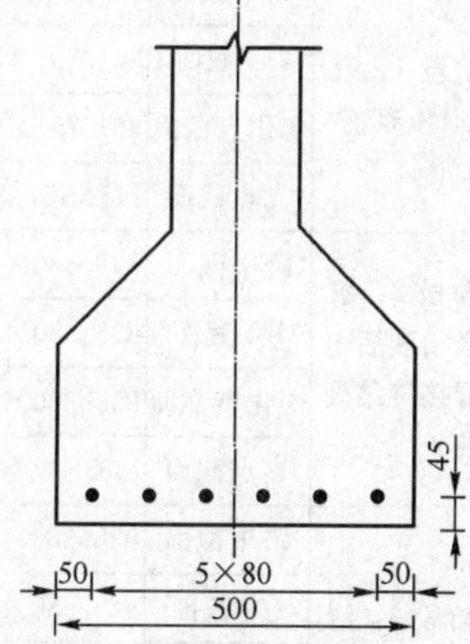

图 12-26　非预应力钢筋布置图

（尺寸单位：mm）

2）灌浆封锚，主梁吊装就位并现浇 300mm 湿接缝

预应力钢筋张拉完成并进行管道压浆、封锚后，预应力钢筋

能够参与截面受力。主梁吊装就位后现浇 300mm 湿接缝，但湿接缝还没有参与截面受力，所以此时的截面特性计算采用计入非预应力钢筋和预应力钢筋影响的换算截面，T 梁翼板宽度仍为 1600mm。

3）桥面、栏杆及人行道施工和运营阶段

桥面湿接缝结硬后，主梁即为全截面参与工作，此时截面特性计算采用计入非预应力钢筋和预应力钢筋影响的换算截面，T 梁翼板有效宽度为 2200mm。

截面几何特性的计算可以列表进行，以第一阶段跨中截面为例列表于 12-10 中。同理，可求得其他受力阶段控制截面几何特性如表 12-11 所示。

第一阶段跨中截面几何特性计算表 表 12-10

分块名称	分块面积 A_i (mm^2)	A_i 重心至梁顶距离 y_i (mm)	对梁顶边的面积矩 $S_i=A_iy_i$ (mm^3)	自身惯性矩 I_i (mm^4)	(y_u-y_i) (mm)	$I_x=A_i(y_u-y_i)^2$ (mm^4)	截面惯性矩 $I=I_i+I_x$ (mm^4)
混凝土全截面	808.6×10^3	1029.0	832.049×10^6	659.530×10^9	$1018.4-1029.0=-10.6$	0.091×10^9	
非预应力钢筋换算面积	$(\alpha_{ES}-1)A_s=8.543\times10^3$	2455.0	20.97×10^6	≈0	$1018.4-2455=-1436.6$	17.632×10^9	
预留管道面积	$-4\times\pi\times70^2/4=-15.386\times10^3$	2375.0	-36.542×10^6	≈0	$1018.4-2375=-1356.6$	-28.317×10^9	
净截面面积	$A_n=801.757\times10^3$	$y_{nu}=\Sigma S_i/A_n=1018.4$	$\Sigma S_i=816.481\times10^6$	659.530×10^9		-10.594×10^9	648.937×10^9

注：$\alpha_{ES}=E_s/E_c=2.0\times10^5/3.45\times10^4=5.797$；$E_s$ 值查附表 2-2，E_c 值查附表 1-2。

各控制截面不同阶段的截面几何特性汇总表 表 12-11

受力阶段	计算截面	A (mm^2)	y_u (mm)	y_b (mm)	$e_p=y_b-a_p$ (mm)	I (mm^4)	W (mm^3)		
							$W_u=I/y_u$	$W_b=I/y_b$	$W_p=I/e_p$
阶段 1：孔道压浆前	跨中截面	801.757×10^3	1018.4	1481.6	1356.6	648.937×10^9	6.372×10^8	4.380×10^8	4.783×10^8
	$l/4$ 截面	801.757×10^3	1024.7	1475.3	1021.6	660.966×10^9	6.451×10^8	4.480×10^8	6.470×10^8
	变化点截面	801.757×10^3	1032.1	1467.9	624.6	670.831×10^9	6.499×10^8	4.570×10^8	10.740×10^8
	支点截面	1432.157×10^3	1104.0	1396.0	144.8	674.862×10^9	6.113×10^8	4.834×10^8	46.608×10^8
阶段 2：管道结硬后至湿接缝结硬前	跨中截面	835.380×10^3	1073.0	1427.0	1302.0	708.327×10^9	6.602×10^8	4.964×10^8	5.440×10^8
	$l/4$ 截面	835.380×10^3	1065.8	1434.2	980.5	694.643×10^9	6.518×10^8	4.843×10^8	7.085×10^8
	变化点截面	835.380×10^3	1057.3	1442.7	599.5	683.420×10^9	6.464×10^8	4.737×10^8	11.401×10^8
	支点截面	1465.780×10^3	1107.3	1392.7	141.5	675.551×10^9	6.101×10^8	4.851×10^8	47.751×10^8
阶段 3：湿接缝结硬后	跨中截面	925.380×10^3	975.9	1524.1	1399.1	715.538×10^9	7.332×10^8	4.695×10^8	5.114×10^8
	$l/4$ 截面	925.380×10^3	969.4	1530.6	1076.8	700.694×10^9	7.228×10^8	4.578×10^8	6.507×10^8
	变化点截面	925.380×10^3	961.7	1538.3	695.0	688.108×10^9	7.155×10^8	4.473×10^8	9.901×10^8
	支点截面	1555.780×10^3	1047.3	1452.7	201.5	677.362×10^9	6.468×10^8	4.663×10^8	33.619×10^8

12.9.7 持久状况截面承载能力极限状态计算

1）正截面承载力计算

一般取弯矩最大的跨中截面进行正截面承载力计算。

(1) 求受压区高度 x

先按第一类T形截面梁，略去构造钢筋影响，由式（12-106）计算混凝土受压区高度 x

$$x=\frac{f_{pd}A_p+f_{sd}A_s}{f_{cd}b'_f}=\frac{1260\times3920+330\times1527}{22.4\times2200}=110.5\text{mm}<h'_f=150\text{mm}$$

受压区全部位于翼缘板内，说明确实是第一类T形截面梁。

(2) 正截面承载力计算

跨中截面的预应力钢筋和非预应力钢筋的布置见图12-23和图12-26，预应力钢筋和非预应力钢筋的合力作用点到截面底边距离 a 为：

$$a=\frac{f_{pd}A_pa_p+f_{sd}A_sa_s}{f_{pd}A_p+f_{sd}A_s}=\frac{1260\times3920\times125+330\times1527\times45}{1260\times3920+330\times1527}=117.6\text{mm}$$

所以：

$$h_0=h-a=2500-117.6=2382.4\text{mm}$$

从表12-7的序号⑧知，梁跨中截面弯矩组合设计值 $M_d=12498.35\text{kN}\cdot\text{m}$。截面抗弯承载力由式（12-107）有：

$$\begin{aligned}M_u&=f_{cd}b'_fx(h_0-x/2)\\&=22.4\times2200\times110.5\times(2382.4-110.5/2)\\&=12672.36\times10^6\text{N}\cdot\text{mm}\\&=12672.36\text{kN}\cdot\text{m}>\gamma_0M_d(=1\times12498.35=12498.35\text{kN}\cdot\text{m})\end{aligned}$$

跨中截面正截面承载力满足要求。

2）斜截面承载力计算

(1) 斜截面抗剪承载力计算

预应力混凝土简支梁应对按规定需要验算的各个截面进行斜截面抗剪承载力计算，以下以变化点截面（II—II）处的斜截面为例进行斜截面抗剪承载力计算。

首先，根据公式进行截面抗剪强度上、下限复核，即：

$$0.50\times10^{-3}\alpha_2f_{td}bh_0\leqslant\gamma_0V_d\leqslant0.51\times10^{-3}\sqrt{f_{cu,k}}bh_0$$

式中的 V_d 为验算截面处剪力组合设计值，这里 $V_d=1004.85\text{kN}$；$f_{cu,k}$ 为混凝土强度等级，这里 $f_{cu,k}=50\text{MPa}$；$b=180\text{mm}$（腹板厚度）；h_0 为相应于剪力组合设计值处的截面有效高度，即自纵向受拉钢筋合力点（包括预应力钢筋和非预应力钢筋）至混凝土受压边缘的距离，这里纵向受拉钢筋合力点距截面下缘的距离为：

$$a=\frac{f_{pd}A_pa_p+f_{sd}A_sa_s}{f_{pd}A_p+f_{sd}A_s}=\frac{1260\times3920\times843.25+330\times1527\times45}{1260\times3920+330\times1527}=769.35\text{mm}$$

所以 $h_0=2500-769.35=1730.65\text{mm}$；$\alpha_2$ 为预应力提高系数，$\alpha_2=1.25$；代入上式得 $\gamma_0 V_d=1.0\times1004.85=1004.85\text{kN}$

$$0.50\times10^{-3}\alpha_2 f_{td}bh_0=0.50\times10^{-3}\times1.25\times1.83\times180\times1730.65=356.298\text{kN}\leqslant\gamma_0 V_d$$

$$0.51\times10^{-3}\sqrt{f_{cu,k}}bh_0=0.51\times10^{-3}\times\sqrt{50}\times180\times1730.65=1123.41\text{kN}\geqslant\gamma_0 V_d$$

计算表明，截面尺寸满足要求，但需配置抗剪钢筋。

斜截面抗剪承载力按式（12-70）计算，即：

$$\gamma_0 V_d\leqslant V_{cs}+V_{pb}$$

其中：

$$V_{cs}=\alpha_1\alpha_2\alpha_3 0.45\times10^{-3}bh_0\sqrt{(2+0.6p)\sqrt{f_{cu,k}}\rho_{sv}f_{sv}}$$

$$V_{pb}=0.75\times10^{-3}f_{pd}\sum A_{pb}\sin\theta_p$$

式中：α_1——异号弯矩影响系数，$\alpha_1=1.0$；

α_2——预应力提高系数，$\alpha_2=1.25$；

α_3——受压翼缘的影响系数，$\alpha_3=1.1$。

$$p=100\rho=100\times\frac{A_p+A_{pb}+A_s}{bh_0}=100\times\frac{3920+1527}{180\times1730.65}=1.749$$

箍筋选用双肢直径为 10mm 的 HRB335 钢筋，$f_{sv}=280\text{MPa}$，间距 $s_v=200\text{mm}$，则 $A_{sv}=2\times78.54=157.08\text{mm}^2$，故：

$$\rho_{sv}=\frac{A_{sv}}{s_v b}=\frac{157.08}{200\times180}=0.00436$$

$\sin\theta_p$ 采用全部 4 束预应力钢筋的平均值，即 $\sin\theta_p=0.0836$（表 12-9）。所以：

$$V_{cs}=1.0\times1.25\times1.1\times0.45\times10^{-3}\times180\times1730.65\times$$
$$\sqrt{(2+0.6\times1.749)\times\sqrt{50}\times0.00436\times280}=988.938\text{kN}$$

$$V_{pb}=0.75\times10^{-3}\times1260\times3920\times0.0836=309.688\text{kN}$$

$$V_{cs}+V_{pb}=988.938+309.688=1298.626\text{kN}>\gamma_0 V_d=1004.85\text{kN}$$

变化点截面处斜截面抗剪满足要求。非预应力构造钢筋作为承载力储备，未予考虑。

（2）斜截面抗弯承载力

由于钢束均锚固于梁端，钢束数量沿跨长方向没有变化，且弯起角度缓和，其斜截面抗弯强度一般不控制设计，故不另行验算。

12.9.8 钢束预应力损失估算

1）预应力钢筋张拉（锚下）控制应力 σ_{con}

按《公桥规》规定采用 $\sigma_{con}=0.75f_{pk}=0.75\times1860=1395\text{MPa}$

2）钢束应力损失

（1）预应力钢筋与管道间摩擦引起的预应力损失 σ_{l1}

由式（12-7）有：　$\sigma_{l1}=\sigma_{con}\left[1-e^{-(\mu\theta+kx)}\right]$

对于跨中截面：$x=l/2+d$；d 为锚固点到支点中线的水平距离（图 12-24）；μ、k 分别为预应力钢筋与管道壁的摩擦系数及管道每米局部偏差对摩擦的影响系数，采用预埋金属波纹管成型时，由附表 2-5 查得 $\mu=0.25$，$k=0.0015$；θ 为从张拉端到跨中截面间，管道平面转过的角度，这里 N1 和 N2 只有竖弯，其角度为 $\theta_{N1}=\theta_1=7°$，$\theta_{N2}=\theta_2=6°$，N3 和 N4 不仅有竖弯还有平弯（图 12-25），其角度应为管道转过的空间角度，其中竖弯角度为 $\theta_{V3}=4.5°$，$\theta_{V4}=1.8°$，平弯角度为 $\theta_H=2\times4.569=9.138°$，所以空间转角为 $\theta_{N3}=\sqrt{\theta_H^2+\theta_{v3}^2}=\sqrt{9.138^2+4.5^2}=10.186°$，$\theta_{N4}=\sqrt{\theta_H^2+\theta_{v4}^2}=\sqrt{9.138^2+1.8^2}=9.314°$。

跨中截面（I—I）各钢束摩擦应力损失值 σ_{l1} 见表 12-12。

跨中（I—I）截面摩擦应力损失 σ_{l1} 计算　　表 12-12

钢束编号	θ		$\mu\theta$	x (m)	kx	$\beta=1-e^{-(\mu\theta+kx)}$	σ_{con} (MPa)	σ_{l1} (MPa)
	度	弧度						
N1	7	0.1222	0.0305	19.772	0.0297	0.0584	1395	81.50
N2	6	0.1047	0.0262	19.724	0.0296	0.0542	1395	75.66
N3	10.186	0.1778	0.0444	19.728	0.0296	0.0714	1395	99.55
N4	9.314	0.1626	0.0406	19.735	0.0296	0.0678	1395	94.63
平均值								87.84

同理，可算出其他控制截面处的 σ_{l1} 值。各截面摩擦应力损失值 σ_{l1} 的平均值的计算结果，列于表 12-13。

各设计控制截面 σ_{l1} 平均值　　表 12-13

截面	跨中（I—I）	$l/4$	变化点（II—II）	支点
σ_{l1} 平均值（MPa）	87.84	37.98	10.85	0.65

（2）锚具变形、钢丝回缩引起的应力损失（σ_{l2}）

计算锚具变形、钢筋回缩引起的应力损失，后张法曲线布筋的构件应考虑锚固后反摩阻的影响。首先根据式（12-12）计算反摩阻影响长度 l_f：

$$l_f=\sqrt{\sum\Delta l\cdot E_p/\Delta\sigma_d}$$

式中的 $\sum\Delta l$ 为张拉端锚具变形值，由附表 2-6 查得夹片式锚具顶压张拉时 Δl 为 4mm；$\Delta\sigma_d$ 为单位长度由管道摩阻引起的预应力损失，$\Delta\sigma_d=(\sigma_0-\sigma_1)/l$；$\sigma_0$ 为张拉端锚下张拉控制应力，σ_1 为扣除沿途管道摩擦损失后锚固端预拉应力，$\sigma_1=\sigma_0-\sigma_{l1}$；$l$ 为张拉端至锚固端的距离，这里的锚固端为跨中截面。将各束预应力钢筋的反摩阻影响长度列表计算于表 12-14 中。

反摩阻影响长度计算表　　表 12-14

钢束编号	$\sigma_0=\sigma_{con}$ (MPa)	σ_{l1} (MPa)	$\sigma_1=\sigma_0-\sigma_{l1}$ (MPa)	l (mm)	$\Delta\sigma_d=(\sigma_0-\sigma_1)/l$ (MPa/mm)	l_f (mm)
N1	1395	81.50	1313.50	19772	0.004122	13756
N2	1395	75.66	1319.34	19724	0.003836	14260
N3	1395	99.55	1295.45	19728	0.005046	12433
N4	1395	94.63	1300.37	19735	0.004795	12754

求得 l_f 后可知四束预应力钢绞线均满足 $l_f \leqslant l$，所以距张拉端为 x 处的截面由锚具变形和钢筋回缩引起的考虑反摩阻后的预应力损失 $\Delta\sigma_x$（σ_{l2}）按式（12-13）计算，即：

$$\Delta\sigma_x(\sigma_{l2}) = \Delta\sigma \frac{l_f - x}{l_f}$$

式中的 $\Delta\sigma$ 为张拉端由锚具变形引起的考虑反摩阻后的预应力损失，$\Delta\sigma = 2\Delta\sigma_d l_f$。若 $x > l_f$ 则表示该截面不受反摩阻影响。将各控制截面 $\Delta\sigma_x$（σ_{l2}）的计算列于表 12-15 中。

锚具变形引起的预应力损失计算表　　表 12-15

截面	钢束编号	x (mm)	l_f (mm)	$\Delta\sigma$ (MPa)	σ_{l2} (MPa)	各控制截面 σ_{l2} 平均值 (MPa)
跨中截面	N1	19772	13756	113.41	$x > l_f$ 截面不受反摩阻影响	0
	N2	19724	14260	109.40		
	N3	19728	12433	125.48		
	N4	19735	12754	122.31		
$l/4$ 截面	N1	10057	19380	80.50	38.72	29.11
	N2	10009	17463	89.33	38.13	
	N3	10013	15913	98.04	36.35	
	N4	10020	10237	152.39	3.23	
变化点截面	N1	5172	19344	80.64	59.08	59.46
	N2	5124	19344	80.64	59.28	
	N3	5128	18855	82.74	60.23	
	N4	5135	19344	80.64	59.24	
支点截面	N1	342	19309	80.79	79.36	79.49
	N2	294	19309	80.79	79.56	
	N3	298	19309	80.79	79.54	
	N4	305	19309	80.79	79.51	

（3）预应力钢筋分批张拉时混凝土弹性压缩引起的应力损失（σ_{l4}）

混凝土弹性压缩引起的应力损失取按应力计算需要控制的截面进行计算。对于简支梁可取 $l/4$ 截面按式（12-19）进行计算，并以其计算结果作为全梁各截面预应力钢筋应力损失的平均值。也可直接按简化公式（12-23）进行计算，即：

$$\sigma_{l4} = \frac{m-1}{2m}\alpha_{EP}\sigma_{pc}$$

式中：m——张拉批数，这里取 $m=3$，即有 2 束同时张拉，也可 4 束分别张拉，则 $m=4$；

α_{EP}——预应力钢筋弹性模量与混凝土弹性模量的比值，按张拉时混凝土的实际强度等级 f'_{ck} 计算；f'_{ck} 假定为设计强度的 90%，即 $f'_{ck} = 0.9 \times C50 = C45$，查附表 1-2得：$E'_c = 3.35 \times 10^4$ MPa，故 $\alpha_{EP} = \frac{E_p}{E'_c} = \frac{1.95 \times 10^5}{3.35 \times 10^4} = 5.82$

σ_{pc}——全部预应力钢筋（m 批）的合力 N_p 在其作用点（全部预应力钢筋重心点）处所产生的混凝土正应力，$\sigma_{pc}=\frac{N_p}{A}+\frac{N_p e_p^2}{I}$，截面特性按表 12-11 中第一阶段取用。

其中：
$$N_p=(\sigma_{con}-\sigma_{l1}-\sigma_{l2})A_p=(1395-37.98-29.11)\times 3920=5205.407\text{kN}$$

$$\sigma_{pc}=\frac{N_p}{A}+\frac{N_p e_p^2}{I}=\frac{5205.407\times 10^3}{801.757\times 10^3}+\frac{5205.407\times 10^3\times 1021.6^2}{660.966\times 10^9}=14.54\text{MPa}$$

所以：
$$\sigma_{l4}=\frac{m-1}{2m}\alpha_{EP}\sigma_{pc}=\frac{3-1}{2\times 3}\times 5.82\times 14.54=28.21\text{MPa}$$

（4）钢筋松弛引起的预应力损失（σ_{l5}）

对于采用超张拉工艺的低松弛级钢绞线，由钢筋松弛引起的预应力损失按式（12-26）计算，即：

$$\sigma_{l5}=\psi\cdot\xi\cdot\left(0.52\frac{\sigma_{pe}}{f_{pk}}-0.26\right)\cdot\sigma_{pe}$$

式中：ψ——张拉系数，采用超张拉，取 $\psi=0.9$；

ξ——钢筋松弛系数，对于低松弛钢绞线，取 $\xi=0.3$；

σ_{pe}——传力锚固时的钢筋应力，$\sigma_{pe}=\sigma_{con}-\sigma_{l1}-\sigma_{l2}-\sigma_{l4}$，这里仍采用 $l/4$ 截面的应力值作为全梁的平均值计算，故有：

$$\sigma_{pe}=\sigma_{con}-\sigma_{l1}-\sigma_{l2}-\sigma_{l4}=1395-37.98-29.11-28.21=1299.70\text{MPa}$$

所以：
$$\sigma_{l5}=0.9\times 0.3\times\left[0.52\times\frac{1299.70}{1860}-0.26\right]\times 1299.70=36.27\text{MPa}$$

（5）混凝土收缩、徐变引起的损失（σ_{l6}）

混凝土收缩、徐变终极值引起的受拉区预应力钢筋的应力损失可按式（12-27）计算，即：

$$\sigma_{l6}(t_u)=\frac{0.9[E_p\varepsilon_{cs}(t_u,t_0)+\alpha_{EP}\sigma_{pc}\phi(t_u,t_0)]}{1+15\rho\rho_{ps}}$$

式中：$\varepsilon_{cs}(t_u,t_0)$、$\phi(t_u,t_0)$——加载龄期为 t_0 时混凝土收缩应变终极值和徐变系数终极值；

t_0——加载龄期，即达到设计强度为 90%的龄期，近似按标准养护条件计算则有：$0.9f_{ck}=f_{ck}\frac{\lg t_0}{\lg 28}$，则可得 $t_0\approx 20\text{d}$；

对于二期恒载 G_2 的加载龄期 t'_0，假定为 $t'_0=90\text{d}$；

该梁所属的桥位于野外一般地区，相对湿度为 75%，其构件理论厚度由图 12-22 中 I—I 截面可得 $2A_c/u\approx 2\times 898600/7177\approx 250$，由此可查表 11-3 并插值得相应的徐变系数终极值为 $\phi(t_u,t_0)=\phi(t_u,20)=1.74$、$\phi(t_u,t'_0)=\phi(t_u,90)=1.29$；混凝土收缩应变终极值为 $\varepsilon_{cs}(t_u,20)=2.2\times 10^{-4}$。

σ_{pc} 为传力锚固时在跨中和 $l/4$ 截面的全部受力钢筋（包括预应力钢筋和纵向非预应力受力钢筋，为简化计算不计构造钢筋影响）截面重心处，由 N_{pI}、M_{G1}、M_{G2} 所引起的混凝土正应力的平均值。考虑到加载龄期不同，M_{G2} 按徐变系数变小乘以折减系数 $\phi(t_u,t'_0)/\phi(t_u,20)$。计算 N_{PI} 和 M_{G1} 引起的应力时采用第一阶段截面特性，计算 M_{G2} 引起的应力时采用第三阶段截面特性。

跨中截面：$N_{PI}=(\sigma_{con}-\sigma_{II})A_p=(1395-87.84-0-28.21)\times3920=5013.48\text{kN}$

$$\sigma_{pc,l/2}=\left(\frac{N_{PI}}{A_n}+\frac{N_{PI}e_p^2}{I_n}\right)-\frac{M_{G1}}{W_{np}}-\frac{\phi(t_u,90)}{\phi(t_u,20)}\cdot\frac{M_{G2}}{W_{0p}}$$

$$=\frac{5013.48\times10^3}{801.757\times10^3}+\frac{5013.48\times10^3\times1123.0^2}{648.937\times10^9}-\frac{4109.88\times10^6}{4.783\times10^8}-\frac{1.29}{1.74}\times\frac{1842.72\times10^6}{5.114\times10^8}$$

$=9.21\text{MPa}$

$l/4$ 截面：$N_{PI}=(1395-37.98-29.11-28.21)\times3920=5094.82\text{kN}$

$$\sigma_{pc,l/4}=\frac{5094.82\times10^3}{801.757\times10^3}+\frac{5094.82\times10^3\times1021.6^2}{660.966\times10^9}-\frac{4109.88\times10^6}{6.47\times10^8}-\frac{1.29}{1.74}\times\frac{1842.72\times10^6}{6.507\times10^8}$$

$=5.95\text{MPa}$

所以：$\sigma_{pc}=(9.21+5.95)/2=7.58\text{MPa}$

$$\rho=\frac{A_P+A_s}{A}=\frac{3920+1527}{925380}=0.00589\text{（未计构造钢筋影响）}$$

$$\alpha_{EP}=5.65$$

$\rho_{ps}=1+\frac{e_{ps}^2}{i^2}=1+\frac{e_{ps}^2}{I_0/A_0}$，取跨中与 $l/4$ 截面的平均值计算，则有：

跨中截面：$e_{ps}=\frac{A_pe_p+A_se_s}{A_p+A_s}=\frac{3920\times1399.1+1527\times1479.1}{3920+1527}=1421.5$

$l/4$ 截面：$e_{ps}=\frac{A_pe_p+A_se_s}{A_p+A_s}=\frac{3920\times1076.8+1527\times1485.6}{3920+1527}=1191.4$

所以：$e_{ps}=(1421.5+1191.4)/2=1306.5\text{mm}$；

$$A_0=925.380\times10^3\text{mm}^2$$

$$I_0=(715.538+700.694)\times10^9/2=708.116\times10^9\text{mm}^4$$

$$\rho_{ps}=1+1306.5^2/(708.116\times10^9/925.38\times10^3)=3.23$$

将以上各项代入即得：

$$\sigma_{l6}=\frac{0.9\times(1.95\times10^5\times2.2\times10^{-4}+5.65\times7.58\times1.74)}{1+15\times0.00589\times3.23}=82.22\text{MPa}$$

现将各截面钢束应力损失平均值及有效预应力汇总于表 12-16 中。

各截面钢束预应力损失平均值及有效预应力汇总表　　表 12-16

应力损失 / 工作阶段 / 应力损失项目 / 计算截面	预加应力阶段 $\sigma_{II}=\sigma_{l1}+\sigma_{l2}+\sigma_{l4}$ (MPa)				使用阶段 $\sigma_{III}=\sigma_{l5}+\sigma_{l6}$ (MPa)			钢束有效预应力 (MPa)	
	σ_{l1}	σ_{l2}	σ_{l4}	σ_{II}	σ_{l5}	σ_{l6}	σ_{III}	预加力阶段 $\sigma_{pI}=\sigma_{con}-\sigma_{II}$	使用阶段 $\sigma_{pII}=\sigma_{con}-\sigma_{II}-\sigma_{III}$
跨中截面（I—I）	87.84	0	28.21	116.05	36.27	82.22	118.49	1278.95	1160.46
$l/4$ 截面	37.98	29.11	28.21	95.30	36.27	82.22	118.49	1299.70	1181.21
变化点截面（II—II）	10.85	59.46	28.21	98.52	36.27	82.22	118.49	1296.48	1177.99
支点截面	0.65	79.49	28.21	108.35	36.27	82.22	118.49	1286.65	1168.16

12.9.9　应力验算

1）短暂状况的正应力验算

（1）构件在制作、运输及安装等施工阶段，混凝土强度等级为 C45。在预加力和自重作用下的截面边缘混凝土的法向压应力应符合式（12-39）要求。

（2）短暂状况下（预加力阶段）梁跨中截面上、下缘的正应力。

$$\text{上缘}:\sigma_{ct}^{t}=\frac{N_{pI}}{A_n}-\frac{N_{pI}e_{pn}}{W_{nu}}+\frac{M_{G1}}{W_{nu}}$$

$$\text{下缘}:\sigma_{cc}^{t}=\frac{N_{pI}}{A_n}+\frac{N_{pI}e_{pn}}{W_{nb}}-\frac{M_{G1}}{W_{nb}}$$

其中 $N_{pI}=\sigma_{pI}\cdot A_p=1278.95\times3920=5013.48\times10^3$N，$M_{G1}=4109.88$kN · m。截面特性取用表 12-11 中的第一阶段的截面特性。代入上式得：

$$\begin{aligned}\sigma_{ct}^{t}&=\frac{5013.48\times10^3}{801.757\times10^3}-\frac{5013.48\times10^3\times1356.6}{6.372\times10^8}+\frac{4109.88\times10^6}{6.372\times10^8}\\&=2.02\text{MPa(压)}\\\sigma_{cc}^{t}&=\frac{5013.48\times10^3}{801.757\times10^3}+\frac{5013.48\times10^3\times1356.6}{4.380\times10^8}-\frac{4109.88\times10^6}{4.380\times10^8}\\&=12.4\text{MPa(压)}<0.7f'_{ck}(=0.7\times29.6=20.72\text{MPa})\end{aligned}$$

预加力阶段混凝土的压应力满足应力限制值的要求；混凝土的拉应力通过规定的预拉区配筋率来防止出现裂缝，预拉区混凝土没有出现拉应力，故预拉区只需配置配筋率不小于0.2%的纵向钢筋即可。

（3）支点截面或运输、安装阶段的吊点截面的应力验算，其方法与此相同，但应注意计算图式、预加应力和截面几何特征等的变化情况。

2）持久状况的正应力验算

（1）截面混凝土的正应力验算

对于预应力混凝土简支梁的正应力，由于配设曲线筋束的关系，应取跨中、$l/4$、$l/8$、支点及钢束突然变化处（截断或弯出梁顶等）分别进行验算。应力计算的作用（或荷载）取标准值，汽车荷载计入冲击系数。在此仅以跨中截面（I—I）为例，按式（12-44）进行验算。

此时有 $M_{G1}=4109.88$kN · m，$M_{G21}=440.80$kN · m，$M_{G22}+M_Q=1410.92+350.31+3544.91=5306.14$kN · m，$N_{pII}=\sigma_{pII}\cdot A_p-\sigma_{l6}A_s=1160.46\times3920-82.22\times1527=4423.45\times10^3$N，跨中截面混凝土上边缘压应力计算值为：

$$\begin{aligned}\sigma_{cu}&=\left(\frac{N_{pII}}{A_n}-\frac{N_{pII}\cdot e_{pn}}{W_{nu}}\right)+\frac{M_{G1}}{W_{nu}}+\frac{M_{G21}}{W'_{0u}}+\frac{M_{G22}+M_Q}{W_{0u}}\\&=\frac{4423.45\times10^3}{801.757\times10^3}-\frac{4423.45\times10^3\times1356.6}{6.372\times10^8}+\frac{4109.88\times10^6}{6.372\times10^8}+\frac{440.80\times10^6}{6.602\times10^8}+\frac{5306.14\times10^6}{7.332\times10^8}\\&=10.45\text{MPa}<0.5f_{ck}=0.5\times32.4=16.2\text{MPa}\end{aligned}$$

持久状况下跨中截面混凝土正应力验算满足要求。

(2) 持久状况下预应力钢筋的应力验算

由二期恒载及活载作用产生的预应力钢筋截面重心处的混凝土应力为：

$$\sigma_{kt}=\frac{M_{G21}}{W'_{0p}}+\frac{M_{G22}+M_Q}{W_{0p}}=\frac{440.8\times10^6}{5.440\times10^8}+\frac{5306.14\times10^6}{5.114\times10^8}=11.19\text{MPa}$$

所以钢束应力为：

$$\sigma=\sigma_{pII}+\alpha_{EP}\sigma_{kt}=1160.46+5.652\times11.19$$

$$=1223.71\text{MPa}>0.65f_{pk}=0.65\times1860=1209\text{MPa}$$

计算表明预应力钢筋拉应力超过了规范规定值。但其比值（1223.71/1209－1）＝1.22%＜5%，可以认为钢筋应力满足要求。

3）持久状况下的混凝土主应力验算

本例取剪力和弯矩都有较大的变化点（II—II）（图 12-22）截面为例进行计算。实际设计中，应根据需要增加验算截面。

(1) 截面面积矩计算

按图 12-27 进行计算。其中计算点分别取上梗肋 a—a 处、第三阶段截面重心轴 x_0—x_0 处及下梗肋 b—b 处。

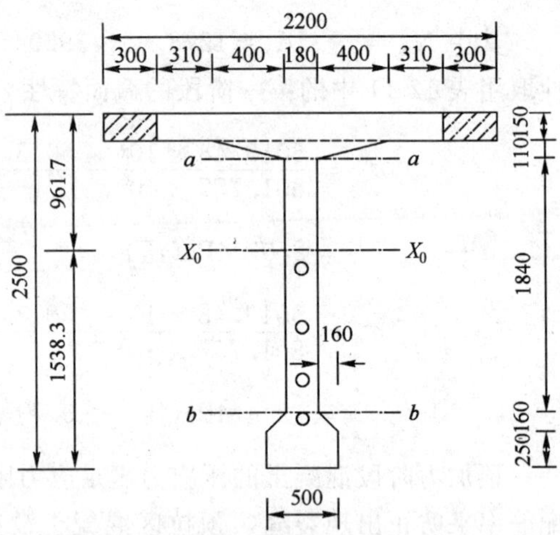

图 12-27　变化点截面（尺寸单位：mm）

现以第一阶段截面梗肋 a—a 以上面积对净截面重心轴 x_n—x_n 的面积矩 S_{na} 计算为例：

$$S_{na}=1600\times150\times(1032.1-150/2)+\frac{1}{2}\times(400+400)\times100\times(1032.1-150-100/3)+$$

$$180\times100\times(1032.1-150-100/2)=2.786\times10^8\text{mm}^3$$

同理可得，不同计算点处的面积矩，现汇总于表 12-17。

面积矩计算表　　表 12-17

截面类型	第一阶段净截面对其重心轴（重心轴位置 x_n＝1032.1mm）			第二阶段换算截面对其重心轴（重心轴位置 x'_0＝1057.3mm）			第三阶段换算截面对其重心轴（重心轴位置 x_0＝961.7mm）		
计算点位置	a—a	x_0—x_0	b—b	a—a	x_0—x_0	b—b	a—a	x_0—x_0	b—b
面积矩符号	S_{na}	S_{nx_0}	S_{nb}	S'_{0a}	S'_{0x_0}	S'_{0b}	S_{0a}	S'_{0x_0}	S'_{0b}
面积矩（mm^3）	2.786×10^8	3.287×10^8	2.330×10^8	2.861×10^8	3.379×10^8	2.488×10^8	3.375×10^8	3.830×10^8	2.685×10^8

(2) 主应力计算

以上梗肋处（a—a）的主应力计算为例。

①剪应力

剪应力的计算按式（12-53）进行，其中 V_Q 为可变作用引起的剪力标准值组合，$V_Q=V_{Q1}+V_{Q2}=301.31+29.37=330.68\text{kN}$，所以有：

$$\tau=\frac{V_{G1}S_{na}}{bI_n}+\frac{V_{G21}S'_{0a}}{bI'_0}+\frac{(V_{G22}+V_Q)\ S_{0a}}{bI_0}-\frac{\sum\sigma''_{pe}A_{pb}\sin\theta_p S_{na}}{bI_n}$$

$$=\frac{315.95\times10^3\times2.2786\times10^8}{180\times670.831\times10^9}+\frac{34.11\times10^3\times2.861\times10^8}{180\times683.420\times10^9}+$$

$$\frac{(108.37+330.68)\ \times10^3\times3.375\times10^8}{180\times688.108\times10^9}-\frac{1177.99\times3920\times0.0836\times2.786\times10^8}{180\times670.831\times10^9}$$

$$=1.11\text{MPa}$$

②正应力

$$N_{pII}=\sigma_{pII}\cdot A_{pb}\cdot\cos\theta_p+\sigma_{pII}A_p-\sigma_{l6}A_s$$

$$=1177.99\times3920\times0.9959+1177.99\times0-82.22\times1527$$

$$=4473.24\times10^3\text{N}$$

$$e_{pn}=\frac{(\sigma_{pII}\cdot A_{pb}\cdot\cos\theta_p+\sigma_{pII}A_p)(y_{nb}-a_p)-\sigma_{l6}A_s(y_{nb}-a_s)}{\sigma_{pII}\cdot A_{pb}\cdot\cos\theta_p+\sigma_{pII}A_p-\sigma_{l6}A_s}$$

$$=\frac{4598.79\times(1467.9-843.25)-125.55\times(1467.9-45)}{4598.79-125.55}$$

$$=602.2\text{mm}$$

$$\sigma_{cx}=\frac{N_{pII}}{A_n}-\frac{N_{pII}\cdot e_{pn}\cdot y_{na}}{I_n}+\frac{M_{G1}\cdot y_{na}}{I_n}+\frac{M_{G21}\cdot y'_{0a}}{I'_0}+\frac{(M_{G22}+M_Q)\cdot y_{0a}}{I_0}$$

$$=\frac{4473.24\times10^3}{801.757\times10^3}-\frac{4473.24\times10^3\times602.2\times(1032.1-250)}{670.831\times10^9}+$$

$$\frac{1793.85\times10^6\times(1032.1-250)}{670.831\times10^9}+\frac{191.83\times10^6\times(1057.3-250)}{683.420\times10^9}+$$

$$\frac{(523.33+1155.18)\times10^6\times(961.7-250)}{688.108\times10^9}$$

$$=5.58-3.14+2.09+0.23+1.74=6.50\text{MPa}$$

③主应力

$$\left.\begin{matrix}\sigma_{tp}\\ \sigma_{cp}\end{matrix}\right\}=\frac{\sigma_{cx}+\sigma_{cy}}{2}\mp\sqrt{\left(\frac{\sigma_{cx}-\sigma_{cy}}{2}\right)^2+\tau^2}=\frac{6.50}{2}\mp\sqrt{\left(\frac{6.50}{2}\right)^2+1.11^2}=\begin{cases}-0.18\text{MPa}\\ 6.68\text{MPa}\end{cases}$$

同理，可得 x_0—x_0 及下梗肋 b—b 的主应力如表 12-18。

变化点截面（II—II）主应力计算表 表 12-18

计算纤维	面积矩（mm³）			剪应力 τ（MPa）	正应力 σ（MPa）	主应力（MPa）	
	第一阶段净截面 s_n	第二阶段换算截面 s'_0	第三阶段换算截面 s_0			σ_{tp}	σ_{cp}
a—a	2.786×10^8	2.861×10^8	3.375×10^8	1.11	6.50	−0.18	6.68
x_0—x_0	3.287×10^8	3.379×10^8	3.830×10^8	1.26	5.52	−0.27	5.79
b—b	2.330×10^8	2.488×10^8	2.685×10^8	0.89	3.96	−0.19	4.15

(3) 主压应力的限制值

混凝土的主压应力限制值为 $0.6f_{ck}=0.6\times32.4=19.44\text{MPa}$，与表 12-18 的计算结果比较，可见混凝土主压应力计算值均小于限值，满足要求。

(4) 主应力验算

将表 12-18 中的主压应力值与主压应力限制值进行比较，均小于相应的限制值。最大主拉应力为 $\sigma_{tpmax}=0.27\text{MPa}<0.5f_{tk}=0.5\times2.65=1.33\text{MPa}$，按《公桥规》的要求，仅需按构造布置箍筋。

12.9.10 抗裂性验算

1) 作用短期效应组合作用下的正截面抗裂验算

正截面抗裂验算取跨中截面进行。

(1) 预加力产生的构件抗裂验算边缘的混凝土预压应力的计算

跨中截面：

$$N_{p\text{II}}=\sigma_{p\text{II}}A_p-\sigma_{l6}A_s=1160.46\times3920-82.22\times1527=4423.45\text{kN}\cdot\text{m}$$

$$e_{pn}=\frac{\sigma_{p\text{II}}A_p(y_{nb}-a_p)-\sigma_{l6}A_s(y_{nb}-a_s)}{\sigma_{p\text{II}}\cdot A_p-\sigma_{l6}A_s}$$

$$=\frac{1160.46\times3920\times(1524-100)-82.22\times1527\times(1524-45)}{1160.46\times3920-82.22\times1527}$$

$$=1422.4\text{mm}$$

则：

$$\sigma_{pc}=\frac{N_{p\text{II}}}{A_n}+\frac{N_{p\text{II}}e_{pn}}{W_{nb}}$$

$$=\frac{4423.45\times10^3}{801.75\times10^3}+\frac{4423.45\times10^3\times1422.4}{4.38\times10^8}$$

$$=19.88\text{MPa}$$

(2) 由荷载产生的构件抗裂验算边缘混凝土的法向拉应力的计算

由式 (12-76) 得：

$$\sigma_{st}=\frac{M_s}{W}=\frac{M_{G1}}{W_n}+\frac{M_{G21}}{W'_0}+\frac{M_{G22}}{W_0}+\frac{M_{Qs}}{W_0}$$

$$=\frac{4109.88\times10^6}{4.38\times10^8}+\frac{440.8\times10^6}{4.964\times10^8}+\frac{1401.92\times10^6}{4.695\times10^8}+\frac{2411.31\times10^6}{4.695\times10^8}$$

$$=18.39\text{MPa}$$

(3) 正截面混凝土抗裂验算

对于 A 类部分预应力混凝土构件，作用荷载短期效应组合作用下的混凝土拉应力应满足下列要求：

$$\sigma_{st}-\sigma_{pc}\leqslant0.7f_{tk}$$

由以上计算知 $\sigma_{st}-\sigma_{pc}=18.39-19.88=-1.49\text{MPa}$ (压)，说明截面在作用 (或荷载) 短期效应组合作用下没有消压，计算结果满足《公桥规》中 A 类部分预应力构件按作用短期效应组合计算的抗裂要求。同时，A 类部分预应力混凝土构件还必须满足作用长期效应组合的抗裂要求。

由式（12-79）得：

$$\sigma_{lt}=\frac{M_l}{W}=\frac{M_{G1}}{W_n}+\frac{M_{G21}}{W'_0}+\frac{M_{G22}}{W_0}+\frac{M_{Ql}}{W_0}$$

$$=\frac{4109.88\times10^6}{4.38\times10^8}+\frac{440.8\times10^6}{4.964\times10^8}+\frac{1401.92\times10^6}{4.695\times10^8}+\frac{1317.84\times10^6}{4.695\times10^8}$$

$$=16.06\text{MPa}$$

$$\sigma_{lt}-\sigma_{pc}=16.06-19.88=-3.82\text{MPa}<0$$

所以构件满足《公桥规》中A类部分预应力混凝土构件的作用长期效应组合的抗裂要求。

2）作用短期效应组合作用下的斜截面抗裂验算

斜截面抗裂验算应取剪力和弯矩均较大的最不利区段截面进行，这里仍取剪力和弯矩都较大的变化点（II—II）（图 12-22）截面为例进行计算。实际设计中，应根据需要增加验算截面。该截面的面积矩见表 12-17。

（1）主应力计算

以上梗肋处（a—a）的主应力计算为例。

①剪应力

剪应力的计算按式（12-53）进行，其中 V_{Qs} 为可变作用引起的剪力短期效应组合值，$V_{Qs}=160.6$kN，所以有

$$\tau=\frac{V_{G1}S_{na}}{bI_n}+\frac{V_{G21}S'_{0a}}{bI'_0}+\frac{(V_{G22}+V_{Qs})S_{0a}}{bI_0}-\frac{\sum\sigma''_{pe}A_{pb}\sin\theta_p S_{na}}{bI_n}$$

$$=\frac{315.95\times10^3\times2.786\times10^8}{180\times670.831\times10^9}+\frac{34.11\times10^3\times2.861\times10^8}{180\times683.42\times10^9}+$$

$$\frac{(108.37+204.55)\times10^3\times3.375\times10^8}{180\times688.708\times10^9}-\frac{1177.99\times3920\times0.0836\times2.786\times10^8}{180\times670.831\times10^9}$$

$$=0.77\text{MPa}$$

②正应力

$$\sigma_{cx}=\frac{N_{pII}}{A_n}-\frac{N_{pII}\cdot e_{pn}\cdot y_{na}}{I_n}+\frac{M_{G1}\cdot y_{na}}{I_n}+\frac{M_{G21}\cdot y'_{0a}}{I'_0}+\frac{(M_{G22}+M_Q)\cdot y_{0a}}{I_0}$$

$$=\frac{4473.24\times10^3}{801.757\times10^3}-\frac{4473.24\times10^3\times602.2\times(1032.1-250)}{670.831\times10^9}+$$

$$\frac{1793.85\times10^6\times(1032.1-250)}{670.831\times10^9}+\frac{191.83\times10^6\times(1057.3-250)}{683.420\times10^9}+$$

$$\frac{(523.33+735.67)\times10^6\times(961.7-250)}{688.108\times10^9}$$

$$=5.58-3.14+2.09+0.23+0.96=5.72\text{MPa}$$

③主拉应力

$$\sigma_{tp}=\frac{\sigma_{cx}+\sigma_{cy}}{2}-\sqrt{\left(\frac{\sigma_{cx}-\sigma_{cy}}{2}\right)^2+\tau^2}=\frac{5.72}{2}-\sqrt{\left(\frac{5.72}{2}\right)^2+0.77^2}=-0.01\text{MPa}$$

同理，可得 x_0—x_0 及下梗肋 b—b 的主应力如表 12-19。

(2) 主拉应力的限制值

作用短期效应组合下抗裂验算的混凝土的主拉应力限值为

$$0.7f_{tk}=0.7\times2.65=1.86\text{MPa}$$

从表 12-19 中可以看出，以上主拉应力均符合要求。所以变化点截面满足作用短期效应组合作用下的斜截面抗裂验算要求。

变化点截面（II—II）抗裂验算主拉应力计算表 表 12-19

计算纤维	面积矩（mm^3）			剪应力 τ（MPa）	正应力 σ（MPa）	主拉应力 σ_{tp}（MPa）
	第一阶段净截面 s_n	第二阶段换算截面 s'_0	第三阶段换算截面 s_0			
a—a	2.786×10^8	2.861×10^8	3.375×10^8	0.77	5.72	−0.01
x_0—x_0	3.287×10^8	3.379×10^8	3.830×10^8	0.87	5.51	−0.02
b—b	2.330×10^8	2.488×10^8	2.685×10^8	0.61	5.10	−0.01

12.9.11 主梁变形（挠度）计算

根据主梁截面在各阶段混凝土正应力验算结果，可知主梁在使用荷载作用下截面不开裂。

1) 荷载短期效应作用下主梁挠度验算

主梁计算跨径 $l=38.860\text{m}$，C50 混凝土的弹性模量 $E_c=3.45\times10^4\text{MPa}$。

由表 12-11 可见，主梁在各控制截面的换算截面惯性矩各不相同，本算例为简化，取梁 $l/4$ 处截面的换算截面惯性矩 $I_0=700.694\times10^9\text{mm}^4$ 作为全梁的平均值来计算。

由式（12-90）可得到简支梁挠度验算式为：

$$w_{Ms}=\frac{\alpha M_s L^2}{0.95E_c I_0}$$

(1) 可变荷载作用引起的挠度

现将可变荷载作为均布荷载作用在主梁上，则主梁跨中挠度系数 $\alpha=\frac{5}{48}$（查表 12-3），荷载短期效应的可变荷载值为 $M_{Qs}=2411.31\text{kN}\cdot\text{m}$（查表 12-7）。

由可变荷载引起的简支梁跨中截面的挠度为：

$$w_{Qs}=\frac{5}{48}\times\frac{38860^2}{0.95\times3.45\times10^4}\times\frac{2411.31\times10^6}{700.694\times10^9}$$

$$=16.5\text{mm}(\downarrow)$$

考虑长期效应的可变荷载引起的挠度值为：

$$w_{Ql}=\eta_{\theta,Ms}\cdot w_{Qs}=1.43\times16.5=23.6\text{mm}<\frac{l}{600}=\frac{38860}{600}=64.7\text{mm}$$

满足要求。

(2) 考虑长期效应的一期恒载、二期恒载引起的挠度

$$w_{Gl} = \eta_{\theta,Ms} \cdot (w_{G1} + w_{G2})$$
$$= 1.43 \times \frac{5}{48} \times \frac{38860^2}{0.95 \times 3.45 \times 10^4} \times \frac{(4109.88 + 1842.72) \times 10^6}{700.694 \times 10^9}$$
$$= 58.3\text{mm}(\downarrow)$$

2）预加力引起的上拱度计算

采用 $l/4$ 截面处的使用阶段永存预加力矩作用为全梁平均预加力矩计算值，即：

$$N_{pII} = \sigma_{pII} \cdot A_{pb} \cdot \cos\theta_p + \sigma_{pII} A_p - \sigma_{l6} A_s$$
$$= 1181.21 \times 980 \times (0.9925 + 0.9959 + 0.9988 + 0.9997) - 82.22 \times 1527$$
$$= 4489.63 \times 10^3 \text{N}$$

$$e_{p0} = \frac{(\sigma_{pII} \cdot A_{pb} \cdot \cos\theta_p + \sigma_{pII} A_p)(y_{0b} - a_p) - \sigma_{l6} A_s (y_{0b} - a_s)}{\sigma_{pII} \cdot A_{pb} \cdot \cos\theta_p + \sigma_{pII} A_p - \sigma_{l6} A_s}$$
$$= \frac{4615.18 \times (1530.6 - 453.75) - 125.55 \times (1530.6 - 45)}{4615.18 - 125.55}$$
$$= 1065.4\text{mm}$$

$$M_{pe} = N_{pII} e_{p0} = 4489.63 \times 10^3 \times 1065.4 = 4783.25 \times 10^6 \text{N} \cdot \text{mm}$$

截面惯矩应采用预加力阶段（第一阶段）的截面惯矩，为简化这里仍以梁 $l/4$ 处截面的截面惯性矩 $I_n = 660.966 \times 10^9 \text{mm}^4$ 作为全梁的平均值来计算。

则主梁上拱度（跨中截面）为：

$$\delta_{pe} = \int_0^L \frac{M_{pe} \cdot M_x}{0.95 E_c I_0} dx$$
$$= -\frac{M_{pe} \cdot L^2}{8 \times 0.95 E_c I_n}$$
$$= -\frac{4783.25 \times 10^6 \times 38860^2}{8 \times 0.95 \times 3.45 \times 10^4 \times 660.966 \times 10^9}$$
$$= -41.7\text{mm}(\uparrow)$$

考虑长期效应的预加力引起的上拱值为 $\delta_{pe,l} = \eta_{\theta,pe} \cdot \delta_{pe} = 2 \times (-41.7) = -83.4\text{mm}$（↑）

3）预拱度的设置

梁在预加力和荷载短期效应组合共同作用下并考虑长期效应的挠度值为：

$$w_l = w_{Ql} + w_{Gl} - \delta_{pe,l} = 23.6 + 58.3 - 83.4 = -1.5\text{mm}(\uparrow)$$

预加力产生的长期反拱值大于按荷载短期效应组合计算的长期挠度值，所以不需要设置预拱度。

12.9.12　锚固区局部承压计算

根据对四束预应力钢筋锚固点的分析，N2 钢束的锚固端局部承压条件最不利，现对 N2 锚固端进行局部承压验算。图 12-28 为 N2 钢束梁端锚具及间接钢筋的构造布置图。

1）局部受压区尺寸要求

配置间接钢筋的混凝土构件，其局部受压区的尺寸应满足下列锚下混凝土抗裂计算的要求：

$$\gamma_0 F_{ld} \leqslant 1.3 \eta_s \beta f_{cd} A_{ln}$$

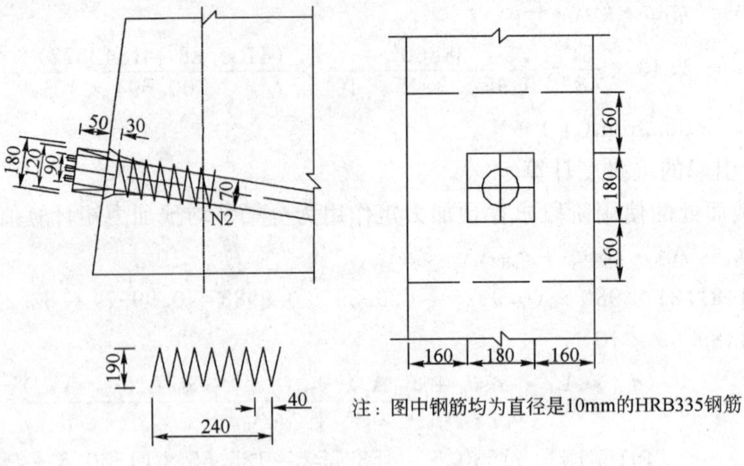

图 12-28　锚固区局部承压计算图（尺寸单位：mm）

式中：γ_0——结构重要性系数，这里 $\gamma_0=1.0$；

F_{ld}——局部受压面积上的局部压力设计值，后张法锚头局压区应取 1.2 倍张拉时的最大压力，所以局部压力设计值为：

$$F_{ld}=1.2\times1395\times980=1640.52\times10^3\text{N}$$

η_s——混凝土局部承压修正系数，$\eta_s=1.0$；

f_{cd}——张拉锚固时混凝土轴心抗压强度设计值，混凝土强度达到设计强度的 90% 时张拉，此时混凝土强度等级相当于 $0.9\times C50=C45$，由附表 1-1 查得 $f_{cd}=20.5\text{MPa}$；

β——混凝土局部承压承载力提高系数，$\beta=\sqrt{\dfrac{A_b}{A_l}}$；

A_{ln}、A_l——混凝土局部受压面积，A_{ln} 为扣除孔洞后面积，A_l 为不扣除孔洞面积；对于具有喇叭管并与垫板连成整体的锚具，A_{ln} 可取垫板面积扣除喇叭管尾端内孔面积；本示例中采用的即为此类锚具，喇叭管尾端内孔直径为 70mm，所以：

$$A_l=180\times180=32400\text{mm}^2$$

$$A_{ln}=180\times180-\frac{\pi\cdot70^2}{4}=28552\text{mm}^2$$

A_b——局部受压计算底面积；局部受压面为边长为 180mm 的正方形，根据《公桥规》中的计算方法（图 12-28），局部承压计算底面积为：

$$A_b=500\times500=250000\text{mm}^2$$

$$\beta=\sqrt{\frac{A_b}{A_l}}=\sqrt{\frac{250000}{32400}}=2.78$$

所以：

$$\begin{aligned}1.3\eta_s\beta f_{cd}A_{ln}&=1.3\times1.0\times2.78\times20.5\times28552\\&=2115.332\times10^3\text{N}>\gamma_0F_{ld}(=1640.52\times10^3\text{N})\end{aligned}$$

计算表明，局部承压区尺寸满足要求。

2）局部抗压承载力计算

配置间接钢筋的局部受压构件，其局部抗压承载力计算公式为：

$$\gamma_0 F_{ld} \leqslant 0.9(\eta_s \beta f_{cd} + k\rho_v \beta_{cor} f_{sd})A_{ln}$$

且须满足：

$$\beta_{cor}=\sqrt{\frac{A_{cor}}{A_l}}\geqslant 1$$

式中：F_{ld}——局部受压面积上的局部压力设计值，$F_{ld}=1640.52\times10^3$N；

A_{cor}——混凝土核心面积，可取局部受压计算底面积范围以内的间接钢筋所包罗的面积，这里配置螺旋钢筋（图 12-28）得：

$$A_{cor} = \pi \cdot 210^2/4 = 34636\text{mm}^2$$

$$\beta_{cor} = \sqrt{\frac{A_{cor}}{A_l}} = \sqrt{\frac{34636}{32400}} = 1.034 > 1$$

k——间接钢筋影响系数；混凝土强度等级为 C50 及以下时，取 $k=2.0$；

ρ_v——间接钢筋体积配筋率；局部承压区配置直径为 10mm 的 HRB335 钢筋，单根钢筋截面积为 78.54 mm²，所以

$$\rho_v = \frac{4A_{ssl}}{d_{cor}s} = \frac{4\times78.54}{210\times40} = 0.0374$$

C45 混凝土 $f_{cd}=20.5$MPa。将上述各计算值代入局部抗压承载力计算公式，可得到：

$$\begin{aligned}F_u &= 0.9(\eta_s\beta f_{cd} + k\rho_v\beta_{cor}f_{sd})A_{ln}\\ &= 0.9\times(1\times2.22\times20.5+2\times0.0374\times1.034\times280)\times28552\\ &= 1725.95\text{kN} > \gamma_0 F_{ld}(=1640.52\text{kN})\end{aligned}$$

故局部抗压承载力计算通过。

所以 N2 钢束锚下局部承压计算满足要求。同理可对 N1、N3、N4 号钢束进行局部承压计算。

本章小结

预应力混凝土受弯构件的设计与计算是本书第二篇的重点。本章首先介绍了预应力混凝土受弯构件的受力过程，预应力损失的计算方法，然后重点讨论了两种设计状况的应力计算方法和极限承载力计算方法，并简要介绍了抗裂验算、变形计算及端部锚固区计算，最后通过一应用示例具体阐述预应力混凝土简支梁的设计过程。

通过本章学习，应掌握以下几个方面的内容：

（1）预应力混凝土受弯构件从张拉钢筋到加载直至截面破坏的受力过程；

（2）预应力损失的种类、各种预应力损失的计算方法及组合；

（3）预应力混凝土受弯构件正截面、斜截面承载力计算方法；

（4）预应力混凝土受弯构件短暂状况和持久状况的应力计算方法；

（5）预应力混凝土受弯构件的抗裂验算、变形计算及端部承压区计算的方法。

思考题与习题

12-1 预应力混凝土受弯构件在施工阶段和使用阶段的受力有何特点？

12-2 何谓张拉控制应力？张拉控制应力的高低对构件有何影响？

12-3 《公桥规》中考虑的预应力损失主要有哪些？引起各项预应力损失的主要原因是什么？如何减小各项预应力损失？

12-4 何谓预应力钢筋的有效预应力？对先张法、后张法构件，其各阶段的预应力损失应如何组合？

12-5 在构件的受压区配置预应力钢筋对构件的受力特性有何影响？

12-6 为什么要进行构件的应力计算？应力计算包括哪些计算项目？

12-7 为什么要进行构件的抗裂计算？构件的抗裂主要通过什么来控制？斜截面抗裂计算中如何选择计算截面？抗裂计算与应力计算有何异同点？

12-8 预应力混凝土构件的挠度有哪些组成部分？何谓上拱度？何谓预拱度？《公桥规》中如何考虑荷载长期作用的影响以及如何设置预拱度？

12-9 端块受力有何特点？何谓预应力钢筋的传递长度？何谓预应力钢筋的锚固长度？

12-10 什么是截面抗弯效率指标？何谓束界？预应力钢筋的布置原则是什么？如何确定预应力钢筋的弯起点？如何确定预应力钢筋的弯起角度？

12-11 某后张法预应力混凝土T形截面梁，采用C40混凝土，预应力钢绞线（$f_{pk}=1860$MPa），$A_p=2940\text{mm}^2$，预应力筋合力中心距截面底边100mm。受压翼缘的有效宽度$b'_f=2200$mm，腹板厚$b=200$mm。跨中截面作用效应$M_{G1}=2.47\times10^3\text{kN}\cdot\text{m}$、$M_{G2}=480\text{kN}\cdot\text{m}$、$M_Q=1592\text{kN}\cdot\text{m}$（不含冲击），$1+\mu=1.08$，$\gamma_0=1.0$。$\sigma_{l1}=93$MPa，$\sigma_{l2}=0$，$\sigma_{l4}=32$MPa，$\sigma_{l5}=30$MPa，$\sigma_{l6}=75$MPa。截面参数见表12-20。

表12-20

阶段	A (mm²)	y_u (mm)	y_b (mm)	I (mm⁴)	备注
预加力阶段	8.75×10^5	544	1256	3.01×10^{11}	为净截面参数
使用阶段	9.00×10^5	560	1240	3.30×10^{11}	为换算截面参数

(1) 试进行正截面抗弯承载力验算（按第一类T形截面）。

(2) 当混凝土达到设计强度等级时进行预应力钢筋的张拉锚固。试进行预加力阶段截面下缘的正应力验算。

(3) 试进行持久状况截面上缘的正应力验算。

(4) 试按全预应力混凝土对正截面抗裂性验算。

12-12 课程设计。

1) 设计资料

(1) 简支梁跨径：跨径30m；计算跨径$l=28.66$m。

(2) 设计荷载：汽车荷载按公路—I级；人群荷载为3.0kN/m^2；结构重要性系数取$\gamma_0=1.0$。

(3) 环境：桥址位于野外一般地区，I类环境条件，年平均相对湿度为75%。

(4) 材料：预应力钢筋采用 ASTM A416－97a 标准的低松弛钢绞线（1×7 标准型），抗拉强度标准值 $f_{pk}=1860\text{MPa}$，抗拉强度设计值 $f_{pd}=1260\text{MPa}$，公称直径 15.24mm，公称面积 140mm^2，弹性模量 $E_p=1.95\times10^5\text{MPa}$；锚具采用夹片式群锚。

非预应力钢筋：采用 HRB335 级钢筋，抗拉强度标准值 $f_{sk}=335\text{MPa}$，抗拉强度设计值 $f_{sd}=280\text{MPa}$。钢筋弹性模量均为 $E_s=2.0\times10^5\text{MPa}$。

混凝土：主梁采用 C50，$E_c=3.45\times10^4\text{MPa}$，抗压强度标准值 $f_{ck}=32.4\text{MPa}$，抗压强度设计值 $f_{cd}=22.4\text{MPa}$；抗拉强度标准值 $f_{tk}=2.65\text{MPa}$，抗拉强度设计值 $f_{td}=1.83\text{MPa}$。

(5) 主梁各部分尺寸如图 12-29 所示。

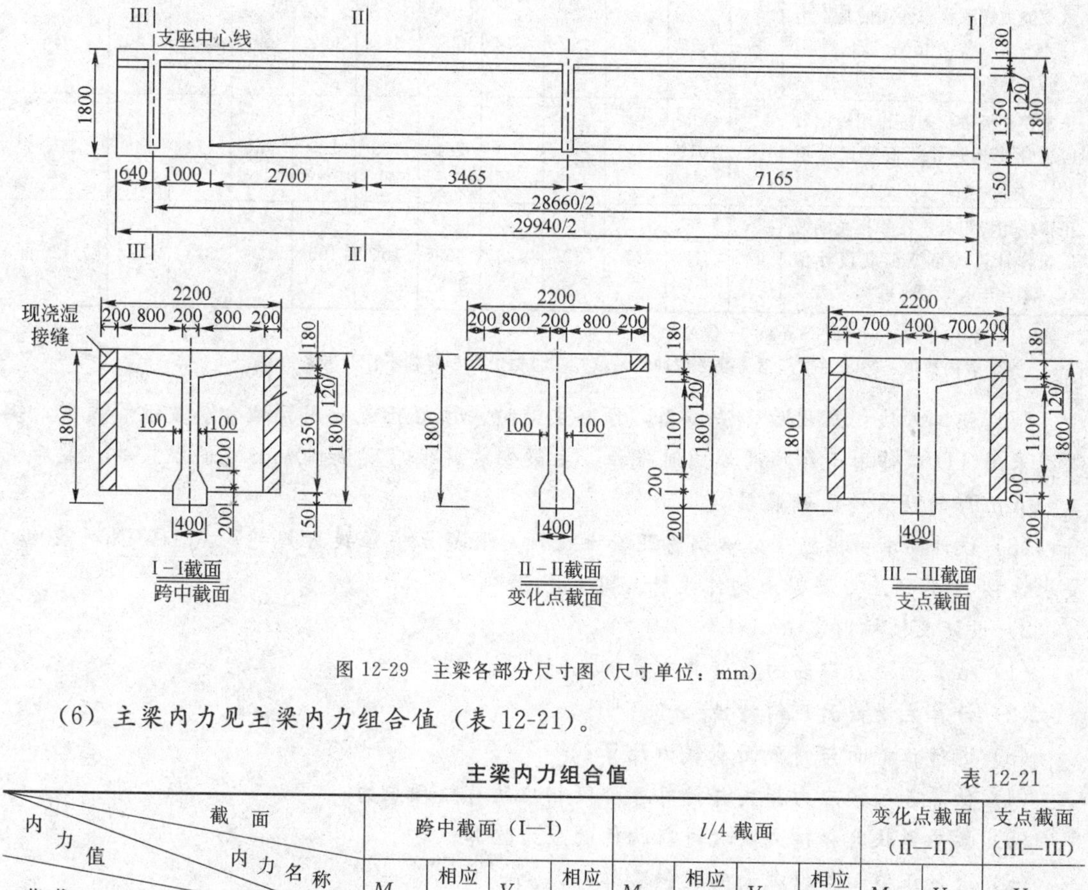

图 12-29 主梁各部分尺寸图（尺寸单位：mm）

(6) 主梁内力见主梁内力组合值（表 12-21）。

主梁内力组合值 表 12-21

荷载 \ 内力值 \ 截面 / 内力名称			跨中截面（I—I）				$l/4$ 截面				变化点截面（II—II）		支点截面（III—III）
			M_{max}	相应 V	V_{max}	相应 M	M_{max}	相应 V	V_{max}	相应 M	M_{max}	V_{max}	V_{max}
一期恒载标准值 G_1		①	2035	0	0	2035	1526	136	136	1526	1007	193	271
二期恒载标准值 G_2	现浇湿接缝 G_{21}	②	188	0	0	188	141	13	13	141	93	18	27.9
	桥面及栏杆 G_{22}	③	439	0	0	439	330	29	29	330	217	42	65.1
人群荷载标准值 Q_2		④	59	0	2	30	41	4	4	33	23	6	7
公路—I级汽车荷载标准值（不计冲击系数）		⑤	1371	58	91	1029	1058	259	259	1058	787	198	294

续上表

截面 / 内力名称 / 内力值 / 荷载		跨中截面（I—I）				$l/4$ 截面				变化点截面（II—II）		支点截面（III—III）
		M_{max}	相应 V	V_{max}	相应 M	M_{max}	相应 V	V_{max}	相应 M	M_{max}	V_{max}	V_{max}
公路—I级汽车荷载标准值（计冲击系数、冲击系数 $\mu=0.083$）	⑥	1681	71	112	1261	1297	317	317	1297	964	243	360
持久状态的应力计算的可变作用标准值组合（汽＋人）	⑦	1740	71	114	1291	1337	321	321	1330	988	249	367
承载能力极限状态计算的基本组合 1.0×（1.2 恒＋1.4 汽＋0.80×1.4×人）	⑧	5616	99	159	4994	4257	662	662	4249	2958	650	938
正常使用极限状态按作用短期效应组合计算的可变荷载设计值（0.7×汽＋1.0人）	⑨	1019	41	66	750	781	185	185	774	574	145	213
正常使用极限状态按作用长期效应组合计算的可变荷载设计值（0.4×汽＋0.4人）	⑩	572	23	37	423	439	105	105	436	324	82	120

注：1. 表中单位：M（kN·m）；V（kN）；

2. 表内数值：⑦⑧栏中汽车荷载考虑冲击系数；⑨⑩栏中汽车荷载不计冲击系数。

(7) 施工方法：采用后张法施工，预制主梁时，预留孔道采用预埋金属波纹管成型，钢绞线采用 TD 双作用千斤顶两端同时张拉；主梁安装就位后现浇 40mm 宽的湿接缝。最后施工 80mm 厚的沥青桥面铺装层。

(8) 设计要求：根据《公路钢筋混凝土及预应混凝土桥涵设计规范》（JTG D62—2004）要求，按 A 类预应力混凝土构件设计此梁。

2）设计及校核内容

(1) 估算预应力钢筋的数量并布置钢束；

(2) 计算主梁截面几何特性；

(3) 进行正截面与斜截面承载力计算；

(4) 估算各项预应力损失并计算各阶段相应的有效预应力；

(5) 按短暂状况和持久状况进行构件的应力验算；

(6) 进行正截面与斜截面的抗裂验算；

(7) 主梁的变形计算；

(8) 锚固局部承压计算与锚固区设计。

第 13 章　其他预应力混凝土结构简介

13.1　概　　述

前面介绍的主要是全预应力混凝土结构，即预应力度 $\lambda \geqslant 1$。除此之外，预应力混凝土结构还有许多别的类型，如介于全预应力混凝土结构和普通钢筋混凝土之间的部分预应力混凝土结构，预应力钢筋与混凝土之间无黏结力的无黏结预应力混凝土结构，在受压区布置预压钢筋的双预应力混凝土结构，以及预弯复合梁等。部分预应力混凝土结构和无黏结预应力混凝土结构在本章 13.2、13.3 节中分别予以介绍，下面先简要介绍一下双预应力混凝土结构和预弯复合梁。

13.1.1　双预应力混凝土结构

双预应力混凝土结构是同时采用张拉预应力钢筋和预压应力钢筋，从而在构件截面上建立预应力的预应力混凝土结构（图 13-1）。

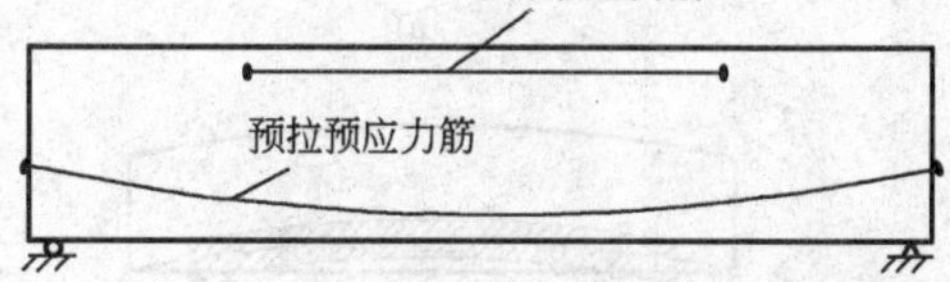

图 13-1　双预应力混凝土简支梁示意

下面以一种特殊的状态——消压状态为例来说明双预应力的工作原理。

如图 13-2a）所示为普通预应力混凝土简支梁，假定某一截面在预加力 N_p^l 和一、二期恒载（G_1+G_2）、部分活载（Q'）的共同作用下刚好处于消压状态，即该混凝土截面下缘应力为零，上缘压应力为 σ_c^l。由于 N_p^l 实际上是作用在该截面上的偏心压力，故无论怎样调整 N_p^l 的大小和作用位置，σ_c^l 恒不为零，如果在该简支梁上缘布置受压预应力筋（图 13-2b），通过调整 N_p^a 的大小和作用位置，使 N_p^a 在截面下缘产生的应力为零，上缘产生的拉应力 $|\sigma_c^a|=|\sigma_c^l|$。这样，在 N_p^l、N_p^a、G_1+G_2、Q' 共同作用下，该截面处于完全消压状态，即截面上无正应力，此时截面拉力仅用于抵抗（$Q-Q'$）引起的弯矩，这就是双预应力的工作原理。

这里要说明的是，双预应力技术并不是为了取得完全消压状态，而是通过双预应力技术，在通过合理调整受拉、预压预应力筋的数量、预应力大小及偏心距后，可获得所需的预加力偏心弯矩，最大限度地发挥截面能力。

与普通预应力混凝土受弯构件相比，双预应力混凝土结构有自重轻、建筑高度小、跨越能力强、轻巧美观等优点；其缺点在于施工工艺复杂、设备特殊、技术上还不是很完善等。

13.1.2　预弯复合梁

预弯复合梁也被称为钢—混凝土预弯预应力组合梁。它是将一片屈服强度较高的钢梁（如工字梁）按预定的上拱曲线加工成预弯梁，然后将钢梁置于支座上，在离梁端某一位移（如

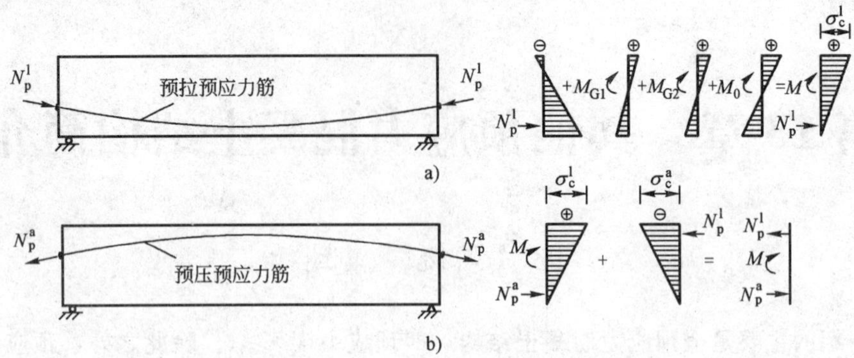

图 13-2　双预应力梁的应力

a）预拉预应力筋作用下梁的应力；b）预压预应力筋作用下梁的应力

1/4 跨度）作用一对（组）集中力，使预弯梁产生一定的预弯弯矩，然后在钢梁下翼缘以混凝土浇筑包裹，待混凝土达到一定强度后，卸去预弯力，使钢梁下翼缘的混凝土（一期混凝土）产生预压应力，最后浇筑上翼板及腹板两侧混凝土（二期混凝土），即形成预弯复合梁（图 13-3）。

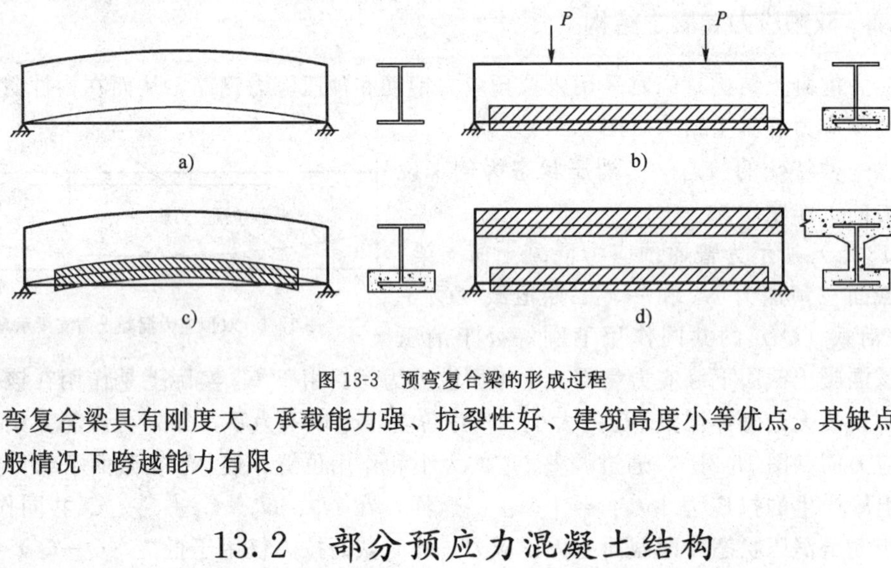

图 13-3　预弯复合梁的形成过程

预弯复合梁具有刚度大、承载能力强、抗裂性好、建筑高度小等优点。其缺点是用钢量大，一般情况下跨越能力有限。

13.2　部分预应力混凝土结构

13.2.1　部分预应力混凝土结构的特点

部分预应力混凝土结构的预应力度介于全预应力混凝土和普通钢筋混凝土之间，即 $1>\lambda>0$，其受力特性也介于二者之间。

图 13-4 中 1、2、3 折线分别表示具有相同承载能力 M_u 的全预应力、部分预应力和普通钢筋混凝土梁的 $M-f$ 关系。从图中可知，部分预应力混凝土梁受力特性与全预应力梁基本相似；在自重与有效预加力 N_p 作用下，它具有反拱 Δ_b，但其值较全预应力的反拱 Δ_a 小；当荷载增大，弯矩 M 达到 B 点时，梁的挠度为零，但此时受拉区边缘的混凝土应力不为零。当荷载继续增大达到折线 2 的 C 点时，荷载产生的梁底混凝土拉应力正好与梁底有效预压

应力 σ_{pc} 相互抵消，使混凝土截面下缘应力为零，此时对应的荷载弯矩即为消压弯矩 M_0。如继续加载至 D 点，混凝土边缘拉应力达到极限抗拉强度。随着外荷载增加，受拉区混凝土就进入塑性阶段，达到 D' 点时构件即将出现裂缝，此时对应的弯矩即为部分预应力混凝土构件的抗裂弯矩 M_{pcr}，显然（$M_{pcr}-M_0$）就相当于钢筋混凝土构件的抗裂弯矩 M_{cr}，即有 $M_{cr}=M_{pcr}-M_0$。若外荷载继续加大，裂缝展开，到达 E 点时受拉钢筋屈服。E 点以后裂缝进一步扩展，至 F 点时构件达到极限承载能力而破坏。

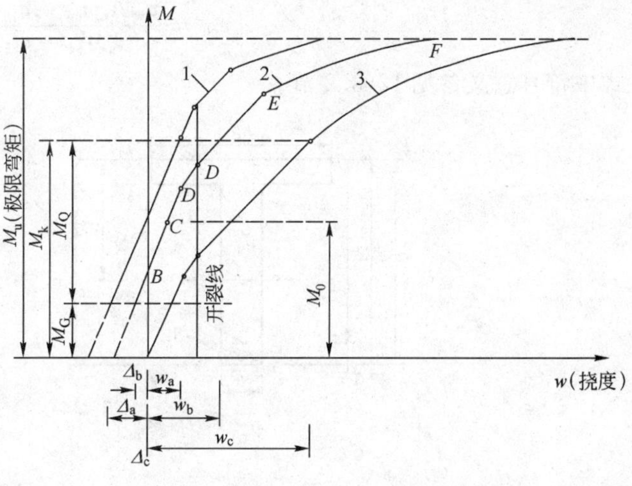

图 13-4　三种混凝土梁的 $M-f$ 关系图

与全预应力混凝土相比，部分预应力混凝土节省高强钢材，避免了过大的预应力反拱，具有较好的延性；与普通钢筋混凝土相比，其裂缝宽度与挠度小，尤其是最不利荷载卸载后的恢复性能较好。

13.2.2　应力验算

部分预应力混凝土 B 类受弯构件在开裂前的应力计算，与全预应力混凝土结构相同，这里仅介绍其在使用荷载作用下、截面开裂后的应力计算方法。

B 类受弯构件截面开裂后的应力状态，与钢筋混凝土大偏心受压很相似，不同之处在于前者有预加力的作用，从而截面上已经存在着由预加力引起的混凝土正应力。鉴于钢筋混凝土大偏心受压构件求解截面应力的公式是在“零应力”状态下建立的，故先将 B 类构件截面上由预加力引起的混凝土正应力退压成“零压力”状态，暂时消除预加力的影响，就可以借助钢筋混凝土大偏心受压构件的计算方法来求解截面上钢筋和混凝土的应力。为此，可将 B 类受弯构件（图 13-5a）受弯时的应力状态分解成如图 13-5b）所示的几个阶段进行分析。

（1）有效预加力 N_{pe} 作用

在有效预加力 N_{pe} 单独作用下的应变图，如图 13-5b）中的实线①所示。此时，受拉区预应力钢筋的应力为不计梁自重作用的有效预加应力：

$$\sigma_{pe}=\sigma_{con}-\sigma_{l} \tag{13-1}$$

由于混凝土的收缩和徐变使非预应力钢筋产生与预压力相反的内力，减少了受拉区混凝土的法向预压应力，为简化计算，非预应力钢筋的应力近似取混凝土收缩和徐变引起的预应力损失值。则在截面全部预应力钢筋和普通钢筋的合力 N_p 作用下，截面下缘预应力钢筋重心处混凝土的预压应力计算式为：

$$\sigma_{pc}=\frac{N_p}{A_n}+\frac{N_p e_{pn}}{I_n}y_n \tag{13-2}$$

$$N_p=\sigma_{pe}A_p-\sigma_{l6}A_s \tag{13-3}$$

$$e_{pn}=\frac{\sigma_{pe}A_p y_{pn}-\sigma_{l6}A_s y_{sn}}{\sigma_{pe}A_p-\sigma_{l6}A_s} \tag{13-4}$$

式中符号意义参见 12.3.2 节。

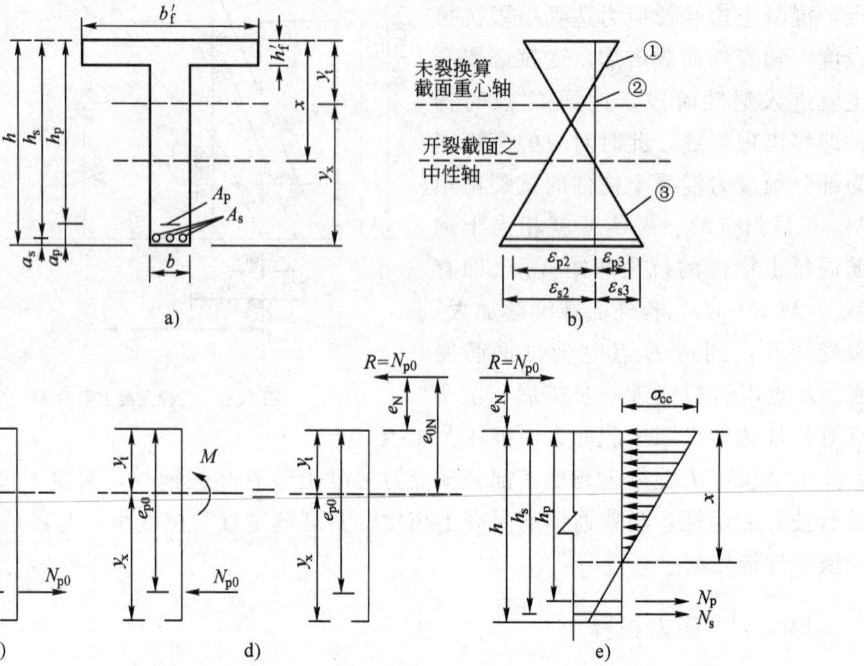

图 13-5　大偏心受压等效过程

a）开裂截面；b）截面应变分布；c）虚拟拉力；d）开裂截面上的力；e）偏心压力产生的截面应力

（2）虚拟荷载 N_{p0} 作用（消压状态）

图 13－5b）中的虚线②表示构件在某一虚拟荷载 N_{p0} 作用下，混凝土截面应变在各纤维层均为零的状态，即此状态为完全消压状态。混凝土消压后，在受拉区预应力钢筋重心处混凝土的应变由 ε_{pc} 变为零，而预应力筋相应的应变增量为（$-\varepsilon_{p2}$），其绝对值等于其重心处对应的混凝土应变 ε_{pc}。故受拉区预应力钢筋的拉应力增量为：

$$\sigma_{p2}=E_p\cdot(-\varepsilon_{p2})=E_p\varepsilon_{pc}=\alpha_{Ep}\sigma_{pc} \tag{13-5}$$

式中：α_{Ep}——预应力筋与混凝土的弹性模量之比。

在全消压状态下，受拉区预应力钢筋中的总拉应力 σ_{p0} 为 $\sigma_{pe}+\sigma_{p2}$，预应力钢筋和普通钢筋的合力 N_{p0} 为：

$$N_{p0}=\sigma_{p0}A_p-\sigma_{l6}A_s \tag{13-6}$$

（3）有效预加力 N_{pe} 与使用荷载弯矩 M_k 共同作用

虚拟荷载（N_{p0}）是为了计算处理而虚设的，为最终消除其影响，应在预应力钢筋和普通钢筋合力作用点处施加一个与 N_{p0} 大小相等、方向相反的作用力（$-N_{p0}$），实线③表示虚拟荷载的反力（$-N_{p0}$）和 M_k 共同对消压状态的零应变截面作用下引起的应变。

此时，作用于构件开裂截面上的计算弯矩 M_k 和偏心压力 N_{p0}，可等效成一个偏心压力 R，作用于开裂后的换算截面上（图 13-5d），并由此可求得 R 的大小及 R 距截面上边缘的

距离 e_N 为：

$$\left.\begin{aligned} R &= N_{p0} \\ e_N &= M_k/N_{p0} - h_{ps} \end{aligned}\right\} \tag{13-7}$$

这样，可按图 13-6 所示的钢筋混凝土大偏心受压构件来计算各项应力增量。计算时，首先按钢筋混凝土大偏心受压构件计算开裂截面的受压区高度，具体计算公式可参见《公桥规》附录 G。

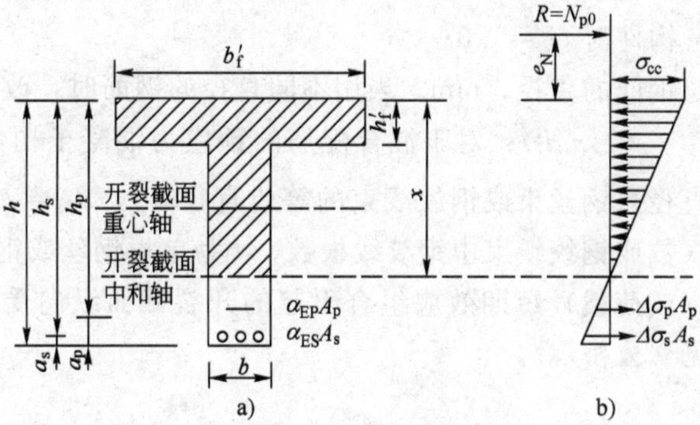

图 13-6　等效的钢筋混凝土偏心受压构件

a）开裂截面；b）等效受力图

使用阶段开裂截面混凝土的最大压应力和预应力钢筋的应力分别为：

混凝土的最大压应力 σ_{cc}：

$$\sigma_{cc} = \frac{N_{p0}}{A_{cr}} + \frac{N_{p0}e_{0N}c}{I_{cr}} \tag{13-8}$$

预应力筋拉应力 σ_p：

$$\sigma_p = \sigma_{p0} + \Delta\sigma_p = \sigma_{p0} + \alpha_{Ep}\left[\frac{N_{p0}}{A_{cr}} - \frac{N_{p0}e_{0N}(h_p - c)}{I_{cr}}\right] \tag{13-9}$$

式中，$e_{0N}=e_N+c$，c 为截面受压区边缘至开裂换算截面重心轴的距离，其余符号意义参见《公桥规》。

混凝土压应力和预应力钢筋的拉应力，《公桥规》规定不应超过如下限值：

混凝土　$\sigma_{cc} \leqslant 0.5f_{ck}$　(13-10)

对于钢绞线、钢丝　$\sigma_{p0} + \Delta\sigma_p \leqslant 0.65f_{pk}$　(13-11)

对于精轧螺纹钢筋　$\sigma_{p0} + \Delta\sigma_p \leqslant 0.80f_{pk}$　(13-12)

预应力混凝土受弯构件受拉区的普通钢筋，其使用阶段的应力很小可不必验算。

13.2.3　裂缝宽度计算

部分预应力混凝土受弯构件，在正常使用荷载下允许出现裂缝，因此应对其裂缝宽度进行控制，并使之不超过规定限值。

1）裂缝宽度的计算

对使用阶段允许出现裂缝的预应力混凝土 B 类受弯构件，《公桥规》采用的最大裂缝宽度计算公式为：

$$W_{tk}=C_1C_2C_3\frac{\sigma_{ss}}{E_s}\left(\frac{30+d}{0.28+10\rho}\right)(\text{mm}) \tag{13-13}$$

式中：C_1——钢筋表面形状系数，对于光面钢筋，$C_1=1.4$；对于带肋钢筋，$C_1=1.0$；

C_2——作用（或荷载）长期效应影响系数，$C_2=1+0.5\frac{N_l}{N_s}$，其中 N_l 和 N_s 分别为按作用（或荷载）长期效应组合和短期效应组合计算的内力值（弯矩或轴力）；

C_3——与构件受力性质有关的系数。当为钢筋混凝土板式受弯构件时，$C_3=1.15$；其他受弯构件时 $C_3=1.0$；

d——纵向受拉钢筋的直径，mm。当用不同直径的钢筋时，改用换算直径 d_e，$d_e=(\sum n_id_i^2)/(\sum n_id_i)$；对于混合配筋的预应力混凝土构件，式中 d_i 为普通钢筋公称直径、钢丝束或钢绞线束的等代直径 d_{pe}，$d_{pe}=\sqrt{n}d$，此处 n 为钢丝束中钢丝根数或钢绞线束中钢绞线根数，d 为单根钢丝或钢绞线的公称直径；

σ_{ss}——由作用（或荷载）短期效应组合引起的开裂截面纵向受拉钢筋的应力，σ_{ss} 计算式参见《公桥规》。

2）裂缝宽度限值

《公桥规》规定，B类预应力混凝土受弯构件的最大裂缝宽度不应超过下列规定限值：

（1）采用精轧螺纹钢筋的预应力混凝土构件，I类和II类环境条件下为0.20mm；III和IV类环境条件下为0.15mm。

（2）采用钢丝或钢绞线的预应力混凝土构件，I类和II类环境条件下为0.10mm；III和IV类环境条件下不得进行带裂缝的B类构件设计。

13.2.4 其他问题

除了前面介绍的使用阶段应力验算和裂缝宽度计算外，部分预应力混凝土受弯构件一般还应进行如下各项验算：承载力验算、变形验算，对于承受反复荷载的构件还需进行疲劳强度验算。

部分预应力混凝土受弯构件正截面和斜截面承载力计算，与前述混合配筋的预应力受弯构件相应的计算方法及公式相同。

《公桥规》规定预应力混凝土受弯构件的变形计算，应采用作用短期效应组合并考虑长期效应组合的影响，对允许开裂的预应力混凝土B类构件在短期效应组合下的刚度 B 有如下规定：

在开裂弯矩 M_{cr} 作用下　　　　$B_0=0.95E_cI_0$

在 (M_s-M_{cr}) 作用下　　　　$B_{cr}=E_cI_{cr}$

式中：I_0，I_{cr}——构件全截面换算截面惯矩和开裂截面换算截面惯矩；

M_{cr}——开裂弯矩，$M_{cr}=(\sigma_{pc}+\gamma f_{tk})W_0$，$\gamma=2S_0/W_0$；

其余符号意义见第12章相关内容。

关于疲劳强度的验算，主要是验算预应力混凝土B类构件受拉区钢筋的应力，控制箍筋的应力，具体可参照中国土木工程学会编制的《部分预应力混凝土结构建议》（以下称《建议》）进行。

对于部分预应力混凝土受弯构件的构造要求，《公桥规》和《建议》都作出了有关规定，如规定部分预应力混凝土梁应采用混合配筋，且非预应力钢筋宜采用较小直径及较小间距，并布置在受拉区边缘。其他具体构造要求可参照《建议》。

13.3 无黏结预应力混凝土构件

13.3.1 基本概念

无黏结预应力混凝土构件，是指配置的主筋为无黏结预应力钢筋的后张法预应力混凝土构件，而无黏结预应力钢筋，是指单根或多根高强钢丝、钢绞线或粗钢筋，沿其长度涂有专用防腐油脂涂料层和外包层，使之与周围混凝土不建立黏结力，张拉时可沿纵向滑动的预应力钢筋。

无黏结预应力混凝土构件可类似于普通钢筋混凝土构件进行施工，无黏结筋像普通钢筋一样敷设，然后浇筑混凝土，待混凝土达到一定强度后，进行预应力筋的张拉和锚固，省去了传统后张法预应力混凝土预埋管道、穿束、压浆等工序，简化了施工工艺，缩短工期，故有较好的经济性。

尽管我国《公桥规》中未对无黏结预应混凝土构件予以规定，但近年来已经修建了不少的无黏结预应力混凝土梁（板）桥，积累了大量的经验，为规范的修订奠定了坚实的基础。除《建议》中已包括了无黏结预应力混凝土的有关内容外，我国建设部也编制了行业标准《无黏结预应力混凝土结构技术规程》(JGJ/T 92—93)。

13.3.2 受力性能

无黏结预应力混凝土梁，一般分为纯无黏结预应力混凝土梁和无黏结部分预应力混凝土梁。前者指其受力主筋全部采用无黏结预应力钢筋；后者指其受力主筋采用无黏结预应力钢筋与适量非预应力有黏结钢筋的混合配筋梁。

纯无黏结预应力混凝土梁，在受荷开裂时，仅在梁最大弯矩附近出现一条或几条裂缝。此时，其就像一个带拉杆的坦拱，随着荷载的少量增加，裂缝宽度将迅速扩展，构件很快破坏。

混合配筋的无黏结预应力混凝土梁开裂后，由于裂缝受到非预应力有黏结钢筋的约束，其裂缝数与间距同配有相同钢筋的普通钢筋混凝土梁非常接近。一般情况下，混合配筋的无黏结预应力混凝土梁，先是普通钢筋屈服，裂缝向上延伸，直到受压区混凝土达到极限压应变时，梁才呈弯曲破坏。

纯无黏结预应力混凝土受弯构件，与相应的有黏结预应力混凝土受弯构件相比，其承载力一般要低10%～30%。这主要是无黏结预应力筋在构件破坏时，其应力在全长范围内相等（不计摩擦），且不超过屈服强度，而有黏结预应力筋则仅在破坏截面处的应力最大，一般比全长平均应力高出10%～30%。

混合配筋的无黏结预应力混凝土受弯构件，虽然无黏结预应力筋仍沿全长相等（忽略摩擦），且在构件破坏时极限应力不超过屈服强度，但其极限应力的量值较纯无黏结梁要大得多，因此构件承载力比纯无黏结预应力混凝土受弯构件有所提高。

13.3.3 无黏结部分预应力混凝土受弯构件的计算

与有黏结预应力混凝土受弯构件一样，无黏结部分预应力混凝土梁也要进行截面极限承载力计算、施工阶段和使用阶段的应力验算，以及变形、裂缝宽度验算（B类构件）。这些内容的计算方法可参照《公桥规》和其他规范中的有关条文。这里仅介绍关于无黏结预应力钢筋的应力计算方法。

1）无黏结预应力钢筋的极限应力 σ_{pu}

无黏结预应力混凝土受弯构件承载力计算时，首先需求得无黏结预应力钢筋的极限应力 σ_{pu}。由于无黏结预应力筋沿全长可与周围混凝土作相对活动，故不能以变形协调原则求其值，其极限应力 σ_{pu}，与构件的跨度比、荷载分布、预应力筋与非预应力筋的强度和配筋率、有效预应力值以及混凝土等级有关。《建议》规定 σ_{pu} 按下式计算：

$$\sigma_{pu}=\sigma_{pe}+\Delta\sigma_{p} \tag{13-14}$$

式中：σ_{pu}——无黏结预应力筋的极限应力。当 $\sigma_{pu}>\sigma_{0.2}$ 时，取 $\sigma_{pu}=\sigma_{0.2}$；

σ_{p}——无黏结预应力筋的有效预应力；

$\Delta\sigma_{p}$——无黏结预应力筋在极限荷载作用下的应力增量，对于采用高强钢丝、钢绞线的无黏结预应力筋，可按13-1采用。

无黏结预应力钢筋在极限荷载下的应力增量 $\Delta\sigma_p$（MPa）　　表 13-1

配筋指标 $\beta_p+\beta_s$	l/h_p 10	l/h_p 20	配筋指标 $\beta_p+\beta_s$	l/h_p 10	l/h_p 20
0.05	500	500	0.20	350	300
0.10	500	500	0.25	250	200
0.15	450	400			

注：表中 l 为梁的总长；h_p 为无黏结钢筋截面重心至混凝土受压边缘的距离；$\beta_p=\sigma_{pe}\cdot A_p/f_{cd}bh_p$，$\beta_s=\sigma_{sd}\cdot A_s/f_{cd}bh_s$；$\sigma_{pe}$ 为预应力钢筋的有效预应力，不宜低于 $0.6\sigma_{0.2}$。

2）正截面承载力计算

无黏结部分预应力混凝土梁正截面承载力计算方法与图式，与混合配筋的全预应力混凝土受弯构件相同，但对于无黏结预应力筋只能取其极限应力 σ_{pu}，而不是抗拉设计强度 f_{pd}。

《建议》从考虑适当提高部分预应力混凝土受弯构件延性的要求出发，建议受压区高度 x 应满足：

一般构件 $x\leqslant 0.4h_p$

延性要求较高的构件 $x\leqslant 0.3h_p$

当然，与全预应混凝土受弯构件一样，受压区高度 x 首先需满足 $x\leqslant\xi_b h_0$。

13.3.4 构造要点

有关无黏结部分预应力混凝土受弯构件的构造问题，在有黏结部分预应力混凝土的构造要求基础上，针对无黏结特点，叙述如下：

(1) 无黏结钢筋应尽量采用碳素钢丝、钢绞线和热处理钢筋，相应地，混凝土强度等级不宜低于 C40。

非预应力钢筋宜选用热轧 HRB335、HRB400 钢筋，钢筋直径宜选 12mm 或 14mm，不应超过 20mm。

(2) 采用混合配筋的受弯构件，应将非预应力筋布置在靠近截面受拉边缘且应满足混凝土保护层厚度要求；预应力筋应布置在非预应力筋上方。

(3) 非预应力筋的最小数量应满足：

$$f_{sd}A_s(f_{sd}A_s+\sigma_{pu}A_p)>0.25$$

式中 f_{sd}的取值不得大于 400MPa。

(4) 为保证无黏结预应力混凝土梁的耐久性，应保证无黏结预应力筋在构件使用中不锈蚀，因而必须对预应力筋沿其全长进行防腐处理。施工中对涂层应加以保护，并保证预应力筋与周围混凝土能进行相对滑动。

(5) 无黏结预应力筋的锚具，必须按照预应力筋用锚具、夹具和连接器（GB/T 14370—93）规定程序进行试验验收，合格者方可使用。锚具应采取长期可靠的防腐措施，张拉结束后应及时封锚。

本章小结

本章所涉及的面较广。首先简要介绍了双预应力混凝土结构和预弯复合梁的基本原理及相关概念，然后介绍了部分预应力混凝土受弯构件的受力特征，B 类受弯构件在使用阶段的正应力及裂缝宽度的计算方法，最后介绍了无黏结预应力混凝土结构的基本概念、受力性能及预应力筋极限应力的计算。

通过本章学习，应了解或掌握以下内容：

(1) 各类预应力混凝土构件的基本概念；

(2) 部分预应力混凝土 B 类受弯构件的应力及裂缝宽度的计算方法；

(3) 部分预应力混凝土受弯构件、无黏结预应力混凝土受弯构件与全预应力混凝土受弯构件的异同。

思考题与习题

13-1 部分预应力混凝土受弯构件的受力特性与全预应力混凝土受弯构件的受力特性有哪些不同？

13-2 在混合配筋的预应力混凝土结构中，非预应力钢筋的作用是什么？

13-3 无黏结预应力混凝土梁在进行截面承载力计算时，其预应力钢筋的应力如何取值？为什么？

13-4 普通非预应力钢筋对于改善无黏结预应力混凝土梁的力学性能有何作用？

第3篇 圬工结构

第14章 圬工结构的基本概念与材料

14.1 圬工结构的基本概念

将砖、天然石材等用胶结材料连接成整体的结构，称为砖石结构；用整体浇筑的混凝土、片石混凝土或混凝土预制块构成的结构，称为混凝土结构。通常将以上两种结构统称为圬工结构。圬工结构中的砖、石及混凝土预制块等称为块材。由于圬工材料的共同特点是抗压强度大，而抗拉、拉剪强度低，因此，在桥梁工程中圬工结构常用作以承压为主的结构部件，如拱桥的桥圈、桥梁的墩台及基础、涵洞及重力式挡土墙等。

圬工结构常以砌体形式出现。砌体是用砂浆将具有一定规格的块材按一定的砌筑规则砌筑而成，并满足构件既定尺寸和形式要求的受力整体。砌筑规则主要是为保证砌体的受力尽可能均匀。如果块材排列不合理，使各层块材的竖向灰缝重合于几条垂直线上，则这些重合的竖向灰缝将砌体分割成彼此间不相联系和咬合的几个独立部分，因而不能很好地共同整体承受外力，从而削弱甚至破坏了建筑物的整体性。为保证砌体的整体性和受力性能，必须使砌体中的竖向灰缝互相咬合和错缝。

圬工材料之所以被广泛地应用于桥梁工程及其他建筑工程中，是因为它有着下述主要优点：

(1) 易于就地取材，天然石材、砂等几乎到处都有，且价格低廉。

(2) 耐火性、耐久性好，且有较好的化学稳定性及大气稳定性，因而其维修养护费用低。

(3) 施工简便，不需特殊设备，易于掌握。

(4) 具有较强的抗冲击及较大的超载能力，由于圬工结构一般体积较大，重量、刚度大，当构件受力时，其恒载与活载相比，恒载所占的比例较大，因而抗冲击能力强，超载能力大。

(5) 与钢筋混凝土结构相比，可节约水泥和钢材，且在砌筑砌体时不需要模板和特殊的设备，可以节约木材。

除以上优点外，砌体结构也存在一些明显的缺点：

(1) 自重大，由于砌体的强度较低，故必须采用较大截面尺寸的构件，其体积大，自重大。

(2) 砌筑工作相当繁重，目前的砌筑操作基本上还是采用手工方式，机械化程度低，施工工期长。

(3) 砂浆和块材间的黏结相对较弱，因而，砌体结构抗拉、抗弯强度很低，抗震能力差。

14.2 材料种类

14.2.1 材料种类

由于砖的强度低，耐久性差，在公路桥涵结构中较少采用，特别是在等级公路上的桥涵结构物不应采用砖砌体，因此《公路圬工桥涵设计规范》(JTG D61—2005) 中规定的桥梁工程中采用的圬工材料主要有石材、混凝土及砂浆。

1) 石材

石材是无明显风化的天然岩石，经过人工开采和加工后，外形规则的建筑用材。它具有强度高、抗冻与抗气性能好等优点，在有开采和加工能力的地区，石材广泛应用于建造桥梁基础、墩台、挡土墙等。桥涵结构应选择质地坚硬、均匀、无裂缝，且不易风化的石材。常用天然石材的种类主要有花岗岩、石灰岩等。石材根据开采方法、形状、尺寸及清凿加工程序的不同，可分为下列几类：

(1) 片石：是由爆破开采、直接炸取的不规则石材。使用时，形状不受限制，但厚度不得小于150mm，卵形和薄片不得采用。

(2) 块石：是按岩石层理放炮或锲劈而成的石材。要求形状大致方正，上下面大致平整，厚度为200～300mm，宽度约为厚度的1.0～1.5倍，长度为厚度的1.5～3.0倍。块石一般不修凿加工，但应敲去尖角凸出部分。

(3) 细料石：它是由岩层或大块石材开劈并经粗略修凿而成。要求外形方正，成六面体，表面凹陷深度不大于10mm，其厚度为200～300mm，宽度为厚度的1.0～1.5倍，长度为厚度的2.5～4.0倍。

(4) 半细料石：同细料石，但凹陷深度不大于15mm。

(5) 粗料石：同细料石，但凹陷深度不大于20mm。

桥涵结构中所用的石材强度等级有MU120、MU100、MU80、MU60、MU50、MU40、MU30。石材强度等级采用边长为70mm含水饱和的立方体试件的抗压强度(MPa)表示。不同强度等级石材的强度设计值和不同尺寸的石材试件强度等级换算系数分别见附表3-1和附表3-2。

2) 混凝土

(1) 混凝土预制块：是根据结构构造与施工要求，预先设计成一定形状和尺寸，然后浇筑而成。其尺寸要求不低于粗料石，且其表面应较为平整。应用混凝土预制块，可节省石材的开采加工工作，加快施工进度；对于形状复杂的块材，难以用石材加工时，更可显示出其优越性；另外，由于混凝土预制块形状、尺寸统一，因而，砌体表面整齐美观。

(2) 整体浇筑的混凝土：整体浇筑的素混凝土结构，由于收缩应力较大，受力不利，故较少采用。对于大体积混凝土，为了节省水泥，可在其中分层掺入含量不多于20%的片石，这种混凝土称为片石混凝土。其中片石强度等级不低于表14-1规定的最低强度等级且不低于混凝土强度等级。

(3) 小石子混凝土：是由胶结料（水泥）、粗集料（细卵石或碎石，粒径不大于

20mm)、细粒料（砂）加水拌和而成。采用小石子混凝土，可以节约水泥和砂，在一定条件下是一种水泥砂浆的代用品。

在桥涵结构中，采用的混凝土强度等级分为C40、C35、C30、C25、C20和C15。混凝土强度设计值参见附表3-3。

3）砂浆

砂浆是由胶结料（如水泥、石灰和黏土等）、粒料（砂）及水拌制而成。砂浆在砌体结构中的作用是将块材黏结成整体，并在铺砌时抹平块材不平的表面而使块材在砌体受压时能比较均匀地受力，此外，砂浆因填满了块材间隙，减少了砌体的透气性，从而提高了砌体的密实性、保温性与抗冻性。

砂浆按其所用的胶结料的不同分为：

(1) 水泥砂浆：胶结料为纯水泥（不加掺和料）的砂浆，强度较高。

(2) 混合砂浆：是用几种胶结料组成的砂浆。如水泥石灰砂浆、石灰黏土砂浆等。

(3) 石灰砂浆：胶结料为石灰的砂浆，强度较低。

由于石灰砂浆及混合砂浆的强度较低，使用性能较差，故在桥梁工程中大都采用水泥砂浆。

砂浆的物理力学性能指标主要有砂浆的强度、和易性和保水性。

桥涵结构中采用的砂浆的强度等级有M20、M15、M10、M7.5、M5。砂浆的强度等级采用边长为7.07cm的标准立方体试件28d抗压强度（MPa）表示。设计时，砂浆强度等级应与块材强度等级相配合，块材强度高应配用强度较高的砂浆，块材强度低宜配用强度低的砂浆。

砂浆的和易性是指砂浆在自身与外力作用下的流动性程度。和易性是用标准圆锥体沉入砂浆的深度测定。和易性好，则易铺砌，而且使砌缝均匀、密实，保证砌体质量。

砂浆的保水性是指砂浆在运输和使用过程中保持其均匀程度的能力。它直接影响砌体的砌筑质量，保水性好，砂浆在块材上能铺设均匀，若砂浆保水性差，砂浆易发生离析现象，新铺在块材上砂浆的水分很快散失或被块材吸去，使砂浆难以抹平，从而降低砌体的砌筑质量，同时，砂浆因失去过多水分而不能进行正常的硬化作用，因而会大大降低砌体的质量，因此，在砌筑砌体前必须对吸水性很大的干燥块材洒水湿润其砌筑表面。

《公桥规》规定了各种结构物所用的圬工材料的最低强度等级，见表14-1。

圬工材料的最低强度等级 表14-1

结构物种类	材料最低强度等级	砌筑砂浆最低强度等级
拱圈	MV50石材 C25混凝土（现浇） C30混凝土（预制块）	M10（大、中桥） M7.5（小桥涵）
大、中桥墩台及基础，轻型桥台	MU40石材 C25混凝土（现浇） C30号砖（预制块）	M7.5
小桥涵墩台、基础	MU30石材 C20混凝土（现浇） C25混凝土（预制块）	M5

14.2.2 砌体种类

工程中常用的砌体，根据选用块材的不同，可分为以下几类：

1）片石砌体

砌筑时，应敲掉片石凸出部分，使片石放置平稳，交错排列且相互咬紧，避免过大空隙，并用小石块填塞空隙（不得支垫）。所用砂浆用量不宜超过砌体体积的40%，以防砂浆的收缩量过大，同时也可以节省水泥用量。

2）块石砌体

块石应平砌，每层块石高度大致相等并应错缝砌筑，上下层错开距离不小于80mm。砌筑缝宽不宜过大，一般水平缝不大于30mm，竖缝不超过40mm。

3）粗料石砌体

砌筑时石材应安放端正，保证砌缝平直，砌缝宽度不大于20mm，并且错缝砌筑，错缝距离不小于100mm。

4）半细料石砌体

同粗料石砌体，但表面凹陷深度不大于15mm，砌缝宽度不大于15mm。

5）细料石砌体

同粗料石砌体，但表面凹陷深度不大于10mm，砌缝宽度不大于10mm。

6）混凝土预制块砌体

要求砌缝宽度不大于10mm，其他砌筑要求同粗料石砌体。

在桥梁工程中，砌体种类的选用应根据结构的重要程度、尺寸大小、工程环境、施工条件以及材料供应情况等综合考虑。

在砌筑片石、块石砌体时，若用小石子混凝土代替砂浆，则砌体称为小石子混凝土砌体。小石子混凝土砌体的抗压强度比同强度等级的砂浆砌体的抗压强度高。

为了节约水泥，对大体积结构如墩身等可采用片石混凝土砌体。该砌体是在混凝土中分层加入片石，但要求片石含量控制在砌体体积的50%～60%，片石强度等级不低于表14-1中规定的石材最低强度等级，且不低于混凝土强度等级，片石净距40～60mm以上。

《公桥规》规定了各种结构物所用的圬工材料及其砌筑砂浆的最低强度等级，如表14-1所示。设计时，砂浆强度应与块材强度相配合。

砌体中的圬工材料，除应符合规定的强度要求外，还应具有耐风化、抗侵蚀性等。严寒地区，砌体中所用的材料还应满足抗冻性要求。

14.3 砌体的强度与变形

14.3.1 砌体的抗压强度

1）砌体的受压破坏特征

砌体是由单块块材用砂浆黏结而成，它受压时的工作性能与单一均质的整体结构有很大的差别，而且砌体的抗压强度一般低于单块块材的抗压强度。为了能正确地了解砌体受压的工作特性，现以混凝土预制砌体为例来研究在荷载作用下砌体的破坏特征。

试验研究表明，砌体从开始受荷载到破坏大致经历下列三个阶段。

第I阶段：整体工作阶段。即从砌体开始加载到个别单块块材内第一批裂缝出现的阶段，如图 14-1a）所示。此时，如不增加荷载，裂缝也不再发展。这时的荷载约为破坏荷载的 50%～70%。

第II阶段：带裂缝工作阶段。即砌体随荷载再继续增大，单块块材内裂缝不断发展，并逐渐连接起来形成连续的裂缝，如图 14-1b）。此时，若不增加荷载而裂缝仍继续发展。这时的荷载约为破坏荷载的 80%～90%。

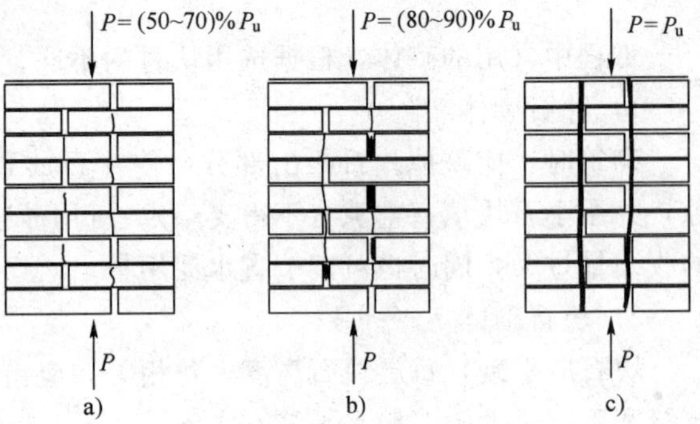

图 14-1　砖砌体受压过程

第III阶段：破坏阶段。当荷载再稍微增加，裂缝急剧发展，并连成几条贯通的裂缝，将砌体分成若干小柱，各小柱受力极不均匀，最后由于小柱被压碎或因丧失稳定导致砌体的破坏，如图 14-1c）所示。此时，砌体的强度称为砌体的抗压极限强度。

2）砌体受压时应力状态

从上述试验分析来看，砌体在受压破坏时，一个重要的特征是单块块材先开裂，且砌体的抗压强度总是低于它所用的块件的抗压强度，致使砌体的抗压强度不能充分发挥。这是由于砌体虽然承受轴向均匀压力，但砌体中块材并不是均匀受压，而是处于复杂应力状态，其原因如下。

(1) 砂浆层的非均匀性及块材表面的不平整。由于在砌筑时，砂浆的铺砌不可能很均匀，又由于砂浆拌和不均匀，使砌缝砂浆层各部位成分不均匀，砂子多的部位收缩小，而砂子少的部位收缩大；另外，由于块材表面的不平整等，这些都导致了块材与砂浆层并非全面接触。因此，块材在砌体受压时，实际上处于受弯、受剪与局部受压等的复杂应力状态，如图 14-2 所示。

(2) 砌体横向变形时块材和砂浆的交互作用。砌体受压后，若块材和砂浆的变形为自由变形，那么一般块材的横向变形小（$b_0 \to b_1$），而砂浆的变形大（$b_0 \to b_2$），但是，由于块材和砂浆间的黏结力和摩阻力约束了它们彼此的横向自由变形，只能有横向约束变形 b（$b_2 > b > b_1$）如图 14-2b）所示。这样，块材因砂浆的影响而增大了横向变形，砂浆因块材的影响又使其横向变形减小，因此，块材会受到横向拉力作用，而砂浆则处于三向受压状态，其抗压强度将提高。

综上所述，在均匀压力作用下，砌体中的块材并不是处于均匀受压状态，而是处于受弯、受剪、局部受压及横向受拉等的复杂应力状态。由于块材的抗弯、抗拉及抗剪强度远低于其抗压强度，因此，砌体受压时，往往在远小于块材抗压强度时就出现裂缝，导致砌体破坏。所以，砌体的抗压强度总是远低于块材的抗压强度。

3）影响砌体抗压强度的主要因素

从砌体受压特点及应力状态分析可以看出，影响砌体抗压强度的主要因素有以下几个方面。

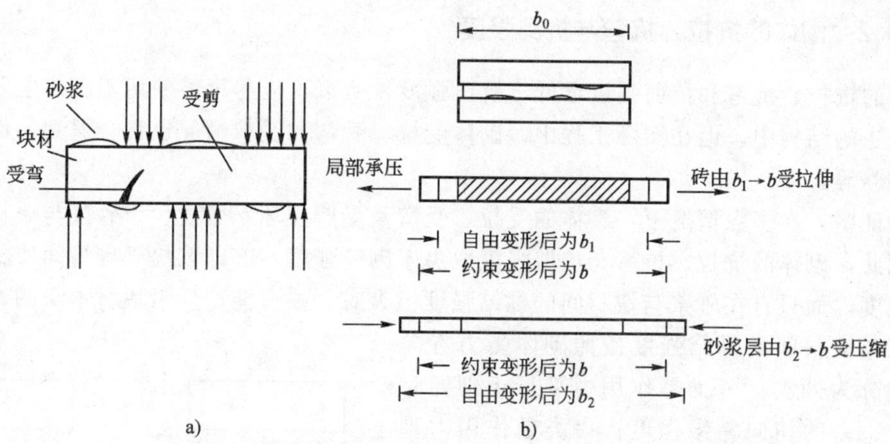

图 14-2　轴心受压时砌体中的应力状态

a）砌体中个别块材的受力状态；b）块材和砂浆横向变形的差异

（1）块材的强度

块材在砌体中处于复杂受力状态，因此，块材的抗压、抗拉、抗剪等强度对砌体的强度起着主要作用。

（2）块材形状和尺寸

块材形状规则程度也显著影响着砌体的抗压强度。块材表面不平整，形状不规则，则会造成砌缝厚度不均匀，从而使砌体抗压强度降低。砌体强度随块材厚度的增加而增加。这是由于块材厚度增加了，砌缝数量减少了，块材受弯、受剪及受拉等复杂应力则会减小，砌体的强度得到提高。

（3）砂浆的物理力学性能

除砂浆的强度直接影响砌体的抗压强度外，砂浆强度等级愈低，则块材与砂浆的横向变形差异愈大，从而砌体强度降低。

砂浆的和易性和保水性对砌体的强度亦有影响。和易性、保水性好的砂浆，容易铺成厚度和密实性均匀的砌体，因而可减小块材内的弯剪应力，使砌体强度提高。但若砂浆内水分过多，和易性虽好，但砌缝的密实性降低，砌体的强度反而下降。因此，作为砂浆和易性指标的标准圆锥体沉入度，对片石和块石砌体，控制在 5～7cm，对粗料石及砖砌体，控制在 7～10cm。

（4）砌缝厚度

砂浆水平砌缝厚度越厚，砌体强度越低。这是由于砌缝越厚，愈难密实均匀，块材的受弯、受剪程度愈大，同时砌缝越厚，则将加剧砂浆砌缝与块材横向变形的差异，块材横向拉应力增大。所以，砌缝越厚，砌体强度越低。实验证明砌缝厚度在 10～12mm 为宜。

（5）砌筑质量

砌筑质量也影响砌体的抗压强度。如砌缝铺砌均匀、饱满，可以改善块材在砌体内的受力性能，因而可提高砌体的抗压强度。

4）砌体抗压强度设计值

砌体抗压强度设计值见附表 3-4、附表 3-5、附表 3-6、附表 3-8、附表 3-9。

14.3.2 砌体的抗拉、抗弯与抗剪强度

砌体的抗拉、抗弯和抗剪强度远低于抗压强度，所以，应尽可能使圬工砌体主要用于承受压力为主的结构中。但在实际工程中，砌体受拉、受弯和受剪情况也常会遇到，例如挡土墙及主拱圈等。

实验证明，在多数情况下，砌体的受拉、受弯及受剪破坏一般发生于砂浆与块材的连接面上，因此，砌体的抗拉、抗弯与抗剪强度取决于砌缝强度，亦即取决于砌缝间块材与砂浆的黏结强度。而只有在砂浆与块材间的黏结强度很大时，才可能产生沿块材本身的破坏。

砂浆与块材间的黏结强度按照砌体受力方向的不同，分为两类：一类是作用力平行于砌缝时（如图 14-3a）的切向黏结强度；一类是作用力垂直于砌缝（如力图 14-3b）时的法向黏结强度。在正常情况下，黏结强度和砂浆强度有关。由于法向黏结强度不易保证，所以在实际工程中不允许设计成利用法向黏结强度的轴心受拉构件。

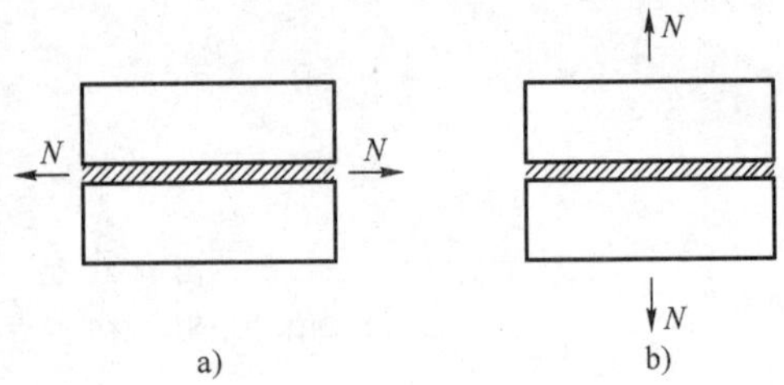

图 14-3 黏结强度

1）轴心受拉强度

在平行于水平砌缝的轴心拉力作用下，砌体的破坏有两种情况：一是砌体沿齿缝截面发生破坏，破坏面呈齿状，如图 14-4a）所示，其强度主要取决于砌缝与块材间切向黏结强度；二是砌体沿竖向砌缝和块材破坏，如图 14-4b）所示，其强度主要取决于块材的抗拉强度。

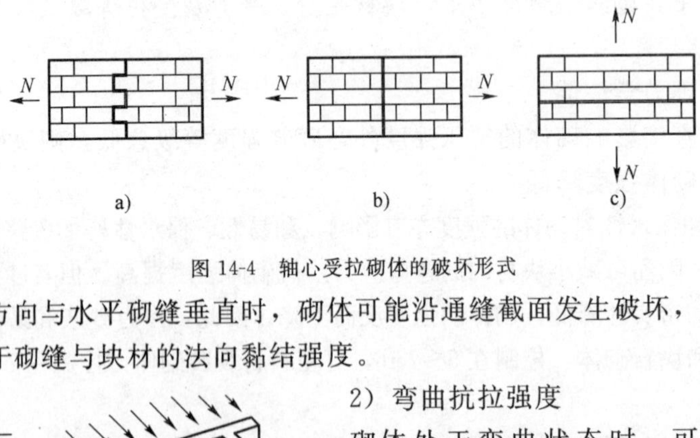

图 14-4 轴心受拉砌体的破坏形式

当拉力作用方向与水平砌缝垂直时，砌体可能沿通缝截面发生破坏，如图 14-4c）所示，其强度主要取决于砌缝与块材的法向黏结强度。

2）弯曲抗拉强度

砌体处于弯曲状态时，可能沿如图 14-5a）所示通缝截面发生破坏，此时砌体弯曲抗拉强度主要取决于砂浆与块材间的法向黏结强度。亦可能沿如图 14-5b）所示的齿缝截面发生破坏，其强度主要取决于砌体中砌块与砂浆间的切向黏结强度。

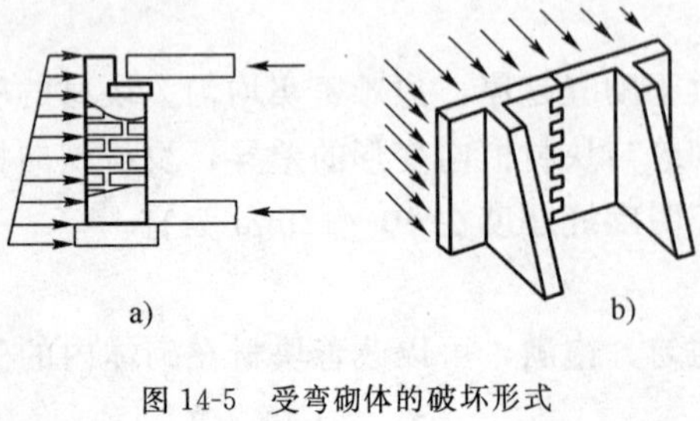

图 14-5 受弯砌体的破坏形式

3）抗剪强度

砌体处于剪切状态时，则有可能发生通缝截面受剪破坏，如图 14-6a）所示，其抗剪强

度主要取决于块材间砂浆的切向黏结强度。也可能发生齿缝截面破坏，如图 14-6b）所示，其抗剪强度与块材的抗剪强度及砂浆与块材之间切向黏结强度有关。对规则块材，砌体的齿缝抗剪强度取决于块材的抗剪强度，不计灰缝的抗剪作用。各类砌体的直接抗剪、轴心抗拉及弯曲抗拉强度设计值见附表 3-7、附表 3-10。

14.3.3　砌体变形

1）砌体受压应力—应变曲线

圬工砌体属弹塑性材料，当其一开始受压，应力与应变不成线性变化。随着荷载的增加，变形增加速度加快，应力与应变呈非线性关系，在接近破坏时，荷载即使增加很少，其变形也急剧增加，如图 14-7 所示。

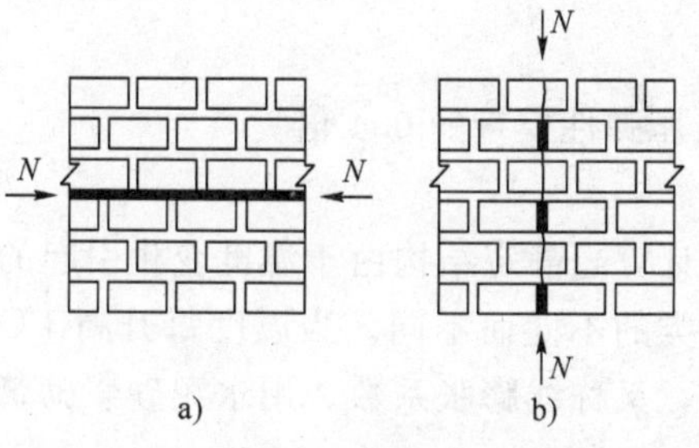

图 14-6　受剪砌体的破坏形式

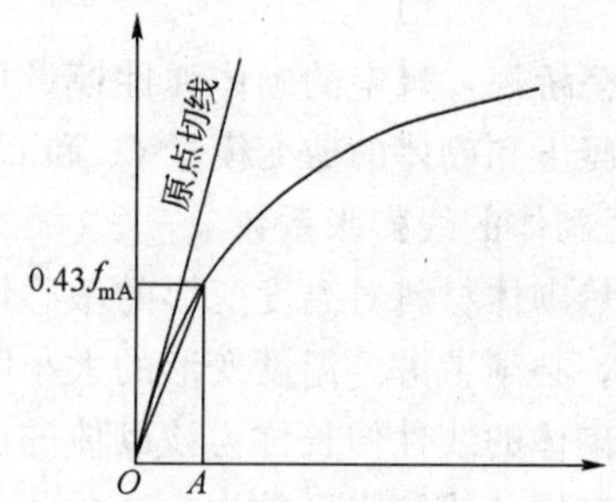

图 14-7　砌体受压时的应力—应变曲线

砌体受压应力—应变曲线可采用下列对数表达式：

$$\varepsilon = -\frac{1}{\xi\sqrt{f_m}}\ln\left(1-\frac{\sigma}{f_m}\right) \tag{14-1}$$

式中：ξ——砌体的特征系数。

由此可见，在相同的 σ/f_m 的条件下，砌体的变形随特征系数 ξ 的增大而减小。据国外资料，砌体的变形中，砌缝砂浆的变形是主要的，因此，认为决定砌体变形的特征值 ξ，主要与砂浆的强度等级有关。

2）砌体的弹性模量

由砌体的应力—应变曲线可知，砌体的受压变形模量 $\frac{d\sigma}{d\varepsilon}$ 是一个变量，因而砌体的受压变形模量也有三种表示方法，即初始弹性模量、割线弹性模量以及切线弹性模量。

在应力—应变曲线上原点 O 做曲线的切线，该切线的斜率即为初始弹性模量 E_0，其值为：

$$E_0 = \tan a_0 \tag{14-2}$$

式中：a_0——应力—应变曲线上原点的切线与横坐标轴的夹角。

由式（14-1）不难求得砌体的切线弹性模量为：

$$E' = \tan\alpha = \frac{d\sigma}{d\varepsilon} = \xi f_m\sqrt{f_m}\left(1-\frac{\sigma}{f_m}\right) \tag{14-3}$$

式中：α——应力—应变曲线上 A 点的切线与横坐标轴的夹角。

当 $\sigma/f_m=0$ 时，其切线的斜率即为初始弹性模量，由式（14-3）即可求得初始弹性模量为：

$$E_0=\xi f_m\sqrt{f_m} \tag{14-4}$$

由于在工程实际中，砌体的实际压应力不超过（0.3～0.4）R_a，而在此范围内，应力—应变曲线与割线较接近，因此《公桥规》中取 $\sigma=0.43R_a$ 处的割线模量作为圬工砌体的弹性模量，即：

$$E=\sigma/\varepsilon=\frac{0.43f_m}{-\frac{1}{\xi\sqrt{f_m}}\ln(1-0.43)}=0.765\xi f_m\sqrt{f_m}\approx 0.8E_0 \tag{14-5}$$

《公桥规》规定的砌体弹性模量见附表3-11。

混凝土和砌体的剪变模量 G_c 和 G_m 分别取其受压弹性模量的0.4倍。

3）砌体的线膨胀系数

虽然砌体材料对温度变形的敏感性较小，但在计算超静定结构由于温度变化引起的附加内力时，必须考虑。温度变形的大小随砌筑块材种类的不同而不同。当温度每升高1℃，单位长度砌体的线性伸长称为该砌体的温度膨胀系数，又称线膨胀系数。用水泥砂浆砌筑的各种圬工砌体的线膨胀系数为：

混凝土	1.0×10^{-5}/℃
混凝土预制块砌体	0.9×10^{-5}/℃
细料石、半细料石、粗料石、块石、片石砌体	0.8×10^{-5}/℃

本章小结

（1）圬工砌体结构通常是将一定数量的块材通过砂浆按一定的砌筑规则砌筑而成。施工时，应精心选择块材，对砂浆的物理力学性能（如强度、和易性和保水性等）要有一定要求，砌筑应按错缝进行。

（2）受压砌体中，由于块材处于受弯、受拉、受剪等复杂应力状态，因此，砌体的抗压强度远小于块材的抗压强度。

（3）砌体在受弯、受拉、受剪时，在多数情况下，破坏一般发生于砂浆与块材的连接面上，此时，砌体的抗弯、抗拉、抗剪强度将取决于砌缝中砂浆与块材的黏结强度。但有时亦沿齿缝截面的砌缝和块材本身发生，这时，砌体的抗弯、抗拉、抗剪强度则主要由块材强度决定。

思考题与习题

14-1　什么是圬工结构？圬工结构的特点以及所用材料的共同特点是什么？对圬工材料的选择有哪些要求？

14-2　什么是砌体？为什么砌体砌筑要满足一定的砌筑规则？根据选用块材的不同，常用的砌体有哪几类?

14-3 石材是怎样分类的?有哪几类?

14-4 石材强度等级、砂浆强度等级是如何确定的?

14-5 什么是砂浆?其在砌体结构中的作用是什么?砂浆按其胶结料的不同分为哪几种?

14-6 什么是小石子混凝土、片石混凝土?为什么在一定条件下用小石子混凝土代替砂浆?

14-7 对砌体所用的砂浆、石材及混凝土材料有哪些基本要求?

14-8 为什么砌体的抗压强度会低于所使用的块材的抗压强度?

14-9 为什么砌体中的块材实际上处于复杂应力状态?

14-10 试述影响砌体抗压强度的主要因素及其原因。

14-11 试述砌体的受弯、受拉及受剪破坏形式。

第15章 砖、石及混凝土构件的强度计算

15.1 计算原则

公路桥涵圬工结构的计算，采用以概率论为基础的极限状态设计方法，采用分项系数的设计表达式进行计算。

圬工桥涵结构设计中，除了按承载能力极限状态进行设计外，并根据圬工桥涵结构的特点，采用相应的构造措施来保证其正常使用极限状态的要求。

圬工桥涵结构的承载能力极限状态视结构破坏可能产生的后果严重程度，应按表15-1规定的设计安全等级进行设计。

公路圬工桥涵结构设计安全等级　　表15-1

设计安全等级	桥涵结构	设计安全等级	桥涵结构
一级	特大桥、重要大桥	三级	小桥、涵洞
二级	大桥、中桥、重要小桥		

注：本表所列特大、大、中桥等系指《公路桥涵设计通用规范》（JTG D60—2004）规定的桥梁、涵洞，按其单孔跨径分类确定，对多孔不等跨桥梁，以其中最大跨径为准。本表冠以“重要”的大桥和小桥，系指高速公路和一级公路上、国防公路上及城市附近交通繁忙公路上的桥梁。

公路圬工桥涵结构按承载能力极限状态设计的设计原则是：作用效应不利组合的设计值小于或等于结构承载力的设计值，可表示为：

$$\gamma_0 S \leqslant R(f_d, a_d) \tag{15-1}$$

式中：γ_0——结构重要性系数，对应于表15-1规定的一级、二级、三级设计安全等级分别取用1.1、1.0、0.9；

S——作用效应组合设计值，按《公路桥涵设计通用规范》(JTG D60—2004)的规定计算；

$R(\cdot)$——构件承载力设计值函数；

f_d——材料强度设计值；

a_d——几何参数设计值，可采用几何参数标准值a_k，即设计文件规定值。

15.2 受压构件的承载力计算

受压构件是圬工结构中应用最为广泛的构件，如桥梁的重力式墩台、圬工拱桥的拱圈等。受压构件按轴向压力在截面上的作用位置的不同，可分为轴向受压、单向偏压和双向偏压；按构件长细比的不同可分为短柱和长柱。

理想的轴向受压构件在轴心力作用下截面产生均匀的压应力。但构件的长细比较大时，由于构件实际轴线的偏移、材料的不均匀性、轴心力的实际作用点偏离截面的几何重心轴等

原因使构件产生侧向变形，会在截面内引起相当大的附加应力，使构件的承载力大大降低。

偏心受压构件截面上同时存在轴向压应力，与相同条件的理想轴向受压构件相比，受压承载力将减小。显然，减小的程度与偏心距 e 有关。较长的偏心受压构件承载力将同时受到偏心距 e 和构件长细比的影响。

15.2.1　偏心距验算

试验结果表明，若轴向力作用点的偏心距较大，当轴向力增加致使截面受拉边缘的应力大于圬工砌体的弯曲抗拉强度时，构件的受拉边会出现水平裂缝，截面的受压区逐渐减小，截面的刚度相应的削弱，纵向弯曲的不利影响随之增加，进而导致构件的承载力显著降低。这样，结构就不安全，而且材料强度利用率很低，也不经济。

为了控制受拉区水平裂缝的过早出现与开展，即为了保证结构的正常使用状态，也为了保证截面的稳定性，应该对轴向力作用的偏心距 e 有所限制。根据试验结果并参考国内外有关规范，《公桥规》建议砌体和混凝土的单向和双向偏心受压构件，其受压偏心距 e 的限值应符合表 15-2 的规定。

受压构件偏心距限值　　表 15-2

作用组合	偏心距限值 e	作用组合	偏心距限值 e
基本组合	$\leqslant 0.6s$	偶然组合	$\leqslant 0.7s$

注：1. 混凝土结构单向偏心的受拉一边或双向偏心的各受拉一边，当设有不小于截面面积 0.05% 的纵向钢筋时，表内规定值可增加 $0.1s$。

2. 表中 s 值为截面或换算截面重心轴至偏心方向截面边缘的距离（图 15-1）。

15.2.2　砌体受压构件的承载力计算

对于砌体受压构件，可以采用一个系数 φ 来综合考虑纵向弯曲和轴向力的偏心距对受压构件承载力的影响。在《公桥规》中规定的受压偏心距限值（表 15-2）范围内，砌体（包括砌体与混凝土组合）受压构件的承载力应按下列公式计算：

$$\gamma_0 N_d < \varphi A f_{cd} \tag{15-2}$$

式中：N_d——轴向力设计值；

A——构件截面面积，对于组合截面按强度换算处理，即 $A=A_0+\eta_1 A_1+\eta_2 A_2+\cdots$，$A_0$ 为标准层截面面积，A_1、A_2、…为其他层截面面积，$\eta_1=f_{c1d}/f_{c0d}$，$\eta_2=f_{c2d}/f_{c0d}$，…，f_{c0d} 为标准层轴心抗压强度设计值，f_{c1d}、f_{c2d}、…为其他层的轴心轴压强度设计值；

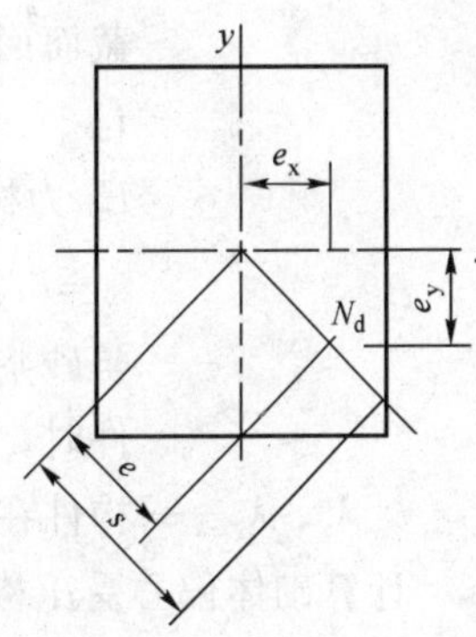

图 15-1　受压构件偏心距

N_d-轴向力；e-偏心距；s-截面重心至偏心方向截面边缘的距离

f_{cd}——砌体或混凝土轴心抗压强度设计值，对组合截面应采用标准层轴心抗压强度设计值；

φ——构件轴向力的偏心距 e 和长细比 β 对受压构件承载力的影响系数。

式（15-2）适用于砌体轴向受压和偏心受压。

砌体偏心受压构件承载力影响系数 φ，按下列公式计算：

$$\varphi=\frac{1}{\frac{1}{\varphi_x}+\frac{1}{\varphi_y}-1} \tag{15-3}$$

$$\varphi_x=\frac{1-\left(\frac{e_x}{x}\right)^m}{1+\left(\frac{e_x}{i_y}\right)^2}\cdot\frac{1}{1+\alpha\lambda_x(\lambda_x-3)\left[1+1.33\left(\frac{e_x}{i_y}\right)^2\right]} \tag{15-4}$$

$$\varphi_y=\frac{1-\left(\frac{e_y}{y}\right)^m}{1+\left(\frac{e_y}{i_x}\right)^2}\cdot\frac{1}{1+\alpha\lambda_y(\lambda_y-3)\left[1+1.33\left(\frac{e_y}{i_x}\right)^2\right]} \tag{15-5}$$

式中：φ_x、φ_y——分别为 x 方向和 y 方向偏心受压构件承载力影响系数；

x、y——分别为 x 方向、y 方向截面重心至偏心方向的截面边缘的距离；

e_x、e_y——轴向力在 x 方向、y 方向的偏心距；

m——截面形状系数，对于圆形截面取 2.5；对于 T 形或 U 形截面取 3.5；对于箱形截面或矩形截面（包括两端设有曲线形或圆弧形的矩形墩身截面）取 8.0；

i_x、i_y——弯曲平面内的截面回转半径，$i_x=\sqrt{I_x/A}$、$i_y=\sqrt{I_y/A}$；I_x、I_y 分别为截面绕 x 轴和 y 轴的惯性矩 A 为截面面积；对于组合截面，A、I_x、I_y 应按弹性模量比换算，即 $A=A_0+\varphi_1 A_1+\varphi_2 A_2+\cdots$，$I_x=I_{0x}+\varphi_1 I_{1x}+\varphi_2 I_{2x}+\cdots$，$I_y=I_{0y}+\varphi_1 I_{1y}+\varphi_2 I_{2y}+\cdots$，$A_0$ 为标准层截面面积，A_1、A_2、…为其他层截面面积，I_{0x}、I_{0y} 为绕 x 轴和 y 轴的标准层惯性矩，I_{1x}、I_{2x}…和 I_{1y}、I_{2y}、…为绕 x 轴和 y 轴的其他层惯性矩；$\varphi_1=E_1/E_0$、$\varphi_2=E_2/E_0$、…，E_0 为标准层弹性模量，E_1、E_2、…为其他层的弹性模量。对于矩形截面，$i_y=b/\sqrt{12}$，$i_x=h/\sqrt{12}$；

a——与砂浆强度等级有关的系数，当砂浆强度等级大于或等于 M5 或为组合构件时，a 为 0.002；当砂浆强度为 0 时，a 为 0.013；

λ_x、λ_y——构件在 x 方向、y 方向的长细比，当 λ_x、λ_y 小于 3 时取 3。

计算砌体偏心受压构件承载力的影响系数 φ 时，构件长细比 λ_x、λ_y 按下列公式计算：

$$\lambda_x=\frac{\gamma_\beta l_0}{3.5i_y} \tag{15-6}$$

$$\lambda_y=\frac{\gamma_\beta l_0}{3.5i_x} \tag{15-7}$$

式中：γ_β——不同物体材料构件的长细比修正系数，按表 15-3 的规定采用；

l_0——构件计算长度，按表 15-4 的规定取用；拱的纵、横向计算长度见规范第 5.1.4 条；

i_x、i_y——弯曲平面内的截面回转半径，对于等截面构件，见上述计算；对于变截面构件，可取等代截面的回转半径。

长细比修正系数 γ_β　　表 15-3

砌体材料类别	γ_β	砌体材料类别	γ_β
混凝土预制块砌体或组合构件	1.0	粗料石、块石、片石砌体	1.3
细料石、半细料石砌体	1.1		

构件计算长度 l_0　　表 15-4

构件及其两端约束情况		计算长度 l_0
直杆	两端固结	$0.5l$
	一端固定，一端为不移动的铰	$0.7l$
	两端均为不移动的铰	$1.0l$
	一端固定；一端自由	$2.0l$

注：l 为构件支点间长度。

15.2.3　混凝土受压构件的承载力计算

砌体是由单块块材用砂浆衬垫黏结而成，而混凝土相对而言较为匀质，整体性较好。所以在塑性状态，砌体的承载力计算公式不应用于混凝土结构。

混凝土偏心受压构件，在表 15-2 规定的受压偏心距限值范围内，当按受压承载力计算时，假定受压区的法向应力图形为矩形，其应力取混凝土抗压强度设计值，此时，取轴向力作用点与受压区法向应力的合力作用点重合的原则（图 15-2）确定受压区面积 A_c。受压承载力应按下列公式计算：

$$\gamma_0 N_d \leqslant \varphi f_{cd} A_c \tag{15-8}$$

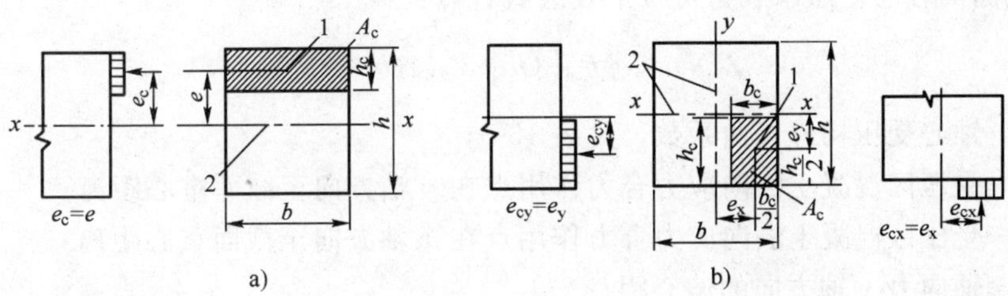

图 15-2　混凝土构件偏心受压

a）单向偏心受压；b）双向偏心受压

1-受压区重心（法向压应力合力作用点）；2-截面重心轴；e-单向偏心受压偏心距；e_c-单向偏心受压法向应力合力作用点距重心轴距离；e_x、e_y-双向偏心受压在 x 方向、y 方向的偏心距；e_{cy}、e_{cx}-双向偏心受压法向应力和作用点，在 x 方向、y 方向的偏心距；A_c-受压区面积；h_c、b_c-矩形截面受压区高度、宽度

1）单向偏心受压

变压区高度 h_c 应按下列条件确定（图 15-2a）：

$$e_c = e \tag{15-9}$$

矩形截面的受压承载力可按下列公式计算：

$$\gamma_0 N_d \leqslant \varphi f_{cd} b(h-2e) \tag{15-10}$$

式中：N_d——轴向力设计值；

φ——弯曲平面内轴心受压构件弯曲系数，按表 15-5 采用；

f_{cd}——混凝土轴心抗压强度设计值，见附表 3-3；

A_c——混凝土受压区面积；

e_c——受压区混凝土法向应力合力作用点至截面重心的距离；

e——轴向力的偏心距；

b——矩形截面宽度；

h——矩形截面高度。

当构件弯曲平面外长细比大于弯曲平面内长细比时，尚应按轴心受压构件验算其承载力。

混凝土轴心受压构件弯曲系数 表 15-5

l_0/b	<4	4	6	8	10	12	14	16	18	20	22	24	26	28	30
l_0/i	<14	14	21	28	35	42	49	56	63	70	76	83	90	97	104
φ	1.00	0.98	0.96	0.91	0.86	0.82	0.77	0.72	0.68	0.63	0.59	0.55	0.51	0.47	0.44

式中：1. l_0 为计算长度，按规范表 4.0.7-2 的规定采用。

2. 在计算 l_0/b 或 l_0/i 时，b 或 i 的取值：对于单向偏心受压构件，取弯曲平面内截面高度或回转半径；对于轴心受压构件及双向偏心受压构件，取截面短边尺寸或截面最小回转半径。

2）双向偏心受压

受压区高度和宽度，应按下列条件确定［图 15-2b)］：

$$e_{cy}=e_y \tag{15-11}$$

$$e_{cx}=e_x \tag{15-12}$$

矩形截面的轴心受压承载力可按下式公式计算：

$$\gamma_0 N_d \leqslant \varphi f_{cd}[(h-2e_y)(b-2e_x)] \tag{15-13}$$

式中：φ——轴心受压构件弯曲系数，见表 15-5；

e_{cy}——受压区混凝土法向应力合力作用点在 y 轴方向至截面重心距离；

e_{cx}——受压区混凝土法向应力合力作用点在 x 轴方向至截面重心距离；

e_y——轴向力 y 轴方向的偏心距；

e_x——轴向力 x 轴方向的偏心距；

15.2.4 偏心距 e 超过限值时构件承载力的计算

当轴向力的偏心距 e 超过表 15-2 偏心距限值时，构件承载力应按下列公式计算。

单向偏心：
$$\gamma_0 N_d \leqslant \varphi \frac{A f_{tmd}}{\frac{Ae}{W}-1} \tag{15-14}$$

双向偏心：
$$\gamma_0 N_d \leqslant \varphi \frac{A f_{tmd}}{\left(\frac{Ae_x}{W_y}+\frac{Ae_y}{W_x}-1\right)} \tag{15-15}$$

式中：N_d——轴向力设计值；

A——构件截面面积，对于组合截面应按弹性模量比换算为换算截面面积；

W——单向偏心时，构件受拉边缘的弹性抵抗矩，对于组合截面应按弹性模量比换算为换算截面弹性抵抗矩；

W_y、W_x——双向偏心时，构件 x 方向受拉边缘绕 y 轴的截面弹性抵抗矩和构件 y 方向受拉边缘绕 x 轴的截面弹性抵抗矩，对于组合截面应按弹性模量比换算为换算截面弹性抵抗矩；

f_{tmd}——构件受拉边层的弯曲抗拉强度设计值；

e——单向偏心时，轴向力偏心距；

e_x、e_y——双向偏心时，轴向力在 x 方向和 y 方向的偏心距；

φ——砌体偏心受压构件承载力影响系数或混凝土轴心受压构件弯曲系数，见式(15-4)和表15-5。

15.3 受弯、受剪构件与局部承压的计算

15.3.1 受弯构件承载力计算

在弯矩作用下砌体可能沿通缝截面或齿缝截面产生弯曲受拉而弯曲破坏。对受弯构件正截面的承载力要求截面的受拉边缘最大计算拉应力必须小于弯曲抗拉强度设计值，考虑到结构的安全等级，计入桥梁结构重要性系数，《公桥规》规定按下式计算：

$$\gamma_0 M_d \leqslant W f_{tmd} \tag{15-16}$$

式中：M_d——弯矩设计值；

W——截面受拉边缘的弹性抵抗矩，对于组合截面应按弹性模量比换算为换算截面受拉边缘弹性抵抗矩；

f_{tmd}——构件受拉边缘的弯曲抗拉强度设计值，按附表3-3、3-7、3-10采用。

15.3.2 受剪构件承载力计算

砌体构件的试验表明，砌体沿水平向缝的抗剪承载能力为砌体沿通缝的抗剪承载能力及作用在截面上的压力所产生的摩擦力的总和。这是由于随着剪力的加大，砂浆产生很大的剪切变形，一层砌体对另一层砌体开始移动，当有压力时，内摩擦力将抵抗滑移。因此，构件正截面通缝直接受剪时，《公桥规》规定砌体构件或混凝土构件直接受剪时其承载力按下式计算：

$$\gamma_0 V_d \leqslant A f_{vd} + \frac{1}{1.4}\mu_f N_k \tag{15-17}$$

式中：V_d——剪力设计值；

A——受剪截面面积；

f_{vd}——砌体或混凝土抗剪强度设计值，按附表3-3、附表3-7、附表3-10采用；

μ_f——摩擦系数，采用 $\mu_f=0.7$；

N_k——与受剪截面垂直的压力标准值。

15.3.3 局部承压承载力计算

对于局部承压构件，直接受压的局部范围内的砌体抗压强度有较大程度提高，但局部受压面积却很小，局部应力集中，因而可能导致构件产生局部破坏。因此，在设计计算受压构件时，除了要按全截面验算受压强度外，还必须进行对构件局部承压强度的验算。混凝土截面局部承压的承载力应按下列公式计算：

$$\gamma_0 N_d \leqslant 0.9\beta A_1 f_{cd} \tag{15-18}$$

$$\beta = \sqrt{\frac{A_b}{A_1}} \tag{15-19}$$

式中：N_d——局部承压面积上的轴向力设计值；

β——局部承压强度提高系数；

A_1——局部承压面积；

A_b——局部承压计算底面积，根据底面积重心与局部受压面积重心相重合的原则；

f_{cd}——混凝土轴心抗压强度设计值，按附表 3-3 采用。

15.4 应用实例

【例 15-1】

已知截面为 380mm×640mm 的轴向受压柱，安全等级为二级，采用 MU50 粗料石、M7.5 水泥砂浆砌筑，柱高 5m，两端铰支，该柱承受纵向计算力 $N_d=600$kN。试计算该柱的承载力。

解：由粗料石和砂浆强度等级查附表 3-5，得到 $f_{cd}=3.45\times1.2=4.14$MPa；桥梁安全等级为二级，则结构重要性系数 $\gamma_0=1.0$。

矩形截面回转半径：$i_x=h/\sqrt{12}=640/\sqrt{12}=185$mm

$$i_y=b/\sqrt{12}=380/\sqrt{12}=110\text{mm}$$

该柱两端为铰支，查表 15-4 可知 $l_0=1.0l=5000$mm；查表 15-3 得长细比修正系数 $\gamma_\beta=1.3$。

由式（15-6）得构件在 x 方向的长细比：$\lambda_x=\dfrac{\gamma_\beta l_0}{3.5i_y}=\dfrac{1.3\times5000}{3.5\times110}=16.88$

由式（15-7）得构件在 y 方向的长细比：$\lambda_y=\dfrac{\gamma_\beta l_0}{3.5i_x}=\dfrac{1.3\times5000}{3.5\times185}=10.04$

对轴向受压构件，$e_x=e_y=0$；砂浆强度等级大于 M5，$\alpha=0.002$。由式（15-4）得 x 方向受压构件承载力影响系数：

$$\begin{aligned}\varphi_x &= \frac{1-(e_x/x)^m}{1+(e_x/i_y)^2}\frac{1}{1+\alpha\lambda_x(\lambda_x-3)[1+1.33(e_x/i_y)^2]}\\ &=\frac{1}{1+0.002\times16.88\times(16.88-3)}\\ &=0.6809\end{aligned}$$

由式（15-5）得 y 方向受压构件承载力影响系数：

$$\varphi_y = \frac{1-(e_y/y)^m}{1+(e_y/i_x)^2}\frac{1}{1+\alpha\lambda_y(\lambda_y-3)[1+1.33(e_y/i_x)^2]}$$
$$=\frac{1}{1+0.002\times10.04\times(10.04-3)}$$
$$=0.8761$$

由式（15-3）得受压构件承载力影响系数：

$$\varphi=\frac{1}{\frac{1}{\varphi_x}+\frac{1}{\varphi_y}-1}=\frac{1}{\frac{1}{0.6809}+\frac{1}{0.8761}}=0.6211$$

由式（15-2）可得轴向受压柱的承载力为：

$$N_u=\varphi A f_{cd}/\gamma_0=0.6211\times380\times640\times4.14/1.0$$
$$=625.35\times10^3\text{N}=625.356\text{kN}>N_d=600\text{kN}$$

故该柱的承载力满足要求。

【例 15-2】

已知某大桥一混凝土预制块砌体立柱，安全等级为一级，截面尺寸为 $b\times h=480\text{mm}\times650\text{mm}$，采用 C30 混凝土预制块，M10 水泥砂浆砌筑，柱高 6m，两端铰支。作用效应基本组合的轴向力设计值 $N_d=440\text{kN}$，弯矩设计值 $M_{d(y)}=70\text{kN}\cdot\text{m}$，$M_{d(x)}=0$，试计算该立柱的受压承载力。

解：轴向力偏心距：$e_x=0$

$$e_y=\frac{M_{d(y)}}{N_d}=\frac{70}{440}=0.159\text{m}=159\text{mm}$$

查表 15-5，容许偏心距 $[e]=0.6s=0.6\times650/2=159\text{mm}>e_y=159\text{mm}$，满足偏心距限值要求。

由混凝土预制块和砂浆强度等级，查附表 3-4 得到 $f_{cd}=5.06\text{MPa}$；结构安全等级为一级，则结构重要性系数 $\gamma_0=1.1$。

矩形截面回转半径：$i_x=h/\sqrt{12}=650/\sqrt{12}=188\text{mm}$

$$i_y=b/\sqrt{12}=480/\sqrt{12}=139\text{mm}$$

该柱两端为铰支，查表 15-4 可知 $l_0=1.0l=6000\text{mm}$；查表 15-3，得长细比修正系数 $\gamma_\beta=1.0$。

由式（15-6）得构件在 x 方向的长细比：

$$\lambda_x=\frac{\gamma_\beta l_0}{3.5i_y}=\frac{1.0\times6000}{3.5\times139}=12.3$$

由式（15-7）得构件在 y 方向的长细比：

$$\lambda_y=\frac{\gamma_\beta l_0}{3.5i_x}=\frac{1.0\times6000}{3.5\times188}=9.12$$

砂浆强度等级大于 M5，$\alpha=0.002$；对矩形截面，截面形状系数 $m=8.0$；由式（15-4）得 x 方向受压构件承载力影响系数：

$$\varphi_x=\frac{1-(e_x/x)^m}{1+(e_x/i_y)^2}\frac{1}{1+\alpha\lambda_x(\lambda_x-3)[1+1.33(e_x/i_y)^2]}$$
$$=\frac{1}{1+0.002\times12.3\times(12.3-3)}$$
$$=0.8138$$

由式（15-5）得 y 方向受压构件承载力影响系数：

$$\varphi_y=\frac{1-(e_y/y)^m}{1+(e_y/i_x)^2}\frac{1}{1+\alpha\lambda_y(\lambda_y-3)[1+1.33(e_y/i_x)^2]}$$

$$=\frac{1-\left(\frac{159}{650/2}\right)}{1+(159/188)^2}\frac{1}{1+0.002\times9.12\times(9.12-3)\times[1+1.33\times(159/188)^2]}$$

$$=0.477$$

由式（15-3）得受压构件承载力影响系数：

$$\varphi=\frac{1}{\frac{1}{\varphi_x}+\frac{1}{\varphi_y}-1}=\frac{1}{\frac{1}{0.8138}+\frac{1}{0.477}-1}=0.4301$$

由式（15-2）可得偏心受压柱的承载力为：

$$N_u=\varphi Af_{cd}/\gamma_0=0.4301\times480\times650\times5.06/1.1$$

$$=617.28\times10^3\text{N}=617.28\text{kN}>N_d=440\text{kN}$$

满足承载力要求。

【例 15-3】

已知一安全等级为二级的石砌悬链线板拱，其拱脚处水平推力组合设计值 V_d＝17894kN，桥台台口受剪截面积 $A=114\text{m}^3$，在其受剪面上承受的垂直压力标准值 N_k＝16983kN。桥台采用 M7.5 水泥砂浆砌片石，求台口的抗剪承载力。

解：由附表 3-7 查得 $f_{vd}=0.147\text{MPa}$，安全等级为二级 $\gamma_0=1.0$，由式（15-17）可得台口的抗剪承载力为：

$$V_u=\frac{Af_{vd}}{\gamma_0}+\frac{1}{1.4\gamma_0}\mu_f N_k$$

$$=114\times10^6\times0.147+0.7\times16983000/1.4$$

$$=25250\times10^3\text{N}=25250\text{kN}>V_d=17894\text{kN}$$

台口的抗剪承载力满足要求。

本 章 小 结

圬工结构的计算是采用以概率论为基础的极限状态设计方法，采用分项系数的设计表达式进行计算。除了按承载能力极限状态进行设计外，并根据圬工桥涵结构的特点，采用相应的构造措施来保证其正常使用极限状态的要求。

为了控制受拉区水平裂缝的过早出现与开展，即为了保证结构的正常使用状态，也为了保证截面的稳定性，应该对轴向力作用的偏心距 e 有所限制。

思考题与习题

15-1 试简述圬工结构的计算原则。

15-2 为什么不直接采用材料力学公式计算砌体受压构件？

15-3 构件长细比对砌体的承载能力有何影响？《公桥规》中是怎样考虑此影响的？

15-4 砌体受压构件有哪些计算内容？

15-5 为什么对圬工受压构件要进行偏心距验算？

15-6 空腹式无铰拱桥的拱上横墙为矩形截面，厚度 $h=500$mm，宽度 $b=8.5$m。拱上横墙采用 M7.5 水泥砂浆，MU40 块石砌筑。横墙沿宽度方向的单位长度上作用的基本组合弯矩设计值 $M_y=13.59$kN·m，轴向力设计值 $N_d=234.86$kN，横墙的计算长度 $l_0=4.34$m。结构安全等级为一级，试复核该横墙的承载力。

15-7 主孔净跨径为 30m 的等截面悬链线空腹式无铰石拱桥，安全等级为一级，主拱圈厚度 $h=800$mm，宽度 $b=8.5$m，矢跨比 1/5，拱轴长度 $s=33.876$m。主拱圈采用 M10 水泥砂浆，MU60 块石砌筑。作用效应基本组合下得到在拱顶截面单位宽度作用的弯矩设计值 $M_{d(y)}=142.689$kN·m/m，轴向力设计值 $N_d=1083.064$kN/m。试复核拱顶截面处的承载力以及该拱的整体承载力。

第4篇 钢 结 构

第16章 钢结构材料

16.1 钢结构的特点

钢结构是用钢板和型钢作基本构件，采用焊接、铆接或螺栓连接等方法，按照一定的构造要求连接起来，承受规定荷载的结构物。它和其他材料的结构相比，有如下优点：

(1) 钢材的强度高、质量轻

当承受的荷载和条件相同时，构件的截面可以做得较小，结构物的重量相对地较轻，适用于大跨径或荷载较大的构件和结构。

(2) 塑性和韧性好

钢材的良好塑性，使结构在一般条件下不会因超载而突然断裂，在破坏之前变形增大，有明显的征兆，易于被发现，并且有利于局部应力重分布。钢材的良好韧性，使结构适于承受冲击荷载和动力荷载，具有良好的抗震性能。在国内外的历次地震中，钢结构是损坏最轻的结构，被认为是抗震设防地区特别是强震区的最合适结构。

(3) 钢材各向同性、质地均匀

钢材组织均匀，接近于各向同性匀质体，在结构的使用阶段是一种比较理想的弹性材料，因此钢结构的实际工作情况与结构的计算图式吻合较好，从而保证了它的可靠性。

(4) 制造与安装方便

钢结构适合工厂制造、工地拼装，钢构件在工厂成批生产时，速度快，精度高。工地装拆、抽换和加固等都比较方便，施工周期短且不受季节影响。

(5) 具有可焊性和密封性

由于钢材具有可焊性，使钢结构的连接大为简化，不仅可适用于各种复杂结构形状的需要，而且采用焊接连接后可以做到安全密封，适用于对气密性和水密性要求较高的结构。

(6) 耐热性较好

结构表面温度在200℃以内时，钢材的屈服强度和弹性模量变化很小。

钢结构的主要缺点是：

(1) 耐火性差

钢材的耐火性较差，当温度超过200℃时，钢材材质变化较大，不仅强度降低，而且产生蓝脆和徐变现象。当钢材表面温度达300～400℃以后，其强度和弹性模量显著下降。达到600℃时，钢材进入塑性状态并丧失了承载能力。

(2) 耐腐蚀性差

钢结构耐腐蚀性较差，特别在潮湿和有腐蚀介质的环境中，容易腐蚀，需要定期维护。因此钢结构的维修养护费用比钢筋混凝土结构高。

由于上述特点，钢结构被广泛应用于土木工程中。钢结构材料强度高而重量轻的优点，在大跨度结构中尤为突出，因为结构跨度越大，恒载效应在全部荷载效应中所占的比重就越大，减轻恒载，特别是减轻自重荷载可以获得明显的经济效果。在公路工程中，钢结构除用于建造大跨径桥梁外，还可应用于各种临时性结构物，例如钢拱架、钢支架，用于钢筋混凝土梁施工的钢模板、钢桁架等。此外，军用桥梁也常采用钢结构。

钢结构的应用范围不仅取决于钢结构本身的特性，还取决于国家当时的技术政策。一方面要根据钢结构的特点，充分利用钢材为现代化建设服务；另一方面也要注意节约钢材。

16.2　钢材的力学性能

16.2.1　钢材在单向受拉时的工作性能

拉伸试验是试件在常温下受到一次单项均匀拉伸，在拉力试验机或万能试验机上进行，由零开始缓慢加荷直到试件被拉断。由试验读数可绘制应力—应变（σ-ε）曲线。应力—应变曲线说明了钢材在受拉时的一些主要性能。图16-1为低碳钢的一次拉伸应力—应变曲线。低碳钢在整个拉伸试验过程中，大致可分为下面四个阶段。

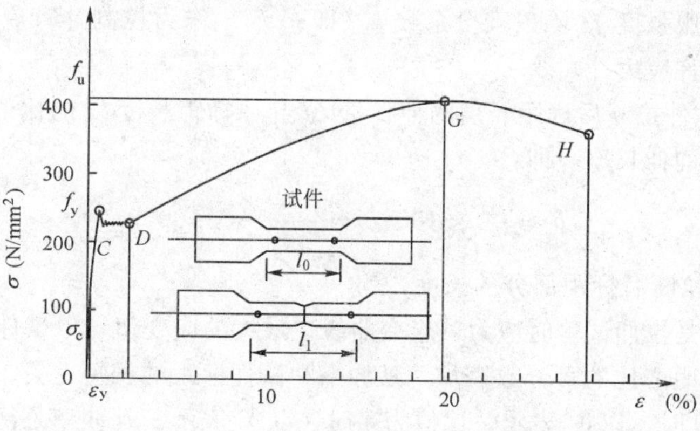

图16-1　低碳钢的应力—应变曲线

第Ⅰ阶段：弹性阶段。当应力小于弹性极限 f_e 时，应变很小（$\varepsilon \leqslant 0.15\%$），应力应变呈直线关系，卸载之后，试件能恢复原长，故此阶段称为弹性阶段。弹性阶段的最高点所对应之应力称为弹性极限。由于弹性阶段的应力与应变成正比，所以也称作比例极限 f_p。

第Ⅱ阶段：弹塑性阶段。当应力超过比例极限以后，应力与应变不再成正比关系，应变较应力增加得快，应力—应变曲线形成屈服台阶。这时，应变急剧增长，而应力却在很小的范围内波动，这个阶段称为屈服阶段，其应变约为0.15%～2.5%。如将外力卸去，试件的变形不可能完全恢复。不能恢复的那部分变形称为残余变形（或称为塑性变形）。

在刚进入塑性流动范围时，曲线波动较大，以后逐渐平稳，其最高点和最低点分别称为上屈服点和下屈服点，工程上取下屈服点为规定计算强度的依据，称为屈服强度（或称屈服点、流限）以 f_y 表示。

第 III 阶段：屈服阶段。当应力 σ 达到屈服强度 f_y 后，应力基本没有变化，但变形持续增长，应力—应变（σ-ε）曲线形成屈服平台（图 16-1 中 CD 阶段）。这时，应变急剧增长，而应力却在很小的范围内波动，变形模量近似为零，这个阶段称为屈服阶段。并非所有的钢材都具明显的屈服点和屈服台阶，当含碳量很少（0.1%以下）或含碳量很高（0.3%以上）时都没有屈服台阶出现。对于无屈服台阶的钢材，通常采用相当于残余应变为 0.2%时所对应的应力作为条件屈服点（或称协定屈服点）。图 16-2 则为高碳钢的强度屈服点。

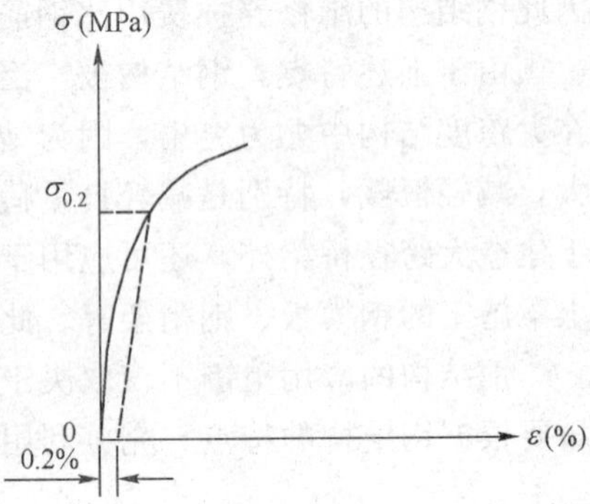

图 16-2　高碳钢的强度屈服点

第 IV 阶段：强化阶段。屈服阶段以后，钢材的内部组织重新建立了平衡，抵抗外力的能力又得到恢复。应力与应变关系又表现为上升的曲线，这个阶段称为强化阶段。对应于强化阶段最高点的应力就是钢材的极限强度，以 f_u 表示。

第 V 阶段：颈缩阶段。钢材在达到极限强度 f_u 以后，在试件薄弱处的截面将开始显著缩小，产生颈缩现象，塑性变形迅速增大，拉应力随之下降，最后在颈缩处断裂。

钢的屈服强度和极限强度是强度的主要指标。钢材达到屈服强度时结构将产生很大的塑性变形，故结构的正常使用会得不到保证，为此，在设计时常常控制应力不超过屈服强度。为安全起见，将屈服强度 f_y 除以安全系数 k（即 f_y/k）作为控制计算应力的标准，即《公桥规》中规定的容许应力 $[\sigma]$。

图 16-1 中，试件拉断后标距长度的伸长量 Δl 与原标距长度 l_0 的比值 δ（常用百分数表示）称为钢材拉伸的伸长率，即：

$$\delta = \frac{\Delta l}{l_0} \times 100\% = \frac{l_1 - l_0}{l_0} \times 100\% \tag{16-1}$$

式中：l_1——试件拉断后标距部分的长度。

钢的延伸率 δ 是拉伸试验时应力—应变曲线中最大的应变值，以试件被拉断时最大绝对伸长值和试件原标距之比的百分数表示。延伸率和试件标距的长短有关。当试件标距长度与试件直径之比为 10 时，以 δ_{10} 表示；比值为 5 时，以 δ_5 表示。延伸率是衡量钢材塑性性能的指标。

钢材单向受压（粗而短的试件）时，受力性能基本上和单向受拉时相同，其屈服强度和弹性模量的大小也与受拉时一样。受剪的情况也相似，但屈服点 τ_s，及抗剪强度 τ_b 均较受拉时为低；剪切模量 G 也低于弹性模量 E，《公桥规》取 $G=0.81\times10^5$ MPa。

钢材的抗拉强度 f_u 是钢材抗破断能力的极限。钢材屈服强度与极限抗拉强度之比 f_y/f_u 称为屈强比，它是钢材设计强度储备的反映。f_y/f_u 越大，强度储备越小，f_y/f_u 越小，强度储备越大。

但钢材屈强比过小时其强度利用率低、不经济，因此在要求屈服强度的同时，还应要求钢材具有适当的抗拉强度。一般来讲，钢材的屈强比最好保持在0.60～0.75之间。

钢材在弹性阶段应力—应变呈线性正比例关系，其应变或变形很小，钢材具有持续承受荷载的能力。但在非弹性阶段，钢材屈服并暂时失去了继续承受更大荷载作用的能力，钢材应力达到屈服强度时结构将产生很大的塑性变形，故结构的正常使用会得不到保证，因此，在设计时常常控制钢材应力不超过屈服强度 f_y。

显然，钢材的屈服强度 f_y、抗拉强度 f_u 以及伸长率 δ 是桥梁结构用钢材的三项主要力学性能指标。

16.2.2 冷弯性能

冷弯性能是指钢材在常温下加工产生塑性变形时，对产生裂缝的抵抗能力。钢材的冷弯性能是用冷弯试验来检验钢材承受规定弯曲程度的弯曲变形性能，并显示其缺陷的程度。如图16-3所示，用具有弯心直径 d 的冲头对标准试件中部施加荷载使之弯曲180°，要求弯曲部位不出现裂纹或分层现象。钢材的冷弯性能取决于钢材的质量和弯心直径 d 对钢材厚度 a 的比值。

冷弯试验一方面是检验钢材能否适应构件制作中的冷加工工艺过程；另一方面通过试验还能暴露出钢材的内部缺陷，鉴定钢材的塑性和可焊性。冷弯性能合格是一项衡量钢材力学性能的综合指标。

16.2.3 钢材的冲击韧性

钢材的冲击韧性是指钢材在冲击荷载作用下吸收机械能的一种能力，是衡量钢材抵抗可能因低温、应力集中、冲击作用而导致脆性断裂的一项力学性能指标。钢材的冲击韧性通常采用有特定缺口的标准试件，在试验机上进行冲击荷载试验使构件断裂来测定（图16-4）。常用标准试件的形式有梅氏（Mesnager）U形缺口试件和夏比（Charpy）V形缺口试件，我国采用后者。V形缺口试件的冲击韧性指标用试件被冲击破坏时断面单位面积上所吸收的能量表示，其单位为J（N·m）。

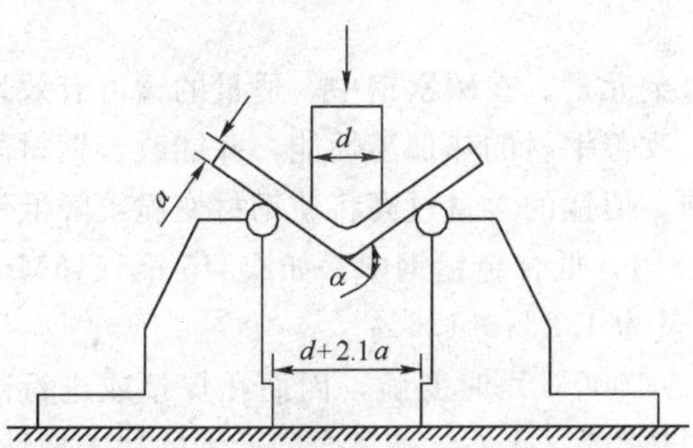

图16-3 钢材冷弯试验

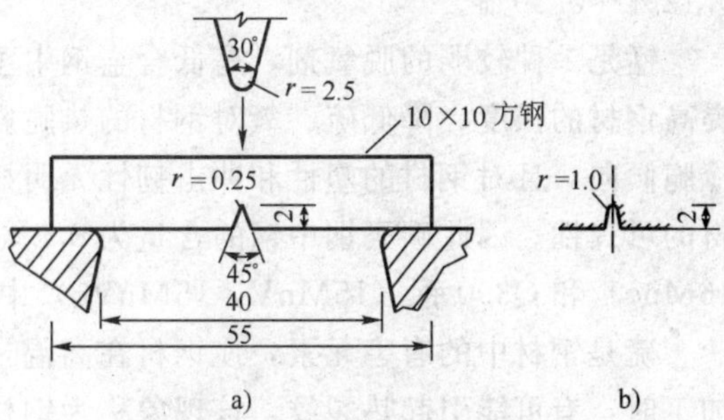

图16-4 钢材冲击韧性试验

a）V形缺口试件；b）U形缺口试件

16.2.4 钢材的可焊性

钢材的可焊性，是指在一定的工艺和结构条件下，钢材经过焊接后能够获得良好的焊接接头性能。可焊性可分为施工上的可焊性和使用性能上的可焊性。

施工上的可焊性是要求在一定的焊接工艺条件下，焊缝金属和近缝区的钢材均不产生裂纹。使用性能上的可焊性则要求焊接构件在施焊后的力学性能应不低于母材的力学性能。

钢材的可焊性可以采用钢材焊接接头的冷弯试验获得。

我国《公桥规》(JTJ 025—86) 规定结构主体采用的钢材均应具有良好的可焊性。

16.3 钢材性能的影响因素

图 16-1 所示的钢材应力—应变曲线是用质量合格的钢材做成的标准试件在常温、静载条件下得出的，它代表的仅是钢材在单轴应力作用下的静力工作性能，而且也不是一成不变的，因此有必要对影响钢材性能的各种因素作进一步分析。

决定钢材性能的主要因素是钢材的化学成分及其微观组织结构，此外，钢材的冶炼、浇注、轧制等生产工艺过程、钢结构的加工、构造、尺寸、受力状态以及工作环境等对钢材的力学性能也有重要的影响。

16.3.1 化学成分的影响

钢材的主要化学成分是铁 (Fe)，约占 99%，碳和其他元素仅占 1%左右，其他元素包括硅 (Si)、锰 (Mn)、钒 (V)、硫 (S)、磷 (P)、氧 (O)、氮 (N) 等。

在碳素钢中，碳是除纯铁以外的最主要的元素，碳的含量直接影响钢材的强度、塑性、韧性和可焊性。随着含碳量的增加，钢的强度逐渐升高，而塑性、冲击韧性下降，冷弯性能、可焊性能和抗锈蚀性能等都明显恶化。因此，尽管碳是使钢材获得足够强度的主要元素，但在钢结构（特别是焊接结构）中不宜采用有较高含碳量的钢材，一般应不超过 0.22%。

硅是作为强脱氧剂加入碳素钢中，以取得质量较优的镇静钢，适量的硅可提高钢的强度，而对塑性、冲击韧性、冷弯性能及可焊性能影响较小，一般镇静钢中硅含量为 0.12%～0.30%。

锰是一种较弱的脱氧剂，是低合金钢中主要合金元素。在碳素钢中，适量的锰可有效地提高钢材的强度，降低硫、氧对钢材的热脆影响，改善钢材的热加工性能，并能改善钢材的冷脆倾向，且对钢材的塑性和冲击韧性无明显影响。但锰的含量过高将使钢材变脆，降低钢材的可焊性。因此碳素钢中锰的含量为 0.3%～0.8%，低合金锰钢中，如 Q345 钢 (16Mn、16Mnq) 和 Q390 钢 (15MnV，15MnVq) 中其含量为 1.2%～1.6%。

硫是钢材中的有害元素，使钢材在高温 (800～1000℃) 时变脆，因而在焊接或进行热加工时，有可能引起热裂纹，该现象称为钢材的“热脆”。此外，硫还会降低钢的冲击韧性、疲劳强度和抗锈蚀性能，因而严格控制钢材中的含硫量，一般不应超过 0.05%，在焊接过程中一般不超过 0.045%。

磷也是钢材中的一种有害元素，虽然能提高钢的强度和抗锈蚀能力，但严重地降低钢的塑性、冲击韧性、冷弯性能和可焊性能，特别是在低温时使钢材变脆，即称为“冷脆”，因此对磷的含量要严格控制，一般不应超过 0.05%，在焊接过程中一般不超过 0.045%。

氧和氮也属于有害杂质（氮用作合金元素的个别情况除外）。氧的影响与硫类似，使钢材发生“热脆”，一般要求氧含量小于0.05%；氮的影响与磷相似，使钢材发生“冷脆”，一般要求氮含量小于0.008%。

在钢中适应增加锰和硅的含量，可改善钢材的力学性能。若掺入一定数量的铬、镍、铜、钒、铌等合金元素，则更加显著。这种钢称为合金钢。钢结构中常用的合金钢因合金元素的含量较低，故称为低合金钢，如16Mn钢、20MnTiB钢等。

16.3.2　钢材缺陷的影响

钢材的生产需经过冶炼、浇注、轧制和矫正等工序才能完成，多道工序对钢材的力学性能有一定的影响。钢材中常见的冶金缺陷有偏析（钢材中化学成分的不均匀性）、非金属夹杂、裂纹、气孔和分层等，它们都对钢材的力学性能产生不利影响。

1）偏析

钢中化学成分的不均匀称为偏析。偏析能恶化钢材的性能，特别是硫、磷的偏析会使偏析区钢材的塑性、冷弯性能、冲击韧性及可焊性变坏。

2）非金属夹杂

掺杂在钢材中的非金属杂物（硫化物和氧化物）对钢材的性能有极为不利的影响。硫化物在800～1200℃高温下，使钢材变脆（即热脆），氧化物则严重地降低钢材的力学性能和工作性能。

3）裂纹

成品钢材中的裂纹（微观的或宏观的），不论其成因如何均可使钢材的冷弯性能、冲击韧性及疲劳强度大大降低，使钢材抗脆性破坏的能力降低。

4）分层

钢材在厚度方向不密合，分成多层称为分层。分层并不影响垂直于厚度方向的强度，但会严重降低冷弯性能。在分层夹缝处还易锈蚀，甚至形成裂纹，大大降低钢材的冲击韧性、疲劳强度及抗脆断能力。

16.3.3　钢材的硬化

钢材经过冲孔、剪切、冷压、冷弯等加工后，都会产生局部或整体硬化，主要表现在钢材的屈服强度提高、弹性范围增加、塑性和伸长率降低，钢材的这一性质称为冷加工硬化或冷作硬化。在加工硬化的区域（如铆钉孔边缘等），钢材会出现一些裂纹或损伤，受力后出现应力集中现象，更进一步加剧了钢材的脆性。冷加工硬化虽然可以提高钢材的屈服强度，但同时也降低塑性和增加钢材的脆性，对钢结构特别是承受动力荷载的钢结构不利。因此，钢结构设计中一般不利用冷加工硬化对钢材屈服强度的提高，对直接承受较大动力荷载的钢结构还应消除冷加工硬化的影响。

由于在高温时溶入纯铁中极少量的氮随着时间的延长从纯铁体中析出，形成自由氮化物而存在于纯铁粒晶体间的滑动面上，阻止了纯铁晶粒间的滑移，从而约束了钢材的塑性发展。这种钢材随时间的进展使屈服强度和抗拉强度提高，伸长率和冲击韧性降低的现象，称为时效硬化。不同种类钢材的时效硬化过程和时间长短不同，可从几小时到数十年。

16.3.4 温度的影响

钢材的力学性能随温度的不同而有所变化。当温度下降时，钢材的强度略有提高而塑性和冲击韧性有所降低，即钢材的脆性倾向逐渐增大。当温度降低到某一数值时（冷脆临界温度），钢材的冲击韧性急剧下降，钢材的破坏特征明显地由塑性破坏变为脆性破坏，这种现象称为钢材的低温冷脆现象。冷脆临界温度与钢材的韧性有关，韧性越好的钢材冷脆临界温度越低，钢材在整个使用过程中，可能出现的最低温度应高于钢材的冷脆临界温度。

当温度升高时，钢材的屈服强度、抗拉强度和弹性模量等均随着降低，但在150℃以下时变化不大。当温度在250℃左右时，钢材的抗拉强度反而有较大的提高，但伸长率和冲击韧性变差，钢材在此温度范围内呈脆性破坏特征，这种现象称为“蓝脆”。应避免在“蓝脆”温度范围内进行钢材的机械加工，以防钢材产生裂纹。当温度超过300℃时，钢材的屈服强度、抗拉强度和弹性模量开始显著下降，而伸长率明显增大，钢材产生徐变。当温度超过400℃时，钢材的强度和弹性模量都开始急剧降低，当温度达到600℃时其强度几乎完全丧失。

16.3.5 应力集中的影响

在钢结构构件中不可避免地存在孔洞、槽口、裂缝、厚度变化以及内部缺陷等，致使构件截面突然改变，在荷载作用下，这些截面突变的某些部位将产生局部峰值应力，其余部位的应力较低且分布极不均匀，这种现象称为应力集中（图16-5）。

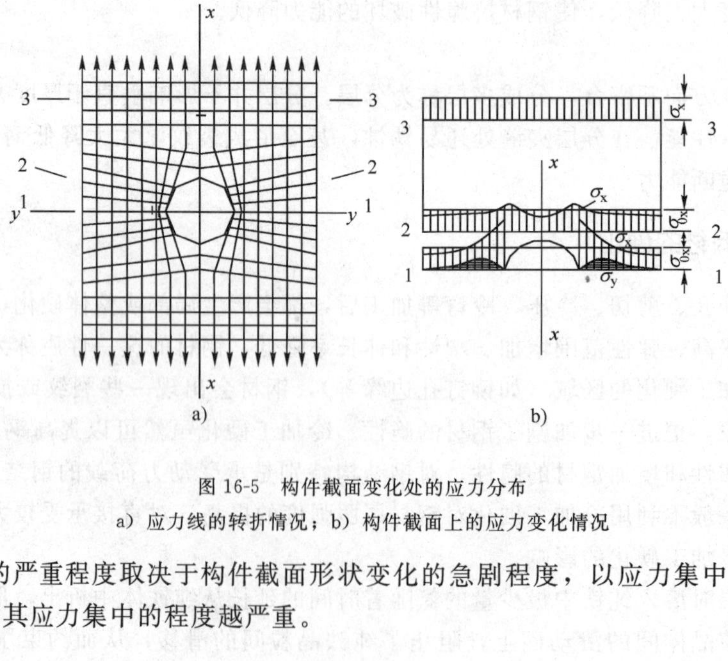

图16-5 构件截面变化处的应力分布

a）应力线的转折情况；b）构件截面上的应力变化情况

应力集中的严重程度取决于构件截面形状变化的急剧程度，以应力集中系数ξ来表示，ξ值越大，说明其应力集中的程度越严重。

$$\xi = \frac{\sigma_{max}}{\sigma_0} \tag{16-2}$$

式中：σ_{max}——孔洞边缘的最大应力；

$\sigma_0=\dfrac{N}{A_n}$——轴向拉力 N 除以构件的净截面面积 A_n 的平均应力。

由图 16-6 可以明显地看出，截面变化愈急剧，应力集中就愈严重，钢材变脆的程度也就愈厉害。

应力集中现象在实际结构中是不可能完全避免的。应力集中一般不影响截面的静力极限承载力。只要在构造上尽可能使截面的变化比较平缓，设计时可不予考虑。但对于承受动力荷载和反复荷载作用下的结构以及处于低温下工作的结构，由于钢材的脆性增加，应力集中的存在往往会产生严重的后果，需要特别注意。

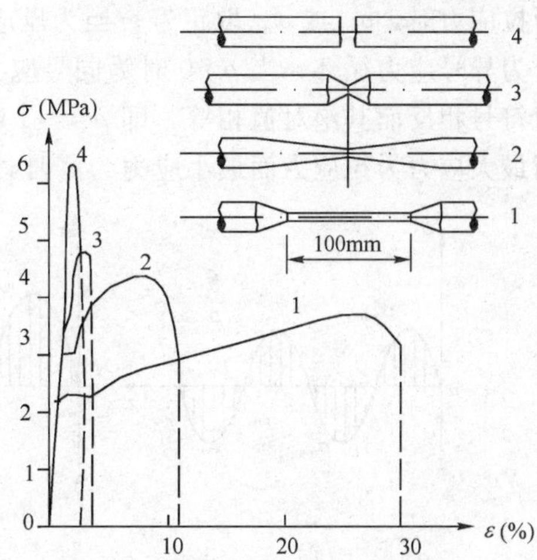

图 16-6　应力集中对钢材性能的影响

16.4　钢材的疲劳

钢材在连续的反复荷载作用下，其应力虽然低于抗拉强度，甚至低于屈服点时，也往往会使构件发生突然破坏，这种现象叫做钢材的疲劳破坏。导致疲劳破坏的应力叫做疲劳强度。

与前述钢材的静力拉伸试验时的塑性破坏不同，它是反复荷载作用下发生的脆性破坏。钢材的疲劳破坏是经过长时间的发展过程才出现的，其破坏过程可分为三个阶段：裂纹的形成、裂纹缓慢扩展、最后迅速断裂而破坏。即使材料具有良好的韧性性能，并且构件中没有任何缺陷，也没有截面的突然改变，疲劳破坏也同样会发生。因此对于经常直接承受动力荷载的结构，必须进行疲劳验算。对于只承受数值变动的压力构件和临时性结构物的构件，可不必验算疲劳强度。

1）影响钢材疲劳强度的主要因素

（1）应力集中的程度

构件及其连接处的截面有孔槽缺口等突然改变时，在荷载作用下，截面上会出现应力集中，最高应力值往往高出平均应力值。即使平均应力值并不太高，也有可能发生最高应力已经超出弹性工作范围而引起塑性变形的情况。在荷载的反复作用下，应力集中处的钢材反复发生塑性变形，经过很多次之后就会形成微观裂缝，然后逐渐发展成肉眼可见的宏观裂纹。宏观裂纹在反复荷载作用下继续扩展，构件的截面面积逐渐削弱，达到一定的循环次数后，在被削弱的截面处就会发生突然的脆性断裂。疲劳现象在很大程度上与局部应力的发展有关。为了防止疲劳开裂，凡在应力集中处应尽量予以改善，使其均匀过渡以免应力集中而产生疲劳断裂。

（2）应力循环特征值 ρ

反复荷载引起的应力循环形式有同号应力循环和异号应力循环两种类型。循环中绝对值最小的峰值应力 σ_{min} 与绝对值最大的峰值应力 σ_{max} 之比 $\rho=\sigma_{min}/\sigma_{max}$ 称为应力循环特征值，当为拉应力时，σ_{min}或σ_{max}取正号；当为压应力时，σ_{min}或σ_{max}取负号。如图 16-7 所示，当$\rho<0$时为异号应力循环，当$\rho>0$时为同号应力循环，$\rho=1$时表示静力荷载。最大应力和最小应力符号相反而其绝对值相等，即$\rho=-1$时（图 16-7a），称为对称循环，此时疲劳强度最低。当最大应力为拉应力而最小应力为零时，即$\rho=0$（图 16-7c），称为脉冲循环。

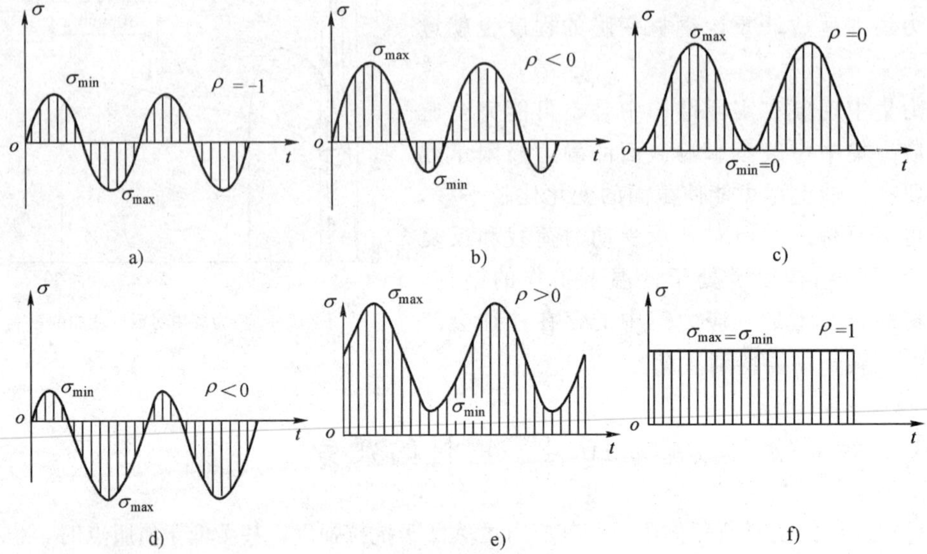

图 16-7　荷载循环的形式

对于轧制钢材和非焊接结构，ρ值越小疲劳强度越低，反之则越高。但对于焊接结构，由于焊缝附近存在着很大的焊接残余应力峰值，应力循环特征值$\rho=\sigma_{min}/\sigma_{max}$并不代表疲劳裂缝出现处的应力状态，实际的应力循环是从残余应力开始，变动一个应力幅$\Delta\sigma=\sigma_{max}-\sigma_{min}$（此处$\sigma_{max}$为最大拉应力，$\sigma_{min}$为最小应力，拉应力取正值，压应力取负值）。因此焊接结构的疲劳性能直接与应力幅$\Delta\sigma=\sigma_{max}-\sigma_{min}$有关，而与应力循环特征值$\rho$的关系不是非常密切。

(3) 应力循环次数 n

当应力循环的形式不变，钢材的疲劳强度与应力循环的次数（疲劳寿命）n有关。引起疲劳破坏所需要的应力大小，随着循环次数n的n增加而减少。当保证ρ值不变，可根据试验给出最大应力σ_{max}和破坏时的应力循环次数n之间的关系曲线（图 16-8），称为疲劳曲线。由疲劳曲线关系可以看出，构件上作用的应力越小，其破坏时的循环次数n就越多，但是当应力小到某一极限值σ_f（平行于n轴的渐近线）时，循环次数再多，试件也不破坏，σ_f即为材料在该ρ值时的疲劳强度。桥梁结构中，一般取循环次数为 200 万次时的σ_{max}（上限应力）作为钢的疲劳强度。

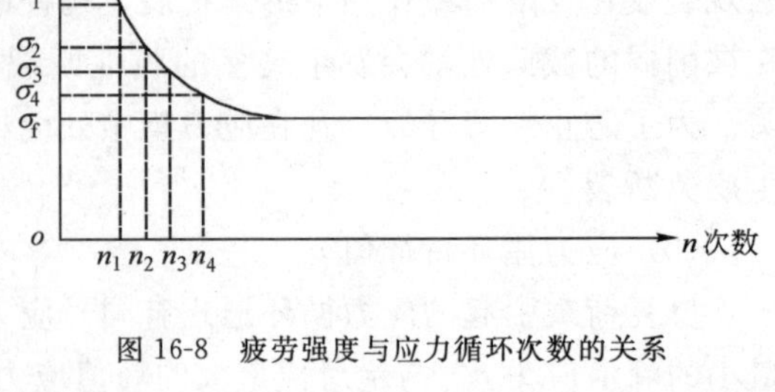

图 16-8　疲劳强度与应力循环次数的关系

2）疲劳容许应力的确定

应力的种类（拉、压、弯）、钢材的种类、钢材本身的均匀性、温度和残余应力等都会影响钢材的疲劳强度。影响疲劳强度的各种因素用统一的安全系数予以考虑。

钢结构构件的疲劳容许应力 $[\sigma_n]$，按下列公式计算：

当绝对值最大的应力为拉应力时：

$$[\sigma_n]=\frac{[\sigma_0]}{1-k\rho} \tag{16-3}$$

当绝对值最大的应力为压应力时：

$$[\sigma_n]=\frac{\sigma_0}{k-\rho} \tag{16-4}$$

式中：$[\sigma_0]$ ——$\rho=0$ 时主体金属或连接的疲劳容许应力，根据验算截面处截面变化情况或连接情况而定，具体数值可根据附表 4-4 的应力类别由附表 4-3 查得；

k——系数，当 n 为 200 万次时，$k=0.6$；

$\rho=\frac{绝对值最小的应力}{绝对值最大的应力}$（应力本身带有正负号）。

16.5　钢材在复杂应力状态下的工作性能

钢材在单向应力状态下，当正应力达到屈服点时，钢材便进入了塑性状态。在实际结构中，钢材常常同时受到各个方向的正应力和剪应力的复合作用（图 16-9）。

在复杂应力状态下，钢材是否进入塑性状态，就不决定于某一单项应力是否达到屈服点 σ_s，也很难直接用试验的方法来确定材料的各种强度和破坏形式。对于像低碳钢这一类有明显屈服点的材料，试验证明应用《材料力学》第四（能量）强度理论最合适。根据第四强度理论，当改变钢材开头所需的能力达到最大值时，材料由弹性状态进入塑性状态，由此导出钢材在复杂应力作用下，由弹性状态过渡到塑性状态的条件是用一个折算应力 σ_{red} 和屈服强度 f_y 的比较来判断。折算应力可视为单向应力。

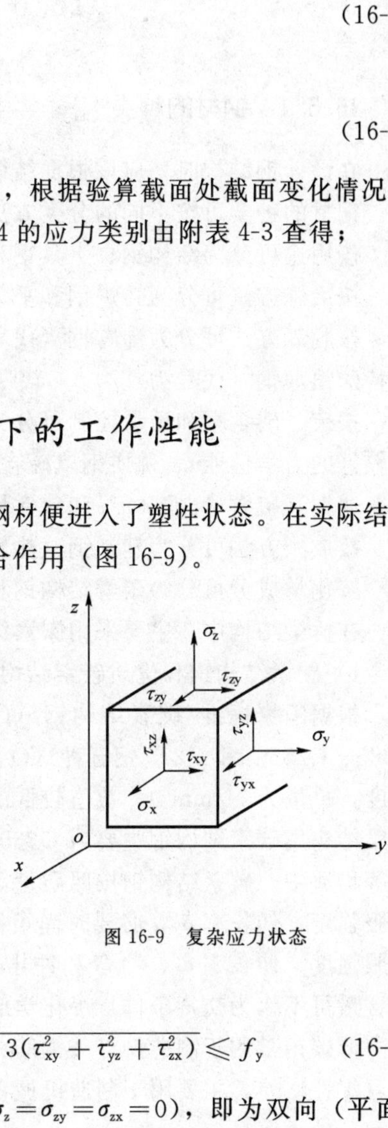

图 16-9　复杂应力状态

为此，如果满足下列条件，则钢材仍处于弹性阶段：

$$\sigma_{red}=\sqrt{\sigma_x^2+\sigma_y^2+\sigma_z^2-(\sigma_x\sigma_y+\sigma_y\sigma_z+\sigma_z\sigma_x)+3(\tau_{xy}^2+\tau_{yz}^2+\tau_{zx}^2)}\leqslant f_y \tag{16-5}$$

当在三向应力中有一个方向的应力很小或等于零（$\sigma_z=\sigma_{zy}=\sigma_{zx}=0$），即为双向（平面）应力状态，式（16-5）即为：

$$\sigma_{red}=\sqrt{\sigma_x^2+\sigma_y^2-\sigma_x\sigma_y+3\tau_{xy}^2}\leqslant f_y \tag{16-6}$$

对于只有正应力 σ 和剪应力 τ 的梁而言即 $\sigma_x=\sigma$、$\tau_{xy}=\tau$ 和 $\sigma_y=\sigma_x=\tau_{yz}=\tau_{zx}=0$ 时，即为：

$$\sigma_{red}=\sqrt{\sigma^2+3\tau^2}\leqslant f_y \tag{16-7}$$

当受纯剪时：

$$\sigma_{red} = \sqrt{3\tau^2} \leqslant f_y \tag{16-8}$$

或 $$\tau \leqslant 0.577 f_y \approx 0.6 f_y \tag{16-9}$$

即当剪应力 $\tau=0.6f_y$ 时，钢材将进入塑性状态。为此《公桥规》取钢材的容许剪应力 $[\tau]$ 为 0.6 $[\sigma]$。

16.6 钢材种类及其选用

16.6.1 钢材的种类

在设计钢结构时，应该根据结构的特点和使用要求，选用适宜的钢材。

钢材的种类可按不同的分类方法进行区分。

按用途可分为结构钢、工具钢和特殊用途钢。

按冶炼方法可分为转炉钢和平炉钢。

按脱氧方法可分为沸腾钢（代号为 F）、半镇静钢（代号为 b）、镇静钢（代号为 Z）以及特殊镇静钢（代号为 TZ）。

按硫、磷含量和质量控制可分为高级优质钢（硫含量≤0.035％和磷含量≤0.03％并具有较好的力学性能）、优质钢（硫含量≤0.045％和磷含量≤0.04％并具有较好的力学性能）和普通钢（硫含量≤0.05％和磷含量≤0.045％）。

按成型方法可分为轧制钢（热轧、冷轧）、锻钢和铸钢。

按化学成分可分为碳素结构钢和低合金高强度结构钢。

在桥梁结构中，主要采用碳素结构钢、低合金高强度结构钢和优质碳素结构钢。

1）碳素结构钢和优质碳素结构钢

根据国家标准《碳素结构钢》(GB 700—88)的规定，碳素结构钢共分为 Q195、Q215、Q235、Q255、和 Q275 钢五种（Q 是屈服强度的汉语拼音首位字母，阿拉伯数字代表屈服强度，单位为 N/mm^2），数值较低的钢材，碳含量和强度较低而塑性、韧性和焊接性较好。桥梁结构用碳素结构钢主要为 Q235 钢，其碳含量（0.12％～0.22％）和强度、塑性、可焊性等均适中。碳素结构钢按照质量等级可分为 A、B、C、D 四级，A 级钢只保证抗拉强度、屈服强度、伸长率 δ_5，必要时尚可附加冷弯试验的要求；B、C、D 级钢均保证抗拉强度、屈服强度、伸长率 δ_5、冷弯和冲击韧性等力学性能；碳、硫、磷、硅和锰（A 级钢的碳、锰含量可不作为交货条件）等化学成分的含量必须符合相关国家标准的规定。

低碳钢常用于制造铆钉、钢筋、钢桥材料及一般钢结构。中碳钢强度较高，塑性、韧性和可焊性略差，主要用于制造机械零件及节点螺栓。高碳钢因硬度大，一般用于切削工具、弹簧、轴承等。

优质碳素结构钢是碳素结构钢经过热处理得到的优质钢，与碳素结构钢的主要区别在于钢中含杂质元素较少，硫、磷含量都不大于 0.035％，并且严格限制其他缺陷，因此具有较好的综合性能。优质碳素结构钢（如 45 号钢）在钢结构中主要用于高强度螺栓及其连接。

2）低合金高强度结构钢

低合金高强度结构钢是在冶炼碳素结构钢时加入一种或几种适量合金元素而成的钢，目的是为了提高钢材强度、常温或低温下的冲击韧性、耐腐蚀性，并且要求对其塑性影响不大。根据国家标准《低合金高强度结构钢》（GBT 1591—94）的规定，低合金高强度结构钢可分为Q295、Q345（16Mn，16Mnq）、Q390、Q420、Q460钢等五种，其中Q345（16Mn，16Mnq）、Q390（15MnV，15MnVq）钢为桥梁钢结构常用的钢种。它们具有强度高，塑性、韧性和可焊性都好等优点，桥梁结构中主要采用这种钢材。16Mnq表示专用于桥梁的16锰钢，它的低温抗冲击韧性和强度均比16Mn钢高，因此对于动荷载较大的铁路钢桥目前多采用16Mnq。

低合金高强度结构钢交货时，应有碳、锰、硅、硫、磷、合金元素等化学成分和屈服强度、抗拉强度、伸长率δ_5、冷弯等力学性能的合格保证书。质量等级分为A、B、C、D、E五级，由A到E也表示质量由低到高。A级无冲击韧性要求，由B到E分别有+20℃、0℃、−20℃和−40℃冲击韧性要求。

16.6.2 钢材的规格

钢结构常用的轧制钢材主要为热轧成型的钢板和型钢两大类。

1）钢板

钢板包括薄钢板、厚钢板、特厚钢板和扁钢等，钢板规格采用“—宽×厚×长”或“—宽×厚”的表示方法。薄钢板一般采用冷轧法轧制，厚度为0.35～4mm；厚钢板厚度为0.45～60mm；特厚钢板厚度>60mm；扁钢厚度为4～60mm，宽度为12～200mm。钢结构的尺寸标注均以mm为单位。

2）型钢

常用的型钢有下列几种（图16-10）：

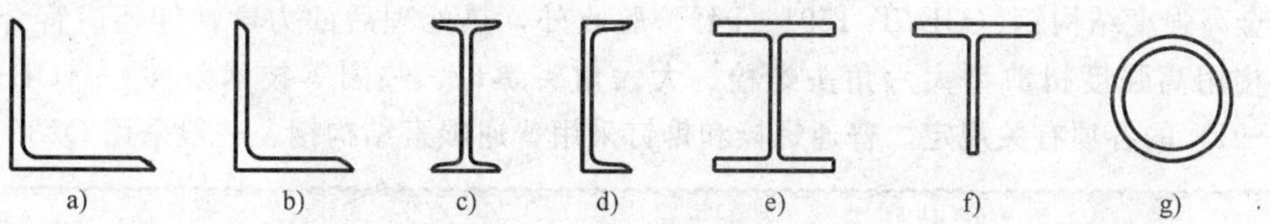

图16-10 型钢的截面形式

a）等边角钢；b）不等边角钢；c）工字钢；d）槽钢；e）H形钢；f）T形钢；g）钢管

（1）角钢。分等边和不等边两种。

角钢的表示方法：等边角钢以∠肢宽×肢厚表示，如∠80×10表示边宽80mm、厚10mm的等边角钢。不等边角钢则以∠长肢宽×短肢宽×肢厚表示，如∠80×60×10表示长边宽80mm、短边宽60mm、厚10mm的角钢。

（2）槽钢。槽钢的型号以槽钢符号［和高度表示，当为轻型槽钢时，前面加注“Q”。同一高度而宽度及厚度不相同时，则在型号的后面附加字母a、b、c以示区别。如：［40a表示其截面高度为400mm，a类。

（3）工字钢。工字钢分为普通工字钢和轻型工字钢两种，主要用于在其腹板平面内受弯的构件或由几个工字钢组成的组合构件。宽翼缘的工字钢用得较多，由于它两个方向的稳定性相等，可以单独作受压的柱或梁。

工字钢的型号以工字钢符号及其高度表示，当为轻型工字钢时，前面加注“Q”。20号以上的工字钢，同一号数有三种腹板厚度，分为a、b、c三类，如I25a则表示工字钢的高度为250mm、其腹板厚度为a类。a类腹板最薄、翼缘最窄，b类腹板较厚、翼缘较宽，c类腹板最厚、翼缘最宽。

同样高度的轻型工字钢的翼缘比普通工字钢的翼缘宽且薄，腹板也比普通工字钢薄，因此其回转半径略大，重量较轻。

上述各种型钢的详细尺寸及其截面几何特征可查型钢表。

16.6.3 钢材的选用

钢材选用应以保证结构的安全使用和节省钢材，降低造价为原则。应根据结构的重要性、荷载特征、结构形式、应力状态、连接方法、钢材厚度和工作环境等因素综合考虑，选用合适的钢材牌号和材性。

桥梁钢结构采用的钢材，常见的有低合金高强度结构钢Q345（16Mn，16Mnq）钢、Q390（15MnV，15MnVq）钢和碳素结构钢Q235钢。Q345钢具有强度高，塑性、韧性比较适宜和可焊性能良好等优点。但对于临时结构、施工支架和加固构件等采用Q235钢具有更好的技术、经济效果。

支座通常承受较大的冲击力，采用强度较低、塑性和焊补性能好、制造工艺简单的铸钢ZG25II比较适宜。为了与铸钢ZG25II配套起见，辊轴选用35号锻钢。

高强螺栓采用的钢材有20锰钛硼（20MnTiB）钢、45号钢和40硼（40B）钢。20锰钛硼与45号钢和40硼（40B）钢相比较，不易产生延迟断裂。制造高强螺栓的40硼钢，因在实践中曾发现经热处理后，有的螺栓达不到规定的力学性能要求，因此，要求除按现行的《低合金高强度结构钢（GB/T 1591—94）》验收外，热处理后的力学性能还应符合现行的《钢结构用高强度扭剪型大六角头螺栓、大六角头螺母、垫圈等技术条件》（GB 1228—1231—91）的各项有关规定。普通螺栓和铆钉采用普通碳素结构钢，一般采用Q235钢。

本章小结

本章着重介绍了钢结构所用钢材的主要机械性能以及影响其性能的主要因素、钢材的疲劳特性、钢筋的种类及其选用。

思考题与习题

16-1 钢结构对钢材性能及其测试方法有哪些要求？这些性能要求用哪些指标来衡量？

16-2 钢材受力有哪两种破坏形式？它们对结构安全有何影响？应如何防止发生脆性破坏？

16-3 影响钢材机械性能的主要因素有哪些？为何低温下以及复杂应力作用下的钢结构要求质量较高的钢材？

16-4 什么叫钢材的疲劳破坏？有哪些主要因素影响钢材疲劳强度？应采取哪些措施防止钢材的疲劳破坏？

16-5 钢材选用应考虑哪些因素？

16-6 什么是钢材的可焊性，影响钢材可焊性的化学元素有哪些？

第 17 章　钢结构的连接

桥梁钢结构的基本构件如梁、柱、桁架等，是由钢板、型钢等连接而成，而基本构件则通过安装连接成整体结构。钢结构的连接方式可分为焊接连接、螺栓连接和铆钉连接三种（图 17-1）。螺栓连接又分为普通螺栓连接和高强螺栓连接两种。早期的钢结构常采用铆钉连接，但这种连接构造复杂，用钢量大，施工周期长，目前已不在新型钢结构上使用。

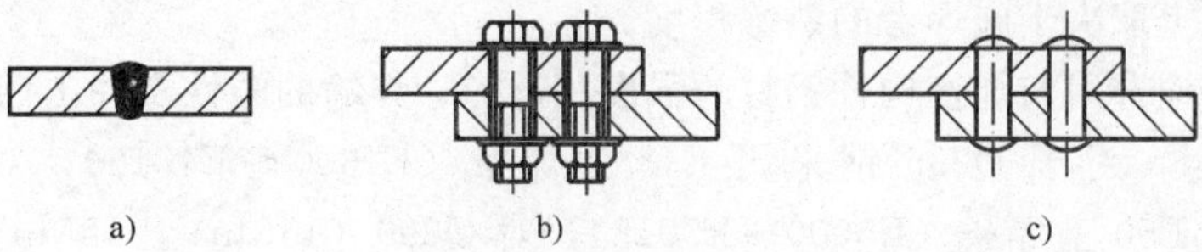

图 17-1　钢结构的连接方法

a）焊缝连接；b）螺栓连接；c）铆钉连接

钢结构的连接不仅用于将部件组成杆件、将杆件组成承重结构，更重要的是将杆件的内力传递给节点板或另一段杆件（当用于构件拼接时）。在内力传递过程中，连接及其接头部位是其中的一个受力环节，若连接和接头的承载能力小于构件的承载能力，则构件的承载能力就不能充分发挥。实践证明，连接设计是否合理和连接部位质量的好坏，直接影响着钢结构的安全和使用寿命，而且钢结构连接和接头的维修和加固往往比结构本身的维修和加固更困难。因此，连接在钢结构中占有很重要的地位，将直接影响到钢结构的制造、安装、经济指标以及使用性能。连接的设计应符合安全可靠、传力明确、构造简单以及节约钢材的原则。

17.1　焊 缝 连 接

焊缝连接是以手工弧焊或自动、半自动埋弧焊接作为连接手段并用金属焊条或焊丝作为材料将钢构件和部件连接成整体的方法。它的优点是不需要在钢材上开孔，截面不会受到削弱，构造简单，施工方便，节省钢材，易于采用自动化操作，生产效率高。

焊接连接的缺点是在焊缝附近的热影响区内，钢材的金相组织和力学性能会发生变化，使材料局部变脆；焊接过程中钢材受到不均匀的高温和冷却，会产生焊接残余应力和残余变形，对结构的承载能力有不利影响。焊接结构对裂纹很敏感，低温冷脆问题较突出。此外，焊缝质量易受操作人员技术熟练程度的影响。但这些缺点都可以采用科学合理的焊接工艺来解决。

17.1.1　钢结构中的焊接方法和焊缝连接的形式

1）焊接方法

钢结构的焊接方法很多，如电弧焊、电渣焊和电阻焊，其中主要采用电弧焊。电弧焊又分为手工电弧焊、埋弧焊以及气体保护焊。

(1) 手工电弧焊

手工电弧焊是最常用的一种焊接方法。其原理是将包有药皮的焊条和焊件分别作为电源的两极形成电弧，电弧的高温可达3000℃。在高温作用下，电弧周围的金属熔化成液态，形成熔池，同时焊条中的焊丝熔化进入熔池中，与焊件的熔融金属相互结合，冷却后形成焊缝。焊条药皮则在焊接过程中产生气体以保护电弧和熔化金属，并形成焊渣覆盖在焊缝表面，以防止氧、氮等有害气体与熔化金属结合形成脆性化合物。

手工电弧焊的设备简单、操作方便，适用范围大，但其生产效率低、劳动强度大，焊接质量在一定程度上取决于施焊者的熟练程度。

手工电弧焊应选用与焊接构件钢材的强度相适应、焊缝的塑性及冲击韧性较高、抗裂性较好的焊条型号。对于Q235钢采用E43型焊条（E4300～E4316），对Q345（16Mn，16Mnq）钢采用E50型焊条（E5000～E5018），对Q390（15MnV，15MnVq）钢采用E55焊条（E5500～E5518）。其中E表示焊条，型号中的前两位数字表示焊条熔敷金属的抗拉强度，以430MPa、500MPa、550MPa计，第3、4位数字表示药皮类型和适用的焊接电源要求（如交、直流和正、反接要求）。

(2) 埋弧焊

埋弧焊是电弧在焊剂层下燃烧的一种电弧焊。焊丝进入和电弧按焊接方向的移动有专门设备控制完成的称为埋弧自动电弧焊；焊丝进入有专门设备控制，而电弧按焊接方向的移动靠人工操作完成的称为埋弧半自动电弧焊。埋弧焊所采用的焊丝和焊剂应与焊件钢材相匹配，应符合国家现行标准《焊接用焊丝》（GB 1300）的规定。如对Q235钢常用H08A焊丝配合高锰高硅型焊剂，对Q345（16Mn，16Mnq）钢和Q390（15MnV，15MnVq）钢常用H08MnA、H10Mn2焊丝。

埋弧焊的优点是工艺条件稳定、与大气隔离保护效果好、电弧热量集中；熔深大、焊缝的化学成分均匀；焊缝质量好、塑性和韧性较高，工厂生产效率高。

(3) 气体保护焊

气体保护焊是利用二氧化碳（CO_2）气体或其他惰性气体作为保护介质的一种电弧熔焊方法，依靠保护气体在电弧周围形成局部的隔离区，以防止有害气体的侵入，保证了焊接过程的稳定性。

气体保护焊的优点是电弧热量集中，焊接速度快，焊件熔深大，热影响区较小，焊接变形较小；由于焊缝熔化区不产生焊渣，焊接过程中能清楚地看到焊缝成型的全过程；气体保护焊所形成的焊缝强度比手工电弧焊高、塑性和抗腐蚀性较好，特别适用于厚钢板或厚度100mm以上的特厚钢板的连接。其缺点是设备较复杂，不适于野外或有风的地方施焊。

2) 焊缝连接的形式

焊缝连接接头形式及焊缝类型可按板件相对位置、构造和施焊位置来划分。按板件的相对位置可分为对接（将连接的构件、部件或板件在同一平面内相互连接成整体的连接方式）、搭接（将连接的构件、部件或板件相互重叠连接成整体的方式）、T形连接和角部连接等类型（图17-2）。

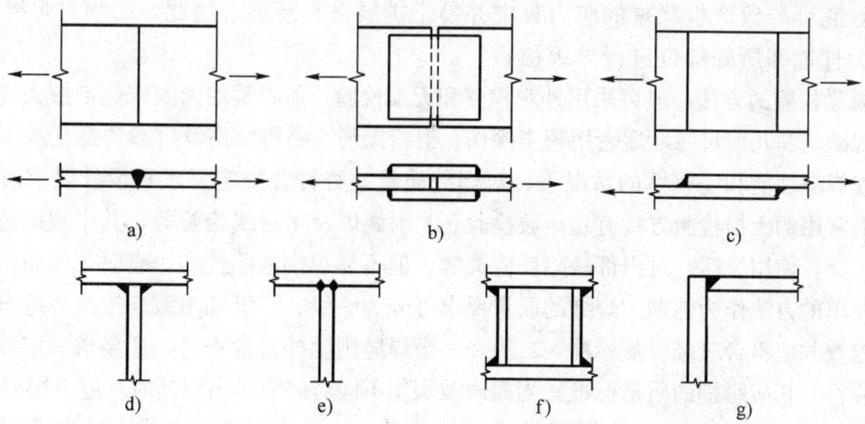

图 17-2　焊缝连接的形式

a）对接连接；b）用拼接盖板的对接连接；c）搭接连接；d）、e）T 形连接；f）、g）角部连接

焊缝按构造可分为对接焊缝和角焊缝两种形式。图 17-2a）所示对接连接采用对接焊缝，特点是用料省，传力平顺，应力集中小，疲劳强度高，承受动力荷载性能好；但截面要开坡口，制造较费工。图 17-2b）所示对接连接采用角焊缝与盖板拼接，制造简单；但用料费，通过盖板传力，应力集中现象较明显，故疲劳强度低。图 17-2c）所示搭接连接采用角焊缝，其特点与图 17-2b）相同，但施工更简单，故在临时结构应用较多。图 17-2d）和图 17-2f）为采用角焊缝的 T 形连接，加工简单，但腹板焊不透，受力性能稍差。而图 17-2e）和图 17-2g）的 T 形连接采用 K 形坡口对接焊缝，可使连接部位焊透，因此疲劳强度高。

焊缝按施焊位置可分为俯焊（又称平焊）、立焊、横焊和仰焊等（图 17-3）。俯焊施焊方便、焊缝质量容易得到保证，应尽量采用。立焊和横焊因施焊较困难，焊缝质量和焊接效率均较俯焊低。仰焊施焊最为困难，焊缝质量不易得到保证，因此在设计和制作中应使大多数焊缝能俯焊，尽量避免仰焊。

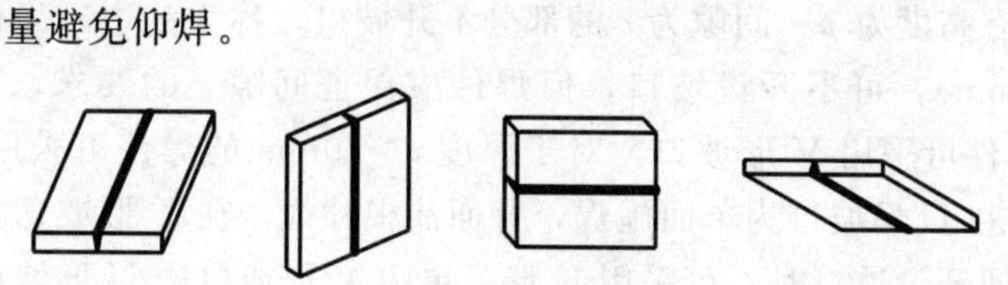

图 17-3　焊缝的施焊位置

a）俯焊；b）立焊；c）横焊；d）仰焊

3）焊缝连接的缺陷及质量检验

焊接接头产生不符合设计或工艺要求的现象称为焊缝缺陷。常见的缺陷有裂纹、焊瘤（熔化的金属流淌在焊缝以外的母材上所形成的金属瘤）、烧穿（熔化金属自坡口背面流出形成穿孔的现象）、弧坑、气孔（焊接后残留在焊缝中的空气所形成的空穴）、夹渣（焊接后残留在焊缝中的熔渣）、咬边（沿焊趾处母材部位产生的沟槽或凹槽）、未熔合、未焊透以及焊缝外形尺寸不符合要求、焊缝成形不良等。缺陷的存在将削弱焊缝的受力面积和引起应力集中，故对连接的强度（承载能力）、塑性和冲击韧性等受力性能产生不利影响，其中裂纹的

危害最大，它会导致产生严重的应力集中并易于扩展引起断裂。因此，必须对焊缝的质量按连接的受力性能和所处部位进行分级检验。

焊缝质量检验的方法一般可采用外观检查和无损检验。前者是用肉眼或低倍放大镜等来检查焊缝的外观缺陷和几何尺寸，后者用超声探伤、射线探伤、磁粉探伤及可渗透探伤等手段，在不损坏被检查焊缝性能和完整性的情况下，对焊缝质量是否符合规定要求和设计要求所进行的检验。工程上常用的无损检验方法有超声波检验、X 射线以及 γ 射线检验等，其中超声波检验目前采用最为广泛，使用灵活，对内部缺陷反应灵敏，但不易识别缺陷性质，有时还用磁粉检验、荧光检验等简单的方法作为辅助。焊缝的质量要求可分为一级、二级和三级。三级焊缝只要求对焊缝作外观检查并应符合三级质量标准，二级、一级焊缝则除外观检查外，还要求一定数量的超声波检验并应符合相应级别的质量标准，当超声波探伤不能对缺陷作出判断时，应采用射线探伤。

焊缝应根据结构的重要性、荷载性质、焊缝形式、工作环境以及应力状态选用不同的质量等级要求。对需要进行疲劳计算的构件（其对接焊缝均应焊透），当其横向对接（或 T 形对接与角接组合）焊缝受拉时应采用一级焊缝；对直接承受动力荷载作用的其他焊缝，或虽不直接承受动力荷载作用但要求与母材等强的受拉焊缝（焊透），应采用二级或不低于二级的焊缝；对承受静力荷载作用或间接承受动力荷载作用的一般构件，采用三级焊缝。

17.1.2　对接焊缝的构造与计算

1）对接焊缝的构造

对接焊缝是在两焊件坡口面之间或一焊件的坡口面与另一焊件表面之间焊接的焊缝，应根据焊件厚度和施工条件将焊件边缘加工成适当形式和尺寸的坡口（指在焊接部位加工成一定形状的沟槽），以保证焊件在全厚度内焊透，坡口形式的选用应按国家标准《手工电弧基本形式与尺寸》（GB 985—80）和《埋弧焊焊接接头的基本形式与尺寸》（GB 986—80）的要求进行。

常见的坡口形式有 V 形、U 形、X 形、K 形、单边 V 形等（图 17-4）。各种坡口中，沿焊件厚度方向通常有高度为 p、间隙为 c 的部分不开坡口，称为钝边。当采用手工焊，焊件厚度 t 很小（≤10mm），可不开设坡口，但焊件应保证间隙 c 的要求。对于一般厚度 $t=(10\sim20)$ mm 的焊件可采用 V 形坡口，对于厚度 $t>20$mm 的焊件可采用 U 形、K 形或 X 形坡口，其中 V 形和 U 形坡口为单面施焊，背面清根补焊。在 T 形或角接接头中，以及对接接头一边焊件不便开设坡口时，可采用 K 形、单边 V 形或单边 U 形坡口。

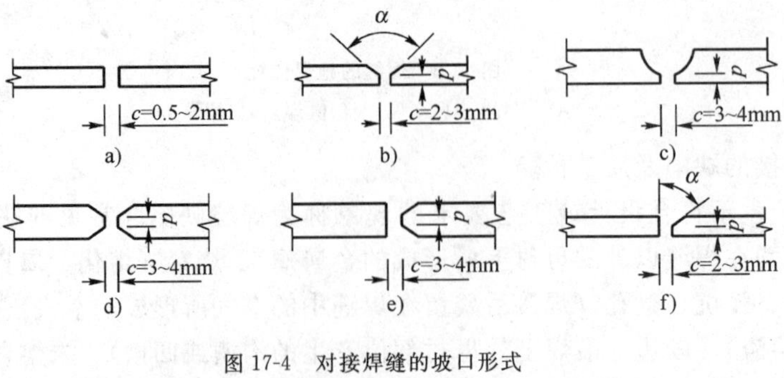

图 17-4　对接焊缝的坡口形式

a）不开设坡口；b）V 形坡口；c）U 形坡口；d）X 形坡口；e）K 形坡口；f）单边 V 形坡口

在每条焊缝的两端，经常因焊接时起弧、灭弧的影响而出现弧坑、未熔透等缺陷，容易引起应力集中，对承受动力作用的结构的影响不利。因此，对接焊缝应在两端设置引弧板（图17-5），引弧板的钢材和坡口应与焊件相同，引弧板长度对手工焊不小于60mm，对自动焊不小于150mm。引弧板在焊接完后用气割切除，并将板边沿受力方向修磨平整。当受条件限制无法放置引弧板时，焊缝计算长度应按实际长度减去10mm。

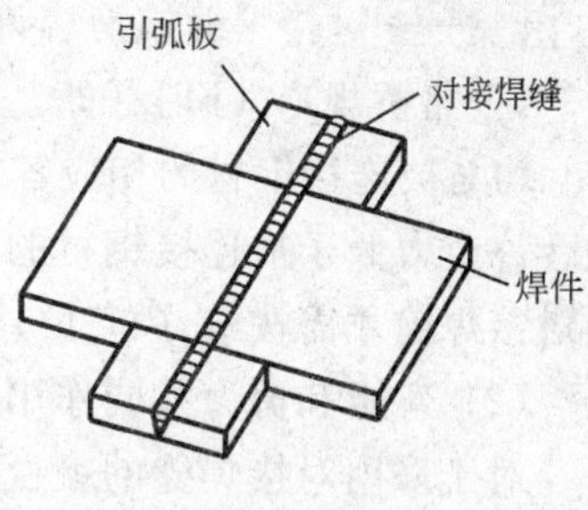

图17-5　对接焊缝施焊的引弧板

在钢板宽度和厚度有变化的焊接中，当焊件宽度不等或厚度相差4mm以上时，为了使构件受力均匀，应将较宽或较厚板的一侧或两侧作成坡度不大于1∶4的斜角，形成平缓的过渡，以减小应力集中（图17-6）。当对接焊接的两钢板厚度之差不超过4mm时，则可采用焊缝表面斜坡来过渡。

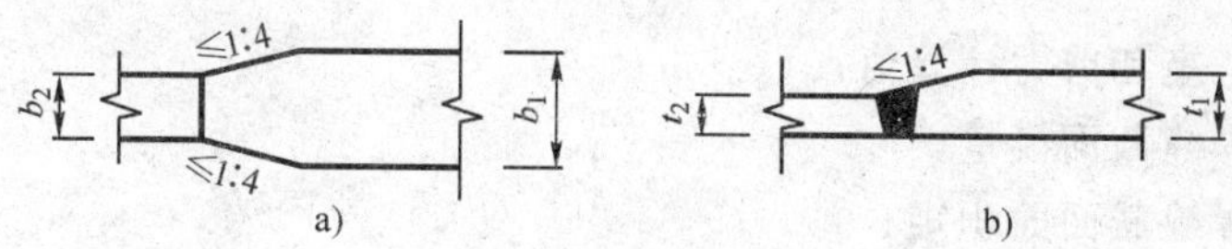

图17-6　钢板的对接（对接焊缝）

a）改变宽度；b）改变厚度

2）对接焊缝的计算

（1）轴心拉力作用的对接焊缝

当为直对接焊缝时（图17-7a），假设对接焊缝中的应力分布与被连接构件的应力分布相同，则与轴心拉力或压力垂直的对接焊缝，应按下式计算强度：

$$\sigma = \frac{N}{l_w t} \leqslant [\sigma_t] \tag{17-1}$$

式中：N——轴心拉力；

l_w——焊缝的计算长度，采用引弧板时取焊缝实际长度，未采用引弧板时取实际长度减去10mm；

t——对接焊缝中焊件的较小厚度；

$[\sigma_t]$——对接焊缝的抗拉容许应力。

如采用图17-7a）所示直对接焊缝不能满足要求时，可采用图17-7b）所示的斜对接焊缝。为计算斜对接焊缝，把轴向拉力分解为$N\sin\theta$及$N\cos\theta$，分别验算正应力和剪应力，即：

$$\sigma = \frac{N\sin\theta}{l_w t} \leqslant [\sigma_t] \tag{17-2}$$

$$\tau = \frac{N\cos\theta}{l_w t} \leqslant [\tau] \tag{17-3}$$

式中：θ——作用力方向与焊缝长度方向间的夹角；

$[\tau]$ ——对接焊缝抗剪容许应力。

《公路桥规》（JTJ 025—86）规定，对接焊缝的抗拉容许应力 $[\sigma_t]$ 和抗剪容许应力 $[\tau]$ 均与被连接钢材的相应容许应力相同。但由于三级检验的对接焊缝质量不易保证，其抗拉容许应力低于被连接钢材的容许应力（约为85%），因此，只有三级检验的承受轴心拉力的对接焊缝才需按式（17-1）、式（17-2）和式（17-3）进行强度验算。

（2）弯矩和剪力共同作用的对接焊缝

对于采用对接焊缝的钢板拼接（图17-8a），受到弯矩和剪力共同作用时，对接焊缝的最大正应力和最大剪应力不在同一点出现，焊缝强度可分别计算：

$$\sigma = \frac{M}{W_w} \leqslant [\sigma_t] \tag{17-4}$$

$$\tau = \frac{VS_w}{I_w t} \leqslant [\tau] \tag{17-5}$$

式中：M、V——弯矩和剪力计算值；

W_w——焊缝截面模量；

S_w——焊缝截面面积矩；

I_w——焊缝截面惯性矩。

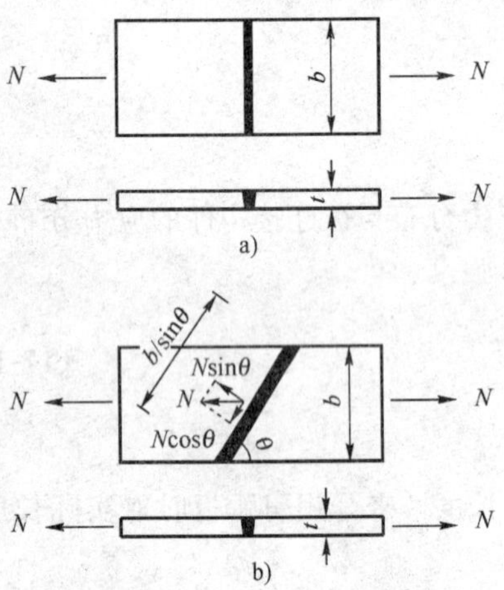

图17-7 轴心受力的对接焊缝

a）直对接焊缝；b）斜对接焊缝

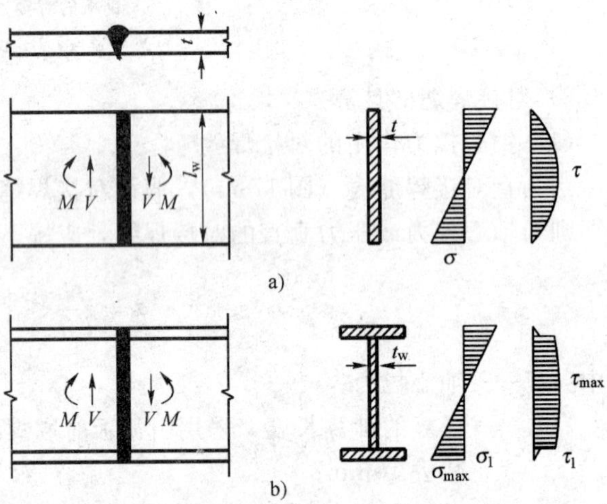

图17-8 对接焊缝承受弯矩和剪力共同作用

a）矩形截面对接焊缝；b）工字形截面对接焊缝

对于采用对接焊缝的T形或工字形截面梁，当正应力和剪应力在同一位置均较大，例如图17-8b）所示腹板与翼缘的交接处，除应按式（17-4）和式（17-5）分别验算对接焊缝最大正应力和剪应力外，还应按下式验算腹板和翼缘交接处对接焊缝的折算应力：

$$\sqrt{\sigma_1^2 + 3\tau_1^2} \leqslant 1.1[\sigma_t] \tag{17-6}$$

式中 σ_1、τ_1 分别为腹板与翼缘交接处焊缝的正应力和剪应力；而式中的1.1为考虑最大折算应力只在局部出现的强度提高系数。

(3) 轴心力、弯矩和剪力共同作用的对接焊缝

对接焊缝上同时作用有轴力、弯矩和剪力时，焊缝的最大正应力为轴力与弯矩产生的正应力之和，剪应力按式（17-5）验算，折算应力按式（17-6）验算。

17.1.3 角焊缝的构造与计算

1）角焊缝的构造

(1) 角焊缝的形式

角焊缝是指两焊件形成一定角度相交面上的焊缝，按受力方向和位置可分为垂直于受力方向的正面角焊缝；平行于受力方向的侧面角焊缝；倾斜于受力方向的斜向角焊缝；垂直于受力方向角焊缝和平行于受力方向角焊缝组成的周围角焊缝。按截面形式可分为两焊脚边夹角为直角的直角角焊缝（图 17-9）和夹角为锐角或钝角的斜角角焊缝（图 17-10）。

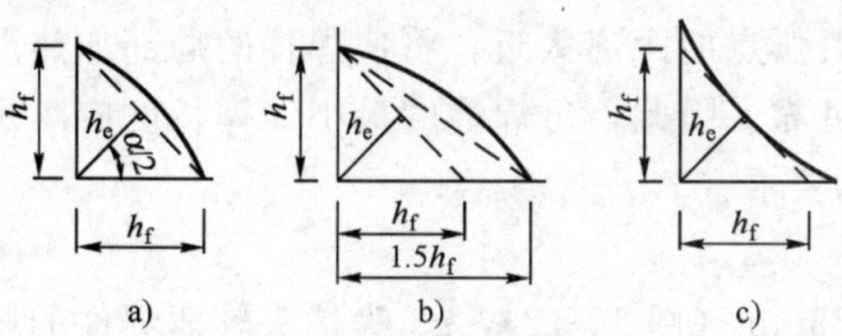

图 17-9 直角角焊缝截面

a）普通焊缝；b）平坡焊缝；c）深熔焊缝

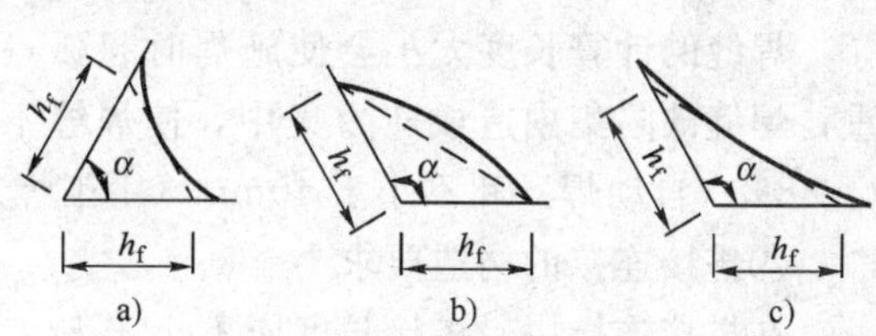

图 17-10 斜角角焊缝截面

a）斜锐角焊缝；b）斜钝角焊缝；c）斜凹面钝角焊缝

直角角焊缝的截面形式有普通焊缝（等边）、平坡焊缝和深熔焊缝。一般采用普通直角焊缝（图 17-9a），但普通直角焊缝受力时力线弯折，应力集中严重，在焊缝根部容易出现开裂现象，因此在直接承受动力荷载的直角焊缝连接中常采用两焊脚尺寸比例为 1：1.5 的平坡焊缝（图 17-9b）或如图 17-9c）所示的深熔直角焊缝。图中 h_f 为角焊缝的焊脚尺寸，它是在角焊缝横截面中画出最大等腰三角形的等腰边长度。$h_e=h_f\cos45°\approx0.7h_f$ 称为角焊缝的有效厚度（指在角焊缝横截面中所画出最大等腰三角形的等腰高度）。

斜角角焊缝常用于钢管结构中。对于 $\alpha>135°$ 或 $\alpha<60°$ 的斜角斜焊缝，除了钢管结构外，不宜用作受力焊缝。计算时取有效厚度 $h_e=h_f\cos\dfrac{\alpha}{2}$（当 $\alpha>90°$ 时）或 $h_e=0.7h_f$（当 $\alpha\leqslant90°$ 时），如图 17-10 所示。

(2) 角焊缝尺寸的构造要求

①最大焊脚尺寸

如果焊脚尺寸 h_f 过大，在施焊时导致热量集中，焊缝冷却收缩时容易产生较大的焊接残余变形和三向焊接残余应力，还使热影响区扩大，容易产生脆性断裂；焊脚尺寸过大还可能使较薄的焊件烧穿；并且当焊脚尺寸与板件边缘等厚时，易产生咬边现象。因此，要求最大焊脚尺寸 $h_f\leqslant1.2t_{min}$（图 17-11a），t_{min} 为较薄焊件的厚度。对于图 17-11b）所示的板件边缘的角焊缝应满足：当 $t_1\leqslant6$mm 时，$h_f\leqslant t_1$；当 $t_1>6$mm 时，$h_f\leqslant t_1-$（1～2）mm，t_1 为较薄焊件厚度。

②最小焊脚尺寸

焊脚尺寸太小会使焊缝存在缺陷或尺寸不足而影响承载能力，同时，若焊件较厚，焊缝冷却速度快，则在焊缝内部产生淬硬组织，容易形成收缩裂纹。因此，角焊缝的最小焊脚尺寸应满足 $h_f \geqslant 1.5\sqrt{t_{max}}$（mm），$t_{max}$为较厚焊件的厚度。对埋弧自动焊，$h_f$ 可减少 1mm；对 T 形连接的单面角焊缝应增加 1mm；当 $t_{max} \leqslant 4$mm 时，取 $h_f = t_{max}$。

③侧面角焊缝的最大计算长度

侧面角焊缝的应力沿长度分布不均匀，两端大、中间小。焊缝越长其应力分布不均匀的现象就越严重，焊缝端部的应力将首先达到极限强度而破坏，此时焊缝中部尚未能充分发挥其承载能力。因此规定侧面角焊缝承受动载时，计算长度 $l_w \leqslant 50h_f$，承受静载时，计算长度 $l_w \leqslant 60h_f$，当大于此规定时，超过的部分在计算中不予考虑。若内力沿侧面角焊缝全长分布时（如焊接工字形梁翼缘与腹板的连接缝），其计算长度不受此限制。

④角焊缝的最小计算长度

焊缝的计算长度太小会使施焊时起弧点与灭弧点的距离太近，将使焊件的局部加热严重，焊缝缺陷集中造成应力集中，使焊缝不够可靠。因此，角焊缝的最小计算长度应满足 $l_w \geqslant 8h_f$（自动焊）和不小于 40mm（手工焊）的要求。

⑤搭接连接的构造要求

在搭接连接中，搭接长度应不小于 $5t_{min}$及 25mm（图 17-12），t_{min}为接头较薄焊件的厚度，且不应只采用一条正面角焊缝来传力，以保证更好地传力、减少焊接收缩应力和搭接接头偏心影响产生的次应力。

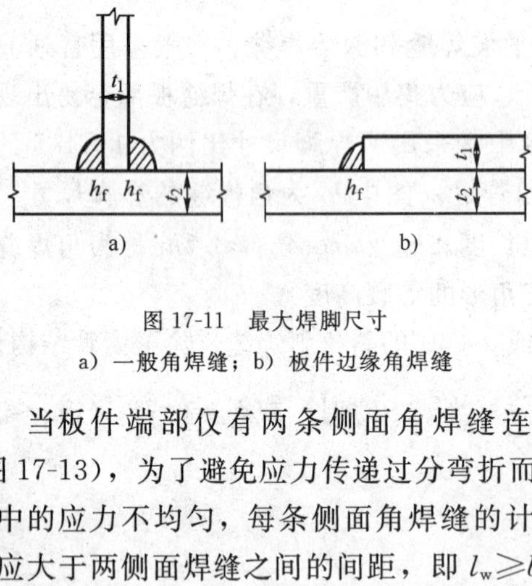

图 17-11　最大焊脚尺寸

a）一般角焊缝；b）板件边缘角焊缝

图 17-12　搭接连接的角焊缝

当板件端部仅有两条侧面角焊缝连接时（图 17-13），为了避免应力传递过分弯折而使构件中的应力不均匀，每条侧面角焊缝的计算长度应大于两侧面焊缝之间的间距，即 $l_w \geqslant b$。为了避免焊缝横向收缩时引起板件拱曲过大，间距 b 应满足 $b \leqslant 16t_{min}$（$t_{min} > 12$mm 时）或 200mm（$t_{min} \leqslant 12$mm 时）。当不满足此规定时，应加正面角焊缝。

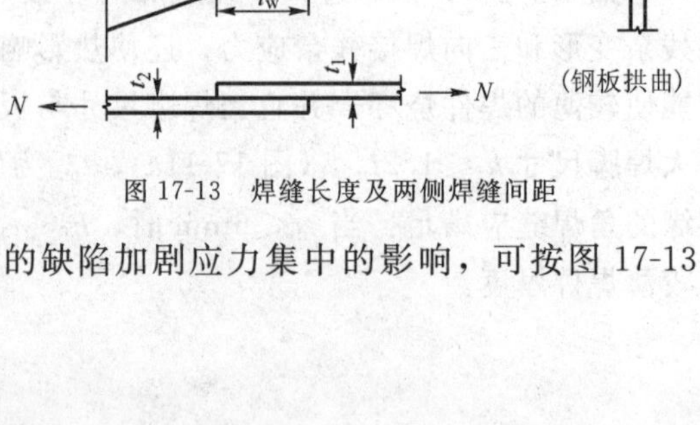

图 17-13　焊缝长度及两侧焊缝间距

构件转角处截面突变，会产生应力集中。当角焊缝的端部在构件转角处时，为避免起灭弧的缺陷加剧应力集中的影响，可按图 17-13

作长度为 $2h_f$ 的绕角焊，且必须连续施焊，不能断焊。同理，当采用周围角焊缝时，在转角处也必须连续施焊。

2）角焊缝的计算

由于角焊缝的应力分布较复杂，《公桥规》（JTJ. 025—86）对角焊缝的强度计算进行了如下简化：

①无论正面角焊缝还是侧面角焊缝，均以沿角焊缝 45°方向的焊缝有效截面作为计算破坏截面。角焊缝有效面积为角焊缝的有效厚度和有效长度的乘积，而角焊缝有效长度为每条焊缝实际长度减去规定的减小值。

②角焊缝的抗拉、抗压或抗剪均采用同一容许应力 $[\tau_f]$。

③在通过焊缝形心的拉力、压力和剪力作用下，假定角焊缝有效截面上均为剪应力。

（1）轴心力作用下角焊缝的计算

根据上述简化假定，当构件承受轴心力作用时，正面角焊缝和侧面角焊缝的强度计算式为：

$$\tau=\frac{N}{h_e\sum l_w}\leqslant[\tau_f] \tag{17-7}$$

式中：N——作用于连接构件的轴向力计算值；

h_e——角焊缝的有效厚度，取焊缝厚度 t（焊脚尺寸 h_f）的 0.7 倍；

$\sum l_w$——连接一侧共同负担同一方向力的角焊缝的总计算长度，其中每条连续施焊的手工焊缝实际长度减去 10mm，对自动焊的焊缝按实际长度计算；

$[\tau_f]$——角焊缝的容许应力，其值按焊件钢材的容许剪应力取用。如焊件为 Q235 钢，取 $[\tau_f]=85\text{N/mm}^2$；焊件为 Q345 钢，取 $[\tau_f]=120\text{N/mm}^2$。

【例 17-1】

图 17-14 所示连接中，被拼接的板宽 $b=500$mm，厚 14mm；两块拼接板厚为 $t=10$mm，$l_1=300$mm，$l_2=450$mm。钢材采用 Q235 钢，焊条为 E43 型，手工焊。轴向拉力计算值 $N=1118.6$kN，试确定该连接角焊缝的焊脚尺寸。

解： 传递轴向力 N 的焊缝计算长度为：

$$\sum l_w=2(2l_1+l_2-2\times5)$$

$$=2(2\times300+450-10)=2080\text{mm}$$

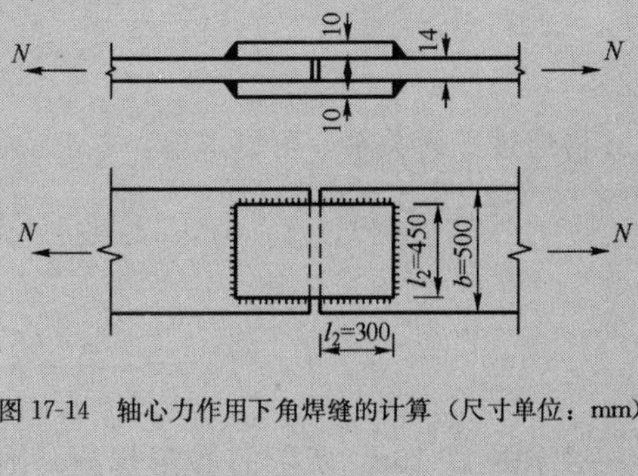

图 17-14　轴心力作用下角焊缝的计算（尺寸单位：mm）

由附表 4-1 查得 Q235 钢时角焊缝的容许应力 $[\tau_f]=85$MPa

需要的角焊缝有效厚度为：

$$h_e=\frac{N}{\sum l_w\cdot[\tau_f]}=\frac{1118600}{2080\times85}=6.3\text{mm}$$

焊脚尺寸：

$$h_f=\frac{h_e}{0.7}=9\text{mm}$$

焊件钢板最大厚度 $t_{max}=14$ mm，最小厚度 $t_{min}=10$mm，故焊脚尺寸 $h_f=9$mm，满足 $1.5\sqrt{t_{max}}=5.6\text{mm}<h_f<1.2t_{min}=12\text{mm}$。

(2) 轴心力作用下角钢角焊缝的计算

在钢桁架中，角钢腹杆与节点板的连接一般采用两面侧焊缝，也可采用三面围焊，在特殊情况下也允许采用L形围焊。腹杆受到轴心力作用时，为避免焊缝偏心受力而产生附加弯矩，焊缝所传递的合力的作用线应与角钢杆件的轴线重合（图17-15）。

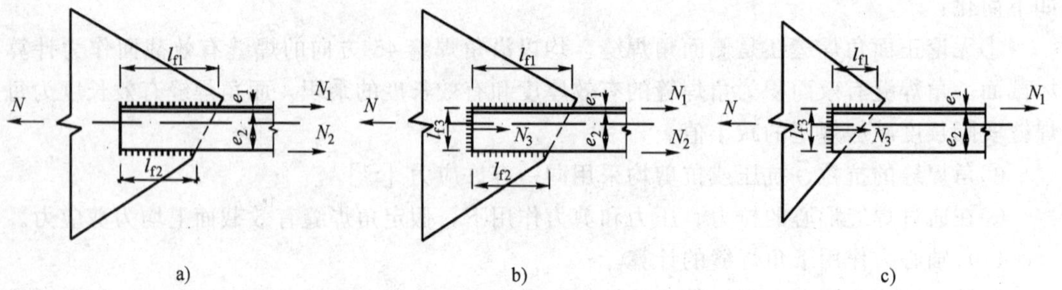

图17-15 角钢焊接的角焊缝及轴力作用分配

a）两面侧焊；b）三面侧焊；c）L形焊

当承受轴心力的角钢用两面侧焊缝连接时（图17-15a），利用 $N_1+N_2=N$ 和 $N_1e_1=N_2e_2$ 两个平衡条件，可以解得：

$$\left.\begin{aligned}N_1&=\frac{e_2}{e_1+e_2}\cdot N=k_1N\\N_2&=\frac{e_1}{e_1+e_2}\cdot N=k_2N\end{aligned}\right\}\tag{17-8}$$

式中：k_1、k_2——角钢肢背和肢尖的焊缝分配系数，实际设计时，对各种尺寸的角钢，k_1 和 k_2 可取作常数，由表17-1直接查得；

e_1、e_2——分别为角钢肢背与角钢肢尖至角钢构件形心的距离。

当采用三面围焊时（图17-15b），可先选定端焊缝的厚度 h_f，并计算出它所能承受的内力：

$$N_3=h_el_f[\tau_f]$$

再通过平衡关系，可以解得：

$$\left.\begin{aligned}N_1&=\frac{e_2}{e_1+e_2}\cdot N-\frac{N_3}{2}=k_1N-\frac{N_3}{2}\\N_2&=\frac{e_1}{e_1+e_2}\cdot N-\frac{N_3}{2}=k_2N-\frac{N_3}{2}\end{aligned}\right\}\tag{17-9}$$

对于图17-15c）所示的L形焊缝，则不需先选定端焊缝的厚度 h_f，而令式（17-9）的 $N_2=0$，可得：

$$\left.\begin{aligned}N_1&=(1-2k_2)N\\N_3&=2k_2N\end{aligned}\right\}\tag{17-10}$$

角钢角焊缝的内力分配系数表　　表 17-1

角钢类型	连接形式	内力分配系数	
		肢背 k_1	肢尖 k_2
等肢角钢	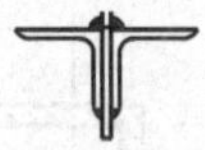	0.70	0.30
不等肢角钢短肢连接	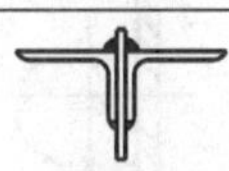	0.75	0.25
不等肢角钢长肢连接	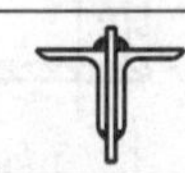	0.65	0.35

【例 17-2】

图 17-15a）所示的两面侧焊缝连接中，作用力计算值 $N=700\text{kN}$，角钢为 $2\angle 100\times 10$，连接板厚 $t=10\text{mm}$，钢材为 Q345 钢，手工焊，焊条为 E50 型，试设计角钢与连接板的连接角焊缝。

解：由附表 4-1 查得 Q345 钢的容许拉应力 $[\sigma]=200\text{MPa}$，则侧焊缝的容许应力 $[\tau_f]=120\text{MPa}$。

取 $h_f=8\text{mm}$，小于 $h_{fmax}=10-(1\sim2)\text{mm}=8\sim9\text{mm}$ 和大于 $h_{fmin}=1.5\sqrt{10}=4.7\text{mm}$。角焊缝有效厚度 $h_e=5.6\text{mm}$。

采用两面侧焊，肢背和肢尖分担的内力分别为：

$$N_1=k_1N=0.7\times 700000=490000\text{N}$$

$$N_2=k_2N=0.3\times 700000=210000\text{N}$$

肢背和肢尖所需要的焊缝实际长度分别为：

$$l_{w1}=\frac{N_1}{2\times h_e\times[\tau_f]}+10\text{mm}=\frac{490000}{2\times 5.6\times 120}+10=375\text{mm},\text{取 }380\text{mm}$$

$$l_{w2}=\frac{N_2}{2\times h_e\times[\tau_f]}+10\text{mm}=\frac{210000}{2\times 5.6\times 120}+10=166\text{mm},\text{取 }170\text{mm}$$

侧焊缝长度 l_w 满足大于 $8h_f=8\times8=64\text{mm}$，且小于 $60h_f=60\times8=480\text{mm}$，符合要求。

（3）扭矩和剪力共同作用下角焊缝的计算

在任何外力作用下，贴角焊缝的破坏主要是由剪切而引起的。所以在扭矩和剪力共同作用下，仍验算在焊缝直角的分角线平面上由这些外力所引起的最大剪力。

图 17-16 表示用三面围焊缝连接的两块钢板，在焊缝平面内作用着一个不通过围焊缝形心的偏心力 N。假定被连接的构件是绝对刚性的，只有焊缝是弹性的，并且被连接的构件绕围焊缝的形心 o 旋转，焊缝上任意一点的变形发生在垂直于该点与形心 o 点的连线方向上，其大小与这两点之间的距离 r 成正比。将外力 N 移至通过焊缝形心 o 的 y 轴上，等效为作用于围焊缝形心上的竖向力 N 和扭矩 $T=Ne$。下面考察最大应力点（如 A 点）的应力。

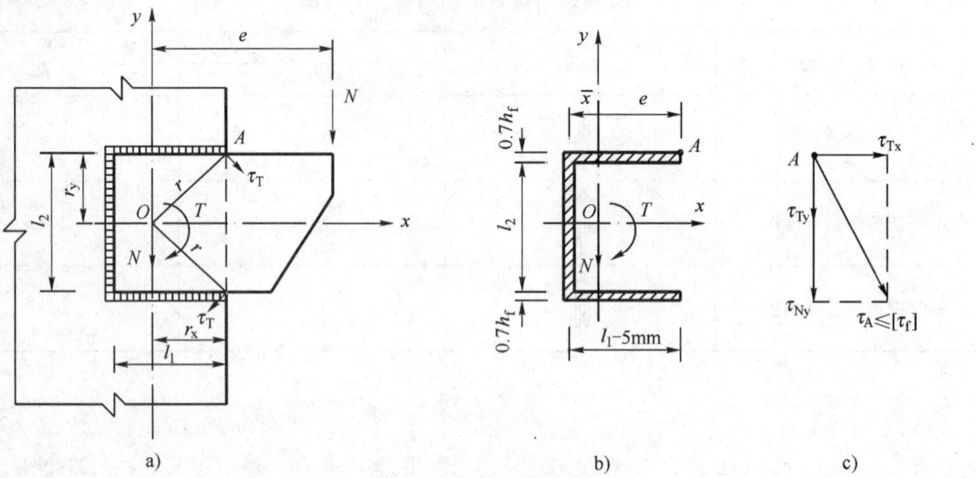

图 17-16　承受扭矩和剪力的角焊缝连接

a）连接接头受力示意；b）角焊缝计算截面图；c）A 点应力

由作用于焊缝形心上的竖向力 N 在焊缝中产生的剪应力为：

$$\tau_{Ny}=\frac{N}{h_e\sum l_w} \tag{17-11}$$

由扭矩 $T=Ne$ 在焊缝中产生的最大剪应力为：

$$\tau_T=\frac{Tr}{J} \tag{17-12}$$

将 τ_T 分解成为 x 轴和 y 轴的分力为：

$$\tau_{Tx}=\tau_T\cdot\frac{r_y}{r}=\frac{Tr_y}{J}$$

$$\tau_{Tx}=\tau_T\cdot\frac{r_x}{r}=\frac{Tr_x}{J}$$

式中：r——围焊缝的形心 o 至焊缝最远点 A 的距离；

J——围焊缝的计算截面积对其形心 o 点的极惯性矩，$J=I_x+I_y$；

I_x——围焊缝对 ox 轴的惯性矩；

I_y——围焊缝对 oy 轴的惯性矩。

A 点的应力由 τ_{Ny}、τ_{Tx} 和 τ_{Ty} 组合而成。因此，焊缝中的最大组合应力验算公式为：

$$\tau_A=\sqrt{\tau_{Tx}^2+(\tau_{Ty}+\tau_{Ny})^2}\leqslant[\tau_f] \tag{17-13}$$

τ_A 为焊缝最大应力，保证了 $\tau_A\leqslant[\tau_f]$，则焊缝其余各点的强度均得到保证。

【例 17-3】

如图 17-16 中所示连接，$l_1=300$mm，$l_2=400$mm，手工焊，偏心力计算值 $N=118$kN，偏心矩 $e=400$mm，钢材采用 Q235 钢，焊条为 E43 型，试进行焊缝设计。

解：设 $h_f=8mm$，角焊缝有效厚度 $h_e=0.7\times8=5.6mm$。连续角焊缝长度，减去两端弧坑 10mm 后，得到焊缝有效截面如图 17-17 所示。

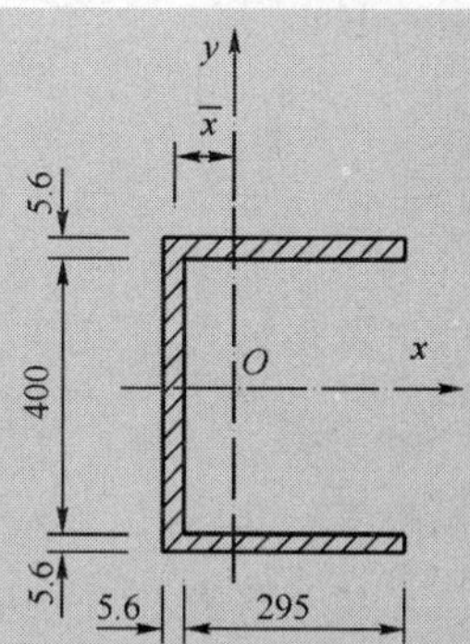

图 17-17　角焊缝有效计算截面图
(尺寸单位：mm)

(1) 焊缝有效截面几何特征

形心位置：

$$\bar{x}=\frac{2\times5.6\times295\times\left(\frac{1}{2}\times295+2.8\right)}{5.6\times(2\times295+411.2)}=89mm$$

$$I_x=\frac{1}{12}\times5.6\times(411.2)^3+2\times5.6\times295\times(202.8)^2$$
$$=168.33\times10^6mm^4$$

$$I_y=2\left[\frac{1}{12}\times5.6\times(295)^3+5.6\times295\times(61.3)^2\right]+411.2\times5.6\times(89)^2$$
$$=54.62\times10^6mm^4$$

$$J=I_x+I_y=168.33\times10^6+54.62\times10^6=222.95\times10^6mm^4$$

$$r_x=295-89=206mm\quad r_y=2056mm$$

(2) 角焊缝强度验算

$$T=Ne=118\times10^3\times400=47200\times10^3N\cdot mm$$

$$\tau_{Tx}=\frac{Tr_y}{J}=\frac{47200\times10^3\times205.6}{222.95\times10^6}=43.5N/mm^2$$

$$\tau_{Ty}=\frac{Tr_x}{J}=\frac{47200\times10^3\times206}{222.95\times10^6}=43.6N/mm^2$$

$$\tau_{Ny}=\frac{N}{0.7h_f\sum l_w}=\frac{118\times10^3}{0.7\times8\times(295\times2+411.2)}=21.1N/mm^2$$

$$\tau=\sqrt{\tau_{Tx}^2+(\tau_{Ty}+\tau_{Ny})^2}=\sqrt{43.5^2+(43.6+21.1)^2}=78N/mm^2<[\tau_f]=85N/mm^2$$。满足要求。

(3) 弯矩、剪力、轴心力共同作用下角焊缝的计算

如图 17-18 所示，N 引起角焊缝中水平方向均布剪应力 τ_N，V 引起垂直方向的均布剪应力 τ_v，M 引起水平方向按三角形分布的剪应力 τ_M，最大应力在角焊缝的上端 A 点。

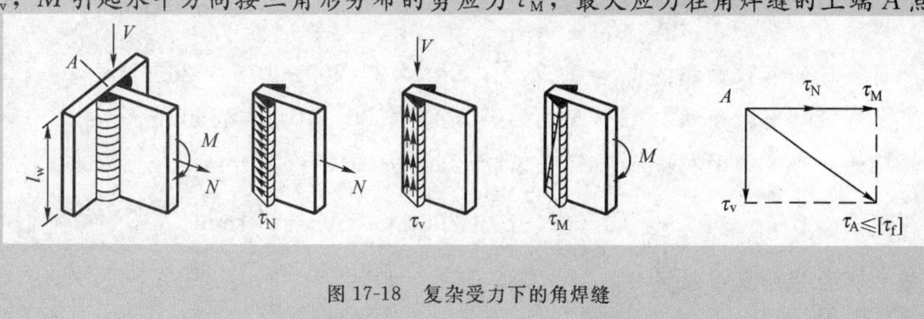

图 17-18　复杂受力下的角焊缝

由：

$$\tau_N=\frac{N}{A_f}=\frac{N}{2h_el_w}$$

$$\tau_v=\frac{V}{A_f}=\frac{V}{2\times h_e l_w}=\frac{V}{2h_e l_w}$$

$$\tau_M=\frac{M}{W_f}=\frac{3M}{h_e l_w^2}$$

则角焊缝 A 点处强度验算公式为：

$$\tau_A=\sqrt{(\tau_N+\tau_M)^2+\tau_v^2}\leqslant[\tau_f] \tag{17-14}$$

由此，也可得到以下焊缝接头各种受力情况的角焊缝计算公式：

弯矩和剪力共同作用时 $\tau=\sqrt{\tau_M^2+\tau_v^2}\leqslant[\tau_f]$ (17-15)

弯矩和轴力共同作用时 $\tau=\tau_N+\tau_M\leqslant[\tau_f]$ (17-16)

仅受弯矩作用时 $\tau=\tau_M\leqslant[\tau_f]$ (17-17)

【例 17-4】

钢柱与支托连接接头的构造和受力见图 17-19，采用 Q235 钢和 E43 型焊条，计算支托与钢柱连接的角焊缝。

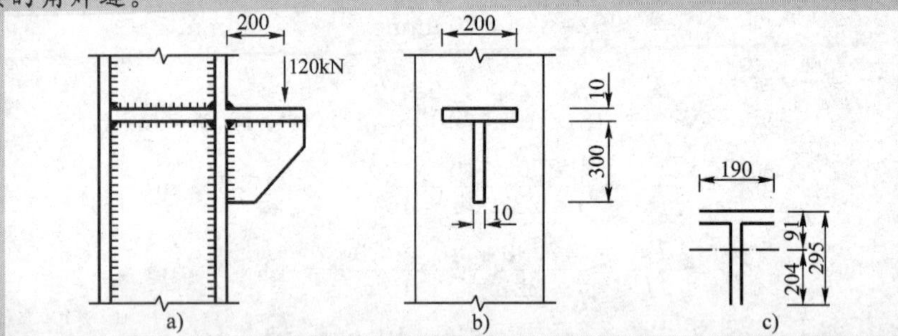

图 17-19　例 17-4 图（尺寸单位：mm）

a）连接接头立面图；b）连接接头正面图；c）角焊缝有效截面计算图

解：支托与钢柱的连接受弯矩和剪力的共同作用，剪力计算值 $V=120\times10^3$N；弯矩计算值 $M=120000\times200=24000\times10^3$N·mm。

角焊缝焊脚尺寸取 $h_f=10$mm；角焊缝有效厚度 $h_e=0.7\times10=7$mm，其计算简图可近似的用图 17-19c）表示。

(1) 焊缝有效截面几何特征

水平角焊缝的有效面积：$A'_f=0.7h_e\sum l'_w=7\times2$（200－10）＝2660mm^2

垂直角焊缝的有效面积：$A''_f=h_e\sum l''_w=7\times2$（300－10）＝4060mm^2

角焊缝的全部有效面积：$A_f=A'_f+A''_f=2660+4060=6720$mm^2

角焊缝重心位置：$y=\frac{1}{6720}\left(4060\times\frac{290}{2}+2660\times2950\right)=204$mm

焊缝的惯性矩和最小抵抗矩：

$$I_f=\frac{1}{12}\times2\times7\times(290)^3+4060\left(204-\frac{290}{2}\right)^2+2\times\frac{1}{12}\times190\times7^3$$
$$+2660(295-204)^2=64.63\times10^6\text{mm}^4$$

$$W_f=\frac{64.63\times10^6}{204}=31.68\times10^4\,\text{mm}^3$$

(2) 角焊缝强度验算

弯矩计算值由接头全部角焊缝承受。但支托翼缘的刚度较小，假定剪力V仅由垂直角焊缝承受，角焊缝的最大应力产生在下端点即：

$$\tau_M=\frac{M}{W_f}=\frac{24000\times10^3}{31.68\times10^4}=75.8\text{N/mm}^2$$

$$\tau_V=\frac{V}{A''_f}=\frac{120\times10^3}{4060}=29.6\text{N/mm}^2$$

$\tau=\sqrt{\tau_M^2+\tau_V^2}=\sqrt{75.8^2+29.6^2}=81.3\text{N/mm}^2<[\tau_f]=85\text{N/mm}^2$，满足要求。

17.1.4 焊接残余应力及残余变形

钢结构在焊接过程中，在焊件上产生局部高温的不均匀温度场，高温部分的钢材膨胀受到邻近钢材的约束，从而在焊件内部引起较高的温度应力和变形，称为焊接应力和焊接变形。焊接应力较高的部位产生塑性变形，冷却后将残存于构件内部，因而将残存于构件内部的焊接应力和焊接变形，称为焊接残余应力和焊接残余变形。

为了减少和限制焊接应力和焊接变形，应选用合理的构造形式和合理的焊接工艺。构造方面，在保证安全的前提下，避免不必要的增加焊缝的厚度和长度，尽可能地减少加劲肋或其他零件的数量，尽量避免焊缝的交叉和集中，同时焊缝的布置应尽可能地对称于构件的重心。在工艺方面，对长焊缝可采用分段反向跳焊法，以减少温度的影响。为了减小焊接的变形，在施焊前先使构件有一个和焊接变形相反的预变形，使构件在焊接后产生的变形正好与之抵消，或把焊件固定在台座上施焊，焊完冷却后再放开。厚焊缝还可采用分层焊等。

17.2 普通螺栓连接

普通螺栓连接是用螺栓将构件或板部件连成整体的连接方式。螺栓是由墩粗的头部、带螺纹的圆柱形杆身、配合螺母、垫圈组成并可拆卸的紧固件。普通螺栓分为A、B和C三级，其中A和B级为精制螺栓，C级为粗制螺栓。

A和B级精制螺栓的杆身在车床上加工制成，表面光滑，尺寸精确；螺栓孔是在装配好的构件上钻成或用钻模钻成（称为I类孔），孔壁光滑，对孔准确，孔径与螺栓杆径相等(但分别允许正负公差)。A级螺栓是栓径$d\leqslant24$mm、栓长$l\leqslant150$mm和$10d$的螺栓（d、l分别为螺杆的公称直径与长度）；B级螺栓是栓径$d\geqslant24$mm、栓长$l\geqslant150$mm和$10d$的螺栓。按国际有关标准规定，螺栓的性能统一用材料性能等级来表示。A、B级螺栓材料性能等级为5.6级或8.8级。小数点前的数字，如“5”表示其抗拉强度不小于500N/mm²，小数点后的数字，如：“0.6”表示螺栓材料的屈强比（屈服点与抗拉强度的比值）为0.6。

C级粗制螺栓用未加工的圆钢制成，杆身粗糙，尺寸不准；螺栓孔是在单个零件上一次冲成或不用钻模钻成（称为II类孔），孔径比螺杆直径大1.5～3mm。C级螺栓材料性能等级为 4.6 级或 4.8 级。

A、B 级螺栓的螺杆与孔壁之间的间隙小，故受剪性能好，连接变形小，抗疲劳性能较好，但制造与安装都较费工，价格较贵，故较少采用，主要用在直接承受较大动力荷载的重要结构的受剪螺栓，但目前也为摩擦型连接的高强度螺栓所取代。C 级螺栓受剪性能较差，剪切滑移变形较大，但安装方便，且能有效地传递拉力，故一般用于承受拉力的螺栓连接、次要结构或安装时的临时连接。

与焊接相比较，螺栓连接的缺点是需要在构件上开孔，使构件截面削弱，并增加了制造工作量。此外被连接的构件还需要拼接板、角钢等附加连接件，使材料用量增多。

17.2.1 螺栓的排列和构造要求

螺栓的排列应简单紧凑，构造合理，安装方便，通常采用并列和错列两种形式（图 17-20），并列较简单，错列较紧凑。

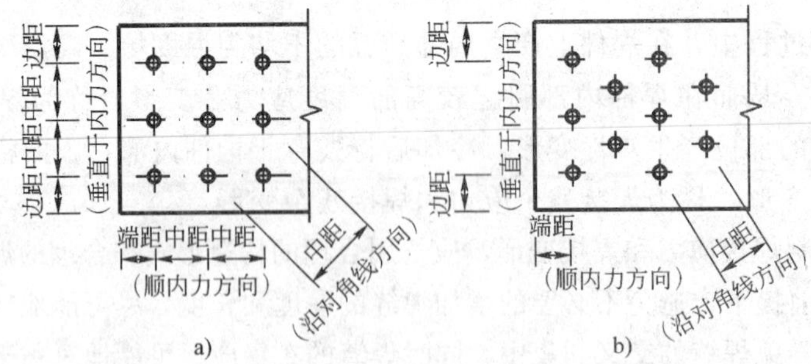

图 17-20 螺栓的排列

a）螺栓并列；b）螺栓错列

螺栓排列应符合最小距离要求。螺栓孔使构件截面受到削弱，因此螺栓的中距不应过小，否则会使构件截面削弱过多或应力集中严重；为防止构件端部钢板被剪坏，顺内力方向最外一排螺栓应有足够的端距；为施工方便，螺栓间应保持足够的距离，以便用扳手拧螺母时有必要的操作空间。

螺栓排列应符合最大距离要求。当构件承受压力作用时，顺压力方向的中距不宜太大，否则在被连接板件间易产生鼓曲；外排螺栓中距太大，会使接触面不够紧密，以致潮气侵入引起锈蚀。

根据上述要求，《公桥规》（JTJ 025—86）规定的螺栓容许距离见表 17-2。

螺栓的容许距离 表 17-2

<table>
<tr><th rowspan="2">名　称</th><th rowspan="2" colspan="2">位置和方向</th><th rowspan="2">杆力种类</th><th colspan="2">容许距离</th></tr>
<tr><th>最大</th><th>最小</th></tr>
<tr><td rowspan="5">中心间距</td><td colspan="2">沿对角线方向</td><td rowspan="3">拉力或压力</td><td>—</td><td>$3.5d_0$</td></tr>
<tr><td rowspan="2">靠边行列</td><td rowspan="2">在板上或角钢上</td><td>$7d_0$ 或 $16t$ 中的较小值</td><td rowspan="4">$3d_0$</td></tr>
<tr><td>$24t$</td></tr>
<tr><td rowspan="2">中间行列</td><td>垂直内力方向</td><td>拉力</td><td>$24t$</td></tr>
<tr><td>顺内力方向</td><td>压力</td><td>$16t$</td></tr>
</table>

续上表

名称	位置和方向		杆力种类	容许距离 最大	容许距离 最小
中心至杆件边缘距离	机切或焰割	顺内力方向或沿对角线方向	拉力或压力	$8t$ 或 120mm 中的较小者	$2d_0$
	滚压边或刨边				
	机切或焰割	垂直内力方向			$1.5d_0$
	滚压边或刨边				$1.3d_0$

注：1. 表中符号 d_0 为螺栓的孔径，t 为外层较薄钢板或型钢厚度。

2. 表中所列“靠边行列”系指沿板边一行的螺栓线；对于角钢，距角钢背最近一行的螺栓线也作为“靠边行列”。

3. 有角钢镶边的翼肢上交叉排列的螺栓，其靠边行列最大中心间距可取 $14d_0$ 或 $32t$ 中较小者。

4. 由两个角钢或两个槽钢中间夹以垫板（或垫圈）并用螺栓连接组成的构件，顺内力方向的螺栓之间的最大中距，对于受压或受压－拉构件规定为 $40r$，但不应大于 160mm；对于受拉构件规定 $80r$，但不应大于 240mm。其中 r 为一个角钢或槽钢绕平行于垫板或垫圈所在平面轴线的回转半径。

角钢上设置螺栓时，除应符合螺栓的最大与最小距离要求外，因角钢宽度较窄，故螺栓（孔）直径不能太大，而且应设置在适中的位置，设计时应符合表 17-3 规定的线距 e 和最大孔径 d_0 的要求。为使传力均匀，对肢宽大于 125mm 的角钢采用双行螺栓错列，对肢宽大于 160mm 的角钢采用双行并列。同理，在普通工字钢或槽钢上设置螺栓时，可按照表 17-4 和图 17-21 规定的线距和最大孔径要求设计。

角钢肢上的线距和孔径要求（单位：mm） 表 17-3

单行排列	角钢肢宽	40	45	50	56	63	70	75	80	90	100	110	125
	线距 e	25	28	30	30	35	40	40	45	50	55	60	65
	最大孔径 d_0	12	12	14	17	17	20	20	23	23	26	26	26
双行错排	角钢肢宽	125	140	160	180	200	双行并列	角钢肢宽			160	180	200
	e_1	55	60	70	70	80		e_1			60	70	80
	e_2	90	100	120	140	160		e_2			130	140	160
	最大孔径 d_0	24	24	26	26	26		最大孔径 d_0			24	26	26

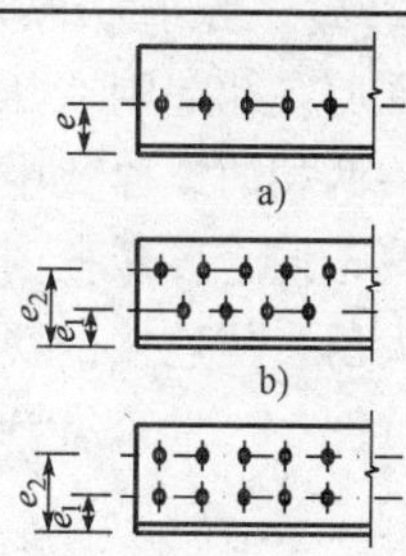

a) b) c)

工字钢和槽钢上的线距和孔径要求（单位：mm） 表 17-4

型钢型号		10	12.6	14	16	18	20	22	25	28	32	36	40	45	50	56	63
工字钢	e_{min}	—	40	45	45	45	45	50	50	55	65	65	70	70	75	75	75
	e	35	40	45	45	50	55	65	65	65	75	80	80	85	90	95	95
	最大孔径 d_0	9	11	13	15	17	17	19	21.5	21.5	21.5	23.5	23.5	25.5	25.5	25.5	25.5
槽钢	e_{min}	—	40	45	50	50	55	55	60	60	65	70	75	—	—	—	—
	e	30	30	35	35	40	40	45	45	45	50	55	60	—	—	—	—
	最大孔径 d_0	11	13	17	21.5	21.5	21.5	21.5	21.5	25.5	25.5	25.5	25.5	—	—	—	—

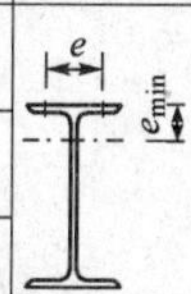

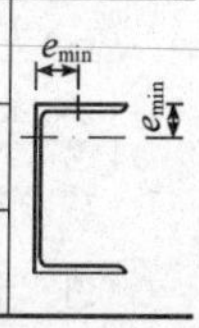

为了制造安装方便，同一结构的同类型螺栓（粗制、精制、高强度螺栓等）尽量采用同一规格（即钢种、直径等相同）。

17.2.2 普通螺栓连接的构造和计算

普通螺栓按受力情况可以分为受剪螺栓连接（图 17-21a）、受拉螺栓连接（图 17-21b）和同时受剪与受拉螺栓连接三种。受剪螺栓依靠螺杆的承压和抗剪来传递垂直于螺杆的外力，受拉螺栓则依靠螺杆受拉来传递平行于螺杆的外力。

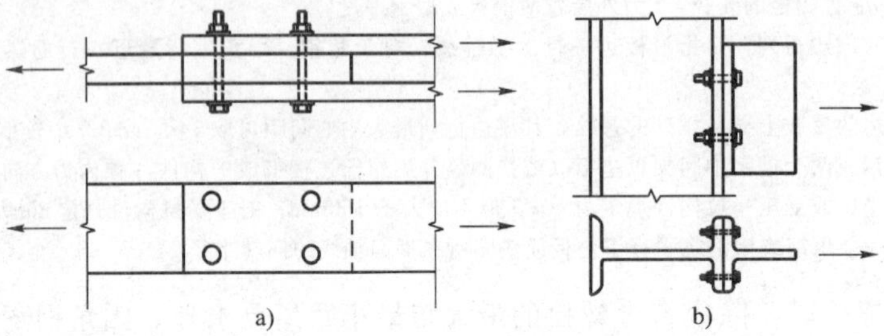

图 17-21 普通螺栓连接

a）受剪螺栓；b）受拉螺栓

1）受剪螺栓连接

受剪螺栓连接在受力后，当外力不大时，由被连接构件之间的摩擦力来传递外力（图 17-22a）。当外力继续增大超过静摩擦力后，构件之间将出现相对滑移，螺杆开始接触孔壁而受剪，孔壁则受压（图 17-22b）。当连接处于弹性阶段时，螺栓群中的各螺栓受力不相等，两端的螺栓比中间的螺栓受力大（图 17-23b）。因为被连接的构件在各区段中所传递的荷载不同，各螺栓的剪切变形也不同，因此导致各螺栓所承担的剪力也不同。当外力再继续增大后，使连接的受力达到塑性阶段时，各螺栓承担的荷载逐渐接近，最后趋于相等直到破坏（图 17-23c）。因此，当外力作用于螺栓群中心时，在计算中可以认为所有螺栓受力是相同的。

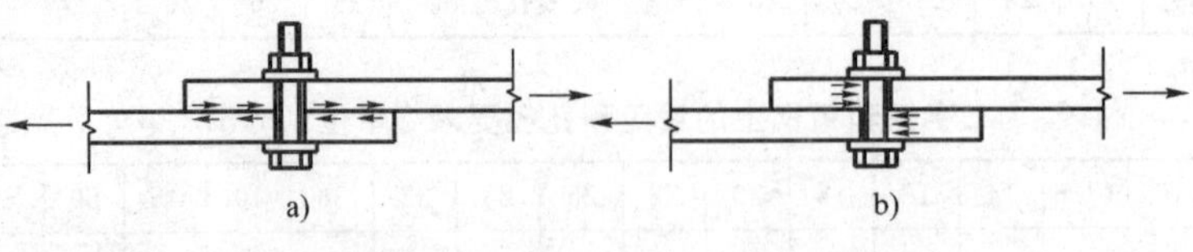

图 17-22 螺栓连接的工作性能

a）螺栓连接靠摩擦力传力；b）螺栓连接孔壁受压与螺杆受剪

受剪普通螺栓连接有五种可能的破坏形式：

①当螺栓直径较小而板件相对较厚时可能发生螺栓剪断破坏（图 17-24a）；

②当螺栓直径较大而板件相对较薄时可能发生孔壁挤压破坏（图 17-24b）；

③当板件因螺孔削弱太多，可能沿开孔截面发生钢板拉断破坏（图 17-24c）；

④当沿受力方向的端距过小时可能发生端部钢板剪切破坏（图 17-24d）；

⑤当螺栓过长时可能发生螺栓受弯破坏（图 17-24e）。

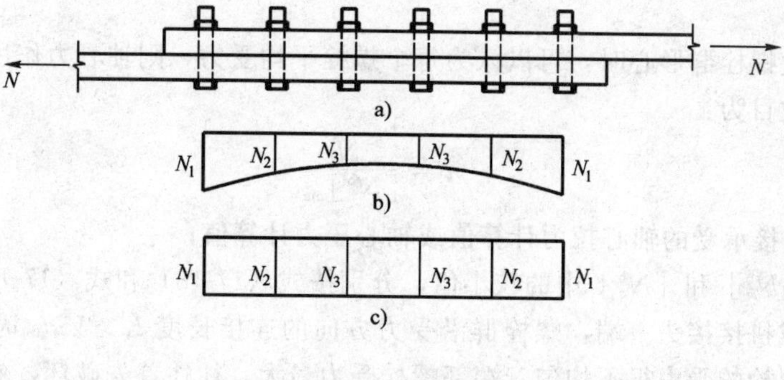

图 17-23　螺栓群的不均匀受力状态

a）受剪螺栓连接；b）弹性阶段受力状态；c）塑性阶段受力状态

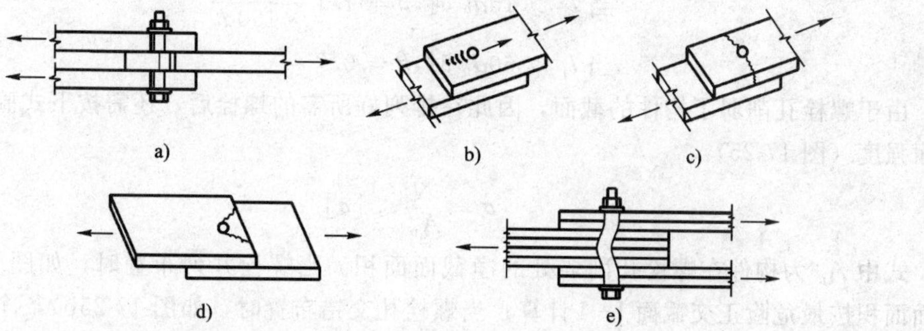

图 17-24　受剪螺栓连接的破坏形式

a）螺栓剪断破坏；b）孔壁挤压破坏；c）钢板拉断破坏；d）端部钢板剪切破坏；e）螺栓身受弯破坏

上述五种破坏形式的后两种，可采取构造措施加以防止，如规定端距大于 $2d_0$（表 17-2）可防止端部钢板剪切破坏；限制螺栓长度 $l<5d_0$（d_0 为栓孔直径）可防止螺杆受弯破坏。但对其他三种破坏形式，则需通过计算来避免发生，而其中钢板拉断破坏的计算又属于构件计算。

假定螺栓受剪面上的剪应力均匀分布，则一个螺栓的抗剪容许承载力为：

$$[N_v^b] = n_v \frac{\pi d^2}{4}[\sigma_v^b] \tag{17-18}$$

式中：n_v——每只螺栓受剪面数量，单剪 $n_v=1$（图 17-22），双剪 $n_v=2$（图 17-24a）；

d——螺栓杆直径。

螺栓与孔壁的挤压应力分布很复杂，假定承压应力沿螺栓直径投影面均匀分布，则一个螺栓的承压容许承载力为：

$$[N_c^b] = d\sum t\ [\sigma_c^b] \tag{17-19}$$

式中：$\sum t$——在同一受力方向的承压构件较小总厚度；

其余符号与式（17-18）相同。

式（17-18）和式（17-19）中的 $[\sigma_v^b]$ 和 $[\sigma_c^b]$ 分别为普通螺栓抗剪和承压容许应力值，按附表 4-2 采用。

在普通螺栓受剪连接中，应取 $[N_c^b]$ 和 $[N_v^b]$ 两者中较小值 $[N^b]_{min}$ 作为单个螺栓的容许承载力。

当外力通过螺栓群形心时，可以认为每个螺栓平均受力，则轴心力作用下受剪螺栓连接所需要的螺栓数目为：

$$n=\frac{N}{[N^{b}]_{min}} \tag{17-20}$$

式中：N——连接承受的轴心拉力计算值或轴心压力计算值；

$[N^{b}]_{min}$——$[N^{b}_{v}]$ 和 $[N^{b}_{c}]$ 中的较小值，分别按式（17-18）和式（17-19）计算。

当节点处或拼接接头一端，螺栓群沿受力方向的连接长度 $l_1>15d_0$ 时（图 17-23），d_0 为螺栓孔径，螺栓的受力很不均匀，端部螺栓受力最大，往往首先破坏，然后依次向内逐个破坏。因此可将螺栓的容许承载力 $[N^{b}_{v}]$ 或 $[N^{b}_{c}]$ 乘以下列折减系数 β：

$$\text{当 } l_1>15d_0 \text{ 时}, \beta=1.1-\frac{l_1}{150d_0} \tag{17-21a}$$

$$\text{当 } l_1<60d_0 \text{ 时}, \beta=0.7 \tag{17-21b}$$

由于螺栓孔削弱了构件的截面，因此在排列好所需的螺栓后，还需按下式验算构件的净截面强度（图 17-25）：

$$\sigma=\frac{N}{A_{n}}\leqslant[\sigma] \tag{17-22}$$

式中 A_n 为构件在螺栓孔削弱处的净截面面积。当螺栓并列布置时，如图 17-25a），净截面面积按最危险正交截面 I—I 计算；当螺栓孔交错布置时，如图 17-25b），净截面面积按垂直截面 I—I、齿状截面 II—II 或 III—III 三者中的较小值取用。$[\sigma]$ 为钢材的容许应力。

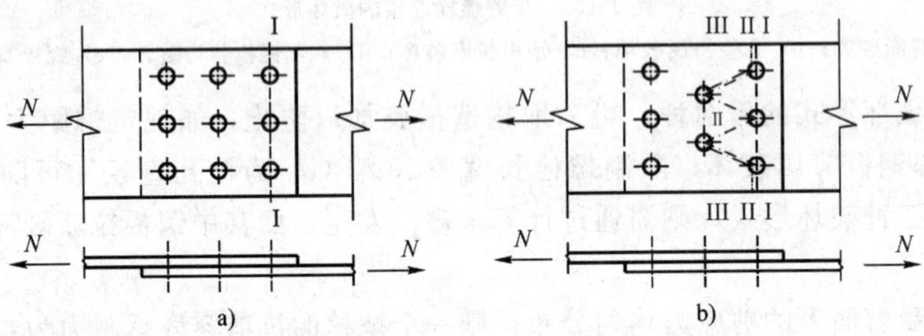

图 17-25 构件净截面面积

a）螺栓并列排列时钢板的净面积；b）螺栓错列排列时钢板的净面积

2）受拉螺栓连接

在受拉螺栓连接中（图 17-26a），外力会使被连接构件的接触面互相脱开而使螺栓受拉，最后螺杆被拉断而破坏。假定拉应力在螺栓螺纹处截面上均匀分布，因此，一个受拉螺栓的容许承载力 $[N^{b}_{t}]$ 按下式计算：

$$[N^{b}_{t}]=\frac{1}{4}\pi d_{e}^{2}[\sigma^{b}_{t}] \tag{17-23}$$

式中：d_e——普通螺栓螺纹处的有效直径（螺栓内径），有效直径及其计算面积见附表 4-5；

$[\sigma^{b}_{t}]$——螺栓的抗拉容许应力，由附表 4-2 采用。

在 T 形连接中，若连接件刚度较小，如图 17-26a）所示角钢连接件，当受拉时，在与拉力方向垂直的角钢肢会产生较大变形，从而出现杠杆作用，在角钢肢尖产生反力 R，从而使螺栓受力增大。连接件刚度愈小，R 愈大。由于反力 R 的计算比较复杂，设计中为简化起见，通常不计算 R 力，而将螺栓抗拉容许应力适当降低作为补偿。在设计时可采取一些构造措施，例如图 17-26b）所示设置加劲肋来增加连接件的刚度，以减小螺栓中附加力的影响。

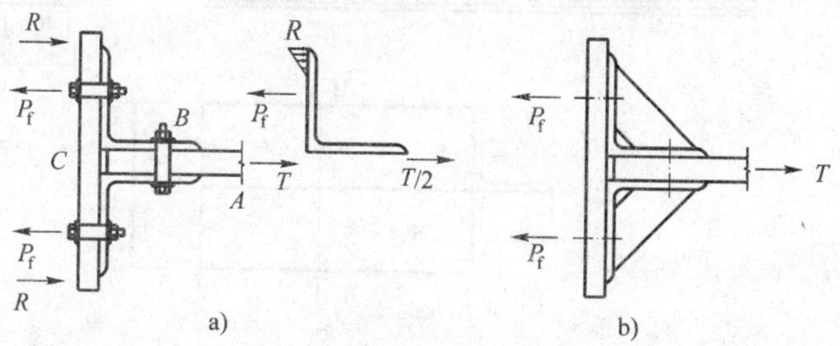

图 17-26　受拉螺栓受力状态

a）角钢不设加劲肋；b）角钢设加劲肋

当外力作用在螺栓群形心时，假定每个螺栓所受拉力相等，则轴心拉力作用下受拉螺栓连接所需要的螺栓数目为：

$$n=\frac{N}{[N_t^b]}\tag{17-24}$$

【例 17-5】

两角钢拼接采用普通螺栓连接，如图 17-27 所示。角钢截面为∠75×5。轴心拉力 $N=72\text{kN}$，拼接角钢采用与构件相同的截面。材料用 Q235 钢。螺栓直径 $d=20\text{mm}$，孔径 $d_0=21.5\text{mm}$。试对该连接进行设计。

解：（1）螺栓连接计算

单只螺栓的抗剪容许承载力：

$$[N_v^b]=n_v\frac{1}{4}\pi d^2[\sigma_v^b]=1\times\frac{1}{4}\pi\times(20)^2\times 80=25133(\text{N})$$

单只螺栓的承压容许承载力：

$$[N_c^b]=d\sum t\ [\sigma_c^b]=20\times5\times170=17000\ (\text{N})$$

构件一侧所需螺栓数量：

$$n=\frac{N}{[N^b]_{\min}}=\frac{72000}{17000}=4.2$$

每侧采用 5 只螺栓，在角钢两肢上交错排列。

（2）构件强度验算

将角钢展开（图 17-27），角钢的截面面积 $A=736.7\text{mm}^2$

I—I 截面的净截面面积为：

$$A'_n=736.7-1\times21.5\times5=629.2\text{mm}^2$$

II—II 截面的净截面面积为：

$$A''_n=[2\times30+(2-1)\sqrt{40^2+85^2}-2\times21.5]\times5=554.7\text{mm}^2$$

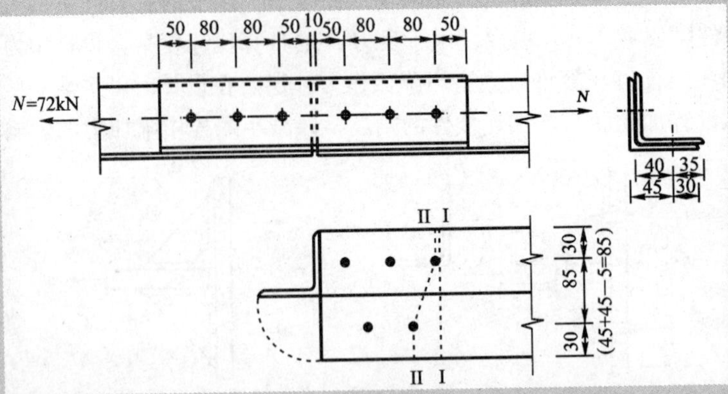

图 17-27　例题 17-5 图（尺寸单位：mm）

因此取 II—II 截面为破坏截面，取 $A_n = 554.7\text{mm}^2$

$$\sigma = \frac{N}{A_n} = \frac{72000}{554.7} = 129.8\text{MPa} < [\sigma] = 140\text{MPa}(\text{满足要求})$$

3）受剪螺栓连接在力矩、剪力和轴力共同作用下的计算

在梁与梁或梁与柱的连接处，以及在钢板梁腹板的接头处，往往同时承受力弯矩 M 和剪力 V，有时还要承受轴向力 N 的作用。在进行连接设计时，应首先分别计算各种内力对螺栓所产生的剪力值，而后再按矢量叠加求出同一螺栓在几种内力共同作用下所承受的合力，并使其不超过螺栓的容许承载力。

图 17-28 所示螺栓连接（螺栓群），将 V 力向螺栓群形心简化后，螺栓群承受力矩 $T=Ve$、竖向力 V 和水平力 N。假定连接的钢板是绝对刚性的，在力矩 T 单独作用下，连接钢板只发生绕螺栓群的形心 o 点的相对转动。由于各个螺栓距形心 o 的距离 r 各不相同，因此，转动时各螺栓处的相对位移也不相等。距形心愈远，其相对位移愈大，螺栓所受的力也愈大，即各个螺栓受力的大小与其到形心 o 点的距离 r 成正比，方向与其到 o 点的连线相垂直。即：

$$\frac{N_1}{r_1} = \frac{N_2}{r_2} = \cdots \frac{N_i}{r_i} = \cdots = \frac{N_n}{r_n}$$

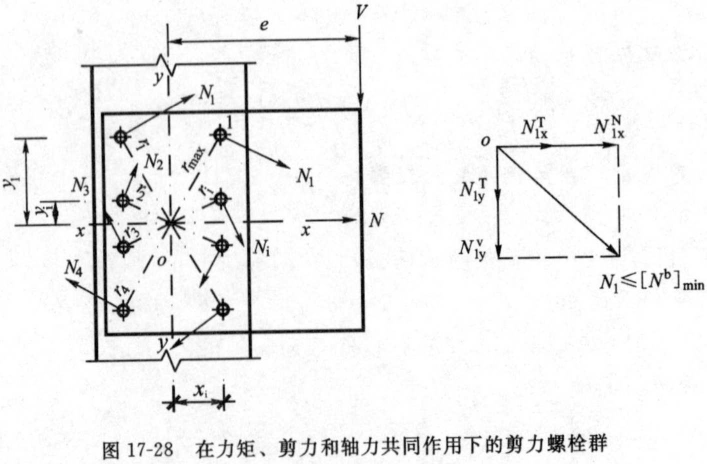

图 17-28　在力矩、剪力和轴力共同作用下的剪力螺栓群

根据平衡条件$\sum M_0=0$，并将上式代入，得：

$$T=N_1r_1+N_2r_2+\cdots+N_nr_n=\frac{N_1}{r_1}\sum r_i^2 \tag{17-25}$$

距形心 o 点最远的螺栓“1”受力最大，其值为：

$$N_1^T=\frac{Tr_1}{\sum r_i^2}=\frac{Tr_1}{\sum(x_i^2+y_i^2)} \tag{17-26}$$

由力矩 T 产生的剪力 N_1^T 的水平分力 N_{1x}^T及垂直分力 N_{1y}^T分别为：

$$N_{1x}^T=\frac{Ty_1}{\sum(x_i^2+y_i^2)} \tag{17-27}$$

$$N_{1y}^T=\frac{Tx_1}{\sum(x_i^2+y_i^2)} \tag{17-28}$$

由竖向力 V 产生的螺栓“1”的剪力为：

$$N_{1y}^v=\frac{V}{n} \tag{17-29}$$

由水平力 N 产生的螺栓“1”的剪力为：

$$N_{1y}^N=\frac{N}{n} \tag{17-30}$$

最不利螺栓“1”的合成剪力应不超过其容许承载力，即：

$$N_1=\sqrt{(N_{1x}^T+N_{1x}^N)^2+(N_{1y}^T+N_{1y}^N)^2}\leqslant[N^b]_{min} \tag{17-31}$$

当螺栓群布置成一狭长带状，即 $y_1>3x_1$ 或 $x_1>3y_1$ 时，可取式（17-27）中$\sum x_i^2=0$ 或式（17-28）中$\sum y_i^2=0$，即忽略 y 方向或 x 方向的分力，因此（17-27）和式（17-28）简化为：

$$当\ y_1>3x_1\ 时，N_{1x}^T=\frac{Ty_1}{\sum y_i^2} \tag{17-32}$$

$$当\ x_1>3y_1\ 时，N_{1y}^T=\frac{Tx_1}{\sum x_i^2} \tag{17-33}$$

计算复合力作用下的螺栓群，一般需先按排列要求布置好螺栓，然后按式（17-31）验算。由于螺孔削弱了截面，也应验算构件的净截面强度。

【例 17-6】

某钢板梁腹板的高度 $h=1500$mm，厚度 $t=12$mm。在腹板接缝处承受弯矩 $M=260$kN·m 和剪力 $V=392$kN。腹板为 Q235 钢，采用普通螺栓连接。试对该连接进行设计。

解：选用与腹板同样高度的两块钢板作为拼接板，其厚度均为 8mm，螺栓直径 $d=20$mm，孔径 $d_0=21.5$mm，其布置如图 17-29 所示。

（1）螺栓连接设计

每只螺栓按承压计算时的承载能力：

$$[N_c^b]=d\sum t\,[\sigma_c^b]=20\times12\times170=40800\text{N}$$

每只螺栓按双剪计算时的承载能力：

$$[N_v^b]=n_v\frac{1}{4}\pi d^2[\sigma_v^b]=2\times\frac{1}{4}\times\pi\times(20)^2\times80=50265\text{N}$$

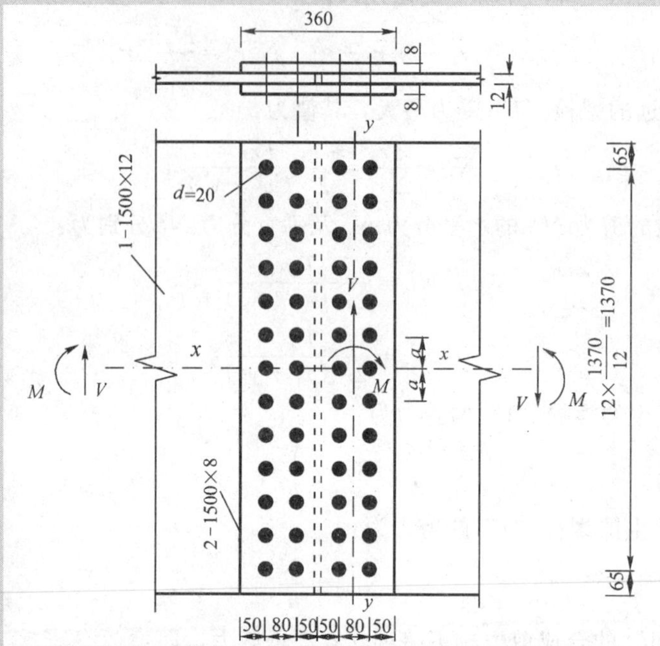

图 17-29　螺栓连接计算（尺寸单位：mm）

则单只螺栓的容许承载力计算值 $[N_c]=40800\text{N}$。

螺栓布置的行距为 $80\text{mm}=4d>3d$；螺距$=\frac{1370}{12}=114\text{mm}=5.7d$。螺栓至板边缘的距离 65mm，大于最小距离 $2d$，均符合规定。

因螺栓被排成狭长的行距（$y_1=685\text{mm}$，$x_1=40\text{mm}$，即 $y_1>3x_1$），由弯矩作用在最不利螺栓上的最大内力可按近似公式（17-32）计算。现：

$$\sum y_i^2=2\times[a^2+(2a)^2+(3a)^2+(4a)^2+(5a)^2+(6a)^2]\times 2$$

$$=4\times(1+4+9+16+25+36)a^2=364a^2=364\times\left(\frac{1370}{12}\right)^2=4.74\times10^6\text{mm}^2$$

而 $y_1=685\text{mm}$

则：
$$N_{1x}^{T}=\frac{My_1}{\sum y_i^2}=\frac{260\times10^6\times685}{4.74\times10^6}=37574\text{N}$$

由剪力 V 作用在一只螺栓上的内力为：$N_{1x}^{v}=\frac{V}{n}=\frac{39200}{26}=15100\text{N}$

则螺栓群中受力最大的一只螺栓所承受的内力为：

$N_1=\sqrt{(N_{1x}^{T})^2+(N_{1x}^{v})^2}=\sqrt{(15100)^2+(37574)^2}=40495\text{N}<[N_1]=40800\text{N}$，满足要求

（2）腹板强度验算

腹板毛截面惯性矩：$I_x=\frac{1}{12}\times12\times(1500)^3=3375\times10^6\text{mm}^4$

螺孔削弱的惯性矩：

$$I'=21.5\times12\times2\ [a^2+(2a)^2+(3a)^2+(4a)^2+(5a)^2+(6a)^2]$$

$$=51.6\ (1+4+9+16+25+36)\ a^2=51.6\times91\times\left(\frac{1370}{12}\right)^2$$

$$=612\times10^6\text{mm}^4$$

净截面惯性矩：$I_n=I_x-I'=3375\times10^6-612\times10^6=2763\times10^6\text{mm}^4$

净截面模量：$W_n=\frac{2763\times10^6}{750}=3.684\times10^6\text{mm}^3$

腹板的弯曲应力：$\sigma=\frac{260\times10^6}{3.684\times10^6}=70.6\text{MPa}<[\sigma_w]=145\text{MPa}$，满足要求

腹板的剪应力：$\tau=\frac{3}{2}\cdot\frac{V}{ht}=\frac{3}{2}\cdot\frac{392000}{12\times1500}=32.7\text{MPa}<[\tau]=85\text{MPa}$，满足要求

4）受拉螺栓连接在弯矩作用下的计算

在力矩 M 作用下，被连接构件有顺弯矩方向旋转的趋势。外力矩是由螺栓的拉力和构件间的挤压力形成的弯矩来平衡。计算时可假定旋转中心位于最下一排螺栓的轴线处，螺栓所受拉力的大小与其到旋转中心的距离 y_i 成正比，因此，最上一排螺栓所受拉力最大（见图 17-30）。

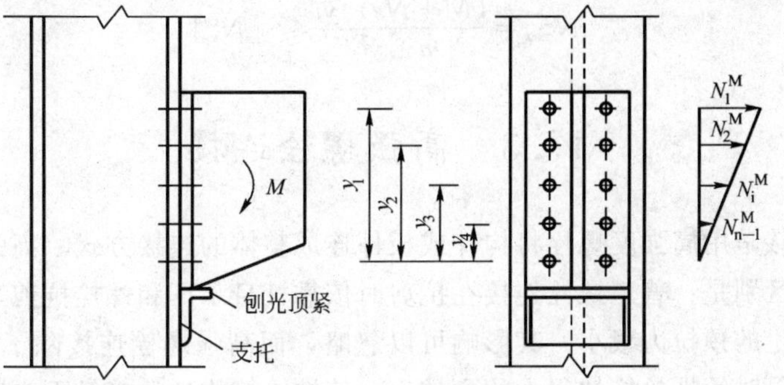

图 17-30 力矩作用下的受拉螺栓连接

由平衡条件得：

$$M=m(N_1^M y_1+N_2^M y_2+\cdots+N_{n-1}^M y_{n-1})\tag{17-34}$$

由于$\frac{N_1}{y_1}=\frac{N_2}{y_2}=\cdots=\frac{N_{n-1}}{y_{n-1}}$，故螺栓“1”所受的拉力 N_1^M 应满足：

$$N_1^M=\frac{My_1}{m\sum y_i^2}\leqslant[N_t^b]\tag{17-35}$$

式中：n——每列螺栓数目；

m——螺栓列数。

5）受拉螺栓连接在弯矩和轴力共同作用下的计算

图 17-31 所示螺栓群，由于剪力 V 由焊在柱上的支托承受，故螺栓群只承受弯矩 M 和水平力 N。当螺栓群所受的力矩 M 较小时，螺栓全部受拉，端板与柱分离。轴心力 N 使各螺栓均匀受拉，力矩 M 使上部螺栓受拉，下部螺栓受压，中和轴与形心轴重合。因此，当 $N_{min}=\frac{N}{mn}-\frac{My_1}{m\sum y_i^2}\geqslant0$ 时，受力最大的螺栓的拉力应满足：

$$N_{\max}=\frac{N}{mn}+\frac{My_1}{m\sum y_i^2}\leqslant [N_t^b] \tag{17-36}$$

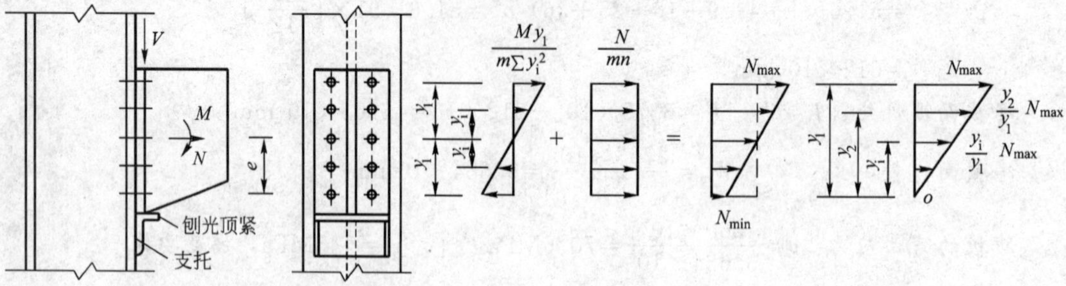

图 17-31　力矩、剪力和轴力共同作用下的受拉螺栓连接

当螺栓群所受力矩 M 较大、轴力 N 较小时，螺栓也全部受拉，但端板与柱有分离的趋势，偏于安全地假定中和轴位于最下排螺栓处，即端板绕最下排螺栓转动。因此，当 $N_{\min}=\frac{N}{mn}-\frac{My_1}{m\sum y_i^2}<0$ 时，对 o 点取矩（图 17-31），受力最大的螺栓的拉力应满足：

$$N_{\max}=\frac{(M+Ne)\ y_1}{m\sum y_i^2}\leqslant [N_t^b] \tag{17-37}$$

17.3　高强螺栓连接

高强螺栓连接是用高强度螺栓将构件或板件连成整体的连接方式。高强螺栓连接与普通螺栓连接的主要区别是：普通螺栓连接在抗剪时依靠杆身承压和螺栓抗剪来传递剪力，在扭紧螺母时螺栓产生的预拉力很小，其影响可以忽略，而高强螺栓连接除了材料强度高之外，还要求在扭紧螺母时给螺栓施加很大的预拉力，使被连接构件的接触面之间产生挤压力，从而沿接触面上产生很大的摩擦力，这种摩擦力对外力的传递有很大的影响。

高强螺栓连接按传力特征可分为高强螺栓摩擦型连接和高强螺栓承压型连接两种。高强螺栓摩擦型连接依靠高强螺栓的紧固，在被连接件间产生摩擦阻力传递剪力，在受剪设计时以剪力达到摩擦力为承载能力的极限状态。高强螺栓承压型连接依靠螺栓杆抗剪和螺杆与孔壁承压来传递剪力，受剪时，允许板件间发生相对滑移，然后外力可以继续增加并以螺栓受剪或孔壁承压破坏为极限状态。可见预拉力、抗滑移系数和钢材种类直接影响到高强螺栓连接的承载能力。高强螺栓摩擦型连接和承压型连接在受拉时没有区别，二者在钢材选用、预拉力施加和构件接触面处理等技术要求上完全相同，只是判断受剪承载力所取的极限状态不同，承压型连接的抗剪承载力高于摩擦型连接。

高强螺栓、螺母和垫圈均采用高强度钢材。桥梁钢结构中常采用材料强度等级为 10.9 级的 40 硼（40B）和 20 锰钛硼（20MnTiB）钢制作高强螺栓，高强螺栓分两种，一种是头部六角形的高强螺栓（图 17-32a），另一种是扭剪型高强螺栓，螺栓尾部带有扭剪装置，在承受规定的扭矩时能自动剪断的高强螺栓。螺母、垫圈采用 45 号优质碳素钢。螺栓、螺母和垫圈制成品均经热处理以达到规定指标要求。40B 钢制成的较大直径螺栓的热处理淬透性差，只用于直径小于 22mm 的螺栓。

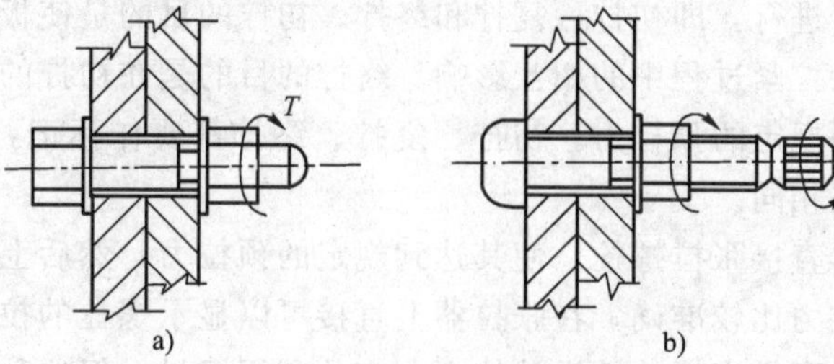

图 17-32　高强螺栓

a）大六角头高强螺栓；b）扭剪型高强螺栓

高强螺栓摩擦型连接的孔径比螺栓大 1.5～2mm，高强螺栓承压型连接的孔径比螺栓大 1～1.5mm。高强螺栓摩擦型连接因不发生相对滑移，因而剪切变形小，刚度和整体性好，传力可靠，耐疲劳，特别适用于承受动力荷载的结构。高强螺栓承压型连接的承载能力高于摩擦型连接，连接紧凑，但剪切变形大，故不适用于承受动力荷载的结构中。因此，在桥梁钢结构中一般只使用高强螺栓摩擦型连接，本节也将重点介绍这种连接形式。

17.3.1　高强螺栓连接的施工

1）高强螺栓的预拉力与施拧方法

高强螺栓是通过紧固螺母在螺栓内产生尽量大的预拉力以使被连接构件压紧，故在构件接触面产生很大的摩擦力，但应控制螺栓不会在拧紧过程中屈服或断裂，因此预拉力值按下式确定：

$$P = \frac{k_1 k_2}{\alpha} f_y A_e = \frac{0.9 \times 0.9}{1.2} \times 0.9 f_u A_e = 0.6 f_u A_e \tag{17-38}$$

式中：A_e——螺栓的有效截面积；

k_1——考虑钢材实际强度可能低于规定值的折减系数，取 $k_1=0.9$；

k_2——考虑螺栓预拉力可能松弛，在施工时超张拉 5%～10%，取 $k_2=0.9$；

α——考虑螺栓在受拉时还承受由扭矩引起的剪应力不利影响系数，根据试验取 $\alpha=1.2$。

《公桥规》(JTJ 025—86) 规定的高强螺栓的预拉力值见表 17-5。

高强螺栓的预拉力 P（kN）　　表 17-5

螺栓公称直径（mm）	M20	M22	M24
预拉力 P（kN）	155	190	225

拧紧大六角头高强螺栓的常用方法有扭矩法、转角法和张拉法等。

扭矩法是根据扭矩与预拉力成正比的关系，先用普通扳手将螺母逐个拧紧，然后用直接显示或控制扭矩的特制扳手拧到规定的扭矩值。特制扳手事先按规定扭矩值经过标定。螺栓群施拧顺序从中间螺栓开始向外进行，初拧完后，按原顺序复拧，最后终拧。施拧中，对拧过的螺栓要作出标记，防止漏拧或重复拧。

转角法是根据在板层间紧密接触后，螺母的旋转角与螺栓预拉力成正比的关系确定的一种方法。转角法分三步进行，即初拧、复拧和终拧。初拧的目的是使板层间紧密接触，在初拧之后要复拧，以消除拧紧过程中的相互影响。终拧的目的是在初拧的基础上，将螺母旋转一个角度，使螺栓达到规定的预拉力。初拧、复拧、终拧都要作标记，避免漏拧或重复拧。螺栓拧紧顺序与扭矩法相同。

张拉法是用张拉器直接张拉螺栓，使其达到规定的预拉力，然后上紧螺母加以固定。这种方法控制螺栓的预拉力比较准确，在张拉器上直接可以显示螺栓的拉力。因直接张拉螺栓无扭剪应力影响，因此可提高螺栓的设计拉力，充分利用钢材。但这种方法施工速度慢，且螺栓要增加一定的长度而浪费钢材。

大六角头高强螺栓施拧结束后，要进行质量检查，其方法是用小锤轻击螺栓，由声音判断是否有漏拧的螺栓，检查螺母的转动角度是否足够，用 0.3mm 厚的试插器插入连接板层之间看是否紧密，用更精确的扭力扳手抽查 5%的螺栓。

扭剪型高强螺栓的安装如图 17-32b）所示。安装时用特制的电动扳手，电动扳手有两个套头，一个套在六角螺母上，另一个套在十二角梅花头上。拧紧时，对六角螺母施加顺时针力矩，对十二角梅花施加逆时针扭矩，使螺栓截面较小的沟槽部分受扭剪。其初拧力矩为终拧力矩的 5%，复拧力矩与初拧力矩相同，终拧时梅花头沿沟槽扭断为达到规定预拉力。螺栓的施拧顺序与前几种方法相同。

2）构件的表面处理

采用高强螺栓连接时，构件的接触面要经过特殊处理，使其净洁并粗糙，以提高其抗滑移系数。常用的处理方法和相应的抗滑移系数见表 17-6。

抗滑移系数 μ 值 表 17-6

在连接处构件接触面的处理方法	构件的钢号		
	Q235 钢	Q345 钢、Q390 钢	Q420 钢
喷砂或喷砂后生赤锈	0.45	0.50	0.50
喷砂后涂无机富锌漆	0.35	0.40	0.40
钢丝刷清除浮锈或未经处理的干净轧制表面	0.30	0.35	0.40

17.3.2 单个摩擦型高强螺栓的容许承载力

1）单个摩擦型高强螺栓的抗剪容许承载力

摩擦型高强螺栓连接完全是靠被连接构件接触面的摩擦力来传递内力的，高强螺栓承受剪力时的计算原则是使设计荷载引起的剪力不超过摩擦力，而不考虑栓杆的受剪和承压作用。因此，单个摩擦型高强螺栓的抗剪容许承载力为：

$$[N_v^b] = \frac{1}{K} n_f \mu P \tag{17-39}$$

式中：P——高强螺栓的预拉力，按表 17-5 取用；

μ——抗滑移系数，按表 17-6 取用；

n_f——传力摩擦面数目。如图 17-33 中，取$n_f=2$；

K——安全系数，采用 1.70。

2）单个摩擦型高强螺栓的抗拉容许承载力

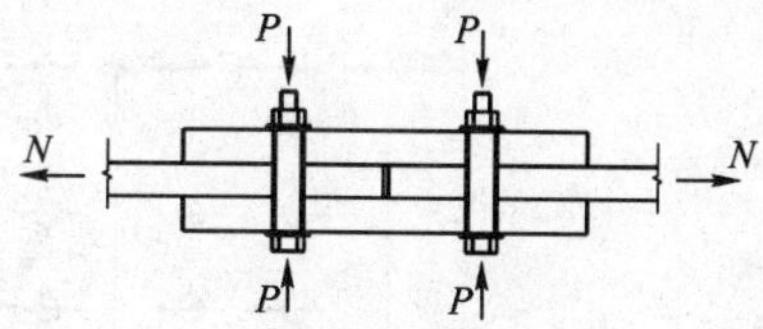

图 17-33　高强螺栓连接中的内力传递（$n_f=2$）

摩擦型高强螺栓连接是靠预拉力使被连接构件夹紧并在接触面产生摩擦力来传递内力的。试验证明，若在螺栓轴向施加外拉力 N_t，当 $N_t>0.9P$ 时，螺栓可能屈服或连接出现松弛现象；当 $N_t<0.9P$ 时，不会出现上述现象，且在卸荷后螺栓的预拉力基本不变。由于高强螺栓连接受拉时，疲劳强度降低，为安全起见，桥梁结构中单个摩擦型高强螺栓的抗拉容许承载力可取为：

$$[N_t^b]=0.6P \tag{17-40}$$

式中：P——高强螺栓的预拉力，按表 17-5 取用。

3）单个摩擦型高强螺栓同时承受剪力和拉力时的容许承载力

当螺栓沿轴向施加有外拉力 N_t 时，构件接触面上的压紧力减小到（$P-N_t$）。根据试验研究，此时接触面上的抗滑移系数 μ 也随之降低。为计算简便，假定 μ 值不变，而将螺栓所受外力加大（即进一步减小压紧力）来补偿 μ 值不变所带来的误差。因此，摩擦型高强螺栓连接同时承受剪力 N_v 和拉力 N_t 时，单个螺栓的容许承载力为：

$$[N_v^b]=\frac{1}{K}n_f\mu(P-1.4N_t) \tag{17-41}$$

式中：N_t 应满足 $N_t\leqslant0.6P$；抗剪螺栓所受剪力 N_v 也应满足 $N_v\leqslant[N_v^b]$。

17.3.3　摩擦型高强螺栓连接的计算

1）摩擦型高强螺栓群承受轴心力作用时的计算

假设每个高强螺栓受力相同，则连接所需的螺栓数目为：

$$n=\frac{N}{[N_v^b]} \tag{17-42}$$

摩擦型高强螺栓连接中构件净截面强度验算与普通螺栓连接稍有不同，可以认为摩擦型高强螺栓连接传力所依靠的摩擦力均匀分布于螺孔四周，故在孔前接触面已传递一半的力（图 17-34）。因此，最外列螺栓处危险截面的净截面强度应按下式计算：

$$\sigma=\frac{N'}{A_n}\leqslant f \tag{17-43}$$

$$N'=N\left(1-0.5\frac{n_1}{n}\right)$$

式中：n_1——计算截面（最外列螺栓处）的高强螺栓数目；

n——连接一侧的高强螺栓数目；

0.5——孔前传力系数。

对摩擦型高强螺栓连接的构件，除按上式验算净截面强度外，尚应验算构件的毛截面强度。

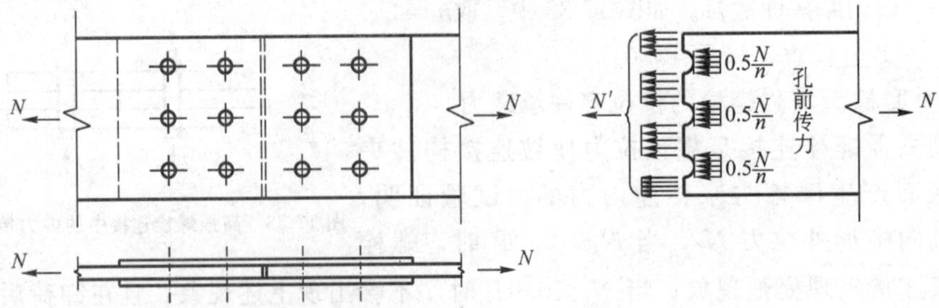

图 17-34　轴心力作用下的高强螺栓摩擦型连接

【例 17-7】

有一计算截面为 340mm×12mm 的钢板，采用高强螺栓和两块尺寸为 340mm×8mm 的连接板连接（图 17-35）。承受轴向拉力 $N=420\text{kN}$，钢材为 Q235 号钢，螺栓材料为 40 硼钢。试对该连接进行设计。

解：(1) 高强螺栓连接设计

选用螺栓的直径 $d=22\text{mm}$，孔径 $d_0=23\text{mm}$；钢板接触面采用喷砂后涂无机富锌漆，按表 17-6，$\mu=0.35$；按表 17-5，一个 M22 高强螺栓的设计预拉力 $P=190\text{kN}$；摩擦面数 $n_f=2$。

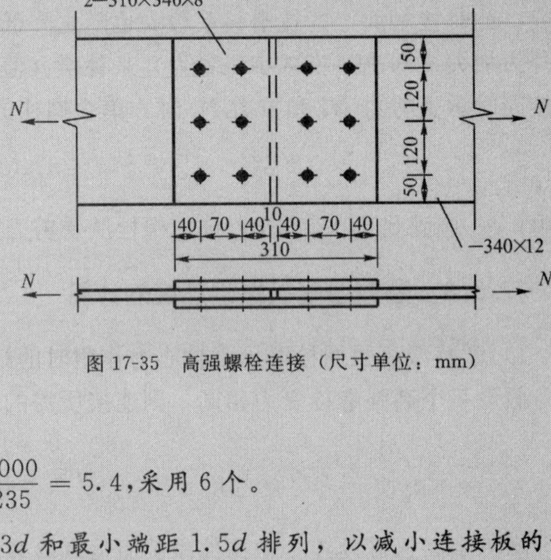

图 17-35　高强螺栓连接（尺寸单位：mm）

一个高强螺栓的容许承载力为：

$$[N_v^b]=\frac{1}{K}n_f\mu P=\frac{1}{1.7}\times 2\times 0.35\times 190000=78235(\text{N})$$

连接所需高强螺栓数量为：

$$n=\frac{N}{[N_v^b]}=\frac{420000}{78235}=5.4\text{，采用 6 个。}$$

在外力的作用方向，螺栓按最小间距 $3d$ 和最小端距 $1.5d$ 排列，以减小连接板的长度，节省钢材。垂直于外力的作用方向，螺栓间距和边距根据钢板宽度布置，螺栓排列如图 17-35 所示。

(2) 钢板强度验算

按附表 4-1，Q235 钢的允许应力为 $[\sigma]=140\text{MPa}$。因被连接板件承受拉力，钢板受螺栓孔削弱后的净截面面积为：

$$A_n=12\times(340-3\times 23)=3250(\text{mm}^2)$$

$$N'=N\left(1-0.5\frac{n_1}{n}\right)=420000\left(1-0.5\times\frac{3}{6}\right)=315000(\text{N})$$

被连接钢板净截面强度：$\sigma=\dfrac{N'}{A_n}=\dfrac{315000}{3250}=96.9\ (\text{MPa})<[\sigma]=140\text{MPa}$，满足要求。

连接板的厚度之和（16mm）大于被连接板的厚度（12mm），故不需验算连接板强度。

被连接板毛截面强度：$\sigma=\dfrac{N}{A}=\dfrac{420000}{12\times340}=103$（MPa）＜［$\sigma$］＝140MPa，满足要求。

2）摩擦型高强螺栓群在扭矩、剪力和轴力共同作用时的计算

这种受力情况的计算和普通螺栓连接一样，可用式（17-31）计算出最不利受剪高强螺栓所承受的合力，此合力应不大于摩擦型高强螺栓抗剪容许承载力［N_v］。

【例 17-8】

条件与**例 17-5** 相同，但改用 M20 高强螺栓摩擦型连接，孔径为 22mm，构件接触面用钢丝刷清除浮锈，试验算连接是否满足设计要求。

解：螺栓预拉力 $P=155$kN；按表 17-6，抗滑移系数 $\mu=0.3$；同例题 17-6，最不利螺栓受剪力 $N_1=40.5$kN。单个摩擦型高强螺栓双摩擦面抗剪容许承载力为：

$$[N_v^b]=\frac{1}{k}n_f\mu P=\frac{1}{1.7}\times2\times0.30\times155000=54.706\text{kN}>N_1=40.495\text{kN},满足要求。$$

考虑螺栓孔前传力时净截面应力将更低，由例题 17-5 的计算结果可知，钢板的净截面强度也能满足设计要求（计算从略）。

3）摩擦型高强螺栓群受拉力作用时的计算

高强螺栓群承受螺栓轴向拉力作用时，和普通螺栓一样可用式（17-24）计算连接所需螺栓数目，只需将式中单个螺栓的容许承载力按 $N_t^b=0.6P$ 替代。

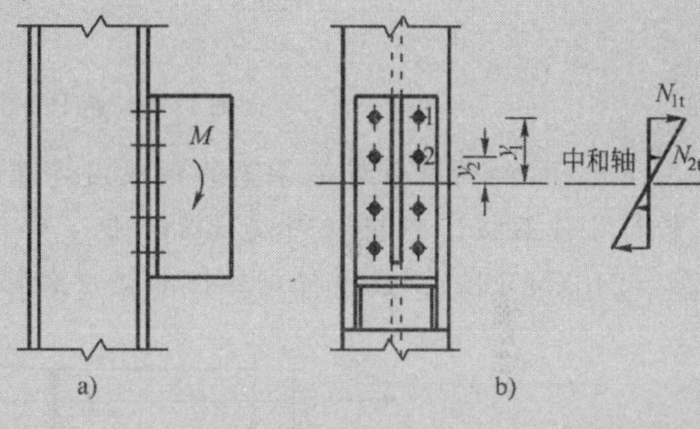

图 17-36 弯矩作用下的摩擦型高强螺栓连接

在弯矩作用下，摩擦型高强螺栓群的计算方法与普通螺栓稍有不同。高强螺栓连接的特点是在弯矩 M 作用下，构件的接触面一直保持密合，其旋转中心始终与螺栓群的形心轴重合（图 17-36），故计算最不利螺栓群所受拉力仍可用式（17-35），只需将式中 y_i 取为各个螺栓群形心轴的距离。

本章小结

钢构件是由若干构件组成的，而每个构件又是由钢板和型钢所组成。各构件之间和构件内各钢板与型钢之间，都必须以某种方式加以连接，以形成一个完整的结构。本章系统介绍了钢结构所采用的焊缝连接、普通螺栓连接和高强螺栓连接的构造与计算方法。

思考题与习题

17-1 钢结构的焊缝有哪两种形式？它们各自有何优缺点？它们适用哪些连接部位？

17-2 什么叫做角焊缝的有效厚度与有效截面？取用角焊缝有效厚度 h_e 与直角焊缝较

小焊脚尺寸 h_f 之间关系是什么？角焊缝尺寸有哪些构造要求？

17-3 手工焊采用的焊条型号应如何选择？角焊缝的焊脚尺寸是否越大越好？

17-4 焊缝残余应力和残余变形是怎样产生的？有何危害？在设计和施工中如何防止或减少焊缝残余应力和残余变形的产生？

17-5 普通螺栓连接适用于哪些结构的连接？普通螺栓连接对于螺栓的布置有何构造要求？

17-6 受剪普通螺栓连接的传力机理是什么？高强度螺栓摩擦型连接和承压型连接的传力机理又是什么？各有何特点？

17-7 在施工中如何控制高强度螺栓连接的质量？

17-8 已知钢板梁腹板 $t=10$mm，Q235 钢，采用焊透对接焊缝（使用了引弧板）连接。钢板梁腹板对接处（图 17-37）作用弯矩为 $M=1200$kN·m，剪力 $V=205$kN。试验算对接焊缝的强度。

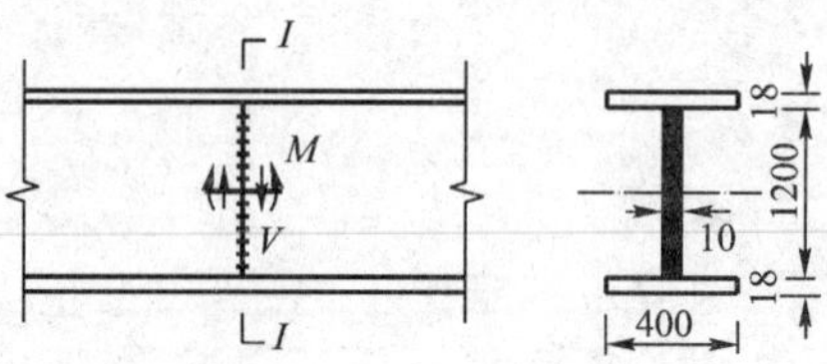

图 17-37 题 17-8 图（尺寸单位：mm）

17-9 已知两块等厚不等宽的钢板用焊透的对接焊缝（X 形剖口）连接（图 17-38），焊接中采用引弧板。钢板材料为 Q345 钢。焊缝承受变化轴力作用，$N_{max}=1600$kN（拉），$N_{min}=240$kN（拉）。试进行对接焊缝强度验算。

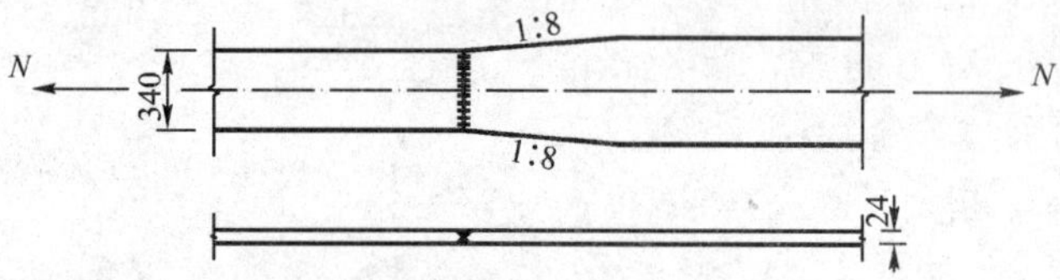

图 17-38 题 17-9 图（尺寸单位：mm）

17-10 已知两块钢板 2－340×14 采用双盖板对接（图 17-39），钢板材料为 Q235。盖板与钢板之间采用角焊缝，手工焊，E42 型焊条；接头承受轴向拉力 $N=490$kN。试进行连接接头的设计。

17-11 支承角钢（∠200×125×16）两边采用侧面角焊缝与柱连接，构造如图 17-40 所示。已知钢材为 Q345 钢，普通手工焊，E50 型焊条，偏心力 $F=320$kN，偏心距 $e=30$mm。求角焊缝焊脚尺寸 h_f。

17-12 与题 17-10 条件相同。现采用双盖板粗制螺栓连接，粗制螺栓直径 $d=20$mm，孔径 $d_0=21.5$mm，试进行连接接头设计。

17-13 已知等肢角钢∠80×8 与节点板搭接（图 17-41），节点板厚 $t=10$mm，采用粗制螺栓，螺栓直径 $d=22$mm，孔径 $d_0=23.5$mm，钢材为 Q235 钢，设计轴向力 $N=80$kN，试进行普通螺栓连接设计。

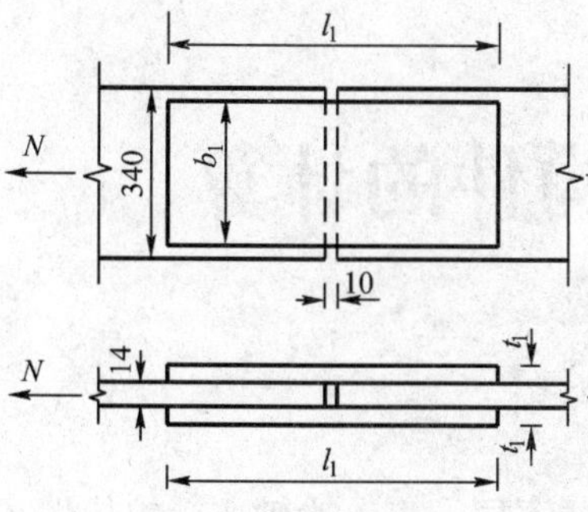

图 17-39　题 17-10 图（尺寸单位：mm）

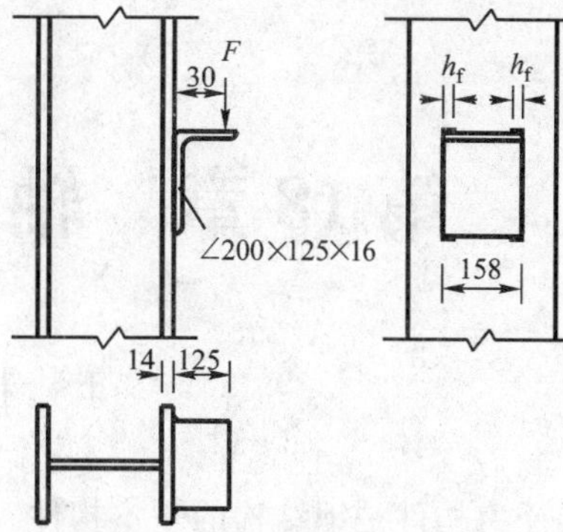

图 17-40　题 17-11 图（尺寸单位：mm）

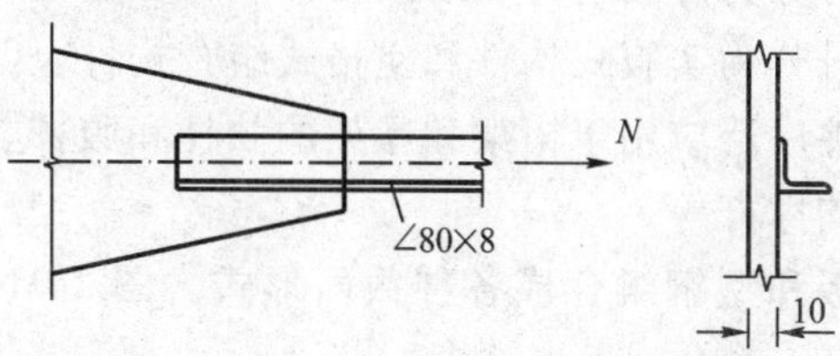

图 17-41　题 17-13 图（尺寸单位：mm）

17-14　钢梁与柱接头构造如图 17-42 所示。钢梁支承在焊接于钢柱的承托上，并且钢梁与柱采用粗制螺栓连接。已知钢材为 Q235 钢，粗制螺栓直径 $d=24\text{mm}$，螺纹处内径 $d_j=20.1\text{mm}$，弯矩 $M=85\text{kN}\cdot\text{m}$，剪力 $Q=530\text{kN}$。试对螺栓连接进行强度验算。

17-15　与题 17-10 条件相同。现采用双盖板高强度螺栓摩擦型连接。高强度螺栓为 40B 钢，直径 $d=20\text{mm}$，孔径 $d_0=21.5\text{mm}$，板件接触面经喷砂后涂无机富锌漆。试进行连接接头设计。

17-16　图 17-43 中节点板与拉杆（2∠80×6）、柱的连接均采用高强度螺栓摩擦型连接。已知高强度螺栓直径 $d=20\text{mm}$，40B 钢，接触面采用经喷砂后涂无机富锌漆；钢材均为 Q235 钢；轴向拉力 $N=240\text{kN}$。

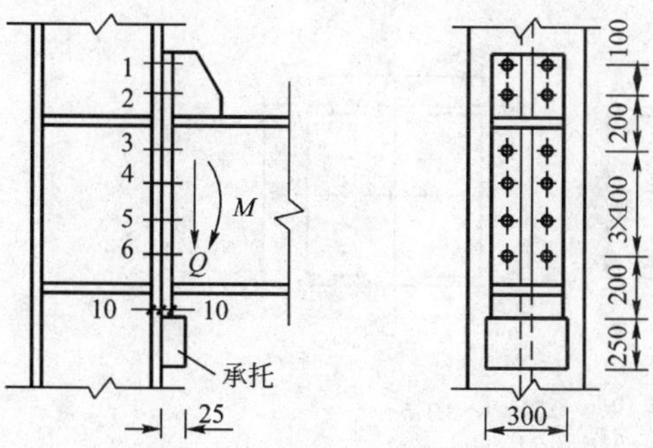

图 17-42　习题 17-14 图

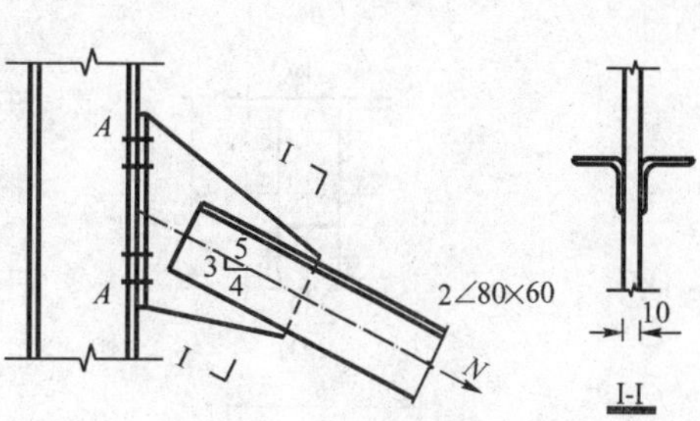

图 17-43　题 17-16 图（尺寸单位：mm）

（1）进行节点板与柱连接处高强度螺栓群的强度验算（螺栓数目 $n=8$）；

（2）计算杆件与节点板连接所需要的高强度螺栓数目并布置。

第 18 章　轴向受力构件的计算

18.1　概　　述

轴向受力构件是钢结构的基本构件。按其受力特点的不同，可分为轴心受拉构件、轴心受压构件、偏心受拉构件和偏心受压构件。

按连接方法的不同，可分为焊接构件、铆接构件和螺栓连接构件。

按结构形式的不同，可分为实腹式构件和空格式组合构件。

钢结构的轴向受力构件广泛应用于桁架和屋架的弦杆和腹杆、各种塔架、平台支架的柱子，以及各种钢结构中的支撑杆等。

轴向受力构件可用钢板和型钢组合成各种截面形式。图 18-1 为常用的几种截面形式及其回转半径的近似值。

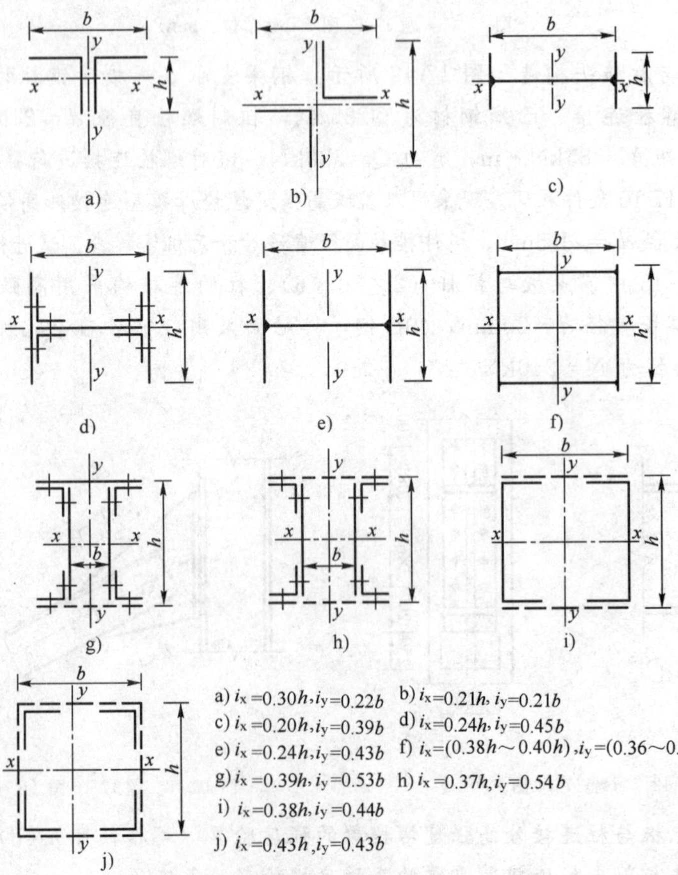

a) $i_x=0.30h, i_y=0.22b$　b) $i_x=0.21h, i_y=0.21b$

c) $i_x=0.20h, i_y=0.39b$　d) $i_x=0.24h, i_y=0.45b$

e) $i_x=0.24h, i_y=0.43b$　f) $i_x=(0.38h\sim0.40h), i_y=(0.36\sim0.40)b$

g) $i_x=0.39h, i_y=0.53b$　h) $i_x=0.37h, i_y=0.54b$

i) $i_x=0.38h, i_y=0.44b$

j) $i_x=0.43h, i_y=0.43b$

图 18-1　构件的截面形式及回转半径近似值

主桁架杆件的截面分为单壁式和双壁式两种。其中单壁式截面一般由角钢组合而成，这种杆件在两角钢之间夹以垫板并用螺栓或焊缝连接成整体，一般用于次要杆件或内力较小的轻型桁架杆件（图 18-1a)、b)。当荷载较大、主桁架采用重型桁架时，杆件截面较大，故一般采用双肢截面，即双壁式截面，双壁式截面主要包括 H 形截面和箱形截面（图 18-1c)～j)。双壁式截面的截面面积主要集中于两个平行的竖肢上，节点处采用双节点板可以布置较多的连接螺栓，而且在垂直于桁架平面有较大的刚度。

H 形截面是由两块翼缘板和一块腹板组合而成。该截面的优点是构造简单，便于采用自动焊，校正焊接变形较容易，采用螺栓连接时施工也较方便。H 形截面的主要缺点是截面绕 x 轴的刚度较小，用作压杆时不太经济。因此，对内力不很大的杆件和长度不太大的压杆，采用 H 形截面比较适宜。H 形截面在我国钢桁架梁桥中应用已十分普遍。

箱形截面由两块翼缘板和两个腹板组成。由于箱形截面对两个主轴的回转半径相近，因此，它的受压性能比 H 形截面要好，通常用于内力较大和长度较大的压杆（或拉—压杆件）。为了提高箱形截面杆件的抗扭性能，在杆件端部和箱内每隔 3m 应设置横隔板（图 18-2）。箱形截面在力学性能上较 H 形截面好，但箱形截面的焊接、矫正焊接变形及安装等都比 H 形截面复杂。

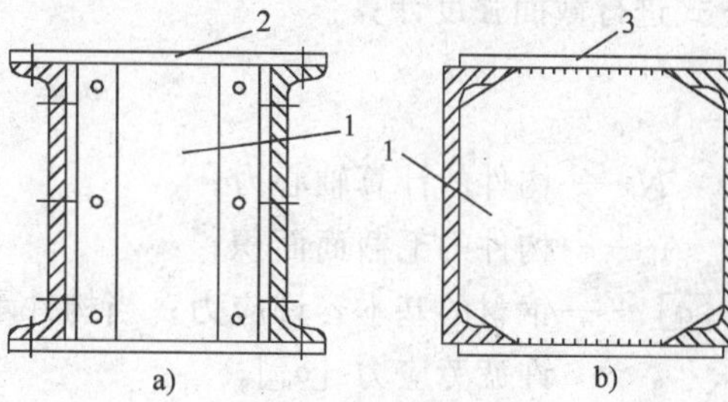

图 18-2　隔板的构造

a）铆接；b）焊接

1-隔板；2-缀条或缀板；3-缀板

主桁架的轴心受力和拉弯、压弯杆件，按其截面组成形式，又可分为实腹式和格构式两种。实腹式构件具有整体连通的截面，如 H 形截面、型钢或钢板连接而成的组合截面（图 18-1a）～f)）。格构式构件一般由两个或多个分肢用缀件连接组成，但采用较多的是两分肢格构式构件（图 18-1g）～j)），分肢通常采用型钢，承受较大荷载时分肢也可采用型钢或钢板的组合截面。对于在一个方向承受较大弯矩的拉弯或压弯构件，还可采用单轴对称截面（图 18-1g)。在格构式构件截面中，通过分肢腹板的主轴称为实轴（图 18-1g）～j）中的 $x—x$ 轴），通过分肢缀件的主轴称为虚轴（图 18-1g）～j）中的 $y—y$ 轴）。缀件有缀条（采用单角钢）和缀板（采用钢板）两种，一般设置在分肢翼缘两侧平面内，其作用是将各分肢连成整体，使其共同受力，并承受绕虚轴弯曲时产生的剪力。实腹式构件比格构式构件构造简单，制作方便，整体受力和抗剪性能好，但截面尺寸较大时钢材用量较多；而格构式构件可以调整分肢间的距离，容易实现两个主轴方向的等稳定性，其刚度较大，抗扭性能较好，用料较省。当构件的计算长度较大时，为减小其长细比，采用格构式截面较为合适。对长细比较大而受力不大的压杆，可采用 4 根角钢组成的格构式截面（图 18-1j)，这种压杆的截面积不大，但刚度较大。此时两主轴 $x—x$ 和 $y—y$ 皆为虚轴。

在选择构件的截面形式时，不但要考虑满足强度和刚度的要求，还要使构件便于连接。此外，对构件还要考虑到便于施工以及今后的油漆、养护和检修；构件应尽量定型化，减少构件的种类，使构件可以互换。构件的外廓尺寸就是构件的外形高度和宽度。对钢桥而言，各构件的宽度尺寸要求一致，以便于它们在节点交汇处的连接。

18.2 轴心受拉构件

18.2.1 轴心受力构件的强度计算

从钢材的应力—应变关系可知，当轴心受拉构件的截面平均应力达到钢材的抗拉强度 f_u 时，构件达到强度承载力。但当构件的平均应力达到钢材的屈服强度 f_y 时，由于构件塑性变形的发展，会使构件的变形过大以致达到不适于继续承载的状态。因此，轴心受拉构件是以截面的平均应力达到钢材的屈服强度作为强度计算准则的。

对无孔洞等削弱的轴心受力构件，以毛截面平均应力达到屈服强度为强度计算准则，应按下式进行截面强度计算：

$$\sigma=\frac{N}{A_m}\leqslant[\sigma] \tag{18-1}$$

式中：N——构件的计算轴心力；

A_m——构件的毛截面面积；

$[\sigma]$ ——钢材的基本容许应力；当构件承受动力荷载作用时，则计算应力 σ 不得超过容许疲劳应力 $[\sigma_n]$。

对于普通螺栓（或铆钉）连接的轴心受力构件，孔洞不但削弱了构件的截面积，在孔洞处截面上的应力分布是不均匀的，靠近孔边处将产生应力集中现象（图 18-3）。在弹性阶段，孔壁边缘的最大应力 σ_{max} 可能达到构件毛截面平均应力 σ_a 的 3 倍（图 18-3）。若轴心力继续增加，当孔壁边缘的最大应力达到材料的屈服强度以后，应力不再继续增加而截面发展塑性变形，净截面上的应力渐趋均匀，并达到屈服应力。因此，对于有孔洞削弱的轴心受力构件，以其净截面的平均应力达到屈服强度为强度计算准则，应按下式进行净截面强度计算：

$$\sigma=\frac{N}{A_n}\leqslant[\sigma] \tag{18-2}$$

式中：A_n——构件的净截面面积。

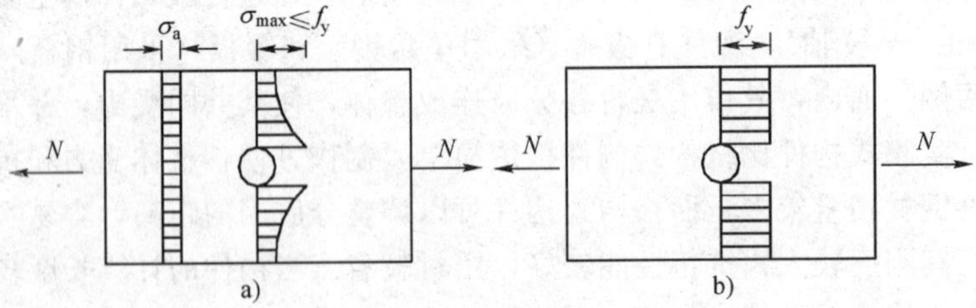

图 18-3 孔洞处截面的应力分布

a）弹性状态；b）极限状态

对于高强度螺栓摩擦型连接的构件，可以认为连接传力所依靠的摩擦力均匀分布于螺孔四周，故在孔前摩擦面已传递了一部分的力（图 18-4）。因此，最外列螺栓处危险截面的净截面强度应按下式计算：

$$\sigma = \frac{N'}{A_n} \leqslant [\sigma] \tag{18-3}$$

式中：$N' = N\ (1 - 0.4n_1/n)$；

n——连接一侧的高强度螺栓总数；

n_1——计算截面（最外列螺栓处）上的高强度螺栓数目；

0.4——孔前传力系数。摩擦面均匀传力时，孔前传力系数应为0.5，但考虑孔洞周围摩擦面可能有局部凹陷，故取0.4。

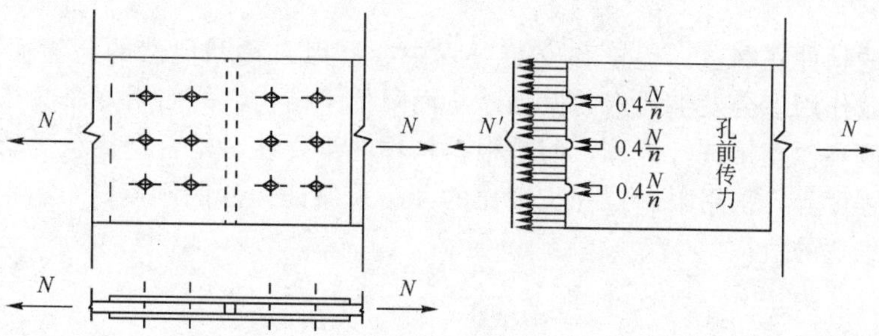

图 18-4　轴心力作用下的高强度螺栓摩擦型连接

对于高强度螺栓摩擦型连接的构件，除按式（18-3）验算净截面强度外，还应按式（18-1）验算毛截面强度。

对于单面连接的单角钢轴心受力构件，实际处于双向偏心受力状态（图 18-5），试验表明其承载力约为轴心受力构件承载力的80%～85%。因此单面连接的单角钢按轴心受力计算强度时，钢材的容许应力 $[\sigma]$ 应乘以折减系数0.85。

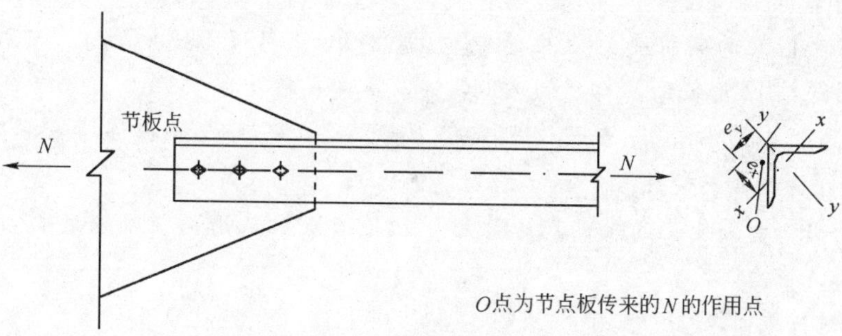

图 18-5　单面连接的单角钢轴心受力构件

焊接构件和轧制型钢构件均会产生残余应力，但残余应力在构件内是自相平衡的内应力，它对构件的静力强度，除了使构件部分截面较早地进入塑性状态外，并无影响。所以，在验算轴心受力构件强度时，不必考虑残余应力的影响。

18.2.2　轴心受拉构件的截面选择

轴心受拉构件的毛截面面积 A_m 由净截面面积 A_n 增加10%～15%而得到，根据式（18-2），轴心受拉构件所需要的毛截面面积为：

$$A_m = (1.10 \sim 1.15)\frac{N}{[\sigma]} \tag{18-4}$$

根据式（18-4）计算求得的所需的毛截面面积，并考虑构件的连接情况，就可选择轴心受拉构件的截面形式和尺寸。轴心受压构件的截面选择略为复杂一点，将在轴心受压构件截面设计中介绍。在设计轴心受拉构件时，构件截面尺寸的选择要从强度和刚度两方面进行考虑，但一般由强度控制设计。

18.2.3 轴心受拉构件的刚度计算

过分细长的构件在制造、运输和安装过程中容易因自重和偶然的碰撞而发生弯曲和变形，同时在活载作用下会发生强烈的振颤，从而降低了结构物的使用寿命。在理论上对轴心受拉构件的刚度不便直接进行计算，而是根据构件的重要性、是否直接承受动力荷载以及动力荷载影响的程度等，采用限制拉杆长细比的办法来保证构件的刚度，《公桥规》规定了拉杆容许最大长细比的值。

刚度验算公式为：

$$\lambda = \frac{l_0}{i} \leqslant [\lambda] \tag{18-5}$$

式中：l_0——杆件的自由长度，对于受拉构件一般均取杆件的几何长度，即杆端节点中心之间的距离；

i——杆件全截面的回转半径；

λ——杆件的计算长细比；

$[\lambda]$——容许长细比，见附表 4-6。

【例 18-1】

钢桁架桥主桁架的斜杆受到变化的轴向拉力 $N=+436.5\text{kN}$（拉）、$+2030\text{kN}$（拉）作用。拟采用焊接 H 形截面，钢材为 Q345 钢，宽度 b 要求为 460mm。斜杆自由长度 $l_{ox}=10.88\text{m}$，$l_{oy}=13.6\text{m}$。斜杆与节点板用直径 $d=22\text{mm}$ 的高强螺栓连接，栓孔直径 $d_0=23\text{mm}$，试进行斜杆截面设计。

解： 由于斜杆受到变化的轴向拉力作用，且与节点板采用高强螺栓连接，故截面设计要考虑疲劳容许应力。

1）确定斜杆截面尺寸

（1）疲劳容许应力 $[\sigma_n]$

应力循环特征系数 ρ：

$$\rho = \frac{N_{min}}{N_{max}} = \frac{+436.5}{+2030} = 0.215$$

查附表 4-4，得容许应力类别为“3.2”，再查附表 4-3，得疲劳容许应力的计算式：

$$[\sigma_n] = \frac{165}{1-0.6\rho} = \frac{165}{1-0.6(0.215)}$$
$$= 189.4\text{MPa} < [\sigma] = 200\text{MPa}$$

（2）需要的截面积 A_m

$$A_n \geqslant \frac{N_{max}}{[\sigma_n]} = \frac{2030\times10^3}{189.4} = 10718.06\text{mm}^2$$

$$A_m = 1.15A_j = 12315.77\text{mm}^2$$

(3) 确定截面尺寸

根据《公桥规》规定，钢板的最小厚度为 8mm，现选用腹板厚度 $t_1=10$mm，而翼板厚度 $t_2=12$mm。

腹板的宽度为：

$$b_1 = b - 2t_2 = 460 - 2\times12 = 436\text{mm}$$

现取翼板宽度 $h=440$mm，则实际的 H 形截面毛截面面积为

$$A_m = b_1t_1 + 2ht_2 = 436\times10 + 2\times440\times12 = 14920\text{mm}^2 > 12325.77\text{mm}^2$$

按高强螺栓布置的要求，沿一块翼板宽度上可布置 4 排高强螺栓，孔径 $d_0=23$mm，则实际净截面面积为：

$$A_n = A_m - 2(4\times23\times12) = 14920 - 2208 = 12712\text{mm}^2 > 10718.06\text{mm}^2$$

经过高强螺栓连接的计算，每块翼板上采用 28 个螺栓并列布置，具体布置位置见图 18-6。

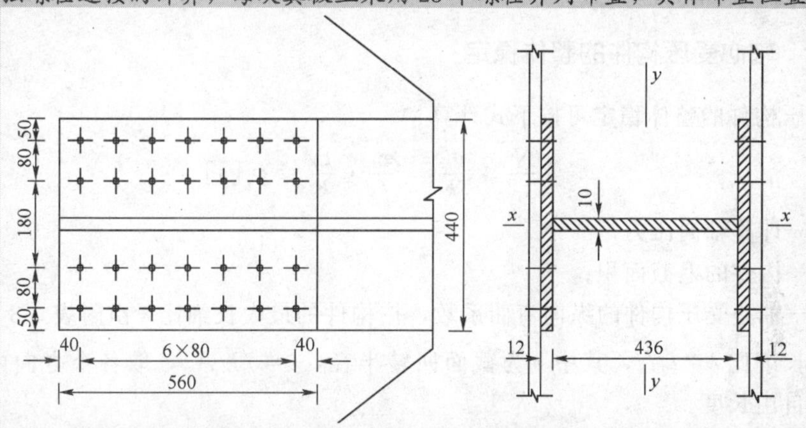

图 18-6 高强螺栓的布置（尺寸单位：mm）

2) 验算

(1) 强度验算

斜杆截面计算应力为：

$$\sigma = \frac{N_{max}}{A_n} = \frac{2030\times10^3}{12712} = 159.69\text{MPa} < [\sigma_n] = 189.4\text{MPa}$$

(2) 刚度验算

斜杆绕截面 x 轴和 y 轴的惯性矩为：

$$I_x = 2\left[\frac{1}{12}\times12\times(440)^3\right] = 170.368\times10^6\text{mm}^4$$

$$I_y = \frac{1}{12}\times10\times(436)^3 + 440\times12\times(224)^2$$

$$= 333.997\times10^6\text{mm}^4$$

相应的回转半径分别为：

$$i_x = \sqrt{\frac{I_x}{A_m}} = \sqrt{\frac{170.368 \times 10^6}{14920}} = 106.86\text{mm}$$

$$i_y = \sqrt{\frac{I_y}{A_m}} = \sqrt{\frac{333.997 \times 10^6}{14920}} = 149.62\text{mm}$$

相应的长细比为：

$$\lambda_x = \frac{l_{ox}}{i_x} = \frac{10.88 \times 10^3}{106.86} = 101.8 < [\lambda] = 180$$

$$\lambda_y = \frac{l_{oy}}{i_y} = \frac{13.6 \times 10^3}{149.62} = 90.9 < [\lambda] = 180$$

验算结果证明，设计的斜杆满足强度和刚度要求。

18.3 轴心受压构件

18.3.1 轴心受压构件的整体稳定

轴心受压构件的整体稳定可按下式计算：

$$\sigma = \frac{N}{A_m} \leqslant \frac{\sigma_{cr}}{k} = \frac{\sigma_{cr}}{f_y} \cdot \frac{f_y}{k} \leqslant \varphi_1[\sigma] \tag{18-6}$$

式中：N——计算轴向压力；

A_m——构件的毛截面积；

φ_1——轴心受压构件的纵向弯曲系数，按构件的最大长细比 λ 由附表 4-8 查得。

压杆的长细比 $\lambda = l_0/i$，其中 i 为截面回转半径，$i = \sqrt{I/A_m}$，取各个方向中的最小值。l_0 为压杆的自由长度。

钢杆件的自由长度根据其两端的支撑条件不同列于附表 4-7 中。

18.3.2 轴心受压构件的局部稳定

钢压杆通常系由若干较薄的钢板和型钢组成，在轴心压力作用下，有可能在压杆丧失整体稳定以前，压杆中某一薄而宽的板件在压力达到一定值时，不能再继续保持平面状态的平衡而发生局部翘曲，构件的部分板件发生翘曲的这种现象，叫做压杆丧失局部稳定或局部屈曲。压杆板件的局部失稳会降低压杆的承载能力，导致压杆提前破坏，在设计压杆时应该防止。

为了保证实腹式轴心受压构件的局部稳定，通常采用限制其板件宽（高）厚比的办法来实现。确定板件宽（高）厚比限值所采用的原则是使构件整体屈曲前其板件不发生局部屈曲，即局部屈曲临界应力不低于整体屈曲临界应力（常称作等稳定性准则）。为了在设计中使用方便，针对桥梁中最常用的组合 H 形和箱形截面构件，进行了局部稳定试验，确定了受压构件中各类板件的容许宽（高）厚比$\left[\frac{b}{t}\right]$。因此，验算轴心受压构件的局部稳定公式为：

$$\frac{b}{t}\leqslant\left[\frac{b}{t}\right] \tag{18-7}$$

式中：b 和 t——分别为板件的宽（高）度和厚度；

$\left[\frac{b}{t}\right]$——容许的板件宽厚比，其规定见附表 4-9。

除铆接角钢的伸出肢外，轧制型钢（工字钢、H 形钢、槽钢、T 形钢、角钢等）的翼缘和腹板一般都有较大厚度，宽（高）厚比相对较小，都能满足局部稳定要求，可不作验算。

18.3.3　刚度验算

压杆除同受拉构件一样，会因一些意外的外力作用而发生弯曲变形，例如由于自重而发生挠曲，在活载作用下发生振颤，在运输及安装过程中发生弯曲，必须有足够的刚度以外，对压杆来说，弯曲变形的影响远较拉杆的影响为大，由于弯曲变形，会使压杆的临界力减小，使构件过早地失去稳定性。因此，对压杆的刚度要求应较拉杆更高些。压杆的长细比应不超过容许最大长细比，即：

$$\lambda\leqslant[\lambda] \tag{18-8}$$

轴心受压构件的容许最大长细比 $[\lambda]$ 见附表 4-6。

18.3.4　截面设计步骤

轴心受压构件截面设计的任务是在已知构件的自由长度 l_0、轴心压力 N 和钢材牌号的情况下，确定构件的截面形式和尺寸。

从构件的总体稳定性和刚度要求出发，截面的外廓尺寸要大，宜选用宽度大、厚度小的钢板和型钢，以使截面回转半径加大，从而减小构件的长细比。但从构件局部稳定的要求出发，则又宜选用厚度大而宽度小的钢板，以减小构件的宽厚比。然而，对压杆的承载能力起控制作用的，在大多数情况下是构件的整体稳定性，只有在设计长度很大而内力很小的压杆时是由刚度控制。局部稳定问题通常不需详细计算，只在要选择截面时注意满足板件宽厚比的构造要求即可。所以在设计时可首先根据整体稳定性的要求来选择截面的形式和尺寸，然后验算其局部稳定性和刚度。

在压杆整体稳定性的计算公式 $\frac{N}{A_m}\leqslant\varphi_1[\sigma]$ 中，轴向压力 N 和钢材的容许应力 $[\sigma]$ 为已知，纵向弯曲系数 φ_1 为未知数。常用的方法是先假定一个长细比 λ 值，查表得 φ_1，用公式计算出 A_m，试选截面，然后再进行验算，并反复加以修正。其设计步骤如下：

(1) 根据整个结构物的要求，选定构件的截面形式，并按照构件的重要性，假定一个小于容许最大长细比的 λ 值。对于桥梁的上弦杆一般可取 $\lambda=60\sim80$，腹杆则取 $\lambda=80\sim100$ 开始试算。

(2) 根据假定的 λ 值由附表 4-8 中查得 φ_1 值，再用压杆稳定公式计算所需的毛截面面积 $A_m=N/\varphi_1[\sigma]$。

(3) 利用假定的 λ 值和已知的杆件自由长度 l_0 值，算出所需要的截面回转半径 $i=l_0/\lambda$。

(4) 按选定的截面形式和算得的 i 值，拟定截面高度 h 和宽度 b。即 $h=i_x/\alpha_1$ 和 $b=i_y/$

α_2（系数 $\alpha_1 = i_x/h$、$\alpha_2 = i_y/b$）。系数 i_x，i_x 的近似值见图 18-1。

（5）根据初步计算出的截面面积 A_m 和截面的轮廓尺寸 h 及 b 值，并考虑局部稳定和构造要求初选截面尺寸。由于假定的 λ 值不一定恰当，完全按照所需要的 A_{mreq}、h、b 配置的截面可能会使板件厚度太大或太小，这时可适当调整 h 或 b，h 和 b 宜取 10mm 的倍数，翼缘厚度 t_f 和腹板厚度 t_w 宜取 2mm 的倍数，t_w 应比 t_f 小。所选用的型钢和钢板的尺寸要符合现有的产品规格。对于 H 形截面的受压构件，为了保证受力较大的两块翼缘板的整体作用，腹板的厚度不宜过薄。《公桥规》（JTJ 025—86）根据翼缘板与腹板临界压应力相等的条件作了如下规定：铆接 H 形构件腹板厚度应不小于翼缘板厚度的 0.4 倍；在焊接的 H 形构件中，当翼缘板厚度等于或大于 24mm 时，腹板厚度应不小于翼缘板厚度的 0.5 倍；当翼缘板厚度小于 24mm 时，腹板厚度应不小于翼缘板厚度的 0.6 倍。另外，为了防止钢板锈蚀，腹板厚度不得小于 6mm。

（6）按选定的构件截面尺寸计算实际的 A_m、λ_{max} 和 φ_{min}，并验算构件的总体稳定性、局部稳定性和刚度。

（7）截面验算：按照上述步骤初选截面后，按式（18-6）、（18-7）和（18-8）进行整体稳定、局部稳定和刚度验算。如有孔洞削弱，还应按式（18-2）或（18-3）进行强度验算。如验算结果不完全满足要求，应调整截面尺寸后重新验算，直到满足要求为止。

【例 18-2】

有一钢桁架的上弦杆，承受轴向压力 $N = 4170\text{kN}$，杆长 $l = 8\text{m}$，焊接 H 形截面，Q345 钢，容许最大长细比 $[\lambda] = 100$。该桁架的横向连接系间距等于桁架节间长度 l。试设计该弦杆。

解：（1）初选截面尺寸

设选用的钢板厚度在 17～25mm 之间，从附表 4-1 可知 $[\sigma] = 200\text{MPa}$。

假定 $\lambda = 60$，查附表 4-8 得 $\varphi_1 = 0.705$，则所需的弦杆截面积为：

$$A_{mreq} = \frac{N}{\varphi_1[\sigma]} = \frac{4170 \times 10^3}{0.705 \times 200} = 29574.47\text{mm}^2 = 295.7\text{cm}^2$$

由已知条件查附表 4-7 得弦杆的自由长度为：

$$l_0 = 800\text{cm}$$

则所需截面回转半径 $i_{xreq} = i_{yreq} = \frac{l_0}{\lambda} = \frac{800}{60} = 13.3\text{cm}$

由图 18-1 e）得 $i_x = 0.24h$，$i_y = 0.43b$ 则：

$$h = \frac{13.3}{0.24} = 55.4\text{cm} \qquad b = \frac{13.3}{0.43} = 30.9\text{cm}$$

选翼板宽度为 $h = 54\text{cm}$，则翼板厚度可按附表 4-9 的规定估算，得 $b_3/t_3 \leqslant 12$，即：

$$t_f = \frac{h}{2 \times 12} = \frac{54}{24} = 2.25\text{cm} \quad 取\ 2.4\text{cm}$$

《公桥规》规定：在焊接 H 形构件中，当翼板厚度小于 24mm 时，腹板厚度不应小于翼板厚度的 0.5 倍，故腹板厚度应为：

$$t_w \geqslant 0.5 \times 2.4 = 1.2\text{cm} \quad 取\ 1.2\ \text{cm}$$

从已知的所需截面积 A_m 和两块翼板的截面积，可计算腹板的宽度：

$$b_w=\frac{A_m-2ht_f}{t_w}=\frac{295.74-2\times 54\times 2.4}{1.2}$$

$$=30.45\text{cm} \quad 取\ 32\ \text{cm}$$

故初步选定：翼板 2—54cm×2.4cm，腹板 1—32cm×1.2cm。实际截面积为：

$$A_m=2\times 54\times 2.4+32\times 1.2=297.6\text{cm}^2$$

见图 18-7。实际的截面积接近于所需要的截面积。

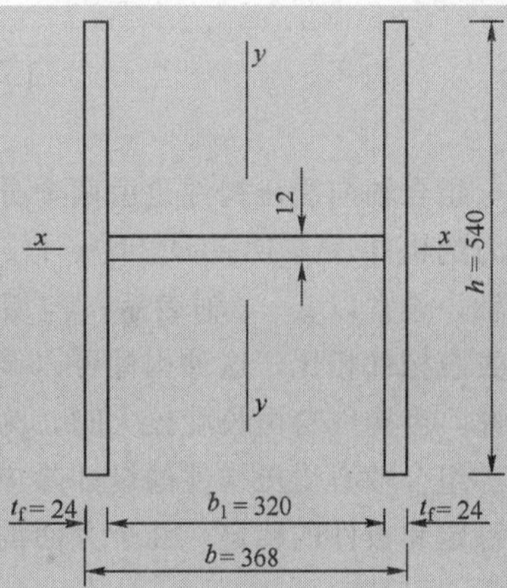

图 18-7 弦杆的截面尺寸（尺寸单位：mm）

(2) 整体稳定性验算

由图 18-7 知 $I_x<I_y$ $\quad I_x=2\times\frac{1}{12}t_fh^3=\frac{1}{6}\times 2.4\times 54^3=62986\text{cm}^4$

$$r_{min}=r_y=\sqrt{\frac{I_x}{A_m}}=\sqrt{\frac{62986}{297.6}}=14.55\text{cm} \qquad \lambda_{max}=\frac{l_0}{r_x}=\frac{800}{14.55}=55$$

由附表 4-8 按 $\lambda=55.6$ 查得 $\varphi_1=0.731$，则

$$\sigma=\frac{N}{\varphi_1 A_m}=\frac{4170\times 10^3}{0.74\times 297.6\times 10^2}$$

$$=189.4\text{MPa}<[\sigma]=200\text{MPa}$$

所选尺寸符合总体稳定性的要求。

(3) 局部稳定性验算

翼板局部稳定性验算：

因 $\lambda=55<60$，由附录表 4-9 知，$\frac{h/2}{t}$不能超过 12，令：

$$\frac{h_f/2}{t_f}=\frac{54-1.2}{2\times 2.4}=11<12$$

可见翼缘板局部稳定性满足要求。

腹板局部稳定性验算：

因 $\lambda=55>50$，由附表 4-9 知，$\frac{b_w}{t_w}$不能超过 $0.5\lambda+5$ 或 45，而：

$$\frac{b_w}{t_w}=\frac{32}{1.2}=26.7<0.5\lambda+5$$

$$=0.5\times 55+5=32.5<45$$

故翼板和腹板的局部稳定性均满足要求。

(4) 刚度验算

$$\lambda=55<[\lambda]=100$$

刚度满足要求。

18.4 组合受压构件

组合轴向受压构件是由两个分肢或四个分肢，通过缀板或缀条把它们连接成整体以共同受力的构件（图 18-1 c)、h)、i)。这种截面有两个主轴，与缀板或缀条平面平行的轴称为实轴，通常以 $x—x$ 轴表示；与缀板或缀条平面垂直的轴称为虚轴，一般以 $y—y$ 轴表示。与实腹构件相比，这种构件可以调整两肢间的距离，使构件对两个主轴的稳定性接近相等，因此，当构件自由长度较大时，为减小其长细比而采用组合式截面较为适合。

组合轴心受压构件的设计除应考虑强度、刚度（长细比）、整体稳定和局部稳定（分肢的稳定和板件的稳定）几个方面的要求外，还应包括缀件的设计。

18.4.1 组合构件的整体稳定计算

缀板与分肢之间的连接需要传递较大的弯矩，通常可按刚性连接分析；缀条与分肢之间的连接则基本上只传递轴向力，通常按铰接来分析。因此缀条与分肢构成桁架体系，而缀板与分肢则构成框架体系。

当组合压杆绕实轴工作时，其工作情况几乎与整体构件一样，因此在计算其对实轴的整体稳定性时所用的方法与实腹构件相同。而组合压杆绕虚轴工作时杆件丧失整体稳定时的临界力小于相同截面整体压杆时的临界力。

因为实腹式轴心压杆在确定其丧失稳定的临界力时，仅考虑由弯矩作用所产生的变形，而没有考虑由剪力所产生的变形。对组合式压杆，当绕虚轴工作而失稳时，则情况有所不同。由于剪力靠缀板或缀条承担，而缀板或缀条又比较单薄，杆件的剪切变形较大，因此剪力所造成的附加挠曲影响就不能忽略。这种影响与连缀系的间距、连缀系的形式和连缀杆件的大小等因素有关。鉴于这一情况，在组合式压杆的具体设计中，对虚轴失稳的计算常以加大长细比的办法来考虑剪切变形的影响。加大后的长细比称为“换算长细比”。

根据弹性稳定理论，组合压杆绕虚轴弯曲时的换算长细比可按下列公式计算。

用缀板连接的两肢组合压杆：

$$\lambda = \sqrt{\lambda_y^2 + \lambda_1^2} \tag{18-9}$$

用缀条连接的两肢组合压杆：

$$\lambda = \sqrt{\lambda_y^2 + 27\frac{A}{A_1}} \tag{18-10}$$

式中：λ_y——由两个肢组成的整个构件对虚轴 $y—y$ 的长细比（图 18-8）；

λ_1——单肢对其形心轴 1-1 的长细比，不宜超过 40，以免组合压杆的临界力降低得太多，$\lambda_1 = \dfrac{a_1}{i_1}$；

a_1——分肢的自由长度，当用铆接缀板时为最近铆钉间的距离，当用焊接缀板时为相邻缀板间的净距（图 18-8）；

i_1——单肢截面对 1-1 轴的回转半径；

A——整个构件的毛截面面积；

A_1——构件横截面所截各斜缀条的毛截面面积之和。

此外，用缀板或缀条连接的四肢组合式压杆（图 18-9），其 $x—x$ 轴和 $y—y$ 轴都是虚轴，两个方向的长细比都需要采用换算长细比。

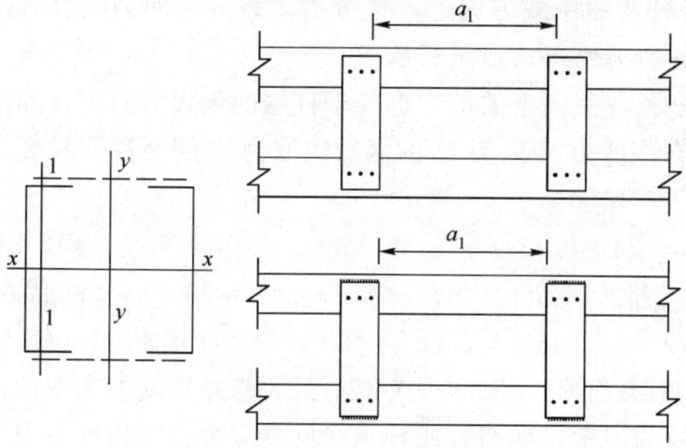

图 18-8 缀板换算长细比计算

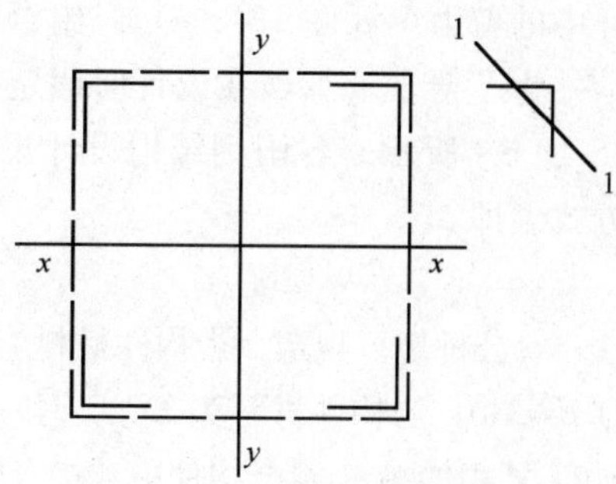

图 18-9 由 4 个角钢组成的组合式压杆

用缀板连接时，其换算长细比可用下面两式计算：

$$\left.\begin{aligned}\lambda_{hx}&=\sqrt{\lambda_x^2+\lambda_1^2}\\\lambda_{hy}&=\sqrt{\lambda_y^2+\lambda_1^2}\end{aligned}\right\}\tag{18-11}$$

用缀条连接时，其换算长细比可用下面两式计算：

$$\left.\begin{aligned}\lambda_{hx}&=\sqrt{\lambda_x^2+40\frac{A}{A_{1x}}}\\\lambda_{hy}&=\sqrt{\lambda_y^2+40\frac{A}{A_{1y}}}\end{aligned}\right\}\tag{18-12}$$

式中：λ_1——单肢对最小刚度轴 1-1 的长细比，其计算长度取缀板间的净距离（若用铆接，取相邻两缀板边缘铆钉中心的间距）；

λ_x、λ_y——按实腹杆那样所算出的整个杆件对 $x—x$ 轴和对 $y—y$ 轴的长细比；

A_{1x}、A_{1y}——被杆件横截面截到的分别垂直于 $x—x$ 轴和垂直于 $y—y$ 轴的斜缀条横截面面积之和。

在验算组合压杆对虚轴的总体稳定性时，即用由上式算得的换算长细比从附表 4-8 中查得纵向弯曲系数 φ_1 值进行稳定性验算。

18.4.2 组合式受压构件分肢的稳定计算

组合式轴心受压构件的分肢既是组成整体截面的一部分，在缀件节点之间又是一个单独的实腹式受压构件。所以，为了保证组合式构件的稳定承载力较相同长细比的实腹式构件的稳定承载力不致降低太多，对组合式构件除需作为整体计算其强度、刚度和稳定外，还应计算各分肢的强度、刚度和稳定。且应保证各分肢失稳不先于组合式构件整体失稳，《公桥规》(JTJ 025—86）规定，组合式受压构件分肢的长细比 λ_1 不得大于 40，受拉构件不得大于 50，且均不得大于组合式构件的换算长细比 λ_{oy}。λ_1 按式（18-9）的规定计算，但当缀件采用缀条时，l_{01} 取缀条节点间距。

18.4.3 组合式受压构件的剪力

当组合式压杆在直线状态工作时是没有横向剪力的，只有当压杆绕虚轴丧失整体稳定性而弯曲时，临界荷载 N_1 便在其垂直于压杆弯曲中线方向上产生分力，该分力即为组合式压杆中的剪力 V［图 18-10a)］。组合压杆的剪力由缀条或缀板承担。

为了便于计算，在设计时假定压杆全长各截面上的剪力都等于杆端的最大剪力 V，如图 18-10 c）所示。各国钢结构设计规范中有将剪力 V 取为 N 的函数或取为 A 的函数两种表示方式。即：

$$V = \beta A \qquad (\mathrm{N}) \tag{18-13}$$

《公桥规》规定，当构件材料为 Q345 钢时，取 $\beta=0.017\ [\sigma]$，以 $[\sigma]=20000\mathrm{N/cm^2}$ 代入，则 $\beta=340$；当构件材料为 Q235 钢时，则取 $\beta=0.015\ [\sigma]$，以 $[\sigma]=14000\mathrm{N/cm^2}$ 代入，则 $\beta=210$。式中的 A 为组合构件中被接合的肢的总截面积，以 $\mathrm{cm^2}$ 为单位；最大剪力 V 以 N 为单位。

上述计算公式只考虑了构件纯属压杆的因素，如组合压杆承受反复应力，即构件不但受压而且受拉，此时截面的选择将由疲劳容许应力 $[\sigma_n]$ 决定，则在剪力 V 的计算中应乘以 $[\sigma_n]/\varphi_{min}[\sigma]$ 折减之。此处 $[\sigma]$ 为材料的容许应力，φ_{min} 为按构件最大长细比求得的轴心受压构件纵向弯曲系数。

18.4.4 缀条及缀板的计算

1）缀条的计算

将缀条视为平行弦桁架的受压腹杆进行内力分析，一根缀条的内力为：

$$N_d = \frac{V}{n\sin\alpha} \tag{18-14}$$

式中：α——缀条与构件轴线的交角；

n——构件截面上的缀条根数。对单格式缀条（图 18-11a）$n=2$；对双格式缀条（图 18-11b）$n=4$。

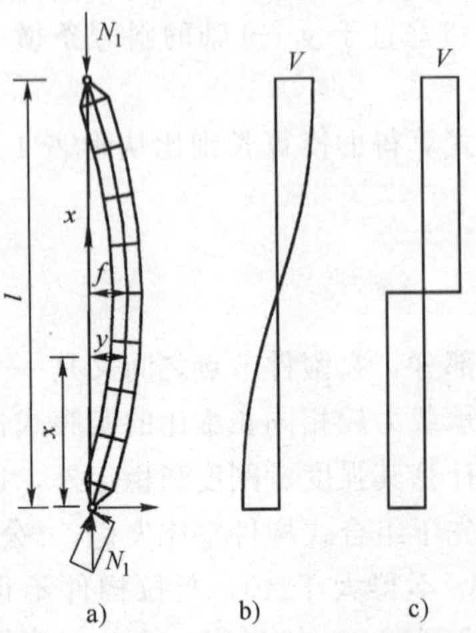

图 18-10 组合压杆的剪力计算简图

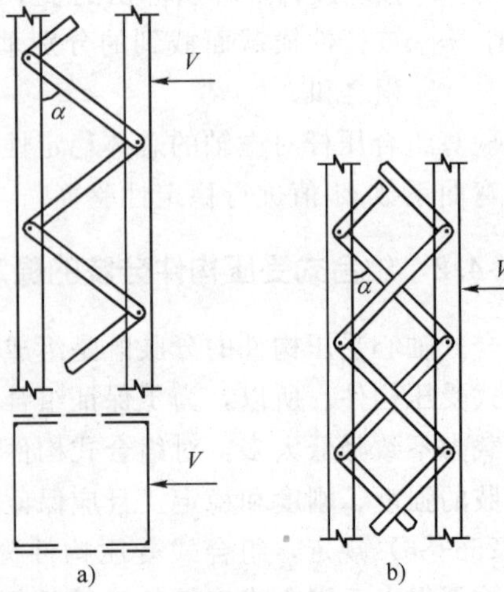

图 18-11 缀条计算

以内力 N_d 验算缀条的受压稳定性，且缀条的长细比应不超过 180。

缀条一般采用厚度不小于 6mm、宽度不小于 3 倍铆钉直径的扁钢或不小于∠56×36×5，∠45×5 的角钢组成，设计时可先拟定尺寸，然后进行稳定性和刚度验算。

2）缀板的计算

用缀板连接的组合式压杆，可视作多层刚架体系，当构件发生挠曲而失稳时，缀板与缀板之间的各个分肢都按 S 形曲线弯曲，当缀板的间距和刚度都相同时，可近似地取 S 形曲线的反弯点在缀板与缀板之间各个分肢的中点上和每块缀板的中点上。在反弯点处的弯矩等于零，只有因构件弯曲而产生的剪力（图 18-12）。

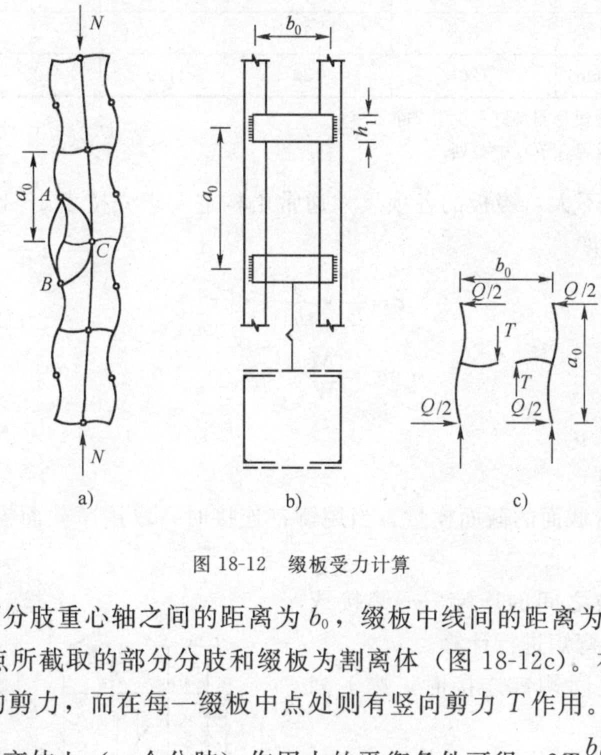

图 18-12　缀板受力计算

假定组合压杆两分肢重心轴之间的距离为 b_0，缀板中线间的距离为 a_0。取图 18-2a）中 A、B、C 三个反弯点所截取的部分分肢和缀板为割离体（图 18-12c）。在每个分肢的上端和下端各作用有 $V/2$ 的剪力，而在每一缀板中点处则有竖向剪力 T 作用。

由图 18-12c）割离体上（一个分肢）作用力的平衡条件可得：$2T\dfrac{b_0}{2}=\dfrac{V}{2}a_0$

所以每一块缀板上承受的剪力为：

$$T_{b1} = \frac{Va_0}{b_0} \tag{18-15}$$

每一条缀板在连接处的弯矩为：

$$M_{b1} = T\frac{b_0}{2} \tag{18-16}$$

根据 M_{b1} 和 V_{b1} 可验算缀板的弯曲强度、剪切强度以及缀板与分肢的连接强度。由于角焊缝容许应力低于缀板容许应力，故一般只需计算缀板与分肢的角焊缝连接强度。

一般情况下，格构式构件的缀板沿长度分段设置，施工比缀条更简单。格构式受压构件或压弯构件的缀板净间距不宜大于 2.5s（s 为缀板两侧连接铆钉或焊缝间的距离）。实际上，当缀板满足刚度和连接要求时，其强度均较富余。按内力计算所需的缀板尺寸一般很小，因此缀板的尺寸一般由构造要求来确定。表 18-1 为《公桥规》（JTJ 025—86）规定的缀板最小尺寸。

缀 板 尺 寸 表 表 18-1

名称		受压及拉—压构件		受拉构件		仅受结构重力的辅助性构件
		主要的	次要的	主要的	次要的	
缀板长度	端缀板	$1.25s$	$0.75s$	s	$0.75s$	$0.75s$
	中缀板	$0.75s$		$0.75s$		
缀板厚度		$s/50$ 但应≥8mm	$s/60$ 但应≥6mm	8mm	6mm	6mm
缀板一侧铆钉	最小数目	3	3	3	3	3
	最大间距（mm）	120	120	120	120	120

注：1. 不受力构件其缀板每侧铆钉不少于 2 个。
2. 端缀板应尽量设置在节点中心处。

缀板的内力一般不大，缀板的各项尺寸通常由构造要求先按表 18-1 所要求的范围选定，然后用下式验算其强度。

剪应力：
$$\tau=\frac{3}{2}\cdot\frac{T}{th_1}\leqslant[\tau] \tag{18-17}$$

弯曲应力：
$$\sigma_\omega=\frac{M}{W}\leqslant[\sigma_\omega] \tag{18-18}$$

式中：t——缀板厚度；

h_1——缀板宽度；

W——缀板受弯截面的截面模量，当用铆钉连接时，取用净截面模量 W_j，应扣除钉孔的削弱。

连接缀板和分肢之间的连接——铆接或焊接也按上述剪力和弯矩进行计算。

当缀板与分肢之间铆钉连接时，按下列方法验算其铆接强度。

由图 18-13a）可知，由弯矩引起的缀板最外端铆钉上的内力为：

$$N_1=M\frac{e_1}{\sum e^2} \tag{18-19}$$

设缀板一边的铆钉数为 n，则由剪力引起的铆钉内力为：

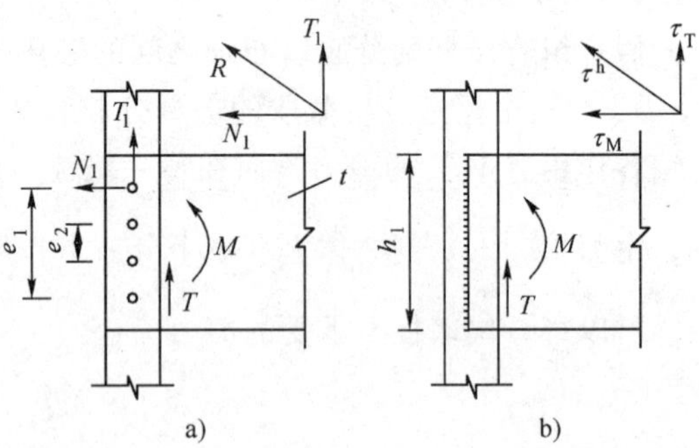

图 18-13 缀板连接计算

$$T_1=\frac{T}{n} \tag{18-20}$$

铆钉所承受的合力为：

$$R=\sqrt{N_1^2+T_1^2}\leqslant[N^m] \tag{18-21}$$

当缀板与分肢之间用贴角焊缝连接时，按下列方法验算其焊缝强度。

图 18-13b）中，若焊缝的长度等于缀板的宽度 h_1，焊缝的厚度 t，则贴角焊缝在竖直方

向所受的剪应力为：

$$\tau_{\mathrm{T}} = \frac{T}{0.7th_1} \tag{18-22}$$

贴角焊缝在水平方向所受的剪应力为：

$$\tau_{\mathrm{M}} = \frac{6M}{0.7th_1^2} \tag{18-23}$$

则焊缝的最大应力为：

$$\tau^{\mathrm{h}} = \sqrt{\tau_{\mathrm{T}}^2 + \tau_{\mathrm{M}}^2} \leqslant [\tau^{\mathrm{h}}] \tag{18-24}$$

【例 18-3】

有一轴心受压组合式钢构件，轴心压力 $N=745\mathrm{kN}$，构件全长 $l=6\mathrm{m}$，两端铰接，中间无支撑，Q235 钢，容许最大长细比 $[\lambda]=100$，试设计该压杆。

解： 查表可得，Q235 钢的容许应力，轴向应力 $[\sigma]=140\mathrm{MPa}$，弯曲应力 $[\sigma_{\mathrm{w}}]=145\mathrm{MPa}$，剪应力 $[\tau]=85\mathrm{MPa}$；构件的容许最大长细比 $[\lambda]=100$。

(1) 选择截面

压杆由两个翼缘向内的槽钢用缀板焊接而成，其构造如图 18-14 所示。

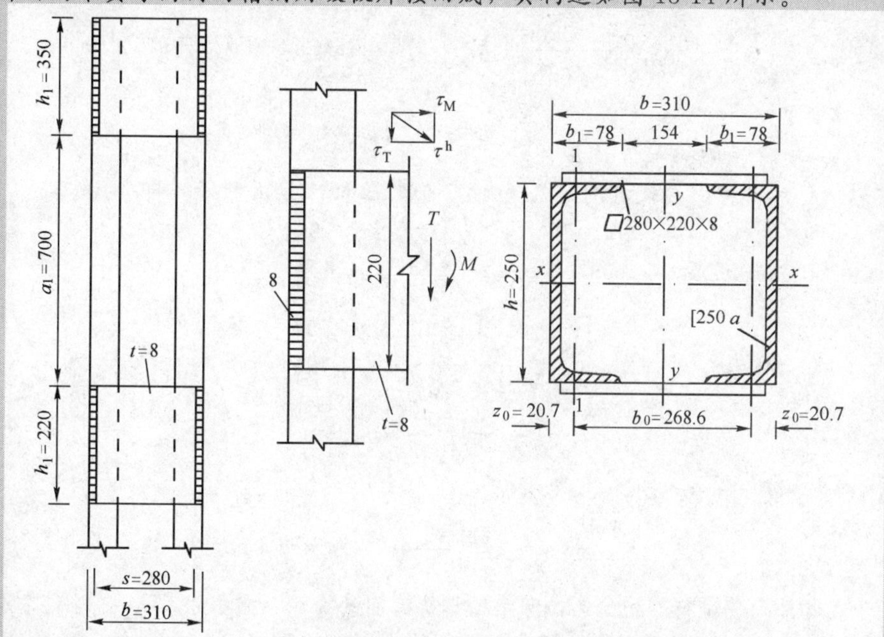

图 18-14　组合压杆的构造（尺寸单位：mm）

由图 18-1 查得 $i_{\mathrm{x}}=0.38h$，$i_{\mathrm{y}}=0.44b$。

假定该压杆的长细比 $\lambda=60$，由附表 4-9 可查得 $\varphi_1=0.824$。则需要的截面回转半径为：

$$i_{\mathrm{x}} = \frac{l_0}{\lambda} = \frac{600}{60} = 10\mathrm{cm}$$

需要的槽钢高度：

$$h=\frac{i_x}{0.38}=\frac{10}{0.38}=26.3\text{cm}$$

需要的压杆全截面面积

$$A_m=\frac{N}{\varphi_1[\sigma]}=\frac{745\times10^3}{0.824\times140}=6458\text{mm}^2=64.58\text{cm}^2$$

选用 2［25a 槽钢，每一槽钢的截面几何特征为（对其本身形心轴）：

$$A_1=34.91\text{cm}^2$$
$$i_x=9.82\text{cm}$$
$$i_1=2.24\text{cm}$$
$$I_1=175.5\text{cm}^4$$
$$b_1=7.8\text{cm}(\text{腿宽})$$
$$Z_0=2.07\text{cm}(\text{轴 1-1 至槽钢背距离})$$

(2) 对实轴 $x—x$ 的稳定性验算

$$\lambda_x=\frac{l_0}{i_x}=\frac{600}{9.82}=61.1<[\lambda]=100$$

根据 $\lambda_x=61.1$ 查附表 4-8 得 $\varphi_1=0.818$。

$$\sigma=\frac{N}{\varphi_1 A_m}=\frac{745000}{0.818\times3491\times2}=130.5\text{MPa}<[\sigma]=140\text{MPa}$$

满足要求。

(3) 对虚轴 $y—y$ 的稳定性验算

为了充分利用材料，应使其对 x 轴和对 y 轴的长细比接近相等，即 $\lambda=\lambda_x$。

因：
$$\lambda=\sqrt{\lambda_y^2+\lambda_1^2}$$

则：
$$\lambda_y=\sqrt{\lambda_x^2-\lambda_1^2}$$

设：
$$\lambda_1=40$$

则：
$$\lambda_y=\sqrt{61.1^2-40^2}=46.2$$

$$i_y=\frac{l_0}{\lambda_y}=\frac{600}{46.2}=13\text{cm}$$

由图 18-1 查得 $i_x=0.38h$，$i_y=0.44b$。

$$b=\frac{i_y}{0.44}=\frac{13}{0.44}=29.5\text{cm}$$

为便于在构件内部进行养护油漆，两个槽钢翼缘间的净距不宜小于 15cm，则构件宽度为：

$$b\geqslant15+2b_1=15+2\times7.8=30.6\text{cm}$$

取 $b=31\text{cm}$。

则：
$$\begin{aligned}I_y&=2(I_1+A_1e^2)\\&=2\left[I_1+A_1\left(\frac{b}{2}-Z_0\right)^2\right]\\&=2\left[175.5+34.91\left(\frac{31}{2}-2.07\right)^2\right]=12944\text{cm}^4\end{aligned}$$

$$i_y=\sqrt{\frac{I_y}{A}}=\sqrt{\frac{12944}{2\times34.91}}=13.6\text{cm}$$

$$\lambda_y=\frac{l_0}{i_y}=\frac{600}{13.6}=44.1$$

现构件的实际宽度 $b=31\text{cm}$，两个槽钢用缀板焊接，则缀板两侧焊缝间的距离 $s=28\text{cm}$。取缀板间的净距 $a_1\leqslant 2.5s$，即：

$$a_1\leqslant 2.5\times 28=70\text{cm}$$

又因构件单肢长细比 λ_1 不宜大于40，则：

$$\lambda_1=\frac{a_1}{i_1}\leqslant 40$$

即：

$$a_1\leqslant 40i_1=40\times 2.24=89.6\text{cm}$$

即：

$$a_1=70\text{cm}$$

则：

$$\lambda_1=\frac{a_1}{i_1}=\frac{70}{2.24}=31.3$$

$$\begin{aligned}\lambda&=\sqrt{\lambda_y^2+\lambda_1^2}\\&=\sqrt{(44.1)^2+(31.3)^2}=54.1\end{aligned}$$

由附表4-8查得 $\varphi_1=\varphi_y=0.849$

$$\sigma=\frac{N}{\varphi_1 A_m}=\frac{745000}{0.849\times 3491\times 2}=125.7\text{MPa}<[\sigma]=140\text{MPa}$$

对 x 轴和对 y 轴的计算应力均小于其容许应力的5%以上，但因受槽钢规格所限，故不再改变截面尺寸。

(4) 缀板计算

作用在压杆上的横向剪力为：

$$V=210A=210\times 34.91\times 2=14662.2\text{N}$$

缀板所受剪力：

$$T=\frac{Va_0}{b_0}$$

缀板所受弯矩：

$$M=\frac{Va_0}{2}$$

按表18-1规定：

端缀板长度：

$$h_2\geqslant 1.25s=1.25\times 28=35\text{cm}$$

中缀板长度：

$$h\geqslant 0.75s=0.75\times 28=21\text{cm}$$

缀板厚度：

$$t_w\geqslant\frac{s}{50}=\frac{28}{50}=0.56\text{cm}$$

现选用：

$$h_2=35\text{cm}$$

$$h_1=22\text{cm}$$

$$t_w=0.8\text{cm}$$

$$a_1=70\text{cm}$$

在全长6m的组合压杆上设置2对端缀板，5对中缀板，缀板间净距 $a_1=70\text{cm}$（图18-14）。

中缀板的中心距离 $a_0=a_1+h_1=70+22=92\text{cm}$。

两个槽钢形心轴1-1间的距离为：

$$b_0=b-2z_0=31-2\times2.07=26.86\text{cm}$$

故：

$$T=\frac{7331.1\times92}{26.86}=25110\text{N}$$

$$M=\frac{7331.1\times92}{2}=3372310\text{N}\cdot\text{mm}$$

缀板的截面模量：

$$W=\frac{1}{6}t_w h_1^2=\frac{1}{6}\times8\times(220)^2=64500\text{mm}^3$$

缀板弯曲应力：

$$\sigma_\omega=\frac{3372310}{64500}=52.3\text{MPa}<[\sigma_\omega]=145\text{MPa}$$

缀板剪应力：

$$\tau=\frac{3}{2}\cdot\frac{T}{t_w h_1}=\frac{3}{2}\cdot\frac{25110}{8\times220}=21.4\text{MPa}<[\tau]=85\text{MPa}$$

(5) 缀板焊缝计算

取焊缝长充与缀板长充相同，即中缀板为220mm，端缀板为350mm，焊缝厚度等于缀板厚度，即 $t_w=8\text{mm}$，如图18-14所示，手工焊接，计算时每条焊缝的两端各扣除5mm。

由缀板剪力产生的焊缝应力：

$$\tau_T=\frac{T}{0.7t_w(h_1-10)}=\frac{25110}{0.7\times8(220-10)}=21.4\text{MPa}$$

由缀板弯矩产生的焊缝应力：

$$\tau_M=\frac{6M}{0.7t_w(h_1-10)^2}=\frac{6\times3372310}{0.7\times8(220-10)^2}=81.9\text{MPa}$$

焊缝的总应力为：

$$\begin{aligned}\tau^h&=\sqrt{\tau_T^2+\tau_M^2}\\&=\sqrt{(21.4)^2+(81.9)^2}=84.6\text{MPa}\\&<[\tau^h]=85\text{MPa}\end{aligned}$$

18.4.5 偏心受力构件

1) 偏心受拉构件

偏心受拉构件的计算包括静力强度、疲劳强度和刚度三个方面。由于轴向拉力会使弯矩所产生的挠曲变形减小，使构件截面承受的弯矩减少。因此，可偏于安全地采用简单的叠加公式进行强度验算。

偏心受拉构件按下式验算强度：

$$\sigma=\frac{N}{A_n}+\frac{M}{W_n}\leqslant[\sigma]\text{或}[\sigma_\omega] \tag{18-25}$$

式中：　N——验算截面的计算轴向拉力；

M——验算截面的计算弯矩；

A_n——验算截面的构件净截面面积；

W_n——验算截面的构件净截面模量，为了简化计算，可按毛截面重心轴进行计算；

$[\sigma]$、$[\sigma_\omega]$ ——当$\frac{N}{A}\geqslant\frac{M}{W}$时，容许应力取 $[\sigma]$；当$\frac{N}{A}<\frac{M}{W}$时，容许应力取用 $[\sigma_\omega]$。

受拉并在一个主平面内受弯曲或与此相当的偏心受拉构件，其疲劳强度的验算公式：

$$\sigma=\frac{N}{A_n}+\frac{M}{W_n}\leqslant[\sigma_n] \tag{18-26}$$

式中：$[\sigma_n]$ ——结构构件的疲劳容许应力，应根据 $\sigma=\frac{N}{A_n}+\frac{M}{W_n}$的变化范围决定 ρ 值，再用《公桥规》公式算出 $[\sigma_n]$ 值。

由于偏心受拉构件的挠度及受压边缘的最大应力，均较纯弯曲时为小，因此，偏心受拉构件的稳定性一般不需要进行验算。

偏心受拉构件的刚度要求与轴心受拉构件相同。

【例 18-4】

有一焊接 H 形截面的拉弯构件，宽度 $b=460$mm（图 18-15）。构件与节点板采用高强螺栓连接（孔径 $d_0=23$mm）。已知构件两个方向的自由长度 $l_{0x}=8.8$m，$l_{0y}=11.0$m，钢材为 Q345 钢，承受的变化轴力 $N_1=+140$kN，$N_2=+850$kN，相应的变化弯矩 $M_{y1}=+6.9$kN·m，$M_{y2}=+84$kN·m。试进行构件截面设计。

解：(1) 初步确定构件截面尺寸

先按承受变化的轴向力（暂不考虑变化弯矩的影响）作用的轴心受拉构件来初步拟定截面尺寸。

①确定疲劳容许应力 $[\sigma_n]$

应力循环特征系数：

$$\rho=\frac{N_{min}}{N_{max}}=\frac{+140}{+850}=0.165$$

由附表 4-4 及附表 4-3 得到：

$$[\sigma_n]=\frac{165}{1-0.6\rho}=\frac{165}{1-0.6\times0.165}$$
$$=183\text{MPa}<[\sigma]=200\text{MPa}$$

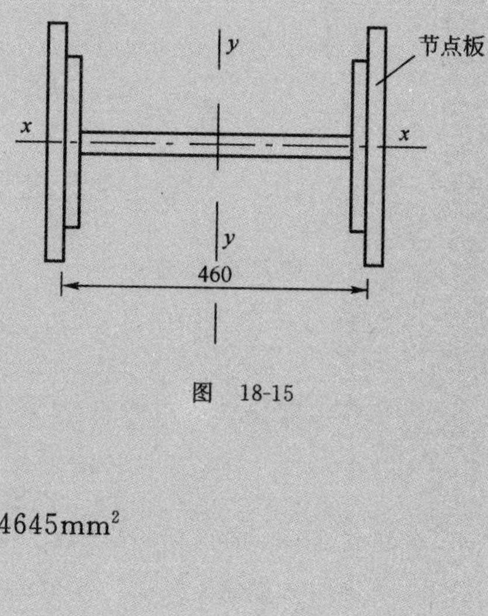

图　18-15

②拟定截面尺寸

所需净截面积为：

$$A_n=\frac{N_{max}}{[\sigma_n]}=\frac{850\times10^3}{183}=4645\text{mm}^2$$

所需毛截面面积：

$$A_m=1.15\quad A_n=5342\text{mm}^2$$

由于以上计算中未考虑弯化弯矩的作用以及要满足《公桥规》对钢板最小厚度的规定，故选用截面为腹板：1—436×10；翼板：2—260×12，截面布置和尺寸见图 18-16。

实际的毛截面面积为：

$$A_m = 2\times260\times12+436\times10=10600\text{mm}^2$$

每块翼板上布置 4 排高强螺栓，故实际净截面面积为：

$$A_n = 10600-(4\times23\times12)2 = 8392\text{mm}^2$$

(2) 验算

①截面几何特性

毛截面：

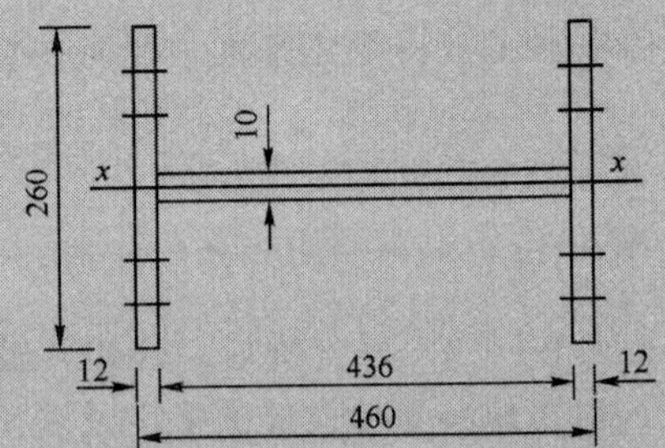

图 18-16

$$I_x = 2\times\frac{1}{12}\times12\times(260)^3 = 35.2\times10^6\text{mm}^4$$

$$i_x = \sqrt{\frac{35.2\times10^6}{10600}} = 57.6\text{mm}$$

$$I_y = \frac{1}{12}\times10\times(436)^3+2\times260\times12\times(230-6)^2$$

$$= 382.2\times10^6\text{mm}^4$$

$$i_y = \sqrt{\frac{382.2\times10^6}{10600}} = 189.9\text{mm}$$

净截面：

$$I_{yj} = I_y-2\times4\times(23\times12)\times(224)^2 = 382.2\times10^6-110.8\times10^6 = 271.4\times10^6\text{mm}^4$$

②强度验算

净截面的受拉边缘：

$$\sigma_1 = \frac{N_1}{A_n}+\frac{M_1}{W_n}$$

$$= \frac{850\times10^3}{8392}+\frac{84.0\times10^6\times230}{271.4\times10^6} = 172.47\text{MPa}$$

$$\sigma_2 = \frac{N_2}{A_n}+\frac{M_2}{W_n}$$

$$= \frac{140\times10^3}{8392}+\frac{6.9\times10^6\times230}{271.4\times10^6} = 22.53\text{MPa}$$

此时应力循环系数为：

$$\rho = \frac{\sigma_{min}}{\sigma_{max}} = \frac{22.53}{172.47} = 0.131$$

相应的疲劳容许应力为：

$$[\sigma_n] = \frac{165}{1-0.6\rho} = \frac{165}{1-0.6\times0.131} = 179.08\text{MPa}$$

现在 $\sigma_{max}=\sigma_1=172.47\text{MPa}<[\sigma_n]=179.08\text{MPa}$，故截面满足强度要求。

③构件刚度验算

$$\lambda_{max} = \lambda_x = \frac{l_{ox}}{i_x} = \frac{8.8\times10^3}{57.6} = 152.8$$

$$<[\lambda] = 180$$

满足刚度要求。

2）偏心受压构件

偏心受压构件的计算包括强度、整体稳定性、局部稳定性和刚度，通常由整体稳定性控制。

（1）强度验算

强度验算公式与偏心受拉构件相似，唯其截面积和截面模量改为按毛截面计算，用叠加原理求构件截面边缘处的最大压应力，并使其不超过容许应力，即：

$$\sigma=\frac{N}{A_m}+\frac{M}{W_m}\leqslant[\sigma]\text{ 或}[\sigma_w] \tag{18-27}$$

式中：$[\sigma]$ ——轴向应力，用于$\frac{N}{A_m}\geqslant\frac{M}{W_m}$时；

$[\sigma_w]$ ——弯曲应力，用于$\frac{N}{A_m}<\frac{M}{W_m}$时；

A_m——验算截面的构件毛截面面积；

W_m——验算截面的构件毛截面模量。

在强度验算公式中，没有考虑因偏心压力所产生的附加挠度的影响。

（2）弯矩作用平面内的稳定性验算

偏心受压构件可能在弯矩作用平面内丧失整体稳定性，其验算公式为：

$$\sigma=\frac{N}{\varphi_1 A_m}+\frac{1}{\mu}\cdot\frac{M}{W_m}\leqslant[\sigma] \tag{18-28}$$

式中：N——计算轴向力；

M——构件中部 1/3 长度范围内的最大弯矩；

A_m——构件毛截面面积；

W_m——构件毛截面模量；

φ_1——轴心受压构件的纵向弯曲系数，根据钢种、截面形状及弯曲方向等按附表 4-9 采用；

μ——考虑弯矩因构件受压而增大所引用的值；

当$\frac{N}{A_m}\leqslant0.15\varphi_1$ $[\sigma]$ 时，取 $\mu=1.0$；

当$\frac{N}{A_m}>0.15\varphi_1$ $[\sigma]$ 时，取 $\mu=\left(1-\frac{n_1 N\lambda^2}{\pi^2 EA_m}\right)m$；

其中：λ——构件在弯矩作用平面内的长细比；

E——弹性模量；

n_1——受压杆容许应力安全系数，在荷载组合 I 时取 1.7；在荷载组合 II～IV 时取 1.4；

m——当弯矩由荷载组合 I 产生时取 1.0；在荷载组合 II～IV 时取 1.4；

（3）弯矩作用平面外的稳定性验算

当偏心受压构件两个方向的刚度相差较大，且弯矩作用在刚度较大的平面内时，除了需要验算弯矩作用平面内的稳定外，还必须验算垂直于弯矩平面方向的稳定性。其验算公式为：

$$\sigma=\frac{N}{\varphi_1 A_m}+\frac{1}{\varphi_2}\cdot\frac{M}{\mu W_m}\leqslant[\sigma] \tag{18-29}$$

式中：φ_2——容许应力折减系数，可按换算长细比 $\lambda=\alpha\cdot\frac{l_0}{h}\cdot\frac{i_x}{i_y}$，并按 λ 由附表 4-8 查得相应的 φ_1 代替 φ_2；

其中：α——系数，焊接构件取 1.8；铆接构件取 2.0；

l_0——构件对 y—y 轴的自由长度；

i_x、i_y——构件截面对 x—x 轴（强轴）和 y—y 轴（弱轴）的回转半径，见图 18-17；

h——见图 18-17。

对于下列情况，取 $\varphi_2=1$。

①箱形截面构件；

②任意截面构件，当所验算的失稳平面和弯矩作用平面一致时。

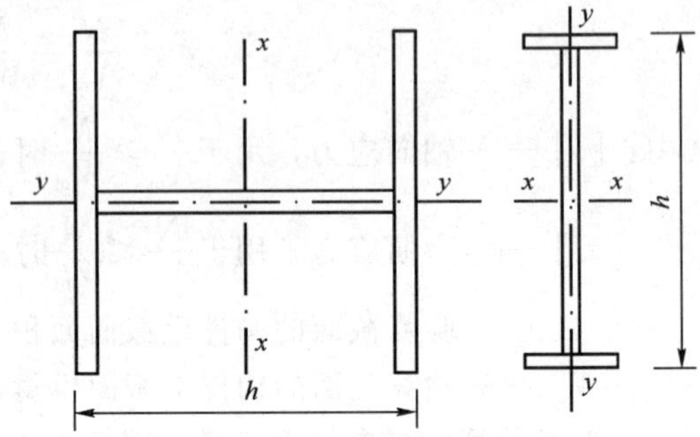

图 18-17　H 形和 I 形截面的构件简图

上述弯矩作用平面内的稳定性验算公式和弯矩作用平面外的稳定性验算公式，可综合为一个式子，即：

$$\frac{N}{A_m}+K\frac{M}{W_m}\leqslant\varphi_1[\sigma] \qquad (18\text{-}30)$$

式中：$K=\frac{\varphi_1}{\mu\varphi_2}$。

在验算弯矩作用平面内的稳定性时，$\varphi_2=1$；而其中 φ_1 则为验算平面的轴向受压纵向弯曲系数。

(4) 局部稳定性和刚度验算

偏心受压构件的局部稳定性刚度验算同轴心受压构件。

【例 18-5】

有一焊接的 H 形截面压弯构件，其尺寸及荷载布置如图 18-18 所示。弯曲平面内的自由长度 $l_{oy}=10$m，垂直于弯曲平面内的自由长度 $l_{ox}=5$m。材料为 Q345 钢，试验算该构件的强度和稳定性。

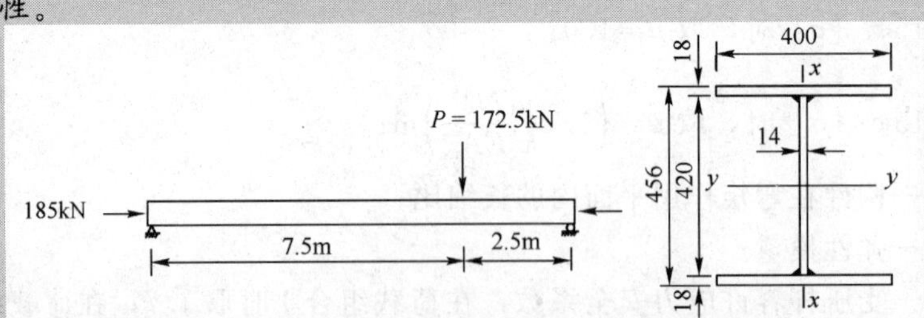

图 18-18　压弯构件计算（尺寸单位：mm）

解：翼板厚度为 18mm 的 Q345 钢板。由附表 4-1 查得 $[\sigma]=200$MPa，$[\sigma_w]=210$MPa。

(1) 强度验算

构件最大弯矩：　$M=\frac{1}{10}\times172.5\times2.5\times7.5=323.4\text{kN}\cdot\text{m}$

轴心压力：　$N=1185\text{kN}$

$$A_m = 2\times40\times1.8+42\times1.4=203\text{cm}^2$$

$$I_y=\frac{1}{12}\times1.4\times42^3+2\times40\times1.8\left(\frac{42}{2}+\frac{1.8}{2}\right)^2=77707\text{cm}^4$$

$$W_y=\frac{77707\times2}{42+2\times1.8}=3408\text{cm}^3$$

$$\sigma=\frac{N}{A_m}+\frac{M}{W_y}=\frac{1185000}{20300}+\frac{323.4\times10^6}{3408000}=58.37+94.89=153.26\text{MPa}$$

因：
$$\frac{N}{A_m}=58.37\text{MPa}<\frac{M}{W_y}=94.89\text{MPa}$$

故：　　$\sigma=153.26\text{MPa}<[\sigma_w]=210\text{MPa}$，满足要求。

(2) 弯矩作用平面内的稳定性验算

构件中部1/3长度范围内的最大弯矩为：

$$M=\frac{1}{10}\times172.5\times2.5\times\frac{2}{3}\times10=287.5\text{kN}\cdot\text{m}$$

$$i_y=\sqrt{\frac{I_y}{A_m}}=\sqrt{\frac{77707}{203}}=19.57\text{cm}$$

$$\lambda_y=\frac{1000}{19.57}=51.1$$

由附表4-8查得 $\varphi_1=0.767$，有：

$$\frac{N}{\varphi_1 A_m}=\frac{1185000}{0.767\times20300}=76.1\text{MPa}>0.15[\sigma]=0.15\times200=30\text{MPa}$$

则：

$$\mu=\left(1-\frac{n_1 N\lambda^2}{\pi^2 EA_m}\right)=\left(1-\frac{1.7\times1185\times10^3\times(51.1)^2}{\pi^2\times2.1\times10^5\times20300}\right)\times1.0=0.873$$

$$\sigma=\frac{N}{\varphi_1 A_m}+\frac{M}{\mu W_y}=\frac{1185\times10^3}{0.767\times20300}+\frac{287.5\times10^6}{0.873\times3408000}=76.11+96.63=172.74\text{MPa}<[\sigma]=200\text{MPa}$$，满足要求。

(3) 在弯矩作用平面外的稳定性验算

$$I_x=\frac{1}{12}\times2\times1.8\times40^3+\frac{1}{12}\times42\times1.4^3=19200\text{cm}^4$$

$$i_x=\sqrt{\frac{I_x}{A_m}}=\sqrt{\frac{19200}{203}}=9.73\text{cm}$$

$$\lambda_x=\frac{l_{ox}}{i_x}=\frac{500}{9.73}=51.4$$

由附表 4-8 查得 $\varphi_1=0.765$，有：

$$\lambda=\alpha\cdot\frac{l_0}{h}\cdot\frac{i_y}{i_x}$$
$$=1.8\times\frac{500}{45.6}\times\frac{19.57}{9.73}=39.7$$

根据 λ 值由附表 4-8 查得 $\varphi_2=0.843$，于是：

$$\sigma=\frac{N}{\varphi_1 A_m}+\frac{1}{\varphi_2}\cdot\frac{M}{\mu W_y}$$
$$=\frac{1185000}{0.767}\times 20300+\frac{1}{0.843}\cdot\frac{287.5\times10^6}{0.873\times3408000}$$
$$=76.1+114.6=190.7\text{MPa}<[\sigma]=200\text{MPa}$$

说明计算满足要求。

(4) 局部稳定性验算

①腹板的局部稳定性

由附表 4-9 及图 18-18 知，腹板宽 $b_2=42$cm，腹板厚 $t_2=1.4$cm。

$$\frac{b_2}{t_2}=\frac{42}{1.4}=30$$

现 $\lambda_x=51.4>50$　$0.5\lambda+5=30.7>\frac{b_2}{t_2}=30$，故腹板的局部稳定性能保证。

②翼板的局部稳定性

同样，由附表 4-9 及图 18-18 知，翼板厚 $t_3=1.8$cm，翼板宽度的一半 $b_3=40/2=20$cm，则：

$$\frac{b_3}{t_3}=\frac{20}{1.8}=11.1<12\quad\text{计算可知有一定安全性。}$$

(5) 刚度验算

由上述计算中可知，$\lambda_y=51.1$，$\lambda_x=51.4$，均小于 $[\lambda]=100$，故构件刚度满足要求。

本章小结

轴向受力构件是钢结构的基本构件，它广泛应用于桁架和屋架的弦杆和腹杆，各种塔架、平台支架的柱子，以及各种钢结构中的支撑杆等。本章针对各种类型的轴心受力构件的构造形式及其计算方法进行了详细介绍。

思考题与习题

18-1　一桁架的腹杆承受轴向拉力 $N=216$kN，拉杆自由长度 $l_{ox}=l_{oy}=6$m。已知拉杆采用单肢角钢（图 18-19），钢材为 Q345 钢。杆件与节点板采用高强螺栓连接，螺栓直径 $d=22$mm，孔径 $d_0=23$mm，试进行拉杆截面设计。

18-2　桁架中一轴心受压杆，杆力 $N=1420$kN，两主轴方向的计算长度分别为 $l_{ox}=300$cm，$l_{oy}=600$cm，试选择两个不等边角钢以短边相连的 T 形截面，钢材用 Q235 钢（图 18-20）。

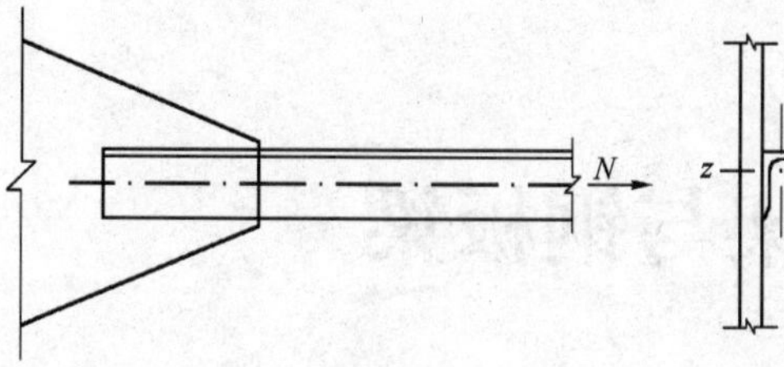

图　18-19

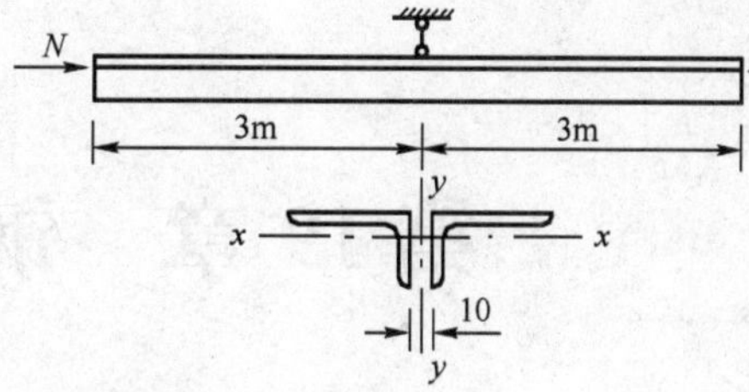

图　18-20

18-3　试设计轴心受压柱的焊接工字形截面，并验算其整体稳定性及局部稳定性。计算的轴心压力 $n=1650\text{kN}$，柱高 $l=8\text{m}$（两端铰接）。Q235 钢，$[\sigma]=140\text{MPa}$，柱截面如图 18-21 所示。

18-4　试选择轴心受压组合式柱的截面、设计缀板及焊接连接。轴心压力 $N=800\text{kN}$，柱高 $l=6\text{m}$（两端铰接），Q235 钢，T42 型焊条，$[\sigma]=140\text{MPa}$，$[\tau]=85\text{MPa}$，容许最大长细比 $[\lambda]=100$。截面形式如图 18-22 所示。

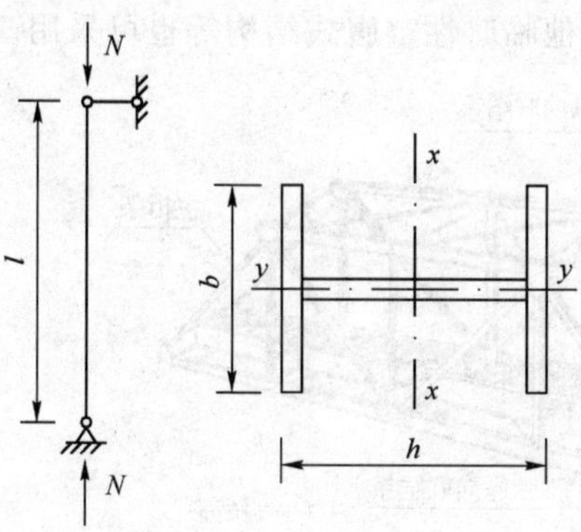

图　18-21

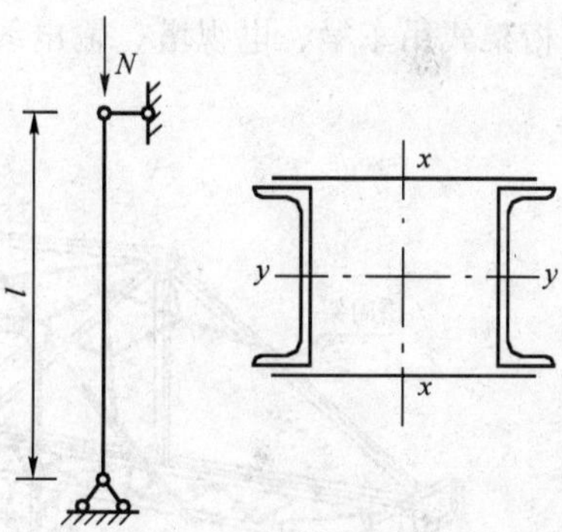

图　18-22

18-5　有一焊接的 H 形截面压—弯构件，其尺寸及荷载布置如图 18-23 所示。弯曲平面内的自由长度 $l_{oy}=4.5\text{m}$，Q345 钢，$[\sigma]=200\text{MPa}$，$[\sigma_{\omega}]=210\text{MPa}$，试验算该截面的强度和稳定性。

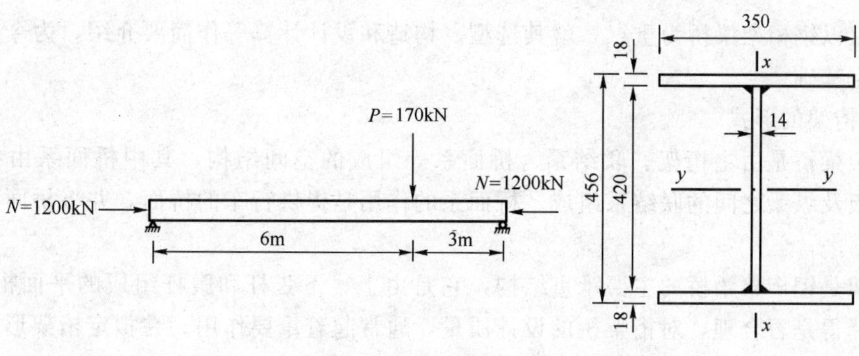

图　18-23

18-6　有一 I20a 工字钢，Q235 钢，承受轴向拉力 $N=450\text{kN}$；长 5m，两端铰接，试问绕强轴能承受多大的横向均布荷载？绕弱轴能承受多少？

第 19 章　钢桁架与钢板梁

19.1　钢桁架的构造

1）钢桁架的应用

钢桁架是主要承受横向荷载的空腹式弯构件。同实腹梁相比，当跨径较大时，它具有用钢量省，刚度大，制造、运输、拼装方便，能够根据荷载情况和使用条件制成各种不同的外形等特点。钢桁架的应用范围十分广泛，尤其是下承式钢桁架梁桥（图 19-1）；此外悬索桥的加劲梁、斜拉桥的主梁、拱桥的拱肋等结构也常采用钢桁架。桥梁、工业与民用建筑中的屋架、桁架式吊车梁、电视塔、输电线路支架以及其他临时性空腹式结构等也可采用。

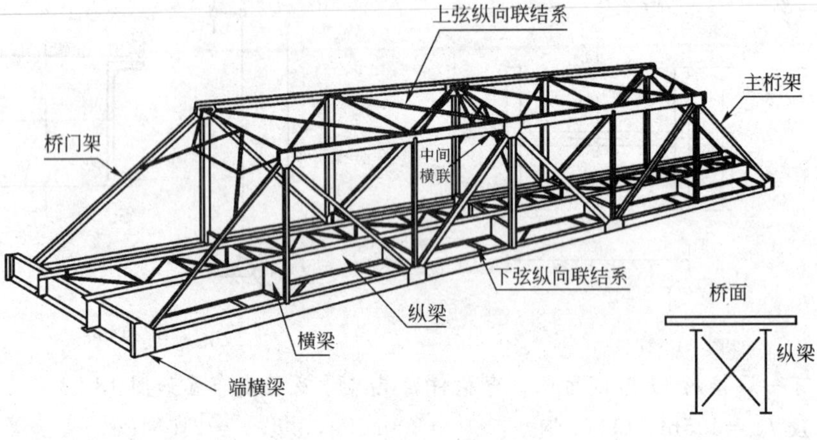

图 19-1　钢桁架桥的组成

本章仅以钢桁架梁桥为重点，就其选型、构造和设计计算等作简要介绍，为今后学习钢桥设计奠定基础。

2）钢桁架的形式

钢桁架梁桥是由主桁架、联结系、桥面系等组成的空间结构。其中桥面系由纵梁、横梁、桥面板及纵梁之间的联结系组成，桥面系的作用是提供行车的桥面，并将桥面荷载传递给主桁架。

主桁架是钢桁架梁桥的主要承重结构，它是由上、下弦杆和腹杆组成的平面桁架结构。其图式选择得是否合理，对桁架桥的设计质量，通常起着重要作用。在拟定桁架形式时，应根据当地的地形、地质、水文、气象及运输条件等具体情况，选择一个经济合理的方案。它不仅要满足桥上运输及桥下净空的要求，而且还应该能节约钢材，便于制造、运输、安装和养护。位于城市的桥梁，还应适当照顾美观。

根据用途的不同，在各种不同荷载作用下可以采用不同形式的钢桁架。常用的桁架外形有三角形、梯形和平行弦形等（图 19-2）。

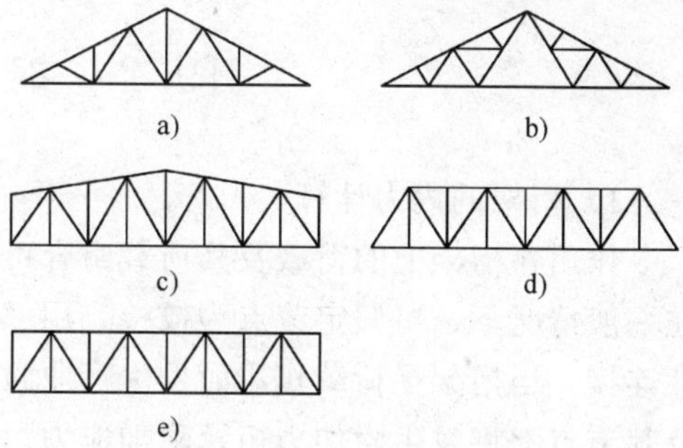

图 19-2　桁架的常用形式

桁架有轻型和重型之分，轻型桁架用得较多。根据荷载大小不同和用途的不同，钢桁架梁可以采用轻型桁架或重型桁架。轻型桁架的特点是杆件内力不大，每个节点处用一块节点板传力即可，杆件常采用 T 形截面或角钢组合截面（单壁式截面）（图 19-3a）。而重型桁架则每个节点要用两块节点板传力，杆件常采用 H 形或工字形截面（双壁式截面），每个节点在两个竖直平面内用两块节点板传力（图 19-3b）。

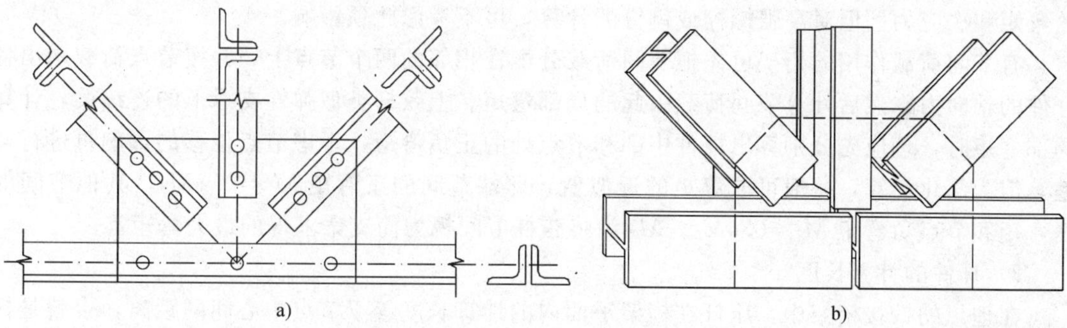

图 19-3　轻型桁架与重型桁架的节点

3）钢桁架的主要尺寸

桁架的主要尺寸有桁架的跨径、高度、节间长度、斜杆倾角及主桁架的中心距离等。合理地拟定这些尺寸，选择最经济的跨径。

桁架的高度取决于经济要求、运输条件的限制等。桁架的高度较大时，其刚度增加，弦杆的内力则较小，弦杆的材料用量可以节省。但桁架高度的增加却导致腹杆用钢量增加。对于跨径一定的钢桁架，总有一个对用钢量而言是最经济的高度，这个高度称为经济高度。

为了保证钢桁架有足够的竖向刚度，桁架的高度不宜太小。对于下承式桁架结构还应满足其桥上车辆净空的要求。

桁架节间长度的大小应和腹杆体系的选择及纵横梁布置的要求综合考虑确定。既要满足纵横梁布置的经济合理，同时又要符合斜杆最佳的倾角要求。斜杆的斜度选择不当，不仅会影响节点板的形状和尺寸，而且还会使斜杆的轴线难以通过节点中心，以致使节点的刚度减弱。斜杆轴线与竖直线的交角通常以 30°～50°为宜。

主桁架的中心间距与桁架桥的横向刚度有关。为了保证桥梁具有足够的横向刚度，主桁架的中心距不宜小于跨径的 1/20。对于下承式桁架桥，主桁架的中心距还必须满足桥上净空的要求。对于上承式钢桁架桥，主桁架的中心距则还应满足横向倾覆稳定性的要求。

总之，主桁架的几个主要尺寸是相互联系的。因此在拟定其主要尺寸时，应对主桁架的图式及其主要尺寸作统一考虑，以便选择一个较经济合理的最优方案。

19.2 钢桁架的设计计算

1）桁架的内力计算

作用在桁架上的荷载及其荷载组合可按《公桥规》的规定进行。桁架各杆件中的内力，在一般情况下，可假定节点为铰接，用《结构力学》的方法求得。但桁架的节点实际上是刚性连接，当桁架受荷载作用而发生弯曲时，节点的刚性阻止了构件的自由转动，于是在构件及其节点上将发生附加力矩及附加应力。构件的刚度与其长度的比值 EI/L 越大，其抵抗转动的能力就越强，从而产生的附加应力越大。在公路钢桁架桥中，当各构件的截面高度与节点中心距之比不超过 1/10（对弦杆）或不超过 1/15（对腹杆）时，构件在节点刚性连接可视为铰接，由节点刚性引起的次应力可不予考虑。否则，应计算构件上由于节点刚性所产生的弯矩和次应力。但对高强螺栓或铆钉的计算，可不考虑此项影响。

有节间荷载作用的桁架可先把节间荷载分配在相邻的两个节点上，并按节点荷载示出各杆件的轴向力，然后计算节间荷载引起的局部弯矩。上弦杆类似弹性支承上的连续梁，计算局部弯矩时，理应先分别算出杆件中部和节点处的正负弯矩，考虑节点位移的影响再进行调整。但为简化计算，一般可取弯矩的近似值，即端节间的正弯矩 $M_1=0.8M_0$，其他节间的正弯矩和节点负弯矩 $M_2=0.6M_0$，M_0 为将弦杆节间视为简支梁求得的最大弯矩。

2）杆件的计算长度

在理想的铰接桁架中，压杆在桁架平面内的计算长度等于节点中心间的距离，也就是杆件的几何长度。实际上桁架节点有节点板，各根交汇的构件都在同一节点板处被弹性地嵌固着。当某一压杆在桁架平面内丧失稳定时，由于构件弯曲并绕相邻节点中心旋转，节点板的刚性迫使连接于同一节点板上的其他构件也伴随着旋转和弯曲，从而约束了压杆的弯曲。为此可视节点的嵌固程度确定各杆件的计算长度。受压弦杆因本身刚度较强，每侧和它连接的杆件一般较少，且腹杆截面都较弦杆的截面为小，受压弦杆所受的嵌固程度小，可以忽略不计，因此，它的计算长度就等于节点中心间的距离。

无交叉的受压腹杆，其上节点与受压弦杆相连，因压杆的弯曲能力较弱，故只能视为铰接，而在下节点它与两个受拉弦杆相连，因为拉杆的抗弯曲能力较强，则可认为是弹性固结。故受压腹杆桁架平面内的计算长度为 0.8 倍节点中心间的距离。而对于端斜杆和端竖杆则其固结程度较中间腹杆弱，故其计算长度可取为 0.9 倍节点中心的距离。

有交叉的受压腹杆为三点支承的腹杆，在桁架平面内的计算长度应为节点中心距离的 0.5 倍。

弦杆在桁架平面外的计算长度，由于节点板没有侧向刚性，应取联结系的节间长度。所有的腹杆在桁架平面外失稳时，因节点板在此方向的刚度很小，故应取其几何长度作为计算长度。

纵横向联结系中各受压构件的计算长度，当在联结系平面内弯曲时，为构件固着中心间的距离；当在联结系平面外弯曲时，为联结系构件的轴线与节点板连在主桁构件的固着相交点的距离。

3）杆件的截面形式

钢桁架杆件截面形式的确定，要考虑用钢省、连接简便及具有必要的刚度等要求。对钢桁架可选用由两个角钢组成的T形或十字形截面（图19-4），基本上能满足上述的要求。

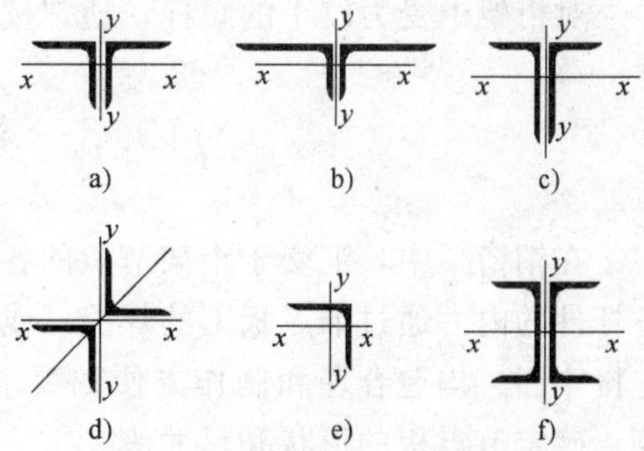

图19-4　桁架杆件的截面形式

由两个角钢组成的T形截面，有对其两个主轴的回转半径之比值各不相同的三类不同的组合方式。故可根据杆件在两个方向的稳定性接近相等的原则，选用合适的组合方式。

由双角钢组成的T形或十字形截面的组合杆件，一般在角钢背间留有间距等于节点板厚度的空隙。为了保证两个角钢能很好地共同工作，必须每隔一定距离在两角钢间加设垫板并与角钢焊接缀连。垫板的厚度应与节点板厚度相等。垫板宽度一般为50～80mm。垫板的长度，应伸出或缩进10～15mm，以利施焊；对于十字形截面，应在横竖两个方向均设垫板，交错放置（图19-5）。垫板的间距对压杆应不超过$40i$；拉杆应不超过$80i$。此处的i，对于T形截面为一个角钢对于平行于垫板的形心轴的回转半径；对十字形截面为一个角钢绕其斜向主轴的最小回转半径。

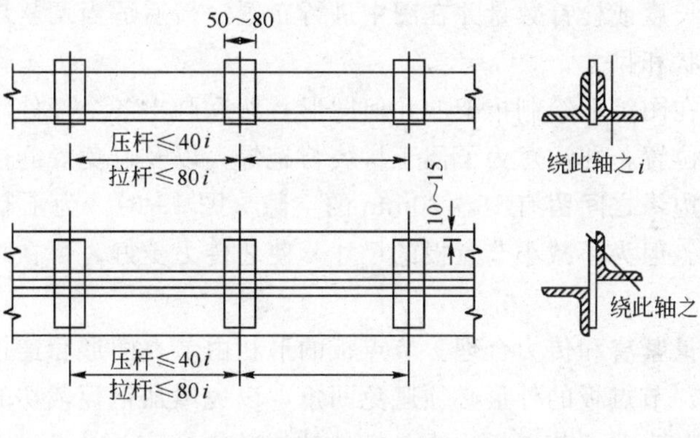

图19-5　双角钢截面桁架杆件中的垫板

杆件所用的角钢应优先选用肢宽而薄的角钢以求经济。因为宽而薄的角钢，截面的回转半径相对较大，而栓钉孔削弱的面积则相对较小，因而杆件的刚度及承载能力均相对较大。但为了防止因钢材锈蚀而影响结构特的安全，《公桥规》规定，除缀条角钢不小于∠45×45×5外，其他杆件中所用的角钢均不得小于∠75×75×8。

桁架杆件的长细比应满足《公桥规》的规定，即对仅受压力的弦杆和受压或受压—拉的腹杆不得大于100MPa，仅受拉力腹杆不得大于180MPa。

在节点荷载作用下，杆件可按轴心受拉或轴心受压计算。在选择杆件截面时，对轴心受拉杆件通常可先假定栓钉孔对截面的削弱系数为0.9，即假定净截面为毛截面的0.9倍；若无钉孔削弱时，可取净截面等于毛截面。对受压杆件的设计可先假定其长细比，然后经过试算调整；若无资料可供参考时，对受压的弦杆和腹杆均可取$\lambda=60\sim80$开始计算。

在节间荷载作用下，上弦可按压—弯（即偏心受压）杆件进行计算。一般先根据以往的设计资料拟定截面尺寸，然后验算弯矩作用平面内平面外的稳定性，必要时还应验算强度。

对桁架中受力较小的腹杆，通常按容许的长细比来选择截面。

19.3 钢桁架的节点设计

在钢桁架中，汇交于桁架节点的各杆件，可采用焊接、铆接或螺栓等连接到节点板上。各杆件的内力通过节点板上的焊缝（或栓钉）使相互传递的内力达到平衡。节点设计应满足连接牢固、构造合理和制作方便的要求。节点的设计内容包括：确定节点的构造、连接计算、确定节点板的形状和尺寸等。

为了避免偏心引起杆件的次应力，各杆件的轴线应交汇于一点以形成节点的中心。各轴线间的夹角由桁架的计算图式决定。为了避免杆件偏心受力，杆件的形心轴应与钢桁架杆件的几何轴线相重合。但在实际工作中，为了制作方便，常常将角钢表中角钢形心至角钢背的距离调整为5mm的倍数。而在栓钉连接的桁架中，则杆件是顺连接的栓钉线传力，故一般用各杆的栓钉线交汇；当角钢肢宽较大而有两根栓钉线时，则以靠近角钢背的一根栓钉线交汇。

钢桁架的设计，通常可用作图的方式进行。首先作出节点处各杆件的轴心交汇图，并根据轴线决定各杆件的边线位置。其次定出杆端的裁切形式及其位置。第三根据各杆所传内力的大小以计算出焊缝长度或栓钉数量并在图中进行布置。最后适当调整焊缝（或栓钉）的布置，决定节点板的形状和尺寸。

节点的设计是先在图纸上绘制桁架的几何图形，然后画出各个杆件轮廓线。再在图上确定各腹杆端部的裁切位置，并注意为了便于拼装与施焊，以及避免焊缝过分集中，应使腹杆与弦杆或腹杆与腹杆边缘之间留有15～20mm的空隙（图19-6）。为了制作方便，角钢端部最好垂直于轴线裁切。但为了减小节点板的尺寸，使之传力更好，可在垂直于角钢轴线裁切后，再切去一个角。

节点的构造应尽量紧凑和传力合理。节点板的形状由节点图形和连接桁架腹杆的焊缝长度或栓钉数目来决定。节点板的外形必须避免凹角，以免增加钢板裁切的困难，尽量减少客观存在力性能的改变。为此，节点板边缘与杆件轴线的夹角宜不小于15°，逐渐放宽，使受力比较均匀，且有足够的截面积（图19-7）。

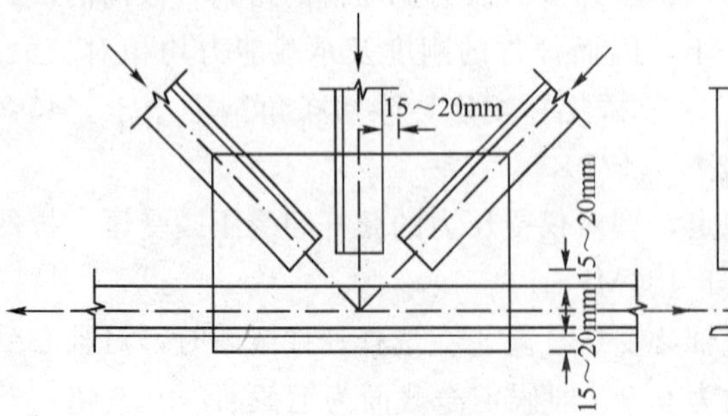

图19-6 轻型桁架杆件的节点交汇

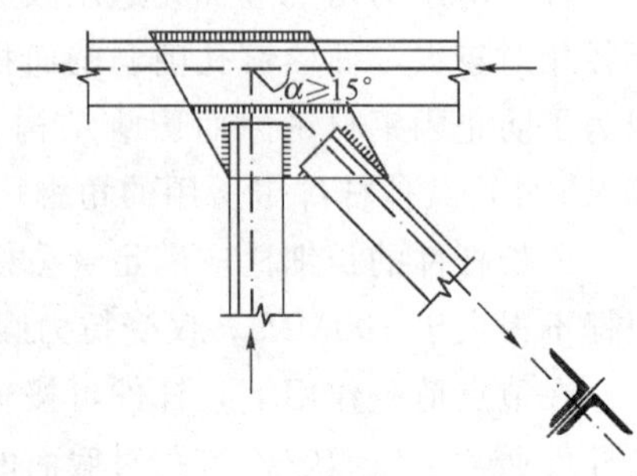

图19-7 节点板的形状

节点板通常伸出角钢肢背10～15mm，以便敷设焊缝；为便于搁置，节点板可缩进角钢肢背5～10mm，而用塞焊连接。

钢桁架的节点板厚度通常根据经验确定而不进行计算。一般全桁架的节点板取相同厚度，以利施工。

节点设计应结合绘制钢桁架梁施工图同时进行，设计步骤如下：

(1) 按照钢桁架梁的计算简图，画出各杆件截面形心轴线，这些轴线在节点处应交汇于一点。

(2) 依次画出弦杆、直腹杆和斜腹杆的外形轮廓线。

(3) 根据连接计算结果，布置杆件上的螺栓孔（或焊缝），定出腹杆的端线。

(4) 根据斜腹杆螺栓孔的布置（或焊缝长度），画出节点板的外轮廓线，节点板的外轮廓线应包络所有的螺栓孔（或焊缝）。

(5) 在图纸上量取节点板轮廓线的长度，根据图纸比例计算实际节点板的尺寸。

(6) 进行节点板和拼接板的强度计算。

19.4　钢板梁的构造

钢板梁是公路钢桥中最常用的基本构件，除了用于钢桁架桥桥面系中的纵梁和横梁外，还用于钢板梁桥的主梁，以及大跨径悬索桥的箱形加劲梁和斜拉桥主梁（钢箱梁）。

常用的实腹式钢梁有轧制型钢梁和钢板梁，型钢梁加工简单，制造方便，成本较低，由于受轧制条件的限制，型钢梁的尺寸有限，只能用于跨度不大、荷载较小的桥梁。

钢板梁是由钢板、角钢等通过焊接或铆接而组成的工字形截面梁，适用于中等跨度（$l_0=20\sim40$m）的桥梁。

焊接钢板梁是由腹板和翼缘板等焊接成工字形截面的受弯构件（图 19-8）。铆接钢板梁是由腹板、翼缘板和翼缘角钢用铆钉铆接而成（图 19-9）。从用钢量来说，钢板梁用于跨径不超过 40m 时比较经济，当超出范围时，以采用钢桁架桥为宜。

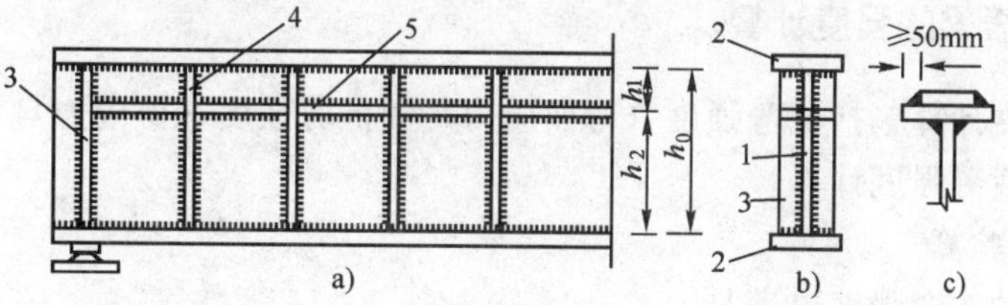

图 19-8　焊接钢板梁

1-腹板；2-翼缘角钢；3-翼缘板；4-支承加劲角钢；5-中间竖加劲角钢

焊接钢板梁的构造如图 19-8 所示。焊接板梁通常采用一块翼缘板，其截面的改变可用减小翼缘板宽度的办法来实现。

在梁的支点处须设置支承加劲肋以承受支点反力（图 19-8 中 3）。为了防止腹板在弯曲应力、剪应力梁顶竖压力作用下丧失稳定，沿梁的长度上每隔一定距离可设一对中间竖加劲肋（图 19-8 中 4）。对较高的板梁，还可在腹板承受较大法向压力处设置水平加劲肋（图 19-8 中 5）。

铆接钢板梁的构造如图 19-9 所示。在铆接钢板梁中，截面由腹板、四个翼缘角钢及翼缘板组成。腹板的厚度、翼缘角钢的尺寸、一层覆盖板梁全长的翼缘板的宽度及其厚度等，

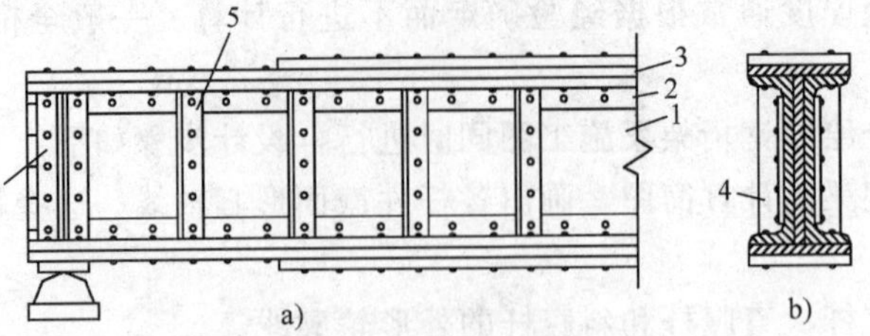

图 19-9　铆接钢板梁

1-腹板；2-翼缘角钢；3-翼缘板；4-支承加劲角钢；5-中间竖加劲角钢

通常采用沿梁的长度方向是不变的。从受力的观点，腹板在截面中主要用以承受剪力，为节省钢材，在满足腹板压屈稳定要求的前提下，宜尽可能做得薄些。而翼缘角钢应尽可能加大截面积，使其占翼缘总截面积的较大部分（最好不小于翼缘总面积的三分之一）。

铆接板梁若需要较大的翼缘截面积时，可增加翼缘板层数，但最多不宜超过四层，层数过多接头比较麻烦。

为了增强腹板的抗压屈稳定性，铆接板梁可用成对的角钢作为加劲肋，以减小腹板验算压屈时的自由长度（图 19-9 中 4 和 5）。

在一般情况下，焊接钢板梁比铆接钢板梁更为经济合理、省工省料。对跨径较大的板梁，可采用全焊接板梁，也可采用栓焊梁或铆焊梁，即在工厂分段焊成，然后在工地用焊接、高强螺栓或铆钉进行拼接。

本章主要介绍焊接钢板梁的一些主要设计与计算原则。

19.5　钢板梁的设计计算

19.5.1　钢板梁的强度计算

钢板梁的强度计算包括抗弯强度（弯曲应力）和抗剪强度（剪应力）计算，必要时还要进行折算强度和疲劳强度计算。

1）抗弯强度验算

单向弯曲梁的抗弯强度应满足：

$$\sigma_w = \frac{M_{max}}{W_x} \leqslant [\sigma_w] \tag{19-1}$$

式中：M_{max}——验算截面的计算弯矩值。

双向弯曲梁的抗弯强度应满足：

$$\sigma_w = \frac{M_x}{W_x} + \frac{M_y}{W_y} \leqslant C[\sigma_w] \tag{19-2}$$

式中：W_x、W_y——分别为验算截面处对两个主轴的截面模量；

C——梁在双向弯矩作用下，钢材容许弯曲应力增大系数，其值为：

$$C = 1 + 0.3\frac{\sigma_{w1}}{\sigma_{w2}} \leqslant 1.15$$

σ_{w1} 和 σ_{w2} 分别为验算截面上两相互垂直平面的弯矩作用所产生的较小和较大应力。

为了既保证安全又节省钢材，梁截面上的最大弯曲应力 σ_w 应接近并不超过其容许弯曲应力 $[\sigma_w]$，否则应重新选择截面尺寸并进行验算。

2）抗剪强度验算

钢板梁在剪力作用下，梁腹板上的剪应力分布如图 19-10 所示，剪应力的计算公式为：

$$\tau_{max}=\frac{VS}{I_x t_w}\leqslant C'[\tau] \tag{19-3}$$

式中：τ_{max}——验算截面的最大剪应力；

V——截面的计算剪力值；

S——中性轴以上的毛截面对中性轴的面积矩；

I_x——毛截面惯性矩；

t_w——腹板厚度；

$[\tau]$——钢材容许剪应力，见附表 4-1。

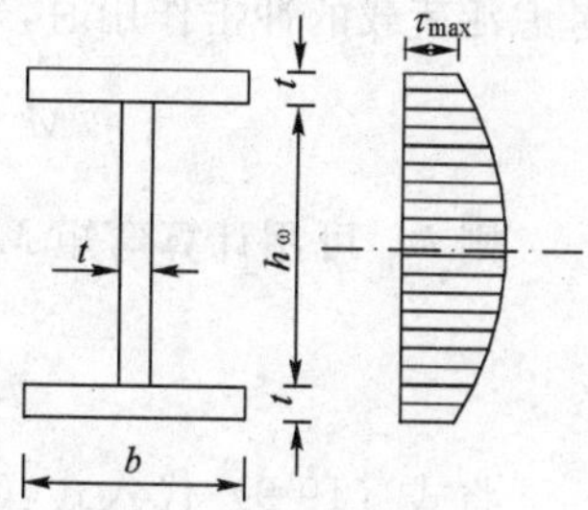

图 19-10　腹板的剪应力

C'为钢板梁考虑截面上剪应力分布不均匀时容许剪应力提高系数，按下列条件选用：当 $\tau_{max}/\tau_0\leqslant 1.25$ 时，$C'=1.00$；当 $\tau_{max}/\tau_0\geqslant 1.5$ 时，$C'=1.25$；当 $1.25<\tau_{max}/\tau_0<1.5$ 时，C'按线性插值取用。其中，τ_0 为假定剪力 V 由腹板截面承担的平均剪应力，即 $\tau_0=V/(h_w t_w)$。

3）折算强度验算

在钢板梁截面弯曲在正应力 σ_w 和剪应力 τ 都较大的部位（如连续梁支座处或梁截面改变处的翼缘与腹板的交点），应进行梁的折算应力 σ_{red} 验算。根据式（16-7），验算公式为：

$$\sigma_{red}=\sqrt{\sigma_w^2+3\tau^2}\leqslant 1.1[\sigma_w] \tag{19-4}$$

如果计入梁上轮压等集中荷载在翼缘与腹板处引起的局部压应力 σ_c，则折算应力 σ_{red} 的验算公式为：

$$\sigma_{red}=\sqrt{\sigma_w^2+\sigma_c^2-\sigma_w\sigma_c+3\tau^2}\leqslant 1.1[\sigma_w] \tag{19-5}$$

式中：σ_w、σ_c、τ——验算截面部位按净截面计算的弯曲应力、局部压应力和剪应力；

1.1——系数，考虑折算应力是验算梁的局部区域，三种应力在同一点同时最大的可能性小，因此将弯曲容许应力提高 10%。

4）疲劳强度验算

当车辆荷载通过桥梁时，钢板梁截面中性轴以下部分将承受数值变动的拉应力。若受拉翼缘板有孔洞削弱，应验算受拉截面的疲劳强度，即：

$$\sigma=\frac{M}{W_n}\leqslant[\sigma_n] \tag{19-6}$$

式中：W_n——钢板梁的净截面模量；

$[\sigma_n]$——构件的疲劳容许应力。

19.5.2　钢板梁的刚度计算

为了保证正常使用，钢板梁必须具有足够的刚度：即钢板梁由汽车荷载（不计冲击力）所引起的最大挠度 w 与计算宽度 l 之比不得超过容许值 $[w/l]$。梁的挠度可按材料力学和结构力学的方法计算。对于承受多个集中荷载的梁，其挠度的精确计算较为复杂，但与最大弯矩相同的均布荷载作用下的挠度接近，因此近似按均布荷载简支梁计算。对等截面简支梁：

$$\frac{w}{l}=\frac{5}{384}\frac{pl^3}{EI_x}=\frac{5}{48}\frac{pl^2}{8}\frac{l}{EI_x}=\frac{5l}{48EI_x}M_p \tag{19-7}$$

式中 $M_p=\frac{pl^2}{8}$ 为均布活荷载（不计冲击力产生的跨中弯矩）。在恒载及活载共同作用下，考虑活荷载的冲击作用时，简支钢板梁跨中截面的计算弯矩为：

$$M=\frac{1}{8}[q+(1+\mu)p]l^2=\frac{q+(1+\mu)p}{p}M_p \tag{19-8}$$

则 M_p 可用计算弯矩 M 表示为：

$$M_p=\frac{p}{q+(1+\mu)p}\cdot M \tag{19-9}$$

将式（19-9）代入式（19-7）中，得到简支钢板梁的刚度验算公式如下：

$$\frac{w}{l}=\frac{5l}{48EI_x}\cdot\frac{p}{q+(1+\mu)p}M\leqslant\left[\frac{w}{l}\right] \tag{19-10}$$

梁的刚度一般因截面改变影响不大，可近似采用等截面梁计算挠度。因此，变截面简支梁刚度计算近似公式为：

$$\frac{w}{l}=\frac{5lM}{48EI_x}\frac{p}{q+(1+\mu)p}\left(1+\frac{3}{25}\frac{I_x-I_{x1}}{I_x}\right)\leqslant\left[\frac{w}{l}\right] \tag{19-11}$$

式中：q——每延米的恒载；

p——每延米的活载；

M——梁的跨中最大计算弯矩，按式（19-8）计算；

$(1+\mu)$ ——活载冲击系数，对公路钢板梁桥 $(1+\mu)=1+\frac{15}{37.5+l}$；

I_x——钢板梁跨中截面的毛截面惯性矩；

I_{x1}——钢板梁截面改变后支座附近截面的毛截面惯性矩；

$\left[\frac{w}{l}\right]$——容许挠度，对钢板梁 $\left[\frac{w}{l}\right]=\frac{1}{600}$。

19.5.3 钢板梁的整体稳定计算

如图 19-11 所示工字形截面钢板梁，在最大刚度平面内弯曲，当弯矩较小时，即使受到偶然的侧向干扰力作用使梁有侧向弯曲的倾向，但随着干扰力的移去，梁会恢复到原来的平面内弯曲状态；当弯矩增大到某一数值时，梁会在偶然的侧向干扰力作用下，突然发生较大的侧向弯曲和扭转，这种现象称为梁的整体失稳。相应的弯矩或荷载称为临界弯矩或临界荷载，梁受压翼缘板的最大应力称为临界应力。如果临界应力低于钢材的屈服点，梁将在强度破坏前发生整体失稳。与压弯构件弯矩作用平面外的失稳一样，梁的整体失稳是一种弯扭屈曲。

根据结构弹性稳定理论，双轴对称工字形截面简支梁的临界弯矩 M_{cr} 可用一个通式表

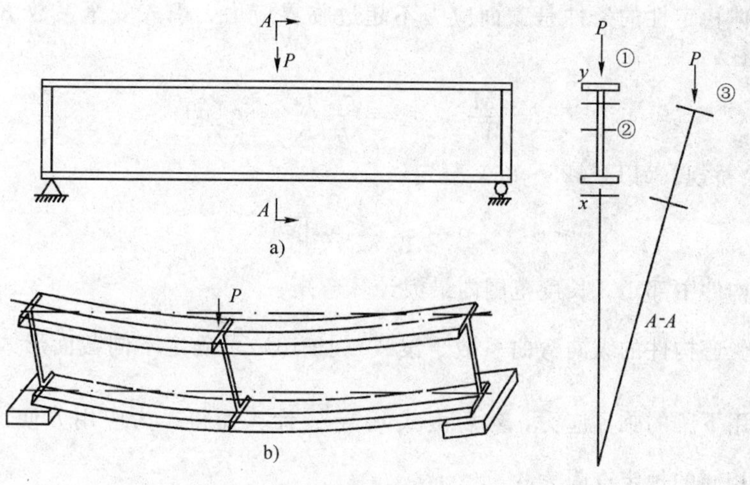

图 19-11　简支梁的整体失稳现象

示：

$$M_{cr}=\frac{k\sqrt{EI_yGI_t}}{l_1} \tag{19-12}$$

临界应力为：

$$\sigma_{cr}=\frac{M_{cr}}{W_x}=\frac{k\sqrt{EI_yGI_t}}{l_1W_x} \tag{19-13}$$

式中：I_y——梁对 y 轴（弱轴）的毛截面惯性矩；

I_t——梁毛截面扭转惯性矩；

l_1——梁受压翼缘的自由长度（受压翼缘侧向支撑点之间的距离）；

W_x——梁对 x 轴（强轴）的毛截面模量；

E、G——分别为钢材的弹性模量（$E=2.1\times10^5$MPa）及剪切模量（$G=0.81\times10^5$MPa）；

k——梁的侧扭屈曲系数，与荷载类型、梁端支承方式以及横向荷载作用位置有关。

由式（19-12）可知，梁的侧向抗弯刚度 EI_y 和抗扭刚度 GI_t 愈大、梁受压翼缘的自由长度 l_1 愈小，则梁的临界弯矩或临界荷载就愈大，梁的整体稳定性就愈有保证。因此提高梁整体稳定性最有效的措施就是在梁的跨中增设受压翼缘的侧向支承点，以缩短其自由长度，或者增加受压翼缘的宽度以提高其侧向抗弯刚度，或者采用箱形截面、设置横隔、横联等以增加其抗扭刚度。

《公桥规》（JTJ 025—86）规定，在钢板梁端部支承处应采取设置横隔等措施以防止梁端截面扭转；当符合以下任一要求时，可不进行整体稳定性验算：

（1）工字形截面简支钢板梁受压翼缘的自由长度与宽之比，对 Q235 钢不超过 18，对 Q345 钢不超过 15；

（2）有钢筋混凝土板或整体金属板固接在钢板梁的受压翼缘上，此时，可不设置支撑点和在梁端设置横隔。

当钢板梁不能符合这些要求时，应该进行梁的整体稳定性计算。

梁保持整体稳定性的条件是截面应力不超过临界应力，引入安全系数 K，梁的整体稳定可按下式计算：

$$\sigma=\frac{M}{W_x}\leqslant\sigma_{cr}=\frac{\sigma_{cr}}{f_y}\frac{f_y}{K}=\varphi_2[\sigma]$$

于是，《公桥规》（JTJ 025—86）规定

$$\sigma=\frac{M}{W_x}\leqslant\varphi_2[\sigma] \tag{19-14}$$

式中：M——构件中部 1/3 长度范围内最大计算弯矩；

$\varphi_2=\frac{\sigma_{cr}}{f_y}$——受弯构件的纵向弯曲系数。按式（19-13）可确定不同截面形式和不同荷载作用下梁的临界应力，然后由式 $\varphi_2=\frac{\sigma_{cr}}{f_y}$ 计算而得。为应用方便，按式（19-26）相同的规定查附表 4-8。

19.5.4 钢板梁的局部稳定和腹板加劲肋的设计计算

1）梁的局部失稳和腹板加劲肋的设置原则

为了提高钢板梁的抗弯强度、刚度和整体稳定性，翼缘和腹板宜选用宽而薄的钢板以增大截面的惯性矩。但翼缘和腹板的宽（高）厚比太大，可能在梁达到强度破坏和整体失稳前，翼缘和腹板发生局部失稳（图 19-12）。梁的翼缘一般在均匀压力作用下发生局部失稳（图 19-12a）；靠近梁支座的腹板主要承受剪力，可能在剪应力作用下发生局部剪切失稳（图 19-12b），而跨中的腹板可能在弯曲应力作用下发生局部弯曲失稳（图 19-12c）；腹板还可能在局部竖向压应力作用下失稳（图 19-12d）。为了防止钢板梁发生局部失稳，可以采用以下措施：

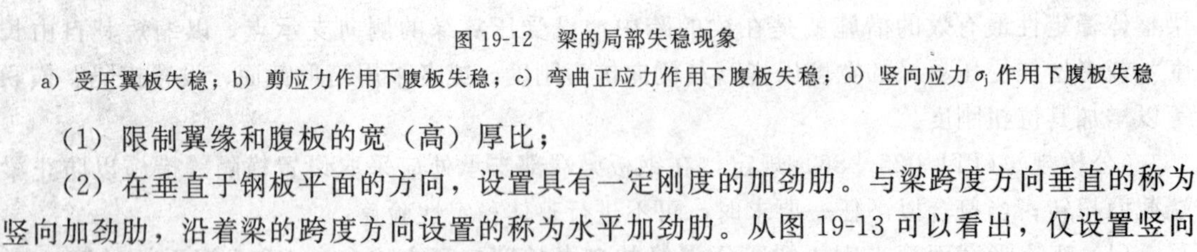

图 19-12 梁的局部失稳现象

a）受压翼板失稳；b）剪应力作用下腹板失稳；c）弯曲正应力作用下腹板失稳；d）竖向应力 σ_j 作用下腹板失稳

（1）限制翼缘和腹板的宽（高）厚比；

（2）在垂直于钢板平面的方向，设置具有一定刚度的加劲肋。与梁跨度方向垂直的称为竖向加劲肋，沿着梁的跨度方向设置的称为水平加劲肋。从图 19-13 可以看出，仅设置竖向加劲肋和既设置竖向加劲肋又设置水平加劲肋的腹板各区段及其受力状况。

梁的翼缘因承受较大的正应力，为了充分发挥钢材的强度，使翼缘板的临界应力 σ_{cr} 不低于钢材的屈服点 f_y，从而使翼缘板的钢材达到屈服强度前，翼缘板不丧失局部稳定。根据这个原则，可以确定翼缘板不丧失局部稳定的容许宽厚比，可见梁的翼缘板是采用第一种

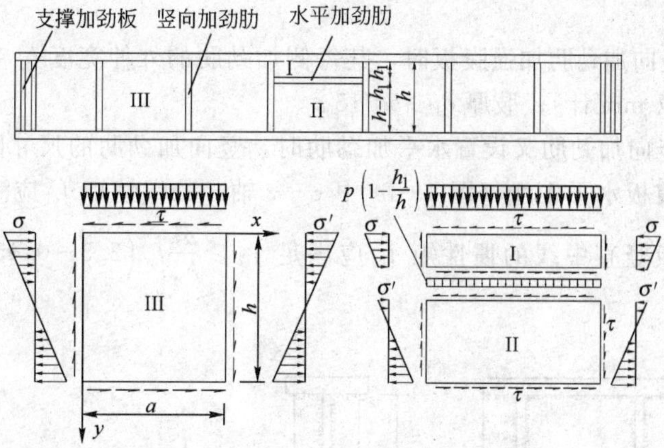

图 19-13　加劲肋的布置及腹板的应力分布

措施来保证局部稳定的。《公桥规》(JTJ 025—86) 规定，焊接钢板梁的受压翼缘板外伸宽度不宜大于 400mm，并不宜大于其厚度的 12 倍。

工字形梁的腹板厚度主要由抗剪强度确定，但按抗剪强度所要求的腹板厚度一般很小，如果采用加厚腹板的办法来保证局部稳定，显然是不经济的。因此，钢板梁的腹板采用第二种措施（即设置加劲肋）来保证局部稳定。理论分析表明，防止腹板剪切失稳的有效措施是设置竖向加劲肋，防止腹板弯曲失稳的有效措施是设置水平加劲肋。根据弹性稳定理论，并考虑翼缘板对腹板的嵌固作用和钢板初始缺陷的影响，经理论推导可知，当 $h_w/t_w \geqslant 68$（Q235 钢）和 $h_w/t_w \geqslant 57$（Q345 钢）时，梁才会发生剪切失稳；当 $h_w/t_w \geqslant 162$（Q235 钢）和 $h_w/t_w \geqslant 136$（Q345 钢）时，梁才会发生弯曲失稳。因此，《公桥规》(JTJ 025—86) 规定：

(1) 当 $h_w/t_w \leqslant 70$（Q235 钢）和 $h_0/t_w \leqslant 60$（Q345 钢）时，可不设置加劲肋。

(2) 当 $70 < h_w/t_w \leqslant 160$（Q235 钢）和 $60 < h_w/t_w \leqslant 140$（Q345 钢）时，仅设置竖向加劲肋，其间距 a 应满足下式要求，且不得大于 2m（图 19-13）：

$$a \leqslant \frac{950t_w}{\sqrt{\tau}} \tag{19-15}$$

式中：a——竖向加劲肋的间距，mm；

t_w——腹板的厚度，mm；

τ——验算钢板梁处的腹板平均剪应力，MPa。

(3) 当 $160 < h_w/t_w \leqslant 280$（Q235 钢）和 $140 < h_w/t_w \leqslant 240$（Q345 钢）时，除设置竖向加劲肋外，尚需设置水平加劲肋。水平加劲肋宜布置在距受压翼缘（$h_w/5 \sim h_w/4$）处。h_w 为腹板的计算高度，对焊接梁为腹板的全高，对螺栓连接的钢板梁为上、下翼缘角钢内排螺钉线的间距。

2) 腹板加劲肋的截面选择及构造

加劲肋一般宜在钢板梁的腹板两侧成对设置，如果有困难时也可在单侧设置，但支承加劲肋及集中荷载作用处必须在两侧成对地设置加劲肋。加劲肋应有足够的刚度才能起到支承边的作用，在腹板两侧成对设置的腹板加劲肋，《公桥规》(JTJ 025—86) 规定其截面尺寸应符合下列要求：

(1) 当仅设置竖向加劲肋加强腹板时，其每侧加劲肋的外伸宽度 b_1 (mm) $\geqslant 40+h_w/30$ (腹板计算高度 h_w 以 mm 计)；肢厚 $\delta_1 \geqslant b_1/15$。

(2) 当既设置竖向加劲肋又设置水平加劲肋时，竖向加劲肋的尺寸除应符合第 (1) 项规定外，其截面对腹板水平中线（图 19-14 中 z—z 轴）的惯性矩 I_{c1} 应满足 $I_{c1} \geqslant 3h_w t_w^3$；水平加劲肋截面对腹板竖直中线的惯性矩 I_{c2} 应满足 $I_{c2} \geqslant \frac{a^2}{h_w} t_w^3 \left(2.5-0.45\frac{a}{h_w}\right)$，也不宜小于 $1.5h_0 t_w^3$。

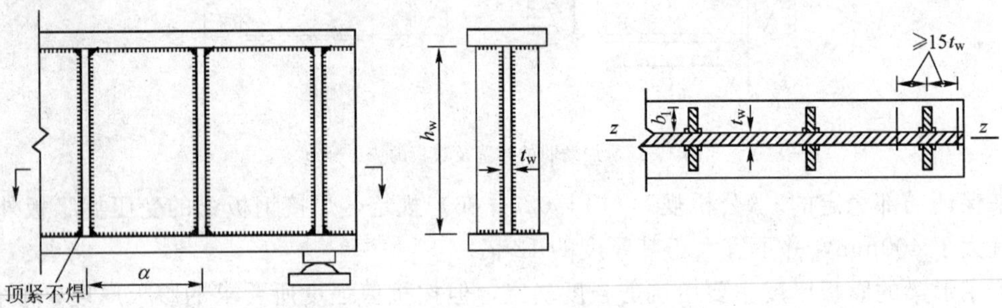

图 19-14　钢板梁的竖向加劲肋和水平加劲肋

(3) 当必须设置单侧加劲肋时，则单侧加劲肋截面对腹板与其相贴的边缘为轴线的惯性矩不应小于成对设置的加劲肋截面对腹板中线的惯性矩。

加劲肋设计时，除应满足上述截面尺寸要求外，尚应符合《公桥规》(JTJ 025—86) 规定的下列构造要求：

(1) 为了避免焊缝过于接近，造成焊接热影响区和应力集中区的重叠而导致结构产生脆性破坏，与腹板对接焊缝平行的加劲肋，到对接焊缝的距离不应小于 $10t_w$ (t_w 为腹板厚度)。

(2) 为了保证加劲肋及其焊缝的连续性，且便于制造，允许与腹板对接焊缝相交的加劲肋及其焊缝不截断，而使其与对接焊缝相交。

(3) 水平加劲肋与竖向劲肋相交时，宜切断竖向加劲肋而使水平加劲肋连续通过。切断的竖向加劲肋可切去斜角并焊在水平加劲肋上；也可以将竖向加劲肋及其焊缝连续通过；而将水平加劲肋截断并切去斜角使其焊在竖直加劲肋上。

(4) 为了避免焊缝三条交叉，减小焊接应力，竖向加劲肋与翼缘板和腹板的焊接处，应将竖向加劲肋端部切去不大于 5 倍腹板厚度 t_w 的斜角，使翼缘与腹板的焊缝连续通过。

3) 支承加劲肋的设置与计算

支承加劲肋指承受集中荷载或者支座反力的竖向加劲肋，并且应在腹板两侧成对设置，其宽度宜与梁的翼缘板平齐。钢板梁的支承处和集中荷载作用处，局部压应力较大，如无加劲肋，腹板容易出现屈曲现象，因此需要设置加劲肋和腹板共同来传力。支承加劲肋应有足够的刚度，端部必须磨光与翼缘顶紧，与受压翼缘也可以焊接；对于受拉翼缘，由于侧焊缝方向正好和拉应力正交，在使用过程中由于应力集中可能出现裂缝，因此支承加劲肋不得与受拉翼缘焊接。

（1）稳定计算

支承加劲肋应作为承受集中荷载的轴心受压构件验算稳定，计算时取腹板的一部分与加劲肋共同受力，腹板参与共同受力的范围因钢材品种不同而有所变化，设计时为了简化计算，统一规定为30倍板厚，即在支承加劲肋的两侧的腹板上各取$15t_w$（t_w为板厚）与支承加劲肋组成轴心受压构件（图19-15），其计算长度取腹板高度h_w。因此，支承加劲肋连同其附近腹板可能在腹板平面外（图19-15中z—z轴）的失稳应按下式计算：

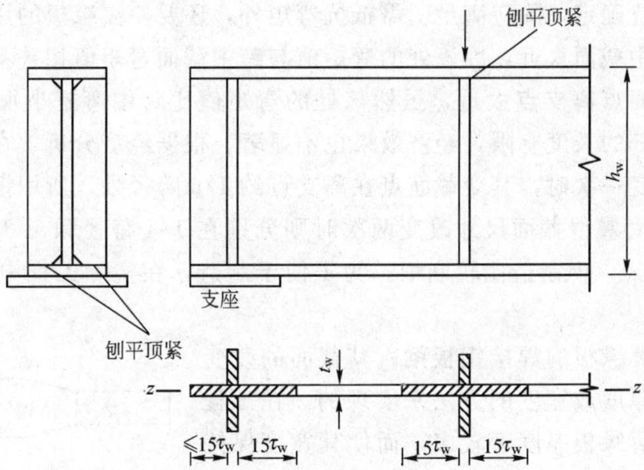

图19-15　支承加劲肋的构造

$$\sigma = \frac{N}{\varphi A} \leqslant [\sigma] \tag{19-16}$$

式中：N——支承加劲肋所承受的支座反力或集中荷载；

A——加劲肋和加劲肋两侧腹板的面积（每侧宽$15t_w$），即图19-15中用阴影线表示的面积；

φ——纵向弯曲系数，由$\lambda = h_w / i_z$查附表4-8，其中i_z为绕z—z轴的回转半径；

$[\sigma]$——钢材的轴向受压容许应力，由附表4-1查得。

（2）端面承压应力计算

支承加劲肋除按轴心受压构件进行稳定验算外，还要验算它与翼缘板接触处的支承压应力，即按所承受的支座反力或集中荷载计算支承加劲肋端面承压强度。当支承加劲肋端部刨平顶紧于梁翼缘时，其端面承压应力按下式计算：

$$\sigma_{ce} = \frac{N}{A_{ce}} \leqslant [\sigma_{ce}] \tag{19-17}$$

式中：A_{ce}——端面承压面积，即支承加劲肋与翼缘接触处的净面积；

$[\sigma_{ce}]$——钢材的端部磨光顶紧容许承压应力，由附表4-1查得。

如果端部为焊接时，还应计算其焊缝应力。支承加劲肋与腹板的连接焊缝或其端部与翼缘的焊缝，应按承受的支座反力或集中荷载计算，计算时可假定应力沿焊缝全长均匀分布。

当上述支承加劲肋的稳定验算或局部承压强度验算不能满足要求时，则应增大加劲肋的厚度和宽度，但宽度不能超过翼缘板的宽度。

19.5.5 钢板梁的截面变化

简支钢板梁的计算弯矩在跨中截面最大，越向两端越小，到支点截面处为零。因此，为了节省钢材，减轻梁的自重，梁的截面可随计算弯矩的变化而沿跨径加以改变。对于跨径较小的钢板梁，变截面的经济效果并不显著，相反地会增加制造的工作量，因此，除构造上需要外，一般不宜改变截面。

截面改变的位置确定，除应满足所需抵抗弯矩外，还要使翼缘板的用钢量最省。若选定的变截面点离梁跨中截面太近，因该处的弯矩值与跨中截面弯矩值相差不多，则所省钢材有限。若选定的变截面点离支点太近，虽然该处的弯矩值比跨中弯矩小很多，截面可减少很多，但减少截面部分的长度有限，经济效果也不显著。根据经济分析，在焊接钢板梁中，如翼缘截面尺寸只改变一次时，其变截面点在离支点约 1/6 跨径处，所用钢材最省，大约可节省钢材 10%～12%；翼缘截面尺寸改变两次时则分别在 1/4 跨径和 1/8 跨径处为宜，节省钢材约为 13%～17%，但制造比较麻烦。为了便于制造，在实际工程中通常只对称地改变一次翼缘截面尺寸。

对于只有一层翼缘板的焊接钢板梁，其截面的改变是用减小翼缘板的厚度或宽度的方法来实现的。在工程实践中，采用改变翼缘板厚度者较多，而使其宽度保持不变，这样对梁的总体稳定性有利。不论改变翼缘板的厚度还是宽度，为了避免由于截面的突然改变而产生局部应力集中，《公桥规》（JTJ 025—86）规定应使板由较大厚度（或宽度）以不大于 1∶4（受压）～1∶8（受拉）的角度平顺地过渡到较小厚度（或宽度），如图 19-16 所示。同时要注意不等厚或不等宽两钢板间的对接焊缝的力线偏心影响，对焊缝表面应进行机械加工，以避免因焊缝不平整而出现疲劳脆裂。两块厚度相差不超过 4mm 的钢板用对接焊缝连接时，其较厚的板可不做斜角而直接用焊缝变厚来调整。

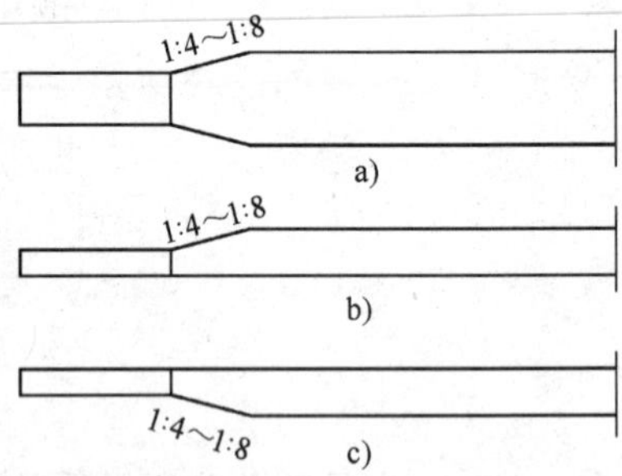

图 19-16 钢板梁翼缘板的宽度和厚度变化

a）翼缘板宽度改变；b）上翼缘板厚度改变；c）下翼缘板厚度改变

当焊接板梁的翼缘板采用两层或三层的焊接板时，宜采用在适当位置截断外层钢板的办法来改变翼缘板的面积。理论截断点的位置可用绘制梁的弯矩包络图和截面抵抗矩图的图解法来确定（图 19-17 a)，理论截断点处的翼缘板尺寸可根据其计算弯矩确定。为了保证理论截断点至梁跨中区段的外层翼缘板能起作用，《公桥规》（JTJ 025—86）规定，外层钢板的实际截断点应向支座方向伸出理论截断点以外，其延伸部分的焊缝长度，按该板截面强度的 50%计算得到，并将板端沿板宽方向做成不大于 1∶2 的斜坡（图 19-17 b)。图中的 a—a 和 b—b 断面为翼缘板的理论截断点。

为了降低钢板梁的空间高度，简支梁也可在靠近支座处 $l/6$～$l/5$ 处减小腹板的高度，而将翼缘截面保持不变。梁端部高度应满足抗剪强度要求，但不宜小于跨中高度的一半。

在钢板梁变截面处，应对强度（包括折算强度验算）和刚度进行计算。梁的刚度一般因截面改变影响不大，可近似地按等截面梁计算挠度。对于翼缘截面改变的简支梁，可采用近似公式（19-11）计算挠度。

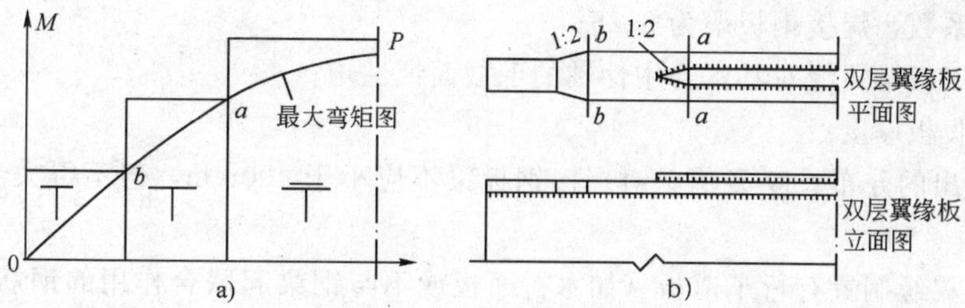

图 19-17　钢板梁多层翼缘板的变化

a）梁弯矩包络图与理论截断位置；b）翼缘板截面变化

19.5.6　焊接钢板梁翼缘和腹板的连接焊缝计算

如果钢板梁翼缘与腹板之间没有连接，梁受弯时必将各自弯曲，使翼缘和腹板相互滑移（图 19-18）。为了保证焊接钢板梁的翼缘和腹板共同工作，翼缘与腹板之间通过连续的焊缝连接成整体，焊缝阻止了翼缘与腹板之间的错动，因此焊缝所受的力就是翼缘与腹板接触面间的水平剪力。在上承式钢板梁中，由于梁翼缘板上还承受均布荷载和集中力（如汽车的轮压）的作用，上翼缘与腹板的连接焊缝还要受到竖向剪力的作用。上翼缘与腹板的连接焊缝受到两个互相垂直方向的应力作用，其计算方法如下：

1）计算焊缝单位长度上的水平剪力 T_1

翼缘与腹板连接处的水平剪应力为：

$$\tau = \frac{VS}{I_x t_w} \tag{19-18}$$

式中：V——梁截面上所受的最大剪力，一般取梁端的剪力计算；

S——上翼缘（或下翼缘）截面对钢板梁中性轴的毛截面面积矩；

I_x——钢板梁对中性轴的毛截面惯性矩；

t_w——腹板厚度。

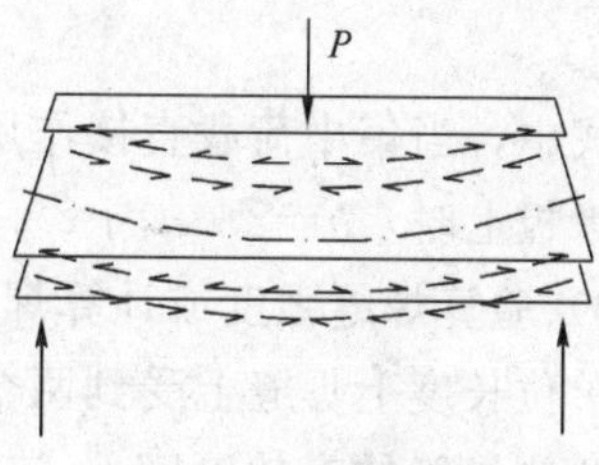

图 19-18　钢板梁弯曲时焊缝所受的水平剪力

假定钢板梁翼缘与腹板连接处的剪应力由焊缝承担且沿长度均匀分布，则单位长度上两条焊缝所承受的水平剪应力为：

$$T_1 = \tau t_w \times 1 = \frac{VS}{I_x} \tag{19-19}$$

2）计算焊缝单位长度上的竖向剪力 V_1

当钢板梁的上翼缘有集中荷载作用时，考虑到腹板上缘不直接顶紧翼缘板，因此由焊缝承受这个竖向压力。

当集中荷载直接作用在梁的翼缘板上时，可把翼缘板视作弹性地基梁来分析，集中荷载在焊缝处的分布长度 Z 可按下式计算：

$$Z = c\sqrt[3]{\frac{I'_n}{t_w}} \tag{19-20}$$

式中：c——系数，焊接钢板梁为3.25；

I'_n——钢板梁翼缘对其本身中性轴的毛截面惯性矩；

t_w——腹板厚度。

由上式算出的分布长度Z值，对焊接钢板梁不应小于400mm，但不得大于计算车辆的轮轴间距。

当梁的上翼缘搁置有行车道板（如木桥面板或不与钢梁起联合作用的钢筋混凝土板等）时，集中荷载不直接作用于翼缘板上，其荷载的分布长度b除Z外，应再加上荷载按45°角度由行车道板扩散至梁翼缘的分布长度λ（图19-19），即：

$$b = Z + \lambda = Z + a_0 + 2t \tag{19-21}$$

式中：a_0——车轮与桥面的着地长度，顺桥向时取为200mm；

t——行车道板的厚度。

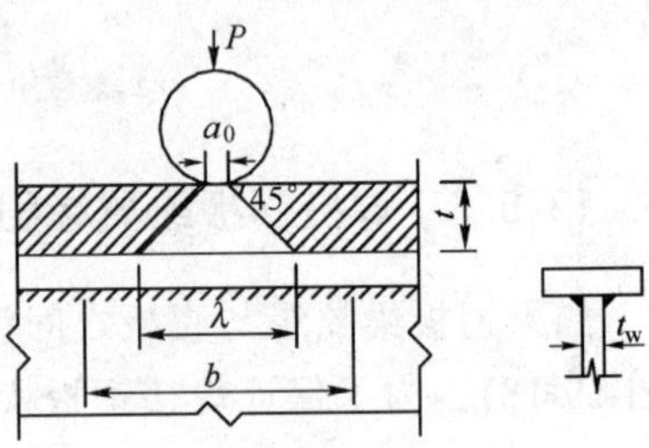

图19-19 集中荷载的分布长度

假定在焊缝处分布长度b上竖向应力均匀分布，则角焊缝单位长度上的竖向压力为：

$$V_1 = \frac{P}{b} \tag{19-22}$$

式中，当集中荷载直接作用在梁的翼缘板上时，$b=Z$；当集中荷载通过行车道板作用于翼缘板上时，$b=Z+a_0+2t$。

3）验算焊缝强度或计算焊脚尺寸h_f

单位长度上焊缝上受到两个互相垂直方向的力T_1和V_1作用，如果腹板的边缘不开坡口，两侧焊缝的有效厚度h_e与一般角焊缝相同，其焊缝强度应满足下式：

$$\sqrt{\left(\frac{T_1}{2\times 0.7h_f\times 1}\right)^2 + \left(\frac{V_1}{2\times 0.7h_f\times 1}\right)^2} \leqslant [\sigma_v^b] \tag{19-23}$$

故所需要的焊脚尺寸h_f为：

$$h_f \geqslant \frac{1}{1.4[\sigma_v^b]}\sqrt{T_1^2 + V_1^2} \tag{19-24}$$

如果腹板的边缘加工成K形坡口，则焊缝的有效厚度等于腹板厚度t_w。

19.5.7 钢板梁的拼接

1）接头的种类和构造

钢板梁的拼接接头有两种，一种是由于钢材供应规格的限制，必须在工厂内将钢材接长或拼宽，这类拼接接头称为工厂接头；另一种是由于运输或安装条件的限制，必须将梁分成数段运输，然后在工地拼装架设成完整的板梁，这类拼接接头称为工地接头。

工厂接头的位置由钢材供应的规格决定，为了使接头处的钢板梁截面不致过分削弱，一般总是将翼缘接头和腹板接头位置互相错开布置；然而工地接头的位置乃是由运输和安装条件决定，翼缘板和腹板的接缝必须在同一截面，以免个别部件伸出过长而增加运输和安装的困难及碰坏。但是不论采用那种接头，拼装接头的位置一般均应避开受力最大的截面，同时，为了尽量减少钢材的种类和使制作方便，梁的接头通常是对称布置。

在工厂中，翼缘板和腹板的接头均采用对接焊缝连接，在构造上应该注意，使板梁翼缘板的拼接焊缝与腹板拼接焊缝的间距不宜小于10倍腹板的厚度，以避免两条焊缝的焊接热影响区和应力集中区过于接近。

钢板梁的工地接头一般也采用对接焊缝，但由于现场施焊条件往往较差，焊缝的质量难以保证，因此，对于较重要的或跨径较大的板梁，其工地接头有时也采用高强螺栓连接或铆接。

焊接钢板梁的工地接头采用高强螺栓和铆钉连接时，其接头位置应布置在计算弯矩较小处，这样不会因钉孔的削弱而影响梁的承载能力。

2）接头计算

采用对接焊缝的钢梁接头，其强度与基本钢材相同，只要能够保证其焊接质量，一般可不必验算。

采用高强螺栓连接或铆接的钢板梁接头，可将翼缘接头与腹板接头分别进行计算。

板梁翼缘板的接头，通常按等强度条件计算，为此，连接处所需的高强螺栓数为：

$$n = \frac{A_n[\sigma]}{[N^l]} \tag{19-25}$$

式中：A_n——被拼接的翼缘板计算面积，对受压翼缘为毛截面面积，受拉翼缘为净截面面积；

$[\sigma]$——钢材的容许轴向应力；

$[N^l]$——一个高强螺栓的容许承载力。

计算钢板梁的腹板接头时，通常假定梁在接头处的全部竖向剪力均由腹板承担，即：

$$V_f = V \tag{19-26}$$

而且此剪力被平均地传给高强螺栓，则每只高强螺栓所承受的力为：

$$V_1 = \frac{V_f}{n} = \frac{V}{n} \tag{19-27}$$

式中：V_f——接头处腹板所承受的剪力；

V——接头处同一荷载情况下的全部计算剪力；

n——腹板接头一侧的高强螺栓数。

梁在接头处的弯矩 M，按翼缘板和腹板的刚度比进行分配，则由腹板承受的弯矩 M_f 为：

$$M_f = \frac{I_f}{I} \cdot M \tag{19-28}$$

式中：I_f——腹板截面的惯性矩；

I——钢板梁接头处的全截面惯性矩。

腹板接头一侧的高强螺栓排列成竖行，最外排每只高强螺栓由弯矩 M_f 产生的最大水平力为：

$$T_1=\frac{M_f e_{max}}{n_1\sum e_i^2} \qquad (19\text{-}29)$$

式中：e_i——对称于腹板形心轴的各列高强螺栓之间的距离（图 19-20）；

e_{max}——最外两列高强螺栓之间的距离；

n_1——接头一侧高强螺栓的竖行数。

受力最大的一只高强螺栓的内力为：

$$R=\sqrt{\left(\frac{Q_f}{n}\right)^2+\left(\frac{M_f e_{max}}{n_1\sum e_i^2}\right)^2}\leqslant[N^l] \qquad (19\text{-}30)$$

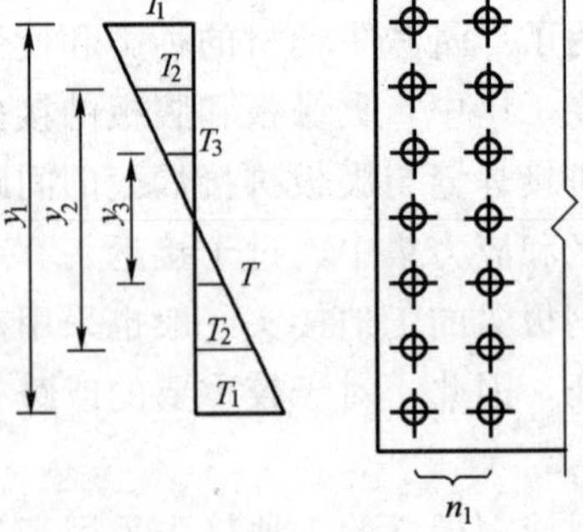
图 19-20

本章小结

本章的内容包括两部分，即钢桁架和钢板梁。

钢桁架是主要承受横向荷载的空腹式受弯构件。其特点是跨越能力大，具有钢料省、刚度大，制造、运输、拼装方便，可根据荷载情况做成各种不同的外形等特点。本章对钢桁架的构造及其设计作了简要介绍。

钢板梁通常可作为中小跨径桥梁的主梁、钢桁架桥中的纵梁和横梁，以及工厂的吊车梁等。本章就钢板梁的构造、设计及其计算要点作了介绍，为学习钢桥设计奠定基础。

思考题与习题

19-1 轻型钢桁架和重型钢桁架的构件截面形式有何不同之处？在图 19-1 中哪些截面形式可用于重型桁架构件？

19-2 钢板梁的强度计算包括哪些内容？什么情况下须计算梁的折算应力？如何计算？

19-3 钢板梁的强度破坏与丧失整体稳定有何区别？影响钢板梁整体稳定的主要因素有哪些？提高钢板梁整体稳定性的有效措施有哪些？

19-4 支承加劲肋的作用是什么？试说明支承加劲肋的计算、构造方面与竖向加劲肋的不同之处？

19-5 跨中集中荷载作用的钢板梁的腹板沿长度方向的各个部位可能发生哪些形式的局部失稳？在钢板梁设计中采取哪些措施来防止梁的局部失稳？

19-6 钢板梁腹板加劲肋设置的原则有哪些？这些原则是怎样确定的？

第5篇　其他结构

第20章　钢管混凝土结构

在土木工程中应用钢管混凝土结构已有很长的历史。早在1879年，英国Seven铁路桥就采用了钢管混凝土桥墩。1926年，美国在一些单层和多层房屋建筑中采用了称为“Lally Column”的圆形钢管混凝土柱。20世纪30年代末期，前苏联用钢管混凝土建造了跨度为101m的公路拱桥和跨度为140m的铁路拱桥。60年代以来，钢管混凝土构件的应用在西欧、北美和日本等工业发达国家受到充分重视，收到良好的效果。我国从1959年开始研究钢管混凝土的基本性能和应用。1963年成功地将钢管混凝土柱用于北京地铁车站工程；70年代以来，钢管混凝土在建筑、冶金、电力等领域中得到成功的应用。90年代，更进一步在高层建筑和大跨径桥梁结构中广泛应用。自1990年在四川省旺苍县建成净跨为115m的下承式哑铃形钢管混凝土公路拱桥以来，我国已建成了两百多座钢管混凝土拱桥，其中2005年1月竣工通车的重庆巫山长江大桥是目前世界上最大跨度的钢管混凝土拱桥（主跨跨径460m，主拱肋采用四管桁式截面）。

我国在总结钢管混凝土结构的研究、设计和施工的基础上，先后于1989年颁布了国家建筑材料工业局标准《钢管混凝土结构设计与施工规程》(JGJ 01—89)，1990年颁布了中国工程建设标准协会标准《钢管混凝土结构设计与施工规程》(CECS 28：90)，1999年颁布了中华人民共和国电力行业标准《钢－混凝土组合结构设计规程》(DL/T　5085—1999)，以指导钢管混凝土结构在工程上的应用。本章将重点介绍规程CECS 28：90（本章中简称《规程》）中轴心受压构件的承载力计算与构造。

20.1　概　述

20.1.1　基本概念

配有纵向钢筋和螺旋箍筋的钢筋混凝土轴心受压构件，当螺旋箍筋间距较小时，可以使核心混凝土三向受压而提高其抗压强度，从而提高了受压构件的承载能力。工程界常把用外部材料（如钢筋）有效约束内部材料（如混凝土）的横向变形，从而提高后者的抗压强度和变形能力的这种作用称为套箍或约束作用。钢管混凝土就是将混凝土填入钢管内，由钢管对核心混凝土施加套箍作用的一种约束混凝土（图20-1），它是在螺旋箍筋钢筋混凝土及钢管结构基础上演变发展起来的。一方面，钢管对混凝土的套箍作用，不仅使混凝土的抗压强度提高，而且还使混凝土由脆性材料转变为塑性材料。另一方面，钢管内部的混凝土提高了薄壁钢管的局部稳定性，使钢管的屈服强度可以得到利用。在钢管混凝土构件中，两种材料能相互弥补对方的弱点，发挥各自的优点。因此钢管混凝土构件具有如下特点：

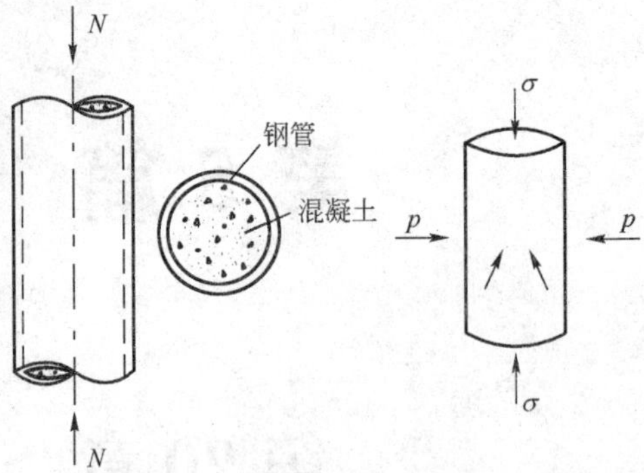

图 20-1 钢管混凝土受压构件

(1) 承载力高。由于钢管和混凝土两种材料的最佳组合使用，构件具有很高的抗压、抗剪和抗扭承载力，其中抗压承载力约为钢管和核心混凝土单独承载力之和的 1.7～2.0 倍。由于承载力高，钢管混凝土受压构件比钢筋混凝土受压构件小而轻，适于做成更大跨度的拱结构。

(2) 塑性与韧性好。单纯的混凝土属于脆性材料，但钢管内的核心混凝土在钢管的约束下，不仅扩大了弹性工作阶段，而且破坏时产生很大的塑性变形。试验表明，钢管混凝土构件在反复荷载作用下的荷载—位移滞回曲线饱满且刚度退化很小，说明其耗能性能高、延性和韧性好，适于承受动力荷载，有较好的抗震性能。

(3) 施工方便。钢管混凝土结构与钢筋混凝土结构相比，可省去模板，钢管本身作为模板适于采用先进的泵送混凝土工艺且不会发生漏浆现象；钢管替代了钢筋，兼有纵向钢筋和箍筋的作用，钢管的制作远比钢筋骨架制作省工省料，且便于浇筑混凝土。在施工阶段，钢管本身重量轻又可作为施工承重骨架，因此，可以节省脚手架、减少吊装工作量、简化施工安装工艺、缩短工期、减少施工用地。

(4) 经济效益显著。在保证自重相近和承载力相同的条件下，钢管混凝土柱与钢筋混凝土柱相比，耗钢量基本相同或略高，但节约混凝土 50%以上，减轻自重 50%以上，构件横截面面积减小约一半，从而降低了基础造价。与钢结构柱相比，可节约钢材 50%左右，造价也可降低。由于施工方便，缩短了施工工期，可更快地发挥投资效益。

(5) 耐锈蚀性能与耐火性能比钢结构好。由于钢管内填充了混凝土，能吸收热量，故耐火极限高于钢结构。为了抗火保护而增加的防火材料比钢结构少，且截面越大，防火材料相对减少越多。与钢结构相比，防锈蚀面积几乎减少一半，因而防锈蚀费用较低。

由于钢管混凝土结构具有上述特点，因而特别适用于轴心受压构件，也可用于小偏心受压构件。当偏心较大时，宜做成格构式构件使各分肢主要承受轴力，才能使其优势得到充分发挥。拱桥的主拱主要承受轴力，因此钢管混凝土在拱桥结构中得到广泛应用。拱桥跨度不大（100m 以下）时，主拱可采用单管截面；跨度较大时，大多采用哑铃形截面、多管桁式截面或集束式截面，如图 20-2 所示。

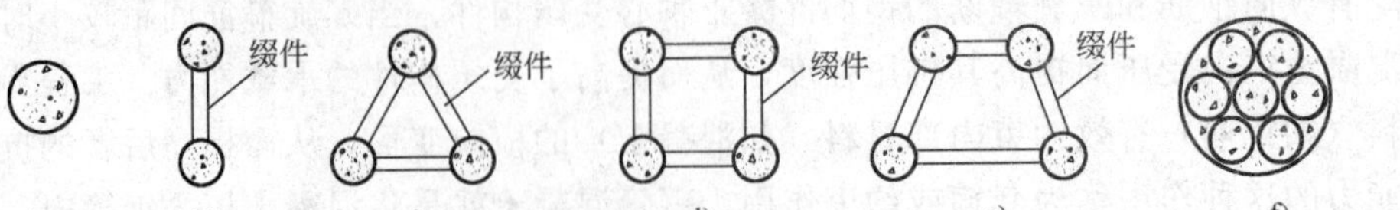

图 20-2 钢管混凝土拱桥的主拱截面形式

a) 单管截面；b) 哑铃形截面；c) 三角形桁式截面；d) 矩形桁式截面；e) 梯形桁式截面；f) 集束式截面

20.1.2　钢管混凝土受压构件的工作性能

钢管混凝土受压构件，在荷载作用下的应力状态和应力途径十分复杂。最简单的加载情况是荷载仅施加于核心混凝土上，钢管不直接承受纵向压力，只起套箍作用，犹如钢筋混凝土柱中的螺旋箍筋一样。一般情况下是钢管与核心混凝土共同承担荷载，更多的情况则是钢管先于核心混凝土承受预压应力。例如，空钢管骨架在浇灌混凝土以前，即受到施工荷载所引起的预压应力；混凝土干缩会使钢管端头高于混凝土端面等等。上述情况可模拟为三种加载方式（图 20-3）：

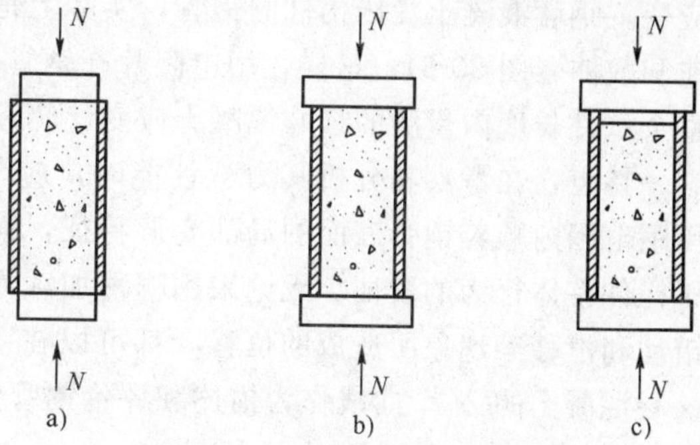

图 20-3　钢管混凝土的加载方式

a）加载方式 I；b）加载方式 II；c）加载方式 III

（1）加载方式 I：荷载直接施加于核心混凝土上，钢管不直接承受纵向荷载；

（2）加载方式 II：荷载直接同时施加于钢管和核心混凝土上；

（3）加载方式 III：钢管预先单独承受荷载，直至钢管被压缩（应变限制在弹性范围内）到与核心混凝土齐平后，方与核心混凝土共同承受荷载。

试验证明，上述三种加载方式对压力 N—核心混凝土纵向应变 ε_c 曲线（简称 N-ε_c 曲线）的变形特征有显著影响（图 20-4）。例如，在低荷载阶段，即钢管未屈服前，加载方式 I 的纵向压缩变形较加载方式 II 的大；但随着荷载的增大，差异逐渐缩小，当达到极限荷载时，二者差异已不明显。但是，上述不同加载方式对钢管混凝土柱的极限承载能力没有明显影响。

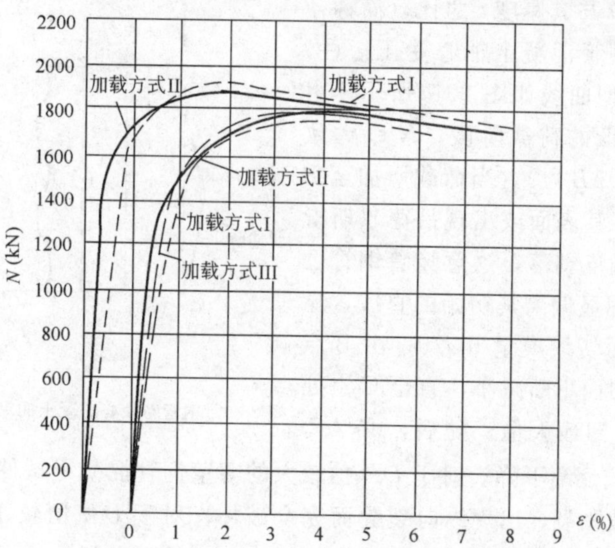

图 20-4　加载方式对 N-ε_c 曲线的影响

无论采取哪种加载方式，可以发现在荷载作用下，钢管的纵向应变 ε_s 与核心混凝土的纵向应变 ε_c 并不协调一致（图 20-5），钢管表面的纵向应变 ε_s 明显小于核心混凝土的纵向应

变 ε_c，这是钢管混凝土受压构件在荷载作用下变形的一个特点。产生这一现象的原因是：对于加载方式 I，主要是钢管和混凝土之间发生错位；对加载方式 II，则主要是“弓弦效应”。所谓“弓弦效应”，就是一薄片形的直杆经压弯后，沿其弓弧的应变总是小于沿弦长方向的应变。钢管混凝土受压构件的钢管，实际上是一个圆柱形薄壳，在纵向压力作用下会发生皱曲和鼓曲（图 20-6）。这样，用电阻片在钢管表面量测的就是沿弓弧的应变，而用千分表在整个试件长度内量测的核心混凝土应变，实际上就是沿弦长方向的应变。钢管混凝土变形的这一特点，在考察和分析其力学性能时，应予以注意。一般来说，N-ε_s 曲线所表征的是小标距范围内顺着钢管表面的局部变形特征，而 N-ε_c 曲线则是较大标距范围内钢管混凝土受压构件整体行为的表征。无论采用哪种加载方式，钢管的屈服、皱曲、核心混凝土的开裂、错动和滑移等现象所造成的位移，都可以在 N-ε_s 曲线上很稳定地反映出来。因此，通常把核心混凝土的 N-ε_c 曲线作为描述和评价钢管混凝土受压构件力学行为的依据。

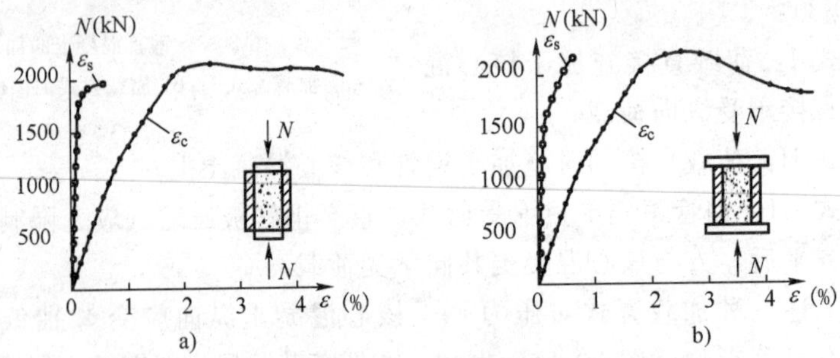

图 20-5　钢管和核心混凝土的荷载—应变曲线

a）加载方式 I；b）加载方式 II

对于钢管外径 D 与其厚度 t 之比（简称径厚比）$D/t \geqslant 20$ 的钢管混凝土轴心受压短柱，试验得到的 N-ε_c 典型曲线如图 20-7 所示。由图 20-7 可见，在较低的荷载阶段，N-ε_c 大致为一直线（图中的 OAB 段）。当荷载增加至 B 点，钢管开始屈服，其表面或出现吕德尔斯滑移斜线，或开始有铁皮剥落，这意味着钢管已经屈服，N-ε_c 曲线明显偏离其初始的直线，显露出塑性的特点。而切线模量 $dN/d\varepsilon_c$ 由 B 点开始，随着荷载增加而不断减小，直至 C 点处 $dN/d\varepsilon_c=0$，荷载达到最大值。随后，$dN/d\varepsilon_c$ 变为负值，N-ε_c 曲线逐渐下降。对于 D/t 值较大的薄壁钢管混凝土试件，往往在 N-ε_c 曲线下降过程中，钢管被胀裂，出现纵向裂缝而完全破坏；对于 D/t 值较小的试件，在荷载缓慢下降过程中，变形仍持续发展而不破坏。

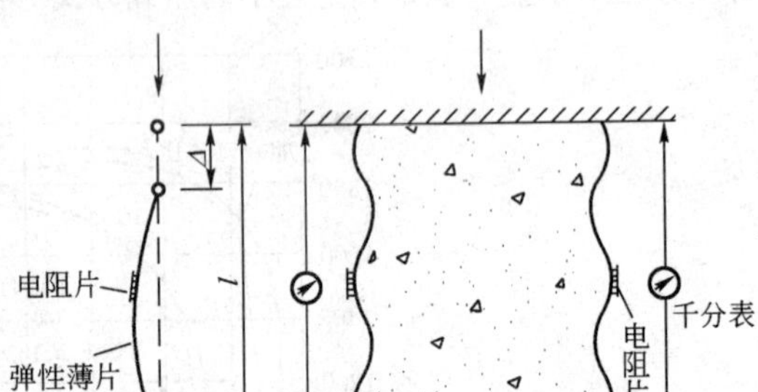

图 20-6　钢管与核心混凝土的纵向应变的弓弦效应

对应于图 20-7 中 B 点的荷载，定义为屈服荷载 N_y；对应于C 点的荷载，定义为极限荷载 N_0，相应的混凝土应变，被定义为极限应变 ε_{oc}。相同尺寸的三组钢管混凝土、素混凝土（配少量构造钢筋）和钢管短柱的比较试验表明，钢管混凝土短柱的极限承载力比钢管与核心混凝土柱体二者极限承载力之和大，大致相当于两根钢管的承载力与核心混凝土柱体承载力之和的 1.7～2 倍。极限应变值 ε_{oc} 比普通混凝土大几倍或十几倍。要认识钢管混凝土工作的机理，必须按照混凝土和钢管两种材料的特点区分出各自的不同工作阶段。

对于加载方式 I 的情况，在荷载作用的初始阶段，核心混凝土未出现微裂缝以前，钢管中应力几乎为零，核心混凝土单独承担全部纵向压力（图 20-8a）。随着荷载的增加，混凝土因内部开始出现微裂而向外挤胀，在混凝土与钢管壁之间出现径向压力 p，钢管壁开始受到环向拉应力 σ_2，同时，由于钢管与混凝土接触面间的摩擦力，使钢管也受到不同程度的纵向压应力 σ_1。从而，钢管即处于纵压—环拉的双向应力状态（径向压应力 p 相对较小，可以忽略），而核心混凝土则处于三向受压状态（图 20-9a），此后核心混凝土的脆性减小而塑性增加。

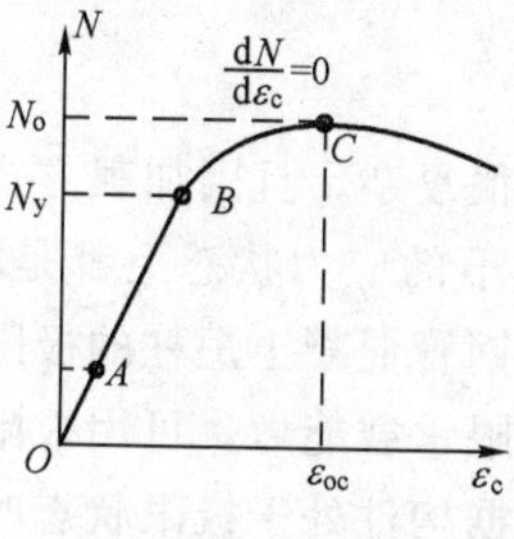

图 20-7　钢管混凝土短柱 N-ε_c 曲线

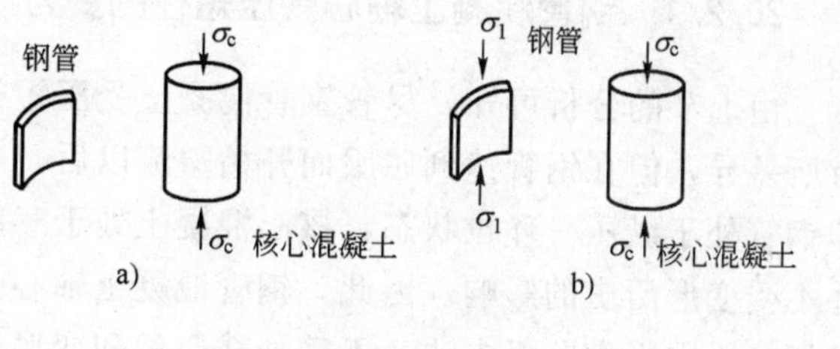

图 20-8　混凝土微裂前的应力状态

a）加载方式 I；b）加载方式 II 或 III

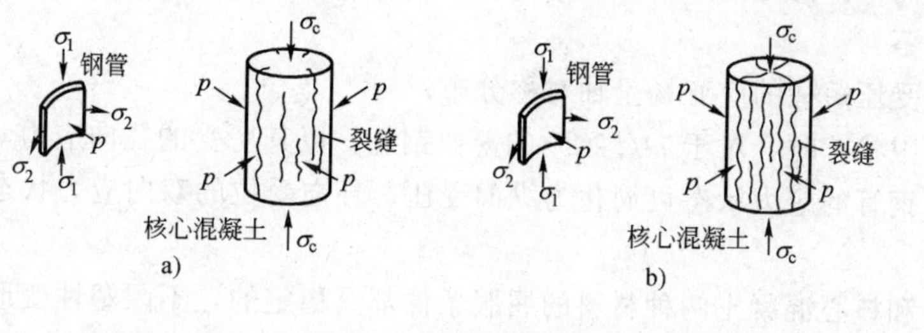

图 20-9　混凝土微裂后

a）钢管处于弹性阶段；b）钢管处于屈服阶段

对于加载方式 II（或加载方式 III），在荷载作用的初始阶段，混凝土的横向变形系数小于钢管的泊松系数，因此，混凝土与钢管之间不会发生挤压，钢管如同普通纵向钢筋一样，与核心混凝土共同承受纵向压力（图 20-8b）。随着荷载的增加，混凝土内部发生微裂并不断发展，混凝土的侧向膨胀超过了钢管的侧向膨胀，从而犹如加载方式 I 一样，钢管处于纵压—环拉的双向应力状态（忽略径向压应力 p），混凝土处于三向受压状态（图 20-9a），其塑性不断增加。在混凝土处于三向受压状态后，无论何种加载方式，当双向受力的钢管还处于弹性阶段时，钢管混凝土的外观体积变化不大。但是，当钢管达到屈服阶段后（钢管表面掉皮或出现吕德尔斯滑移线），钢管混凝土的应变发展加剧，钢管混凝土的外观体积因核心混凝土微裂缝发展而急剧增长。按照 Von Mises 钢材屈服条件可知，钢管的环向拉应力不断增大，纵向压应力相应不断减小，在钢管与核心混凝土之间产生纵向压力的重分布：一方面，钢管承受的压力减小；另一方面，核心混凝土因受到较大的约束而具有更高的抗压强度。钢管由主要承受纵向压应力转变为主要承受环向拉应力（图 20-9b）。最后，当钢管和核心混凝土所能承担的纵向压力之和达到最大值时，钢管混凝土即达到极限状态。以后，随着变形的增加，一方面钢管会发生皱曲，另一方面钢管可能将进入强化阶段，应力状态将变得十分复杂，已没必要作进一步的探讨。从以上分析可以看出，钢管达到屈服后，钢管混凝土不仅不会丧失承载能力，恰恰相反，在钢管屈服过程中，核心混凝土的套箍强化才得到充分发展，在钢管和核心混凝土之间才产生持续的内力重分布而使钢管混凝土的承载能力和变形能力得到明显提高。

20.2 钢管混凝土受压构件的承载力计算

20.2.1 钢管混凝土轴心受压短柱的受力分析

由上节的分析可知，尽管钢管混凝土受压短柱的变形过程很复杂，且因加载方式不同而有所差异，但在钢管达到屈服而开始塑流以后，各种加载方式下的应力状态上都是相同的，即钢管处于纵压—环拉状态，核心混凝土处于三向受压状态，钢管混凝土短柱的极限承载力并不受变形历史的影响。因此，钢管混凝土轴心受压短柱的极限承载能力，可用极限平衡法求解。极限平衡分析方法，不管加载历程和变形过程，直接根据构件处于极限状态时的平衡条件确定极限荷载。这种方法，因不必考虑计算困难的构件弹塑性阶段和确定材料的本构关系，因而计算简单。为此，采用如图 20-10 所示的钢管混凝土轴心受压短柱计算简图，并引入基本假设如下：

(1) 轴心受压短柱的应变场呈轴对称分布；

(2) 在极限状态时，对于 $D/t \geqslant 20$ 的薄壁钢管，以其所受的径向应力 $\sigma_3 = p$ 远比 σ_2 小，可忽略不计。钢管的应力状态可简化为纵向受压、环向受拉的双向应力状态，并沿钢管壁厚度均匀分布；

(3) 钢管和核心混凝土两种材料的屈服条件都是稳定的，不因塑性变形的发展而改变或弱化。即钢管采用如下 Von Misess 屈服条件：

$$(\sigma_1)^2 + \sigma_1\sigma_2 + (\sigma_2)^2 = (f_y)^2 \tag{20-1}$$

式中：f_y——钢材在单轴应力下的屈服极限。

钢管混凝土轴心受压短柱的计算简图如图 20-10 所示。

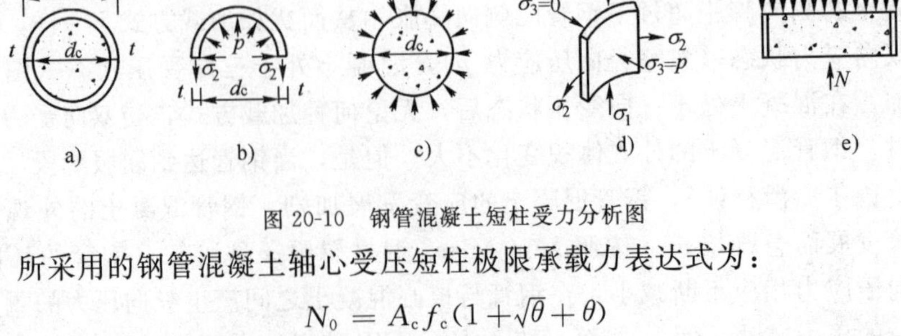

图 20-10 钢管混凝土短柱受力分析图

《规程》所采用的钢管混凝土轴心受压短柱极限承载力表达式为：

$$N_0 = A_c f_c (1 + \sqrt{\theta} + \theta) \tag{20-2}$$

式中：$\theta = A_s f_s / A_c f_c$ 被称为套箍指标，其中：A_s 和 A_c 分别为钢管和核心混凝土的横截面面积；f_s 为钢材在单轴应力下的屈服强度；f_c 为混凝土在单轴应力下的抗压强度。

20.2.2　钢管混凝土受压构件的承载力计算

上述极限平衡分析方法，能有效地求解钢管混凝土轴心受压短柱的极限承载能力问题。但实际工程中的受压构件往往是长柱，柱的两端除有轴力 N 作用外，可能还有端弯矩作用，而且两端的弯矩不一定相等，作用方向也不一定一致。据此又分为有侧向位移和无侧向位移的框架柱以及常见的轴心受压柱和偏心受压柱等。

影响钢管混凝土受压构件极限承载能力的主要因素有：

（1）长细比；

（2）柱端的约束条件（转动和侧移）；

（3）偏心率；

（4）沿柱身的弯矩变化，即柱两端较小弯矩 M_1 与较大弯矩 M_2 的方向及其比值 β。

根据国内大量试验结果，并经过国外大量试验结果验证，《规程》将上述影响因素归结为两个系数来表达，物理概念十分清晰。

《规程》规定单管截面钢管混凝土受压构件的承载力计算公式为：

$$N \leqslant N_u = \varphi_1 \varphi_e N_0 \tag{20-3}$$

式中：N——钢管混凝土构件的轴心压力设计值；

N_u——钢管混凝土轴心受压构件的承载力设计值；

N_0——钢管混凝土轴心受压短柱的承载力设计值，$N_0 = A_c f_c\ (1+\sqrt{\theta}+\theta)$；

θ——钢管混凝土的套箍指标，$\theta = A_s f / A_c f_c$；

A_s、f——钢管的横截面积和抗拉（或抗压）强度设计值；

A_c、f_c——核心混凝土的横截面面积和抗压强度设计值；

φ_e——考虑偏心率影响的承载力折减系数；

φ_1——考虑受压构件长细比影响的承载力折减系数。

在任何情况下，都应满足下列限制条件：

$$\varphi_1 \varphi_e \leqslant \varphi_0 \tag{20-4}$$

式中：φ_0——按轴心受压构件考虑（$k=1$）的 φ_1 值。

1）φ_e 按下式计算

当 $e_0/r_c \leqslant 1.55$ 时：　　$\varphi_e = 1(1+1.85 e_0/r_c)$　　(20-5)

当 $e_0/r_c > 1.55$ 时：　　$\varphi_e = 0.4/(e_0/r_c)$　　(20-6)

式中：e_0——计算偏心距。$e_0 = M_2/N$，其中 M_2 为压杆两端弯矩之较大值，N 为计算轴向力；

r_c——核心混凝土截面的半径。

2）φ_1 按下式计算

当 $l_e/D \leqslant 4$ 时：　　$\varphi_1 = 1$　　(20-7)

当 $l_e/D > 4$ 时：　　$\varphi_1 = 1 - 0.115\sqrt{(l_e/D) - 4}$　　(20-8)

式中：D——钢管外直径；

l_e——受压构件的等效计算长度。对于两支点之间无横向荷载的构件，其等效计算长

度 l_e 按下式计算：

$$l_e = k(\mu l) \tag{20-9}$$

式中：l——受压构件的实际长度（图 20-11）；

μ——考虑受压构件端约束条件的计算长度系数，按《规程》查表；

k——考虑柱身弯矩梯度影响的等效长度系数，按下列规定计算：

（1）对轴心受压柱（图 20-11a） $k = 1$ （20-10）

（2）对无侧移框架柱（图 20-11b） $k = 0.5 + 0.3\beta + 0.2\beta^2$ （20-11）

式中：$\beta = M_1/M_2$，是柱两端弯矩中较小者与较大者的比值（$|M_1| \leqslant |M_2|$）。单曲压弯时（图 20-11b），β 为为正值；双曲压弯时（图 20-11c），为负值。

（3）对有侧移框架柱（图 20-11d）

当 $e_0/r_c < 0.8$ 时： $k = 1 - 0.625(e_0/r_c)$ （20-12）

当 $e_0/r_c \geqslant 0.8$ 时： $k = 0.5$ （20-13）

（4）对于悬臂柱的等效计算长度 l_e，可按《规程》有关条文规定计算。

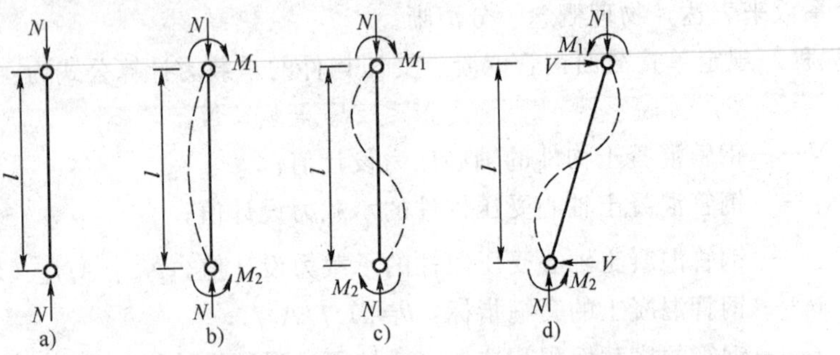

图 20-11 钢管混凝土受压构件等效长度系数计算示意图

a）轴心受压；b）无侧移单曲压弯（$\beta \geqslant 0$）；c）无侧移双曲压弯（$\beta < 0$）；d）有侧移双曲压弯（$\beta \leqslant 0$）

综合以上，《规程》的方法是将钢管混凝土柱的轴心受压、偏心受压、短柱和长柱统一于公式（20-3）来计算承载能力，方法简明、实用。但应当指出，《规程》的方法采用的是近似概率的极限状态设计方法，适用于工业与民用建筑及构筑物的钢管混凝土结构设计。而公路桥梁结构设计仍然采用容许应力设计方法，因此对公路桥涵的钢管混凝土受压构件进行设计时，《规程》的上述方法仅供参考。

20.3 钢管混凝土构件的一般构造要求

钢管混凝土结构的构造大都参考钢结构的构造要求，但它也有自身的构造特点，其应用必须注意因地制宜。一般而言，钢管混凝土结构的构造必须满足构造简单、传力明确、安全可靠、节约材料和施工方便的要求。下面简单介绍《规程》对钢管混凝土结构的一般构造要求：

（1）钢管可采用直缝焊接管、螺旋形缝焊接管和无缝钢管。焊缝必须采用对接焊缝，并达到与母材等强的要求。

(2) 钢管材料可选用 Q235 (A3) 钢、Q345 (16Mn) 钢或 Q390 (15MnV) 钢，有可靠依据时，可采用其他钢材。

(3) 混凝土采用普通混凝土，其强度等级不宜低于 C30。Q235 (A3) 钢宜配 C30 或 C40 级混凝土，Q345 (16Mn) 钢宜配 C40、C50 或 C60 级混凝土，Q390 (15MnV) 钢宜配 C50 或 C60 级混凝土。

(4) 为保证混凝土的浇筑质量，钢管外径不宜小于 100mm；为了满足焊接所需的最小厚度要求，钢管壁厚不宜小于 4mm。

(5) 钢管的外径与壁厚之比，宜限制在 20 至 $85\sqrt{235/f_y}$之间，以防止空钢管在施工过程中受力时发生管壁局部失稳，此处 f_y 为钢材的屈服强度；若不存在空钢管受力这种情况，则径厚比不受此限制。

(6) 为防止混凝土强度等级较高时钢管的套箍作用不够而导致脆性破坏，套箍指标 θ 不宜太小；为防止因混凝土强度等级过低而使构件在使用荷载下产生塑性变形，套箍指标 θ 又不宜太大。大量的试验结果表明，钢管混凝土的套箍指标 θ 宜限制在 0.3～3 之间。套箍指标满足此要求的构件，在使用荷载作用下均处于弹性工作阶段，且在破坏前都具有足够的延性。

本章小结

钢管混凝土就是将混凝土填入薄壁钢管内，形成一个整体共同受力的结构，其工作原理是借助钢管对核心混凝土的套箍（约束）强化作用，使核心混凝土处于三向受压状态，从而使其具有更高的抗压强度和变形能力。同时，又借助于内填混凝土增强了钢管壁的局部稳定性。

本章就钢管混凝土的工作原理，构件的计算方法及其构造要求等做了系统介绍。

思考题与习题

20-1　什么是钢管混凝土结构？其工作原理是什么？它有何特点？

20-2　影响钢管混凝土受压构件极限承载能力的主要因素有哪些？计算时是如何考虑这些影响因素的？

20-3　钢管混凝土构件有何构造要求？

第 21 章　钢—混凝土组合结构

钢—混凝土组合结构是在钢结构和钢筋混凝土结构基础上发展起来的一种新型结构，是采用钢材和混凝土或钢筋混凝土组合，并通过可靠措施使之形成整体受力的结构。它将钢和混凝土在截面上合理布置，以充分发挥两种材料的特性，具有承载能力高、刚度大、延性好、节约钢材、降低造价、施工方便等优点，因此具有良好的经济效益，在土木工程中，特别是桥梁工程中得到广泛应用。

在工程中，采用的钢－混凝土组合构件有：钢与混凝土组合梁、钢管混凝土组合柱、压型钢板与混凝土组合板、型钢混凝土组合构件、外包钢混凝土构件等五大类。本章主要介绍钢－混凝土组合梁的受力特性及计算原理。

21.1　概　　述

钢板梁桥一般由桥面系、钢板梁和支座组成上部承重结构。桥面系一般又采用钢板或钢筋混凝土板布置在主梁之上，它一方面将各片钢板梁联系起来共同工作，同时又直接承受荷载作用。当钢筋混凝土板搁置在主梁上时（图 21-1a），板沿板跨方向受弯并把荷载传给主梁，而主梁沿梁纵向受弯，二者工作方向互相垂直，板与梁的接触面发生相对滑移，沿主梁的跨度方向产生的弯矩分别由板和主梁承担，在二者的截面上分别产生弯曲应力。如果在钢梁与钢筋混凝土板的接触面上采取可靠的构造措施（图 21-1b），把板和主梁紧密相连形成整体，则板不但沿板跨方向受弯，而且在梁的跨度方向与梁一起共同受弯，板属于双向受弯构件。这时钢梁与钢筋混凝土板的截面形成一个具有共同中和轴的整体截面，其刚度、抗弯承载力将大大增加。钢－混凝土组合梁是指钢梁和所支承的钢筋混凝土板组合成一个整体而共同抗弯的构件，其受力的合理性就在于钢筋混凝土板承受压应力，钢主梁承受拉应力，充分发挥了材料各自的特性。当组合梁在荷载作用下受弯时，钢筋混凝土板与钢板梁的上翼缘接触面之间会产生水平剪力，因此在钢板梁的上翼缘之间必须设置抗剪连接件，钢筋混凝土板与钢板梁通过抗剪连接件连接成整体而共同工作，如图 21-1 所示。

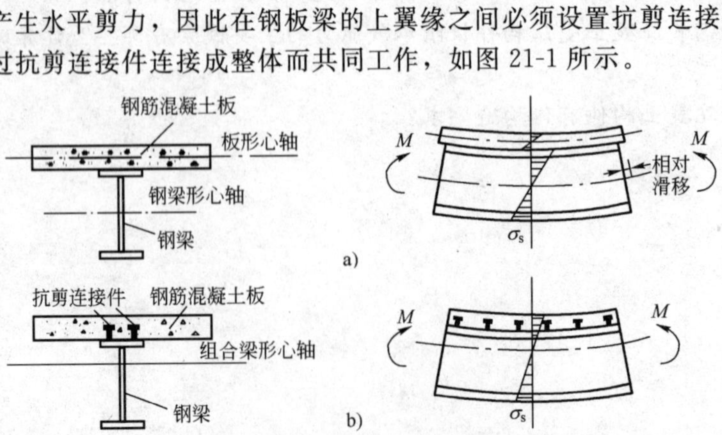

图 21-1　组合梁的共同工作

a）非组合梁；b）组合梁

当组合梁上浇筑的钢筋混凝土板尚未结硬之前是没有组合作用的，不仅不能提高梁的承载能力，反而因其自重而使钢板梁的下翼缘的拉应力增大。但在钢筋混凝土板的混凝土达到设计强度之后，钢板梁与钢筋混凝土板形成一个钢－混凝土组合截面受力，二期恒载（如桥面铺装、栏杆扶手、人行道等）及车辆荷载等作用，均由这个组合截面来承受，而不是由钢板梁单独承受，从而大大地提高了组合梁的承载能力。

与钢板梁相比，钢—混凝土组合梁具有以下优点：

(1) 受力合理。充分发挥了钢材适用于受拉和混凝土适用于受压的材料特性。

(2) 抗弯承载力高。由于钢筋混凝土板与钢板梁共同工作，提高了梁的承载能力，减小了钢板梁上翼缘的截面，节省钢材、降低造价。实践表明，组合梁比钢板梁节省钢材可达到20％～40％。

(3) 梁的刚度大。由于钢筋混凝土板有效地参与工作，组合梁的计算截面比钢板梁大，增加了梁的刚度，从而减小了主梁的挠度。研究表明，梁挠度可减少20％左右。

(4) 整体稳定性和局部稳定性好。组合梁的受压翼缘为较宽和较厚的钢筋混凝土板，增强了梁的侧向刚度，能有效地防止梁的弯扭失稳倾向。钢梁部分只受到较低的压应力、大部分甚至全部截面受拉，一般不会发生局部失稳。

(5) 施工方便。可以利用钢梁作为现浇混凝土板的模板支撑，以方便施工且节约费用。

(6) 组合梁桥在活荷载作用下比全钢梁桥的噪声小，在城市中采用组合梁桥更为合适。

基于上述优点，钢－混凝土组合梁最先在公路桥梁上得到发展。几乎所有发达国家，如美国、德国、日本、加拿大及前苏联都制定了有关组合梁的桥梁设计规范或规程。1971年，在国际土木工程师协会联合委员会主持下，成立了由欧洲国际混凝土协会（CEB)、欧洲钢结构协会（ESCC)、国际预应力联合会（FIP）以及国际桥梁与结构工程协会（IABSE）共同组成的组合结构委员会，并于1981年颁布了“组合结构”规范。

在我国，钢－混凝土组合梁的应用也较早，例如1959年修建的武汉长江大桥的上层公路桥就采用了组合梁。近年来修建的上海南浦大桥和杨浦大桥等大型桥梁结构也成功地使用了组合梁。我国交通部在1974年、1986年颁布的公路桥涵设计规范中，制订了组合梁的专门条款，用于指导工程设计。

21.2 钢—混凝土组合梁的计算原理

钢－混凝土组合梁的计算方法，可分为弹性理论计算方法以及考虑截面塑性变形发展的塑性计算方法。

《公桥规》(JTJ 025—86)对钢－混凝土组合梁，采用的是弹性理论计算方法，即容许应力法。

21.2.1 受压混凝土板的计算宽度

对于钢筋混凝土板很宽的组合梁，受弯时沿板宽度方向的压应力分布是不均匀的，在截面腹板中心处的混凝土压应力最大，离开中心处较远点的混凝土压应力逐步减小。为了简化计算，一般用受压混凝土板的计算宽度 b'_f 来代替实际板宽度，在计算宽度 b'_f 内，认为混凝土的压应力是均匀分布的。

《公桥规》规定，组合梁中钢筋混凝土桥面板的计算宽度 b'_f（图 21-2），采用下列三种宽度中的最小者：

（1）梁的计算跨径的 1/3；

（2）相邻两梁轴线间的距离 s；

（3）承托的宽度 b_1（如无承托时，则为钢梁上翼缘的宽度）加 12 倍的板厚度 t，即 b_1+12t。

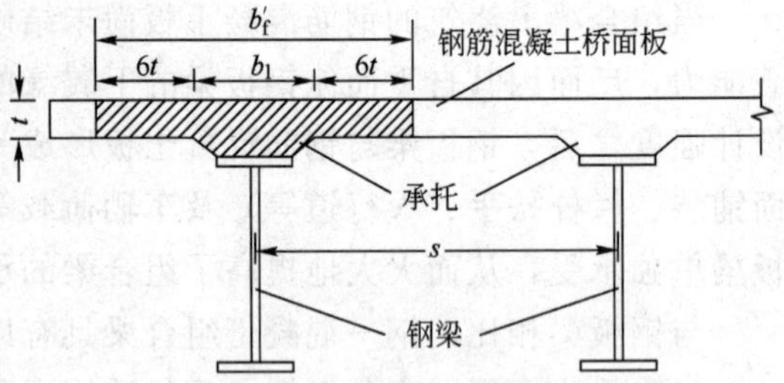

图 21-2 组合梁受压混凝土板的计算宽度

21.2.2 换算截面

当钢—混凝土组合梁按弹性理论法计算时，采用了以下假定：

（1）钢材与混凝土均为理想的弹性体；

（2）钢筋混凝土板与钢梁之间有可靠的连接，相对滑移很小，可以忽略不计，弯曲变形后截面仍保持平面；

（3）钢筋混凝土板按计算宽度内全部面积计算，可不扣除其中受拉开裂部分；

（4）忽略钢筋混凝土板中钢筋和承托的作用。

按照弹性理论计算原则，组合梁的应力及刚度计算，一般采用材料力学方法。因此，对于由钢与混凝土两种材料组成的组合梁截面，应该把它换算成同一种材料的截面，即换算截面。下面考虑把混凝土截面换算成钢截面。

假设在混凝土板某高度处有一个钢板条，由基本假定(2)知 $\varepsilon_c=\varepsilon_s$，则由基本假定(1)可得到在混凝土板某高度处的应力为：

$$\sigma_c=\varepsilon_c E_c=\varepsilon_s E_c$$

式中：σ_c——混凝土的压应力；

ε_c、ε_s——分别为截面上同一高度混凝土与钢板条的应变；

E_c、E_s——分别为混凝土的弹性模量和钢材的弹性模量。

又因 $\varepsilon_s=\dfrac{\sigma_s}{E_s}$，$\sigma_s$ 为钢板条的应力，则：

$$\sigma_c=\frac{\sigma_s}{E_s}E_c=\frac{1}{\alpha_{ES}}\sigma_s \tag{21-1}$$

式中：α_{ES}——钢材与混凝土弹性模量之比，$\alpha_{ES}=E_s/E_c$。

式（21-1）表明，在假设钢板条处的混凝土应力 σ_c 为钢板条应力 σ_s 的 $1/\alpha_{ES}$ 倍。

要把混凝土板的面积 A_c，换算成与钢材等价的换算面积 A_{cs}，由合力作用点位置及大小不变的换算原则可以推导出：

$$A_{cs}=\frac{1}{\alpha_{ES}}A_c \tag{21-2}$$

式（21-2）的物理意义是：根据应变相等且总内力不变的条件，将混凝土的面积 A_c 除以 α_{ES}后，可将混凝土板面积 A_c 换算成与之等价的钢材截面面积 A_{cs}。

为了保持混凝土截面形心高度换算前后不变，混凝土板的换算截面厚度与原截面厚度保持不变，即仅将混凝土板宽度换算。如果组合梁混凝土桥面板的计算宽度为 b'_{f}，则板的换算宽度为：

$$b'_{\mathrm{fs}}=\frac{1}{\alpha_{\mathrm{ES}}}b'_{\mathrm{f}} \tag{21-3}$$

根据上述换算截面原理，可将钢－混凝土组合梁截面换算为等价的钢梁截面，从而按照换算的钢梁截面进行换算截面几何特性的计算。

21.2.3 不同施工方法的组合梁计算

1）浇筑或安装钢筋混凝土板时，钢梁下不设置临时支撑

这种情况是利用钢梁作为脚手架进行钢筋混凝土桥面板施工，则组合梁可分为混凝土硬化前和混凝土硬化后（混凝土强度达到设计强度的75％以上）两个受力阶段计算。

第一受力阶段（施工阶段）的荷载作用为钢梁、联结系、浇制的混凝土和模板等重量以及施工活荷载（包括人员与施工设备等，一般可取 $1\mathrm{kN/m^2}$，施工完毕后撤除，但钢梁验算时应计入）由钢梁承受，即计算应力时采用钢梁的截面几何特性。

第二受力阶段（使用阶段）的为桥面铺装、栏杆、人行道等重量（二期恒载）以及车辆活载等，这些荷载由组合梁承受，即计算应力时采用组合梁的换算截面几何特性。

按弹性方法设计时，组合梁按第一受力阶段恒载（计算钢梁应力）及第二受力阶段恒载和活载（计算组合截面应力）产生的两种应力状态叠加进行截面计算。对于模板重量无实测资料时，可按 $1\mathrm{kN/m^2}$ 计算。

2）浇筑或安装钢筋混凝土板时，钢梁下设置支架

这种情况是在组合梁下面设置足够多的临时支撑或满堂支架，当混凝土硬化前，所有荷载由支撑或满堂支架承受；当混凝土硬化后，拆卸支撑或支架，组合梁以整体截面承受全部恒载和投入使用后作用在梁上的活荷载，因此只需进行第二受力阶段的计算。满堂支架需要数量很多的脚手架，安装工作量较大，且不适用于在通航河流上使用。为了克服满堂支架的上述缺点，在工程中一般采用在桥跨设置临时支撑的方法，可达到与满堂支架相近效果。

21.2.4 温差、混凝土收缩及徐变对组合梁的影响

1）温差的影响

钢与混凝土的温度线膨胀系数相差不大，它们的温度变形基本是协调的。组合梁的温度应力主要来自钢梁和混凝土温度的差异。钢的导热系数很大，当环境温度有突然变化时，钢材的温度很快就接近环境温度；混凝土的导热系数只有钢材的约1/50左右，对环境温度的反应慢，这样，就在组合梁的钢梁和混凝土板之间产生了温度差异。在露天条件下，气温突变可能在15℃左右，这时，组合梁的钢梁和混凝土板的温差约为10℃，因此，对于组合梁桥必须考虑由于温差引起的温度应力。钢梁和混凝土板温差分布沿组合梁的截面高度是变化的，为简化计算，假定温差沿组合梁截面高度是均布的。

假设组合梁的截面如图21-3a）所示。钢筋混凝土板截面积为 A_{c}，绕自身形心轴的惯性矩为 I_{c}，板上下边缘距自身形心轴距离为 y_1 和 y_2，截面抵抗矩分别为 $W_1=I_{\mathrm{c}}/y_1$ 和 $W_2=I_{\mathrm{c}}/y_2$，混凝土的弹性模量为 E_{c}；钢梁的截面积为 A_{s}，绕自身形心轴的惯性矩为 I_{s}，梁上下边缘距自身形心轴距离为 y_3 和 y_4，截面抵抗矩分别为 $W_3=I_{\mathrm{s}}/y_3$ 和 $W_4=I_{\mathrm{s}}/y_4$，钢材的弹性模量为 E_{s}。

现设钢和混凝土的温度线膨胀系数相等且均为 α_t，钢梁温度高于混凝土温度，两者之差为 Δt，推导组合梁的温度应力计算如下：

如果钢梁和混凝土板之间无连接件存在，则两者温度伸长量之差为 $\Delta L=\alpha_t\cdot\Delta t\cdot L$，相应的温差滑移应变为 $\varepsilon_{\Delta t}=\Delta L/L=\alpha_t\Delta t$（图 21-3b）。

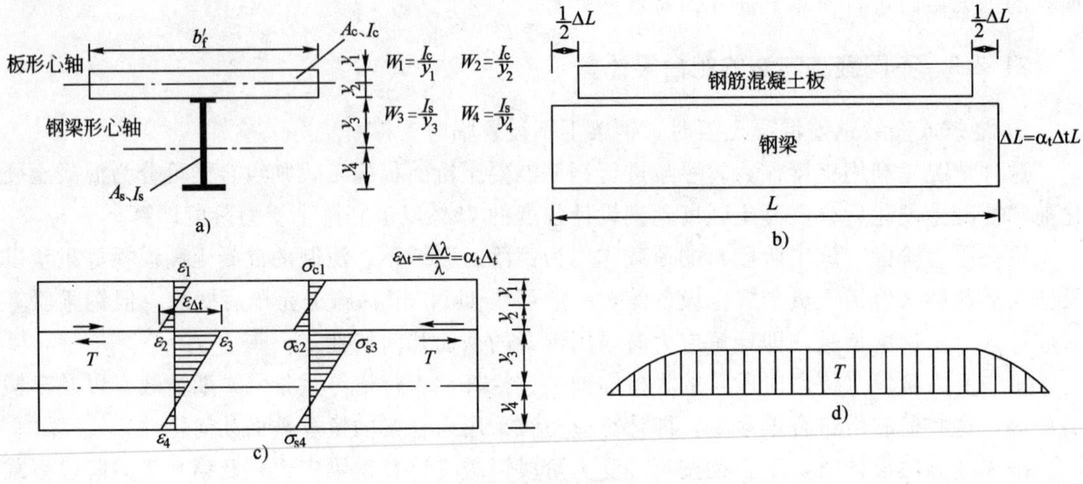

图 21-3 组合梁的温差应力

a）组合梁截面；b）钢梁、混凝土板之间的温差变形；c）温差应力；d）温差力 T

如果钢梁与混凝土板之间有足够的连接件，则组合梁变形后仍保持平截面，这时，在混凝土板与钢梁之间将产生水平力 T（图 21-3c）。当 ΔL 为正值时（钢梁的伸长大于混凝土板的伸长），T 对混凝土板为偏心拉力，对钢梁为偏心压力。则混凝土板下边缘的拉应变为：

$$\varepsilon_2=\frac{T}{E_c}\left(\frac{1}{A_c}+\frac{y_2}{W_2}\right)$$

钢梁上边缘的压应变为：

$$\varepsilon_3=\frac{-T}{E_s}\left(\frac{1}{A_s}+\frac{y_3}{W_3}\right)$$

根据 $\varepsilon_2-\varepsilon_3=\varepsilon_{\Delta t}=\alpha_t\Delta t$ 的变形协调条件，得混凝土板与钢梁之间将产生水平力 T 为：

$$T=\frac{\alpha_t\Delta t}{\left(\frac{1}{E_cA_c}+\frac{1}{E_sA_s}\right)+\left(\frac{y_2}{E_cW_2}+\frac{y_3}{E_sW_3}\right)} \tag{21-4}$$

于是，组合梁的温差应力（以受拉为正）为：

$$\left.\begin{aligned}
&\text{混凝土板上边缘} && \sigma_{c1}=T\left(\frac{1}{A_c}-\frac{y_2}{W_1}\right)\\
&\text{混凝土板下边缘} && \sigma_{c2}=T\left(\frac{1}{A_c}+\frac{y_2}{W_2}\right)\\
&\text{钢梁的上边缘} && \sigma_{s3}=-T\left(\frac{1}{A_s}+\frac{y_3}{W_3}\right)\\
&\text{钢梁的下边缘} && \sigma_{s4}=-T\left(\frac{1}{A_s}-\frac{y_3}{W_4}\right)
\end{aligned}\right\} \tag{21-5}$$

组合梁温度应力分布如图 21-3d）所示。将它们与荷载引起的截面应力叠加后，将会发现它们当中有的可能是不利影响，有的可能是有利影响。因为温差滑移应变 $\varepsilon_{\Delta t}$ 沿梁长方向是常量，所以在梁跨中间大部分区段内 T 也接近于常量。但在梁的端部区段，边界条件要求 $T=0$，因而在梁端区段内，T 呈显著的曲线变化段，在该区段内，对应于 T 的变化率 $\mathrm{d}T/\mathrm{d}x$，在混凝土板与钢梁之间将产生水平剪力，并由该区段的抗剪连接件承受。

对于温差 Δt 的取值，《公桥规》（JTJ 025—86）建议一般采用 10～15℃，在有可能发生更显著的温差情况下，则应另作考虑。

2）混凝土收缩的影响

组合梁中混凝土收缩的影响相当于混凝土板的温度低于钢梁温度时的情况。混凝土的收缩应变 ε_{sh} 相当于 $\alpha_t\Delta t$，因为 $\varepsilon_{sh}=1.5\times10^{-4}\sim2.0\times10^{-4}$，取 $\alpha_t=1.0\times10^{-5}$，对比之后可以发现，收缩应变就相当于 $\Delta t=15\sim20$℃的温差滑移应变，所以，在分析收缩应力时，仍可采用式（21-4）计算。混凝土的收缩是个长期过程，因此，必须考虑混凝土收缩的影响，一般是以考虑徐变影响的有效弹性模量 E_{ce} 来取代式（21-4）中的混凝土弹性模量 E_c，得到：

$$T=\frac{\alpha_t\Delta t}{\left(\dfrac{1}{E_{ce}A_c}+\dfrac{1}{E_sA_s}\right)+\left(\dfrac{y_2}{E_{ce}W_2}+\dfrac{y_3}{E_sW_3}\right)} \tag{21-6}$$

《公桥规》（JTJ 025—86）计算混凝土的收缩力采用式（21-6）。由于混凝土收缩在龄期很短时就已开始，早期收缩所占比例大，故整体浇筑的混凝土桥面板因收缩发生的变形也大，可按相当于温度降低 15～20℃考虑；对分段浇筑的钢筋混凝土板相对于整体浇筑的收缩变形小，可按相当于温度降低 10～15℃考虑；预制的钢筋混凝土桥面板，在早期收缩完成后才与钢梁共同工作，故不考虑混凝土收缩影响。混凝土收缩应力计算式与式（21-5）相同。

3）混凝土徐变的影响

在恒载及混凝土收缩应力的长期作用下，组合梁中的混凝土板会产生徐变变形，可近似地认为混凝土的总变形包括弹性变形和塑性变形两部分，即：

$$\varepsilon_{ct}=(\varepsilon_{ce}+\varepsilon_{cp})=\frac{\sigma_c}{E_c}(1+\varphi)$$

或

$$E_{ce}=\frac{\sigma_c}{\varepsilon_{ct}}=\frac{E_c}{1+\varphi}=kE_c \tag{21-7}$$

式中：ε_{ct}——混凝土的总应变；

ε_{ce}——混凝土的弹性应变；

ε_{cp}——混凝土的塑性应变；

σ_c——混凝土应力；

E_c——混凝土的弹性模量；

E_{ce}——混凝土有效弹性模量；

φ——徐变系数，混凝土的塑性应变与弹性应变之比。

由式（21-7）可知，混凝土徐变变形的影响相当于混凝土弹性模量降低，因此《公桥规》（JTJ 025—86）采用式（21-7）计算的有效弹性模量来考虑混凝土徐变的影响。《公桥规》（JTJ 025—86）规定：考虑混凝土徐变时，如果无可靠技术资料作依据，计算结构自重对混凝土徐变影响时，取 $k=0.4$；计算混凝土收缩对徐变影响时，取 $k=0.5$；活载对徐变的影响可以不予考虑。考虑徐变时，钢材与混凝土的有效弹性模量之比为 α_{ES}/k，相应的混凝土板换算面积为 $A_{cs}=kA_c/\alpha_{ES}$，其他截面几何特征也可由此推得。

21.3 钢—混凝土组合梁的截面设计

21.3.1 截面设计

钢—混凝土组合梁常用的截面形式如图 21-4 所示。

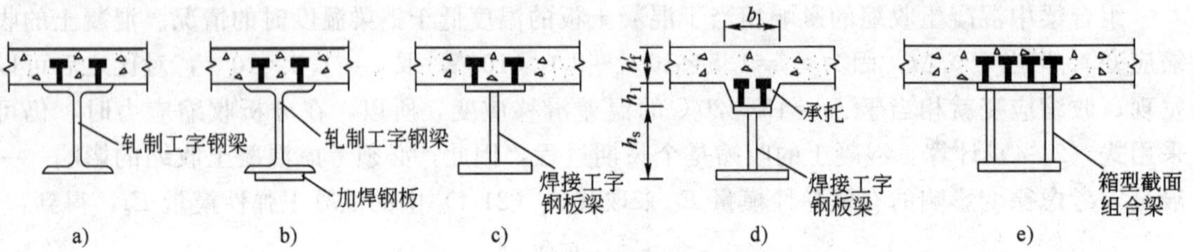

图 21-4 组合梁的截面形式

a)、b) 型钢组合梁；c) 焊接钢板组合梁（无承托）；d) 焊接钢板组合梁（有承托）；e) 箱形组合梁

对于承受较小荷载的组合梁，钢梁一般采用轧制的工字钢（图 21-4a）；荷载稍大时，可在轧制工字钢下翼缘上加焊一块钢板（图 21-4b）；承受较大荷载的组合梁，可采用焊接工字形钢板梁（图 21-4c）。研究表明，对于焊接工字形钢板梁截面，在满足布置抗剪连接件的要求下，宜采用上（翼缘）窄下（翼缘）宽的截面形式。组合梁截面采用钢筋混凝土板直接放置在钢梁上，称为无承托组合梁，而把图 21-4d）所示组合梁称为有承托组合梁，其中混凝土翼缘与钢梁上翼缘之间的混凝土局部过渡部分称为承托。根据混凝土承托的高度，又分为浅承托和深承托组合梁截面，当混凝土承托的高度 h 小于或等于 $1.5h'_f$（h'_f 为混凝土板的厚度），其宽度 $b_1 \geqslant 1.5h$ 时，称为浅承托组合梁。一般情况下，混凝土承托两侧斜坡不宜大于 45°。钢筋混凝土板设置承托，有如下优点：加大了梁高，从而节省钢材；减小了钢梁高度，使钢梁的上翼缘更接近中和轴，从而减小钢梁压应力或使其完全受拉，发挥了钢材的性能也避免了局部失稳；当板厚较小时，承托为设置抗剪连接件提供了空间。

对于简支的组合梁，考虑刚度的要求，截面高度 h 对跨度 l 的高跨比 h/l 应不小于 1/15～1/16。组合梁的抗弯能力较钢梁有显著提高，但在某些情况下，相对而言，组合梁中的钢梁的抗剪能力显得不足。为了避免这种不协调情况，在截面设计时，组合梁截面高度 h 不宜超过钢梁截面高度 h_s 的 2.5 倍。

组合梁中的钢筋混凝土板，其混凝土强度等级不宜低于 C20（现场浇筑）或 C30（预制）；板中的钢筋可采用 R235 级钢筋、HRB335 级钢筋。组合梁中的钢梁一般采用 Q235 钢和 Q345 钢。

21.3.2 截面验算

组合梁的截面验算包括应力验算、变形验算和稳定性验算。

组合梁中钢梁的整体稳定和局部稳定一般是可以保证的。当必须验算钢梁的整体稳定和局部稳定时，按第 19 章的方法进行验算。组合梁主要验算其强度和刚度，并应结合组合梁的施工方法进行。现以浇筑钢筋混凝土板、钢梁无临时支撑的组合梁为例，说明组合梁的弹性计算原理。为了简化起见，不计算组合梁的温度、混凝土收缩、徐变及其组合对组合梁强度的影响。

1）第一受力阶段验算

(1) 钢梁的抗弯强度验算

当混凝土未凝固前，一期恒载（混凝土板、模板和钢梁自重等）g_1 和相应的施工活载 q_1 由钢梁承受，钢梁截面的弯曲强度计算公式为：

钢梁上翼缘板边缘
$$\sigma_{s1}=\frac{M_{g1}+M_{q1}}{W_{s1}}\leqslant[\sigma_w] \tag{21-8}$$

钢梁下翼缘板边缘
$$\sigma_{s2}=\frac{M_{g1}+M_{q1}}{W_{s2}}\leqslant[\sigma_w] \tag{21-9}$$

式中：M_{g1}——一期恒载 g_1 产生的弯矩；

M_{g1}——第一受力阶段施工活载 q_1 产生的弯矩；

W_{s1}、W_{s2}——钢梁截面上翼缘板边缘和下翼缘板边缘的截面模量；

$[\sigma_w]$——钢材的容许弯曲应力，由附表 4-1 查得。

(2) 钢梁的抗剪强度验算

钢梁截面的抗剪强度计算公式为：

$$\tau_s=\frac{(V_{g1}+V_{q1})S_s}{I_s t_w}\leqslant[\tau] \tag{21-10}$$

式中：V_{g1}——一期恒载 g_1 产生的剪力；

V_{q1}——施工活载 q_1 产生的剪力；

S_s——钢梁中和轴以上毛截面对中和轴的面积矩；

I_s——钢梁的截面惯性矩；

t_w——钢梁的腹板厚度；

$[\tau]$——钢梁的容许剪应力，由附表 4-1 查得。

(3) 钢梁的刚度验算

钢梁的挠度计算按荷载的短期效应组合，因此仅考虑施工阶段的恒载 g_1，简支钢梁在均布荷载作用下的挠度按下式计算：

$$f=\frac{5g_1l^4}{384EI_s}\leqslant\frac{l}{600} \tag{21-11}$$

2）第二受力阶段验算

(1) 组合梁的抗弯强度验算

当混凝土达到设计强度的 75%以上后，组合梁承受二期恒载 g_2 和活载 q_2 作用，此时的强度计算如下。

混凝土上边缘的压应力为：

$$\sigma_{c1}=\frac{M_{g2}+M_{q2}}{\alpha_{ES}W_{o1}}$$

钢梁上翼缘边缘应力为：

$$\sigma_{s1} = \frac{M_{g2} + M_{q2}}{I_o} y_{so}$$

钢梁下翼缘边缘拉应力为：

$$\sigma_{s2} = \frac{M_{g2} + M_{q2}}{W_{o2}}$$

因此，钢筋混凝土板上边缘的混凝土抗压强度按下式计算：

$$\sigma_{c1} = \frac{M_{g2} + M_{q2}}{\alpha_{ES} W_{o1}} \leqslant [\sigma_c] \tag{21-12}$$

钢梁上边缘的强度计算公式为：

$$\sigma_{s1} = \frac{M_{g1}}{W_{s1}} + \frac{M_{g2} + M_{q2}}{I_o} y_{so} \leqslant [\sigma_w] \tag{21-13}$$

钢梁下边缘的抗拉强度计算公式为：

$$\sigma_{s2} = \frac{M_{g1}}{W_{s2}} + \frac{M_{g2} + M_{q2}}{W_{o2}} \leqslant [\sigma_w] \tag{21-14}$$

式中：M_{g2}——二期恒载 g_2 产生的弯矩；

M_{q2}——第二受力阶段活载 q_2 产生的弯矩；

I_o——组合梁的换算截面惯性矩；

y_{so}——钢梁上翼缘边缘距组合梁换算截面中和轴的距离；

W_{o1}——为组合梁中混凝土板上边缘对换算截面中和轴的截面模量；

W_{o2}——为组合梁中钢梁下边缘对换算截面中和轴的截面模量；

α_{ES}——钢材与混凝土弹性模量比；

$[\sigma_c]$——混凝土容许压应力，可取 $0.66f_{ck}$，f_{ck} 为混凝土轴心抗压强度标准值，由附表 1-1 查得。

(2) 组合梁的抗剪强度验算

组合梁在第二受力阶段的剪应力包括第一受力阶段恒载对钢梁产生的剪应力和第二受力阶段全部荷载对组合截面产生的剪应力两部分，如果抗剪强度计算点位于钢梁腹板上某点(如验算钢梁腹板与翼缘的交点)，则组合梁的抗剪强度公式为：

$$\tau_s = \frac{V_{g1} S_{s1}}{I_s t_w} + \frac{(V_{g2} + V_{q2}) S_{o1}}{I_o t_w} \leqslant [\tau] \tag{21-15}$$

式中：V_{g2}——二期恒载 g_2 产生的剪力；

V_{q2}——第二受力阶段活载 q_2 产生的剪力；

S_{s1}——抗剪强度计算点以外的钢梁截面面积对钢梁中和轴的面积矩；

S_{o1}——抗剪强度计算点以外的组合截面面积对组合截面中和轴的面积矩。

(3) 组合梁的刚度验算

组合梁的挠度计算按荷载的短期效应组合，并考虑恒载的长期作用（徐变）的影响，因此应计入第一受力阶段恒载与第二阶段恒载共同长期作用下（应考虑徐变影响）的挠度和第二阶段活载短期作用下（不考虑徐变影响）的挠度。简支钢梁在均布荷载作用下的挠度计算公式为：

$$f = \frac{5(g_1 + g_2) l^4}{384 E I_{oc}} + \frac{5 q_2 l^4}{384 E I_o} \leqslant \frac{l}{600} \tag{21-16}$$

式中：I_{oc}——考虑徐变时组合梁的换算截面惯性矩。

21.4　抗剪连接件设计

21.4.1　抗剪连接件的类型和构造要求

抗剪连接件设置在钢梁上翼缘上，是保证钢一混凝土组合梁整体工作的关键。抗剪连接件的主要作用是承受钢筋混凝土板与钢梁接触面之间的纵向剪力，抵抗二者之间的相对滑移，同时还可防止钢筋混凝土板与钢梁之间由于刚度不同而产生的掀起效应。

抗剪连接件的种类很多，包括机械结合的连接件、使用环氧树脂类黏结剂、采用高强螺栓的摩擦抗剪件等等。但是，目前最常用的是机械结合的抗剪连接件。

机械结合的抗剪连接件常用的有以下三种：

1）栓钉

图 21-5a）所示栓钉是世界各国广为采用的一种机械连接件，栓钉的钉杆直径 d 为 8～25mm，常用的为 16～19mm。选用栓钉直径 d 不宜超过被焊钢梁翼缘厚度的 2.5 倍，栓钉长不小于 $4d$。为防止混凝土板在钢梁上掀起，栓钉上部做成大头，大头直径不得小于 $1.5d$。栓钉布置时，沿梁跨度方向的最小间距为 $6d$，垂直于梁跨度方向的最小间距为 $4d$。

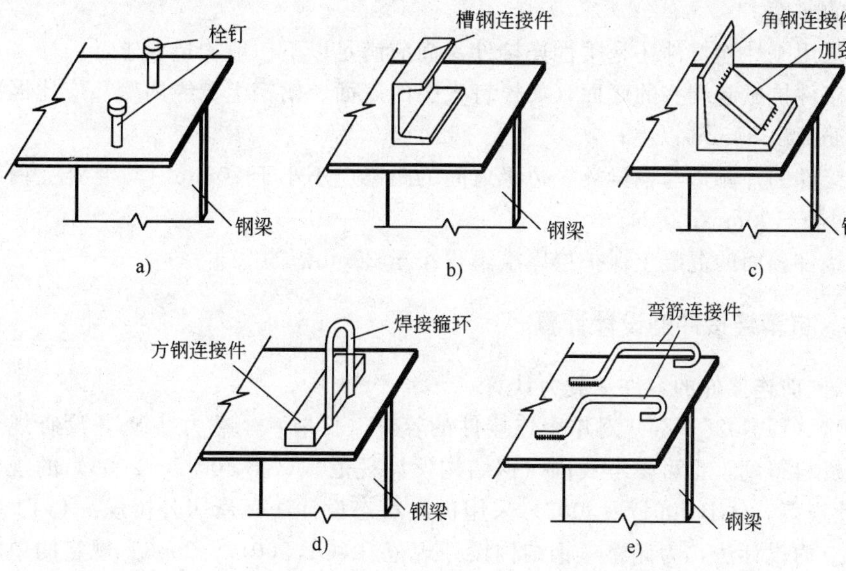

图 21-5　抗剪连接件的常用类型

a）栓钉；b）槽钢连接件；c）角钢连接件；d）方钢连接件；e）弯筋连接件

栓钉连接件采用专用焊接设备（栓钉焊接机）和焊接工艺将栓钉焊在钢梁上翼缘上，施工效率很高。

2）型钢连接件

通常将短槽钢、方钢或角钢焊接在钢梁上翼缘上作为刚性连接件，槽钢常用的规格有

[80、[100 及 [120，槽钢的翼缘肢尖方向应与混凝土板中水平剪应力方向一致（图 21-5b）；方钢常用的规格为 25mm×25mm 及 50mm×38mm 两种，为了防止混凝土板在钢梁上掀起，方钢必须加焊直径不小于 12mm 的箍筋（图 21-5 c）。采用角钢连接件时，为了增强其竖肢的刚度，往往在竖肢上用加劲板加强（图 21-5 d）。

为了防止连接件与钢筋混凝土板脱开，可将刚性连接件与钢筋混凝土板的钢筋焊接在一起；为了保证钢梁与钢筋混凝土板能共同工作，型钢连接件之间的间距不得超过混凝土板厚度的 8 倍；同时为了不妨碍浇筑混凝土，型钢连接件之间的间距也不得小于连接件计算高度的 3.5 倍。型钢连接件与钢梁上翼缘的连接焊缝由计算确定。

3）弯筋连接件

将弯筋焊接在钢梁上翼缘并伸入钢筋混凝土板中（图 21-5 e）作为柔性连接件，弯筋连接件一般采用直径 d 为 12～20mm 的 I 级或 II 级钢筋，弯起角度一般为 30° 或 45°，弯折方向与混凝土板中纵向水平剪应力方向一致，并在末端做成弯钩。在组合梁跨中产生剪应力变号处，必须在两个方向均设置弯筋连接件。每个弯筋从弯折点算起的总长度不宜小于 $25d$，其中水平段长度不应小于 $10d$。为了保证受力均匀，弯起钢筋连接件宜在组合梁上成对布置，并对称于梁跨度方向的中心线。为了避免单面焊接导致钢筋受力不均而产生应力集中，弯筋必须采用双面侧焊缝与钢梁上翼缘焊接；焊缝的长度除满足受力要求外，不得小于 $4d$（I 级钢筋）或 $5d$（II 级钢筋）。两个弯起钢筋之间的间距不得小于 0.7 倍也不得大于 2 倍钢筋混凝土板的厚度。

无论是采用刚性连接件还是柔性连接件，尚应满足以下一般构造要求：

（1）连接件抗掀起端头的底面（如栓钉大头的底面、槽钢上翼缘内侧）应比混凝土板下部的纵向钢筋高出 30mm 以上；

（2）连接件的外侧边与钢梁翼缘边缘之间的距离应不小于 20mm，与混凝土翼缘边之间的距离应不小于 100mm；

（3）连接件顶面的混凝土保护层厚度不得小于 20mm。

21.4.2 抗剪连接件的设计计算

1）单个抗剪连接件的容许承载力计算

《公桥规》（JTJ 025—86）对单个连接件的容许（抗剪）承载力 $[N_v]$ 没有规定，其值可根据试验资料得到，也可参考我国《钢结构设计规范》（GB 50017—2003）的规定。我国《钢结构设计规范》（GB 50017—2003）采用极限状态设计法，而《公桥规》（JTJ 025—86）却采用容许应力设计法，为此将《钢结构设计规范》（GB 50017—2003）规定的单个抗剪连接件承载力设计值公式作简单修正后，供桥梁设计时采用，其中材料的强度设计值定义详见《钢结构设计规范》（GB 50017—2003）。

（1）栓钉连接件

当栓钉长度与钉杆直径之比大于 4 时，栓钉的容许抗剪承载力为：

$$[N_v] = 0.38A_s\sqrt{E_c f_c} \leqslant 0.54A_s\gamma f \tag{21-17}$$

式中：E_c——混凝土弹性模量；

f_c——混凝土轴心抗压强度设计值；

A_s——栓钉钉杆截面面积；

f——栓钉的抗拉强度设计值，当栓钉材料性能等级为 4.6 级时，取 $f=215N/mm^2$；

γ——栓钉材料抗拉强度最小值与屈服强度之比。当栓钉材料性能等级为 4.6 级时，取 $\gamma=1.67$。

(2) 槽钢连接件

$$[N_v]=0.23(t_f+0.5t_w)l\sqrt{E_c f_c} \tag{21-18}$$

式中：t_f——槽钢翼缘平均厚度；

t_w——槽钢腹板厚度；

l——槽钢长度。

(3) 弯筋连接件

$$[N_v]=0.77A_s f_{st} \tag{21-19}$$

式中：A_s——弯筋截面面积；

f_{st}——弯筋的抗拉强度设计值。

组合梁的抗剪连接件设计，也可以分为弹性设计法与塑性设计法。《公桥规》(JTJ 025—86) 采用的是弹性设计法。钢梁与钢筋混凝土板之间的纵向水平剪力，由抗剪连接件承受，单位长度上的纵向水平剪力 T 按下式计算：

$$T=\frac{VS}{I_o} \tag{21-20}$$

式中：V——作用于组合梁截面上的剪力；

S——钢筋混凝土板对换算截面形心轴的面积矩；

I_o——组合梁换算截面惯性矩。

2) 抗剪连接件的数量确定

组合梁所受到的剪力 T 沿梁跨度方向的分布并不是均匀变化的（图 21-6），为了简化计算，假定连接件在钢梁翼缘上的数量可按梁跨度范围内的平均剪力计算并等间距布置。

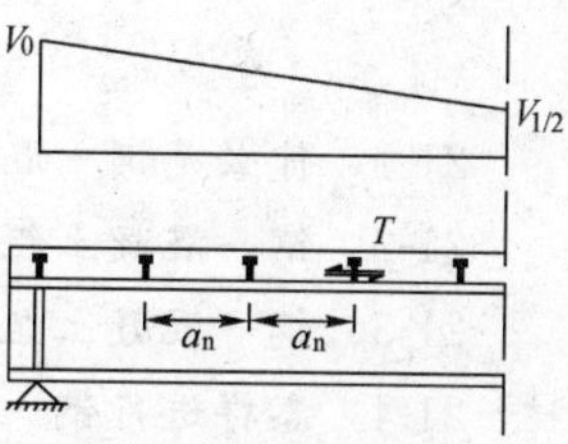

图 21-6 连接件的纵向受剪

若单个连接件的容许抗剪承载力为 $[N_v]$，其布置间距为 a_n，数量为 n 个，则当 $T\leqslant\frac{n[N_v]}{a_n}$时，才能满足设计要求。

故所需的连接件数量 n 为：

$$n\geqslant\frac{Ta_n}{[N_v]} \tag{21-21}$$

应该看到，上述计算方法在剪力 T 变化较大时显得略为粗糙，因而在设计中，可将梁按剪力大小划分成数个区段（一般为 2～3 个区段），在每个区段上连接件间距相等，其数量按该区段的最大剪力计算确定。

在组合梁的抗剪连接设计中，如果要考虑混凝土徐变的影响，设计计算应该分别考虑恒载和活载产生的剪力。

对应于计算区段的恒载产生的剪力为 V_g，考虑徐变时，钢材与混凝土的有效弹性模量

之比为 α_{ES}/k，相应的混凝土板换算面积为 $A_{cs}=\dfrac{k}{\alpha_{ES}}A_c$，混凝土考虑徐变影响的组合梁换算截面惯性矩为 I_{oc} 和换算截面形心轴的面积矩为 S_{oc} 也可由此推得。

对应于车辆荷载等活载产生的剪力为 V_q，钢材与混凝土的有效弹性模量之比为 α_{ES}，几何特性为 I_o 和 S_o。

若该区段抗剪连接件按构造要求均匀布置，间距为 a_n，单个连接件容许承载力为 $[N_v]$，则：

$$a_n\left(\frac{V_g S_{oc}}{I_{oc}}+\frac{V_q S_o}{I_o}\right)\leqslant n[N_v]$$

所需连接件的数量 n 应为：

$$n\geqslant\frac{a_n\left(\dfrac{V_g S_{oc}}{I_{oc}}+\dfrac{V_q S_o}{I_o}\right)}{[N_v]} \tag{21-22}$$

本章小结

将钢梁与钢筋混凝土板，以抗剪连接件可靠地连接起来，形成共同工作的受弯构件，称为钢—混凝土组合梁。抗剪连接件是钢筋混凝土板与钢梁共同作用的基础，是两者能否共同工作的关键。

本章对钢—混凝土组合梁的计算原理、截面设计及其抗剪连接件的设计等进行了较系统地介绍，对抗剪连接件的构造提出了要求。

思考题与习题

21-1 什么是钢—混凝土组合构件？它有何特点？

21-2 钢—混凝土组合梁按弹性理论计算时，采用了哪些计算假定？

21-3 钢—混凝土组合梁计算时是如何考虑温差、混凝土收缩及徐变的影响的？

21-4 怎样进行钢—混凝土组合梁的截面验算？

21-5 抗剪连接件的作用是什么？常用的类型有哪些？有何构造要求？

第22章 FRP 结 构

22.1 概 述

在过去50多年的工程建设中，常见的是混凝土结构、钢结构以及钢—混凝土组合结构，这些结构都有着各自的优势，但在工程实践中也暴露出一些问题，最突出的问题是，由于钢筋或钢材的锈蚀引起结构过早退化或结构功能不足。在美国，已确认有40%以上的桥梁属结构耐久性不足或功能退化。目前，发达国家基本建设的重点已经从大规模新建转向旧基础设施的维修加固，而我国正处在新建与维修并重的阶段，这就要求应尽快发展经济有效的结构增强方法和新型的高性能结构材料，以延长结构使用寿命、提高结构性能。

近些年来，纤维增强聚合物（Fiber Reinforced Polymer，简称FRP）已经成为解决上述结构问题的一种可行途径。FRP材料从20世纪40年代问世以来，在航空、船舶、汽车、化工、医学和机械等工业领域得到了广泛的应用，因其具有轻质、高强、耐腐蚀等优良性能，目前已成为土木工程的一种新型结构材料，并给土木工程领域带来许多新的发展契机。FRP材料可用于建筑、桥梁、地下工程、隧道、港口码头等各种土木工程，不仅可以用于既有结构的加固补强，又可以用于新建结构中，因而具有广阔的应用空间。

当前，FRP材料及FRP结构都还处在应用研究阶段。国际上，欧洲、北美、日本等发达国家均投入了雄厚的人力、物力进行FRP的相关研究，并致力于编制FRP用于土木工程的试验方法标准和设计施工规程。美国的FRP材料专业委员会（ACI Committee 440）已于2002年正式出版了《体外粘贴法加固混凝土结构的设计及施工指南（ACI 440.2R-02）》，并于2003年正式出版了《FRP筋混凝土结构的设计及施工指南（ACI 440.1R-03）》，而美国材料实验协会（ASTM）则制定了相应FRP材料的标准试验方法和材料规格；日本的土木工程师协会（JSCE）于1997年颁布了《使用连续纤维增强材料的混凝土结构的设计与施工建议》。

相比美国、日本等发达国家，我国在FRP方面的研究起步较晚，但发展速度很快，FRP在土木工程中应用的基础研究已经引起了科研工作者的极大兴趣和广泛重视，并得到了多方的赞助和支持。目前，我国已编制并颁布了中国工程建设标准化协会标准《碳纤维片材加固混凝土结构技术规程》，FRP国家规范正在编制之中。

22.2 FRP 材 料

22.2.1 FRP材料的组成

FRP是一种复合材料，主要由纤维丝、树脂以及添加剂等成分组成，它们是影响FRP

的物理、化学及力学性能的主要因素。

1）纤维丝

FRP是由多股连续纤维通过基底材料胶合后，再经过特制的模具挤压、拉拔而成型。纤维在FRP中起加劲作用，是受力主体。纤维材料多种多样，有碳纤维、芳纶纤维、玻璃纤维、聚乙烯纤维、硼纤维等。其中，碳纤维、芳纶纤维和玻璃纤维是应用最广泛的三种纤维。

(1) 碳纤维（Carbon fiber)。碳纤维通常由有机纤维在惰性气体中经高温碳化而成，按原丝类型主要分为聚丙烯腈基（PAN基）和沥青基两类。PAN基碳纤维是由丙烯腈单体聚合而成的一种合成纤维，它不但强度高，弹模也比较高；沥青基碳纤维由聚氯乙烯沥青制成，其最大特点是高弹模，而强度相对较低。目前的CFRP制品多数采用PAN基作为原丝。碳纤维的主要优点是轻质、高强、高弹模、耐疲劳以及在潮湿环境和化学环境下具有优越的耐腐蚀性能；其主要缺点是极限延伸率相对较小。另外，碳纤维的传热和导电性能好。

(2) 芳纶纤维（Aramid fiber)。芳纶纤维是人造有机纤维，由苯二甲酸和苯二胺化合而成。芳纶纤维除具有轻质、高强、耐腐蚀、耐疲劳等优良性能外，还具有很好的受拉韧性，且其极限延伸率比碳纤维高，因此具有良好的抗冲击性能。但是，芳纶纤维的弹性模量和抗拉强度均比碳纤维的低，且其松弛率较大，尤其是在潮湿环境中。此外，紫外线直接照射会降低芳纶纤维的力学性能。另外，芳纶纤维是低导电和非磁性的。

(3) 玻璃纤维（Glass fiber)。玻璃纤维是应用领域最广泛的一种纤维，其中最大的用途是用于制造玻璃钢制品。E-glass和S-glass是应用较多的两种纤维，前者的强度和弹模较低，但价格也比较低廉；后者的强度较高，弹模和极限延伸率也大，并且耐酸性能好于E型玻璃纤维，但价格相对较高。玻璃纤维的最大优点是制造成本低，强度较高，绝缘性能好。缺点是弹性模量低，且在碱性环境、潮湿环境、长期荷载作用或循环荷载作用下性能有较大降低。

以上三种纤维的主要性能指标见表22-1。

各种纤维的主要性能 表22-1

性能	碳纤维	芳纶纤维	玻璃纤维
抗拉强度（MPa)	≈4410	≈2840	≈2350
弹性模量（$\times10^3$MPa)	≈230	≈109	≈69
极限延伸率（%）	≈1.9	≈2.4	≈4.0
密度	≈1.8	≈1.45	≈2.54
导电率（Ω-cm）	$\approx5.0\times10^{6}$	$\approx8.8\times10^{14}$	$\approx1.0\times10^{15}$

2）树脂

FRP的另一个重要部分是树脂。树脂主要起黏结和传递剪力的作用，将纤维束结成整体，既能保护纤维免受机械破坏和化学腐蚀，又能使纤维整体受力，给纤维丝提供横向支撑。树脂有热固性树脂和热塑性树脂两大类，目前，大部分FRP中所使用的均为热固性树脂。最常用的是环氧树脂，也有的用聚乙烯树脂、聚酯树脂、聚酰胺树脂等。

环氧树脂与纤维的黏结性能良好，能抵抗化学腐蚀和溶解，在固化过程中，无副产物产生，收缩率小。乙烯基树脂的耐碱最好，而聚酯树脂是不耐碱的。

3）添加剂

为改善树脂的物理和化学性能，通常在树脂基体中加入一些添加剂。如加入稀释剂来降低环氧树脂配方体系的黏度，改善工艺性能，加入增韧剂来提高树脂的韧性和抗冲击性，加入填料来降低胶体的收缩率和耐热性能，加入某些偶联剂可改善树脂的耐湿热老化性能。

22.2.2 FRP产品形式与生产工艺

1）FRP片材

FRP片材包括FRP布和FRP板。FRP布是目前结构工程中应用最广泛的FRP制品，它是由连续的长纤维编织而成，通常是单向纤维布，且使用前不浸润树脂，施工时用树脂浸润粘贴，主要用于结构的加固，也可用作生产其他FRP制品的原料。FRP板是将纤维在工厂经过平铺、浸润树脂、固化成型制成，施工中再用树脂粘贴。FRP布一般只能承受单向拉伸作用，FRP板可以承受纤维方向的拉压作用，但在垂直纤维方向的强度和弹性模量很低。

2）FRP棒材

FRP棒材包括FRP索和FRP筋。FRP索是将连续的长纤维单向编织成绳索状，再用树脂浸润固化而制成，其外形可分为绞线状和发辫状；FRP筋是将连续纤维丝通过基底材料进行浸渍胶合后，经拉挤成型技术和必要的表面处理而制成，其外形可分为光圆状和变形状。一般来说，纤维含量越高，FRP筋强度越高，但挤拉成型愈困难，典型的FRP筋纤维体积百分比约为60％～65％。FRP棒材可用于混凝土中代替普通钢筋，也可用作预应力筋，各种FRP筋与钢筋、钢绞线的性能对比见表22-2。

各种FRP筋与钢筋、钢绞线的性能对比 表22-2

材料特性＼材料种类	CFRP筋	AFRP筋	GFRP筋	普通钢筋	钢绞线
密度（10^3kg/m^3）	1.5～1.6	1.25～1.4	1.5～2.0	7.85	7.85
抗拉极限强度（MPa）	1600～2600	1200～2100	600～1700	370～600	1730～2190
屈服强度（MPa）	/	/	/	235～400	1470～1860
受拉弹性模量（MPa）	147～165	49～125	42～56	200	195
极限延伸率（%）	1.0～1.6	1.9～4.4	1.2～3.1	>10.0	>4.0
轴向温度膨胀系数（/℃）	0.68	−6.0～−2.0	8.0～10.0	12	12
横向温度膨胀系数（10^{-6}/℃）	25	30	23	12	12
应力松弛率（%）	2～3	7～15	10	/	3

3）FRP型材

FRP型材包括格栅型、管型、蜂窝型等。FRP格栅是将长纤维束按照一定的间距相互垂直交叉编织，再用树脂浸润固化而成，包括FRP平面格栅和FRP立体格栅。FRP格栅可以用于代替钢筋网片或钢筋笼。FRP管是将连续纤维束或纤维织物浸渍树脂后，按照一定的规律缠绕到芯模（或衬胆）表面，再经固化而成。FRP管可以承受很大的内压，可直接用作管道，也可在管内填充混凝土用作柱、桩，甚至梁等。FRP蜂窝板由上下面的FRP板和夹心材料组成，故也称作夹心板，它充分利用了面层FRP材料强度，有很高的强度重量比和刚度重量比。FRP蜂窝板的生产成型方法主要由两种：一次成型法和二次成型法，一次成型法又有真空树脂传递模塑法和手糊法两种工艺；二次成型主要是采用型材黏结。FRP夹心板目前在桥梁工程中主要用于制作FRP桥面板。

22.2.3 FRP材料的特点

1）FRP材料的优点

（1）轻质高强。FRP顺纤维向抗拉强度高，FRP筋材的强度一般为900～2400 MPa，而比重很小，仅为钢材1/4～1/5，因而具有很高的比强度。采用FRP材料可大大减轻结构自重，方便施工。在桥梁工程中，采用FRP结构或FRP组合结构作为上部结构可显著提高桥梁的承载效率和跨越能力。悬索桥的跨越能力最大，理论上，用传统材料建造的悬索桥极限跨度在5000m以内，而FRP悬索桥的极限跨度可达8000m以上。

（2）耐腐蚀。FRP材料具有良好的耐腐蚀性，可以在酸、碱、氯盐和潮湿的环境中抵抗化学腐蚀，这是传统结构材料难以相比的。目前在化工建筑、地下工程和水下特殊工程中，FRP材料耐腐蚀的优点已经得到实际工程的证明。一些国家的寒冷地区和近海地区已经开始在桥梁、建筑中采用FRP结构替代传统结构，以抵抗除冰盐和大气中氯离子的腐蚀，使得结构的维护费用和维护周期都将大大降低。

（3）可设计性好。FRP材料是一种人工复合材料，其性能可根据需要进行设计，通过使用不同的纤维种类、控制纤维的含量和铺设不同的方向，可设计出各种强度和弹性模量的FRP制品，如由玻璃纤维芯和碳纤维表层制作成FRP筋材和管材，以及在受力大的部位涂敷CFRP层的GFRP型材等。此外，FRP产品成型方便，形状可根据需要灵活设计。

（4）耐疲劳、减振性能好。FRP筋的疲劳性能显著优于钢筋，其自振频率较高，可避免早期共振，同时其内阻也较大，一旦激起振动，衰减也快。因而特别适用于易产生振动疲劳破坏的构件或结构中，如用作斜拉索、体外索、吊索等。

（5）无磁性，绝缘、隔热、热胀系数小等。各种FRP制品具有一些特殊的优势，这使得FRP结构或FRP组合结构在一些特殊场合下能够发挥难以替代的作用。

2）FRP材料的缺点

（1）抗剪强度较低。FRP材料的剪切强度和层间剪切强度相近，为其抗拉强度的5%～20%，而金属的剪切强度约为其抗拉强度的50%。这使得FRP构件的连接成为突出问题。当FRP筋用作预应力筋时，其锚固比高强钢丝或钢绞线困难许多，须研制专门的锚具。对于FRP结构或FRP组合结构，其连接部位将是整体结构的薄弱环节，应合理设计连接部位，一般适合采用榫接或销接方式，且应尽量减少连接部位。

（2）弹性模量相对较低。FRP型材的弹性模量一般较低，在FRP结构设计中要充分考虑这个特点，应尽量使用几何刚度来弥补材料刚度的不足，也可采用FRP组合结构达到刚度要求。

（3）材料各向异性。FRP材料通常表现为各向异性，纤维方向的强度和弹模较高，而垂直纤维方向的强度和弹模很低。由于FRP材料各向异性，在受力上将有一些不同于传统结构材料的现象，如拉伸翘曲现象，这就加大了FRP结构和FRP组合结构的设计难度，需要对两个方向分别进行设计。

(4) 热稳定性差，不耐火。FRP的临界温度为300℃左右，而且部分树脂有可燃性，因此不适宜于高温环境中。但通过改变树脂的组分，如在树脂中掺入阻燃剂，可改善FRP的抗火性能。

实际上，各种FRP材料的优缺点是存在差异的，以FRP筋为例的比较见表22-3。

各种纤维筋的性能比较　　表22-3

纤维筋种类＼性能	密度	抗拉强度	弹性模量	极限延伸率	柔韧性	耐腐蚀性	疲劳性能	松弛	蠕变	材料价格
CFRP筋	良	优	良	差	差	优	优	优	优	差
AFRP筋	低	良	差	良	一般	良	良	差	一般	差
GFRP筋	良	良	差	一般	一般	一般	一般	差	差	优

3) FRP材料的其他特点

1) 应力—应变曲线始终为线弹线，没有明显的屈服台阶。FRP的弹性性能好，在发生较大变形后还能恢复原状，这对于承受较大动载和冲击荷载的结构比较有利；但由于无塑性和延伸率小，导致FRP结构的延性较差。

(2) 温度膨胀系数低。当结构为全FRP时，温度膨胀系数低有利于减小温度应力，但用作增强筋用于混凝土中时，在温差变化较大的环境下有可能造成黏结破坏和混凝土开裂。

(3) 某些FRP制品成本较高。GFRP制品的成本较低，但CFRP制品生产成本普遍较高，AFRP次之。CFRP和AFRP目前材料价格较高，这主要是由于CFRP结构和AFRP结构目前还处在验证阶段，应用量不大。随着它们的大力推广应用，其生产规模将逐渐扩大，势必使生产成本逐渐降低。此外，若从结构整个使用周期的费用来看，由于FRP耐腐蚀，FRP结构的日常维护费用将大大降低，尤其在一些使用环境恶劣的地方，FRP结构或FRP组合结构的经济性相当明显。

22.3　FRP工程应用

22.3.1　FRP片材的工程应用

FRP片材主要用于混凝土结构的加固。由于CFRP片材具有更高的强度和弹模，因此CFRP片材加固应用最广泛。与传统加固方法相对，粘贴FRP片材加固技术的优势主要体现于：高效地提高构件或结构的承载力、有很强的抗腐蚀性能、很少增加构件的自重和断面尺寸、施工方便以及适用面广等。FRP片材用于混凝土结构的加固形式主要有受弯加固、受剪加固及抗震加固等。

1) 受弯加固

受弯加固是在梁、板构件的受拉面粘贴FRP片材，粘贴时纤维方向与构件轴向一致，利用FRP片材受拉来提高构件受弯承载力。FRP布材和FRP板材均可用于受弯加固，布材在使用前不浸润，而仅在施工过程中才予以浸润。从国际使用情况看，其使用量最大，用量每年达 200 万平方米以上，且技术最成熟。美、日、加、西欧等国均已有了相应规范。板材在使用前即已浸润树脂，使其固化成板状，施工中再用树脂将其粘贴于结构表面，类似于粘贴钢板的工艺，其使用量较小，但板材（如 CFRP）的利用效率系数较高，对于 T 梁的肋底抗拉补强更合适，故近年使用量也有增长。

粘贴 FRP 片材的加固设计方法仍采用极限状态设计法，只是片材在极限状态时的应力应根据构件相应极限状态时所达到的应变，按线弹性应力-应变关系确定。此外，采用粘贴碳纤维片材进行结构加固修复时，宜尽量卸除结构上的荷载作用。当不能完全卸载进行加固时，应考虑结构二次受力的影响。

由于 FRP 强度高，用于普通混凝土结构中其强度常常不能充分发挥，为了充分利用 FRP 的高强特性，对其施加预应力显然是一种有效的手段，这样不仅可以充分利用 FRP 的材料特性，又能有效减小 FRP 混凝土梁的挠度，还可以推迟裂缝的出现和减少裂缝开展的宽度。目前，采用预应力 FRP 片材的加固方法正处在研究阶段。

2）受剪加固

在梁侧面粘贴 FRP 片材（主要是 CFRP 片材）进行受剪加固，可有效地提高梁的抗剪承载力并能恢复梁剪切开裂后的刚度。粘贴时纤维方向宜与构件轴向垂直，粘贴形式主要有封闭粘贴、U 形粘贴、侧面粘贴（图 22-1a），应优先采用封闭粘贴形式；对 FRP 板材，可采用双 L 形板形成 U 形粘贴形式。当片材采用条带布置时，其净间距 S_{cf} 不应大于现行国家规范规定的最大箍筋间距的 0.7 倍；对于 U 形粘贴形式，宜在上端粘贴纵向碳纤维片材压条；对侧面粘贴形式，宜在上、下端粘贴纵向碳纤维片材压条（图 22-1b）。

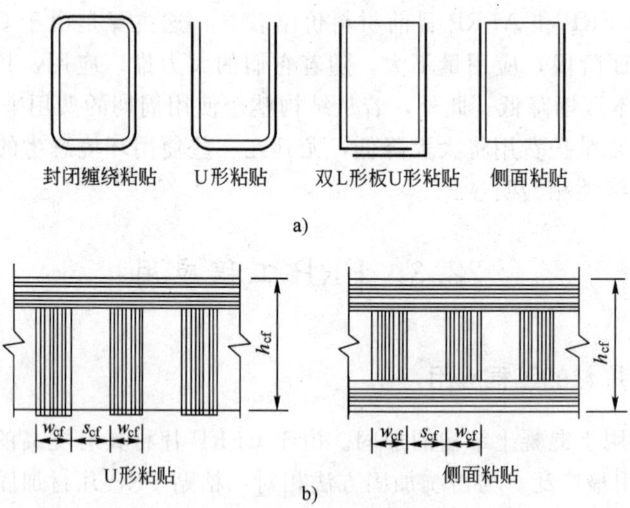

图 22-1　碳纤维片材的抗剪加固方式

a）粘贴方式；b）U 形粘贴和侧面粘贴加纵向压条

影响 FRP 抗剪加固效果的主要因素有加固形式、锚固方式、加固量及纤维方向等，加固后的破坏模式有斜拉破坏、弯曲破坏、剥离破坏和 FRP 拉断破坏四种，很多情况下是多种破坏模式的组合。破坏模式取决于黏结性能、锚固长度、端部粘贴方式及 FRP 厚度等因素。

3）抗震加固

采用封闭式粘贴形成约束混凝土对柱进行抗震加固，可恢复受损结构承载力和改善抗震性能。抗震加固时，片材在箍筋加密区宜连续布置。片材两端应采用搭接或可靠连接措施形成封闭形式，片材条带的搭接长度不应小于150mm，各条带搭接位置应相互错开。

FRP布约束混凝土是一种被动约束，随着混凝土轴向压力的增大，横向膨胀促使外包FRP环向伸长，产生侧向约束力。约束机制取决于两个因素：混凝土横向膨胀性能与外包FRP的环向刚度。FRP约束混凝土表现出两阶段受力过程：第一阶段，混凝土处于类似素混凝土的线弹性阶段，FRP环向应变很小，分界点在素混凝土抗拉强度附近；第二阶段，柱刚度降低，FRP环向应变显著增长，环向约束力线性增加，混凝土强度大大提高，延性显著增强。

22.3.2 FRP棒材的工程应用

FRP棒材的工程应用可归纳为以下几个方面：用作新建RC结构中的增强筋；用作新建PC结构的体内预应力筋；用作新建PC结构或既有结构的体外预应力筋；用作缆索承重结构的主要受力构件。

1）用作新建RC结构中的增强筋

将FRP筋用作增强筋来替代普通钢筋，主要适用于环境相当恶劣的条件下，从而根本解决钢筋锈蚀问题，提高结构的耐久性，如用作非预应力梁或桥面板中的主要受力筋。

由于FRP筋的弹性模量较低，应力—应变曲线为线弹线，以及FRP筋与混凝土黏结性能相比普通钢筋存在差异，导致FRP筋混凝土结构的延性、极限承载力及裂缝开展等与普通钢筋混凝土结构不同，鉴此，一些高校和科研机构开展了相关的试验研究，并且投入了实际应用。美国第一座采用CFRP筋的桥梁为密西根州的布里奇街桥（Bridge Street Bridge），主梁及桥面板中的非预应力筋分别采用了CFRP直线筋和网格筋。

2）用作新建PC结构的体内预应力筋

为了充分利用FRP筋的高强特性，对FRP筋施加预应力显然是一种有效的手段，这样不仅可以充分利用FRP筋的材料特性，又能有效提高FRP筋混凝土梁的抗裂度和刚度。预应力FRP筋的应用形式包括有黏结预应力筋和无黏结预应力筋，而前者的预应力又可以采用先张法施加或后张法施加。

由于FRP筋为线弹线材料，其弹性模量和极限应变与高强钢材有别，因此预应力FRP筋混凝土的受力性能与预应力钢筋混凝土的也有所不同，需要进行系统的研究。此外，由于FRP抗剪强度低，其锚固是用作预应力筋时的一大难题，虽然目前国际上已开发出了多种形式的FRP筋锚具，但远不如高强钢筋的锚固技术成熟。

日本是第一个在混凝土桥中应用CFRP绞线和AFRP筋作为预应力筋的国家。从1989～1992年四年期间，日本大力发展了应用FRP材料作为混凝土桥预应力筋的必要技术，不同类型FRP筋性能的试验研究以及所需锚固体系都已完成，并且，为了检测FRP筋混凝土构件的承载力和耐久性，完成了静载及疲劳试验。这些结果被用于制定FRP筋预应力混凝土桥设计和施工指南。1989年，CFRP作为预应力筋第一次应用于日本九州县石智川桥上，该桥是一座两跨简支预应力混凝土公路桥，一孔为18.25m先张梁，另一孔为17.55m后张梁，其中在后张梁中应用了 8 根由 Φ 8mmCFRP 棒组成的复合力筋。

3）用作新建 PC 结构或既有结构的体外预应力筋

当既有混凝土结构需要采用 FRP 筋加固，或者新建结构的截面不易布置过多的体内预应力筋时，常采用体外预应力技术。将 FRP 筋作为体外预应力筋，不必担心锈蚀，可充分发挥 FRP 筋的优越性，是很有发展前景的结构形式。

由于 FRP 筋的弹性模量和极限延伸率相对较低，体外预应力 FRP 筋混凝土结构又表现出自身的特点，而其横向抗剪强度低、不易弯折的缺点所带来的问题更需研究解决。当前的相关研究主要以试验为主，还很少投入实际应用，上文提到的美国布里奇街桥就同时采用了体内索和体外索。

4）用作缆索承重结构的主要受力构件

在缆索承重桥（包括悬索桥、斜拉桥、系杆拱桥）中，主缆、斜拉索及吊杆等缆索一般布置在梁体外部，且长期处于高应力状态，对锈蚀等外界侵害比较敏感。为提高缆索的耐久性，除了加强防护措施外，如能采用耐久性和疲劳性都优良的 FRP 筋，可望从根本上解决这一问题。此外，FRP 筋的比强度为高强钢丝（绞线）的 5 倍左右，如采用 FRP 筋作主缆或拉索，可大大提高桥梁的承载效率和跨越能力。

当前，世界各国包括瑞士、日本、丹麦、美国、中国等均竞相开展 CFRP 用于斜拉桥和悬索桥的研究，瑞士学者和日本学者分别提出了主跨 8400m 的 CFRP 斜拉桥方案和主跨 5000m 的 CFRP 悬索桥方案，特别在斜拉桥研究领域，已有不少中、小跨径的 CFRP 斜拉桥应用实例。国内首座 CFRP 索斜拉桥由东南大学主持研究和设计，并于 2005 年在江苏大学校园内建成，如图 22-2。

图 22-2　江苏大学 CFRP 索斜拉桥（中国）

22.3.3　FRP 型材的工程应用

FRP 型材的种类繁多，用途也各异，下面主要介绍 FRP 格栅、FRP 蜂窝板及 FRP 管的应用。

1）FRP 格栅的应用

FRP 格栅主要用于在恶劣环境条件下替代钢筋网片，如用作桥面板中的增强筋网片，可以抵抗化冰盐的侵蚀。

2）FRP 蜂窝板的应用

解决桥面板中钢筋的锈蚀问题的另一方案是直接采用 FRP 桥面板。FRP 桥面板重量轻，一方面方便施工，另一方面可大大减轻二期恒载自重，从而提高结构跨越能力。FRP 桥面板的基本结构主要有两种形式：一种是夹芯板结构；另一种是拉挤型材黏合结构。夹芯板结构可设计性好，可设计制造各种不同厚度、不同截面形状尺寸及不同强度要求的桥面板，尤其是可以方便地形成组合结构，但这种结构生产成本较高，结构的连接和固定性能差等。拉挤型材具有可以连续生产，生产效率高，原材料浪费少，整体性和截面形状一致性好，型材长度不受限制等优点，是目前国际上主要采用的桥面板结构形式。但生产拉挤型材的设备初期投资十分昂贵，且型材截面形状和尺寸受到设备限制。各种拉挤型桥面板如图 22-3 所示。

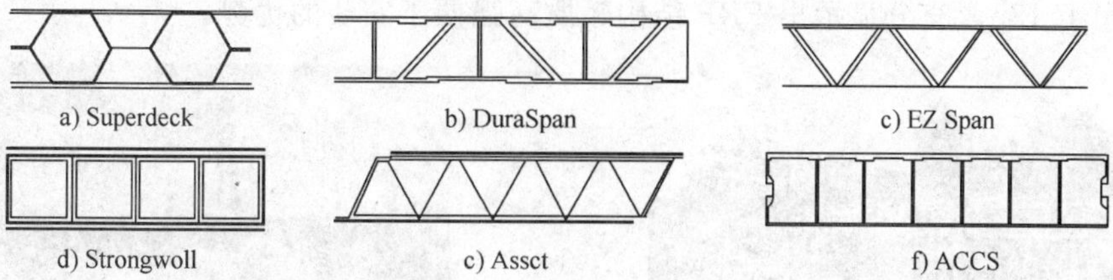

图 22-3 拉挤型桥面板类型

FRP 蜂窝板的另一用途是与混凝土形成组合结构，通过组合作用使处于上部的混凝土受压，下部的 FRP 受拉，而且可以将轻质的 FRP 构件作为永久性模板，方便施工。FRP 组合结构的关键是保证 FRP 与混凝土协同工作，一些学者采用树脂粘贴的方式将混凝土和 FRP 构件组合在一起，而另一些学者则采用传统的销钉作为剪力连接件，将混凝土与 FRP 构件组合在一起。

3）FRP 管的应用

在 FRP 管中填充混凝土，形成 FRP 管混凝土组合结构，其不仅具有很好的耐久性，而且 FRP 管可以充当模板，提高施工速度，因而在结构工程中得到广泛的应用，如用作桩、柱，甚至梁。世界各国学者对于 FRP 管约束混凝土的基本受力性能、施工过程中及长期工作状态下的受力性能以及 FRP 管中纤维种类和缠绕角度都有深入的研究。还有一些学者对 FRP 管混凝土构件进行了改进，如在 FRP 管内设置 FRP 肋，从而加强 FRP 管局部稳定性，还有在 FRP 管中心放置泡沫塑性圆柱，浇筑混凝土后形成环形截面，减小自重，提高构件抗弯能力。

22.3.4 全 FRP 结构

全 FRP 结构具有自重轻、耐久性好、施工安装方便等优点，桥梁工程师首先在人行天桥上尝试采用全 FRP 结构。我国四川省内首先建成了多座 FRP 人行桥，1988 年建成的重庆陈家湾桥，为空间刚构体系，采用 3 跨 GFRP 连续梁。此外，在香港、深圳、新疆等地都有应用 FRP 结构的人行天桥相继建成，FRP 结构在我国的人行天桥中得到大量应用。

国外已建成多座全 FRP 斜拉桥，不仅主梁采用 FRP 结构，而且斜拉索也采用 FRP 棒材。1992 年，英国苏格兰的 Aberfeldy 高尔夫俱乐部的球场中，建成了一座全 FRP 人行斜拉桥见图 22-4。该桥全长 113m、主跨 63m、宽 2.2m，双塔双索面斜拉体系。塔、梁、桥面板和扶手都采用箱形截面的 GFRP 拉挤型材，斜拉桥为 AFRP 索。全桥造价 20 万美元，只为传统材料桥梁一半左右，获得了很好的经济效益和社会效益，此后在欧洲许多国家都开始修建全 FRP 结构人行天桥；日本于

图 22-4 苏格兰 Aberfeldy 桥（英国）

1996年建成了全长20m的试验性质的CFRP人行斜拉桥，如图22-5所示；丹麦于1999年建成40m+40m的全CFRP人行斜拉桥，如图22-6所示，该桥整座桥梁都在工厂生产，现场安装只用了18h，充分显示出FRP结构轻质高强便于安装的优势。

图22-5 PWRI复合材料斜拉桥（日本）

图22-6 Herning桥（丹麦）

本章小结

本章介绍了FRP材料的组成、产品形式、性能特点以及各种FRP材料在工程中的应用形式。对于学习本章的要求，仅限于了解FRP材料的类型、性能特点和在工程中的应用形式。

附　表

混凝土强度标准值和设计值（MPa）　　附表 1-1

强度种类		符号	混凝土强度等级												
			C20	C25	C30	C35	C40	C45	C50	C55	C60	C65	C70	C75	C80
强度标准值	轴心抗压	f_{ck}	13.4	16.7	20.1	23.4	26.8	29.6	32.4	35.5	38.5	41.5	44.5	47.4	50.2
	轴心抗压	f_{tk}	1.54	1.78	2.01	2.20	2.40	2.51	2.65	2.74	2.85	2.93	3.0	3.05	3.10
强度设计值	轴心抗压	f_{cd}	9.2	11.5	13.8	16.1	18.4	20.5	22.4	24.4	26.5	28.5	30.5	32.4	34.6
	轴心抗压	f_{td}	1.06	1.23	1.39	1.52	1.65	1.74	1.83	1.89	1.96	2.02	2.07	2.10	2.14

注：计算现浇钢筋混凝土轴心受压和偏心受压构件时，如截面的长边或直径小于 300mm，表中混凝土强度设计值应乘以系数 0.8；当构件质量（混凝土成型、截面和轴线尺寸等）确有保证时，可不受此限。

混凝土的弹性模量（$\times 10^4$ MPa）　　附表 1-2

混凝土强度等级	C20	C25	C30	C35	C40	C45	C50	C55	C60	C65	C70	C75	C80
E_c	2.55	2.80	3.00	3.15	3.25	3.35	3.45	3.55	3.60	3.65	3.70	3.75	3.80

注：1. 混凝土剪变模量 G_c 按表中数值的 0.4 倍采用。

2. 对高强混凝土，当采用引气剂及较高砂率的泵送混凝土且无实测数据时，表中 C50～C80 的 E_c 值应乘折减数 0.95。

普通钢筋强度标准值和设计值（MPa）　　附表 1-3

钢筋种类	直径 d（mm）	符号	抗拉强度标准值 f_{sk}	抗拉强度设计值 f_{sd}	抗压强度设计值 f'_{sd}
R235	8～20	Φ	235	195	195
HRB335	6～50	Φ	335	280	280
HRB400	6～50	Φ	400	330	330
KL400	8～40	Φ^{R}	400	330	330

注：1. 表中 d 系指国家标准中的钢筋公称直径。

2. 钢筋混凝土轴心受拉和小偏心受拉构件的钢筋抗拉强度设计值大于 330MPa 时，仍应取用 330MPa。

3. 构件中有不同种类钢筋时，每种钢筋应采用各自的强度设计值。

普通钢筋的弹性模量（$\times 10^5$ MPa）　　附表 1-4

钢 筋 种 类	弹 性 模 量	钢 筋 种 类	弹 性 模 量
R235	2.1	HRB335、HRB400、KL400	2.0

钢筋混凝土受弯构件单筋矩形截面承载力计算用表　附表 1-5

ξ	A_0	ξ_0	ξ	A_0	ξ_0
0.01	0.010	0.995	0.34	0.282	0.830
0.02	0.020	0.990	0.35	0.289	0.825
0.03	0.030	0.985	0.36	0.295	0.820
0.04	0.039	0.980	0.37	0.301	0.815
0.05	0.048	0.975	0.38	0.309	0.810
0.06	0.058	0.970	0.39	0.314	0.805
0.07	0.067	0.965	0.40	0.320	0.800
0.08	0.077	0.960	0.41	0.326	0.795
0.09	0.085	0.955	0.42	0.332	0.790
0.10	0.095	0.950	0.43	0.337	0.785
0.11	0.104	0.945	0.44	0.343	0.780
0.12	0.113	0.940	0.45	0.349	0.775
0.13	0.121	0.935	0.46	0.354	0.770
0.14	0.130	0.930	0.47	0.359	0.765
0.15	0.139	0.925	0.48	0.365	0.760
0.16	0.147	0.920	0.49	0.370	0.755
0.17	0.155	0.915	0.50	0.375	0.750
0.18	0.164	0.910	0.51	0.380	0.745
0.19	0.172	0.905	0.52	0.385	0.740
0.20	0.180	0.900	0.53	0.390	0.735
0.21	0.188	0.895	0.54	0.394	0.730
0.22	0.196	0.890	0.55	0.399	0.725
0.23	0.203	0.885	0.56	0.403	0.720
0.24	0.211	0.880	0.57	0.408	0.715
0.25	0.219	0.875	0.58	0.412	0.710
0.26	0.226	0.870	0.59	0.416	0.705
0.27	0.234	0.865	0.60	0.420	0.700
0.28	0.241	0.860	0.61	0.424	0.695
0.29	0.248	0.855	0.62	0.428	0.690
0.30	0.255	0.850	0.63	0.432	0.685
0.31	0.262	0.845	0.64	0.435	0.680
0.32	0.269	0.840	0.65	0.439	0.675
0.33	0.275	0.835			

普通钢筋截面面积、重量表

附表 1-6

公称直径（mm）	在下列钢筋根数时的截面面积（mm^2）									重量（kg/m）	带肋钢筋	
	1	2	3	4	5	6	7	8	9		计算直径（mm）	外径（mm）
6	28.3	57	85	113	141	170	198	226	254	0.222	6	7.0
8	50.3	101	151	201	251	302	352	402	452	0.395	8	9.3
10	78.5	157	236	314	393	471	550	628	707	0.617	10	11.6
12	113.1	226	339	452	566	679	792	905	1018	0.888	12	13.9
14	153.9	308	462	616	770	924	1078	1232	1385	1.21	14	16.2
16	201.1	402	603	804	1005	1206	1407	1608	1810	1.58	16	18.4
18	254.5	509	763	1018	1272	1527	1781	2036	2290	2.00	18	20.5
20	314.2	628	942	1256	1570	1884	2200	2513	2827	2.47	20	22.7
22	380.1	760	1140	1520	1900	2281	2661	3041	3421	2.98	22	25.1
25	490.9	982	1473	1964	2454	2945	3436	3927	4418	3.85	25	28.4
28	615.8	1232	1847	2463	3079	3695	4310	4926	5542	4.83	28	31.6
32	804.2	1608	2413	3217	4021	4826	5630	6434	7238	6.31	32	35.8

在钢筋间距一定时板每米宽度内钢筋截面积（mm^2）

附表 1-7

钢筋间距（mm）	钢筋直径（mm）									
	6	8	10	12	14	16	18	20	22	24
70	404	718	1122	1616	2199	2873	3636	4487	5430	6463
75	377	670	1047	1508	2052	2681	3393	4188	5081	6032
80	353	628	982	1414	1924	2514	3181	3926	4751	5655
85	333	591	924	1331	1811	2366	2994	3695	4472	5322
90	314	559	873	1257	1711	2234	2828	3490	4223	5027
95	298	529	827	1190	1620	2117	2679	3306	4001	4762
100	283	503	785	1131	1539	2011	2545	3141	3801	4524
105	269	479	748	1077	1466	1915	2424	2991	3620	4309
110	257	457	714	1028	1399	1828	2314	2855	3455	4113
115	246	437	683	984	1339	1749	2213	2731	3305	3934
120	236	419	654	942	1283	1676	2121	2617	3167	3770
125	226	402	628	905	1232	1609	2036	2513	3041	3619
130	217	387	604	870	1184	1574	1958	2416	2924	3480
135	209	372	582	838	1140	1490	1885	2327	2816	3351
140	202	359	561	808	1100	1436	1818	2244	2715	3231
145	195	347	542	780	1062	1387	1755	2166	2621	3120
150	189	335	524	754	1026	1341	1697	2084	2534	3016
155	182	324	507	730	993	1297	1642	2027	2452	2919
160	177	314	491	707	962	1257	1590	1964	2376	2828
165	171	305	476	685	933	1219	1542	1904	2304	2741

续上表

钢筋间距 (mm)	钢筋直径(mm)									
	6	8	10	12	14	16	18	20	22	24
170	166	296	462	665	905	1183	1497	1848	2236	2661
175	162	287	449	646	876	1149	1454	1795	2172	2585
180	157	279	436	628	855	1117	1414	1746	2112	2513
185	153	272	425	611	832	1087	1376	1694	2035	2445
190	149	265	413	595	810	1058	1339	1654	2001	2381
195	145	258	403	580	789	1031	1305	1611	1949	2320
200	141	251	393	565	769	1005	1272	1572	1901	2262

普通钢筋和预应力直线形钢筋最小混凝土保护层厚度(mm)　　附表 1-8

序号	构件类别	环境条件		
		I	II	III、IV
1	基础、桩基承台(1)基坑底面有垫层或侧面有模板(受力钢筋) (2)基坑底面无垫层或侧面无模板	40 60	50 75	60 85
2	墩台身、挡土结构、涵洞、梁、板、拱圈、拱上建筑(受力钢筋)	30	40	45
3	人行道构件、栏杆(受力钢筋)	20	25	30
4	箍筋	20	25	30
5	缘石、中央分隔带、护栏等行车道构件	30	40	45
6	收缩、温度、分布、防裂等表层钢筋	15	20	25

注:1. 对于环氧树脂涂层钢筋,可按环境类别I取用。
2. 后张法预应力混凝土锚具,其最小混凝土保护层厚度,I、II、III(IV)环境类别,分别为40、45及50mm。
3. 先张法预应力钢筋端部应加保护,不得外露。
4. I类环境是指非寒冷或寒冷地区的大气环境,与无侵蚀性的水或土接触的环境条件。
II类环境是指严寒地区的大气环境,与无侵蚀性的水或土接触的环境;使用除冰盐环境;滨海环境条件。
III类环境是指海水环境。
IV类环境是受人为或自然侵蚀性物质影响的环境。

钢筋混凝土构件中纵向受力钢筋的最小配筋率(%)　　附表 1-9

受力类型		最小配筋百分率
受压构件	全部纵向钢筋	0.5
	一侧纵向钢筋	0.2
受弯构件、偏心受拉构件及轴心受拉构件的一侧受拉钢筋		0.2和$45f_{td}/f_{sd}$中较大值
受扭构件		$0.08f_{cd}/f_{sv}$(纯扭时),$0.08(2\beta_t-1)f_{cd}/f_{sv}$(剪扭时)

注:1. 受压构件全部纵向钢筋最小配筋百分率,当混凝土强度等级为C50及以上时不应小于0.6。
2. 当大偏心受拉构件的受压区配置按计算需要的受压钢筋时,其最配筋百分率不应小于0.2。
3. 轴心受压构件、偏心受压构件全部纵向钢筋的配筋率和一侧纵向钢筋(包括大偏心受拉构件的受压钢筋)的配筋百分率应按构件的毛截面面积计算;轴心受拉构件及小偏心受拉构件一侧受拉钢筋的配筋百分率应按构件毛截面面积计算;受弯构件、大偏心受拉构件的一侧受拉钢筋的配筋百分率为$100A_s/bh_0$,其中A_s为受拉钢筋截面积,b为腹板宽度(箱形截面为各腹板宽度之和),h_0为有效高度。
4. 当钢筋沿构件截面周边布置时,"一侧的受压钢筋"或"一侧的受拉钢筋"是指受力方向两个对边中的一边布置的纵向钢筋。
5. 对受扭构件,其纵向受力钢筋的最小配筋率为$A_{st,min}/bh$,$A_{st,min}$为纯扭构件全部纵向钢筋最小截面积,h为矩形截面基本单元长边长度,b为短边长度,f_{su}为箍筋抗拉强度设计值。

钢筋混凝土轴心受压构件的稳定系数 φ 　　附表 1-10

l_0/b	≤8	10	12	14	16	18	20	22	24	26	28
l_0/d	≤7	8.5	10.5	12	14	15.5	17	19	21	22.5	24
l_0/r	≤28	35	42	48	55	62	69	76	83	90	97
φ	1.0	0.98	0.95	0.92	0.87	0.81	0.75	0.70	0.65	0.60	0.56
l_0/b	30	32	34	36	38	40	42	44	46	48	50
l_0/d	26	28	29.5	31	33	34.5	36.5	38	40	41.5	43
l_0/r	104	111	118	125	132	139	146	153	160	167	174
φ	0.52	0.48	0.44	0.40	0.36	0.32	0.29	0.26	0.23	0.21	0.19

注：1. 表中 l_0 为构件计算长度，b 为矩形截面短边尺寸，d 为圆形截面直径，r 为截面最小回转半径。

2. 构件计算长度 l_0 的确定，两端固定为 $0.5l$；一端固定，一端为不移动的铰为 $0.7l$；两端均匀不移动的铰为 l；一端固定，一端自由为 2。

圆形截面钢筋混凝土偏压构件正截面抗压承载力计算系数 　　附表 1-11

ξ	A	B	C	D	ξ	A	B	C	D	ξ	A	B	C	D
0.20	0.3244	0.2628	−1.5296	1.4216	0.64	1.6188	0.6661	0.7373	1.6763	1.08	2.8200	0.2609	2.4924	0.5356
0.21	0.3481	0.2787	−1.4676	1.4623	0.65	1.6058	0.6651	0.8080	1.6343	1.09	2.8341	0.2511	2.5129	0.5204
0.22	0.3723	0.2945	−1.4074	1.5004	0.66	1.6827	0.6635	0.8766	1.5933	1.10	2.8480	0.2415	2.5330	0.5055
0.23	0.3969	0.3103	−1.3486	1.5361	0.67	1.7147	0.6615	0.9430	1.5534	1.11	2.8615	0.2319	2.5525	0.4908
0.24	0.4219	0.3259	−1.2911	1.5697	0.68	1.7466	0.6589	1.0071	1.5146	1.12	2.8747	0.2225	2.5716	0.4765
0.25	0.4473	0.3413	−1.2348	1.6012	0.69	1.7784	0.6559	1.0692	1.4769	1.13	2.8876	0.2132	2.5906	0.4624
0.26	0.4731	0.3566	−1.1796	1.6307	0.70	1.8102	0.6523	1.1294	1.4402	1.14	2.9001	0.2040	2.6084	0.4486
0.27	0.4992	0.3717	−1.1254	1.6584	0.71	1.8420	0.6483	1.1876	1.4045	1.15	2.9123	0.1949	2.6261	0.4351
0.28	0.5258	0.3865	−1.0720	1.6843	0.72	1.8736	0.6437	1.2440	1.3697	1.16	2.9242	0.1860	2.6434	0.4219
0.29	0.5526	0.4011	−1.0194	1.7086	0.73	1.9052	0.6386	1.2987	1.3358	1.17	2.9357	0.1772	2.6603	0.4089
0.30	0.5798	0.4155	−0.9675	1.7313	0.74	1.9367	0.6331	1.3517	1.3028	1.18	2.9469	0.1685	2.6767	0.3961
0.31	0.6073	0.4295	−0.9163	1.7524	0.75	1.9681	0.6271	1.4030	1.2706	1.19	2.9578	0.1600	2.6928	0.3836
0.32	0.6351	0.4433	−0.8656	1.7721	0.76	1.9994	0.6206	1.4529	1.2392	1.20	2.9684	0.1517	2.7085	0.3714
0.33	0.6631	0.4568	−0.8154	1.7903	0.77	2.0306	0.6136	1.5013	1.2086	1.21	2.9787	0.1435	2.7238	0.3594
0.34	0.6915	0.4699	−0.7657	1.8071	0.78	2.0617	0.6061	1.5482	1.1787	1.22	2.9886	0.1355	2.7387	0.3476
0.35	0.7201	0.4828	−0.7165	1.8225	0.79	2.0926	0.5982	1.5938	1.1496	1.23	2.9982	0.1277	2.7532	0.3361
0.36	0.7489	0.4952	−0.6676	1.8366	0.80	2.1234	0.5898	1.6381	1.1212	1.24	3.0075	0.1201	2.7675	0.3248
0.37	0.7780	0.5073	−0.6190	1.8494	0.81	2.1540	0.5810	1.6811	1.0934	1.25	3.0165	0.1126	2.7813	0.3137
0.38	0.8074	0.5191	−0.5707	1.8609	0.82	2.1845	0.5717	1.7228	1.0663	1.26	3.0252	0.1053	2.7948	0.3028
0.39	0.8369	0.5304	−0.5227	1.8711	0.83	1.2148	0.5620	1.7635	1.0398	1.27	3.0336	0.0982	2.8080	0.2922
0.40	0.8667	0.5414	−0.4749	1.8801	0.84	2.2450	0.5519	1.8029	1.0139	1.28	3.0417	0.0914	2.8209	0.2818
0.41	0.8966	0.5519	−0.4273	1.8878	0.85	2.2749	0.5414	1.8413	0.9886	1.29	0.0495	0.0847	2.8335	0.2715
0.42	0.9268	0.5620	−0.3798	1.8943	0.86	2.3047	0.5304	1.8786	0.9639	1.30	3.0569	0.0782	2.8457	0.2615
0.43	0.9571	0.5717	−0.3323	1.8996	0.87	2.3342	0.5191	1.9149	0.9397	1.31	3.0641	0.0719	2.8576	0.2517
0.44	0.9876	0.5810	−0.2850	1.9036	0.88	2.3636	0.5073	1.9503	0.9161	1.32	0.0709	0.0659	2.8693	0.2421
0.45	1.0182	0.5898	−0.2377	1.9065	0.89	2.3927	0.4952	1.9846	0.8930	1.33	0.0775	0.0600	2.8806	0.2327
0.46	1.0490	0.5982	−0.1903	1.9081	0.90	2.4215	0.4828	2.0181	0.8704	1.34	3.0837	0.0544	2.8917	0.2235

续上表

ξ	A	B	C	D	ξ	A	B	C	D	ξ	A	B	C	D
0.47	1.0799	0.6061	−0.1429	1.9084	0.91	2.4501	0.4699	2.0507	0.8483	1.35	3.0897	0.0490	2.9024	0.2145
0.48	1.1110	0.6136	−0.0954	1.9075	0.92	2.4785	0.4568	2.0824	0.8266	1.36	3.0954	0.0439	2.9129	0.2057
0.49	1.1422	0.6206	−0.0478	1.9053	0.93	2.5065	0.4433	2.1132	0.8055	1.37	3.1007	0.0389	2.9232	0.1970
0.50	1.1735	0.6271	0.0000	1.9018	0.94	2.5343	0.4295	2.1433	0.7847	1.38	3.1058	0.0343	2.9331	0.1886
0.51	1.2049	0.6331	0.0480	1.8971	0.95	2.5618	0.4155	2.1726	0.7645	1.39	3.1106	0.0298	2.9428	0.1803
0.52	1.2364	0.6386	0.0963	1.8909	0.96	2.5890	0.4011	2.2012	0.7446	1.40	3.1150	0.0256	2.9523	0.1772
0.53	1.2680	0.6437	0.1450	1.8834	0.97	2.6158	0.3865	2.2290	0.7251	1.41	3.1192	0.0217	2.9615	0.1643
0.54	1.2996	0.6483	0.1941	1.8744	0.98	2.6424	0.3717	2.2561	0.7061	1.42	3.1231	0.0180	2.9704	0.1566
0.55	1.3314	0.6523	0.2436	1.8639	0.99	2.6685	0.3566	2.2825	0.6874	1.43	3.1266	0.0146	2.9791	0.1491
0.56	1.3632	0.6559	0.2937	1.8519	1.00	2.6943	0.3413	2.3082	0.6692	1.44	3.1299	0.0115	2.9876	0.1417
0.57	1.3950	0.6589	0.3444	1.8381	1.01	2.7112	0.3311	2.3333	0.6513	1.45	3.1328	0.0086	2.9958	0.1345
0.58	1.4269	0.6615	0.3960	1.8226	1.02	2.7227	0.3209	2.3578	0.6337	1.46	3.1354	0.0061	3.0038	0.1275
0.59	1.4589	0.6635	0.4485	1.8052	1.03	2.7440	0.3108	2.3817	0.6165	1.47	3.1376	0.0039	3.0115	0.1206
0.60	1.4908	0.6651	0.5021	1.7856	1.04	0.7598	0.3006	2.4049	0.5997	1.48	3.1395	0.0021	3.0191	0.1140
0.61	1.5228	0.6661	0.5571	1.7636	1.05	2.7754	0.2906	2.4276	0.5832	1.49	3.1408	0.0007	3.0264	0.1075
0.62	1.5548	0.6666	0.6139	1.7387	1.06	2.7906	0.2806	2.4497	0.5670	1.50	3.1416	0.0000	0.0334	0.1011
0.63	1.5868	0.6666	0.6734	1.7103	1.07	2.8054	0.2707	2.4713	0.5512	1.51	3.1416	0.0000	0.0403	0.0950

预应力钢筋抗拉强度标准值（MPa） 附表 2-1（1）

钢筋种类			符号	直径（mm）	抗拉强度标准值 f_{pk}
钢绞线	1×2（2股）		ϕ^s	8.0、10.0	1470、1570、1720、1860
				12.0	1470、1570、1720
	1×3（3股）			8.6、10.8	1470、1570、1720、1860
				12.9	1470、1570、1720
	1×7（7股）			9.5、11.1、12.7	1860
				15.2	1720、1860
消除应力钢丝	光圆钢丝		ϕ^w	4、5	1470、1570、1670、1770
				6	1570、1670
	螺旋肋钢丝		ϕ^H	7、8、9	1470、1570
	刻痕钢丝		ϕ^I	5、7	1470、1570
精轧螺纹钢丝			JL	40	540
				18、25、32	540、785、930

注：表中 d 系指国家标准和企业标准中的钢绞线、钢丝和精轧螺纹钢筋的公称直径。

预应力钢筋抗拉、抗压强度设计值（MPa） 附表 2-1（2）

钢筋种类	抗拉强度标准值 f_{pk}	抗拉强度设计值 f_{pd}	抗压强度设计值 f_{pd}'
钢绞线 1*2（2股） 1*3（3股） 1*7（7股）	1470	1000	390
	1570	1070	
	1720	1170	
	1860	1260	
消除应力钢丝 螺旋肋钢丝	1470	1000	410
	1570	1070	
	1670	1140	
	1770	1200	
刻痕钢丝	1470	1000	410
	1570	1070	
精轧螺纹钢丝	540	450	400
	785	650	
	930	770	

预应力钢筋的弹性模量（$\times 10^5$ MPa） 附表 2-2

预应力钢筋种类	E_p
精轧螺纹钢筋	2.0
消除应力钢丝、螺旋肋钢丝、刻痕钢丝	2.05
钢绞线	1.95

钢绞线公称直径、截面面积及理论重量 附表 2-3

钢绞线种类	公称直径（mm）	公称截面积（mm^2）	每 1000m 的钢绞线理论重量（kg）
1×2	8	25.3	199
	10	39.5	310
	12	56.9	447
1×3	8.6	37.4	199
	10.8	59.3	465
	12.9	85.4	671
1×7 标准型	9.5	54.8	432
	11.1	74.2	580
	12.7	98.7	774
	15.2	139	1101
1×7 模拔型	12.7	112	890
	15.2	165	1295

钢丝公称直径、公称截面积及理论重量 附表 2-4

公称直径（mm）	公称横截面积（mm^2）	理论重量参考值（kg/m）
4.0	12.57	0.099
5.0	19.63	0.154
6.0	28.27	0.222
7.0	38.48	0.302
8.0	50.26	0.394
9.0	63.62	0.499

系数 k 和 μ 值 表 2-5

管道成型方式	k	μ	
		钢绞线、钢丝束	精轧螺纹钢筋
预埋金属波纹管	0.0015	0.20～0.25	0.50
预埋塑料波纹管	0.0015	0.14～0.17	—
预埋铁皮管	0.0030	0.35	0.40
预埋钢管	0.0010	0.25	—
抽心成型	0.0015	0.55	0.60

锚具变形、钢筋回缩和接缝压缩值（mm） 附表 2-6

锚具、接缝类型		Δl
钢丝束的钢制锥形锚具		6
夹片式锚具	有顶压时	4
	无顶压时	6
带螺母锚具的螺母缝隙		1
镦头锚具		1
每块后加垫板的缝隙		1
水泥砂浆接缝		1
环氧树脂砂浆接缝		1

预应力钢筋的预应力传递长度 l_{tr} 与锚固长度 l_a（mm） 附表 2-7

项　　次	钢 筋 种 类	混凝土强度等级	传递长度 l_{tr}	锚固长度 l_a
1	钢绞线 1×2、1×3 $\sigma_{pe}=1000$MPa $f_{fd}=1170$MPa	C30	$75d$	—
		C35	$68d$	—
		C40	$63d$	$115d$
		C45	$60d$	$110d$
		C50	$57d$	$105d$
		C55	$55d$	$100d$
		C60	$55d$	$95d$
		≥C65	$55d$	$90d$

续上表

项　次	钢筋种类	混凝土强度等级	传递长度 l_{tr}	锚固长度 l_a
1	钢绞线 1×7 $\sigma_{pe}=1000MPa$ $f_{pd}=1260MPa$	C30	80d	—
		C35	73d	—
		C40	67d	130d
		C45	64d	125d
		C50	60d	120d
		C55	58d	115d
		C60	58d	110d
		≥C65	58d	105d
2	螺旋肋钢丝 $\sigma_{pe}=1000MPa$ $f_{pd}=1200MPa$	C30	70d	—
		C35	64d	—
		C40	58d	95d
		C45	56d	90d
		C50	53d	85d
		C55	51d	83d
		C60	51d	80d
		≥C65	51d	80d
3	刻痕钢丝 $\sigma_{pe}=1000MPa$ $f_{pd}=1070MPa$	C30	89d	—
		C35	81d	—
		C40	75d	125d
		C45	71d	115d
		C50	68d	110d
		C55	65d	105d
		C60	65d	103d
		≥C65	65d	100d

注：1. 预应力钢筋的预应力传递长度 l_{tr} 按有效预应力值 σ_{pe} 查表；锚固长度 l_a 按抗拉强度设计值 f_{pd} 查表。

2. 预应力传递长度应根据预应力钢筋放松时混凝土立方体抗压强度 f'_{cu} 确定，当 f'_{cu} 在表列混凝土强度等级之间时，预应力传递长度按直线内插取用。

3. 当采用骤然放松预应力钢筋的施工工艺时，锚固长度的起点及预应力传递长度的起点应从离构件末端 $0.25l_{tr}$ 处开始，l_{tr} 为预应力钢筋的预应力传递长度。

4. 当预应力钢筋的抗拉强度设计值 f_{pd} 或有效预应力值 σ_{pe} 与表值不同时，其锚固长度或预应力传递长度应根据表值按比例增减。

石材强度设计值（MPa）　　附表 3-1

强度类别 \ 强度等级	MU120	MU100	MU80	MU60	MU50	MU40	MU30
抗压 f_{cd}	31.78	26.49	21.19	15.89	13.24	10.59	7.95
弯曲抗拉 f_{tmd}	2.18	1.82	1.45	1.09	0.91	0.73	0.55

石材强度等级的换算系数　　附表 3-2

立方体试件边长（mm）	200	150	100	70	50
换算系数	1.43	1.28	1.14	1.00	0.86

混凝土强度设计值（MPa）　　附表 3-3

强度类别 \ 强度等级	C40	C35	C30	C25	C20	C15
轴心抗压 f_{cd}	15.64	13.69	11.73	9.78	7.82	5.87
弯曲抗拉 f_{tmd}	1.24	1.14	1.04	0.92	0.80	0.66
直接抗剪 f_{cd}	2.48	2.28	2.09	1.85	1.59	1.32

混凝土预制块砂浆砌体抗压强度设计值 f_{cd}（MPa）　　附表 3-4

砌块强度等级	砂浆强度等级					砂浆强度
	M20	M15	M10	M7.5	M5	0
C40	8.25	7.04	5.84	5.24	4.64	2.06
C35	7.71	6.59	5.47	4.90	4.34	1.93
C30	7.14	6.10	5.06	4.54	4.02	1.79
C25	6.52	5.57	4.62	4.14	3.67	1.63
C20	5.83	4.98	4.13	3.70	3.28	1.46
C15	5.05	4.31	3.58	3.21	2.84	1.26

块石砂浆砌体的抗压强度设计值 f_{cd}（MPa）　　附表 3-5

砌块强度等级	砂浆强度等级					砂浆强度
	M20	M15	M10	M7.5	M5	0
MU120	8.42	7.19	5.96	5.35	4.73	2.10
MU100	7.68	6.56	5.44	4.88	4.32	1.92
MU80	6.87	5.87	4.87	4.37	3.86	1.72
MU60	5.95	5.08	4.22	3.78	3.35	1.49
MU50	5.43	4.64	3.85	3.45	3.05	1.36
MU40	4.86	4.15	3.44	3.09	2.73	1.21
MU30	4.21	3.59	2.98	2.67	2.37	1.05

注：对各类石砌体，应按表中数值分别乘以下列系数：细料石砌体 1.5；半细料石砌体 1.3；粗料石砌体 1.2；干砌块石可采用砂浆强度为零时的抗压强度设计值。

片石砂浆砌体的抗压强度设计值 f_{cd}（MPa）　　附表 3-6

砌块强度等级	砂浆强度等级					砂浆强度
	M20	M15	M10	M7.5	M5	0
MU120	1.97	1.68	1.39	1.25	1.11	0.33
MU100	1.80	1.54	1.27	1.14	1.01	0.30
MU80	1.61	1.37	1.14	1.02	0.90	0.27

续上表

砌块强度等级	砂浆强度等级					砂浆强度
	M20	M15	M10	M7.5	M5	0
MU60	1.39	1.19	0.99	0.88	0.78	0.23
MU50	1.27	1.09	0.90	0.81	0.71	0.21
MU40	1.14	0.97	0.81	0.72	0.64	0.19
MU30	0.98	0.84	0.70	0.63	0.55	0.16

注：干砌片石砌体可采用砂浆强度为零时的抗压强度设计值。

砂浆砌体轴心抗拉、弯曲抗拉和直接抗剪强度设计值（MPa）　　附表 3-7

强度类别	破坏特征	砌体种类	砂浆强度等级				
			M20	M15	M10	M7.5	M5
轴心抗拉 f_{cd}	齿缝	规则砌块砌体	0.104	0.090	0.073	0.063	0.052
		片石砌体	0.096	0.083	0.068	0.059	0.048
弯曲抗拉 f_{tmd}	齿缝	规则砌块砌体	0.122	0.105	0.086	0.074	0.061
		片石砌体	0.145	0.125	0.102	0.089	0.072
	通缝	规则砌块砌体	0.084	0.073	0.059	0.051	0.042
直接抗剪 f_{cd}	—	规则砌块砌体	0.104	0.090	0.073	0.063	0.052
		片石砌体	0.241	0.208	0.170	0.147	0.120

注：1. 砌体龄期为 28d。

2. 规则块材砌体包括：块石砌体、粗料石砌体、细料石砌体、混凝土预制块砌体。

3. 规则块材砌体在齿缝方向受剪时，系通过砌块和灰缝剪破。

小石子混凝土砌块石砌体轴心抗压强度设计值 f_{cd}（MPa）　　附表 3-8

石材强度等级	小石子混凝土强度等级					
	C40	C35	C30	C25	C20	C15
MU120	13.86	12.69	11.49	10.25	8.95	7.59
MU100	12.65	11.59	10.49	9.35	8.17	6.93
MU80	11.32	10.36	9.38	8.37	7.31	6.19
MU60	9.80	9.98	8.12	7.24	6.33	5.36
MU50	8.95	8.19	7.42	6.61	5.78	4.90
MU40	—	—	6.63	5.92	5.17	4.38
MU30	—	—	—	—	4.48	3.79

注：砌块为粗料石时，轴心抗压强度为表值乘 1.2；砌块为细料石、半细料石时，轴心抗压强度为表值乘 1.4。

小石子混凝土砌片石砌体轴心抗压强度设计值 f_{cd}（MPa）　　附表 3-9

石材强度等级	小石子混凝土强度等级			
	C30	C25	C20	C15
MU120	6.94	6.51	5.99	5.36
MU100	5.30	5.00	4.63	4.17

续上表

石材强度等级	小石子混凝土强度等级			
	C30	C25	C20	C15
MU80	3.94	3.74	3.49	3.17
MU60	3.23	3.09	2.91	2.67
MU50	2.88	2.77	2.62	2.43
MU40	2.50	2.42	2.31	2.16
MU30	—	—	1.95	1.85

小石子混凝土砌块石、片石砌体的轴心抗拉、弯曲抗拉和直接抗剪强度设计值（MPa）

附表 3-10

强度类别	破坏特征	砌体种类	小石子混凝土强度等级					
			C40	C35	C30	C25	C20	C15
轴心抗拉 f_{cd}	齿缝	块石砌体	0.285	0.267	0.247	0.226	0.202	0.175
		片石砌体	0.425	0.398	0.368	0.336	0.301	0.260
弯曲抗拉 f_{tmd}	齿缝	块石砌体	0.335	0.313	0.290	0.265	0.237	0.205
		片石砌体	0.493	0.461	0.427	0.387	0.349	0.300
	通缝	块石砌体	0.232	0.217	0.201	0.183	0.164	0.142
直接抗剪 f_{cd}	—	块石砌体	0.285	0.267	0.247	0.226	0.202	0.175
		片石砌体	0.425	0.398	0.368	0.336	0.301	0.260

注：对其他规则砌块砌体强度值为表内块石砌体强度值乘以下列系数：粗料石砌体 0.7；细料石、半细料石砌体 0.35。

各类砌体受压弹性模量 E_m（MPa）

附表 3-11

砌体种类	砂浆强度等级				
	M20	M15	M10	M7.5	M5
混凝土预制块砌体	$1700f_{cd}$	$1700f_{cd}$	$1700f_{cd}$	$1600f_{cd}$	$1500f_{cd}$
粗料石、块石及片石砌体	7300	7300	7300	5650	4000
细料石、半细料石砌体	22000	22000	22000	17000	12000
小石子混凝土砌体	$2100f_{cd}$				

注：f_{cd}为砌体轴心抗压强度设计值。

钢材的容许应力（MPa）

附表 4-1

应力种类	钢号						
	Q235	Q345	ZG 25II	ZG 35II	ZG 45II	45 号钢	35 号锻钢
轴向应力 $[\sigma]$	140	200	130	150	170	210	—
弯曲应力 $[\sigma_w]$	145	210	135	155	180	220	220
剪应力 $[\tau]$	85	120	80	90	100	125	110
端部承压应力（磨光顶紧）	210	300	—	—	—	—	—

续上表

应力种类	钢号						
	Q235	Q345	ZG 25II	ZG 35II	ZG 45II	45号钢	35号锻钢
紧密接触的承压应力（接触圆弧中心角为2×45°）	70	100	65	75	85	105	105
自由接触的承压应力	5.5	8.0	5.0	6.0	7.0	8.5	8.5
节点销子的孔壁承压应力	210	300	195	225	255	—	180
节点销子的弯曲应力	240	340	—	—	—	360	—

注：1. 表列Q345钢的容许应力与屈服点340MPa对应，如果按GB 1591—79的规定，由于厚度影响，屈服点有变动时，各类容许应力可按屈服点的比例予以调整。

2. 验算紧密接触和自由接触的承压应力时，其面积取枢轴或辊轴的直径及其长度的乘积。其容许承压应取两接触钢材中强度较低者。

3. 节点销子的孔壁容许承应力系指被连接钢材的孔壁承压应力；节点销子的容许弯应力仅适用于被连接构件之间只有极小缝隙的情况。

粗制螺栓、铆钉容许应力（MPa）　　附表4-2

类别	应力种类		
	剪应力	承压应力	拉应力
粗制螺栓	80	170	110
工厂铆钉	110	280	90
工地铆钉	100	250	80

注：平头铆钉的容许应力应减低20%。

各种钢构件或连接的疲劳容许应力 $[\sigma_n]$　　附表4-3

容许应力类别	疲劳容许应力		连接类别（序号见附表4-4）
	最大应力（绝对值）为拉应力	最大应力（绝对值）为压应力	
A	$\frac{245}{1-0.6\rho}$但≤$[\sigma]$	$\frac{245}{0.6-\rho}$但≤$[\sigma]$	1
B	$\frac{190}{1-0.6\rho}$但≤$[\sigma]$	$\frac{190}{0.6-\rho}$但≤$[\sigma]$	3.1，5.1，5.2，5.3，6.1，6.2
C	$\frac{165}{1-0.6\rho}$但≤$[\sigma]$	$\frac{165}{0.6-\rho}$但≤$[\sigma]$	3.2
D	$\frac{145}{1-0.6\rho}$但≤$[\sigma]$	$\frac{145}{0.6-\rho}$但≤$[\sigma]$	2.4，7.1，8.2，1，9，10.1，11.1
E	$\frac{110}{1-0.6\rho}$但≤$[\sigma]$	$\frac{110}{0.6-\rho}$但≤$[\sigma]$	7.2，8.1.1，8.2.2，10.2，11.2
F	$\frac{70}{1-0.6\rho}$但≤$[\sigma]$	$\frac{70}{0.6-\rho}$但≤$[\sigma]$	8.1.2，12

注：1. $[\sigma]$——钢材的基本容许应力，见附表4-1。

2. $\rho=\frac{|\sigma|_{min}}{|\sigma|_{max}}$（同号应力为正，反号应力为负）。

钢构件（或连接形式）容许应力类别表 附表 4-4

类别	构件或连接形式及简图	加工、质量及其他要求	容许应力类别	验算部位
1	母材 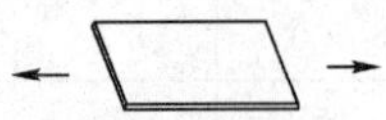	原轧制表面，侧边刨边，不得在母材上引弧	A	非连接部位的母材
2	带孔母材 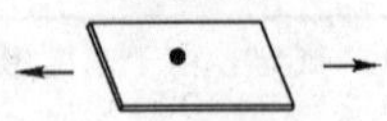	机械钻孔	D	弦杆泄水孔
3	高强度螺栓连接			
3.1	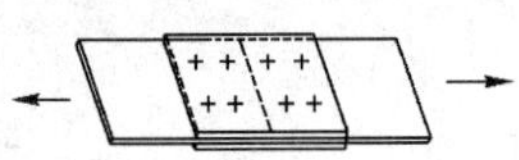		B	①全断面拼接的构件； ②主桁构件中，不起拼接作用（杆件不断开）的高强螺栓连接处
3.2	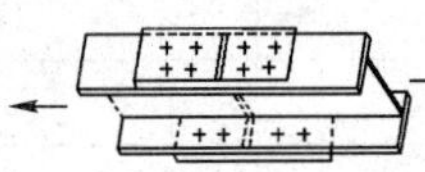		C	①非全断拼接的构件（H、□型杆件），仅在翼板拼接； ②纵梁鱼形板连接处； ③板梁（或纵梁）下翼缘和联结系的连接处
4	铆钉连接 简图同 3.2		D	同 3
5	横向对接焊缝			
5.1	等宽等厚钢板对接 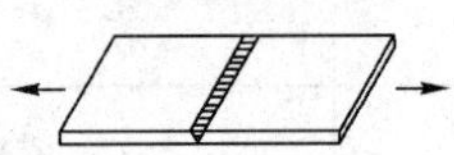	采用埋弧自动焊接； 焊缝加强处须受力方向磨平，焊趾处不留横向痕迹； 焊缝须经无损探伤检验，焊缝质量应符合要求。横向对接焊缝应一次连续施焊完毕，同一位置连续补焊不得超过二次	B	桁梁构件及板梁中板材横向对接焊缝
5.2	等宽不等厚钢板对接 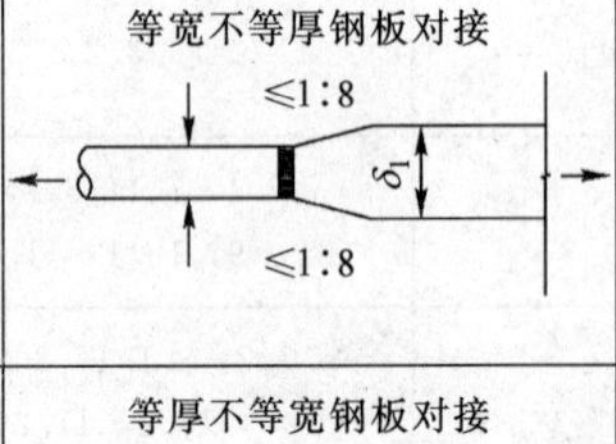			
5.3	等厚不等宽钢板对接 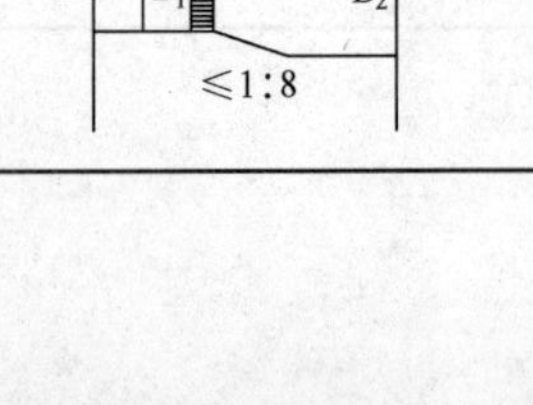			

续上表

类别	构件或连接形式及简图	加工、质量及其他要求	容许应力类别	验算部位
6	纵向对接焊缝接头	采用埋弧自动焊焊接； 焊缝需经无损探伤检查，检查范围从杆端至工地孔外 1m，如发现超熔限缺陷，需检查焊缝全长。焊缝质量应符合要求。焊缝应一次连续施焊完毕，如遇特殊情况而中途停焊时，焊前焊后需进行处理使之过渡匀顺。同一位置连续补焊不得超三次	B	①H、□、T 形构件，板梁翼缘及纵向加颈肋等处的纵向角焊缝； ②板梁中腹板及盖板的纵向对接焊缝
6.1	纵向对接焊缝 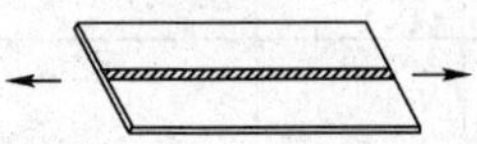			
6.2	纵向角接焊缝 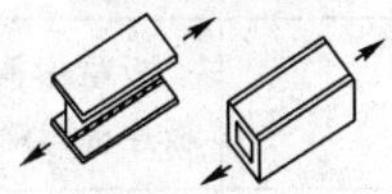			
7	横向角接焊接头 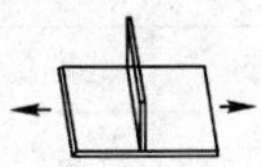			①箱型杆件隔板处的横向连接角焊缝； ②板梁腹板与竖向加劲肋的横向连接角焊缝
7.1	a 类	采用成型好的手工焊、CO_2 气体保护焊或半自动焊施焊；焊趾处不允许有咬肉。如不满足以上条件，可用砂轮顺受力方向打磨	D	
7.2	b 类	焊趾处有轻微咬肉，深度应小于 0.5mm	E	
8	十字形角接焊接头			纵横肋横向连接角焊缝
8.1	不熔透角接焊 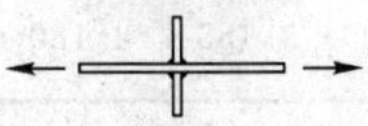			
8.1.1	a 类	同 7.1	E	
8.1.2	b 类	同 7.2	F	
8.2	熔透角接焊 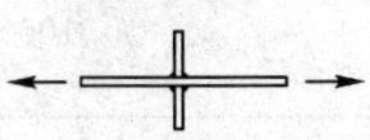			
8.2.1	a 类	同 7.1	D	
8.2.2	b 类	同 7.2	E	
9	板梁竖加劲肋与腹板连接焊缝端部 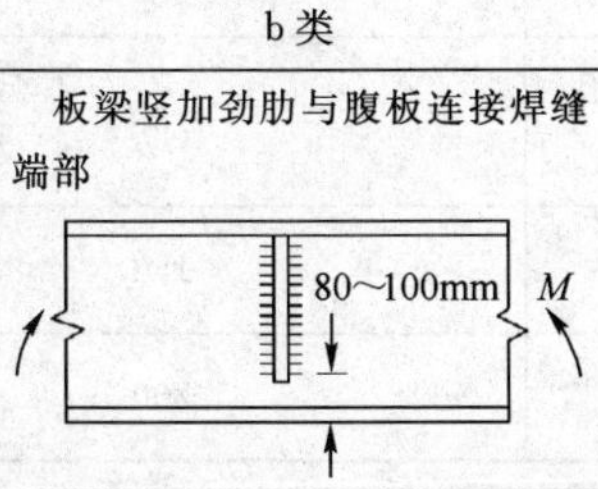		D	板梁竖加劲肋与腹板连接焊缝端部（为检算顺桥轴方向的主拉应力）

续上表

类 别	构件或连接形式及简图	加工、质量及其他要求	容许应力类别	验 算 部 位
10	板梁焊接盖板端焊缝 			板梁盖板焊缝端部或端焊缝焊趾处
10.1	a类	盖板端部焊缝（包括端焊缝焊趾）应无咬肉，并用砂轮顺受力方向打磨，焊趾不留横向痕迹	D	
10.1	b类	端部焊缝不加工	E	
11	$R\geqslant 100m$ 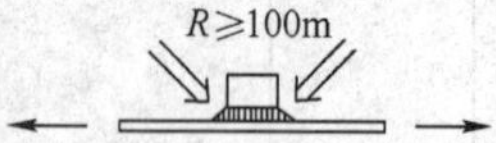			板梁中腹板与水平结点板连接焊缝的端部
11.1	a类	焊缝两端顺受力方向打磨，使之匀顺过渡	D	
11.2	b类	焊缝端部不加工	E	
12	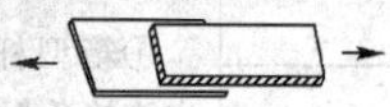		F	板梁中联结系杆件与结点板的搭接焊缝端部

普通螺栓的标准直径及其截面积 附表 4-5

螺栓外径（mm）	10	12	14	16	18	20	22	24	27	30	36
螺栓内径（mm）	8.051	9.727	11.40	13.40	14.75	16.75	18.75	20.10	23.10	25.45	30.80
螺栓毛截面（mm^2）	0.785	1.130	1.540	2.010	2.543	3.140	3.799	4.521	5.722	7.065	10.17
螺栓净截面（mm^2）	0.509	0.744	1.020	1.408	1.708	2.182	2.740	3.165	4.180	5.060	7.440

钢杆件容许最大长细比 附表 4-6

	杆 件	长 细 比
主桁杆件	受压弦杆 受压或受压—拉腹杆	100
主桁杆件	仅受拉力的弦杆 仅受拉力的腹杆	130 180
联结系杆件	纵向联结系、支点处横向联结系和制动联结系的受压或受压—拉杆件	130
联结系杆件	中间横向联结系的受压或受压—拉杆件	150
联结系杆件	各种联结系的受拉杆件	200

杆件的计算长度 附表 4-7

<table>
<tr><th colspan="3" rowspan="2">杆　件</th><th colspan="2">弯曲平面</th><th rowspan="2">附　注</th></tr>
<tr><th>平面内</th><th>平面外</th></tr>
<tr><td rowspan="5">主桁</td><td colspan="2">弦杆</td><td>l_0</td><td>l_0</td><td rowspan="8">l_0——主桁各杆件的几何长度（即杆端节点中距），如杆件全长被横向结构分割时，则为其较长的一段长度；
l_1——从相交点至杆端节点中较长的一段长度；
l_2——纵向（横向）联结系杆件轴线与节点板连在主桁杆件的固着线交点之间的距离</td></tr>
<tr><td colspan="2">端斜杆、端立杆、连续梁中间支点处立柱或斜杆作为桥门架时</td><td>$0.9l_0$</td><td>l_0</td></tr>
<tr><td rowspan="3">桁架的腹杆</td><td>无相交或无交叉</td><td>$0.8l_0$</td><td>l_0</td></tr>
<tr><td>与杆件相交或相交叉（不包括与拉杆相交叉）</td><td>l_1</td><td>l_0</td></tr>
<tr><td>与拉杆相交叉</td><td>l_1</td><td>$0.7l_0$</td></tr>
<tr><td rowspan="3">纵向及横向联结系</td><td colspan="2">无交叉</td><td>l_2</td><td>l_2</td></tr>
<tr><td colspan="2">与拉杆相交叉</td><td>l_1</td><td>$0.7l_2$</td></tr>
<tr><td colspan="2">与杆件相交或相交叉（不包括与拉杆相交叉）</td><td>l_1</td><td>l_2</td></tr>
</table>

轴心受压钢构件的纵向弯曲系数 附表 4-8

<table>
<tr><th colspan="3">焊接 H 形（验算翼板平面内整体稳定性）及焊接 T 形构件</th><th colspan="3">焊接 H 形（验算腹板平面内整体稳定性）、焊接箱形及铆接构件</th></tr>
<tr><th rowspan="2">λ</th><th colspan="2">φ_1</th><th rowspan="2">λ</th><th colspan="2">φ_1</th></tr>
<tr><th>Q235</th><th>Q345</th><th>Q235</th><th>Q345</th></tr>
<tr><td>0～30</td><td>0.900</td><td>0.897</td><td>0～30</td><td>0.900</td><td>0.900</td></tr>
<tr><td>40</td><td>0.877</td><td>0.841</td><td>40</td><td>0.900</td><td>0.877</td></tr>
<tr><td>50</td><td>0.828</td><td>0.775</td><td>50</td><td>0.867</td><td>0.826</td></tr>
<tr><td>60</td><td>0.722</td><td>0.705</td><td>60</td><td>0.824</td><td>0.766</td></tr>
<tr><td>70</td><td>0.713</td><td>0.630</td><td>70</td><td>0.773</td><td>0.695</td></tr>
<tr><td>80</td><td>0.651</td><td>0.547</td><td>80</td><td>0.715</td><td>0.616</td></tr>
<tr><td>90</td><td>0.583</td><td>0.483</td><td>90</td><td>0.651</td><td>0.529</td></tr>
<tr><td>100</td><td>0.521</td><td>0.426</td><td>100</td><td>0.581</td><td>0.450</td></tr>
<tr><td>110</td><td>0.469</td><td>0.376</td><td>110</td><td>0.510</td><td>0.391</td></tr>
<tr><td>120</td><td>0.422</td><td>0.330</td><td>120</td><td>0.446</td><td>0.333</td></tr>
<tr><td>130</td><td>0.380</td><td>0.288</td><td>130</td><td>0.396</td><td>0.291</td></tr>
<tr><td>140</td><td>0.341</td><td>0.248</td><td>140</td><td>0.347</td><td>0.258</td></tr>
<tr><td>150</td><td>0.305</td><td>0.222</td><td>150</td><td>0.308</td><td>0.227</td></tr>
</table>

注：λ——构件长细比。

钢压杆单板（或板束）的宽度 b 与厚度 t 之比 附表 4-9

<table>
<tr><th rowspan="2">序　号</th><th colspan="2" rowspan="2">杆件类型及板束位置</th><th rowspan="2">杆件长细比</th><th colspan="2">b/t</th></tr>
<tr><th>Q235</th><th>Q345</th></tr>
<tr><td rowspan="2">1</td><td rowspan="2">箱形杆</td><td rowspan="2">桁梁平面内</td><td>≤60</td><td>≤35</td><td>≤30</td></tr>
<tr><td>>60</td><td>0.6λ，但不大于 50</td><td>0.5λ，但不大于 45</td></tr>
</table>

续上表

序 号	杆件类型及板束位置		杆件长细比	b/t	
				Q235	Q345
2	箱形杆 H形杆	垂直于桁梁平面	≤50	≤35	≤30
			>50	$0.6\lambda+5$，但不大于50	$0.5\lambda+\lambda$，但不大于45
3	H形或T形 （伸出肢无镶边）	铆接杆		≤12	≤10
		焊接杆	≤60	≤14 $0.5\lambda+5$	≤12 0.2λ
			>60	主要杆件不大于18，次要杆件不大于20	
4	铆接杆角钢伸出肢	受轴向力的主要杆件			≤12
		支撑及次要杆件			≤16

注：1. b、t 见附图。

2. 当压杆平均应力 σ 小于容许应力 ϕ_1 $[\sigma]$ 时，表中 b/t 值除铆接杆无镶边的伸出肢及角钢的伸出肢外，可按规定放宽。其规定为：根据该杆件计算压应力与基本容许应力之比 ϕ 在附表 4-9 查出相应的 λ 值，再根据此 λ 值按本表算出该杆件容许的 b/t 值。但在序号 1、2 两项中的构件不大于 50；在序号 3 项中，主要杆件不大于 20，次要杆件不大于 22。

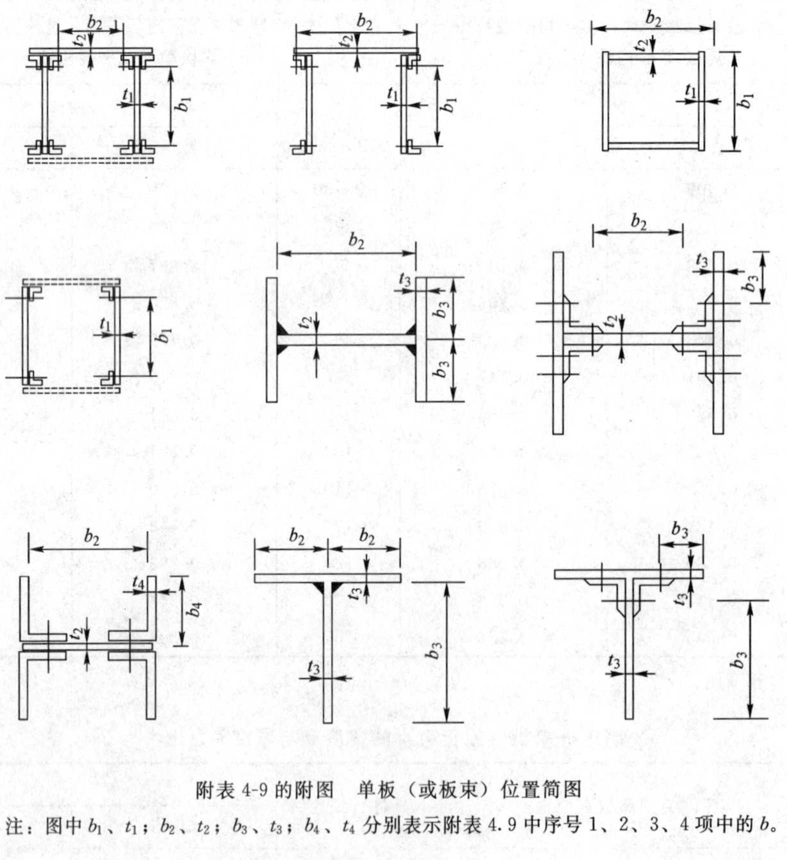

附表 4-9 的附图　单板（或板束）位置简图

注：图中 b_1、t_1；b_2、t_2；b_3、t_3；b_4、t_4 分别表示附表 4.9 中序号 1、2、3、4 项中的 b。

参 考 文 献

[1] 中华人民共和国国家标准. 公路工程结构可靠度设计统一标准 (GB/T 50283—1999). 北京：中国计划出版社，1999

[2] 中华人民共和国行业标准. 公路工程技术标准 (JTG B01—2003). 北京：人民交通出版社，2004

[3] 中华人民共和国行业标准. 公路桥涵设计通用规范 (JTG D60—2004). 北京：人民交通出版社，2004

[4] 中华人民共和国行业标准. 公路钢筋混凝土及预应力混凝土桥涵设计规范 (JTG D62—2004). 北京：人民交通出版社，2004

[5] 中华人民共和国交通部标准. 公路圬工桥涵设计规范 (JTG D61—2005). 北京：人民交通出版社，2005

[6] 中华人民共和国国家标准. 钢结构设计规范 (GB 50017—2003). 北京：中国计划出版社，2003

[7] 中华人民共和国交通部部标准. 公路桥涵钢结构及木结构设计规范 (JTJ 025—86). 北京：人民交通出版社，1986

[8] 李扬海，鲍卫刚，郭修武，程翔云. 公路桥梁结构可靠度与概率极限状态设计. 北京：人民交通出版社，1997

[9] 叶见署. 结构设计原理. 北京：人民交通出版社，2005

[10] 黄平明，毛瑞祥. 结构设计原理. 北京：人民交通出版社，1999

[11] 项海帆. 高等桥梁结构理论. 北京：人民交通出版社，2001

[12] 李国平. 预应力混凝土结构设计原理. 北京：人民交通出版社，2000

[13] 张树仁，郑绍珪，鲍卫刚. 钢筋混凝土及预应力混凝土桥梁结构设计原理. 北京：人民交通出版社，2004

[14] 蓝宗建. 混凝土结构设计原理. 南京：东南大学出版社，2002

[15] 中华人民共和国国家标准. 混凝土结构设计规范 (GB 50010—2002). 北京：中国建筑工业出版社，2002

[16] 中国工程院土木水流域建筑学部工程结构安全性与耐久性研究咨询项目组. 混凝土结构耐久性设计与施工指南. 北京：中国建筑工业出版社，2004

[17] 范立础. 桥梁工程（上）第二版. 北京：人民交通出版社，2001

[18] 顾安邦. 桥梁工程（下）第二版. 北京：人民交通出版社，2000

[19] 中国土木工程学会. 部分预应力混凝土结构设计建议. 北京：中国铁道出版社，1985

[20] 中华人民共和国行业标准. 无黏结预应力混凝土结构技术规程 (JGJ/T 92—93). 北京：中国计划出版社，1993

[21] 周志祥，范亮，吴海军. 预应力混凝土桥梁新技术. 北京：人民交通出版社，2005

[22] 竺存宏，李广远. 预弯复合梁的设计与施工. 北京：人民交通出版社，1993

[23] 周远棣，徐君兰. 钢桥. 北京：人民交通出版社，1991

[24] 中国工程建设标准化协会标准. 钢管混凝土结构设计与施工规程（CECS28：90）. 北京：中国计划出版社，1990

[25] 蔡绍怀. 钢管混凝土结构的计算与应用. 北京：中国建筑工业出版社，1989

[26] 朱聘儒. 钢—混凝土组合梁设计原理. 北京：中国建筑工业出版社，1992

[27] 中国工程建设标准化协会标准. 碳纤维片材加固混凝土结构技术规程（CECS146：2003）. 北京：中国计划出版社，2003

[28] 张誉，赵鸣，赵海东. 碳纤维片材加固混凝土结构研究综述. 中国首届纤维增强塑料（FRP）混凝土结构学术交流会论文集. 北京：2000. 6

[29] 冯鹏，叶列平. FRP 结构和 FRP 组合结构在结构工程中的应用与发展. 第二届全国土木工程用纤维增强复合材料（FRP）应用技术学术交流会论文集. 昆明：2002. 7

人民交通出版社公路类教材一览

（◆教育部普通高等教育“十一五”国家级规划教材 ▲建设部土建学科专业“十一五”规划教材）

一、交通工程教学指导分委员会规划推荐教材

1. ◆交通规划（王　炜）……33 元
2. ◆道路交通安全（裴玉龙）……36 元
3. 交通系统分析（王殿海）……31 元
4. 交通管理与控制（徐建闻）……26 元
5. 交通经济学（邵春福）……25 元

二、21 世纪交通版高等学校教材

（一）交通工程专业

1. ◆交通工程总论（第三版）（徐吉谦）……36 元
2. ◆交通工程学（第二版）（任福田）……38 元
3. ◆交通管理与控制（第四版）（吴　兵）……35 元
4. ◆道路通行能力分析（陈宽民）……27 元
5. ◆交通工程设计理论与方法（马荣国）……40 元
6. ◆公路网规划（裴玉龙）……27 元
7. 交通工程专业英语（裴玉龙）……28 元
8. ◆交通运输工程导论（第二版）（姚祖康）……23 元
9. 交通流理论（王殿海）……21 元
10. 交通系统仿真技术（刘运通）……26 元
11. 停车场规划设计与管理（关宏志）……30 元
12. 交通工程设施设计（李峻利）……35 元
13. ◆智能运输系统概论（第二版）（杨兆升）……25 元
14. 智能运输系统概论（第二版）（黄　卫）……24 元
15. ◆运输经济学（第二版）（严作人）……44 元
16. ◆道路交通工程系统分析方法（王　炜）……28 元
17. 交通调查与分析（第二版）（严宝杰）……38 元
18. ◆交通运输设施与管理（郭忠印）……33 元
19. 道路交通安全管理法规概论及案例分析（裴玉龙）……29 元
20. 交通地理信息系统（符锌砂）……31 元
21. 公路建设项目可行性研究（过秀成）……27 元
22. 交通工程专业生产实习指导书（朱从坤）……7 元

（二）城市轨道交通系列教材

1. 城市轨道交通概论（孙　章）……30 元（估）
2. 城市轨道交通系统（彭　辉）……32 元
3. 轨道工程（练松良）……36 元
4. 城市轨道交通设备系统（周顺华）……32 元
5. ◆地铁与轻轨（第二版）（张庆贺）……40 元

（三）土木工程专业（路桥）/道路桥梁与渡河工程专业

I. 专业基础课教材

1. 土木工程概论（项海帆）……32 元
2. 道路概论（第二版）（孙家驷）……20 元
3. 土质学与土力学（第四版）（袁聚云）……30 元
4. 公路工程地质（第三版）（窦明健）……23 元
5. ▲道路工程制图（第四版）（谢步瀛）……36 元
6. ▲道路工程制图习题集（第四版）（袁　果）……26 元
7. ◆道路建筑材料（第四版）（李立寒）……35 元
8. ◆测量学（第三版）（许娅娅）……36 元
9. ◆基础工程（第三版）（王晓谋）……33 元
10. 结构设计原理（第二版）（叶见曙）……51 元
11. 公路经济学教程（袁剑波）……23 元
12. 专业英语（第二版）（李　嘉）……33 元

II. 专业核心课教材

13. ◆路基路面工程（第二版）（邓学均）……52 元
14. ◆道路勘测设计（第三版）（杨少伟）……42 元
15. 道路结构力学计算（上、下）（郑传超、王秉纲）……50 元
16. 水力学（王亚玲）……19 元
17. ◆桥梁工程（第二版）（姚玲森）……62 元
18. 桥梁工程（第二版）（土木、交通工程）（邵旭东）……52 元
19. ◆桥梁工程（第二版）（上）（范立础）……42 元
20. ◆桥梁工程（第二版）（下）（顾安邦）……38 元
21. 桥梁工程（陈宝春）……45 元
22. ◆桥涵水文（第四版）（高冬光）……28 元
23. ◆预应力混凝土结构设计原理（第二版）……28 元（估）
24. ◆现代钢桥（上）（吴　冲）……34 元
25. ◆钢桥（徐君兰）……16 元
26. ◆公路施工组织及概预算（第三版）（王首绪）……32 元
27. ▲桥梁施工及组织管理（第二版）（上）（魏红一）……39 元
28. ▲桥梁施工及组织管理（第二版）（下）（邬晓光）……39 元
29. ◆隧道工程（第二版）（上）（王毅才）……65 元

III. 专业方向选修课教材

29. ◆道路工程（严作人）……40 元
30. 道路工程（土木工程专业）（凌天清）……32 元
31. ◆高速公路（第二版）（方守恩）……21 元
32. 高速公路设计（赵一飞）……38 元
33. 城市道路设计（吴瑞麟）……22 元
34. GPS 测量原理及其应用（胡伍生）……28 元
35. 公路测设新技术（维　应）……36 元
36. 公路施工技术与管理（廖正环）……40 元
37. 土木工程造价控制（石勇民）……30 元
38. 公路工程定额原理与估价（石勇民）……36 元
39. 道路桥梁检测技术（胡昌斌）……31 元
40. 特殊地区基础工程（冯忠居）……29 元
41. 道路与桥梁工程计算机绘图（许金良）……31 元
42. ◆公路小桥涵勘测设计（第四版）（孙家驷）……31 元
43. 路基设计原理与计算（李峻利）……40 元
44. 路基路面工程检测技术（李宇峙）……46 元
45. 公路土工合成材料应用原理（黄晓明）……22 元
46. 水泥与水泥混凝土（申爱琴）……30 元
47. ◆环境经济学（董小林）……32 元
48. 公路环境与景观设计（刘朝辉）……30 元
49. 桥梁工程概论（第二版）（罗　娜）……27 元
50. 桥梁检测与加固（王国鼎）……27 元
51. 桥梁钢—混凝土组合结构设计原理（黄　侨）……26 元
52. 桥梁结构试验（章关永）……22 元
53. 桥梁抗震（叶爱君）……15 元
54. ◆桥梁建筑美学（第二版）（盛洪飞）……30 元
55. 大跨度桥梁结构计算理论（李传习）……18 元
56. 隧道结构力学计算（夏永旭）……29 元
57. 公路隧道运营管理（吕康成）……22 元
58. 隧道与地下工程灾害防护（张庆贺）……45 元
59. 土木规划学（石　京）……38 元

IV. 实践环节教材及教参教辅

60. 《道路勘测设计》毕业设计指导（许金良）……30 元
61. 桥梁计算示例丛书—桥梁地基与基础（第二版）（赵明华）……18 元

62. 桥梁计算示例丛书—混凝土简支梁(板)桥(第三版)
(易建国) …… 27元
63. 桥梁计算示例丛书—连续梁桥(邹毅松) …… 20元
64. 结构设计原理计算示例(叶见曙) …… 40元

V. 研究生教学用书

道路与铁道工程

1. 现代加筋土理论与技术(雷胜友) …… 24元
2. 道路规划与几何设计(朱照宏) …… 32元

桥梁与隧道工程

1. 高等桥梁结构理论(项海帆) …… 35元
2. 高等钢筋混凝土结构(周志祥) …… 27元
3. 结构分析的有限元法与MATIAB程序设计(徐荣桥) …… 28元
4. 工程结构数值分析方法(夏永旭) …… 27元
5. 箱形梁设计理论(第二版)(房贞政) …… 32元

(四)公路工程管理专业

1. ◆工程项目融资(赵　华) …… 29元
2. 管理信息系统(李友根) …… 31元
3. 公路工程定额原理与估价(石勇民) …… 36元
4. 工程风险管理(邓铁军) …… 21元
5. ◆工程质量控制与管理(邬晓光) …… 29元
6. 公路工程造价编制与管理(第二版)(沈其明) …… 43元
7. 工程项目招标与投标(周　直) …… 30元
8. 高速公路管理(王选仓) …… 35元

(五)工程机械专业

1. ◆施工机械概论(王　进) …… 35元
2. ◆公路施工机械(第二版)(李自光) …… 43元
3. 现代工程机械发动机与底盘构造(陈新轩) …… 38元
4. 工程机械维修(许　安) …… 38元
5. 工程机械状态检测与故障诊断(陈新轩) …… 29元
6. 工程机械底盘设计(郁录平) …… 36元
7. 公路工程机械化施工与管理(第二版)(郭小宏) …… 37元
8. 工程机械设计(吴永平) …… 38元
9. 工程机械技术经济学(吴永平) …… 23元
10. 工程机械专业英语(宋永刚) …… 36元
11. 工程机械机电液系统动态仿真(王国庆) …… 18元

三、普通高等学校规划教材

1. 理论力学(东南大学) …… 29元
2. 材料力学(东南大学) …… 25元
3. 工程力学(东南大学) …… 29元
4. 交通土建工程制图(第二版)(和丕壮) …… 38元
5. 交通土建工程制图习题集(第二版)(和丕壮) …… 20元
6. 画法几何与土建制图(第二版)(林国华) …… 39元
7. 画法几何与土建制图习题集(第二版)(林国华) …… 25元
8. 土木工程制图(丁建梅　周佳新) …… 36元
9. 土木工程制图习题集(丁建梅　周佳新) …… 18元
10. ◆土木工程计算机绘图基础(尚守平) …… 39元
11. 工程经济学(李雪淋) …… 22元
12. 工程测量(胡伍生) …… 25元
13. 交通土木工程测量(张坤宜) …… 33元
14. 结构设计原理(毛瑞祥) …… 26元
15. 路基路面工程(何兆益) …… 45元
16. 道路勘测设计(第二版)(孙家驷) …… 46元
17. 道路与桥梁工程概论(黄晓明) …… 32元
18. 道路经济与管理 …… 16元
19. 公路施工组织与管理(赖少武　李文华) …… 35元
20. 公路工程施工组织学(第二版)(姚玉玲) …… 38元
21. 公路施工与组织管理(廖正环) …… 22元
22. 公路养护与管理(许永明) …… 18元
23. 水力学与桥涵水文(叶镇国) …… 38元
24. 桥位勘测设计(高冬光) …… 20元
25. 道路规划与设计(李清波) …… 46元
26. 道路交通环境工程(张玉芬) …… 19元
27. 公路实用勘测设计(何景华) …… 19元
28. 公路计算机辅助设计(符锌砂) …… 30元
29. 公路工程预算与工程量清单计价(雷书华) …… 35元
30. 公路工程造价(周世生) …… 42元
31. 软土环境工程地质学(唐益群) …… 35元
32. 公路与桥梁施工技术(盛可鉴) …… 30元
33. 桥梁美学(和丕壮) …… 40元
34. 桥梁结构理论与计算方法(贺拴海) …… 58元
35. 钢管混凝土(胡曙光) …… 38元
36. 隧道施工(于书翰) …… 23元
37. 公路隧道机 电工程(赵忠杰) …… 40元
38. ◆道路交通管理与控制(袁振洲) …… 40元
39. 交通工程学(第二版)(李作敏) …… 28元
40. 交通项目评估与管理(谢海红) …… 36元
41. 工程项目管理(周　直) …… 20元
42. 测绘工程基础(李芹芳) …… 36元
43. 工程机械运用技术(许　安) …… 40元
44. 现代工程机械液压与液力系统(颜荣庆) …… 39元
45. 水泥混凝土路面施工与施工机械(何挺继) …… 30元
46. 现代公路施工机械(何挺继) …… 45元
47. 工程机械机电液一体化(焦生杰) …… 28元

四、高等学校应用型本科规划教材

1. 结构力学(万德臣) …… 30元
2. 道路工程制图(谭海洋) …… 28元
3. 道路工程制图习题集(谭海洋) …… 24元
4. 道路建筑材料(伍必庆) …… 37元
5. 土木工程材料(张爱勤) …… 39元
6. 土质学与土力学(赵明阶) …… 30元
7. 结构设计原理(黄平明) …… 47元
8. 结构设计原理学习指导(安静波) …… 35元
9. 结构设计原理计算示例(赵志蒙) …… 40元
10. 工程测量(朱爱民) …… 30元
11. 基础工程(刘　辉) …… 26元
12. 道路勘测设计(张维全) …… 32元
13. 桥梁工程(刘龄嘉) …… 45元
14. 公路工程试验检测(乔志琴) …… 47元
15. 路桥工程专业英语(赵永平) …… 44元
16. 水力学与桥涵水文(王丽荣) …… 27元
17. 工程招标与合同管理(刘　燕) …… 33元
18. 工程项目管理(李佳升) …… 32元
19. 公路施工技术(杨渡军) …… 64元
20. 公路工程机械化施工技术(徐永杰) …… 32元
21. 公路工程经济(周福田) …… 22元
22. 公路工程监理(朱爱民) …… 33元
23. 道路工程(资建民) …… 38元
24. 道路工程CAD(许金良) …… 23元
25. 路基路面工程(陈忠达) …… 46元

公路工程现行标准、规范、规程、指南一览表

序号	类别		编　　号	书名(书号)	定价(元)
1	基础		JTJ 002—87	公路工程名词术语(0346)	22.00
2			JTJ 003—86	公路自然区划标准(0348)	16.00
3			JTJ/T 0901—98	1: 1000000 数字交通图分类与图示规范(0242)	78.00
4			JTG B01—2003	公路工程技术标准(04957)	28.00
5			JTJ 004—89	公路工程抗震设计规范(0347)	15.00
6			JTG/T B02-01—2008	公路桥梁抗震设计细则(1228)	35.00
7			JTG B03—2006	公路建设项目环境影响评价规范(0927)	26.00
8			JTJ/T 006—98	公路环境保护设计规范(0195)	8.00
9			JTG/T B05—2004	公路项目安全性评价指南(0784)	18.00
10			JTG B06—2007	公路工程基本建设项目概算预算编制办法(06903)	26.00
11			JTG/T B06-01—2007	公路工程概算定额(06901)	110.00
12			JTG/T B06-02—2007	公路工程预算定额(06902)	138.00
13			JTG/T B06-03—2007	公路工程机械台班费用定额(06900)	24.00
14			交通部定额站 2009 版	公路工程施工定额(07864)	78.00
15			JTG/T B07-01—2006	公路工程混凝土结构防腐蚀技术规范(0973)	16.00
16			交通部 2007 年第 30 号	国家高速公路网相关标志更换工作实施技术指南(1124)	58.00
17			交通部 2007 年第 35 号	收费公路联网收费技术要求(1126)	62.00
18	勘测		JTG C10—2007	公路勘测规范(06570)	28.00
19			JTG/T C10—2007	公路勘测细则(06572)	42.00
20			JTJ 064—98	公路工程地质勘察规范(0220)	28.00
21			JTG/T C21-01—2005	公路工程地质遥感勘察规范(0839)	17.00
22			JTG C30—2003	公路工程水文勘测设计规范(0604)	22.00
23			JTG/T C22—2009	公路工程物探规程(1311)	28.00
24	设计	公路	JTG D20—2006	公路路线设计规范(0996)	38.00
25			JTG D30—2004	公路路基设计规范(05326)	48.00
26			JTG/T D31—2008	沙漠地区公路设计与施工指南(1206)	32.00
27			JTG D40—2002	公路水泥混凝土路面设计规范(04621)	26.00
28			JTG D50—2006	公路沥青路面设计规范(06248)	36.00
29			JTJ 018—96	公路排水设计规范(0147)	12.00
30			JTJ/T 019—98	公路土工合成材料应用技术规范(0218)	12.00
31		桥隧	JTG D60—2004	公路桥涵设计通用规范(05068)	24.00
32			JTG/T D60-01—2004	公路桥梁抗风设计规范(0814)	28.00
33			JTG/T D65-01—2007	公路斜拉桥设计细则(1125)	28.00
34			JTG D61—2005	公路圬工桥涵设计规范(0887)	19.00
35			JTG D62—2004	公路钢筋混凝土及预应力混凝土桥涵设计规范(05052)	48.00
36			JTG D63—2007	公路桥涵地基与基础设计规范(06892)	48.00
37			JTJ 025—86	公路桥涵钢结构及木结构设计规范(0176)	16.00
38			JTG/T D65-04—2007	公路涵洞设计细则(06628)	26.00
39			JTG D70—2004	公路隧道设计规范(05180)	50.00
40			JTJ 026.1—1999	公路隧道通风照明设计规范(0397)	16.00
41			JTG/T D71—2004	公路隧道交通工程设计规范(0810)	26.00
42		交通	JTG D80—2006	高速公路交通工程及沿线设施设计通用规范(0998)	25.00
43			JTG D81—2006	公路交通安全设施设计规范(0977)	25.00
44			JTG/T D81—2006	公路交通安全设施设计细则(0997)	35.00
45			JTG D82—2009	公路交通标志和标线设置规范(07947)	116.00
46		综合	交公路发〔2007〕358 号	公路工程基本建设项目设计文件编制办法(06746)	26.00
47			交公路发〔2007〕358 号	公路工程基本建设项目设计文件图表示例(06770)	600.00

续上表

序号	类别		编号	书名(书号)	定价(元)
48	检测		JTG E40—2007	公路土工试验规程(06794)	79.00
49			JTJ 052—2000	公路工程沥青及沥青混合料试验规程(0429)	40.00
50			JTG E30—2005	公路工程水泥及水泥混凝土试验规程(0830)	32.00
51			JTG E41—2005	公路工程岩石试验规程(0828)	18.00
52			JTJ 056—84	公路工程水质分析操作规程(02971)	8.00
53			JTG E42—2005	公路工程集料试验规程(0829)	30.00
54			JTG E50—2006	公路工程土工合成材料试验规程(0982)	28.00
55			JTG E51—2009	公路工程无机结合料稳定材料试验规程(08046)	48.00
56			JTG E60—2008	公路路基路面现场测试规程(07296)	38.00
57	施工	公路	JTG F10—2006	公路路基施工技术规范(06221)	40.00
58			JTJ 034—2000	公路路面基层施工技术规范(0431)	20.00
59			JTG F30—2003	公路水泥混凝土路面施工技术规范(04622)	46.00
60			JTJ 037.1—2000	公路水泥混凝土路面滑模施工技术规程(0425)	16.00
61			JTG F40—2004	公路沥青路面施工技术规范(05328)	38.00
62			JTG F41—2008	公路沥青路面再生技术规范(07105)	25.00
63		桥隧、交通	JTJ 041—2000	公路桥涵施工技术规范(03770)	52.00
64			JTG/T F81-01—2004	公路工程基桩动测技术规程(0783)	20.00
65			JTG F60—2009	公路隧道施工技术规范(07992)	42.00
66			JTG/T F60—2009	公路隧道施工技术细则(07991)	58.00
67			JTG F71—2006	公路交通安全设施施工技术规范(0976)	20.00
68			JTG/T F83-01—2004	高速公路护栏安全性能评价标准(0809)	15.00
69	质检安全		JTG F80/1—2004	公路工程质量检验评定标准　第一册　(土建工程)(05327)	46.00
70			JTG F80/2—2004	公路工程质量检验评定标准　第二册　(机电工程)(05325)	26.00
71			JTG G10—2006	公路工程施工监理规范(06267)	20.00
72			JTJ 076—95	公路工程施工安全技术规程(0049)	12.00
73	养护管理		JTG H10—2009	公路养护技术规范(08071)	49.00
74			JTJ 073.1—2001	公路水泥混凝土路面养护技术规范(0520)	12.00
75			JTJ 073.2—2001	公路沥青路面养护技术规范(0551)	13.00
76			JTG H11—2004	公路桥涵养护规范(05025)	30.00
77			JTG H12—2003	公路隧道养护技术规范(0695)	26.00
78			JTG H20—2007	公路技术状况评定标准(1140)	15.00
79			JTG H30—2004	公路养护安全作业规程(05154)	36.00
80	加固设计与施工		JTG/T J22—2008	公路桥梁加固设计规范(07380)	52.00
81			JTG/T J23—2008	公路桥梁加固施工技术规范(07378)	30.00
1	技术指南		中建标公路[2002]1 号	公路沥青玛蹄脂碎石路面技术指南(0634)	20.00
2			交公便字[2005]330 号	公路机电系统维护技术指南(0922)	30.00
3			交公便字[2006]02 号	公路工程水泥混凝土外加剂与掺合料应用技术指南(0925)	50.00
4			交公便字[2005]329 号	微表处和稀浆封层技术指南(0920)	18.00
5			交公便字[2005]329 号	公路冲击碾压应用技术指南(0921)	15.00
6			交公便字[2006]02 号	公路工程抗冻设计与施工技术指南(0926)	26.00
7			厅公路字[2006]418 号	公路安全保障工程实施技术指南(1034)	40.00
8			交公便字[2006]02 号	公路土钉支护技术指南(0995)	22.00
9			交公便字[2006]274 号	公路钢箱梁桥面铺装设计与施工技术指南(1008)	25.00
10			交公便字[2006]243 号	盐渍土地区公路设计与施工指南(1006)	20.00
11				横张预应力混凝土桥梁设计施工指南(0831)	15.00
12			2008 年第 25 号公告	汶川地震灾后公路恢复重建技术指南(1246)	10.00
13			交公便字[2009]145 号	公路交通标志和标线设置手册(07990)	165.00

注:JTG——公路工程行业标准体系;JTG/T——公路工程行业推荐性标准体系;JTJ——仍在执行的公路工程原行业标准体系。